全本全注全译丛书

中华经典名著

骈宇骞◎译注

贞观政要

中华书局

图书在版编目（CIP）数据

贞观政要/骈宇骞译注. —2 版. —北京：中华书局,2022.7
（中华经典名著全本全注全译丛书）
ISBN 978-7-101-15776-5

Ⅰ.贞… Ⅱ.骈… Ⅲ.①典章制度-中国-唐代②《贞观政
要》-注释③《贞观政要》-译文 Ⅳ.D691.5

中国版本图书馆 CIP 数据核字（2022）第 101650 号

书　　名	贞观政要
译 注 者	骈宇骞
丛 书 名	中华经典名著全本全注全译丛书
责任编辑	张彩梅
责任印制	陈丽娜
出版发行	中华书局
	（北京市丰台区太平桥西里 38 号　100073）
	http://www.zhbc.com.cn
	E-mail:zhbc@zhbc.com.cn
印　　刷	北京盛通印刷股份有限公司
版　　次	2011 年 3 月第 1 版
	2022 年 7 月第 2 版
	2022 年 7 月第 13 次印刷
规　　格	开本/880×1230 毫米　1/32
	印张 21½　字数 410 千字
印　　数	81001-87000 册
国际书号	ISBN 978-7-101-15776-5
定　　价	48.00 元

目　录

前　言

　　《贞观政要》是唐代史学家吴兢撰写的一部政论性的史书,它以记言为主,记录了贞观年间唐太宗李世民与臣下魏徵、王珪、房玄龄、杜如晦等人关于施政问题的对话以及一些大臣的谏议和劝谏奏疏等。此外也记载了一些当时实行的政治、经济上的重大措施。

　　吴兢,唐代汴州浚仪(今河南开封)人,出生于唐高宗总章三年(670),病逝于唐玄宗天宝八载(749)。吴兢年轻时就立志从事史学事业,史称吴兢"励志勤学,博通经史"。武则天时,经友人推荐,开始担任史官。吴兢作为史官,他不仅能够秉笔直书,还能不顾个人安危直陈政事,发扬了史官忠于历史的赤诚品格。武则天去世后,唐中宗无力驾驭朝政,武三思、韦后、安乐公主各派势力都在拉帮结派,朝臣人人自危。安乐公主要废太子而自立,太子因发动兵变失败而被杀,后安乐公主又把矛头指向相王李旦。在这严峻形势面前,吴兢写了《上中宗皇帝疏》,劝诫中宗要明辨是非,珍惜兄弟情谊,最终保住了相王李旦。数年后李旦执政,是为睿宗。在唐玄宗执政时,吴兢反对玄宗集大权于一身、群臣不敢进谏的局面,上疏玄宗,主张朝廷行政要按规章制度行事,他说:"上自天子,至于卿士,守其职分,而不可辄有侵越也。"吴兢在担任史官期间,他还利用业余时间写出了《贞观政要》以及纪传体《唐书》、编年体《唐春秋》等书,意欲为后人留下信史。当初,吴兢与刘知几撰写《武后实录》，刘知几去世后，张说为相，见到书中记载张易之诱他诬陷魏元忠之事，感到不安。他故意对吴兢说："刘五（知几）修《实录》，论魏齐公事，殊不相饶假，与说毒手。"吴兢从容地回答说："是兢书之，非刘公修述，草本犹在。其人已亡，不可诬枉于幽魂，令相公有怪耳。"张说几次请求删改，都被他断然拒绝，并凛然回答："若取人情，何名为直笔。"（《唐会要·史馆杂录》）因为不替当朝宰相张说隐讳其恶，而被贬官荆州司马，后在天宝年间才得以返朝。他秉笔直书的高尚风范成为后世史家的楷模。

《贞观政要》写作于开元、天宝之际。当时的社会仍呈现着兴旺的景象，但社会危机已露端倪，政治上颇为敏感的吴兢已经感受到衰颓的趋势。为了保证唐王朝的长治久安，他深感有必要总结唐太宗君臣相得、励精图治的成功经验，为当时的帝王树立起施政的楷模，这就是《贞观政要》的写作初衷。也正是基于这样的一个政治目的，所以它一直为历代的统治者所推崇和珍视。

在封建社会君王中，唐太宗李世民是一位比较杰出的封建帝王。他辅佐父亲李渊反隋兴唐，统一天下，也曾亲眼看到过一度繁荣兴旺的隋王朝。但由于隋炀帝施行暴政，因此隋王朝在农民起义中被推翻，他感受到了人民的巨大力量，更深深地认识到"君，舟也；人，水也。水所以载舟，亦所以覆舟"的道理。他在"玄武门之变"中登上帝位后，改年号为"贞观"，执政二十三年，期间经常与长孙无忌、房玄龄、魏徵、杜如晦、王珪等诸臣反复讨论经邦济世的大计，最后逐渐形成了轻徭薄赋、劝课农桑、廉洁奉公、任贤纳谏、奖优罚劣、平衡利害、驾驭群僚、防患于未然等一整套治国兴邦的策略。也正是因此，才出现了建唐以来空前繁荣与安定的"贞观之治"局面。

《贞观政要》虽属记载史实，但并未按照时间的顺序来组织全书，作者一反过去纪传体或编年体的写法，对传统的记言体裁又加以改造更新，创作出了独具一格的《贞观政要》。书中总结唐太宗治国施政的经验与思想,从告诫后人的意图出发,将君臣问答、奏疏、方略等材料,按照为君之道、任贤纳谏、君臣鉴戒、教戒太子、道德伦理、正身修德、崇尚儒术、固本宽刑、征伐安边、善始慎终等一系列专题内容进行分门别类的排列。在开卷的第一篇《君道》中,首先探讨了为君之道。他列举唐太宗的言论说明:要想当好君主,必先安定百姓,要想安定天下,必须先正自身。把安定百姓与自身修养当作为君的两个要素。从历代统治者的施政实践上看,这两条对于政权的安危确具有普遍的意义。书中还记述了唐太宗知人善任、任人唯贤的人才使用事迹:唐太宗对用人有较深刻的认识,他一再强调"为政之要,惟在得人"(《贞观政要·崇儒》)。对于人才,他提出了必须具有高尚品德,能够克己恭俭、正直廉洁等要求,而且非常重视对官员的考核和赏罚。通过唐太宗的努力,一批贤臣集中于初唐政坛,正是因为君明臣贤,上下一心,才促成了"贞观之治"的繁荣局面。书中还对太宗朝的大政方针进行了归纳和概述,其中做得成功的有偃武修文、崇尚儒学、加强礼治、执法宽弛、休养生息、安定民众、采取怀柔政策安抚周边少数民族等等。唐太宗是一位非常精明的政治家,对于如何保持长治久安,使李家天下稳如磐石也是非常关心的。在《太子诸王定分》《教戒太子诸王》等篇中,他虑及身后,严教子弟的做法,显示出他的政治远见。

　　全书共十卷四十篇,每篇多以故事、轶文为引子,生动有趣,概括集中,记叙与评介言简意赅,清晰明了。书中广泛引用了哲理教义较深的格言名句,因此这部著作既有史实,又有很强的政论色彩;既是唐太宗"贞观之治"的历史记录,又蕴含着丰富的治国安民的政治观点和成功的施政经验。所以该书是一部独具特色,对人富有启发的历史文献。书中列举的那些在思想上、认识上、决策上有重要实践意义和借鉴价值的史事,既显示贞观年间的政治面貌,又可激发后人的思索与追求,因此受到历代帝王的重视,成了后世"朝野上下必备""入世为人必读"的教科书。

　　书中所总结的以民生为本、以德治国等治国理念，诚心纳谏、仁心仁政等领导方法和决策艺术，任人唯贤、德才兼备等人才选拔艺术，天下为家、戒奢戒贪、善始善终等修养艺术等等，至今都值得各级领导者、管理者借鉴。它能够增强民族责任感和忧患意识，能够开启富国强民、经邦济世、缔造和谐的具体方略，有助于领导者廉洁从政、丰富领导艺术、提高管理水平，有利于净化社会风气、纯洁人的心灵。在阅读此书时，我们仿佛穿越了历史的时空，回到了威严壮阔的唐朝皇宫，亲眼目睹了太宗凝神沉思的表情，亲耳聆听着房玄龄、杜如晦、魏徵、李靖等贤臣的肝胆谏言，肃然产生出一种由衷的敬意。"为政之要，唯在得人"，字里行间透露着一股"人才可贵"的无声信息。在今天读来，这些观点仍有着重要的借鉴意义。

　　本次注译是以四库全书本《贞观政要》为底本。四库全书本《贞观政要》尚有"御制《贞观政要》序""御制读《贞观政要》""四库全书《贞观政要》提要""明宪宗《贞观政要》序""《贞观政要》原序"以及吴澄、郭思贞、戈直的题辞，由于这些序文、题辞的作者皆生活在不同的封建时代，其对《贞观政要》的评说都带有浓厚的封建色彩，所以这次注译时将上述八种序文、题辞一并删除。又，本书的目录是注译者根据四库全书本《贞观政要》正文标题所重新编制。不妥之处，敬请读者批评指正。

骈宇骞

鼠年（戊子）春正月初稿

虎年（庚寅）秋七月二稿

君道第一

【题解】

　　《君道》篇是全书的总纲,列全书之首,探讨了为君之道。作者认为要想当好君主,必先安定百姓;要想安定天下,必须先正自身。"社稷安危,国家理乱,在于一人而已"。书中主要从三个方面讨论为君之道的教训:一是把握创业与守成的关系。创业固然艰难,但创业后更要居安思危,安而能惧,对于君临天下的帝王来说,守成则更难。二是正确处理君民关系。圣明的君主常思古训:"君,舟也;人,水也。水能载舟,亦能覆舟。"为君不能"竭泽而渔",逼百姓起来造反。三是正确对待君臣关系。君如头脑,臣如四肢,要密切配合,君主应听取臣下意见,兼听则明,且要诱导臣下敢于谏诤,以避免决策错误。从历代统治者的施政实践上看,这几条对于政权安危具有普遍意义。

　　贞观初①,太宗谓侍臣曰②:"为君之道③,必须先存百姓④。若损百姓以奉其身,犹割股以啖腹⑤,腹饱而身毙。若安天下,必须先正其身,未有身正而影曲,上理而下乱者。朕每思伤其身者不在外物,皆由嗜欲以成其祸。若耽嗜滋味,玩悦声色,所欲既多,所损亦大,既妨政事,又扰生人。

且复出一非理之言，万姓为之解体，怨讟既作⑥，离叛亦兴。朕每思此，不敢纵逸。"

　　谏议大夫魏徵对曰⑦："古者圣哲之主，皆亦近取诸身⑧，故能远体诸物。昔楚聘詹何⑨，问其理国之要。詹何对以修身之术⑩。楚王又问理国何如？詹何曰：'未闻身理而国乱者。'陛下所明，实同古义。"

【注释】

①贞观：唐太宗李世民的年号（627—649），共二十三年。武德九年（626）六月初四，李世民在大臣尉迟敬德、段志玄、长孙无忌等人的帮助下，发动了"玄武门之变"，诛杀了与自己对立的太子李建成及四弟李元吉，进而迫使其父李渊退位。同年八月，李世民在大多数朝臣武将的拥护下即皇帝位，改年号贞观。唐太宗是唐朝第二代皇帝，他是中国封建社会伟大的军事家、卓越的政治家、著名的书法家和诗人。在位期间国泰民安，社会安定，经济发展，为后来的开元盛世奠定了重要的基础。后人称他的统治为"贞观之治"。

②侍臣：指侍奉帝王的廷臣，也就是宫廷里皇帝身边的人。

③道：方法，原则。

④先存百姓：这里指以百姓的存活为先。

⑤割股以啖腹：指饿极了把大腿上的肉割下来吃。

⑥怨讟(dú)：亦作"怨黩"。因怨恨而出诽谤之言。讟，怨恨。

⑦谏议大夫：官名。秦代置谏议大夫之官，专掌论议。后时置时废。唐初复置，正五品上。魏徵（580—643）：字玄成，唐钜鹿曲城（今河北晋州，一说河北馆陶）人。唐朝政治家。曾任谏议大夫、左光禄大夫，封郑国公。以直谏敢言著称，是中国历史上最

负盛名的谏臣。常与太宗总结隋亡的经验和教训，敢于犯颜直谏。著有《隋书》序论，《梁书》《陈书》《齐书》的总论等。其言论多见《贞观政要》。

⑧诸："之于"的合音。下"能远体诸物"之"诸"义同。

⑨詹何：战国时楚国术士，善术数，传说其坐于家中，能知门外牛之毛色及以白布裹角。《列子·说符》里记载：楚庄王问詹何说："怎样来治理国家呢？"詹何回答："我只知道怎样修养自身，不知道怎样治理国家。"楚庄王说："我得以奉事宗庙和掌管国家，希望学到把它保持住的办法。"詹何回答说："我从来没听说过国君自身修养好，国家却治理不好的，也从来没听说过国君自身修养不好，国家却治理得很好的。所以治国的根本在于国君自身的修养，像治理国家这样次要的事情我就不敢对您讲了。"

⑩修身之术：修养自身品德的方法。

【译文】

贞观初年，唐太宗对他身边的人说："做国君的原则，必须以百姓的存活为先。如果以损害百姓的利益来奉养自身，那就好像割自己大腿上的肉来填饱肚子，虽然肚子是填饱了，但人也就死了。如果要想安定天下，必须首先端正自身，世上绝对没有身子端正了而影子不正的情况，也没有上面治理好了而下边发生动乱的事。我常想，能损伤自身的并不是身外的东西，都是由于自身的贪欲才酿成祸患。如果一味贪恋美味，沉溺于音乐女色，欲望越多，所受的损害也就越大，既妨碍国家政事，又扰害百姓。如果再说出一些不合事理的话来，就更会弄得民心涣散，怨言四起，自然就众叛亲离。每当我想到这些，就不敢有一丝一毫的放纵和懈怠。"

谏议大夫魏徵回答说："古代圣明的君主都是先就近从自身入手，才能远而推及到一切事物。从前楚庄王聘用詹何，向他征询治理国家的要领。詹何用修养自身品德来回答。楚庄王又问他治理国家用什么方法,詹何说:‘从未听说国君清正而国家会发生动乱的。’陛下所明白的道理,完全符合古代圣贤的意思。”

　　贞观二年,太宗问魏徵曰:“何谓为明君暗君?”

　　徵曰:“君之所以明者,兼听也①;其所以暗者,偏信也。《诗》云:‘先人有言,询于刍荛。’②昔唐、虞之理③,辟四门,明四目,达四聪④。是以圣无不照,故共、鲧之徒⑤,不能塞也;靖言庸回⑥,不能惑也。秦二世则隐藏其身⑦,捐隔疏贱而偏信赵高⑧,及天下溃叛,不得闻也。梁武帝偏信朱异⑨,而侯景举兵向阙⑩,竟不得知也。隋炀帝偏信虞世基⑪,而诸贼攻城剿邑,亦不得知也。是故人君兼听纳下,则贵臣不得壅蔽,而下情必得上通也。”

　　太宗甚善其言。

【注释】

①兼听:能够听取各方面的意见。

②“先人”二句:诗文出自《诗经·大雅·板》。刍荛(ráo),指割草打柴的人。刍,草。荛,柴。

③唐、虞:即指唐尧、虞舜。唐尧是帝喾之子。初封于陶,后又封于唐,所以称陶唐氏。建都平阳(今山西临汾西南)。唐尧年老后,其子丹朱无能,尧就把帝位传给舜。虞舜,名重华。生长于有虞氏部落,因此称虞舜。尧老后,召集各部落首领商议继位者,部落首领们一致推举舜。舜代行国政三十年后,尧禅位给舜。建都蒲坂(今山西永济蒲州镇)。于南巡中死于苍梧之野(今湖南宁远九嶷山郊野)。唐虞时代约处于父系氏族社会晚期。

④“辟四门”三句:语出《尚书·舜典》。这句话的意思是说,尧、舜在

明堂开了四个方向的门,用来看四方的事情,听取四方的声音。要做到耳聪目明,透彻了解。辟,开。达,通。聪,听觉灵敏。

⑤共:共工氏。中国古代神话中的天神。为西北的洪水之神,传说他与黄帝族的颛顼发生战争,不胜,怒而头触不周山,使天地为之倾斜。后为颛顼诛灭。鲧:中国古代传说中尧的臣子,禹的父亲。相传尧时洪水滔天,鲧奉命治水,他用筑堤防堵之法,九年未治平,因窃取天帝的神物息壤以堙洪水,天帝命祝融将他杀害于羽山。后来化为黄熊,成为羽渊之神。后世以鲧为治水之神,是一位失败了的英雄。此外还有一说,谓共工是尧的大臣,与驩兜、三苗、鲧并称"四凶",被舜流放于幽州。

⑥靖言庸回:同"靖言庸违"。语言善巧而行动乖违。犹言口是行非。

⑦秦二世:即秦二世胡亥(前209—前207在位),也称二世皇帝。是秦始皇第二十六子(最小的儿子)、太子扶苏的弟弟。始皇出巡死于沙丘,宦官赵高和丞相李斯篡改遗诏,立胡亥为帝,赐扶苏死。秦二世即位后,宦官赵高掌实权,实行惨无人道的统治,终于激起了前209年陈胜、吴广的农民起义。二世胡亥于前207年被赵高杀死,时年24岁。

⑧赵高:秦宦官,任中车府令,兼行符玺令事,"管事二十余年"。秦始皇死后,他与李斯合谋伪造诏书,逼秦始皇长子扶苏自杀,另立胡亥为帝,并自任郎中令。他在任期间独揽大权,结党营私,征役更加繁重,行政更加苛暴。前207年又设计害死李斯,成为秦国丞相。后迫二世自杀,另立子婴,不久被子婴杀掉,诛夷三族。

⑨梁武帝(464—549):即萧衍。南朝梁的建立者,字叔达,南兰陵(今江苏常州西北)人。在任期间颇有政绩。在位晚年爆发"侯景之乱",被侯景囚禁,饿死。朱异(483—549):字彦和,南朝梁吴郡钱塘(今浙江杭州南)人。遍治"五经",同时,广涉文史百

家,兼通杂艺,博弈书算,皆其所长。20岁时到都城建康(今南京),尚书令沈约当面试之,称道其才,勉励他清廉自律。次年,特敕提拔为扬州议曹从事史。不久朝廷诏求异能之士,五经博士明山宾上表推荐,称他"年时尚少,德备老成","器宇弘深,神表峰峻"。梁武帝召他解说《孝经》和《周易》,听后非常高兴,赞叹道:"朱异实异!"于是诏朱异入直西省,不久又兼太学博士。后累迁中书郎、散骑常侍、右卫将军,加侍中。为梁武帝所信任,居权要、掌机密三十余年。太清元年(547)主张纳东魏降将侯景,又主张与东魏和议,激成侯景之乱。建康被围,惭愤病死。撰有《礼》《易》讲疏及仪注、文集百余篇(已佚)。

⑩侯景(503—552):北朝东魏将领。初为戍兵,从尔朱荣镇压葛荣起义,继转附高欢。东魏时,历任尚书左仆射、司空、司徒、大行台等职,拥兵专制河南。高欢死后,投靠西魏,旋又附梁,受封河南王。太清二年(548)为东魏击败,奔寿春,闻武帝对己有反复,乃勾结觊觎皇位的萧正德起兵叛梁,攻陷台城,困死梁武帝,立萧纲,在三吴地区大肆烧杀抢掠。后西征江陵失利,返回建康(今江苏南京),自立为帝,改国号汉。他生性残忍酷虐,且军纪败坏,大失人心,不久即被王僧辩、陈霸先击败,在逃亡途中被部属诱杀。

⑪虞世基(?—618):字茂世,余姚人。少与弟世南同师事顾野王。性恬静,喜愠不形于色,博学,善草隶。陈时任太子中舍人、尚书左丞。隋时为通直郎、直内史省、内史舍人,受炀帝器重,专典机密,参掌朝政。隋大业八年(612),从炀帝出征高丽,以功进金紫光禄大夫。后数次劝谏均不纳,又见大臣相继诛戮,惧祸及己,遂唯诺取容,不敢逆帝,为时人所讥。十四年,宇文化及于江都兵变,杀隋炀帝,他一同被杀。

【译文】

贞观二年(628),唐太宗问魏徵说:"什么叫做圣明君主?什么叫做昏暗君主?"

魏徵答道:"君主之所以能圣明,是因为能够兼听各方面的不同意见;君主所以会昏暗,是因为偏听偏信。《诗经》中说:'古人说过这样的话,要向割草砍柴的人征求意见。'过去唐尧、虞舜治理天下,广开四方门路,招纳贤才,广开视听,了解各方面的情况,听取各方面的意见。因而圣明的君主能无所不知,所以像共工、鲧这样的坏人不能蒙蔽他;花言巧语的奸佞小人也不能迷惑他。秦二世却不是这样,他深居宫中,隔绝贤臣,疏远百姓,偏信赵高,直到天下大乱、百姓叛离,他还不知道。梁武帝偏信朱异,到侯景兴兵作乱围攻都城,他竟浑然不知。隋炀帝偏信虞世基,到各路反隋兵马攻掠城邑时,他还不知道。由此可见,君主如能广泛听取各方意见,采纳臣子忠言,那么,权臣就不能蒙上蔽下,百姓的意见也就能传递给国君了。"

太宗很赞赏魏徵的这番话。

贞观十年,太宗谓侍臣曰:"帝王之业,草创与守成孰难①?"

尚书左仆射房玄龄对曰②:"天地草昧③,群雄竞起,攻破乃降,战胜乃克。由此言之,草创为难。"

魏徵对曰:"帝王之起,必承衰乱。覆彼昏狡④,百姓乐推,四海归命,天授人与,乃不为难。然既得之后,志趣骄逸,百姓欲静而徭役不休,百姓凋残而侈务不息,国之衰弊,恒由此起。以斯而言,守成则难。"

太宗曰:"玄龄昔从我定天下,备尝艰苦,出万死而遇一生,所以见草创之难也。魏徵与我安天下,虑生骄逸之端,必践危亡之地，所以见守成之难也。今草创之难，既已往矣，守成之难者，当思与公等慎之⑤。”

【注释】

①草创：开始创建。守成：保持已经创建的基业。

②尚书左仆射（yè）：官名。秦始置，为诸尚书之首。汉成帝建始四年（前29）置尚书五人，其中一人为仆射。东汉置尚书台，主官为尚书令，以尚书仆射为其副职。献帝时分设左、右仆射，历代沿置。魏晋后，尚书令、尚书仆射号为“朝端”“朝右”，居宰相之任，成为贵官。唐不置尚书令，以仆射为尚书省的长官。房玄龄（579—648）：名乔，字玄龄，齐州临淄（今山东淄博）人。唐朝初年名相。18岁时本州举进士，授羽骑尉。在渭北投秦王李世民后，为秦王出谋划策，典管书记，是秦王得力的谋士之一。唐武德九年（626），他参与玄武门之变，与杜如晦、长孙无忌、尉迟敬德、侯君集五人并功第一。李世民即位后，他为中书令；贞观三年（629）二月为尚书左仆射；贞观十一年（637）封梁国公；贞观十六年（642）七月进位司空，仍综理朝政。贞观二十二年（648）病逝。因房玄龄善谋但有些优柔寡断，而杜如晦处事果断不善谋略，因此人称“房谋杜断”。后世以他和杜如晦为良相的典范，合称“房杜”。

③草昧：蒙昧未开化的状况。这里借喻国家草创秩序未定阶段。

④昏狁：昏庸害民。狁，伤害。

⑤慎：谨慎。

【译文】

贞观十年（636），唐太宗问身边的大臣们说：“在帝王的事业中，创业与守业哪件事比较艰难？”

尚书左仆射房玄龄回答说：“国家开始创业的时候，各地豪杰竞起，必须攻破城池才能使敌人投降，在战斗中获胜才能使敌人归顺。这样看来，还是创业艰难。"

魏徵回答说："帝王的兴起，一定是乘着前朝衰乱的时候。这时推翻昏庸无道的旧主，百姓就乐于拥戴，四海之内也都会先后归顺，这正是天授人与，如此看来创业并不算难。然而得到天下之后，志趣变得骄傲放纵，百姓想安宁地过日子，但徭役却无休无止，百姓穷困潦倒而国君却不停地奢侈享乐，国家的衰败，常常就是这样引起的。这样看来，守业更难。"

太宗说："玄龄当初跟随我平定天下，历尽了艰难困苦，九死一生，所以他知道创业的艰难。魏徵如今辅佐我治理国家，担心一旦出现骄奢淫逸的苗头，必然陷入危亡的境地，所以他看到守业的艰难。如今艰难的创业已成往事，守业这一难事，我考虑应当和诸公一起谨慎对待。"

贞观十一年，特进魏徵上疏曰①：

"臣观自古受图膺运②，继体守文③，控御英雄，南面临下④，皆欲配厚德于天地，齐高明于日月，本支百世⑤，传祚无穷⑥。然而克终者鲜⑦，败亡相继，其故何哉？所以求之，失其道也。殷鉴不远⑧，可得而言。

【注释】

①特进：官位。西汉末年始置，以授列侯中有特殊地位者。南北朝为加官，无实职。唐为文散官之第二阶，相当于正二品。

②受图膺(yīng)运：谓帝王得受图箓，应运而兴。这里指承受天命开创帝业或继承帝位的人。图，河图。相传，上古伏羲氏时，洛阳东北孟津县境内的黄河中浮出龙马，背负"河图"，献给伏羲。伏羲依此而演成八卦，或谓为《周易》来源。又相传，大禹时，洛

阳西洛宁县洛河中浮出神龟,背驮"洛书",献给大禹。大禹依此
治水成功,遂划天下为九州。封建统治阶级就把"河图洛书"说
成是上天的旨意,帝王是承受天命开创帝业或继承帝位来统治
万民的。膺运,膺期,指受天命为帝王。

③继体守文:继承皇位,率由旧章。《穀梁传》曰:"承明继体,则守
　文之君也。"体,这里指政权、皇位。文,这里指法令条文、典章
　制度。

④南面临下:朝南而坐,以统治万民。

⑤本支百世:指子孙昌盛,百代不衰。

⑥祚(zuò):福。这里指皇位。

⑦克终者鲜(xiǎn):善始善终者很少。克,能。鲜,少。

⑧殷鉴不远:泛指前人的教训就在眼前。鉴,鉴戒。语出《诗经·
　大雅·荡》:"殷鉴不远,在夏后之世。"这句诗揭示了一个历史教
　训,即夏代的灭亡,就是殷代的前车之鉴。原指殷朝的子孙要把
　夏朝的灭亡作为鉴戒。

【译文】

　　贞观十一年(637),特进魏徵向太宗上书说:

　　"我看到自古以来,但凡承受天命开创帝业或继承帝位的人,他们
驾驭英才,朝南而坐,以统治万民,都希望自己德配天地,功高日月,长
久统治,帝位能世世代代相传下去。然而能善始善终的实在太稀少
了,衰亡倾覆相继发生,这是什么缘故呢?探讨他们的失败原因是因
为他们不懂得治国的道理。前朝覆灭的教训并不久远,还可以讲得
出来。

　　"昔在有隋,统一寰宇,甲兵强盛,三十余年,风行万里,
威动殊俗。一旦举而弃之,尽为他人之有。彼炀帝岂恶天
下之治安,不欲社稷之长久,故行桀虐①,以就灭亡哉?恃其

富强,不虞后患^②。驱天下以从欲^③,罄万物而自奉^④,采域中之子女,求远方之奇异。宫苑是饰,台榭是崇,徭役无时,干戈不戢^⑤。外示严重,内多险忌,谗邪者必受其福,忠正者莫保其生。上下相蒙,君臣道隔,民不堪命,率土分崩。遂以四海之尊,殒于匹夫之手^⑥,子孙殄绝^⑦,为天下笑,可不痛哉!

【注释】

①桀:夏朝最后一个国王,名履癸,是中国历史上有名的暴虐、荒淫的国君之一。

②虞:考虑,防范。

③从欲:服从于自己的私欲。

④罄(qìng)万物而自奉:搜刮天下的财物尽情挥霍。罄,用尽,消耗殆尽。

⑤干戈不戢(jí):战事终年不休。戢,把兵器收藏起来。引申指停止战争。

⑥殒(yǔn)于匹夫之手:竟死在匹夫之手。殒,死亡,丧身。匹夫,指平常的人。

⑦子孙殄(tiǎn)绝:子孙也被斩尽杀绝。殄绝,灭绝。

【译文】

"过去隋朝统一天下,兵强马壮,三十余年,声威远播万里。然而一下全部丧失,江山尽为别人所有。隋炀帝难道不想让天下安定、国家长治久安,故意要施行夏桀那样的暴政,弄得自己国破人亡吗?他不过是依仗国家富强,有恃无恐,不考虑后患。他驱使百姓顺从自己的奢欲,搜刮天下的财物尽情挥霍,挑选全国的美女,到域外探寻珍宝。装饰宫苑,构筑楼台,不按季节来征收徭役,战事终年不休。君臣间外表威严庄重,内心却多猜忌险恶。奸佞邪恶的进谗者一定会享受福禄,忠诚正直的人却连性命都难保。上下互相欺蒙,君臣之间离心离德,百姓不堪忍受,国家从此分崩离析。于是一度曾统治四海的国君,竟死在匹夫之手,他们的子孙也被斩尽杀绝,为天下人所耻笑,这能不令人痛心吗?

"圣哲乘机,拯其危溺,八柱倾而复正①,四维弛而更张②。远肃迩安③,不逾于期月④;胜残去杀⑤,无待于百年。今宫观台榭,尽居之矣;奇珍异物,尽收之矣;姬姜淑媛⑥,尽侍于侧矣;四海九州,尽为臣妾矣⑦。若能鉴彼之所以失,念我之所以得,日慎一日,虽休勿休,焚鹿台之宝衣⑧,毁阿房之广殿⑨,惧危亡于峻宇,思安处于卑宫,则神化潜通,无为而治,德之上也。若成功不毁,即仍其旧,除其不急,损之又损。杂茅茨于桂栋,参玉砌以土阶⑩,悦以使人,不竭其力,常念居之者逸,作之者劳,亿兆悦以子来⑪,群生仰而遂性,德之次也。若惟圣罔念⑫,不慎厥终,忘缔构之艰难⑬,谓天命之可恃,忽采椽之恭俭,追雕墙之靡丽,因其基以广之,增其旧而饰之,触类而长,不知止足,人不见德,而劳役是闻,斯为下矣。譬之负薪救火⑭,扬汤止沸⑮,以暴易乱,与乱同道,莫可测也,后嗣何观! 夫事无可观则人怨,人怨则神怒,神怒则灾害必生,灾害既生,则祸乱必作,祸乱既作,而能以身名全者鲜矣。顺天革命之后,将隆七百之祚⑯,贻厥子孙⑰,传之万叶⑱,难得易失,可不念哉!"

【注释】

①八柱倾而复正：使倾倒的八根天柱重新匡正。复正，重新匡正。古代神话传说地有八柱，用以承天。《淮南子·天文训》记载："昔者共工与颛顼争为帝，怒而触不周之山，天柱折、地维绝，天倾西北，故日月星辰移焉。"

②四维弛而更张：松弛的四条地维重新绷紧。四维，古人以为天圆地方，天有八柱支持，地有四维系缀。维，是系物的大绳。此外，管子也非常重视礼义伦理在治国安民中的作用，在《管子·牧民》篇中提出了著名的"四维"说："礼义廉耻，国之四维，四维不张，国乃灭亡。"管仲把礼、义、廉、耻四种道德看作治国的四个纲。

③远肃迩(ěr)安：远近平安。迩，近。

④期(jī)月：这里指一年的时间。期，时间周而复始。

⑤胜残去杀：使凶暴的人化而从善，不用刑杀。

⑥姬姜：相传黄帝姓姬，炎帝姓姜；周朝姓姬，齐国姓姜。姬、姜两姓常通婚，于是古人多以"姬姜"为大国之女的代称，也用作妇女的美称。淑媛：美好的女子。泛指美女。

⑦臣妾：古代对奴隶的称谓，男称臣，女称妾。有时亦作为所属臣下的称谓。

⑧焚鹿台之宝衣：周武王伐纣，商纣王发兵拒之于牧野，发生大战。纣兵战败，商纣王逃至鹿台，"蒙衣其珠玉，自燔于火而死"。鹿台，商纣王所建的宫苑，地点在商都附近。

⑨阿房之广殿：秦始皇时建筑的大型宫殿，规模宏大。前212年动工。阿房宫集中了当时全国各地宫殿建筑的优点，规模空前，气势宏伟，它"离宫别馆，弥山跨谷，辇道相属"，景色蔚为壮观。《史记》记载："先作前殿阿房，东西五百步，南北五十丈，上可以坐万人，下可以建五丈旗。周驰为阁道，自殿下直抵南山，表南

山之颠以为阙。为复道,自阿房渡渭,属之咸阳。"《汉书·贾山
传》中对于阿房宫的恢宏之势也有如下记载:"起咸阳而西至雍,
离宫三百,钟鼓帷帐,不移而具。又为阿房之殿,殿高数十仞,东
西五里,南北千步,从车罗骑,四马骛驰,旌旗不挠,为宫室之丽
至于此。"秦亡时未完工,项羽打进咸阳后被焚毁。遗址在今西
安市西郊的阿房村一带,为全国重点文物保护单位。

⑩"杂茅茨(cí)"二句:茅茨,茅屋。桂栋,指豪宅。参玉砌以土阶,
玉石台阶和泥土台阶一起使用。

⑪亿兆:本义是极言其数之多。这里指庶民百姓,犹言众庶万民。

⑫罔念:妄自尊大,意谓不把上天的旨意记在心头。罔,不。

⑬缔构:即缔结、构造,是从古代建筑学中借过来的名词。"缔"和
"构"原来都是名词,后引申为动词。这里指打天下、创建国家。

⑭负薪救火:语出《韩非子·有度》。本义是指背着柴草去救火。
比喻用错误的方法去消除灾祸,结果使灾祸反而扩大。

⑮扬汤止沸:语出陈寿《三国志·魏书·刘廙传》。本义是指把锅
里开着的水舀起来再倒回去,使它凉下来不沸腾。比喻使用的
办法不彻底,不能从根本上解决问题。

⑯"顺天"二句:顺天革命,顺应天命。古代以天子受天命称帝,故
凡朝代更替、君主易姓,皆称为革命。七百之祚,指国家长久之
治。《左传》王孙满对楚庄王问鼎时曾说周"卜世三十,卜年七
百"。

⑰贻厥:指留传,遗留。语出《尚书·五子之歌》:"明明我祖,万邦
之君,有典有则,贻厥子孙。"这里特指传位给后代。

⑱传之万叶:传至万世。叶,世,代。

【译文】

"圣明的大唐乘机而起,拯救万民于水火之中,使倾覆的国家重新
匡正,松弛的道德规范重新恢复。不超过一年的时间,就使远近平安;

凶暴的人化而从善,达到刑罚废弃不用的安定境界,也无须百年。现今所有的宫殿观阁、楼台亭榭皇上都已拥有;奇珍异宝皇上都已收藏;佳人淑女都已侍候在皇上的身旁;四海九州的百姓都已成为皇上的臣属。如果此时能够总结一下隋朝之所以亡国的历史教训,思考我朝之所以得天下的成功经验,一天比一天警惕,虽有功德而不自恃。烧掉殷纣王的鹿台、宝衣,拆毁秦始皇宽广的阿房宫宫殿,居住在峻伟的宫殿里心里就会感到有危亡的惧怕,居住在简陋的房舍中却感到心安理得,这样就能与天地的神明在冥冥中贯通,从而达到无为而治的境界,这是德行的最高境界。如果顾惜现成的东西不忍毁坏,就让它们仍然保持原貌,但要免除那些并不急需的供奉,将其减少到最低限度。即使是豪宅间也夹杂着一些茅屋,玉石台阶和泥土台阶一起使用也无妨。要使百姓心甘情愿地效力,又要不用尽百姓的力量,要常想到居住的人享受着安逸,但劳动的人多么辛苦,这样百姓们就会自愿来到这里,他们非常尊敬君主而自己也称心如意,这是次一级的德行标准。如果是妄自尊大,不把上天的旨意记在心头,不考虑后果,不善始慎终,忘却打天下的艰难,认为是天命所归,抛弃住陋室时的俭朴作风,一心追求雕梁画栋的奢靡建筑,在原有宫殿的基础上还要扩建,在旧的建筑上广加修饰,依此类推,永不知足,百姓见不到德政,见到的只是无休止的劳役,这是最糟糕的德行。这样的做法就好比背着柴草去救火,舀起开水来止沸,是用强暴来替代混乱,实际上与先前的乱政走的是一条路,其后果不堪设想,后世子孙将如何看待你的事迹!没有可观的政绩就会产生人怨,产生人怨上天就会发怒,上天发怒就必然会发生灾害,发生灾害就会引起祸乱,祸乱一旦兴起,能保全身家性命和美好名声的就很少了!顺应天命,改朝换代之后,长久兴盛的国运将要兴起,应当把江山遗留给子孙相承,传至万世。江山大业获得时艰难,却容易失去,能不认真考虑这个问题吗?”

是月，徵又上疏曰：

"臣闻求木之长者，必固其根本^①；欲流之远者，必浚其泉源^②；思国之安者，必积其德义。源不深而望流之远，根不固而求木之长，德不厚而思国之理，臣虽下愚，知其不可，而况于明哲乎！人君当神器之重^③，居域中之大^④，将崇极天之峻，永保无疆之休^⑤。不念居安思危，戒奢以俭，德不处其厚，情不胜其欲，斯亦伐根以求木茂，塞源而欲流长者也。

【注释】

①固：巩固。

②浚（jùn）：疏通。

③神器：指帝位、政权。

④居域中之大：是占据天地间的一大之一。域中，指天地间。《老子》上篇曰："道大，天大，地大，人亦大。域中有四大，而人居其一焉。"

⑤无疆之休：指无穷无尽的美好日子。

【译文】

本月，魏徵又上书说：

"我听说过，要想让树木长得好，必须使树木的根扎得牢固；要想让河水流得长远，必须疏通它的源头；要想使国家长治久安，就一定要积聚自己的道德仁义。河流的源头不深却希望河水流得长远，树木的根基不牢固却希望树木生长，道德不深厚却想使国家安定，我虽然十分愚笨，也知道那是不可能的，更何况明智的人呢？国君掌握国家大权，处于天地间至尊的地位，有至高无上的威严，应该永保无穷无尽的美好日子。但如果不能居安思危，不能力戒奢侈而提倡节俭，不能广积美德，不能节制情欲，要想达到这个目标，就像砍断树根而希望树木茂盛，堵塞源头而希望河水长流一样荒唐！

"凡百元首,承天景命^①,莫不殷忧而道著^②,功成而德衰。有善始者实繁,能克终者盖寡,岂取之易而守之难乎?昔取之而有余,今守之而不足,何也? 夫在殷忧,必竭诚以待下;既得志,则纵情以傲物。竭诚则胡越为一体^③,傲物则骨肉为行路。虽董之以严刑^④,振之以威怒,终苟免而不怀仁,貌恭而心不服。怨不在大,可畏惟人。载舟覆舟^⑤,所宜深慎。奔车朽索^⑥,其可忽乎!

【注释】

①景命:大命。指授予帝王之位的天命。景,大。

②殷忧:深深的忧虑。殷,深。

③胡越为一体:意谓胡、越虽然地处南北,疏远隔绝,但还是可以和合为一体。胡越,指胡、越两个少数民族。胡地在北,越地在南,亦泛指北方和南方的各民族。

④董:督责,监督。

⑤载舟覆舟:语出《荀子·王制》。大意是民众犹如水,可以承载船,也可以倾覆船。比喻人民是决定国家兴亡的主要力量。

⑥奔车朽索:语出《尚书·五子之歌》。指用已腐朽的绳子去拉奔驰的车辆。比喻事情很危险,应十分警惕。

【译文】

"凡是古代的君主,承受上天的大命,创业伊始没有一个不是小心谨慎而君道显著的,可是一旦大功告成,就德政日衰。能善始的人很多,但是能善终的人实在太少了,难道是夺取政权容易而守住政权困难吗? 他们在过去夺取政权时力量绰绰有余,而如今维守政权时却力不从心,这是为什么呢? 大概是在创业时忧患深重,必然会竭尽诚意对待下属;一旦得志功成,就会放纵情欲,傲视他人。用诚心与人交往时,即

使是极其边远的北胡、南越也能结为一个整体；当傲视他人时，即使是
骨肉之亲也会变得视同陌路。即使用严酷的刑罚督责人们，用威风怒
气恫吓人们，结果只能使人们图求苟且以免于刑罚，却不会怀念国君的
恩德，表面上态度恭敬，可是心里并不服气。怨恨不在大小，可怕的是
人心的背离。百姓像水一样，可以载船，也可以翻船，这是应该特别谨
慎的。用已腐朽的绳子去驾驭飞奔的车马，这种危险怎么能够疏忽
大意！

　　"君人者，诚能见可欲则思知足以自戒，将有作则思知
止以安人①，念高危则思谦冲而自牧②，惧满溢则思江海下百
川，乐盘游则思三驱以为度③，忧懈怠则思慎始而敬终④，虑
壅蔽则思虚心以纳下⑤，想谗邪则思正身以黜恶⑥，恩所加则
思无因喜以谬赏⑦，罚所及则思无因怒而滥刑。总此十思，
弘兹九德⑧，简能而任之⑨，择善而从之。则智者尽其谋，勇
者竭其力，仁者播其惠，信者效其忠。文武争驰，君臣无事，
可以尽豫游之乐⑩，可以养松乔之寿⑪，鸣琴垂拱⑫，不言而
化。何必劳神苦思，代下司职，役聪明之耳目，亏无为之大
道哉！"

【注释】

①作：兴作，建筑。指兴建宫室之类。

②谦冲：谦虚。自牧：自我修养，克制。比喻谦虚谨慎，自我克制。

③乐：以……为乐。盘游：打猎游乐。三驱：有两种解释，一种解释
　　是指"三驱之礼"，即一年在春、秋、冬季打猎三次。《礼记·王
　　制》："天子诸侯无事，则岁三田（猎）。"《春秋》中也记载了君主田
　　猎的"三田制"，以限制天子打猎的时间。据说在此之前，天子四

季都可以出猎,孔子认为夏季打猎,有违天时,所以限制一年只能春、秋、冬三季田猎。古代天子田猎有保护庄稼、祭祀、练兵等多重含义,因此后代君主多推行"三驱之礼"。另一种解释是指打猎时,只围合其三面,使被围的禽兽可以逃去一些,不忍把禽兽完全捕杀,这是古人所谓好生之德。无论是哪一种解释,我们都可以看出,这是统治者表明自己"仁"治的一个方式。

④思慎始而敬终:就应想到要善始善终。

⑤壅蔽:指下情不能上达。纳下:听取臣下的意见。

⑥黜恶:贬斥邪恶。黜,驱除。

⑦谬赏:滥赏,错误的奖赏。

⑧弘兹九德:扩大九德的修养。弘,使……光大。兹,此。九德,忠、信、敬、刚、柔、和、固、贞、顺。《尚书》记载大禹问皋陶如何检验一个人的言语和行为时说:"什么叫做九德?"皋陶说:"宽弘大量而又严肃恭谨,性情温和而又有主见,态度谦虚而又庄重严肃,具有才干而又办事认真,善于听取别人意见而又刚毅果断,行为正直而又态度温和,直率旷达而又注重小节,刚正不阿而又脚踏实地,坚强勇敢而又符合道义。能在行为中表现出这九种品德,就会吉祥顺利啊!"

⑨简:选拔。

⑩豫游:犹游乐。这里指帝王巡游。

⑪松乔之寿:谓长生不老。松、乔,指神话中仙人赤松子与王子乔。赤松子,又名赤诵子,号左圣南极南岳真人、左仙太虚真人,传说中的上古仙人。王子乔,生活于东周时期,传说是黄帝的四十二代后人,本名姬晋,字子乔,周灵王的太子,人称太子晋或王子晋。也是道家神话传说中的仙人。

⑫垂拱:垂衣拱手,形容不用做什么事,不用花什么气力。

【译文】

"作为国君，如果在见到自己想要得到的东西时能够自戒自足；将要大兴土木时能够考虑适可而止，以使百姓安宁；念及地位高有颠覆的危险时能够保持谦虚，并且加强自我修养；害怕骄傲自满时能够有海纳百川一样的度量；沉溺于打猎游乐时能够想到每年只有三次的限度；担心精神懈怠不能坚持到底时能够想到要善始善终；忧虑下情不能上达时能够注意虚心听取臣下的意见；担忧谗佞奸邪败坏朝政时能够想到从端正自身入手，罢黜邪恶的臣子；在实行赏赐时能够想到不能因一时高兴就胡乱加赏；在进行惩罚时能够想到不能因一时恼怒而滥用刑法。做到以上十个方面，弘扬九德的修养，选拔有才能的人而任用他，选择好的意见而听从它，那么聪明的人就会献出他的全部智慧，勇敢的人就会献出他的全部力量，有仁德的人就会广施他们的恩惠，有信义的人就会奉献他们的忠诚。文臣武将争相为国出力，国君和大臣之间就会平安无事，这样国君就可以尽情地享受巡游的快乐，可以像神仙赤松子、王子乔一样颐养寿考，可以像虞舜一样快乐地弹奏琴瑟，垂衣拱手，无为而治，不用多说话而民风自然变得淳朴。何必劳神思索，代替臣下去做具体事务，既劳累自己的耳目，也有损于无为而治的治国之道。"

太宗手诏答曰：

"省频抗表①，诚极忠款②，言穷切至。披览忘倦，每达宵分③。非公体国情深，启沃义重④，岂能示以良图，匡其不及。朕闻晋武帝自平吴已后⑤，务在骄奢，不复留心治政。何曾退朝谓其子劭曰⑥：'吾每见主上不论经国远图，但说平生常语，此非贻厥子孙者，尔身犹可以免。'指诸孙曰：'此等必遇乱死。'及孙绥⑦，果为淫刑所戮。前史美之，以为明于先见。朕意不然，谓曾之不忠，其罪大矣。夫为人臣，当进思尽忠，退思补过,将顺其美,匡救其恶⑧,所以共为治也。曾位极台司⑨,名器崇重,当直辞正谏,论道佐时。今乃退有后言,进无廷诤,以为明智,不亦谬乎!危而不持,焉用彼相⑩?公之所陈,朕闻过矣。当置之几案,事等弦韦⑪。必望收彼桑榆⑫,期之岁暮,不使康哉良哉⑬,独美于往日,若鱼若水⑭,遂爽于当今。迟复嘉谋⑮,犯而无隐⑯。朕将虚襟静志,敬仁德音⑰。"

【注释】

① 省频抗表:看了你多次所上的奏表。省,看。频,多次。抗表,指奏表。

② 忠款:非常诚恳。

③ 宵分:夜半。

④ 启沃:指臣下对君主的竭诚忠告。

⑤ 晋武帝(236—290):即司马炎,字安世。司马昭长子,晋朝的开国君主,谥号武皇帝,庙号世祖。曾出任中抚军,但是司马昭却有意让幼子司马攸继承,在重臣的反对之下,司马炎于265年五月被封为晋王太子。同年八月司马昭过世之后,司马炎继承晋王的爵位。同年十二月,司马炎逼迫魏元帝禅让,即位为帝,国号晋。在位26年。平吴:279年,司马炎发兵20万,兵分六路,大举伐吴,晋军所向皆捷,连克江陵、夏口、武昌等地。吴人作铁锁横江面,铸铁椎沉于水中,也未能阻挡晋军舟楫东进。既克武昌,便向建业,晋军扬帆东下,吴军非溃即降,吴主孙皓出降,吴亡。东汉末年军阀混战和三国鼎立的局面至此结束。消灭吴国、统一全国是司马炎的一大功绩。

⑥ 何曾(199—278):原名瑞谏,又名谏。西晋大臣,承袭其父爵位,

魏明帝时改封平原侯,作了散骑侍郎。后来作为主管农业的典农中郎将,主张为政之本在于得人。何曾与曹魏权臣司马懿私交深厚,司马炎袭父爵为晋王时,何曾身为丞相,在废曹立晋的过程中起了相当重要的作用。因此,晋朝一建立,他官封太尉,直至太保兼司徒,爵位也由侯晋升为公。劭:即何劭,字敬祖,何曾的次子。武帝即位,任散骑常侍,咸宁中迁侍中。惠帝初为太子太师,通省尚书事,后转特进,累迁尚书左仆射。永康初,迁司徒。赵王司马伦篡位,以为太宰。永宁元年卒,赠司徒,谥曰康。

⑦绥:即何绥,字伯蔚,何曾之孙。仕晋为侍中、尚书。自以为继世名贵,奢侈过度,性既轻物,翰札甚简。后为东海王司马越所杀。

⑧"当进思"几句:语出《孝经·事君》。大意为上朝时,就忠心耿耿报效君主;退朝后,就反省自己,以弥补国君过失。至于君有美意善事,就顺行而承之;君有未善之处,就匡救而止之。将,行也。匡,正也。救,止也。

⑨台司:指三公等宰辅大臣。古代用三台(星名)来比喻三公。如台鼎(古代称三公或宰相,意为职位显要)、台斗(比喻宰辅重臣)、台司(指三公等宰辅大臣)、台臣(指宰辅重臣)等。

⑩"危而"二句:语出《论语·季氏》。意谓国家有了危险而袖手旁观,要这样的人有什么用?

⑪弦韦:喻缓急。借指用以警勉自己。《韩非子·观行》云:"西门豹之性急,故佩韦以自缓;董安于之心缓,故佩弦以自急。"后因以"弦韦"喻缓急。

⑫桑榆:本指夕阳的余辉照在桑榆树梢上,借指傍晚日暮。后用来比喻晚年。

⑬康哉良哉:语出《尚书·益稷》。意谓诸事安宁,君明臣良。康,太平。

⑭若鱼若水:就好像鱼和水一样密不可分。比喻君臣之间相得无间。

⑮嘉谋：佳言良谋。

⑯犯而无隐：语出《礼记》。意谓犯颜直谏，毫无保留。

⑰伫(zhù)：长时间地站着。泛指等候，肃立敬候。

【译文】

太宗亲自撰写诏书回答魏徵说：

"看了你多次上的奏表，确实非常诚恳，你言无不尽，恳切至极，我翻阅再三而忘记了疲倦，往往看到深夜时分。如果不是你关心国家政务，竭诚忠告，怎么能提出这么深远的谋略，匡正我的不足之处呢？我听说晋武帝平定吴国之后就骄奢淫逸，不再留心朝政。何曾退朝回家后对他的儿子何劭说：'我每次见到主上，他都不谈治理国家的长远打算，只说些日常事务。这不像是能把江山传给子孙的国君，你们这一代还可以幸免遭遇天下大乱。'他又指着自己几个孙子说道：'到了你们这一辈必定会遭遇乱世，并在战乱中丧命。'后来他的孙子何绥果然死于滥刑。以前的史书都称道过这件事，赞赏何曾有先见之明。我的看法却不是这样的，我认为何曾不忠，并且他的罪过很大。作为臣子，上朝时应该想着如何为国家贡献自己的忠诚，退朝后则应该想着如何为国君补益，国君实行善政时要竭力引导助成，国君有过失时要匡正补救，这样才能做到君臣一心共同把国家治理好。何曾位居三公，位高权重，理应直言劝谏，用治理国家的正确原则来匡正国君，辅佐时政。而他却只在退朝回家后背后发表议论，在朝堂上并不直言谏诤，把这样的言行看成明智的，不也是太荒谬了吗！国家有了危险而袖手旁观，要这样的人有什么用？现在看了你提出的诚恳建议，使我明白了自己的过失。我要把它经常置在案头，就像西门豹佩韦提醒自己自缓、董安于佩弦提醒自己自急那样时刻提醒自己。让它在我的晚年，充分发挥作用，使'康哉、良哉'的盛世颂歌，不只出现在虞舜时代；君臣之间就好像鱼和水一样密不可分的情景，不能在今天出现。对于你的佳言良谋，我拖延到今日才作回复，希望你仍能毫无保留地犯颜直谏。我将虚怀静心，时刻准备听取你提出的宝贵意见。"

　　贞观十五年,太宗谓侍臣曰:"守天下难易?"

　　侍中魏徵对曰:"甚难。"

　　太宗曰:"任贤能、受谏诤,即可,何谓为难?"

　　徵曰:"观自古帝王,在于忧危之间则任贤受谏,及至安乐,必怀宽怠①,言事者惟令兢惧②,日陵月替③,以至危亡。圣人所以居安思危,正为此也。安而能惧,岂不为难?"

【注释】

①宽怠:松弛懈怠。

②兢惧:小心谨慎,心怀戒惧。

③日陵月替:指逐渐衰落,弛退。

【译文】

　　贞观十五年(641),太宗问周围的大臣们说:"保住江山困难还是容易?"

　　侍中魏徵回答说:"非常难。"

　　太宗又问:"只要能任用贤能的大臣,接受直言诤谏就可以了,为什么还说很难?"

　　魏徵说:"纵观自古以来的帝王,处在忧患危难的境地时才能够任用贤能的人,才会虚心接受大臣的意见;等到了局势安定享乐的时候,就必然松弛懈怠,而参与朝政的大臣议事时小心谨慎,心怀戒惧,一直这样下去,国家就会逐渐衰落,走向危亡。古代圣人之所以能居安思危,正是因为这个原因。安逸的时候能常常怀有警惧之心,难道说这是容易的吗?"

政体第二

【题解】

《政体》篇的内容,除补充说明诸如坚守直道、灭私徇公、日慎一日、虽休勿休、正词直谏、裨益政教、惟欲清净、改革旧弊、从谏如流等君臣应当遵守的准则以外,着重说明唐太宗之所以能够实现"贞观之治",很重要的一点是信用了魏徵及其提出的当行帝道王道的意见,即"圣哲施化,上下同心,人应如响,不疾而速,期月而可,信不为难,三年成功,犹谓其晚"这一有所作为的主张。李唐政权建立以后,李世民和魏徵等人讨论了如何汲取历史教训,提出"君依于国,国依于民"的重民思想,制定偃革兴文、布德施惠、居安思危、务实求治的施政方针,因而仅在两三年时间里,就达到了"关中丰熟,咸自归乡","商旅野次,无复盗贼,囹圄常空,马牛布野,外户不闭"的古昔未有的繁荣景象。唐太宗对出现的"贞观之治",也认为在很大程度上要归功于魏徵,"惟魏徵劝我。既从其言,不过数载,遂得华夏安宁,远戎宾服"。太宗认为"天子者,有道则人推而为主,无道则人弃而不用,诚可畏也","君,舟也;人,水也。水能载舟,亦能覆舟"。这些名言寓意深刻,对后世影响极大。

贞观初,太宗谓萧瑀曰①:"朕少好弓矢,自谓能尽其妙②。近得良弓十数,以示弓工。乃曰:'皆非良材也。'朕问其故,工曰:'木心不正,则脉理皆邪③。弓虽刚劲而遣箭不直④,非良弓也。'朕始悟焉。朕以弧矢定四方,用弓多矣,而犹不得其理。况朕有天下之日浅,得为理之意⑤,固未及于弓,弓犹失之,而况于理乎?"

自是诏京官五品以上⑥,更宿中书内省⑦。每召见,皆赐坐与语,询访外事,务知百姓利害、政教得失焉。

【注释】

①萧瑀(yǔ,575—648):字时文,南朝梁明帝之子。姐姐萧氏,是杨广之妃。隋文帝仁寿四年(604),炀帝即位,立萧氏为皇后,以萧瑀为尚衣奉御,兼左翊卫鹰扬郎将,委以机要。官至内史侍郎。雁门之围后,炀帝出兵高丽,萧瑀力谏,炀帝将萧瑀贬职河池郡守。李渊攻克长安,招降萧瑀。义宁元年(617)十二月丁酉日,萧瑀降,任礼部尚书,后改任民部尚书。武德元年(618)六月,拜内史令。高祖曾对萧瑀说:"公之言,社稷所赖。"萧瑀出身显贵,看不起杜如晦、房玄龄、温彦博、魏徵等人,常与之发生争执。贞观二十二年(648)五月,病卒,遗命以单衣简朴安葬。追赠为司空、荆州都督。唐太宗李世民有诗赠:"疾风知劲草,板荡识诚臣。勇夫安识义,智者必怀仁。"

②尽其妙:指尽知弓箭的奥妙。

③脉理:这里指树木的纹理。

④遣:发。

⑤为理之意:指治理国家的道理。

⑥五品:九品官阶的第五级。唐朝文官的品阶有九个,但品中又有阶的分别,如正五品上,正五品下,从五品上,从五品下。由"正一品"开始到最后的一级"从九品下"总共是九品三十等。

⑦中书内省：官署名。唐朝的三省（尚书、门下、中书）之一。始设于魏晋，是奉皇帝意旨掌机要、发政令的中央机构。至唐代，国家政令由中书省制定，经门下省审复，交尚书省执行。中书省设在禁中，有两处办公地点，内省在皇宫之内，故称"内省"。

【译文】

贞观初年，太宗对萧瑀说："我年轻的时候喜爱弓箭，自认为完全了解了弓箭的奥妙。最近得到十几把好弓，拿给制弓的工匠看。工匠说：'都不是好材料。'我问其中的原因，工匠说：'制弓的木料中心不正，以致纹理都是斜的。这种材料制成的弓虽然刚劲有力，但射出的箭都不会直，因此不是良弓。'我这才领悟了其中的道理。我用武力平定四方，用过的弓箭可以说够多的了，却还不懂得其中的道理。如今我统治天下的时日不多，对于治理国家的道理远远不如对弓的了解，对弓的奥妙尚有认识失误的地方，更何况治理国家的道理！"

从此以后，太宗下诏，令五品以上的京官住在中书省轮流值班，每逢召见，太宗都赐坐交谈，询问外边的事情，力求了解百姓的利益和疾苦，以及政策、教化的得失。

贞观元年，太宗谓黄门侍郎王珪曰①："中书所出诏敕，颇有意见不同，或兼错失而相正以否。元置中书、门下②，本拟相防过误。人之意见，每或不同，有所是非，本为公事。或有护己之短，忌闻其失，有是有非，衔以为怨③。或有苟避私隙，相惜颜面，知非政事，遂即施行。难违一官之小情，顿为万人之大弊，此实亡国之政，卿辈特须在意防也。隋日内外庶官④，政以依违而致祸乱，人多不能深思此理。当时皆谓祸不及身，面从背言⑤，不以为患。后至大乱一起，家国俱丧，虽有脱身之人，纵不遭刑戮⑥，皆辛苦仅免，甚为时论所贬黜。卿等特须灭私徇公，坚守直道，庶事相启沃，勿上下雷同也。”

【注释】

①黄门侍郎：秦汉时本为君主近侍之官，属少府。魏晋以下沿置，与侍中同掌侍从威仪，纠正违失。至唐玄宗天宝元年，改称门下侍郎，员二人，为门下省长官侍中之副，同判省事。其职为侍从皇帝，传达诏命，及掌祭祀、赞献、奏天下之祥瑞等。王珪（570—639）：字叔玠，太原祁（今山西祁县）人，唐初著名的政治家。贞观二年（628）任侍中，进位宰相，成为与房玄龄、魏徵、杜如晦等齐名的唐初四大名臣之一。他敢于直谏，惩恶扬善，为唐代初期的政治发挥了重要作用。

②门下：本为门庭之下的意思。古代从皇帝到郡县长吏，均可适用。侍中等官本管皇帝门下众事，后形成官署门下省。南北朝时权力逐渐扩大，北朝政出门下，成为中央政权机构的重心。隋唐时与中书省同掌机要，共议国政，并负责审查诏令，签署章奏，有封驳之权。唐曾改为东台、鸾台、黄门省等，旋复旧称。其长官称侍中，或称纳言、左相、黄门监，皆因时而异。其下有黄门侍郎、给事中、散骑常侍、谏议大夫、起居郎等官。

③衔（xián）：含着。这里指含恨在心。

④庶官：各种官职。多指一般官员。

⑤面从背言：语出《尚书·益稷》。意谓当面顺从，背后乱说。从，听从，顺从。

⑥刑戮（lù）：亦作“刑僇”，受刑罚或被处死。

【译文】

　　贞观元年（627），太宗对黄门侍郎王珪说：“中书省所草拟颁发出的文告命令，门下省与其意见颇有不同，有时两省各有一些错误失当之处，但却又可以相互纠正。当初设置中书省、门下省的目的，就是为了相互防止发生过错失误。人们的意见常常会有不同，有正确的也有错误的，而本意都是为了办好公事。但有的人为了掩盖自己的短处，不愿听别人指出自己的过失，听到别人议论他的是非，就含恨在心。有的人为了避免和别人产生私人恩怨，相互照顾脸面，明知有碍于政事的地方，仍马上施行。这种只为不违背一个官员的私情，却在顷刻间造成了危害千万百姓的大弊端，实在是亡国的弊政，你们要特别注意防范。隋朝时，朝廷内外的官员都人云亦云，见风使舵，从而招致祸乱发生，人们往往不能深入思考其中的道理。当时大家都以为灾难不会落到自己头上来，当面说好话，背后搬弄是非，不觉得那样做会造成危害。到后来天下大乱，国破家亡，虽说有人能幸免于难，没有遭到刑戮，但也活得非常艰辛，还会深受社会舆论的谴责。所以你们身为大臣必须去除私欲，秉公办事，坚守正道，凡事都要相互讨论，互相启发，千万不要人云亦云啊！"

贞观二年，太宗问黄门侍郎王珪曰："近代君臣理国，多劣于前古，何也？"

对曰："古之帝王为政，皆志尚清静，以百姓之心为心。近代则唯损百姓以适其欲，所任用大臣，复非经术之士①。汉家宰相②，无不精通一经③，朝廷若有疑事，皆引经决定，由是人识礼教④，理致太平。近代重武轻儒，或参以法律，儒行既亏⑤，淳风大坏。"

太宗深然其言。自此百官中有学业优长，兼识政体者，多进其阶品⑥，累加迁擢焉⑦。

【注释】

①经术：犹经学、儒术。自从汉武帝采纳董仲舒、公孙弘等人的建议，"罢黜百家，独尊儒术"之日起，儒家学说至少在形式上已成为西汉王朝的统治思想，确立了自己在当时社会思潮中的核心地位，以经术晋升公卿之位者始终占有很高的比例。

②宰相：最早起源于春秋时期，是中国古代最高行政长官的通称。宰，是主宰的意思。秦朝时，宰相的正式官名为丞相。有时分设左右，以右为上，称为"右丞相""左丞相"，宦官担任宰相职务的称为"中丞相"。汉朝与秦朝相仿，汉武帝时，起用了一批儒生当丞相，处理日常行政事务，而政务中心则转到了内廷。宰相的职权逐渐转移到了尚书台长官的手中。唐实行三省六部制，中书、门下、尚书三省长官中书令、门下侍中、左右仆射为当然宰相，再加上一些参预朝政的人，皆可称为宰相。唐高宗以后，只有加"同中书门下三品""同中书门下平章事"者才是宰相。唐行科举，以诗文歌赋取士，大多宰相都是科举出身，自然这之中以文闻名的人不会少。

③经：指《易》《书》《诗》《礼》《春秋》等儒家经典著作。

④礼教：古代指"礼教"和"乐教"，即以礼为教、以乐为教。古时统治者为巩固其等级制度和宗法关系而制定的礼法条规和道德标准。

⑤亏：缺损。这里指不受重视。

⑥阶品：官吏的等级品位。

⑦迁擢（zhuó）：提升官职。

【译文】

贞观二年（628），太宗问黄门侍郎王珪："近代君臣治理国家，多数比不上古时君臣，这是为什么呢？"

王珪回答说："古代帝王施政，都崇尚清静无为，想百姓所想。近代的君主却只知道损害百姓的利益来满足私欲，所任用的大臣又都不是精通经学儒术的人。汉朝的宰相,没有不精通一门经典的,朝廷如果遇到疑难问题,都能引用经义来作出决定。因此,人们大多知道礼乐的规范,来实现太平盛世。近代重视武备,轻视儒教,有时又掺杂了法家以律治民的手段。儒家的道德规范既然受到损害,淳朴的社会风气也就受到了严重破坏。"

太宗很赞同王珪的意见。从此以后,官员中凡是学识优良又懂得治国要领的人,大多数被提高等级品位,多次得到提拔重用。

贞观三年,太宗谓侍臣曰:"中书、门下,机要之司。擢才而居①,委任实重。诏敕如有不稳便,皆须执论。比来惟觉阿旨顺情②,唯唯苟过,遂无一言谏诤者,岂是道理?若惟署诏敕、行文书而已③,人谁不堪④?何烦简择⑤,以相委付?自今诏敕疑有不稳便,必须执言,无得妄有畏惧,知而寝默⑥。"

【注释】

①居:这里指担任。

②比来:近来。阿旨:迎合旨意。

③诏敕(chì):指皇帝的命令、诏书。

④不堪:不可以,不能。

⑤简择:选择。这里指选拔人才。

⑥寝默:沉默。

【译文】

贞观三年(629),太宗对身边的大臣们说:"中书、门下两省,都是国家的机要部门。是选拔有才能的人来担任两省的主要官员的,肩负的责任确实很重大。诏书敕令如果有不妥当的地方,都必须直言认真讨论。近来我觉得你们只迎合我的旨意,唯唯诺诺,敷衍且过,竟然没有一个人提出诤谏的话来,这是符合道理的吗? 如果只是签署诏令、颁行文书,这些事谁不能干? 何必还劳神费力地去选拔人才并委以重任呢? 从现在起,凡对诏书敕令认为有不妥当的,都必须直言发表自己的看法,不要心存畏惧,明知不妥也沉默不言!"

　　贞观四年,太宗问萧瑀曰:"隋文帝何如主也①?"

　　对曰:"克己复礼②,勤劳思政,每一坐朝,或至日昃③。五品已上,引坐论事,宿卫之士,传飧而食④,虽性非仁明,亦是励精之主。"

　　太宗曰:"公知其一,未知其二。此人性至察而心不明。夫心暗则照有不通,至察则多疑于物。又欺孤儿寡妇以得天下⑤,恒恐群臣内怀不服,不肯信任百司⑥,每事皆自决断,虽则劳神苦形⑦,未能尽合于理。朝臣既知其意,亦不敢直言。宰相以下,惟承顺而已。朕意则不然,以天下之广,四海之众,千端万绪,须合变通,皆委百司商量,宰相筹画,于事稳便,方可奏行。岂得以一日万机⑧,独断一人之虑也。且日断十事,五条不中,中者信善,其如不中者何? 以日继月,乃至累年,乖谬既多,不亡何待? 岂如广任贤良,高居深视,法令严肃,谁敢为非?"

　　因令诸司,若诏敕颁下有未稳便者,必须执奏,不得顺旨便即施行,务尽臣下之意。

【注释】

　　①隋文帝(541—604):即杨坚。其父辅助宇文泰建立北周,封隋国

公。杨坚袭父爵，历任北周朝廷要职。隋文帝建立隋朝以后，实行一系列改革，社会经济有较大的发展。他晚年崇信佛教，营建华丽的仁寿宫。文帝有五子，先立长子杨勇为太子。杨勇好学，性情温和，但不够节俭，后被文帝废为庶人，立次子杨广为太子。

②克己复礼：语出《论语·颜渊》。意谓努力约束自己，使自己的行为符合礼的要求。克，克制。复礼，使每件事都归于"礼"。儒家认为，"克己复礼"是达到"仁"的境界的方法。

③日昃(zè)：语出《周易·离》。意谓太阳偏西，日薄西山。昃，太阳西斜。

④飧(sūn)：晚饭。这里泛指吃的饭。食(sì)：动词，指拿东西给人吃。

⑤欺孤儿寡妇以得天下：意指杨坚逼宇文阐让出帝位，登基称帝。杨坚父亲杨忠是西魏十二大将军之一，封为隋国公。杨忠死后，杨坚袭父爵，女儿为周宣帝的皇后。周宣帝死后，年仅8岁的周静帝宇文阐即位，杨坚便以"入宫辅政"为由，总揽军政大权，号称"假黄钺左大丞相"，都督内外军事。到了581年二月，他让人替周静帝写好退位禅让诏书，然后送到他的王府。杨坚先假意推辞，最后才接受请求，登基称帝，建立了隋朝。

⑥百司：百官。

⑦苦形：指身体憔悴，精疲力竭。

⑧一日万机：语出《尚书·皋陶谟》。意谓一天要处理成千上万件事。

【译文】

贞观四年(630)，太宗问萧瑀说："隋文帝是怎样的一位帝王？"

萧瑀回答说："隋文帝能够克制自己，遵守礼教，又能勤勤恳恳地处理朝政，每次上朝议事，直到太阳西斜还不下朝。对五品以上的朝廷官员，都让他们坐下来一起谈论国家大事，对于负责宿卫任务的武士，则要把晚饭送到岗位上让他们进餐。虽然他的品性算不上仁慈明智，但却是一位励精图治的国君。"

太宗说："你只知其一，不知其二。隋文帝这个人，他生性极为精察，但不明事理。不明事理就难免观察不清，极为精察就容易过虑多疑。又因为他是欺负孤儿寡母得到天下的，所以他时常害怕群臣内心不服，不肯放心任用文武百官，每件事都要亲自决断，虽然看起来很勤恳，身体也憔悴，但是未必能把事情都办得合情合理。朝臣们知道他的用意，也就不敢直接进言。宰相以下的官员，只是秉承他的旨意而已。我的看法却不是这样的，因为天下是那么广阔，人民是那么众多，事情是那么千头万绪，必须变通处理，要把这些事情都交给各部门的官员让他们商议，宰相再统一筹划，觉得事情办得妥当后，方可上奏执行。怎么能让日理万机的皇帝一个人独自裁决。假如一天裁决十件事，可能会有五件事处理得不适当，裁决正确的当然很好，但是裁决错误的又会产生什么后果呢？这样日积月累，年复一年，错误越积越多，国家怎么能不走向灭亡呢？哪里比得上广泛选择贤良之才，让他们管理各项政事，而国君居高远虑，严格执行法令，谁还敢胡作非为呢？"

于是诏令各官署，如果朝廷诏令颁布下来发现有不妥当的地方，必须坚持议奏，不得顺从旨意而随便施行，务必尽到做臣子的责任。

贞观五年，太宗谓侍臣曰："治国与养病无异也。病人觉愈，弥须将护①，若有触犯，必至殒命。治国亦然，天下稍安，尤须兢慎②，若便骄逸，必至丧败。今天下安危，系之于朕，故日慎一日，虽休勿休③。然耳目股肱④，寄于卿辈，既义均一体，宜协力同心，事有不安，可极言无隐。傥君臣相疑，不能备尽肝膈⑤，实为国之大害也。"

【注释】

①弥：格外，更加。

②兢慎：兢兢业业，小心谨慎。

③虽休勿休：语出《尚书·吕刑》。意思是虽受到称许而不要沾沾自喜，以示谦虚谨慎。

④股肱：大腿和胳膊。这里与前面的"耳目"，都是比喻左右辅佐之臣。

⑤备尽肝膈：做到推心置腹、坦诚相照。肝膈，比喻内心。

【译文】

贞观五年(631)，太宗对身边的大臣们说："治国和养病的道理没有多大差别。当病人觉得病情有所好转时，就更加需要小心地调护。如果触犯调护禁忌，必然会导致死亡。治国也是这样，天下稍微安定的时候，尤其需要兢兢业业，小心谨慎。如果因此骄傲放纵，必然会招致衰乱覆亡。现在天下安危的责任全部维系在我一人身上，所以我一天比一天谨慎，即使有做得好的也不敢自夸。至于起耳目手足作用的就寄托在你们身上，既然君臣之间的道义把我们联成一个整体，就应当同心协力，政事有处理不妥当的地方，就应当毫无保留地直言不讳。倘若君臣之间互相猜忌，不能做到推心置腹、肝胆相照，实在是治国的大祸害啊！"

贞观六年，太宗谓侍臣曰："看古之帝王，有兴有衰，犹朝之有暮①，皆为蔽其耳目，不知时政得失。忠正者不言，邪谄者日进②，既不见过，所以至于灭亡。朕既在九重③，不能尽见天下事，故布之卿等，以为朕之耳目。莫以天下无事，四海安宁，便不存意。'可爱非君，可畏非民？'④天子者，有道则人推而为主，无道则人弃而不用，诚可畏也。"

魏徵对曰:"自古失国之主,皆为居安忘危,处理忘乱,所以不能长久。今陛下富有四海,内外清晏⑤,能留心理道,常临深履薄⑥,国家历数⑦,自然灵长⑧。臣又闻古语云:'君,舟也;人,水也。水能载舟,亦能覆舟。'⑨陛下以为可畏,诚如圣旨。"

【注释】

①朝(zhāo):早晨。暮:傍晚,日落的时候。

②邪谄:邪恶谄佞小人。

③九重:这里指九重宫阙。皇帝深居九重宫阙,一般人不可见到。言外之意就是皇帝与外界隔绝,听不见百姓的声音。

④"可爱"二句:语出《尚书·大禹谟》。意谓百姓所爱戴的不是君王吗?君王所畏惧的不是百姓吗?

⑤清晏:清平安定。晏,平静,安逸。

⑥履薄:行走于薄冰上。喻身处险境,戒慎恐惧之至。

⑦历数:指国家的气运。

⑧灵长:广远绵长。

⑨"君,舟也"六句:语出《周易·系辞上》。意谓君主好比是船,百姓好比是水;水能够载船行走,也能把船掀翻。

【译文】

贞观六年(632),太宗对身边的大臣们说:"纵观古代的帝王,总是有兴盛有衰亡,就好像有早晨就必定有黄昏一样,这都是因为他们的耳目受了遮蔽,不了解当时的政治得失。忠诚正直的人不敢直言劝谏,邪恶谄谀的人却一天天得到重用,国君看不见自己的过失,所以导致国破家亡。我既然身居九重深宫,不能看见天下发生的所有事情,所以安排你们作为我的耳目去了解真实情况。不要以为天下无事,四海安宁,就不在意。《尚书》中说：'百姓所爱戴的不是君王吗？君王所畏惧的不是百姓吗？'作为国君，圣明有道，百姓就会拥戴他为君主；如果昏庸无道，百姓就会将他抛弃而不拥戴他，这实在令人感到恐惧啊！"

魏徵回答说："自古以来的亡国之君，都是因为处在安定的环境里就忘记了覆亡的危险，处在盛世就忘记了乱世，所以不能长久地统治国家。如今陛下拥有天下，内外清平安定，能够留心治国安邦之道，常常如临深渊，如履薄冰，以这样的态度治理天下，国运自然会长久。我又听过这样的古语：'君主好比是船，百姓好比是水；水能够载船行走，也能把船掀翻。'陛下认为百姓的力量可畏，实际情况确实是如您讲的那样！"

贞观六年，太宗谓侍臣曰："古人云：'危而不持，颠而不扶，焉用彼相①？'君臣之义，得不尽忠匡救乎②？朕尝读书，见桀杀关龙逄③，汉诛晁错④，未尝不废书叹息⑤。公等但能正词直谏，裨益政教，终不以犯颜忤旨⑥，妄有诛责。朕比来临朝断决，亦有乖于律令者⑦，公等以为小事，遂不执言⑧。凡大事皆起于小事，小事不论，大事又将不可救，社稷倾危⑨，莫不由此。隋主残暴，身死匹夫之手，率土苍生⑩，罕闻嗟痛⑪。公等为朕思隋氏灭亡之事，朕为公等思龙逄、晁错之诛，君臣保全，岂不美哉！"

【注释】

①"危而不持"三句：语出《论语·季氏》篇。意谓国家在危急时不去支持，社稷颠覆时又不能去扶助，那么要这样的人干什么呢？颠，跌倒。相，帮助。

②匡救：扶正挽救。

③关龙逄(páng)：陕县(今河南三门峡市陕州区)人，夏桀在位时任大夫。据《韩诗外传》记载，夏桀时，建造的酒池中可以运船；堆起的酒糟足有十里长，池中之酒可供三千人饮用。关龙逄向夏桀进谏说：古代的君王讲究仁义，爱民节财，因此国家久安长治。如今您如此挥霍财物，杀人无度，您若不改变，上天会降下灾祸，那时定会有不测的结果。他恳请夏桀改变这种情况。夏桀大怒，命人囚而杀之。

④晁(cháo)错：西汉颍川(今河南禹州)人。年轻时学法家学说，汉文帝时为太子家令，有辩才，号称"智囊"。汉景帝时为内史，后升迁御史大夫。曾多次上书主张加强中央集权、削减诸侯封地、重农贵粟。前154年，吴、楚等七国以"诛晁错、清君侧"为借口，发动叛乱。袁盎与晁错不合，趁机说七国发兵完全是晁错引起的，劝汉景帝说："只要答应七国的要求，杀了晁错，免了诸侯起兵的罪，恢复他们原来的封地，他们就会撤兵回去。"汉景帝听信了这番话，为了保住自己的皇位错杀了晁错。

⑤废书：这里指抛下书卷。

⑥忤(wǔ)旨：抵触旨意，不顺从命令。忤，抵触，不顺从。

⑦乖：违背。

⑧执言：直言诤谏。

⑨社稷：本指土地、五谷之神。这里指国家。社，古代指土地之神。稷，指五谷之神。由于古时的君主为了祈求国事太平，五谷丰登，每年都要到郊外祭祀土地和五谷神，社稷也就成了国家的象征，后来人们就用"社稷"来代指国家。

⑩率土：指境域以内。苍生：指百姓。

⑪嗟痛：嗟吁痛惜。

【译文】

贞观六年(632)，太宗对身边的大臣们说："古人说：'国家在危急时不去支持，社稷颠覆时又不能去扶助，那么要这样的人来干什么呢？'从君臣大义来讲，臣下能不竭尽忠心去匡正补救吗？我以前读书时，每读到夏桀杀死关龙逢、汉景帝杀死晁错处，没有一次不放下书本为他们叹息。你们只要能义正辞严、直言进谏，对政事有所裨益，我决不会以冒犯国君、违背旨意而滥施刑杀和责罚你们。我近来上朝决定国事，也有违背于国家律令的，你们却认为这是小事，而不直言诤谏。凡是大事都起源于小事，如果小事不加追究，发展成大事后就会不可挽救，国家的灭亡都是由此引起的。隋炀帝残暴无道，死在匹夫手里，天下百姓，很少有为他痛惜的。你们要为我多想一想隋朝亡国的教训，我为你们多想一想关龙逢、晁错被冤枉而杀的教训，能够做到君臣之间相互保全，岂不是一件很美妙的事情吗？"

贞观七年，太宗与秘书监魏徵从容论自古理政得失^①，因曰："当今大乱之后，造次不可致理^②。"

徵曰："不然。凡人在危困则忧死亡，忧死亡则思理，思理则易教。然则乱后易教，犹饥人易食也。"

太宗曰："善人为邦百年，然后胜残去杀。大乱之后，将求致理，宁可造次而望乎？"

徵曰："此据常人，不在圣哲。若圣哲施化，上下同心，人应如响，不疾而速，期月而可，信不为难，三年成功，犹谓其晚。"太宗以为然。

封德彝等对曰^③："三代以后，人渐浇讹^④，故秦任法律，汉杂霸道，皆欲理而不能，岂能理而不欲？若信魏徵所说，恐败乱国家。"

徵曰："五帝、三王^⑤，不易人而理。行帝道则帝，行王道则王，在于当时所理，化之而已。考之载籍，可得而知。昔黄帝与蚩尤七十余战⑥，其乱甚矣，既胜之后，便致太平。九黎乱德⑦，颛顼征之⑧，既克之后，不失其理。桀为乱虐，而汤放之⑨，在汤之代，即致太平。纣为无道⑩，武王伐之⑪，成王之代⑫，亦致太平。若言人渐浇讹，不及纯朴，至今应悉为鬼魅，宁可复得而教化耶？"德彝等无以难之，然咸以为不可。

太宗每力行不倦，数年间，海内康宁，突厥破灭⑬，因谓群臣曰："贞观初，人皆异论，云当今必不可行帝道、王道，惟魏徵劝我。既从其言，不过数载，遂得华夏安宁，远戎宾服。突厥自古以来，常为中国勍敌⑭，今酋长并带刀宿卫⑮，部落皆袭衣冠。使我遂至于此，皆魏徵之力也。"顾谓徵曰："玉虽有美质，在于石间，不值良工琢磨，与瓦砾不别。若遇良工，即为万代之宝。朕虽无美质，为公所切磋⑯，劳公约朕以仁义⑰，弘朕以道德⑱，使朕功业至此，公亦足为良工尔。"

【注释】

①秘书监：官名。掌邦国经籍图书著作等事。东汉延熹二年（159）始置。隋炀帝时曾称秘书省令。唐高宗时曾改称太史，旋复旧。《新唐书·百官志》云："秘书省。监一人，从三品；少监二人，从四品上；丞一人，从五品上。监掌经籍图书之事。"

②造次：仓促，指短时期内。

③封德彝：名伦，渤海郡（今河北景县）人。初事隋，任内史舍人，为虞世南所信用。隋亡降唐，太宗时，累拜尚书右仆射。

④浇讹:浮薄诈伪。

⑤五帝:有五说,一说黄帝、颛顼、帝喾、尧、舜;一说宓戏(伏羲)、神农、黄帝、尧、舜;一说太昊、炎帝、黄帝、少昊、颛顼;一说少昊、颛顼、帝喾、尧、舜;一说黄帝、少昊、颛顼、帝喾、尧。其中第一种说法最为流行。三王:指夏、商、周三代之君。有三种说法:一说夏禹、商汤、周武王,见《穀梁传·隐公八年》范宁注;一说夏禹、商汤、周文王,见《孟子·告子下》赵岐注;一说商汤、周文王、周武王,见《尸子》卷下。其中第一种说法最为流行。

⑥黄帝:是古史传说中的中华民族的始祖,五帝之首。是少典的次子,传说生于轩辕之丘(今河南新郑西北),故称轩辕氏。在姬水生长成人,所以又以姬为姓。黄帝幼时聪明异常,既长,见识渊博,才干出众,遂继承父亲少典被拥立为有熊部落首领,故又称为有熊氏。他以土德为王,土是黄色,所以叫黄帝。蚩尤:炎帝的孙子。据说,蚩尤生性残暴好战,铜头铁额,神通广大,能呼风唤雨,以金属制造兵器,装备优良,向黄帝挑战。在涿鹿之野,黄帝亲自带兵出征,蚩尤作法,使云雾四起,黄帝军士分辨不清方向。后来黄帝制造了指南车以指示方向,致使蚩尤大败而被擒杀。涿鹿之战终以黄帝胜利而告终。

⑦九黎:又称东夷九黎。我国传说时代东方的古族名。又单称为"黎"。最早见于《国语》。九黎在远古时代是一个部落联盟,居住并发展于黄河中下游一带。九黎共有九个部落,每个部落有九个氏族,蚩尤是他们的大酋长。九黎势力很大,上古传说中三皇五帝中的天皇伏羲、地皇女娲、人皇神农皆从东夷九黎出。后羿、羲和等神话体系亦出自东夷九黎。

⑧颛顼(zhuān xū):传说是黄帝的孙子,号高阳氏,居于帝丘(今河南濮阳附近)。他聪明敏慧,有智谋,在民众中有很高的威信。20岁时当了首领。当时,被黄帝征服的九黎族依然敬奉他们的

巫教,崇拜鬼神。颛顼袭位后,下令禁绝巫教,要九黎族遵从黄帝族的教化,促进了族与族之间的融合。他又重视发展农业。死后葬于东郡濮阳顿丘城外广阳里(今河南濮阳西南)。

⑨汤:即商汤,契之后,子姓,商朝的开国君主。名履。汤原是东方商族部落的首领,其祖先契曾辅佐大禹治水,封于商地,后因以为族号。初居亳,为夏方伯,专主征伐;夏桀无道,汤兴兵伐之,放桀于南巢,遂有天下,国号商。灭夏后称为武汤、成汤或成唐,甲骨文中称太乙、高祖乙。汤在位期间推行善政,减轻征敛,鼓励生产,安抚民众,这些措施巩固了商的统治。

⑩纣:即商纣王,商朝最后一位君主,名辛,为帝乙的儿子,史称为纣王。曾平定东夷,使中原文化逐渐传播到长江、淮河流域,奠定中国统一的规模。但商纣对内重刑厚敛,对外黩武好战。他沉湎酒色,滥施淫威,同时又刚愎自用,遂导致民怨四起。周武王崛起之后,乘机起兵讨商。两军大战于牧野(今河南淇县西南),即著名的牧野之战。商纣军中有很多临时武装起来的平民和奴隶,他们早已恨透了纣王,于是在阵前倒戈,带领周军反攻,很快就攻进朝歌,纣军彻底崩溃。纣王见大势已去,自焚身亡。商王朝也随之灭亡。

⑪武王:周朝第一代王。姬姓,名发,周文王次子。因商纣暴虐无道,乃率领诸侯会师盟津,商讨伐商,后与商纣大战于牧野,败纣而代有天下,建立了西周王朝,都镐京(今陕西西安西南沣水东岸)。在位期间表现出卓越的军事、政治才能,成为中国历史上一代名君。谥曰武。

⑫成王:周朝第二代王。周文王之孙,周武王之子。姬姓,名诵。周武王建立了周王朝以后,过了几年就病死了。他的儿子姬诵继承王位,这就是周成王。成王年幼即位,不能执掌政事。其叔父周公旦(武王弟)为避免各诸侯反叛,便自己摄政当国,安定大

局。管叔、蔡叔不信任周公,挟殷商后代武庚一起作乱反叛,史称"三监之乱"。周公奉成王之命东征讨伐,平定叛乱。成王亲政后,大封诸侯,加强宗法统治权力,命召公营建洛邑(今河南洛阳西),后来成为东周的都城。成王还命令周公制礼作乐,规划各项规章制度。成王时期,社会安定,人民和睦,歌颂太平盛世之声不绝于耳。成王与其子康王统治时期,合称"成康之治",是周代的兴盛时期。

⑬ 突厥:即突厥族,是隋唐时期活动在北方地区的最有影响的游牧民族。魏晋南北朝时期,平凉、固原等周边地区都是多民族交错杂居的地区,也是多民族同化、融合的地区。大约从唐高祖武德五年(622)开始,突厥开始进扰唐朝北方州县,兵锋直抵原州(今固原),掳掠监马,原州成为突厥进出的要道之一。贞观年间唐朝政府组织兵力实行反击,数次大战之后,突厥统治灭亡。唐朝政府分突厥故地为十州,由突厥首领分统降众。

⑭ 勍(qíng)敌:强敌,有力的对手。

⑮ 酋长:这里指突厥部落的首领。

⑯ 切磋:古代把兽骨、象牙磨制成器物,叫切磋。切,指加工骨头。磋,指加工象牙。后用"切磋"比喻学习和研讨问题,互相取长补短。

⑰ 约:约束。

⑱ 弘:光大。

【译文】

贞观七年(633),太宗与秘书监魏徵从容谈论自古以来治理国家的得失,因此说:"如今大乱之后,短时期内国家不可能达到太平的境地。"

魏徵说:"不是这样的。大凡人在危难困苦的时候就会担忧死亡,担忧死亡就盼望天下太平,盼望天下太平就容易进行教化。大乱之后容易实行教化,正像饥饿的人对饮食容易满足一样。"

太宗说："贤明的君主治理国家需要百年之久,才能铲除暴政,废除杀戮。大乱之后想要达到太平盛世,怎能在短时期内实现呢?"

魏徵说："这是指一般人来说的,不包括圣贤。如果是圣明的君主施行教化,上下同心,人们就会像回声那样迅速响应,事情不求快也会很快推行下去,一年就能见成效,看来并非难事,要是说三年成功,还可以说是太晚了。"太宗认为魏徵说得对。

封德彝反驳道："夏、商、周三代以后,人心一天比一天浮薄诈伪,所以秦朝专用刑法治国,汉朝兼用霸道来治理国家,都想达到教化百姓而未能实现。他们难道是可以教化而不想去做吗? 如果相信了魏徵所说的话,恐怕国家会发生败乱。"

魏徵说："五帝、三王治国,并没有更换国人就把他们教化好了。施行帝道就成其为帝,施行王道就成其为王,关键在于当时的帝王是如何施行治理和教化的。查看一下典籍的记载就可以知道。从前黄帝与蚩尤作战七十多次,当时可以说是乱得很厉害,但黄帝战胜蚩尤之后,很快实现了天下太平。九黎作乱,颛顼出兵讨伐,平定之后,仍不失其为治世平安。夏桀昏庸淫虐,商汤将他放逐,商在汤统治的时候就实现了天下太平。商纣王残暴无道,周武王起兵讨伐,到了武王的儿子成王的时代也实现了太平盛世。如果说人心逐渐变得狡诈难测,达不到淳朴,那么到了今天,人应该全都变得和鬼魅一样,那还能施行教化吗?"封德彝等人无言以对,可是他们还认为魏徵的话不可相信。

太宗坚持推行教化,不知疲倦。几年之间,海内安定,突厥也被打败。因此太宗对群臣说："贞观初年,人们颇有异议,认为当今必不能实行帝道、王道,只有魏徵劝我推行。我听从了他的话,没过几年时间,就使中原安定,边远的外族也来臣服。突厥自古以来就是中原的劲敌,如今他们的首领成了我宫中佩刀侍卫,部众也都穿戴起中原的衣帽。使我取得这样的成就,都是魏徵的功劳。"太宗又回过头来对魏徵说："玉石虽然有美好的本质,但藏在石头里面,如果没有好的工匠去雕琢研

磨，那就和瓦块碎石没有什么区别。如果遇上好的工匠，就可以成为流
传万代的珍宝。我虽然没有美玉那样的质地，供你雕琢研磨，多亏你用
仁义来约束我，用道德来光大我，使我的功业达到今天这个地步，你真
可以称得上是一位技艺超群的能工巧匠啊！"

　　贞观八年，太宗谓侍臣曰："隋时百姓纵有财物，岂得保
此？自朕有天下已来，存心抚养，无有所科差①，人人皆得营
生②，守其资财，即朕所赐。向使朕科唤不已③，虽数资赏赐，
亦不如不得。"

　　魏徵对曰："尧、舜在上，百姓亦云'耕田而食，凿井而
饮'，含哺鼓腹④，而云'帝何力'于其间矣⑤。今陛下如此
含养，百姓可谓日用而不知。"又奏称："晋文公出田⑥，逐兽
于砀⑦，入大泽，迷不知所出。其中有渔者，文公谓曰：'我，
若君也，道将安出？我且厚赐若。'渔者曰：'臣愿有献。'文
公曰：'出泽而受之。'于是送出泽。文公曰：'今子之所欲
教寡人者，何也？愿受之。'渔者曰：'鸿鹄保河海⑧，厌而徙
之小泽，则有矰丸之忧⑨。鼋鼍保深渊⑩，厌而出之浅渚，
必有钓射之忧。今君逐兽砀，入至此，何行之太远也？'文
公曰：'善哉！'谓从者记渔者名。渔者曰：'君何以名？君
尊天事地，敬社稷，保四国，慈爱万民，薄赋敛，轻租税，臣
亦与焉。君不尊天，不事地，不敬社稷，不固四海，外失礼
于诸侯，内逆人心，一国流亡，渔者虽有厚赐，不得保也。'
遂辞不受。"

　　太宗曰："卿言是也。"

【注释】

①科差：亦称"差科"，官府向民户征收财物或派劳役。以户为课税对象，"各验其户上下而科焉"，相当于唐代的调。科差在南北方实行方法有所不同，在北方征丝料与包银，按户征收，江南纳户钞与包银。科差输纳，定有期限。

②营生：谋生或维持生活。

③科唤：指苛捐杂税、劳役征派。

④含哺鼓腹：语出《庄子·马蹄》篇。意谓口含食物，手拍肚子。形容太平时代无忧无虑的生活。哺，口中所含的食物。鼓腹，鼓起肚子，即饱食。

⑤帝何力：做帝王的与我有何关系。相传帝尧时，有老者击壤而歌曰："日出而作，日入而息，凿井而饮，耕田而食，帝何力于我哉？"意谓："白天就下地耕作，傍晚就回家休息。打一口井来饮水，种几亩田的粮食来吃，帝王的权力与我有何关系？"尧时天下太平，统治者不扰百姓，百姓安居乐业，几乎感觉不到统治者的存在。后成为歌颂盛世太平的典故。

⑥晋文公（前697—前628）：姬姓，名重耳，春秋时期著名的政治家。晋国国君，与齐桓公齐名，为春秋五霸之一。因其父献公立幼子为嗣，曾流亡国外十九年，在秦援助下回国继位。在位期间实行"通商宽农""明贤良""赏功劳"等政策，整顿内政，任用赵衰、狐偃等人，发展农业、手工业，加强军队建设，国力大增，出现"政平民阜，财用不匮"的局面。因平定周室内乱，接襄王复位，获"尊王"美名。城濮之战，大败楚军。旋于践土（今河南荥阳东北）会集诸侯，邀周天子参加，成为霸主。田：通"畋"，打猎。

⑦砀（dàng）：地名。在今天的河南夏邑东南。《汉书·地理志》注："山出文石，在今河南归德府。"

⑧鸿鹄（hú）：鹄为天鹅，鸿为大雁，但亦指天鹅。

⑨矰(zēng)：箭。丸：弹丸。

⑩鼋(yuán)：动物名，亦称"绿团鱼"，俗称"癞头鼋"，是淡水龟鳖类中体形最大的一种，栖息于江河、湖泊中，善于钻泥沙。以水生动物为食。现属国家一级保护动物。鼍(tuó)：别名中华鼍、土龙、扬子鳄、中华鳄、猪婆龙，属于鼍科。在江湖和水塘边掘穴而栖，性情凶猛，以各种兽类、鸟类、爬行类、两栖类和甲壳类为食。现属于国家一级保护动物。

【译文】

贞观八年(634)，太宗对身边的大臣们说："隋朝统治天下的时候，百姓即使拥有财物，又怎么能保得住呢？自从我取得天下以来，有意让百姓休养生息，没有什么苛捐杂税、劳役征派，人人都能维持生计，保得住财产，这些全是我赐予他们的。假如当初我不断地征徭役和赋税，即使我拿再多东西赏赐他们，他们也和没有得到赏赐一样。"

魏徵回答说："尧、舜在位的时候，百姓就讲他们是'种几亩地产粮食来吃，打一口井来饮水'，饱食无忧，还说'做帝王的与我有何关系'，现在陛下对百姓如此爱护，他们每天都受恩惠却不知道。"魏徵接着又说："当年，晋文公打猎，在砀追逐野兽，不知不觉走进一片沼泽地带，迷了路，不知道怎样才能走出去。沼泽中有个渔翁，晋文公对他说：'我是你的国君，如果你告诉我怎么能走出沼泽地，我将重重地赏赐你。'渔翁说：'我愿意有所献言。'文公说：'出了沼泽我再听你讲。'于是渔翁将晋文公送出沼泽。文公说：'现在您对我有什么指教？我愿洗耳恭听。'渔翁说：'鸿鹄本来在大江大海中安然生活，厌倦了悠闲生活就想到小湖中去，这样就会有被弓箭弹丸伤害的危险。鼋鼍本来在深渊中安然生活，厌倦了平静的日子就想到较浅的河滩，这样就会有被钓取的危险。现在国君到砀这个地方打猎，以至于误入大沼泽，为什么走这么远啊？'文公说：'您说得对啊！'于是就告诉随从的人记下渔翁的名字。渔翁说：'国君何必记下我的名字？国君只要能敬天地，重社稷，保卫边疆，慈爱百姓，轻敛薄赋，减轻租税，我也是其中的获益者。如果您不敬天地，不重社稷，不巩固国防，对外与诸侯关系恶化，对内背离民心，整个国家就会颠覆，就算我这个渔翁得到再多的赏赐，也保不住啊！'于是渔翁坚持不肯接受文公的赏赐。"

　　太宗说："你说得很对。"

　　贞观九年，太宗谓侍臣曰："往昔初平京师，宫中美女珍玩，无院不满。炀帝意犹不足，征求无已，兼东西征讨，穷兵黩武①，百姓不堪，遂致亡灭。此皆朕所目见。故夙夜孜孜②，惟欲清净，使天下无事。遂得徭役不兴，年谷丰稔③，百姓安乐。夫治国犹如栽树，本根不摇则枝叶茂荣。君能清静，百姓何得不安乐乎？"

【注释】

　　①黩(dú)武：滥用武力，好战。

　　②夙(sù)夜孜孜：这里指夜以继日，孜孜不倦。夙，早晨。

　　③丰稔(rěn)：指庄稼成熟。形容年成好。

【译文】

　　贞观九年(635)，唐太宗对侍从的大臣们说："当年隋朝刚刚平定京师，宫中的美女、奇珍玩物，没有一个宫院不是满满的。但隋炀帝还是不满足，横征暴敛搜求不止，再加上东征西讨，穷兵黩武，弄得百姓不堪忍受，于是导致了隋朝灭亡。这些都是我亲眼见到的。因此我每天从早到晚辛勤努力、孜孜不倦，只求清净无为，使天下不生事端。从而做到不兴徭役，五谷丰登，百姓安居乐业。治国就好比种树，只要树根稳固不动摇就能枝繁叶茂。君主能够做到清静少欲，百姓怎么会不安居乐业呢？"

贞观十六年，太宗谓侍臣曰："或君乱于上，臣理于下；或臣乱于下，君理于上。二者苟逢，何者为甚？"

特进魏徵对曰："君心理则照见下非。诛一劝百，谁敢不畏威尽力？若昏暴于上，忠谏不从，虽百里奚、伍子胥之在虞、吴①，不救其祸，败亡亦继。"

太宗曰："必如此，齐文宣昏暴②，杨遵彦以正道扶之得理③，何也？"

徵曰："遵彦弥缝暴主④，救理苍生⑤，才得免乱，亦甚危苦。与人主严明，臣下畏法，直言正谏，皆见信用，不可同年而语也。"

【注释】

①百里奚：姓百里，名奚，字井伯。生卒不详。《左传》称他为"百里"，《史记》等书中称他为"百里傒"或"百里奚"。春秋时期楚国宛（今河南南阳）人，一说虞（今山西平陆北）人。少时家境甚贫，颠沛流离，后出游诸国，到齐国，不被任用；又至周，仍不被任用；后被虞公任用为大夫，晋灭虞后被虏，作为陪嫁之臣被送往秦国，因秦穆公以媵臣待之，出走至宛，为楚人所执。后秦穆公闻其贤，用五张黑牡羊皮将其赎回，授以国政。称为五羖大夫。百里奚担任秦国宰相七年之久，为秦国的国强民富以及秦穆公的争霸立下了不可磨灭的功绩，为秦国统一六国奠定了基础。伍子胥（？—前484）：名员，春秋时楚国人。性刚强，青少年时，即好文习武，勇而多谋。周景王二十三年（前522），因遭楚太子少傅费无忌陷害，父、兄为楚平王所杀，被迫出逃吴国，发誓必倾覆楚国，以报杀亲之仇。他逃至吴国，帮吴王阖闾筑城练兵，发愤图强。曾率吴军一举攻入楚都，迫使楚王外逃。吴王阖闾去世

后,他扶助夫差即位,帮助夫差打败越国,并劝谏夫差不要放越王勾践回国,谏劝夫差放弃攻打齐国而伐越。夫差都未听从,反而听信伯嚭谗言,于前 484 年秋赐剑使伍子胥自刎。春秋末期吴国的兴亡,伍子胥举足轻重,其治国用兵,以务实为旨,远见卓识,谋略不凡。《汉书·艺文志》著录有《伍子胥》兵书十篇、图一卷,已亡佚。虞、吴:春秋时期的两个诸侯国。

②齐文宣:即高洋,字子进,高欢的第二子,高澄的同父同母兄弟。魏孝静帝武定八年(550)五月,高洋带兵回到邺城,在金虎台逼孝静帝让位,自己坐上了皇帝的宝座,改元天保,尊父亲高欢为神武皇帝,哥哥高澄为文襄皇帝。在位期间励精图治,使北齐的版图大为增加。在位后期,生活荒淫,草菅人命。幸丞相主持朝政,"主昏于上,政清在下",才不至于亡国。后病死,终年 31 岁。庙号显祖,谥文宣。

③杨遵彦:名愔(yīn),字遵彦,小名秦王,弘农华阴(今陕西华阴)人。北齐时大臣,在文宣帝高洋手下很受重用。高洋代魏自立时,害死了魏孝静帝,把孝静帝的皇后、他的妹妹太原长公主许给了杨遵彦,并累封他至开封王。高洋临终的时候,他的儿子高殷还只有 16 岁,且个性软弱。高洋对后事颇为忧虑,便遗诏让杨遵彦等人为宰辅,辅助高殷治理国家。

④弥缝:弥补,补救,缝合缺陷。

⑤苍生:指平民百姓。

【译文】

贞观十六年(642),太宗对身边的大臣们说:"有时是君主在上面昏乱,臣子在下面精心治理;有时是君主在上面精心治理,臣子却在下面作乱。如果碰到这两种情况,哪一种更严重呢?"

特进魏徵回答道:"君主有心治理好天下,就能洞察到臣下的过失,杀一儆百,谁还敢不畏惧君主的威严而尽力办事?如果君主在上面暴庸昏庸，不采纳臣下的劝谏，就像春秋时虞国、吴国，虽有百里奚、伍子胥这样的贤臣，也无法挽救国家的祸患，国破身亡也将随之而来。"

太宗说："如果必然是这样，那么北齐文宣帝昏庸残暴，杨遵彦却能用正确的方法辅佐他治理好北齐，这又是什么道理呢？"

魏徵回答道："杨遵彦弥补了暴君的过失，挽救了百姓，才使得北齐免于祸乱，但也是非常困苦的。这与君主廉正圣明、大臣畏惧法律、正确的谏言都被采纳的情况是不可同日而语的！"

贞观十九年，太宗谓侍臣曰："朕观古来帝王，骄矜而取败者不可胜数[1]。不能远述古昔，至如晋武平吴、隋文伐陈已后[2]，心逾骄奢，自矜诸己，臣下不复敢言，政道因兹弛紊[3]。朕自平定突厥、破高丽已后[4]，兼并铁勒[5]，席卷沙漠以为州县，夷狄远服[6]，声教益广。朕恐怀骄矜，恒自抑折，日旰而食[7]，坐以待晨。每思臣下有谠言直谏[8]，可以施于政教者，当拭目以师友待之。如此，庶几于时康道泰尔。"

【注释】

①骄矜（jīn）：骄傲自负。

②晋武：即司马炎（236—290），字安世，河内温县（今河南温县西）人。司马昭之子。昭死，继位为晋王，后逼魏帝让位，自己登上帝位，建都洛阳。279 年命贾充、杨济、杜预、王濬等伐吴。280年二月孙皓投降，孙吴灭亡，自从黄巾之乱以来的分裂局势暂时获得统一。隋文：即杨坚（581—604 年在位），弘农华阴（今陕西华阴）人。隋朝开国皇帝。杨坚称帝后，于开皇七年（587）灭后梁，一年后下诏伐陈。开皇九年（589）灭陈，统一了中国，结束了西晋末年以来近三百年的分裂局面。

③弛紊(wěn)：松弛紊乱。

④高丽：古国名。918年,弓裔部将王建推翻弓裔称王,迁都至自己的家乡松岳(今开城),改国号为"高丽"。935年灭新罗,936年灭后百济,建立高丽王朝。

⑤铁勒：中国古代北方民族。汉时称丁零,北魏时称敕勒或铁勒。隋代起作为除突厥以外的突厥系民族的通称。605—611年间,以契苾、薛延陀二部为主建立部落联盟。唐初漠北铁勒诸部中以薛延陀与回纥最强,共建汗国,薛延陀首领夷男为可汗,受唐册封,助唐灭东突厥。646年,唐灭薛延陀汗国,于铁勒诸部分置羁縻都督府、州。

⑥夷狄：古称东方部族为夷,北方部族为狄。常用以泛称除华夏以外的各民族。

⑦日旰(gàn)：天色晚,日暮。

⑧谠(dǎng)言：正直之言,直言。

【译文】

贞观十九年(645),太宗对身边的大臣们说："我看自古以来的帝王,因为骄矜自满而自取灭亡的数不胜数。远的例子不必说,近的像晋武帝平定东吴、隋文帝讨伐陈国之后,心里越来越骄奢,自认为了不起,大臣们也不敢再去劝谏,国家朝政也因此松弛紊乱。我自从平定突厥、击败高丽以后,又兼并铁勒,席卷沙漠,在那里设置了州县,边远的民族也来臣服归顺,国家的声威、教化也日益扩大。我担心自己滋长骄矜情绪,经常约束自己,处理朝政常常忙得很晚才吃饭,凌晨起来坐等天亮。每当想起大臣们的直言进谏,可以用于政治教化的,都应当把他们当作良师益友来看待。这样做,或许能够使国泰民安吧!"

太宗自即位之始,霜旱为灾,米谷踊贵①,突厥侵扰,州县骚然。帝志在忧人,锐精为政,崇尚节俭,大布恩德。是

时，自京师及河东、河南、陇右②，饥馑尤甚③，一匹绢才得一
斗米。百姓虽东西逐食，未尝嗟怨，莫不自安。至贞观三
年，关中丰熟④，咸自归乡，竟无一人逃散，其得人心如此。
加以从谏如流，雅好儒术⑤，孜孜求士，务在择官，改革旧弊，
兴复制度，每因一事，触类为善。初，息隐、海陵之党⑥，同谋
害太宗者数百千人，事宁，复引居左右近侍，心术豁然，不有
疑阻。时论以为能断决大事，得帝王之体。深恶官吏贪浊，
有枉法受财者，必无赦免。在京流外有犯赃者⑦，皆遣执奏，
随其所犯，置以重法。由是官吏多自清谨。制驭王公、妃主
之家⑧，大姓豪猾之伍，皆畏威屏迹，无敢侵欺细人⑨。商旅
野次，无复盗贼，囹圄常空⑩，马牛布野，外户不闭。又频致
丰稔，米斗三四钱，行旅自京师至于岭表⑪，自山东至于沧
海⑫，皆不赍粮⑬，取给于路。入山东村落，行客经过者，必厚
加供待，或发时有赠遗。此皆古昔未有也。

【注释】

①踊贵：物价上涨。

②京师：帝王的都城。唐朝的都城在今西安。河东：唐朝的方镇
　名，治所在太原府（今山西太原西南晋源镇）。河南：唐朝的方镇
　名，治所在汴州（今河南开封）。陇右：唐朝的方镇名，治所在鄯
　州（今青海乐都）。

③饥馑（jǐn）：灾荒之年，庄稼作物没有收成。《尔雅·释天》："谷不
　熟为饥，蔬不熟为馑。"

④关中：古人习惯上将函谷关以西地区称为关中。因西有大散关，
　东有函谷关，北有崤关，南有武关，故称关中。

⑤雅：很，甚。

⑥息隐、海陵之党：指李建成、李元吉的同党。李建成是唐高祖的
　长子，曾被立为皇太子；李元吉是唐高祖的第四子，初封为齐王。
　二人曾合谋杀害李世民，后被李世民发觉。李世民发动"玄武门
　之变"，将二人处死。李世民即位后，封李建成为息王，谥曰隐；
　封李元吉为海陵王，谥曰剌。

⑦流外：唐称未入九品者为流外，多充任京师官署吏员，经过考铨
　以后，可以递升流内，唐时称为"入流"。

⑧制驭：控制驾驭。

⑨细人：见识浅薄或地位低下的人。这里指平民百姓。

⑩囹圄(líng yǔ)：牢狱。

⑪岭表：岭外。这里指越城岭、都庞岭、萌渚岭、骑田岭、大庾岭"五
　岭"以南，即今广东、广西、湖南、江西等地区。

⑫山东：战国秦汉时统称崤山或华山以东为山东，也有以太行山以
　东为山东的说法。沧海：指东海。

⑬赍(jī)：携带。

【译文】

　　太宗刚即位的那段时间里，霜灾、旱灾频繁，米谷价格飞涨，再加上
突厥人的侵扰，许多州县被骚乱得不得安宁。太宗很担忧人民的疾苦，
精心治理国政，崇尚节俭，大力施布恩德。那时从京师长安到河东、河
南、陇右一带，灾情特别严重，一匹绢只能换取一斗米。老百姓虽然四
处求食，但仍然没有唉声叹气口出怨言的，都能各守本分，遵纪守法。
到了贞观三年(629)，关中地区粮食丰收，出去逃荒的人都重返家乡，竟
然没有一个人逃散不归。太宗的政治就是这样地深得人心。再加上他
纳谏如流，特别喜欢儒术，孜孜不倦地寻求人才，务求选拔优秀的官吏，
改革旧弊，恢复或新立规章制度，每做一件事都能够总结经验，触类旁
通地把事情做好。当初，李建成、李元吉的同党，参与谋害太宗的有成

百上千人,事变平息以后,太宗将其中不少人又任命为自己的近侍随从,心地豁达,不存戒心。当时人们都称赞太宗能决断大事,很有帝王气度。他深恶痛绝贪官污吏,凡是有贪赃枉法的,决不饶恕赦免。在京城的官署吏员凡是犯有贪赃罪者,都必须奏明朝廷,然后根据他的罪行绳以重法。因此,官吏们大都能够自觉地清廉谨慎。太宗对皇亲国戚、公主嫔妃以及世家大族、豪门大户都严加控制约束,使他们都畏惧法令威严而收敛气焰,不敢欺凌百姓。商人旅客在外住宿,也不用担心盗贼的抢夺偷窃,监狱里经常是空空的,牛马满山遍野,夜不闭户。此后又连年获得丰收,一斗米才卖三四文钱,旅客从长安到岭南,或从华山之东到东海之滨也不需要携带粮食,一路之上均有供给。特别是进入华山以东地区的村落,过路的旅客一定会受到热情的招待,甚至在离开时还会得到村里人的馈赠。这些情况都是自古以来从未有过的。

任贤第三

【题解】

"任贤"即"任人唯贤",是唐太宗一再强调的"为政之要,惟在得人","致安之本,惟在得人"的主张。从某种意义上说,"贞观之治"就是任贤实践的结果。《任贤》篇包含八章,分别介绍了唐太宗最为信任的八贤:房玄龄、杜如晦、魏徵、王珪、李靖、虞世南、李勣、马周。他们有的是秦王府中的府属旧人,有的是来自敌对营垒的谋臣;有的出将入相,有的出身低微。有文有武,职位有高有低,从政有长有短,而共同点都是贞观功臣,在那个时代作出过重要贡献。作者在叙述他们的事迹时,既赞颂了唐太宗的知人善任、爱才重贤,也高度评价了这些功臣在创立和巩固唐王朝过程中所起的巨大作用。我们从中可以看到贞观"任贤"政治的一斑。

房玄龄,齐州临淄人也①。初仕隋,为隰城尉②。坐事除名③,徙上郡④。太宗徇地渭北⑤,玄龄杖策谒于军门。太宗一见,便如旧识,署渭北道行军记室参军⑥。玄龄既遇知己,遂罄竭心力⑦。是时,贼寇每平,众人竞求金宝,玄龄独先收人物,致之幕府⑧。及有谋臣猛将,与之潜相申结,各致死力。累授秦王府记室⑨，兼陕东道大行台考功郎中⑩。玄龄在秦府十余年，恒典管记。隐太子、巢剌王以玄龄及杜如晦为太宗所亲礼⑪，甚恶之，谮之高祖，由是与如晦并遭驱斥。及隐太子将有变也，太宗召玄龄、如晦，令衣道士服，潜引入阁谋议。及事平，太宗入春宫⑫，擢拜太子左庶子⑬。贞观元年，迁中书令⑭。三年，拜尚书左仆射⑮，监修国史，封梁国公，实封一千三百户。既总任百司，虔恭夙夜，尽心竭节，不欲一物失所。闻人有善，若己有之。明达吏事，饰以文学，审定法令，意在宽平。不以求备取人⑯，不以己长格物⑰，随能收叙，无隔疏贱。论者称为良相焉。十三年，加太子少师⑱，玄龄自以一居端揆十有五年⑲，频抗表辞位，优诏不许。十六年，进拜司空⑳，仍总朝政，依旧监修国史。玄龄复以年老请致仕㉑，太宗遣使谓曰："国家久相任使，一朝忽无良相，如失两手。公若筋力不衰，无烦此让。自知衰谢，当更奏闻。"玄龄遂止。太宗又尝追思王业之艰难，佐命之匡弼㉒，乃作《威凤赋》以自喻，因赐玄龄，其见称类如此。

【注释】

①齐州临淄：在今山东淄博东北。

②隰（xī）城：在今山西汾阳西。尉：官名。掌管一县的治安。

③坐事：因事获罪。

④上郡：古郡名。秦汉治所在肤施（今陕西榆林东南），隋上郡即郎城郡（治今陕西富县），唐上郡即绥州（治今绥德）。

⑤徇地：攻占土地。渭北：渭河之北。渭河，水名，一称渭水，黄河最大支流。在陕西省中部，源出甘肃渭源西北鸟鼠山，东南流至

清水县,入陕西省境,横贯渭河平原,东流至潼关入黄河。自汉至唐都是关中漕运要道。

⑥记室参军:古代官名。至魏晋南北朝时,各地方官、王国王府等单位底下,开始设有记室参军,专门掌管军队里的文书起草,记录表彰等重要工作,元代以后废除此制。

⑦罄(qìng):尽,用尽。

⑧幕府:古时军队主将的府署设在帐幕内,因称幕府。后也称军政大官僚的府署。

⑨秦王:即李世民。在唐朝建立过程中,李世民南征北战,立下了汗马功劳,被封为秦王。记室:指掌管文书之官。

⑩陕东道:唐代的行政区划名。武德四年(621)十月,唐高祖下诏规定,陕东道大行台尚书省自尚书令、仆射到郎中、主事等官员,品秩和京师中央政府相同,人数略少,山东行台及总管府、诸州皆隶属于陕东道。大行台:唐初复置大行台。陕东道大行台置于洛阳,以秦王李世民为尚书令,地位在其余行台之上。其余行台如益州道、襄州道、东南道、河东道、河北道,均以宗王或亲信大将任尚书左仆射,为行台主。考功郎中:唐尚书省吏部有考功郎中、员外郎,掌考察官员功过善恶,对亲王及中书、门下二省、京官三品以上及都督、刺史、都护、节度使、观察使,皆以功过状考核其行事。

⑪隐太子:唐高祖李渊长子李建成。小字毗沙门。陇西成纪(今甘肃秦安西北)人。隋大业十三年(617),李渊起兵反隋,密召他与其弟李元吉至太原援助。授左领军大都督,封陇西郡公。李渊立隋炀帝孙代王侑为恭帝,改元义宁。恭帝封李渊为唐王,封建成为唐王世子,开府置官属。义宁二年(618),李渊即位,立建成为皇太子,而其弟秦王李世民功绩卓著,人心所归。建成即清平刘黑闼的反叛,以求立功树威;后又与其弟李元吉合谋,加毒于

世民酒中,世民未死。世民于武德九年(626)六月,告建成、元吉
淫乱后宫之罪,翌日李渊召二子入宫,同众大臣审核,至玄武门,
建成为世民所杀,元吉为尉迟敬德所杀。世民继位后,追封李建
成为息王,谥"隐",史称"隐太子"。巢刺王:即李元吉(603—
626),唐高祖李渊第四子。李渊自太原起兵反隋,大军入关,留
他守太原。唐建国后,封为齐王。武德二年(619),刘武周南侵
并州,他弃太原归长安。后与长兄建成合谋杀李世民。九年,李
世民发动"玄武门之变",元吉与建成同遇害,五子均被杀。太宗
即位后,追封元吉为海陵郡王,谥曰刺,以礼改葬。贞观十六年,
又追封巢王。杜如晦(585—630):字克明,京兆杜陵(今陕西西
安东南)人。帮助唐太宗夺取天下,担任兵部尚书、右仆射等职,
与房玄龄配合综理贞观朝政,并称名相。封蔡国公。贞观四年
病重而死,年仅46岁。

⑫春宫:古时太子居住的宫室。

⑬太子左庶子:东宫属官,掌侍从、献纳、启奏等事。

⑭中书令:隋唐时中书令为中书省长官,属于宰相职位。

⑮尚书左仆射(yè):官名。秦始置,为尚书的为首长官。汉成帝建
始四年(前29)置尚书五人,其中一人为仆射。东汉置尚书台,主
官为尚书令,以尚书仆射为其副职。献帝时分设左、右仆射,历
代沿置。魏、晋后,令、仆(尚书令、尚书仆射)号为"朝端"、"朝
右",居宰相之任,成为贵官。唐不置尚书令,左、右仆射实际上
成了尚书省的长官。房玄龄为左仆射前后达二十年,号称贤相。

⑯求备:要求全美。

⑰己长:自己的长处。格物:要求事物。

⑱太子少师:辅导皇太子的官员,一般以位高望重的大臣兼任,亦
有专任者。

⑲端揆(kuí):指相位。宰相居百官之首,总揽国政,故称。

⑳司空：与司徒、太尉并称"三公"。隋唐时为大官的加衔。

㉑致仕：官员辞职归家。

㉒匡弼：匡正辅佐，纠正补救。

【译文】

　　房玄龄，齐州临淄人。起初在隋朝做官，任隰城县尉。后来因事获罪被革除官职，流放到上郡。太宗率兵攻占渭北时，房玄龄拄着拐杖到军门拜见。太宗与他一见如故，就任命他为渭北道行军记室参军。房玄龄很高兴遇到知己，于是竭尽心力为太宗效劳。当时，每平定一方流寇，大家都竞相搜求金银珠宝，只有房玄龄先收揽人才，送至幕府。遇到谋士或猛将，他就和他们暗中交结，和他们约定遇事都要各尽死力。其后他多次提升，被任命为秦王府记室，兼陕东道大行台考功郎中。房玄龄在秦王府任职十余年，长期主管记室。因房玄龄和杜如晦得到太宗的亲近礼遇，隐太子李建成和巢刺王李元吉非常憎恨他们，便在唐高祖面前说他们的坏话，因此，房玄龄和杜如晦一起遭到贬斥。到隐太子将要作乱的时候，太宗召见房玄龄、杜如晦，让他们身穿道士服装，偷偷地进入秦王府的秘阁中密谋计议。玄武门事变平息后，太宗被立为太子入住春宫，提拔房玄龄为太子左庶子。贞观元年，升任中书令。贞观三年（629），升任尚书左仆射，监管修撰国史，封为梁国公，实际封食邑一千三百户。房玄龄已经出任管理百官的宰相，他更加谦虚谨慎，日夜操劳，尽心尽力，不想让一件事处理得不妥当。他听到别人有优点，就像自己有一样。他对行政事务非常通达明了，语言表达也十分妥贴，在审定各项法令时特别谨慎，总以宽大平和为宗旨。对他人从不求全责备，不以自己的长处来衡量他人。他能根据才能任用人才，不管他们社会地位的高低、出身的贵贱以及和自己关系的远近。大家一提到房玄龄，都认为他是一个贤良的宰相。贞观十三年（639），他被加封为太子少师。房玄龄自认为自己担任宰相已经十五年了，曾多次向太宗上表请求辞去宰相职务，太宗都下诏表示不同意。贞观十六年（642），又被封为司空,仍然总理朝政,依旧监修国史。房玄龄又以年老为由请辞,太宗派人对他说:"国家长期任命您担任宰相,您一旦辞职,就好像一个人突然失去双手。您如果精力不衰,就不要辞让了;如果自觉精力衰退,可另行奏报。"于是,房玄龄不再要求辞职。太宗又曾回忆自己开创帝业的艰难,想到大臣们辅佐自己的功劳,于是作了一篇《威凤赋》用以自喻,将其赐给房玄龄,太宗对房玄龄的信任和推重由此可见一斑。

　　杜如晦,京兆万年人也①。武德初,为秦王府兵曹参军②,俄迁陕州总管府长史③。时府中多英俊,被外迁者众,太宗患之。记室房玄龄曰:"府僚去者虽多,盖不足惜。杜如晦聪明识达,王佐才也。若大王守藩端拱④,无所用之;必欲经营四方,非此人莫可。"太宗自此弥加礼重,寄以心腹,遂奏为府属,常参谋帷幄。时军国多事,剖断如流,深为时辈所服。累除天策府从事中郎⑤,兼文学馆学士⑥。隐太子之败,如晦与玄龄功第一,迁拜太子右庶子⑦。俄迁兵部尚书⑧,进封蔡国公,实封一千三百户。贞观二年,以本官检校侍中⑨。三年,拜尚书右仆射⑩,兼知吏部选事⑪,仍与房玄龄共掌朝政。至于台阁规模,典章文物,皆二人所定,甚获当时之誉,时称"房杜"焉。

【注释】

①京兆万年:今陕西西安属县。隋唐两代均都长安,另建新城。隋称大兴城。唐高宗永徽四年(653)改名长安城。在长安城周围的京畿地区,隋唐均设京兆尹(郡、府)或雍州,作为郡级建制以统长安、大兴(唐改为万年)等二十余县。

②兵曹参军:官职名,六曹(功曹、仓曹、户曹、兵曹、法曹、士曹)之

一，掌兵事、缉捕等。

③陕州：今河南三门峡西。总管府：唐初于缘边及襟要地区的一些州治置总管府，领军出征者为行军总管或大总管。长史：总管府次官。

④端拱：谓闲适自得，清静无为。

⑤除：拜受官位。天策府：李世民被封为天策上将后所建的府邸。从事中郎：天策府属官。

⑥文学馆：唐太宗为秦王时建文学馆，罗致四方文士，收聘贤才。学士：官名。唐初开文学馆，以大臣十八人兼学士，讨论文典，号称"十八学士"，又置弘文馆学士，讲论文义，商量政事。

⑦太子右庶子：太子属官。掌侍从赞相，驳正启奏之职。

⑧兵部尚书：统管全国军事行政长官。

⑨检校：唐初，代理而未正式授之官职。侍中：古代职官名。秦始置，两汉沿置，为正规官职外的加官之一。唐时为门下省长官，乃宰相之职。

⑩尚书右仆射：唐不置尚书令，左、右仆射实际上成了尚书省的长官。

⑪吏部：古代官署。掌管全国官吏的任免、考课、升降、调动等事务。隋唐列为六部之首。长官为吏部尚书。历代相沿。选事：考选举士，铨选职官之事。

【译文】

杜如晦，京兆万年人。武德初年，任秦王府兵曹参军，不久调任陕州总管府长史。当时，秦王府中有许多有才干的人，但大多都被外调，太宗对此深感担忧。秦王府记室房玄龄对太宗说："府中官员调走的虽然很多，但都不值得可惜。杜如晦聪慧明智而见识通达，是能辅佐帝王的人才。如果大王仅仅打算守住一个藩王，端坐拱手无所作为，当然用不着这样的人才；要是想君临天下，那么非用此人不可。"自此太宗对杜如晦更加看重,托以心腹重任,并奏请调回他做秦王府的属官,经常让他参与军政大事的谋划。当时军国大事繁多,杜如晦分析决断迅速妥当,深为同僚们所佩服。后连升为天策府从事中郎,兼任文学馆学士。太子李建成作乱被挫败,杜如晦、房玄龄的功劳居于首位,又升任杜如晦为太子右庶子。不久升任兵部尚书,加封为蔡国公,实际赐封食邑一千三百户。贞观二年(628),他又以本官兵部尚书检校侍中。贞观三年(629),被任命为尚书右仆射,兼管吏部选任官吏的事务,仍然与房玄龄共同执掌朝政。至于朝廷中的机构设置、制定制度法令礼仪等都由他们二人来决定,深得当时人们的称誉,并合称他们为"房杜"。

魏徵,钜鹿人也①,近徙家相州之临黄②。武德末,为太子洗马③。见太宗与隐太子阴相倾夺,每劝建成早为之谋。

太宗既诛隐太子,召徵责之曰:"汝离间我兄弟,何也?"众皆为之危惧。徵慷慨自若,从容对曰:"皇太子若从臣言,必无今日之祸。"太宗为之敛容,厚加礼异,擢拜谏议大夫。数引之卧内,访以政术。徵雅有经国之才,性又抗直,无所屈挠。太宗每与之言,未尝不悦。徵亦喜逢知己之主,竭其力用。又劳之曰:"卿所谏前后二百余事,皆称朕意,非卿忠诚奉国,何能若是?"

三年,累迁秘书监④,参预朝政。深谋远算,多所弘益。太宗尝谓曰:"卿罪重于中钩⑤,我任卿逾于管仲⑥,近代君臣相得,宁有似我于卿者乎?"

六年,太宗幸九成宫⑦,宴近臣,长孙无忌曰⑧:"王珪、魏徵⑨,往事息隐,臣见之若仇,不谓今者又同此宴。"太宗曰:"魏徵往者实我所仇,但其尽心所事,有足嘉者。朕能擢而用之，何惭古烈？徵每犯颜切谏，不许我为非，我所以重之也。"徵再拜曰："陛下导臣使言，臣所以敢言。若陛下不受臣言，臣亦何敢犯龙鳞、触忌讳也⑩。"太宗大悦，各赐钱十五万。

七年，代王珪为侍中，累封郑国公。寻以疾乞辞所职，请为散官⑪。太宗曰："朕拔卿于仇虏之中，任卿以枢要之职⑫，见朕之非，未尝不谏。公独不见金之在矿？何足贵哉？良冶锻而为器，便为人所宝。朕方自比于金，以卿为良工。虽有疾，未为衰老，岂得便尔耶？"徵乃止。后复固辞，听解侍中，授以特进，仍知门下省事。

十二年，太宗以诞皇孙，诏宴公卿。帝极欢，谓侍臣曰："贞观以前，从我平定天下，周旋艰险，玄龄之功无所与让。贞观之后，尽心于我，献纳忠谠，安国利人，成我今日功业，为天下所称者，惟魏徵而已。古之名臣，何以加也。"于是亲解佩刀以赐二人。庶人承乾在春宫⑬，不修德业；魏王泰宠爱日隆⑭，内外庶寮⑮，咸有疑议。太宗闻而恶之，谓侍臣曰："当今朝臣，忠謇无如魏徵⑯，我遣傅皇太子，用绝天下之望。"

十七年，遂授太子太师⑰，知门下事如故。徵自陈有疾，太宗谓曰："太子宗社之本，须有师傅，故选中正，以为辅弼。知公疹病，可卧护之。"徵乃就职。寻遇疾。徵宅内先无正堂，太宗时欲营小殿，乃辍其材为造，五日而就。遣中使赐以布被素褥，遂其所尚。后数日，薨。太宗亲临恸哭，赠司空，谥曰文贞。太宗亲为制碑文，复自书于石。特赐其家食实封九百户⑱。

太宗后尝谓侍臣曰："夫以铜为镜，可以正衣冠；以古为镜，可以知兴替；以人为镜，可以明得失。朕常保此三镜，以防己过。今魏徵殂逝⑲，遂亡一镜矣！"因泣下久之。乃诏曰："昔惟魏徵，每显予过。自其逝也，虽过莫彰⑳。朕岂独有非于往时，而皆是于兹日？故亦庶僚苟顺，难触龙鳞者欤！所以虚己外求，披迷内省。言而不用，朕所甘心。用而不言，谁之责也？自斯已后，各悉乃诚。若有是非，直言无隐。"

【注释】

①钜鹿：地名。在今河北平乡。

②相州：北魏在邺城立相州，是为相州名称之始。580 年，北周灭北齐，邺城被焚，邺民全部迁至安阳。安阳遂称相州，亦称邺郡。唐属河北道，沿用相州一名，在今河北临漳西南。临黄：在今河南安阳黄县西北。

③洗马：官名。汉时为东宫官属，太子出则为前导。晋时改掌朝廷图籍，后代因袭之。

④秘书监：官名。东汉延熹二年（159）始置。属太常寺，典司图籍。后省。魏文帝又置，掌世文图籍，初属少府。晋初并入中书。晋永平时又置，并统著作局，掌三阁图书。宋与晋同。梁为秘书省长官，北朝亦置。隋炀帝时曾称秘书省令。唐高宗时曾改称太史，旋复旧，为秘书省的长官，主管国家的图书典籍。

⑤中钩：指春秋时管仲射齐公子小白中其带钩事。齐襄公十二年（前 686），齐国动乱，公孙无知杀死齐襄王，自立为君。一年后，公孙无知又被杀，齐国一时无君。逃亡在外的公子纠和小白，都

力争尽快赶回国内夺取君位。管仲为使纠当上国君,埋伏中途
欲射杀小白,箭射在小白的铜制衣带钩上。小白装死,在鲍叔牙
的协助下抢先回国,登上君位。他就是历史上有名的齐桓公。
桓公即位,设法杀死了公子纠,也想杀死管仲。鲍叔牙极力劝
阻,指出管仲乃天下奇才,要桓公为齐国强盛着想,忘掉旧怨,重
用管仲。桓公接受了建议,接管仲回国,不久即拜为相,主持
政事。

⑥管仲(?—前645):名夷吾,又名敬仲,字仲,颍上(今安徽颍上)
人。春秋时杰出的政治家、著名的军事家,以其卓越的谋略辅佐
齐桓公成为春秋时第一个霸主。管仲的言论见《国语·齐语》。
有《管子》一书传世。

⑦九成宫:始建于隋文帝开皇十三年(593)二月,竣工于隋开皇十
五年(595)三月,开始名叫“仁寿宫”,是文帝的离宫。唐太宗贞
观五年(631)修复扩建,更名为“九成宫”。

⑧长孙无忌(?—659):字辅机,河南洛阳人。其先祖为鲜卑族拓
跋氏,后改姓长孙。隋时名将,其妹为太宗皇后。无忌虽出于军
事世家,却好学,善于谋划。他从小就和李世民亲善,太原起兵
后,常从世民征伐,参预机密。唐武德九年(626),世民发动“玄
武门之变”,他是策划和组织者之一。唐太宗时任尚书右仆射、
司空、司徒等职,封齐国公,又徙赵国公。唐高宗时期,长孙无忌
由于反对武则天擅权,与武氏结怨。后遭武氏以谋反罪名诬陷,
全宗族或杀或流放,长孙无忌本人遭流放至黔州(今四川彭水),
不久被迫自杀。贞观中,他和房玄龄主修《唐律》和《律疏》。永
徽四年,《律疏》三十卷成,即现存的《唐律疏议》。

⑨王珪(570—639):字叔玠,太原祁(今山西祁县)人。唐代初期著
名的政治家。贞观二年(628)任侍中,进位宰相,与房玄龄、魏
徵、杜如晦齐名,为唐初四大名臣。详见下节。

⑩龙鳞：这里指君主。《韩非子·说难》："夫龙之为虫也，柔可狎而骑也。然其喉下有逆鳞径尺，若人有婴之者，则必杀人。人主亦有逆鳞，说者能无婴人主之逆鳞，则几矣。"意谓龙作为一种动物，驯服时可以戏弄着骑它，但它喉下有一尺长的逆鳞片，假使有人触动它的话，就一定会受到伤害。君主也有逆鳞，进说者能不触动君主的逆鳞，就差不多成功了。后因以"龙鳞"指君主。

⑪散官：有官名而无固定职事之官。与职事官相对而言。《隋书·百官志下》："居曹有职务者为执事官，无职务者为散官。"

⑫枢（shū）要：指中央政权中机要的部门或官职。

⑬庶人承乾：即李承乾，字高明，太宗长子。其母是李世民的正室夫人长孙皇后。武德二年（619）生于承乾殿，故取名"李承乾"。8岁被立为太子，很受娇宠。武德三年（620）封恒山王，七年徙封中山。太宗即位，为皇太子。贞观十七年（643）四月因谋逆被贬为庶人，囚禁于右领军。同年九月初被流放到黔州。两年后在黔州病死。

⑭魏王泰（618—652）：字惠褒，太宗第四子。少善属文，武德三年（620）封宜都王，贞观二年（628）改封越王，徙封魏王。太宗以泰好士爱文学，特令就府别置文学馆，任自引召学士。贞观二十一年（647）进封濮王。唐太宗最初立长子李承乾为太子，后来又爱重第四子魏王李泰，李承乾由此产生了夺嗣之惧，企图发动政变刺杀李泰，但没有成功，被废为庶人。唐太宗为防止身后发生兄弟仇杀的悲剧，贬魏王李泰，改立第九子晋王李治为太子，即以后的唐高宗。

⑮庶寮：亦作"庶僚"，即指百官。

⑯忠謇（jiǎn）：忠诚正直。这里指忠诚正直的人。

⑰太子太师：是东宫三师（太子太师、太子太傅、太子太保）之一。辅导皇太子的官员，一般以位高望重的大臣兼任，亦有专任者。

从一品官。

⑱食实封：谓受封爵并可实际享用其封户租赋。《资治通鉴·唐中宗景龙三年》："于时食实封者凡一百四十余家。"胡三省注："唐制：食实封者，得真户，户皆三丁以上，一分入国。开元定制，以三丁为限，租赋全入封家。"

⑲殂（cú）逝：逝世。

⑳彰：明显，显著。

【译文】

魏徵，河北钜鹿人，前不久又迁居到相州的临黄。武德末年，担任太子洗马。当他看到太宗同隐太子李建成暗中争夺权力帝位时，常劝建成早作打算。

太宗杀隐太子后，把魏徵叫来责问他说："你为什么要离间我们兄弟？"当时大家都替魏徵担惊受怕，魏徵却慷慨自若，从容地回答说："皇太子如果听了我的话，肯定不会有今天的杀身之祸。"太宗听了后肃然起敬，对他分外以礼相待，并提升他为谏议大夫。曾多次把他请进卧室，向他请教治理国家的办法。魏徵素有治国的才能，性情又刚直不阿、不屈不挠。太宗每次和他交谈，从来没有不高兴的。魏徵也庆幸遇到赏识自己的国君，竭尽全力来为太宗效劳。太宗抚慰魏徵说："你所劝谏我的前后共有二百余起，都很符合我的心意。如果不是你忠诚为国，怎能这样？"

贞观三年（629），经过多次升迁，魏徵升任至秘书监，参与管理朝政大事。他深谋远虑，对治理国家大有帮助。太宗曾对他说："你曾有比管仲射中齐桓公带钩更大的罪过，而我对你的信任却超过了齐桓公对管仲的信任，近代君臣之间融洽相处，有像我和你这样的吗？"

贞观六年（632），太宗驾临九成宫，设宴招待亲近的大臣，长孙无忌说："王珪、魏徵过去侍奉过隐太子李建成，我见到他们就像见到仇敌一样，想不到今天同在一起参加宴会。"太宗说："魏徵过去确实是我的仇敌,但他能尽心尽力地侍奉主子,有值得赞扬的地方。我能提拔重用他,和古代圣贤相比也毫无愧色吧?魏徵每次都能犯颜直谏,不许我做错事,这是我器重他的原因。"魏徵向太宗拜了两拜说:"陛下引导我进谏言,所以我才敢直言无讳。如果陛下不接受我的意见,我怎么还敢去违逆龙鳞、触犯忌讳呢?"太宗听了很是高兴,每人赐给十五万钱。

贞观七年(633),魏徵取代王珪担任侍中,加封郑国公。不多久因病请求辞去所任的官职,只做个闲职散官。太宗说:"我把你从仇敌中提拔起来,委任你中央枢要之职,你每次见到我有不对的地方,从来没有不加以劝谏的。你难道没有见过矿石中未曾提炼的金子吗?它有什么可宝贵的呢?如果遇上高明的冶炼工匠把它锻炼成器物,就会被人们当作宝贝。我就好比是矿石中的金子,你就是从矿石中把金子提炼出来并锻造成器的高明工匠。你虽然有病,但还不算衰老,怎么就想到要辞职了呢?"魏徵听了只好作罢。后来魏徵又坚决要求辞职,太宗终于同意了他的意见,免去他侍中的职务,只挂个特进的散官头衔,仍然主持门下省事务。

贞观十二年(638),太宗因为皇孙诞生,下诏宴请公卿大臣。太宗非常高兴,对群臣说:"贞观以前,跟随我平定天下,历尽了艰险困苦的,房玄龄的功劳最大,没有人能比得上。贞观以后,对我竭尽心力,进献忠直之言,安国利民,使我能成就今日的功业,被天下人所称道的,就只有魏徵一人。即使是古代的名臣,又怎么能超过他们呢?"于是,太宗亲手解下身上的佩刀,赐给二人。后来被废为庶人的皇太子李承乾在东宫不修养德行;魏王李泰日益受太宗宠爱,朝廷内外百官议论纷纷。太宗听说后非常厌恶,对身边的大臣们说:"当今的朝臣百官,论忠诚正直没有比得上魏徵的,我派他做皇太子的师傅,用来断绝天下人的想法。"

贞观十七年(643),任命魏徵做太子太师,仍然兼管门下省的政事。魏徵提出自己有病在身,难以胜任。太宗对他说:"太子是宗庙社稷的根本,必须有好的师傅教导,因此要选择公正无私的人辅佐他。我知道你身体有病,你可以躺在床上去教导太子。"于是魏徵接受了太子太师的职务。不久魏徵得了重病。他原来住的宅院内没有正堂,太宗当时本想给自己建造一座小殿,因此就停下工来,把材料给魏徵造了正堂,五天就竣工了。又派宫中使节赐给魏徵布被和素色的褥子,以顺从他的喜好。几天以后,魏徵病逝。太宗亲自到他的灵柩前痛哭,追赠他为司空,赐谥号曰"文贞"。太宗亲自给他撰写碑文,并亲笔书写在石碑上。还特别赐给魏徵家属食实封九百户。

太宗后来常对身边的大臣们说:"用铜来做镜子,可以端正衣冠;用历史来做镜子,可以知道朝代的兴衰更替;用人来做镜子,可以明白自己的得失。我经常注意保持这三面镜子,用来防止自己的过失。如今魏徵去世,我损失掉了一面镜子啊!"因此伤心得哭了很久。于是太宗下诏说:"过去只有魏徵能经常指出我的过失。自从他去世后,我虽有过失,却没有人公开指出了。难道我只在过去有错误,而今天做事都是正确的吗?显然是臣子们对我苟且顺从,不敢来触犯龙鳞吧!因此我虚心征求他人意见,用以排除假象,反省自身。如果是所提意见我没有采纳,我愿承担责任。如果我准备接纳规谏而你们却不进言,这个责任谁来承担呢?从今以后,大家都要竭尽忠诚,如果有不同的意见,请你们直言劝谏,不要隐瞒。"

王珪,太原祁县人也①。武德中,为隐太子中允②,甚为建成所礼。后以连其阴谋事,流于巂州③。建成诛后,太宗即位,召拜谏议大夫。每推诚尽节,多所献纳。

珪尝上封事切谏④,太宗谓曰:"卿所论皆中朕之失,自古人君莫不欲社稷永安,然而不得者,只为不闻己过,或闻而不能改故也。今朕有所失,卿能直言,朕复闻过能改,何虑社稷之不安乎?"太宗又尝谓珪曰:"卿若常居谏官,朕必永无过失。"顾待益厚。

　　贞观元年，迁黄门侍郎⑤，参预政事，兼太子右庶子⑥。二年，进拜侍中。时房玄龄、魏徵、李靖、温彦博、戴胄与珪同知国政⑦，尝因侍宴，太宗谓珪曰："卿识鉴精通，尤善谈论，自玄龄等，咸宜品藻⑧。又可自量，孰与诸子贤？"对曰："孜孜奉国，知无不为，臣不如玄龄。每以谏诤为心，耻君不及尧、舜，臣不如魏徵。才兼文武，出将入相，臣不如李靖。敷奏详明⑨，出纳惟允，臣不如温彦博。处繁理剧，众务必举，臣不如戴胄。至如激浊扬清，嫉恶好善，臣于数子，亦有一日之长。"太宗深然其言，群公亦各以为尽己所怀，谓之确论。

【注释】

①太原：唐并州治太原，故亦称并州为太原。祁县：今山西晋中市祁县。唐属并州。

②中允：官名。汉置，太子官属，又称中盾。南朝宋、齐称中舍人。唐贞观复改为"中允"，属詹事府，掌侍从礼仪，驳正启奏，并监药及通判坊局事。

③嶲(xī)州：今四川西昌地区。

④封事：密封的奏章。古时臣下上书奏事为防泄漏，用皂囊封缄，故称。

⑤黄门侍郎：秦汉时本为君主近侍之官，属少府。魏晋以下沿置，与侍中同掌侍从威仪，纠正违失。至唐玄宗天宝元年(742)，改称门下侍郎，员二人，为门下省长官侍中之副，同判省事。职掌祭祀、赞献、奏天下之祥瑞。

⑥太子右庶子：太子属官。掌侍从、献纳、启奏等事。

⑦李靖:字药师,京兆三原(今陕西三原东北)人。少时研读孙吴兵法。隋大业末年任马邑郡丞,曾与太原留守李渊有隙。李渊攻占长安,执李靖,将斩。李世民为李靖说情,使李靖躲过一劫。后来李靖被李世民召入幕府,因功授开府。唐贞观三年(629),任代州道行军总管,后任定襄道行军总管,奉命统六总管兵击东突厥。四年(630)八月,因功授右仆射。八年(634),以足疾辞官。不久吐谷浑扰唐,64岁的李靖自愿请行,被任为西海道行军大总管,统五总管兵西攻吐谷浑。次年,分兵两道深入追击,取得胜利。十一年(637),封卫国公。二十三年(649)卒。温彦博(573—635):字大临,并州祁县(今山西祁县东南)人。唐初宰相。温彦博出生于书香之家,学识渊博。贞观四年(630)任中书令。贞观十年(636),温彦博迁尚书右仆射,十一年(637),因"忧国之故,劳精竭神",积劳成疾去世,终年64岁,谥曰恭。戴胄(zhòu):字玄胤,安阳(今河南安阳东南)人。太宗时引为府士曹参军,擢大理寺少卿。多谋善断,正直敢言,为太宗所信重,累迁尚书左丞、检校吏部尚书等职。

⑧品藻:评论人物,定其高下。

⑨敷奏:陈奏,向君主报告。

【译文】

王珪,太原祁县人。高祖武德年间,他出任太子中允,深受李建成的敬重。后来因受李建成阴谋作乱一事牵连,被流放到巂州。李建成被诛杀后,太宗即位,将他召回并任命为谏议大夫。他总是竭尽忠心,进献了很多的良策。

他曾经秘密上奏,直言规谏,太宗对他说:"你上书所谈论的,都切中了我的过失,自古以来,没有哪个国君不想使国家长治久安,然而却做不到,那是由于国君听不到别人批评自己的过失,或者是因为听到了而不能改正的缘故。今天我有过失,你能直言规谏,我也闻过能改,这样哪里还需要担心国家不能长治久安呢?"太宗又对王珪说:"你如果能长久担任谏官,我一定能永远没有过失。"于是,太宗更加厚待王珪。

贞观元年(627),王珪升任黄门侍郎,参与朝政大事,兼任太子右庶子。贞观二年(628),升任侍中。当时,房玄龄、魏徵、李靖、温彦博、戴胄等人和王珪共同主持朝政,太宗在一次宴会上曾对王珪说:"你善于鉴别人才,尤其善于评论,可从房玄龄等人起,评论一下他们的优缺点。你也可以自己衡量一下,是否和他们一样优秀?"王珪回答道:"在孜孜不倦地处理国事、凡是知道的就无不尽心地去做的方面,我不如房玄龄。总是以向陛下直言进谏为己任,能以陛下不及尧舜为耻,在这方面我不如魏徵。文武双全,出去能带兵,入朝能为相,在这方面我不如李靖。向君主报告能详细明了,平正公允,在这方面我不如温彦博。在处理繁杂事务上,能使各项事务井井有条,这方面我不如戴胄。至于在批评贪浊、嫉恶好善方面,我比他们几位稍稍强一点。"太宗对他的评论非常赞同,大家也都觉得王珪讲出了自己的心里话,都说他讲得非常确切。

李靖,京兆三原人也①。大业末②,为马邑郡丞③,会高祖为太原留守,靖观察高祖,知有四方之志,因自锁上变,诣江都④。至长安⑤,道塞不通而止。高祖克京城,执靖,将斩之,靖大呼曰:"公起义兵除暴乱,不欲就大事,而以私怨斩壮士乎?"太宗亦加救请,高祖遂舍之。

武德中,以平萧铣、辅公祏功⑥,历迁扬州大都督府长史⑦。太宗嗣位,召拜刑部尚书⑧。贞观二年,以本官检校中书令⑨。三年,转兵部尚书⑩,为代州道行军总管⑪,进击突厥定襄城⑫,破之。突厥诸部落俱走碛北⑬,北擒隋齐王暕之子杨道政及炀帝萧后⑭,送于长安,突利可汗来降⑮,颉利可汗仅以身遁⑯。太宗谓曰："昔李陵提步卒五千⑰,不免身降匈奴⑱,尚得名书竹帛。卿以三千轻骑,深入虏庭,克复定襄,威振北狄⑲,实古今未有,足报往年渭水之役矣⑳。"以功进封代国公。此后,颉利可汗大惧,四年,退保铁山㉑,遣使入朝谢罪,请举国内附。又以靖为定襄道行军总管,往迎颉利。颉利虽外请降,而心怀疑贰。诏遣鸿胪卿唐俭、摄户部尚书将军安修仁慰谕之㉒。靖谓副将张公谨曰㉓:"诏使到彼,虏必自宽,乃选精骑赍二十日粮,引兵自白道袭之㉔。"公谨曰:"既许其降,诏使在彼,未宜讨击。"靖曰:"此兵机也,时不可失。"遂督军疾进。行至阴山㉕,遇其斥候千余帐㉖,皆俘以随军。颉利见使者甚悦,不虞官兵至也㉗。靖前锋乘雾而行,去其牙帐七里㉘,颉利始觉,列兵未及成阵,单马轻走,虏众因而溃散。斩万余级,杀其妻隋义成公主㉙,俘男女十余万,斥土界自阴山北至于大漠㉚,遂灭其国。

　　寻获颉利可汗于别部落,余众悉降。太宗大悦,顾谓侍臣曰:"朕闻主忧臣辱,主辱臣死。往者国家草创,突厥强梁,太上皇以百姓之故㉛,称臣于颉利,朕未尝不痛心疾首,志灭匈奴,坐不安席,食不甘味。今者暂动偏师㉜,无往不捷,单于稽颡㉝,耻其雪乎!"群臣皆称万岁。寻拜靖光禄大夫、尚书右仆射㉞,赐实封五百户。又为西海道行军大总管㉟,征吐谷浑㊱,大破其国。改封卫国公。及靖身亡,有诏许坟茔制度依汉卫、霍故事㊲,筑阙象突厥内燕然山、吐谷浑内碛石二山㊳,以旌殊绩。

【注释】

①京兆三原:今陕西三原东北。

②大业:隋炀帝杨广的年号(605—618)。

③马邑郡:隋唐马邑郡即朔州,治善阳,即今山西朔州市朔州区。

　丞:地方行政次官。

④江都:郡名,在今江苏扬州北郊。

⑤长安:西安旧称。西汉、隋、唐皆建都于长安,意为"长治久安"。

⑥萧铣(583—621):为后梁宣帝曾孙。隋仁寿四年(604),杨广即位,次年萧铣之叔伯姑母被册立为皇后,即萧皇后。萧铣遂被任为罗县县令。大业十三年(617),岳州校尉董景珍、雷世猛等密谋起兵反隋,萧铣在罗县亦举兵起事。五日之内,得兵数万,自称梁公。十月,称梁王,建年号为鸣凤。次年四月,在岳阳称帝,国号为梁,置百官,均循梁故制。时值隋亡之际,形势纷乱,远近归附者日多,其势力范围东至九江,西至三峡,南至交趾,北至汉水,拥有精兵四十万,雄踞南方。梁国初建后,其部下诸将自恃有功,骄恣专横,杀戮多自决。萧铣恐日久难制,即以休兵耕种为名,裁削诸将兵权,从而引起一些将帅的怨恨,相继有人谋乱,萧铣逐一诛杀。后因滥杀过多,其故人及边将镇帅多有疑惧,叛降而去者甚众,萧铣兵势渐弱。武德四年(621),李靖向唐高祖献上灭铣十策,唐高祖采纳,萧铣被杀于长安。辅公祏(?—624):隋末齐郡临济(今黄河乡临济村)人,隋末农民起义首领。613年,从杜伏威起义,进军淮南。杜伏威在历阳(安徽和县)称总管,辅公祏任长史。619年,杜伏威降唐,辅公祏被夺去兵权,唐委任他为淮南道行台左仆射。622年,杜伏威被调长安。623年,辅公祏在丹阳(江苏南京)起兵,称帝,国号宋,年号天明,聚众十余万,镇守会稽(浙江绍兴)。唐朝一面派大军镇压,一面利用杜伏威养子阚棱对辅公祏部进行分化瓦解。武德七年(624),

被唐将李孝恭、李靖、徐世勣战败,弃丹阳东撤。行至武康(今浙江德清),又遭地主武装袭击,大将西门君仪战死。辅公祏被俘,被孝恭杀害,传首京师。

⑦扬州大都督府长史:唐代地方行政建置。《旧唐书·地理志》云:扬州大都督府,隋江都郡。武德三年(620),杜伏威归国,于润州江宁县置扬州,以隋江都郡为兖州,置东南道行台。七年(624),改兖州为邗州。九年(626),省江宁县之扬州,改邗州为扬州。置大都督,督扬、和、滁、楚、舒、庐、寿七州。贞观十年(636),改大都督为都督,督扬、滁、常、润、和、宣、歙七州。龙朔二年(662),升为大都督府。天宝元年(742),改为广陵郡,依旧大都督府。乾元元年(758),复为扬州。长史,大都督府的总领事。

⑧刑部尚书:掌管全国司法和刑狱的大臣。隋初设都官尚书,后改为刑部尚书,刑部遂为六部之一。刑部的具体职掌是审定各种法律,复核各地送部的刑名案件等。

⑨中书令:中书省长官。唐代初年,在皇帝之下设三省、六部、九寺、五监等职官体系。中书省长官掌军国政令。

⑩兵部尚书:兵部为全国军事行政之总汇,"尚书"为统管全国军事行政长官。掌天下军卫武官选授之政令。

⑪代州:在今山西代县一带。行军总管:古代官名,地方高级军政长官。唐初在各州设总管。边镇或大州设"大总管",后复称都督,惟统兵出征之将帅称总管。

⑫定襄城:在今内蒙古自治区和林格尔县西北土城子。

⑬碛(qì)北:旧称蒙古高原大沙漠以北地区。

⑭杨道政:隋炀帝之孙。萧后:隋炀帝皇后。隋文帝即位,杨广为晋王,她13岁作了晋王妃后。史书称"(萧)后性婉顺,有智识,好学解属文,颇知占候,文帝大善之。炀帝甚宠敬焉"。此后她不断地被迫更换身份,历经了隋炀帝的皇后、宇文化及的淑妃、

窦建德的宠妾、两代突厥番王的王妃。贞观四年(630)，唐太宗破突厥，萧后随唐军归于京师，唐太宗赐宅于兴道里。贞观二十一年(647)，萧后崩。唐太宗以皇后礼于扬州合葬于炀帝陵，谥曰愍皇后。

⑮突利可汗(603—631)：唐时突厥可汗。名什钵苾。始毕可汗子，颉利可汗侄。隋大业中，始毕可汗遣其领东牙之兵。隋以淮南公主妻之。始毕可汗卒，颉利嗣位，命其为突利可汗，牙直幽州之北。入唐后，与太宗结为兄弟。贞观三年(629)与颉利相攻，向唐求援。是年底，率所部归唐。四年(630)授右卫大将军，封北平郡王。次年征入朝，至并州道卒。

⑯颉利可汗(？—634)：东突厥可汗。突厥族人。名咄苾，为启民可汗第三子。620年继其兄处罗为颉利可汗，复以其后母隋朝义成公主为妻。颉利初承父兄基业，兵马强盛，阻挠唐代统一。626年再度入侵，唐太宗亲临渭水，与颉利隔水而语，结渭水便桥之盟，东突厥军队方始退还。由于连年用兵，征发苛重，东突厥内部矛盾逐渐尖锐。唐贞观三年(629)，唐太宗派李靖出兵与薛延陀可汗夷男等夹攻颉利，次年大败颉利于阴山，颉利被擒，送长安，东突厥前汗国亡。颉利至京，太宗赐以田宅，授以右卫大将军。634年，死于长安，葬礼依突厥风俗。赠归义王，谥曰荒。

⑰李陵(？—前74)：字少卿，陇西成纪(甘肃静宁南)人。是西汉的著名将军。前99年，李陵奉命和将军李广利一起反击匈奴，他带领五千名步兵出发，被匈奴骑兵围困。最后箭尽无援投降。这次战役中，他的军队杀伤了敌人一万多人。匈奴的首领优待李陵，还把自己的女儿嫁给他做妻子。后来李陵病死在匈奴。

⑱匈奴：我国北方古代民族名。

⑲北狄：古代华夏族人对北方少数民族的统称。此称谓最早起始于周代，周人自称"华夏"，便把华夏周围四方的族人，分别称为

东夷、南蛮、西戎、北狄,以区别华夏。

⑳渭水之役:指武德九年(626)八月太宗初即位时,颉利突袭长安,逼近渭水便桥之北。唐因天下初定,只得以财物与其结好。太宗亲自出城与颉利在渭水便桥订立盟约,突厥军才得以退出。"渭水之役"有失太宗尊严,李靖以三千轻骑击败突厥,太宗认为足报当年之耻。

㉑铁山:山名。在今内蒙古自治区阴山北。

㉒鸿胪卿:唐九卿(太常、光禄、卫尉、宗正、太仆、大理、鸿胪、司农、太府)之一,掌朝贺庆吊。唐俭(579—656):字茂约,并州晋阳(今山西太原)人。和李世民家同为北齐大臣,与李渊是朋友,参与了李渊起兵的策划,为首义功臣之一。太宗时官至户部尚书,封莒国公。摄:代理。户部尚书:户部是唐六部之一,长官为户部尚书,主管全国的财政监督、民政事务。安修仁:武威安氏。武德二年(619),唐朝出使凉州(今甘肃武威),胡商安兴贵、安修仁兄弟计擒李轨,帮助唐朝消灭凉州李轨势力,平定了河西走廊。是一直跟从唐室的粟特安国后裔。颉利连遭惨败后,遣使谢罪请和,情愿举国内附。李世民善待突厥来使,以鸿胪卿唐俭、将军安修仁为正、副使,同往突厥抚慰,颉利稍安。

㉓张公谨(594—632):字弘慎,魏州繁水(今河北大名东)人。初为王世充洧州长史,武德元年(618)以州城归唐,授邹州别驾,累授左武侯将军。后助李靖伐突厥,擒颉利,屡有战功,封邹国公。转襄州都督。不久,张公谨在襄州都督任上病死,时年仅39岁。太宗不避辰日而哭之(古礼及当时风俗,辰日不能哭泣),谥曰襄。贞观十三年(639),改封郯国公。

㉔白道:古道名。在今内蒙古自治区首府呼和浩特北郊大青山,是古代阴山南北的主要通道。

㉕阴山:指阴山山脉,横亘于内蒙古自治区的中部。

㉖斥候:军事哨所或军中侦察人员。

㉗不虞:没有想到。

㉘牙帐:将帅所居的营帐。因在帐前树立牙旗,故名。

㉙隋义成公主(? —630):隋宗室女。开皇十九年(599),为发展与突厥的关系,嫁给突厥启民可汗,启民可汗死,义成公主又先后为始毕可汗、处罗可汗、颉利可汗之可敦(后妃)。唐朝建立以后,义成公主数请颉利可汗出兵攻唐,为已经灭亡的隋朝报仇。

㉚斥:开拓,扩张。

㉛太上皇:是指尚未去世但是已经内禅的皇帝,简称上皇。在我国历史上,不少内禅看似以和平方式进行,实际上皇帝却是迫于形势而非自愿退位的,如唐高祖、唐玄宗等。自从李渊父子削平群雄,建立大唐皇朝以后,朝廷里就政出多门。这种情况预示着皇室内部必将有一场大的争斗,果然,不久之后李世民就发动了玄武门政变,李世民杀死了太子李建成和李元吉,又控制群臣并架空了皇帝,逼李渊立己为太子。在既成的事实面前,李渊退位为太上皇,把帝位传给次子李世民。李世民登上帝位,成为唐朝的第二代皇帝。

㉜偏师:指主力军以外的军队。

㉝单(chán)于:匈奴部落联盟首领的称号。稽颡(sǎng):古代的一种礼节。举手加额,长跪而拜,表示极度恭敬。

㉞光禄大夫:官名。唐时用作散官文阶之号,为从二品。

㉟西海道:在今青海境内。道,唐代的行政区划名称。大总管:古代官名。为地方高级军政长官、军事长官或管理专门事务的行政长官的职称。

㊱吐谷浑:我国古代西北民族之一。4世纪初,吐谷浑部从辽东慕容鲜卑分离出来,西迁至今阴山。西晋永嘉末(313年左右),又从阴山南下,经陇山,到今甘肃临夏西北。不久,又向南、向西发

展,统治了今甘南、四川西北和青海等地的氐、羌等族。到吐谷浑孙叶延时(329—351),始建立政权,以祖父吐谷浑之名作姓氏,亦为国号和部族名。吐谷浑政权从叶延时起,到唐龙朔三年(663)为吐蕃所灭止,前后共存在三百多年。

㊲坟茔(yíng)制度依汉卫、霍故事:坟墓依照汉朝卫青、霍去病的旧例建造。卫,即卫青(? —前106),西汉将领。字仲卿,河东平阳(今山西临汾西南)人。善骑射,有勇力。因其姐卫子夫受汉武帝宠幸,被召入朝。元光五年(前130)受任车骑将军。元朔二年(前127)春,率军击败匈奴,攻占河南地(今内蒙古自治区伊克昭盟一带),受封长平侯。五年春,率军奔袭匈奴右贤王部,乘夜突然袭击,歼一万多人,升任大将军。接着,两次率军出击漠南(今蒙古高原大沙漠以南)单于本部,歼近两万人,迫使单于远徙漠北(今蒙古高原大沙漠以北)。元狩四年(前119)夏,与霍去病各率五万骑越过大漠(今蒙古高原大沙漠)进击匈奴,歼匈奴近两万人,追至寘颜山赵信城(在今蒙古国杭爱山南)而还。卫青一生七次率兵击匈奴,因功与霍去病并为大司马。元封五年病卒。霍,即霍去病(前140—前117),西汉将领,卫青外甥。河东平阳(今山西临汾西南)人。善骑射。元朔六年(前123),霍去病随卫青击败匈奴于漠南,受封冠军侯。元狩二年(前121)任骠骑将军。于春、夏两次率兵出击占据河西(今河西走廊及湟水流域)地区的匈奴部,歼四万余人。同年秋,奉命迎接率众降汉的匈奴浑邪王,在部分降众变乱的紧急关头,率部驰入匈奴军中,斩杀变乱者,稳定了局势,浑邪王得以率四万余众归汉。从此,汉朝控制了河西地区,打通了西域道路。霍去病击败左贤王部后,乘胜追击,歼七万余人。后升任大司马,与卫青同掌兵权。他用兵灵活,注重方略,不拘古法,勇猛果敢,深得武帝信任。元狩六年(前117)病卒。

㊳燕然山：即今蒙古杭爱山。碛石：指碛石山，在今青海南部。

【译文】

李靖，京兆三原人。隋大业末年，任马邑郡丞，正好当时唐高祖李渊任太原留守。李靖观察高祖，知他有夺取天下的志向，因此就自己封锁守地，向朝廷上报事变，并准备赶赴江都向隋炀帝告发李渊。走到长安，因为道路阻塞只好停下来。高祖攻克京城，俘获了李靖，要将他斩首，李靖大声呼喊说："您起兵扫除暴乱，不就想成就统一天下的大业吗，为什么还要因为私人恩怨斩杀壮士呢？"太宗在旁边也为李靖说情，高祖才赦免了他。

武德年间，李靖因平定萧铣、辅公祏有功，多次升迁至扬州大都督府长史。太宗继位后，把他任命为刑部尚书。贞观二年(628)，李靖以刑部尚书的身份检校中书令。贞观三年(629)，转任兵部尚书，兼任代州道行军总管，率兵进攻并攻克了突厥侵占的定襄城。突厥的各个部落都逃到大漠以北，李靖擒获了隋朝齐王杨暕的儿子杨道政以及隋炀帝的萧皇后，将他们解送长安。突厥的突利可汗前来归降，而颉利可汗却独自逃走。太宗对李靖说："过去李陵率领步兵五千北击匈奴，奋力战斗，最终战败投降匈奴，史书尚且给予记载。你只用三千骑兵深入突厥的腹地，攻克收复了定襄城，威震北狄，实在是古往今来从未有过的事情，足以报从前渭水之役的仇了！"李靖因功被进封为代国公。此后，颉利可汗特别惊慌，贞观四年(630)退守铁山，同时派遣使者到长安入朝谢罪，请求举国归附唐朝。太宗又任命李靖为定襄道行军总管，前去迎接颉利可汗。颉利可汗虽然表面请降，但内心却仍怀有疑虑。于是太宗下诏派遣鸿胪卿唐俭、代理户部尚书安修仁将军前去慰抚颉利可汗。李靖对副将张公谨说："朝廷的使臣到了突厥那里，突厥一定会放松警惕。可以挑选精锐骑兵带二十天的粮草，率兵从白道袭击他们！"张公谨说："既然已经接受他们归降，使者又到了他们那里，不应该再袭击他们。"李靖说："这是用兵的良机，机不可失。"于是督率军队疾速行进。军队行至阴山,遇上突厥的侦察部队千余营帐,李靖将他们全部俘虏,随军前进。颉利可汗见到唐朝的使者很是高兴,却没有想到官兵会来。李靖的前锋乘雾行军,逼近到离颉利可汗所居的营帐只有七里的地方他才发觉,但已经来不及排兵布阵了,颉利可汗只好匹马逃亡,突厥的军队也因此而溃散。这次战役共斩杀突厥士兵一万余人,并杀死了颉利可汗的妻子隋朝义成公主,俘获了突厥男女十余万人,开拓的国土从阴山至大漠,于是灭掉了突厥国。

不久,又在别的部落中擒获了颉利可汗,其余的士卒也全部投降。太宗十分高兴,对身边的大臣们说:"我听说,国君忧虑,臣子就会感到耻辱;国君受到屈辱,臣子就会以死雪耻。以前国家创业的时候,突厥横行霸道,太上皇因为爱护百姓的缘故,向颉利称臣,我未尝不痛心疾首,立志要消灭匈奴,坐不安席,食不甘味。如今仅动用了非主力部队,就无往而不胜,使单于屈膝投降,真是洗雪了前耻!"群臣齐呼万岁。不久,任命李靖为光禄大夫、尚书右仆射,赐实封食邑五百户。又任命他为西海道行军大总管,征讨吐谷浑,结果大破其国。改封他为卫国公。在李靖死后,太宗颁发诏令,允许他的坟墓依照汉朝卫青、霍去病的旧例建造,在他的墓前建造高大的石阙,象征突厥境内的燕然山和吐谷浑境内的碛石山,来表彰他特殊的功勋。

虞世南,会稽余姚人也①。贞观初,太宗引为上客。因开文馆,馆中号为多士,咸推世南为文学之宗。授以记室②,与房玄龄对掌文翰③。尝命写《列女传》以装屏风④,于时无本,世南暗书之,一无遗失。

贞观七年,累迁秘书监⑤,太宗每机务之隙,引之谈论,共观经史。世南虽容貌懦弱,如不胜衣,而志性抗烈,每论及古先帝王为政得失,必存规讽,多所补益。及高祖晏驾⑥，太宗执丧过礼，哀容毁顇，久替万机⑦，文武百寮，计无所出，世南每入进谏，太宗甚嘉纳之，益所亲礼。尝谓侍臣曰："朕因暇日，每与虞世南商榷古今，朕有一言之善，世南未尝不悦，有一言之失，未尝不怅恨。其恳诚若此，朕用嘉焉。群臣皆若世南，天下何忧不理？"太宗尝称世南有五绝：一曰德行，二曰忠直，三曰博学，四曰词藻，五曰书翰。及卒，太宗举哀于别次⑧，哭之甚恸。丧事官给，仍赐以东园秘器⑨，赠礼部尚书⑩，谥曰文懿。太宗手敕魏王泰曰⑪："虞世南于我，犹一体也。拾遗补阙，无日暂忘，实当代名臣，人伦准的。吾有小善，必将顺而成之；吾有小失，必犯颜而谏之。今其云亡，石渠、东观之中⑫，无复人矣，痛惜岂可言耶！"

　　未几，太宗为诗一篇，追思往古理乱之道，既而叹曰："钟子期死，伯牙不复鼓琴。朕之此篇，将何所示⑬？"因令起居褚遂良诣其灵帐读讫焚之⑭，其悲悼也若此。又令与房玄龄、长孙无忌、杜如晦、李靖等二十四人，图形于凌烟阁⑮。

【注释】

①会稽余姚：今浙江余姚。会稽，郡名，秦置。在今江苏东部及浙江西部地。

②记室：诸王、三公及大将军都设记室令史，掌管文书之官。

③文翰：指公文书信。

④《列女传》：又称《古列女传》，为汉朝著名学者刘向所撰。是一部介绍中国古代妇女行为的书。收有一百零四篇传记，以类相从，分为母仪传、贤明传、仁智传、贞顺传、节义传、辩通传、孽嬖传七

类,每类一卷,共七卷。后来又加附《续列女传》一卷,有传记二十篇,为后人所增。

⑤秘书监:官名。掌经籍图书。

⑥晏驾:古时帝王死亡的讳称。

⑦久替万机:长久不理朝政。替,不理,废弃。万机,指当政者日常处理的纷繁的政务。

⑧别次:犹别第。正宅以外的住所。次,居止之处所。

⑨东园秘器:皇帝赐给皇室、显宦死后用的棺材。

⑩礼部尚书:官名,礼部长官。主管朝廷中的礼仪、祭祀、宴飨、贡举的大臣。礼部,六部(吏部、户部、礼部、兵部、刑部、工部)之一。

⑪手敕:亲手写的诏书。敕,诏令,诏书。

⑫石渠、东观:皆为汉朝官中藏书之处。文中借指唐朝有关部门。

⑬"钟子期死"二句:春秋时期,楚国有一位著名的音乐家叫俞伯牙。在一次回乡途经汉水时,他眼望雨打江面的生动景象,琴兴大发。伯牙正弹到兴头上,突然感到琴弦上有异样的颤抖,这是琴师的心灵感应,说明附近有人在听琴。伯牙走出船外,果然看见岸上树林边坐着一个叫钟子期的打柴人。伯牙把子期请到船上,并为子期弹奏,子期皆辨出"高山""流水"之音,于是两人互通了姓名,并结拜为生死之交。两人约定来年中秋再见。不料,第二年伯牙赴约时子期已病故。伯牙闻后悲痛欲绝,到子期墓前为他弹奏了一首充满怀念和悲伤的曲子,然后将自己珍贵的琴砸碎于子期的墓前。从此,伯牙再也没有弹过琴。

⑭起居:官名。唐代在门下省设起居郎,掌记录皇帝言行起居之事。褚遂良(596—658):字登善,祖籍河南阳翟(今河南禹州),晋末南迁为杭州钱塘(今浙江杭州西)人。唐初大臣,书法家。遂良博通文史,贞观十年(636),由秘书郎迁起居郎。曾历官谏

议大夫，兼知起居事、中书令等。高宗时封河南县公，进郡公，后迁吏部尚书、尚书右仆射。因反对高宗立武则天为后，被贬。其书自创一格，与欧阳询、虞世南、薛稷并称为"初唐四大家"。

⑮凌烟阁：唐皇宫内三清殿旁的一座小楼。贞观十七年(643)二月，太宗李世民为怀念当初一同打天下的众位功臣(当时已有数位辞世，还活着的也多已老迈)，命阎立本在凌烟阁内描绘了二十四位功臣的图像，褚遂良题之，皆真人大小，时常前往怀旧。

【译文】

虞世南，会稽余姚人。贞观初年，太宗召他入朝，待为上宾。因此开设了文学馆，馆中号称人才济济，但大家都推虞世南为文学宗主。太宗任命虞世南做记室，与房玄龄共同掌管公文信札。太宗曾让他书写《列女传》，用来作为屏风上的装饰，当时没有《列女传》的文本，虞世南就凭记忆默写，竟没有一个字错漏。

贞观七年(633)，虞世南经过多次升迁后任秘书监。太宗常在政务之暇，与虞世南谈论事情，或一起读经典史书。世南虽然身材瘦弱，好像连衣服都撑不起来，但性格刚烈，每次谈到古代帝王治国的成败时，总是在言谈中寄寓劝谏，这对太宗治国大有裨益。高祖去世时，太宗哀伤过度，面容憔悴，长久不理朝政，文武百官不知所从，虞世南每次入宫进谏，太宗都很赞赏他的意见，并接受规劝，因而对他更加尊敬看重。太宗曾对身边的大臣们说："我在闲暇的时候，常与虞世南谈古论今，我每有一句正确的话，虞世南没有不欣喜欢悦的；我每有一句错误的话，虞世南没有不惋惜遗憾的。他就是这样恳切忠诚，所以我很赞赏他。群臣如果都能像虞世南那样，何忧天下治理不好呢？"太宗曾赞赏虞世南有"五绝"：一是德行端正，二是忠诚耿直，三是学识渊博，四是辞藻华丽，五是书法优美。到虞世南去世的时候，太宗在偏殿为他设祭哀悼，哭得很伤心。虞世南的丧事费用由官府拨给，并赐给他皇室、显宦死后用的棺材等葬具，追赠他为礼部尚书，谥号"文懿"。太宗还亲自写了一道诏书给魏王李泰说:"虞世南对我就像对自己一样。他为我拾遗补缺,没有一天疏忽,他确实是当代的名臣、做人的楷模。我只要有一点正确,他一定会顺势帮助我实现;我只要有一点小过,他一定要犯颜直谏。现在他去世了,石渠、东观当中不再有他这样优秀的人才了。我的悲痛岂能用言语表达?"

没过多久,太宗作了一首诗,追思古代治乱的道理,写成以后悲叹地说:"钟子期死后伯牙就不再弹琴了,我写的这首诗,拿给谁看呢?"于是,太宗让起居郎褚遂良到虞世南的灵帐前将诗稿读过之后烧掉了。太宗对虞世南去世的悲痛悼念竟如此深切。后来又让人将虞世南与房玄龄、长孙无忌、杜如晦、李靖等二十四人的像画在凌烟阁上。

李勣,曹州离狐人也①。本姓徐,初仕李密②,为左武候大将军③。密后为王世充所破④,拥众归国,勣犹据密旧境十郡之地。武德二年,谓长史郭孝恪曰⑤:"魏公既归大唐⑥,今此人众土地,魏公所有也。吾若上表献之,则是利主之败,自为己功,以邀富贵,是吾所耻。今宜具录州县及军人户口,总启魏公,听公自献,此则魏公之功也,不亦可乎?"乃遣使启密。使人初至,高祖闻无表,惟有启与密,甚怪之。使者以勣意闻奏,高祖方大喜曰:"徐勣感德推功,实纯臣也⑦。"拜黎州总管⑧,赐姓李氏,附属籍于宗正⑨。封其父盖为济阴王,固辞王爵,乃封舒国公,授散骑常侍⑩。寻加勣右武候大将军⑪。

及李密反叛伏诛,勣发丧行服,备君臣之礼,表请收葬。高祖遂归其尸。于是大具威仪,三军缟素⑫,葬于黎阳山。礼成,释服而散。朝野义之。寻为窦建德所攻⑬,陷于建德,又自拔归京师。从太宗征王世充、窦建德，平之。

贞观元年，拜并州都督⑭，令行禁止，号为称职，突厥甚加畏惮。太宗谓侍臣曰："隋炀帝不解精选贤良，镇抚边境，惟远筑长城，广屯将士，以备突厥，而情识之惑，一至于此。朕今委任李勣于并州，遂得突厥畏威远遁，塞垣安静，岂不胜数千里长城耶？"其后并州改置大都督府⑮，又以勣为长史⑯，累封英国公。在并州凡十六年，召拜兵部尚书，兼知政事。勣时遇暴疾，验方云须灰可以疗之，太宗自剪须为其和药。勣顿首见血，泣以陈谢。太宗曰："吾为社稷计耳，不烦深谢。"

十七年，高宗居春宫，转太子詹事⑰，加特进，仍知政事。太宗又尝宴，顾勣曰："朕将属以孤幼，思之无越卿者。公往不遗于李密，今岂负于朕哉！"勣雪涕致辞，因啮指流血。俄沉醉，御服覆之，其见委信如此。勣每行军，用师筹算，临敌应变，动合事机。自贞观以来，讨击突厥颉利及薛延陀、高丽等⑱，并大破之。太宗尝曰："李靖、李勣二人，古之韩、白、卫、霍岂能及也⑲。"

【注释】

①曹州离狐：今山东东明一带。

②李密（582—618）：字玄遂，一字法主，隋朝京兆长安（今属陕西西安）人，祖籍辽东襄平（今辽宁辽阳南）。隋末瓦岗起义军首领。曾筑城于今河南濮阳白罡密城，招兵买马，以此作为瓦岗军的重要基地。隋兵多次围攻，连遭失败。617年，李密取得领导权，称魏公，年号永平。他大量起用隋的降官降将，并杀害翟让，对瓦

岗军起了严重的破坏作用。618年,东击宇文化及时,又遣人朝
隋越王侗于洛阳,受封官爵。后与王世充交战失败,入关降唐。
不久以反唐被杀。

③左武候大将军:隋唐时禁军的高级武官。

④王世充(? —621):隋末地方割据者。字行满,新丰(今陕西临潼
东北)人。开皇年间,因军功升至兵部员外郎。大业年间,至江
都官监,为隋炀帝信任。618年,隋炀帝被宇文化及杀,他与元文
都、皇甫无逸等人在东都(洛阳)拥立杨侗为皇帝,王世充被任命
为吏部尚书郑国公,他击败并招降群雄之一的李密。619年,废
杨侗,自立为帝,国号郑国,年号开明,统治地区为今河南北部。
后因其统治过于严苛残酷,导致人民逃亡,且不少将领投奔唐
朝。621年,与李世民作战失败投降,唐徙世充及其家属于蜀,临
行,为仇人所杀。

⑤郭孝恪(? —648):唐初将领。许州阳翟(今河南禹州)人。隋末
率众数百附李密。密败归唐,由他去长安洽降。被封为阳翟郡
公,拜宋州刺史。此后受命与李密经略虎牢以东之地,又献谋秦
王,击败窦建德,以功迁上柱国。贞观十六年(642),拜凉州都
督,改安西都护、西州刺史,复拜西州道行军总管,又擢昆丘道副
大总管。进讨龟兹,破其国城,自为留守。后为龟兹国相那利所
袭,中流矢卒。

⑥魏公:指李密。

⑦纯臣:忠心纯正的臣子。

⑧黎州:在今四川汉源。为剑南道西南重镇,也是唐蕃古道必经
之路。

⑨属籍:指名列宗室谱籍。宗正:为皇族事务机关的长官。其职务
是掌握皇族的名籍簿,分别他们的嫡庶身份或与皇帝在血缘上
的亲疏关系,每年排出同姓诸侯王世谱等。

⑩散骑常侍:是合汉代之"散骑"及"常侍"两职之官名,为皇帝左右亲信之官,地位颇为尊崇,简称"常侍"。唐代,在门下省者称左散骑常侍、在中书省者称右散骑常侍。无实际职权,但为尊贵之官,多用作将相大臣的兼职。

⑪右武候大将军:唐置左右武卫,各设大将军、将军以统禁卫部队。

⑫缟素:白色。"缟"与"素"都是白色的生绢,引申为白色。这里指白色的丧服。

⑬窦建德(573—621):清河漳南(今山东武城东北)人,一说为贝州漳南(今河北故城东)人。隋末河北起义军前期领袖。大业七年(611),参加高士达起义军。高士达自称东海公,以窦建德为司兵。大业十二年(616),高士达以窦建德为军司马,窦建德用计袭杀隋涿郡通守郭绚。同年末,高士达阵亡。窦建德招集散亡,重又组织起队伍。十三年(617)正月,窦建德称长乐王。唐武德元年(618)十一月,窦建德定都于乐寿(今河北献县),国号大夏,改元五凤。拥有黄河以北大部分地区。隔河与据有洛阳的王世充对峙。四年(621)三月,唐兵进攻洛阳王世充,窦建德亲自统兵十余万援助王世充,和唐军相持于虎牢(今河南荥阳西北)一带。五月初,李世民袭击得手,夏军溃散,窦建德被俘。七月中,窦建德于长安被杀。

⑭并州:今山西太原。都督:地方最高的军事长官。

⑮大都督府:唐初承隋制,其领军出征者为行军总管或大总管。至武德七年(624),复以总管府为都督府,大总管府为大都督府。

⑯长史:唐代州刺史下设立长史官,名为刺史佐官,却无实职。但大都督府的长史则地位较高,甚至会充任节度使。

⑰太子詹事:为太子官属之长。太子詹事府设詹事一人,正三品。掌太子家中之事。

⑱薛延陀:隋唐时期我国北方游牧民族铁勒的一支,由薛部与延陀

部组成。最初在漠北土拉河流域从事游牧,突厥汗国建立后,铁勒诸部并役属于突厥,成为其骑兵的重要组成部分。高丽:汉朝至唐朝在我国东北部的民族和地方政权之一。一作"高句丽"或"句丽"。

⑲韩:指韩信(? —前196)。汉初军事家,淮阴(今江苏清江西南)人。陈胜、吴广起义后,韩信始投项梁,继随项羽,后从刘邦。我国历史上著名的军事家、战略家和军事理论家。白:指白起(? —前258),也叫公孙起。郿县(今陕西眉县东北)人,战国时秦国名将。我国历史上著名的军事家、统帅。卫、霍:指卫青、霍去病。见前文注释。

【译文】

李勣,曹州离狐人。本姓徐,起初在李密手下担任左武候大将军。后来李密被王世充打败,率众归降了唐朝,但李勣仍然控制着李密原来占领的十郡土地。武德二年(619),李勣对长史郭孝恪说:"魏公(李密)既然已经归顺大唐,现在这里的百姓和土地,本是属于魏公的。我如果向大唐上书献纳,那就是利用主子的失败来为自己邀功,求取富贵,这样做我感觉羞耻。现在应该完整地登录州县名称和军人户口,一并报送魏公,由魏公自己来献给朝廷,这就是魏公的功劳了,这不是很好吗?"于是他就派人给李密去送信。使者刚到长安时,唐高祖听说李勣没有呈送奏表,只有信件给李密,感到十分奇怪。使者因此把李勣的想法向高祖作了详细的汇报,高祖听了很欢喜,说:"李勣对主人感恩戴德,将功劳归于故主,实在是忠心纯正的臣子啊!"于是任命他为黎州总管,还特别赐他姓李氏,将他的户籍划归宗正寺管理。高祖封李勣的父亲李盖为济阴王,因李盖坚决推辞,于是改封为舒国公,授予他散骑常侍官职。不久加授李勣为右武候大将军。

到李密反叛被诛后,李勣为他发丧并穿上丧服,全部用君臣之间的礼仪对待,并上表高祖请求收葬李密。高祖便将李密的尸体交给李勣。

于是他大规模地整备了仪仗队,三军都穿上白色的丧服,将李密安葬在黎阳山。丧事办完之后,才换去丧服,解散众人。朝廷上下都认为李勣是有情有义的人。不久,李勣受到窦建德的攻击,做了俘虏,后来他又逃了出来,回到京师。此后李勣跟随太宗征讨王世充、窦建德,先后一一把他们平服。

贞观元年(627),李勣被任命为并州都督,他令行禁止,大家都说他很称职,突厥也更加畏惧他。太宗对身边的大臣们说:"隋炀帝不懂得精选良将戍守边境,只知道修筑长城,派遣大批将士前去屯边,来防御突厥,他的见识之糊涂,竟到了这种地步。如今我委任李勣驻守并州,才使得突厥畏威远逃,致使边疆安宁,这不比修建几千里长城更牢固吗?"后来并州改设大都督府,又任命李勣为大都督府长史,经多次升迁,封为英国公。李勣在并州前后镇守了十六年,后被召回京师,任命他为兵部尚书兼知政事。李勣突然得了急病,药方上说胡须烧成灰可以将他的病治好,于是太宗剪下自己的胡须为他配药。李勣感动得叩头出血,流着泪感谢太宗的恩德。太宗说:"我这是在为国家着想,不必感谢。"

贞观十七年(643),唐高宗居东宫为太子,太宗就让李勣任太子詹事,加封特进,仍兼知政事。太宗在一次宴会上曾看着李勣说:"我要将太子托付给一个人,思来想去,没有比你更合适的。你过去没有背弃李密,如今岂会辜负我呢?"李勣听后感激涕零,致辞应允,咬破指头流出鲜血表示忠心。不一会儿李勣喝得酩酊大醉,太宗脱下自己的御服盖在李勣的身上,太宗信任李勣由此可见一斑。李勣每次行军打仗,用兵筹划,临敌应变,都能做得很恰当。自贞观以来,在率兵征讨突厥颉利、薛延陀和高丽等战役中,都把他们打得大败。太宗曾说:"李靖、李勣这两个人,就是古代名将韩信、白起、卫青、霍去病一类的人物也难以比得上啊!"

　　马周，博州茌平人也①。贞观五年至京师，舍于中郎将常何之家②。时太宗令百官上书言得失，周为何陈便宜二十余事③，令奏之，事皆合旨。太宗怪其能，问何，何对曰："此非臣所发意，乃臣家客马周也。"太宗即日召之，未至间，凡四度遣使催促。及谒见，与语，甚悦。令直门下省，授监察御史④，累除中书舍人⑤。

　　周有机辩，能敷奏⑥，深识事端⑦，故动无不中。太宗尝曰："我于马周，暂时不见，则便思之。"十八年，历迁中书令，兼太子左庶子⑧。周既职兼两宫，处事平尤，甚获当时之誉。又以本官摄吏部尚书⑨。太宗尝谓侍臣曰："周见事敏速，性甚慎至。至于论量人物，直道而言，朕比任使之，多称朕意。既写忠诚，亲附于朕，实藉此人，共康时政也。"

【注释】

①博州茌平：今山东茌平西。博州，隋开皇十六年（596）置。治王城（山东聊城故城）。大业二年（606）废。唐武德四年（621）复置，治所仍在王城。

②中郎将：官名。唐代为太子府属官，负责护卫之职。各卫之中郎将则为低级武职。常何：本是李密旧部，后降唐，贞观年间武将。两《唐书》无传。

③便宜：这里指对国家对百姓有利的事情。

④监察御史：官名。唐御史台分为三院，监察御史属察院，品秩不高而权限广，以监察百官为职，主要是纠察各级官吏的行为，并直接对皇帝负责。

⑤中书舍人：始于先秦，本为国君、太子亲近属官。魏晋时于中书省内置中书通事舍人，掌传宣诏命。至南朝梁去"通事"之名，改

称中书舍人。隋唐时,中书舍人仍掌制诰(撰拟诏旨)、接纳上奏
文表等事,以有文学资望者充任。

⑥敷奏:陈奏,向君主报告。

⑦事端:事情的原由。

⑧太子左庶子:太子府属官,负责左右春坊之事。

⑨吏部尚书:官名。掌管全国官吏的任免考选,是吏部的最高
长官。

【译文】

马周,博州茌平人。贞观五年(631)来到京师长安,住在中郎将常
何的家里。当时太宗诏令文武百官上书讲朝政的得失,马周为常何起
草了二十余条便民利国的建议,让常何上奏朝廷,所启奏的事情全都符
合太宗的意旨。太宗对常何有这样的才能感到奇怪,便问常何,常何回
答说:"这些并不是我提出的意见,而是我家中的客人马周代我写的。"
太宗当日就下令召见马周,在马周还未到来的这段时间里,太宗就连续
派人去催促了四次。等到马周进宫谒见,太宗和他谈得很高兴。于是
就派他在门下省值班,任命他为监察御史,后来多次升迁为中书舍人。

马周机智善辩,善长敷陈奏对,对事情了解得很透彻,所以每次讲
的话都符合实际,符合太宗心意。太宗曾说:"马周对于我来说,一会儿
不见,就十分想念他。"贞观十八年(644),马周一直升到中书令,兼任太
子左庶子。他身兼两宫的职务,处理事情公平允当,很受当时人的称
赞。后来又以中书令的身份兼任吏部尚书。太宗曾对身边的大臣们
说:"马周看问题敏捷,性格又慎重周到。至于评论人物也能够直言不
讳,我近来任用他所推荐的人,多数都能合我的心意。他既然竭尽忠
诚,亲附于我,我一定要依靠这个人来共同把政事办好。"

求谏第四

【题解】

《求谏》及下篇《纳谏》,记录了唐初君臣虚己外求、从谏如流的盛况,以及唐太宗求谏的嘉言美行,反映了唐初统治集团内部能够发表和听取不同意见,君主比较开明,君臣关系比较和谐的事实。《求谏》篇的主要内容是鼓励臣下提意见,是唐太宗用人思想的精华。贞观年间,特别是贞观之初,恐人不言,导之使谏,这一兼听纳下的思想和行动,造成了谏诤蔚然成风、君臣共商国是的良好风气,是"贞观之治"中最引人瞩目的执政方略。唐太宗宣称:"君暗臣谀,危亡不远。朕今志在君臣上下,各尽至公,共相切磋,以成理道。公等各宜务尽忠谠,匡救朕恶,终不以直言忤意,辄相责怒。"贞观第一位谏臣魏徵也说:"陛下导臣使言,臣所以敢言。若陛下不受臣言,臣亦何敢犯龙鳞、触忌讳也。"这对于一个专制帝王确实是难能可贵的。唐太宗能够做到求谏,是有他在认识论、君臣论等方面较为深刻的政治思想基础的。因而能从制度上保证广开言路,采取一些重要措施,如健全封驳制度、反对盲目顺旨、重视谏官作用,特别是诏令宰相入阁商议军国大事时,必须使谏官随入列席,以便他们对军国大政充分发表意见。唐太宗也因此而成为一个从谏如流、雄才大略的帝王君主。

太宗威容严肃,百僚进见者,皆失其举措。太宗知其若此,每见人奏事,必假颜色,冀闻谏诤①,知政教得失。贞观初,尝谓公卿曰:"人欲自照,必须明镜;主欲知过,必藉忠臣。主若自贤,臣不匡正,欲不危败,岂可得乎? 故君失其国,臣亦不能独全其家。至于隋炀帝暴虐,臣下钳口②,卒令不闻其过,遂至灭亡,虞世基等寻亦诛死。前事不远,公等每看事有不利于人,必须极言规谏。"

【注释】

①冀:希望。谏诤:直言规劝,使人改正过错。

②钳(qián)口:闭口。以威胁、恐吓等方式限制他人言论。

【译文】

太宗平时仪表庄重,面容严肃,前来晋见的百官,往往紧张得不知所措。太宗了解到这种情况后,每当看到有人前来奏事,总是和颜悦色,希望能够听到谏诤,从而了解到朝政的得失。贞观初年,太宗曾经对公卿大臣们说:"人要想看清自己的面貌,必须依靠明镜;国君要想知道自己的过失,就必须依靠忠臣。假如君主自以为圣明,臣下又不去纠正国君的过失,要想国家没有覆亡的危险,怎能办到呢? 所以说君主丧失了他的国家,他的臣下也不可能独自保全自己家。至于像隋炀帝那样的残暴淫虐,臣下都把嘴闭起来不敢讲话,最终使他因为听不到自己的过失而导致灭亡,虞世基等人不久也被诛杀。前事不远,诸位以后每当看到事情有不利于百姓的,必须直言规劝谏诤。"

贞观元年,太宗谓侍臣曰:"正主任邪臣,不能致理;正臣事邪主,亦不能致理。惟君臣相遇,有同鱼水,则海内可安。朕虽不明,幸诸公数相匡救,冀凭直言鲠议①,致天下太平。"谏议大夫王珪对曰:"臣闻木从绳则正,后从谏则圣②。故古者圣主必有争臣七人③,言而不用,则相继以死。陛下开圣虑,纳刍荛④,愚臣处不讳之朝,实愿罄其狂瞽⑤。"太宗称善,诏令自是宰相入内平章国计⑥,必使谏官随入,预闻政事。有所开说,必虚己纳之。

【注释】

①鲠(gěng)议:刚直的议论。

②"臣闻"二句:语出《古文尚书·说命》。这是贤臣傅说告诫殷商高宗的话,以木工需"从绳则正"的道理,说明帝王对于谏诤不可不受。

③争臣七人:语出《孝经·谏诤》。争臣,即诤臣,直言谏诤的大臣。

④刍荛(ráo):割草打柴的人。这里指乡野间见闻不多的人。

⑤罄(qìng)其狂瞽(gǔ):把愚昧之见都讲出来。罄,用尽,消耗殆尽。狂瞽,愚妄无知。多用作自谦之辞。

⑥平章:指共同议政,商讨国家大事。

【译文】

　　贞观元年(627),太宗对身边的大臣们说:"正直的君主任用了奸臣,就不可能治理好国家;忠直的臣子侍奉昏庸的君主,也不可能治理好国家。只有正直的君主和忠直的大臣在一起,如鱼得水,那么天下就可以平安无事了。我虽然称不上贤明,幸亏有你们多次匡正补救过失,希望凭借你们的直言鲠议,使天下达到太平。"谏议大夫王珪回答道:"臣听说加工木材有了准绳的标线才能锯得正直,君主能够听从臣子的规谏就会变得圣明。所以古代圣明的君主,都设有诤臣七人,如果谏言不被采纳,就会相继以死谏诤。如今陛下广开思路,采纳臣民的建议,我处在这个无须忌讳的开明圣朝,真心愿意把愚昧之见都讲出来。"太宗听后很赞赏王珪的话，并下达诏令：从今以后，凡是宰相入朝商讨国家大事时，必须让谏官跟着进来，让他们听一听如何处理朝政。如果有什么建议，一定要虚心采纳。

贞观二年，太宗谓侍臣曰："明主思短而益善，暗主护短而永愚。隋炀帝好自矜夸，护短拒谏，诚亦实难犯忤①。虞世基不敢直言，或恐未为深罪。昔箕子佯狂自全②，孔子亦称其仁。及炀帝被杀，世基合同死否？"

杜如晦对曰："天子有诤臣，虽无道不失其天下。仲尼称：'直哉史鱼③，邦有道如矢，邦无道如矢。'世基岂得以炀帝无道，不纳谏诤，遂杜口无言？偷安重位，又不能辞职请退，则与箕子佯狂而去，事理不同。昔晋惠帝贾后将废愍怀太子④，司空张华竟不能苦争⑤，阿意苟免。及赵王伦举兵废后⑥，遣使收华。华曰：'将废太子日，非是无言，当不被纳用。'其使曰：'公为三公⑦，太子无罪被废，言既不从，何不引身而退？'华无辞以答，遂斩之，夷其三族⑧。古人有云：'危而不持，颠而不扶，则将焉用彼相？'故'君子临大节而不可夺也'。张华既抗直不能成节，逊言不足全身⑨，王臣之节固已坠矣。虞世基位居宰辅⑩，在得言之地，竟无一言谏诤，诚亦合死。"

太宗曰："公言是也。人君必须忠良辅弼⑪，乃得身安国宁。炀帝岂不以下无忠臣，身不闻过，恶积祸盈，灭亡斯及。若人主所行不当，臣下又无匡谏，苟在阿顺，事皆称美，则君为暗主，臣为谀臣，君暗臣谀，危亡不远。朕今志在君臣上下，各尽至公，共相切磋，以成理道。公等各宜务尽忠说，匡救朕恶，终不以直言忤意，辄相责怒。"

【注释】

①忤（wǔ）：抵触，不顺从。

②箕子佯狂自全：箕子，名胥余，是商朝末年文丁的儿子，纣王的叔父，因封国于箕（今山西太谷东北），爵为子，故称箕子。性耿直，有才能，在纣朝内任太师辅朝政。箕子佐政时，纣的生活骄奢淫逸，箕子进谏，纣不听。有人劝他出走，他说作为人臣，因进谏不听而出走，是播扬君王之恶而自悦于民，这种事情我不能做。于是箕子披发佯狂而为奴，保全自身。周武王克殷后，曾访问箕子，征询治国之道。

③史鱼：也作"史鰌"，春秋时卫国大夫，以耿直敢言、公正无私著称。他多次向卫灵公推荐蘧伯玉。临死嘱家人不要"治丧正室"，以劝戒卫灵公进贤去佞，史称"尸谏"。

④贾后：原名贾南风，272年为晋惠帝司马衷太子妃，290年惠帝继位后，被封为皇后。惠帝当政后非常信任贾后，导致贾氏专权，甚至假造惠帝的诏书。291年贾后杀皇太后。后来又迫害太子遹，首先废了他的太子地位，次年杀太子。这个举动使许多反对贾后专政的皇族开始行动，赵王司马伦假造诏书废杀贾后，自领相国位，这是"八王之乱"的开始。愍怀太子：即司马遹（278—300），是西晋开国皇帝司马炎的孙子，第二任皇帝司马衷的儿子。290年，司马炎去世，司马衷继位。司马衷称帝后，立司马遹为太子。后被贾后废了其太子地位。

⑤司空：西周始置。《后汉书·百官志》注说："掌水土事。凡营城起邑、浚沟洫、修坟防之事，则议其利，建其功。凡四方水土功课，岁尽则奏其殿最而行赏罚。凡郊祀之事，掌扫除、乐器……凡国有大造大疑，谏争，与太尉同。"隋唐虽设司空，为"三公"之

一,但仅是一种崇高的虚衔。张华(232—300):字茂先,方城(今
河北固安)人。西晋文学家、诗人、政治家。张华幼年丧父,家贫
然勤学。后在范阳郡太守鲜于嗣推荐下任职太常博士,又屡迁
佐著作郎、长史兼中书郎等职。西晋取代曹魏后,又屡迁黄门侍
郎,封广武县侯,官至司空。晋惠帝时,遭司马伦杀害。

⑥赵王伦(? —301):即司马伦,字子彝。晋司马懿第九子,晋武帝
时封赵王。永康元年(300),赵王伦废贾后,第二年又废惠帝自
己称帝。诸王不服,发兵讨伐,赵王伦兵败被诛。

⑦三公:周代官名。我国古代朝廷中最尊显的三个官职的合称。
《尚书大传》《礼记》等书以为"三公"指司马、司徒、司空。《周礼》
以为太傅、太师、太保为"三公"。在魏晋南北朝时期,三公依然
位居极品,且开府置僚佐。至隋,三公不再开府,僚佐全部撤销,
完全变成虚衔或"优崇之位"。

⑧夷其三族:诛灭三族。夷三族系秦、汉时代之刑名。即凡犯特殊重
罪,尤其谋反、谋叛、谋大逆等十恶之罪名者,处以诛灭三族之极刑,
以收威吓惩戒之效。《汉语大词典》对"三族"的解释有几种说法:一
谓父、子、孙。一谓父族、母族、妻族。一谓父母、兄弟、妻子。

⑨逊言:言语谦逊恭顺。

⑩宰辅:辅政的大臣。

⑪辅弼(bì):辅佐,辅助。

【译文】

贞观二年(628),太宗对身边的大臣们说:"贤明的君主经常想着自
己的缺点,因而越来越好;愚昧的君主常常掩饰自己的缺点,因而永远
愚昧。隋炀帝喜欢自我夸耀,掩饰缺点,拒绝劝谏,臣下确实很难犯颜
诤谏。虞世基虽不敢直言劝谏,恐怕也算不上大罪。从前箕子假装疯
癫来保全生命,孔子依然称赞他是仁人。后来隋炀帝被杀,虞世基是否
也该同他一起被杀死呢?"

　　杜如晦回答说:"天子如果有敢于诤谏的大臣,即使无道也不至于丢失天下。孔子说过:'史鱼真是正直啊!国家有道,他的言行像箭一样直;国家无道,他的言行还像箭一样直。'虞世基怎能因为炀帝无道,不采纳劝谏,就闭口不言呢?他苟且偷安,留恋权势,又不能辞职引退,这和箕子假装疯癫离开朝廷的情况完全不同。从前,晋惠帝与贾皇后将要废掉愍怀太子,司空张华竟然不能据理力争,只是附和,苟且偷生。等到赵王伦率兵废除贾皇后时,赵王伦派使者去捉拿张华,张华辩解说:'当初要废除太子的时候,不是我没有讲话,而是当时没有被采纳。'赵王伦的使者说:'你位居三公,太子无罪被废,诤谏既然不被采用,为何不引退辞职?'张华无言以对,于是被斩首,并且被诛杀三族。古人曾经说过:'国家出现危机而不能去扶持,快要倾覆而不能去匡救,那还用辅相做什么呢?'所以说,'君子在大是大非面前,绝不可屈服'。张华的直言劝谏既然不能成就自己的气节,低声下气又不能保全自己的性命,作为国家重臣的节操已经完全丧失。虞世基身居宰辅要职,处在能向君主进谏的位置,竟然没有一句谏诤,实在是该死。"

　　太宗说:"你说得很对。作为君主必须有忠良的大臣辅佐,才能得以身安国宁。隋炀帝难道不是因为手下没有忠臣,他又听不进别人劝谏,以致小祸累积酿成大祸,灭亡也就来临了。如果君主的所作所为不当,臣下又不能规劝纠正,一味阿谀顺从,事事称颂赞扬,这样的君主就是昏君,这样的大臣就是谀臣,君昏臣谀,国家危亡也就不远了。我现在的愿望是君臣上下各尽公心,有事相互协商切磋,因此实现太平治世。诸位务必忠于职守,直言敢谏,纠正、补救我的过失,我绝对不会因为直言规劝就发怒责备你们。"

　　贞观三年,太宗谓司空裴寂曰①:"比有上书奏事②,条数甚多,朕总黏之屋壁,出入观省。所以孜孜不倦者,欲尽臣

下之情。每一思政理，或三更方寝。亦望公辈用心不倦，以
副朕怀也。"

【注释】

①裴寂(570—629)：字玄真，蒲州桑泉(今山西临猗西南)人。隋末
　任晋阳(今山西太原)宫副监。与李渊交谊深厚，为李渊太原起
　兵策划者之一。后李渊进兵至长安(今陕西西安)，他又支持李
　渊称帝。唐建国后，他任尚书仆射，封魏国公，进司空。最为李
　渊所宠信。贞观三年(629)因罪放归原籍，曾参与制定《唐律》。
　后流放静州(今广西昭平)而死。
②比：近来。

【译文】

　　贞观三年(629)，太宗对司空裴寂说："近来有人上书奏事，条数很
多，我把这些疏奏都贴在卧室的墙壁上，出入时都要看看。我之所以这
样孜孜不倦的原因，就是想把臣下的意见尽可能了解清楚。我每次思
考治国的方略时，往往到三更时分才能就寝。也希望你们能够不倦地
用心工作，以符合我的心意。"

　　贞观五年，太宗谓房玄龄等曰："自古帝王多任情喜怒，
喜则滥赏无功，怒则滥杀无罪。是以天下丧乱，莫不由此。
朕今夙夜未尝不以此为心，恒欲公等尽情极谏。公等亦须
受人谏语，岂得以人言不同己意，便即护短不纳？若不能受
谏，安能谏人？"

【译文】

　　贞观五年(631)，太宗对房玄龄等人说："自古以来帝王多是任情喜

怒哀乐，高兴的时候就滥加奖赏，发怒的时候就滥杀无辜。所以天下的祸乱，没有一个不是由此而引起的。我现在日夜都把这件事放在心上，常常希望诸位对我极力劝谏。你们也要能接受别人规劝自己的话，怎么能因为别人的意见不合自己的心意，就顾忌自己的过失而不采纳别人的规劝呢？如果你自己不能接受别人的规劝，又怎么能去劝谏别人呢？"

　　贞观六年，太宗以御史大夫韦挺、中书侍郎杜正伦、秘书少监虞世南、著作郎姚思廉等上封事称旨①，召而谓曰："朕历观自古人臣立忠之事，若值明主，便宜尽诚规谏，至如龙逢、比干②，不免孥戮。为君不易，为臣极难。朕又闻龙可扰而驯，然喉下有逆鳞，卿等遂不避犯触，各进封事。常能如此，朕岂虑宗社之倾败！每思卿等此意，不能暂忘，故设宴为乐。"仍赐绢有差。

【注释】

①御史大夫：官名。秦代始置，负责监察百官，代表皇帝接受百官奏事，管理国家重要图册、典籍，代朝廷起草诏命文书等。西汉沿置，东汉又改为司空。晋以后多不置御史大夫。唐复置，专掌监察执法。韦挺：雍州万年（今陕西西安一带，属唐之京兆）人。幼时与隐太子李建成交情颇深。后因事与杜淹、王珪流放岭南。太宗进入东宫后，征拜他为主爵郎中。贞观朝历吏部黄门侍郎、御史大夫等。后贬象州刺史。秘书少监：古代官职。唐代官制中，掌经籍图书的秘书省设秘书监一人，从三品。秘书少监二人，从四品上。杜正伦（？—659）：相州洹县（今河北临漳西南）人。入唐，直秦王府文学馆。贞观初，由魏徵推荐，任兵部员外

郎。贞观中,累进中书侍郎,论事称旨。显庆初,进同中书门下三品。迁中书令,封襄阳县公。著作郎:官名。掌编纂国史。唐代主管著作局,掌修撰文字。亦属秘书省。姚思廉(557—637):字简之(一说原名简),字思廉,吴兴(今浙江湖州)人。唐朝初期史学家。他自幼习史,后曾任隋朝王侑侍读。李渊称帝后,为李世民秦王府文学馆学士。自玄武门之变,进任太子洗马。贞观初年,又任著作郎,"十八学士"之一。官至散骑常侍,受命与魏徵同修梁、陈二史。贞观十年,成《梁书》《陈书》。

②龙逢:即关龙逢。史载他是古陕州(今河南三门峡市陕州区)人氏,夏朝末年大臣。他为官正派,刚直不阿,敢于犯颜直谏。比干:子姓,名干。是我国历史上记载最早的谏臣。商纣王暴虐荒淫,横征暴敛,比干强谏三日不去。由于直谏纣王以死相争,被剖心残杀,葬于牧野。

【译文】

贞观六年(632),太宗因为御史大夫韦挺、中书侍郎杜正伦、秘书少监虞世南、著作郎姚思廉等人上密封奏章,所陈述的内容很符合自己的心意,便召见他们,并对他们说:"我观察自古以来臣子尽忠为国的事迹,如果遇上贤明的君主,就能够赤诚规谏。至于像关龙逢、比干那样的处境,就免不了全家被杀戮的厄运。可见做君主的不容易,做臣子的更难。我又听说龙是可以驯养的,但它的颔下长有逆鳞,你们不怕触犯逆鳞,敢于各进封事,进献谏言。如果常能如此,我还会担心国家倾覆和衰败吗?每每想到诸位爱卿这片诚意,我是一刻也不能忘怀的,所以特设此宴,大家共享欢乐。"还赏赐给每人数量不等的绢。

太常卿韦挺尝上疏陈得失①,太宗赐书曰:"所上意见,极是谠言,辞理可观,甚以为慰。昔齐境之难②,夷吾有射钩之罪③;蒲城之役④,勃鞮为斩袂之仇⑤。而小白不以为疑⑥,

重耳待之若旧⑦。岂非各吠非主⑧,志在无二？卿之深诚,见于斯矣。若能克全此节,则永保令名；如其怠之,可不惜也。勉励终始,垂范将来,当使后之视今,亦犹今之视古,不亦美乎？朕比不闻其过,未睹其阙,赖竭忠恳,数进嘉言,用沃朕怀,一何可道！"

【注释】

①太常卿:官名。唐代太常寺长官,掌礼乐、郊庙、社稷等事宜。

②齐境之难:指桓公在齐境被管仲射中带钩事。襄公十二年(前686),公孙无知杀齐襄公,自立为君。次年,雍林人杀无知。一时间齐国无君,一片混乱。当时公子小白在莒,公子纠在鲁。这时两人都起身回国争夺王位。管仲帮助公子纠堵截从莒国回齐国的公子小白,管仲一箭射中小白的带钩,小白假装倒地而死。管仲派人回鲁国报捷。鲁国于是就慢慢地送公子纠回国,过了六天才到。这时小白已兼程赶回齐国继位,是为桓公。鲍叔牙认为如果桓公想成就天下霸业,那么非管仲不可。桓公听从了鲍叔牙的建议,把管仲接到齐国,不计前嫌,委以政事,后来管仲相齐,遂成霸业。

③夷吾:即管仲(？—前645),名夷吾,字仲。见前注。射钩之罪:指管仲在齐境射齐桓公事。

④蒲城之役:指晋国的公子重耳遭受危难的时候,晋国军队到蒲城去讨伐他。鲁僖公五年(前655),晋献公曾使寺人披伐公子重耳于蒲城。重耳跳墙逃走时,被寺人披砍掉袖口。蒲城,晋邑,在今山西隰县西北,是重耳的封地。

⑤勃鞮(dī):寺人披之字(一说"披"是"勃鞮"二字的合音)。在重耳以公子的身份流亡到蒲城时,晋侯曾派寺人披攻打蒲城。重耳

跳墙逃走时,被寺人披砍掉袖口。后来重耳成为晋侯,正当吕、郤两家害怕逼迫,欲焚烧宫室杀死重耳时,寺人披请求进见。起初重耳拒绝见他,后来寺人披以齐桓公不计管仲射钩前嫌为例说动了重耳,把祸乱将及之事告知晋侯,才使之得以免遭厄难。事见《左传·僖公二十四年》。

⑥小白:即齐桓公,姜姓。春秋时期齐国的第十五位君主,是最先称霸中原的国君。其兄齐襄公被杀后,由莒回国即位。不计前嫌,重用管仲,管仲亦辅佐齐桓公,施行改革,选贤任能,加强武备,发展生产,使齐国成为春秋五霸之首。

⑦重耳:即晋文公(前697—前628),春秋时晋国国君。因其父献公立幼子奚齐为太子,陷害太子申生,重耳受到牵连,被迫逃亡。后来重耳返回晋国,登上君位,是为晋文公。文公不计寺人披砍掉袖口之罪,接纳了他。

⑧吠:恶言攻击。

【译文】

　　太常卿韦挺曾经上书进谏朝政的得失,太宗读后回信说:"你所上奏的意见,都是非常诚恳正直的言论,道理非常深刻,我读后感到非常欣慰。从前齐国境内大乱,管仲曾有射中齐桓公带钩的大罪;在蒲城之役中,晋文公对勃鞮有被砍掉袖口的大仇。而齐桓公对管仲深信不疑,晋文公对勃鞮也像对旧部一样。这岂不是桀犬吠尧,各为其主,忠心侍君,志在无二吗?你的忠心和诚意,在这里可以看出。如果能够始终保全这样的节操,就能够永保你的美名;如果你有所怠懈,岂不可惜。要不断勉励,善始善终,为后人做出好榜样,使得后人看我们今人,就像今人看古人一样,不也是很美好的吗?近来我听不到别人批评我的过失,也看不到我为政的缺点,就要靠你竭尽忠诚,不断提出好的建议,用来开阔我的胸怀,这些话真是难以用言语来表达!"

贞观八年，太宗谓侍臣曰："朕每闲居静坐，则自内省。恒恐上不称天心，下为百姓所怨。但思正人匡谏，欲令耳目外通，下无怨滞①。又比见人来奏事者，多有怖慑②，言语致失次第。寻常奏事，情犹如此，况欲谏诤，必当畏犯逆鳞。所以每有谏者，纵不合朕心③，朕亦不以为忤。若即嗔责④，深恐人怀战惧，岂肯更言！"

【注释】

①怨滞：积怨。

②怖慑（shè）：恐惧、害怕的样子。

③纵：纵然，即使。

④嗔（chēn）责：因对人不满而加以责怪。

【译文】

贞观八年（634），太宗对身边的大臣们说："我每当闲居静坐时，就要自我反省一下做过的事情。常常担心自己对上不符天意，对下被百姓所怨恨。只想得到正直忠诚的人匡救劝谏，使我能了解外界的情况，使百姓没有积怨。近来看到前来奏事者，很多都惶恐不安，语无伦次。平时奏事尚且这样，更何况向我折面谏诤，一定会担心触犯我。所以，每当有前来进谏的大臣，即使不合我的心意，我也不认为是对我的触犯。如果立即发怒责怪，深怕人人心怀恐惧，怎么还敢再讲话！"

贞观十五年，太宗问魏徵曰："比来朝臣都不论事，何也？"

徵对曰："陛下虚心采纳，诚宜有言者。然古人云：'未信而谏，则以为谤己；信而不谏，则谓之尸禄①。'但人之才器，各有不同。懦弱之人，怀忠直而不能言；疏远之人，恐不信而不得言；怀禄之人^②，虑不便身而不敢言。所以相与缄默，俯仰过日^③。"

太宗曰："诚如卿言。朕每思之，人臣欲谏，辄惧死亡之祸，与夫赴鼎镬、冒白刃^④，亦何异哉？故忠贞之臣，非不欲竭诚。竭诚者，乃是极难。所以禹拜昌言^⑤，岂不为此也！朕今开怀抱，纳谏诤。卿等无劳怖惧，遂不极言。"

【注释】

①尸禄：指空食俸禄而不尽其职，无所事事。

②怀禄：贪恋爵禄。

③俯仰：本指低头和抬头。引申为随便应付，左右周旋。

④鼎镬（huò）：都是古代的烹饪器具。古代酷刑也以鼎镬煮人。白刃：雪白的刀刃。

⑤禹拜昌言：据《尚书·大禹谟》记载，大禹听到正直善良的美言，就要给对方作揖拜谢。昌言，美言，正当的话。引申为直言，无所忌惮的话。

【译文】

贞观十五年（641），太宗问魏徵说："近来朝臣都不议论政事，这是为什么呢？"

魏徵回答说："陛下一向虚心采纳臣下的意见，本来应当会有进谏的人。然而古人曾说过：'不被信任的人进谏，会被认为是毁谤自己；信任的人而不进谏，就叫做空食俸禄而不尽其职。'但是人的才能气度，各有不同。胆小怕事的人，心存忠直而不能进谏；被疏远的人，怕不信任而无法进谏；贪恋禄位的人，怕不利于自身而不敢进谏。所以大家沉默不言，应付着混日子。"

太宗说："确实就像你所说的那样啊！我常想，臣子想进谏，动辄害怕有杀身之祸,这和赴鼎镬被烹杀、冒刀刃被斩杀又有什么两样? 因此忠贞的大臣并非不想竭尽忠诚,而是因为竭尽忠诚实在是太难了。所以大禹听了好的意见要拜谢,不正是由于这个原因吗? 我现在敞开胸怀,接受谏诤,你们不要因为惧怕,就不敢尽情讲话了。”

贞观十六年,太宗谓房玄龄等曰:“自知者明,信为难矣! 如属文之士①,伎巧之徒②,皆自谓己长,他人不及。若名工文匠,商略诋诃③,芜词拙迹,于是乃见。由是言之,人君须得匡谏之臣,举其愆过④。一日万机,一人听断,虽复忧劳,安能尽善? 常念魏徵随事谏正,多中朕失,如明镜鉴形,美恶必见。”因举觞赐玄龄等数人勖之⑤。

【注释】

①属(zhǔ)文:撰写文章。这里指会写文章的士人。

②伎巧:指工艺匠人。

③商略:评论。诋诃(dǐ hē):诋毁,指责。

④愆(qiān):过错,罪过。

⑤觞(shāng):古代酒器。这里用作动词,指向人敬酒。勖(xù):
   勉励。

【译文】

贞观十六年(642),太宗对房玄龄等人说:“自知者明,实在是很难做到的啊! 这像会写文章的学士和有技巧的工匠,都自夸自己的本领大,别人比不上。假如让世上著名的文士或工匠来评检他们的文章和制品,文辞的杂乱和拙劣的技艺就会显现出来。从这个道理上来说,君主需要有匡救诤谏的大臣,来指出他的过失。每天有成千上万的事情,若单靠一个人来了解判断,即使再辛苦劳累,又怎能把每件事都处理得尽善尽美呢？我常常想到魏徵能遇到问题就随事谏诤匡正，多次切中我的过失，这好像用明镜来照形体，美与丑都会显现出来。"于是太宗举起杯子给房玄龄等几位敬酒，勉励他们也应这样做。

贞观十七年，太宗问谏议大夫褚遂良曰："昔舜造漆器①，禹雕其俎②，当时谏者十有余人。食器之间，何须苦谏？"

遂良对曰："雕琢害农事，纂组伤女工③。首创奢淫，危亡之渐。漆器不已，必金为之。金器不已，必玉为之。所以诤臣必谏其渐，及其满盈，无所复谏。"

太宗曰："卿言是矣。朕所为事，若有不当，或在其渐，或已将终，皆宜进谏。比见前史，或有人臣谏事，遂答云'业已为之'，或道'业已许之'，竟不为停改。此则危亡之祸，可反手而待也。"

【注释】

①舜造漆器：世传造漆器自舜始。

②俎（zǔ）：古代祭祀时放祭品的器物。

③纂组：编织。

【译文】

贞观十七年（643），太宗问谏议大夫褚遂良说："从前虞舜制造漆器，大禹雕饰祭器，当时出来诤谏的就有十几人。制造器皿这样的小事，何必那么苦苦劝谏呢？"

褚遂良回答说："从事雕琢就会妨碍农业生产，编织彩绣就会加重妇女的负担。首创奢侈淫逸，就是危亡的开端。漆器制造不止，必然要制造金器；金器制造不止，必然要制造玉器。所以诤臣必须在事情刚有征兆的时候就及时劝谏,等到过失发展到严重的时候再去劝谏,就没有必要了。"

太宗说:"你讲得很对。我所做的事,如果有不当的地方,不论是在刚开始,或者是将做完,都应当及时进谏。近来翻看前朝史书,有时臣下进谏,君主就回答说'已经做了',或者说'已经同意做了',终究不肯停止改正。这样下去危亡的灾祸就会在一反手之间到来。"

纳谏第五

【题解】

　　《纳谏》是《求谏》的姊妹篇，是记录唐初君臣虚己外求、从谏如流的盛况，反映了唐初统治集团内部能够发表和听取不同意见，君主比较开明，君臣关系比较和谐的事实。本篇内列举了一些唐太宗虚怀纳谏的具体事迹，说明一个专制社会中至高无上的皇帝，能够接受谏诤，改进政务的难能可贵。大臣们从忠君爱君的立场出发，希望唐太宗"须以欲从人，不可以人从欲"，而唐太宗也基本做到了这点。纵观贞观年间唐太宗的纳谏状况，诚如魏徵所言："贞观之初，恐人不言，导之使谏。三年已后，见人谏，悦而从之。一二年来，不悦人谏，虽黾强听受，而意终不平，谅有难色。"唐太宗也不能不承认："诚如公言，非公无能道此者。"虽然贞观初期与后期唐太宗在纳谏态度上也有所变化，但总的看来唐太宗还算是一个历史上能够纳谏的开明君主。

　　贞观初，太宗与黄门侍郎王珪宴语，时有美人侍侧。本庐江王瑗之姬也①，瑗败，籍没入宫②。

　　太宗指示珪曰："庐江不道，贼杀其夫而纳其室。暴虐之甚，何有不亡者乎！"

　　珪避席曰："陛下以庐江取之为是邪，为非邪？"

太宗曰："安有杀人而取其妻？卿乃问朕是非，何也？"

珪对曰："臣闻于《管子》曰③：'齐桓公之郭国④，问其父老曰："郭何故亡？"父老曰："以其善善而恶恶也。"桓公曰："若子之言，乃贤君也，何至于亡？"父老曰："不然。郭君善善而不能用，恶恶而不能去，所以亡也。"'今此妇人尚在左右，臣窃以为圣心是之，陛下若以为非，所谓知恶而不去也。"

太宗大悦，称为至善，遽令以美人还其亲族⑤。

【注释】

①庐江王瑗(586—626)：即李瑗，字德圭。唐高祖侄。武德初封庐江王。九年(626)累迁幽州大都督。

②籍没：古代的一种刑罚。即收录犯罪者的家口为奴婢，并没收犯罪者的家庭财产入官。

③《管子》：书名。是战国时各学派的言论汇编，内容很庞杂，包括法家、儒家、道家、阴阳家、名家、兵家和农家的观点，传说是春秋时期管仲的著作。现传《管子》是在西汉时由刘向编定，原有八十六篇，现只有七十六篇，内容分为八类：《经言》九篇，《外言》八篇，《内言》七篇，《短语》十七篇，《区言》五篇，《杂篇》十篇，《管子解》四篇，《管子轻重》十六篇。

④郭国：春秋时的小国，在今山东聊城一带，后为齐所灭。

⑤遽(jù)：立刻，马上。

【译文】

贞观初年，太宗与黄门侍郎王珪在宴会上闲谈，当时有个美人在身旁侍候。她原来是庐江王李瑗的爱姬，李瑗谋反失败后，她被籍没入宫。

太宗指着她对王珪说："庐江王荒淫无道,杀害了她原先的丈夫并将她占为己有。暴虐到了如此地步,哪有不灭亡的道理呢?"

王珪离座而起,对太宗说："陛下认为庐江王夺取她是对,还是不对呢?"

太宗说："哪有杀了人而又抢夺人家妻子的道理呢? 你问我是对还是不对,这是什么意思呢?"

王珪回答说："我曾经看到《管子》上记载说:当年齐桓公到了郭国,问那里的百姓说:'郭国为什么会灭亡呢?'百姓回答说:'因为郭国的国君喜好善人而讨厌恶人。'齐桓公说:'照你们这么说,他该是一位贤明的国君,怎么还会亡国呢?'百姓回答说:'不是这样的。郭国的国君虽然喜欢好人却不能任用,虽然厌恶坏人却不能摒弃,所以亡国。'现在这个美人还侍奉在陛下左右,臣私下以为陛下认为庐江王的作为是对的。如果陛下认为庐江王的做法是错误的,那就是所谓知道邪恶而不能摒弃了。"

太宗听后非常高兴,称赞王珪说得好极了,于是马上命令把这位美人送还给她的亲族。

贞观四年,诏发卒修洛阳宫之乾元殿以备巡狩①。

给事中张玄素上书谏曰②:"陛下智周万物,囊括四海。令之所行,何往不应? 志之所欲,何事不从? 微臣窃思秦始皇之为君也,藉周室之余,因六国之盛③,将贻之万叶④,及其子而亡,谅由逞嗜奔欲⑤,逆天害人者也。是知天下不可以力胜,神祇不可以亲恃⑥。惟当弘俭约,薄赋敛,慎终始,可以永固。

【注释】

①洛阳:地名,在河南西部,因地处洛水之阳而得名。洛阳素有"九朝古都"之称,先后有商、西周、东周、东汉、曹魏、西晋、北魏、隋、唐等13个王朝在此建都,是我国建都最早、朝代最多、历史最长的古都。乾元殿:是唐代洛阳宫中主要的大殿。巡狩:即巡守,指天子巡行视察各地。

②给事中:官名。以在殿中给事(执事)得名。唐改名为给事中,位五品上。掌读署奏抄,驳正违失,诏敕若有不当,亦可于涂改后奏还,号为"涂归"。又与御史、中书舍人审理天下冤滞。张玄素:唐蒲州虞乡(今山西永济)人。唐灭窦建德,张玄素归唐,被授为景城都督录事参军。唐太宗李世民久闻张玄素之名,即位后特召见张玄素,向他征询为政之道。张玄素建议唐太宗要广用贤良,使各官吏奉职守法,并能安抚百姓,小心谨慎,就会成为一个尧舜也无法相比的君主。唐太宗很欣赏张玄素的这番议论,于是提升他为侍御史,不久又迁给事中。

③六国:指战国时期被秦所灭亡的齐、楚、赵、魏、韩、燕六国。

④万叶:万年,万世。

⑤谅:确实,信实。

⑥神祇:泛指一切神灵。神,指天神。祇,指地神。

【译文】

贞观四年(630),太宗下诏征发士卒修缮洛阳宫乾元殿,准备作为出巡的行宫。

给事中张玄素上书规谏说:"陛下所考虑的遍及万物、囊括四海。诏令下达,什么地方不响应?心中想要做的,哪件事不随心所欲?小臣私下以为,秦始皇统一天下做了帝王,凭借周朝的余威,顺承六国的盛业,他想将江山传至万世,但只传到他儿子手中就国破身亡了。确实是他贪得无厌、逆天害民的报应。由此可知,天下不能单用武力征服,神灵也不是可依靠的。只有弘扬勤俭节约,减轻赋税杂敛,慎始慎终,国家才可以永远牢固。

　　"方今承百王之末①,属凋弊之余,必欲节之以礼制,陛下宜以身为先。东都未有幸期②,即令补葺,诸王今并出藩③,又须营构。兴发数多,岂疲人之所望? 其不可一也。陛下初平东都之始,层楼广殿,皆令撤毁,天下翕然④,同心倾仰。岂有初则恶其侈靡,今乃袭其雕丽? 其不可二也。每承音旨,未即巡幸,此乃事不急之务,成虚费之劳。国无兼年之积,何用两都之好⑤? 劳役过度,怨讟将起⑥。其不可三也。百姓承乱离之后,财力凋尽,天恩含育,粗见存立,饥寒犹切,生计未安,三五年间,未能复旧。奈何营未幸之都而夺疲人之力? 其不可四也。昔汉高祖将都洛阳,娄敬一言⑦,即日西驾。岂不知地惟土中,贡赋所均,但以形胜不如关内也⑧! 伏惟陛下化凋弊之人⑨,革浇漓之俗⑩,为日尚浅,未甚淳和,斟酌事宜,讵可东幸? 其不可五也。

【注释】

①百王:指隋朝末年的各地割据势力和农民起义军等。隋朝末年,炀帝杨广统治残暴,只顾玩乐,从不过问朝政,同时连年大兴土木,不断对外用兵征伐,国内处于一片混乱,各地割据势力和农民起义军纷纷兴起。

②东都:唐代的东都为洛阳。这里也是盛唐的文化中心。幸期:皇帝出行的日期。

③出藩:皇子、亲王出任地方长官,为国家藩卫。

④翕(xī)然：形容和顺、安定。

⑤两都：唐代都城长安(今陕西西安)为西京，洛阳(今河南洛阳东)为东都，通称"二都"。

⑥怨讟(dú)：亦作"怨默"，怨恨诽谤。

⑦娄敬：生卒年不详。汉初齐国卢(今山东长清)人。汉王朝统一后，打算定都洛阳。时娄敬作为齐国的戍卒，正被发往陇西(今甘肃一带)戍边，经过咸阳时，他请求面见汉高祖刘邦。见了汉高祖，娄敬直言道：洛阳虽处天下之中，然"大战七十，小战四十"，经济残破，民怨沸腾，定都于此，利小弊大；而关中一带地腴民富，且被山带河，地势险要，易守难攻。娄敬的建议得到张良的支持，刘邦最终决定建都长安。为表彰娄敬，赐姓"刘"，号"奉春君"。

⑧关内：唐代建都西京长安(今陕西西安)后，便把函谷关以西地区称为"关内"。

⑨凋弊之人：指衰败困苦的人。《前汉记·武帝纪四》："当武帝之世，赋役烦众，民力凋弊。"

⑩浇漓：浮薄不厚。多用于指社会风气。

【译文】

"如今上承百世国君之后，又值民生凋弊之余，一定要用礼制来节制欲望，陛下应该先从自身做起。前往东都巡幸的日期还没有确定，就下令修建宫殿；诸王都要出任地方长官，为国家藩卫，也需要营建宫邸。这么频繁地大兴土木，难道是疲劳不堪的百姓所期望的吗？这是不宜兴建乾元殿的第一个理由。陛下当初平定东都洛阳时，凡是高楼广殿，一律下令拆毁，所以天下安定，百姓同心敬仰陛下。哪能当初厌恶洛阳宫殿的奢靡，而今天又去承袭它的华丽呢？这是不宜兴建乾元殿的第二个理由。常常听说陛下要去洛阳巡幸，但都没有马上前往，这些事都不是当务之急，那么修建洛阳宫殿就是白白浪费劳力。现在国家还没有两年的储备,何必要追求两个都城的豪华排场? 劳役过度,就会引起民众的怨恨诽谤。这是不宜兴建乾元殿的第三个理由。百姓承受战乱之后,人力财力都损失几尽,陛下施恩抚育百姓,百姓勉强能存活下来,饥寒犹切,生计并未安定,三五年的时间恐怕还不能恢复元气。为什么还要去营建还没有确定前往的都城,而夺去疲惫百姓的劳力呢? 这是不宜兴建乾元殿的第四个理由。以前汉高祖准备建都洛阳,娄敬向他进谏了一句话,高祖当天就起驾返回长安。难道他不知道洛阳地处全国的中心,各地贡献赋税的路途均衡方便吗? 只是因为洛阳的地势不如关中险要而已。我想陛下教化凋弊的百姓,革除薄鄙的旧俗,时间都很短,还没有达到淳朴和谐。鉴于这种情况,怎么可以巡幸东都呢? 这是不宜兴建乾元殿的第五个理由。

　　"臣尝见隋室初造此殿,楹栋宏壮,大木非近道所有,多自豫章采来①,二千人拽一柱,其下施毂,皆以生铁为之,中间若用木轮,动即火出。略计一柱,已用数十万,则余费又过倍于此。臣闻阿房成②,秦人散;章华就③,楚众离;乾元毕工④,隋人解体。且以陛下今时功力,何如隋日? 承凋残之后,役疮痍之人⑤,费亿万之功,袭百王之弊,以此言之,恐甚于炀帝远矣。深愿陛下思之,无为由余所笑⑥,则天下幸甚矣。"

【注释】

①豫章:古郡名,辖地在今江西境内。

②阿房:即阿房宫,是秦王朝的巨大宫殿,遗址在今西安西郊的阿房村一带,始建于前212年。据《史记·秦始皇本纪》记载:"(阿房)东西五百步,南北五十丈,上可以坐万人,下可以建五丈旗,

周驰为阁道，自殿下直抵南山。表南山之颠以为阙。为复道，自阿房渡渭，属之咸阳。"其规模之大，劳民伤财之巨，可以想见。

③章华：即章华宫，是楚灵王修建的巨大宫殿，遗址在今湖北宜城东南一带。始建于前535年，是我国历史上最早、最高、三层台式的宫殿建筑群皇家园林，被誉为"天下第一台"。在台的周围还修建了大量亭台楼榭，极尽精美。

④乾元：指隋代修建在洛阳的乾元殿。为了巩固统一多民族国家的需要，隋炀帝在洛阳大规模营建东都，使之很快成为一个安定大局的中心。修建的东京洛阳，与当时长安宫城的格局基本一致，所有作为帝都的宫殿、衙署、仓库、道路交通和军事防御等设施一应俱全。

⑤疮痍之人：本义指创伤、伤痕。这里指饱受劫难的人们。常常用来比喻遭劫难后的景象。

⑥由余：一作"繇余"。他的祖先原为晋国人，因避乱逃到西戎。后来，戎王派由余出使秦国，秦穆公向他展示秦国的宫殿珍玩，由余说："使鬼为之，则劳神矣。使人为之，亦苦民矣。"秦穆公感到比较奇怪，说："中原华夏国家治理，靠的是诗书礼乐法度，戎夷没有这些，要治理好，岂不是更加困难吗？"由余笑着说："恰恰因为中原华夏有诗书礼乐法度，所以才那么难以治理，这也是中原致乱的原因。"由余建议秦穆公将上古帝王黄帝作为榜样，提倡"圣人"之治，以仁义礼乐治天下，为秦穆公成就春秋霸业奠定了基础。

【译文】

"臣曾经看到过隋朝当年建造这座宫殿时的情况，殿堂的楹柱和栋梁都很宏伟壮丽，所使用的巨大木材并非近地所产，大多是从豫章一带采伐运来的，运来的时候要动用两千人拉一根大柱，柱下面安置轮子，轮子都是由生铁铸造的，如果使用木轮，一滚动起来就会摩擦起火。粗略估计运来一根柱子的费用，就多达数十万钱。其他的费用，又成倍地超过这一数字。臣还听说阿房宫建成后，秦人离散；章华台建成后，楚众离心；乾元殿完工后，隋人解体。况且以陛下今天所拥有的国力，怎么能比得上隋朝？如今是承继了凋零破败的局面，役使遍体疮痍的百姓，耗费亿万巨资，承袭众多国君的弊病，从这方面来讲，恐怕比隋炀帝还要糟得多。我希望陛下深思，不要做被由余嘲笑的事，那就是天下人的万幸了。"

太宗谓玄素曰："卿以我不如炀帝，何如桀、纣？"

对曰："若此殿卒兴，所谓同归于乱。"

太宗叹曰："我不思量，遂至于此。"顾谓房玄龄曰："今玄素上表，洛阳实亦未宜修造，后必事理须行，露坐亦复何苦？所有作役，宜即停之。然以卑干尊，古来不易，非其忠直，安能如此？且众人之唯唯①，不如一士之谔谔②。可赐绢五百匹。"

魏徵叹曰："张公遂有回天之力，可谓仁人之言，其利博哉！"

【注释】

①唯唯：谦卑恭逊的应答声。

②谔谔(è)：直言争辩的样子。《史记·商君列传》："千人之诺诺，不如一士之谔谔。"

【译文】

太宗对张玄素说："你认为我不如隋炀帝，那么我比起夏桀、商纣又怎样？"

张玄素回答说："如果这个宫殿最终还要修下去的话，那么就会像桀、纣一样,导致天下大乱。"

太宗感叹说:"我没有想到会造成这种后果。"回过头来又对房玄龄说:"今天玄素上表论事,看来洛阳乾元殿确实不宜修建,如果以后有事一定要到洛阳去,就算坐在露天野外又算得上什么苦呢?所有宫殿建造的工役,都应立即停止。然而地位卑微的人敢于干预地位尊贵的人,自古以来就很不容易,如果没有忠直的胸怀,哪能做到这样?况且许多人都是唯唯诺诺,还不如有一个人耿直敢谏解决问题。可赐给他绢帛五百匹。"

魏徵由此感叹地说:"张公真有回天之力,他的话可以说是仁人之言,对国家和人民的利益真是很大啊!"

太宗有一骏马,特爱之,恒于宫中养饲,无病而暴死。太宗怒养马宫人,将杀之。

皇后谏曰①:"昔齐景公以马死杀人②,晏子请数其罪云③:'尔养马而死,尔罪一也;使公以马杀人,百姓闻之,必怨吾君,尔罪二也;诸侯闻之,必轻吾国,尔罪三也。'公乃释罪。陛下尝读书见此事,岂忘之邪?"

太宗意乃解。又谓房玄龄曰:"皇后庶事相启沃,极有利益尔。"

【注释】

①皇后:指长孙皇后(601—636)。出生在一个官宦之家,父亲长孙晟隋时官至右骁卫将军。长孙皇后从小爱好读书,通达礼仪,13岁时嫁给李世民为妻。唐朝建立后,她被册封为秦王妃。李世民升储登极以后,被立为皇后。

②齐景公:齐灵公子,齐庄公的异母弟,在位58年,是齐国历史上

统治时间最长的国君之一。亲政之初,他能够虚心纳谏。在位时有名相晏婴辅政。后来齐景公贪图享乐、不顾百姓死活,厚赋重刑,致使民不聊生,怨声载道,内忧外患间却不体恤民情,反而坚持与晋国争夺霸主之虚名。《论语·季氏篇》中称:"齐景公有马千驷,死之日,民无德而称焉!"就是对景公的评价。

③晏子:即晏婴(? —前500),春秋时期齐国大夫。夷维(今山东高密)人。他是春秋后期的一位重要政治家、思想家、外交家。他爱国忧民,敢于直谏,在诸侯和百姓中享有极高的声誉。传世有《晏子春秋》,为战国时人搜集有关他的言行编辑而成。

【译文】

太宗有一匹骏马,他特别喜爱,一直饲养在宫中,有一天突然无病而死。太宗对养马的宫人很生气,要杀死他。

长孙皇后劝阻太宗说:"从前齐景公因为喜爱的马死了要杀养马人,晏子请求列数养马人的罪过,说:'你养的马死了,这是你的第一条罪状;使国君因为一匹马而杀人,百姓听到这个消息后,必然要怨恨我们的国君,这是你的第二条罪状;诸侯们听说这件事必然要轻视我国,这是你的第三条罪状。'齐景公听后便赦免了养马人的罪。陛下读书时也曾读过这个故事,难道忘了吗?"

太宗听得此番话后才消了怒意。他又对房玄龄说:"皇后在许多事情上都能启发开导我,对我很有好处。"

贞观七年,太宗将幸九成宫①,散骑常侍姚思廉进谏曰:"陛下高居紫极②,宁济苍生,应须以欲从人,不可以人从欲。然则离宫游幸,此秦皇、汉武之事,故非尧、舜、禹、汤之所为也。"言甚切至。

太宗谕之曰:"朕有气疾③,热便顿剧④,故非情好游幸。

甚嘉卿意。"因赐帛五十段。

【注释】

①九成宫：本为隋"仁寿宫"。位于陕西麟游杜水之北的天台山。唐太宗贞观五年重修，以所在山有九重，改名"九成"。这里夏无酷暑，气候凉爽宜人，是隋、唐两朝营造的帝王避暑离宫。该宫周垣一千八百步，中有碧城殿、排云殿，并置禁苑、武库及官寺。规模宏伟，景色壮丽，为隋唐离宫之冠。唐王勃有《九成宫颂》，杜甫、李商隐均有《九成宫》诗。参阅《新唐书·地理志一》、《唐会要》卷三十。

②紫极：星名。借指帝王的宫殿。

③气疾：指呼吸系统疾病。"气"是中医学术语，肝、脾病变引起的不适有时也归入气疾类。

④顿：立刻，突然。剧：极，厉害。

【译文】

贞观七年（633），太宗将要巡幸九成宫，散骑常侍姚思廉进谏说："陛下高居帝位，安抚天下百姓，应该使自己的欲望服从于百姓的利益，而不能使百姓的利益服从自己的欲望。然而离开皇宫去离宫别馆游幸玩乐，这是秦始皇、汉武帝所为的事，而不是尧、舜、禹、汤这些贤明的国君所做的事情。"他的这番话说得言真意切。

太宗听后解释说："我因为有'气疾'病，天气一热就会加重，并不是我喜好游玩。我很感激你的一片诚意。"因此赐给姚思廉绢帛五十匹。

贞观三年，李大亮为凉州都督①，尝有台使至州境②，见有名鹰，讽大亮献之③。

大亮密表曰："陛下久绝畋猎④，而使者求鹰。若是陛下之意，深乖昔旨；如其自擅，便是使非其人。"

　　太宗下书曰："以卿兼资文武，志怀贞确⑤，故委藩牧⑥，当兹重寄。比在州镇，声绩远彰，念此忠勤，岂忘寤寐⑦？使遣献鹰，遂不曲顺，论今引古，远献直言。披露腹心，非常恳到，览用嘉叹，不能已已。有臣若此，朕复何忧！宜守此诚，终始若一。《诗》云：'靖恭尔位，好是正直。神之听之，介尔景福。'古人称一言之重，侔于千金⑧。卿之所言，深足贵矣。今赐卿金壶瓶、金碗各一枚，虽无千镒之重⑨，是朕自用之物。卿立志方直，竭节至公。处职当官，每副所委，方大任使，以申重寄。公事之闲，宜观典籍。兼赐卿荀悦《汉纪》一部⑩，此书叙致简要，论议深博，极为政之体，尽君臣之义，今以赐卿，宜加寻阅。"

【注释】

①李大亮(586—645)：唐京兆泾阳(今陕西泾阳)人，有文武才略。隋末为庞玉行军兵曹。为李密部将张弼所擒，旋被释。后投降李渊，授土门令。招集流亡，鼓励垦荒，升为金州总管府司马。后迁安州刺史。贞观初，调交州，再调凉州，因使者嘱献名鹰，密表谏太宗受嘉奖，后与李靖分道击吐谷浑，拜右卫大将军。贞观十八年(644)，太宗准备东征高丽，时李大亮患病，太宗前往探望。他苦谏太宗不要东征，以经营关中为重，太宗不纳。是年病卒。凉州：古地名，在今甘肃武威。

②台使：指朝廷的使者。

③讽：婉言劝说。

④畋(tián)猎：打猎。

⑤贞确：坚定。

⑥藩牧：藩镇的长官。

⑦寤寐(wù mèi)：这里指日日夜夜。寤，醒时。寐，睡时。

⑧侔(móu)：等同，相等。

⑨镒(yì)：古代重量单位，一镒合二十两(一说二十四两)。

⑩《汉纪》：书名。三十卷，东汉荀悦(148—209)撰，是我国第一部编年体断代史。荀悦：字仲豫，颍川颍阴(今河南许昌)人。于建安三年(198)奉汉献帝之命，按《左传》体例，删略《汉书》，历时两年而成《汉纪》。时称此书"辞约事详，论辩多美"，又"省约易习，有便于用"。唐人开科取士，一度以《史记》《汉书》《汉纪》为一科。

【译文】

贞观三年(629)，李大亮任凉州都督时，曾有一位朝廷使臣来到凉州，看到当地有极好的名鹰，就委婉地示意李大亮向朝廷进献。

李大亮秘密启奏太宗说："陛下已经很久没有打猎了，而使臣却来索要名鹰。如果这是陛下的意思，那就完全违背了陛下昔日的旨意；如果是使臣自作主张，那就是陛下用非其人了。"

太宗回信给他说："因为你兼有文才武略，又胸怀坚定的志向，所以才委任你做藩镇长官，担此重任。近来你镇守凉州，成绩卓著，声威远扬，想到你的忠诚勤政，我日日夜夜岂能忘记？使臣让你献鹰，你终究没有曲意顺从，还引古论今，从遥远的地方向我谏言。披心沥胆，非常诚恳周到，读过之后，不胜感叹，心情久久不能平复。有你这样忠直的臣子，我还有什么忧虑的呢！你应该坚守这种忠诚，并且始终如一。《诗经》中说：'安守你的职位，喜好正直的人。神明看到这些，一定会赐给你大福。'古人说，一句良言的价值等同千镒黄金。你所提的意见，非常可贵。现赐予你金壶瓶、金碗各一个，虽然没有千镒黄金那么贵重，但都是我自己使用的器物。你立志正直，竭尽忠节，一心为公。你所担任的官职，都很称职，如今以大任相委，以示我的重托。你在办完公事的闲暇时间，应该阅读一些典籍。现在同时赐给你荀悦的《汉纪》一部，这部书叙事简明扼要，议论深刻广博，全面阐述了处理政务的规范和君臣大义，现在把它赐给你，你要仔细阅读阅读。"

贞观八年，陕县丞皇甫德参上书忤旨^①，太宗以为讪谤^②。

侍中魏徵进言曰："昔贾谊当汉文帝上书云云'可为痛哭者一，可为长叹息者六'^③。自古上书，率多激切。若不激切，则不能起人主之心。激切即似讪谤，惟陛下详其可否。"

太宗曰："非公无能道此者。"令赐德参帛二十段。

【注释】

①陕县：古县名，在今河南三门峡市陕州区。忤（wǔ）：抵触而生怨。

②讪（shàn）谤：诋毁，诽谤。

③"昔贾谊"二句：贾谊（前201—前168），西汉著名的政论家和思想家，洛阳（今河南洛阳东北）人。文帝即位初期，在吴公的极力推荐下被文帝召为博士。由于每次商讨诏令时，他都表现出众，被升为太中大夫。他力主改革，被贬。改任梁怀王太傅。梁怀王堕马而死，自伤无状，忧愤而死。汉文帝（前202—前157），名刘恒，是汉朝的第四个皇帝，高祖刘邦第三子，汉惠帝刘盈弟，母薄姬。初被立为代王，建都晋阳。惠帝死后，吕后立非正统的少帝。吕后死，吕产、吕禄企图发动政变夺取帝位。刘恒在周勃、陈平支持下诛灭了诸吕势力，登上皇帝宝座，在位二十三年。"可为痛哭者一，可为长叹息者六"，见贾谊《治安策》。

【译文】

贞观八年（634），陕县县丞皇甫德参上书触怒了太宗，太宗认为他是攻击诽谤。

侍中魏徵进言说:"从前贾谊给汉文帝上书说'可以为帝王痛哭的事有一件,可以为帝王长叹息的事有六件'。自古以来上书奏事,很多都言辞很激切。如果不激切,就不能打动人主的心。但言语过于激烈就好像是攻击诽谤,希望陛下仔细详察他所说的意见是对还是不对。"

太宗说:"除了你没有人能讲出这番道理来。"于是下令赏赐皇甫德参绢帛二十段。

贞观十五年,遣使诣西域立叶护可汗①,未还,又令人多赍金帛,历诸国市马。

魏徵谏曰:"今发使以立可汗为名,可汗未定立,即诣诸国市马,彼必以为意在市马,不为专立可汗。可汗得立,则不甚怀恩;不得立,则生深怨。诸蕃闻之,且不重中国。但使彼国安宁,则诸国之马,不求自至。昔汉文帝有献千里马者,曰:'吾吉行日三十②,凶行日五十③,鸾舆在前④,属车在后⑤,吾独乘千里马,将安之乎?'乃偿其道里所费而返之。又光武有献千里马及宝剑者⑥,马以驾鼓车,剑以赐骑士。今陛下凡所施为,皆邈过三王之上⑦,奈何至此欲为孝文、光武之下乎? 又魏文帝求市西域大珠⑧,苏则曰⑨:'若陛下惠及四海,则不求自至,求而得之,不足贵也。'陛下纵不能慕汉文之高行,可不畏苏则之正言耶?"

太宗遽令止之⑩。

【注释】

①西域:地理方位词,在我国古代文献中多指玉门关、阳关以西地区。唐代初年,唐朝军队在消灭回纥、突厥时,势力延伸西域,除

高昌不服统治被消灭以外,西域各国均臣服唐朝政府。不久西域统治交由安西都护府及北庭都护府进行处理,在西域设立了完备的行政体系,将西域划归陇右道,并设立安西四镇。叶护可汗:贞观十三年(639),乙毗咄陆可汗勾结五弩失毕部发动叛乱,五弩失毕部各首领拥立咥利失之弟伽那之子薄布特勤为可汗,是为乙毗沙钵罗叶护可汗。乙毗沙钵罗叶护可汗既立,数遣使至唐政府表示友好,唐太宗也致书予以慰勉,并于贞观十五年(641)遣左将军张大师前往册封。

②吉行:为吉事而行。这里指巡行祭祀。

③凶行:军行。这里指行军打仗。

④鸾舆:天子的乘舆。

⑤属车:帝王出行时的侍从车。

⑥光武(前6—57):即东汉王朝的开国皇帝刘秀,字文叔,南阳蔡阳(今湖北枣阳西南)人。汉高祖刘邦九世孙,长沙王刘发的直系后代。25—57年在位。

⑦邈(miǎo)过:远远超越,胜过。三王:指夏禹、商汤、周文王。

⑧魏文帝(187—226):即曹丕。字子桓,沛国谯县(今亳州谯城)人。曹操次子。东汉建安十六年(211),为五官中郎将、副丞相。二十二年,立为太子。延康元年(220),曹操死,继位为丞相、魏王。当年十月,逼迫汉献帝禅位,自立为帝。改国号魏,是三国中第一个称帝的君主。

⑨苏则(?—223):字文师,汉平陵侯苏建长子苏嘉的十一世孙。建安二十年(215),曹操率军征汉中张鲁时,路过武都,见苏则才高,即领随军任向导官。魏文帝曹丕时因功加封为护羌校尉并赏爵关内侯,都亭侯、迁升侍中。黄初四年(223),苏则病逝,追赠刚侯。

⑩遽(jù):立刻,马上。

【译文】

贞观十五年(641),太宗派遣使臣到西域封立叶护可汗,使者还未回朝,太宗又命令人携带大量金帛,到西域各国去买马。

魏徵劝谏说:"现在派遣的使臣是以封立可汗为名义的,可汗尚未封立,就到各国去买马,他们一定会认为我们的本意是买马,而不是专程去封立可汗。如果可汗得到封立,他也不会对陛下感恩;如果得不到封立,他就会产生很深的怨恨。西域各国听说此事后,就会轻视中国。只要能使西域各国安定,那么各国的好马不用求取也会自动送来。从前汉文帝时有来进献千里马的人,文帝说:'我巡幸时日行三十里,出兵打仗时日行五十里,鸾舆走在前面,副车跟在后面,如果我单独骑一匹千里马,将到哪里去呢?'于是给了献马人一些路费,就让他回去了。另外在光武帝时有人进献千里马和宝剑,光武帝用千里马来拉装战鼓的车,把宝剑赐给骑士。如今陛下的所作所为,都远远超过了夏禹、商汤和周文王,怎么在这件事情上反而居于汉文帝、光武帝之下呢?魏文帝曾打算买西域的大珍珠,苏则劝谏说:'如果陛下的恩惠遍及天下,这些东西不求自来,用钱买到的东西,就不足珍贵了。'陛下即使不能够仰慕汉文帝的高尚德行,难道可以不畏惧苏则的正直谏言吗?"

于是,太宗立即下令停止买马。

贞观十七年,太子右庶子高季辅上疏陈得失①。特赐钟乳一剂②,谓曰:"卿进药石之言③,故以药石相报。"

【注释】

①高季辅:名冯,唐代蓨(今河北景县)人。曾任检校刑部尚书、侍中、右庶子等职。弹劾不避权贵,曾数次上书议论政治得失。

②钟乳:即指钟乳石。是指碳酸岩地区洞穴内在漫长地质历史中和特定地质条件下形成的石钟乳、石笋、石柱等不同形态碳酸钙

沉淀物的总称。可以入药,主治寒痰喘咳,阳虚冷喘,腰膝冷痛,
胃痛泛酸,乳汁不通等。

③药石之言:比喻诚意劝人改过的良言。

【译文】

贞观十七年(643),太子右庶子高季辅上奏评论朝政得失。太宗特意赐给他钟乳石一剂,并对他说:"你向我进献像药石一样的良言,所以我也以药石来相报。"

贞观十八年,太宗谓长孙无忌等曰:"夫人臣之对帝王,多顺从而不逆,甘言以取容。朕今发问,不得有隐,宜以次言朕过失。"

长孙无忌、唐俭等皆曰①:"陛下圣化道致太平,以臣观之,不见其失。"

黄门侍郎刘洎对曰②:"陛下拨乱创业,实功高万古,诚如无忌等言。然顷有人上书,辞理不称者,或对面穷诘③,无不惭退。恐非奖进言者。"

太宗曰:"此言是也,当为卿改之。"

【注释】

①唐俭(579—656):并州晋阳(今山西太原)人。凌烟阁二十四功臣之一。其父唐鉴与唐高祖李渊为世交。参与李渊太原起兵。武德元年(618)升为中书侍郎。李世民击破刘武周后,唐俭拜礼部尚书,授天策府长史,封莒国公。后因怠于政事贬官。高宗显庆元年(656)病故,谥曰襄,陪葬昭陵。

②刘洎(jì,?—645):唐代大臣。字思道,荆州江陵(今湖北江陵)人。初为萧铣黄门侍郎,归唐后授南康州(治所在今江西赣州市

赣县区)都督府长史。贞观七年(633)升给事中,封清苑县男,调
任治书侍御史,授尚书右丞,加银青光禄大夫、散骑常侍,代黄门
侍郎。他敢于谏诤,劝唐太宗宜少与臣下辩驳,对政事建议慎于
取舍。太宗征辽东时,令他兼太子中庶子,辅佐皇太子李治监
国。后被褚遂良诬陷而冤杀。

③穷诘(jié):追问,深究。

【译文】

贞观十八年(644),太宗对长孙无忌等人说:"臣子对待帝王,多是
顺从而不违悖,用甜言蜜语来博取帝王的欢心。我今日发问,你们不得
隐讳己见,要依次讲出我的过失。"

长孙无忌、唐俭等人都说:"陛下用圣明教化,致使天下太平。在臣
等看来,没有发现什么过失。"

黄门侍郎刘洎回答说:"陛下拨乱反正,艰苦创业,确实功高万古,
正如长孙无忌等人所说的那样。然而近来有人上书进谏,遇有言辞内
容不合您的心意的,就当面追根盘问,弄得上书言事的人无不羞惭而
退。这恐怕不是鼓励进谏的办法。"

太宗说:"这话讲得对啊,我一定接受你的意见改正错误。"

太宗尝怒苑西监穆裕①,命于朝堂斩之。时高宗为皇太
子,遽犯颜进谏,太宗意乃解。

司徒长孙无忌曰:"自古太子之谏,或乘间从容而言。
今陛下发天威之怒,太子申犯颜之谏,诚古今未有。"

太宗曰:"夫人久相与处,自然染习。自朕御天下,虚心
正直,即有魏徵朝夕进谏。自徵云亡,刘洎、岑文本、马周、
褚遂良等继之②。皇太子幼在朕膝前,每见朕心说谏者,因
染以成性,故有今日之谏。"

【注释】

①苑西监:官名。为掌管皇家园林内的宫馆园池及种植修葺之事。穆裕:任苑西监的人名,生平不详。

②岑文本(595—645):字景仁,南阳棘阳(今河南新野东北)人。贞观元年(627)经李靖推荐,为中书舍人,起草文稿,既快又好。后授侍郎,专管机要。贞观十九年(645),随唐太宗伐辽东,负责筹划辎重,后病卒于幽州(今北京西南)。

【译文】

有一次太宗对苑西监穆裕大发脾气,下令将他在朝堂上斩首。当时高宗李治为皇太子,赶忙冒犯威严进谏劝阻,太宗才消退怒气。

司徒长孙无忌说:"自古以来,太子进谏总是趁空闲时委婉进言,今天陛下大发天威,太子却能犯颜直谏,实在是古今所未有过的。"

太宗说:"人在一起相处久了,自然会耳濡目染。自从我治理天下以来,虚心听取正直的进言,就有魏徵不分早晚随时进谏。魏徵亡故后,又有刘洎、岑文本、马周、褚遂良等人相继负起了谏臣的责任。皇太子从小在我身边长大,常看到我听到进谏时心情很愉悦,因而习染成性,所以才会有今天的直谏。"

附：

直谏

贞观二年,隋通事舍人郑仁基女①,年十六七,容色绝姝,当时莫及。文德皇后访求得之②,请备嫔御③。太宗乃聘为充华④。诏书已出,策使未发⑤。

魏徵闻其已许嫁陆氏,方遽进而言曰:"陛下为人父母,抚爱百姓,当忧其所忧,乐其所乐。自古有道之主,以百姓之心为心,故君处台榭,则欲民有栋宇之安;食膏粱,则欲民无饥寒之患;顾嫔御,则欲民有室家之欢。此人主之常道也。今郑氏之女,久已许人,陛下取之不疑,无所顾问,播之四海,岂为民父母之道乎? 臣传闻虽或未的,然恐亏损圣德,情不敢隐。君举必书,所愿特留神虑。"

太宗闻之大惊,手诏答之,深自克责,遂停策使,乃令女还旧夫。

左仆射房玄龄、中书令温彦博、礼部尚书王珪、御史大夫韦挺等云:"女适陆氏⑥,无显然之状,大礼既行,不可中止。"

又陆氏抗表云:"某父康在日,与郑家往还,时相赠遗资财,初无婚姻交涉亲戚。"并云:"外人不知,妄有此说。"

大臣又劝进。太宗于是颇以为疑,问徵曰:"群臣或顺旨,陆氏何为过尔分疏?"

徵曰:"以臣度之,其意可识,将以陛下同于太上皇⑦。"

太宗曰:"何也?"

徵曰:"太上皇初平京城,得辛处俭妇⑧,稍蒙宠遇。处俭时为太子舍人,太上皇闻之不悦,遂令出东宫为万年县,每怀战惧,常恐不全首领。陆爽以为陛下今虽容之⑨,恐后阴加谴谪⑩,所以反复自陈,意在于此,不足为怪。"

太宗笑曰:"外人意见,或当如此。然朕之所言,未能使人必信。"

乃出敕曰:"今闻郑氏之女,先已受人礼聘,前出文书之日,事不详审,此乃朕之不是,亦为有司之过。授充华者宜停。"时莫不称叹!

【注释】

①通事舍人:官名。掌诏命及呈奏案章等事。

②文德皇后:即长孙皇后。见前注。

③嫔御:古代帝王、诸侯的侍妾与宫女。

④充华:妃嫔称号。晋武帝置,为九嫔之末。《周礼·天官·内宰》:"九嫔掌妇学之法,以教九御妇德、妇言、妇容、妇功,各帅其属而以时御叙于王所。"《礼记·昏义》:"古者天子后立六宫、三夫人、九嫔、二十七世妇、八十一御妻。"历代王朝多有九嫔之制:淑妃、淑媛、淑仪、修华、修容、修仪、婕妤、容华、充华为九嫔。唐以昭仪、昭容、昭媛、修仪、修容、修媛、充仪、充容、充媛为九嫔。

见《晋书·舆服志》《新唐书·后妃传上》。九嫔位于后妃之下，在其他侍妾之上，故既可与妃合称"妃嫔"，亦可与其他侍妾合称"嫔御"。

⑤策使：役使，差遣。

⑥适：女子出嫁。

⑦太上皇：皇帝父亲的尊号，本为尊敬死者的称号，后来也指尚未去世但是已经内禅的皇帝。这里指唐高祖李渊。李世民既想做皇帝，又不愿背上逼宫篡位的千古恶名，于是他的谋士们给他出了个主意，让他尊奉皇父为"太上皇"，以保全皇父的体面。可以说，李世民是发明"太上皇"的始作俑者。

⑧辛处俭：太上皇（李渊）时的太子舍人。

⑨陆爽：郑仁基女儿的未婚夫。

⑩阴加谴谪：暗中对他贬谪惩罚。阴，暗中，背后。谴谪，责备或贬降。

【译文】

贞观二年（628），隋朝的通事舍人郑仁基的女儿年方十六七岁，是个绝代佳人，当时没有谁能比得上她。文德皇后寻访到后，请求太宗留在后宫作为嫔妃。于是太宗便聘她为充华。诏书已经发出，但册封的使者尚未动身。

魏徵听说这名女子早已许配给陆家，就急忙进谏说："陛下身为百姓的父母，爱抚百姓，就应该忧百姓所忧的事，乐百姓所乐的事。自古以来有道的君主，都是以百姓的心愿为自己的心愿的。所以君主身居楼台馆阁，就要让人民也有房屋可以安身；君主进食膏粱鱼肉，就要让百姓不受饥饿的威胁；君主看到妃嫔宫女，就要想到百姓也有婚配成家的欢乐。这才是做君主的正常道理。如今郑家的女儿早已许配别人，陛下聘娶她时，竟不加考虑，也不曾询问。这件事如果传到社会中去，哪里是君主为民父母的作为呢？虽然我听到的只是传闻，不一定确实，但唯恐损害陛下的名誉和圣德，所以不敢隐瞒。君主的一举一动都有史官记录，希望陛下要特别留心考虑。"

太宗听后大吃一惊，亲自写诏书来回答魏徵，深深自责，并立即停止派遣使者前往册封，下令将该女子送还到她原定丈夫的身边。

左仆射房玄龄、中书令温彦博、礼部尚书王珪、御史大夫韦挺等大臣都说："这个女子出嫁给陆家，并无确凿的证据，册封的大礼既然已经进行，不可半途而废。"

而陆氏也上表分辩说："我父亲陆康在世时，曾经和郑家往来，有过相互赠送财物的事情，但是当初并没有涉及婚姻亲戚关系。"又说："外边的人不知实情，妄自胡猜乱说。"

大臣们又纷纷劝太宗继续进行册封之事。太宗这时感到迷惑不解，问魏徵说："群臣或许是曲意随顺我的旨意，陆氏为什么如此极力辩解呢？"

魏徵回答说："依我看来，他的心意是可以明白的，他是把陛下看成和太上皇一样了。"

太宗问："这是什么意思？"

魏徵回答说："太上皇刚平定京城长安时，得到了辛处俭的妻子，稍稍蒙受宠爱。辛处俭当时担任太子舍人，太上皇知道后很不高兴，于是就命令他离开东宫去万年县做官，辛处俭恐惧万分，时常担心性命难保。陆爽认为陛下今天虽然能容许他们夫妻完婚，担心将来会暗中对他贬谪惩罚，所以他反复辩解表白，用意就在这里，不值得奇怪。"

太宗笑道："外人的想法，可能会是这个样子。但我的话看来还未必能使人深信不疑。"

于是太宗下诏说："现在闻知郑氏的女儿此前已经接受了别人的礼聘，先前发出文书的时候，对这件事没有来得及详细考察，这是我的不对，也是有关部门的过错，授予郑家女充华女官的诏册应作废。"当时的人对太宗的做法无不称赞！

贞观三年，诏关中免二年租税①，关东给复一年②。寻有敕：已役已纳，并遣输纳，明年总为准折。

给事中魏徵上书曰："伏见八月九日诏书，率土皆给复一年。老幼相欢，或歌且舞。又闻有敕，丁已配役，即令役满折造③，余物亦遣输了，待明年总为准折。道路之人，咸失所望。此诚平分万姓，均同七子④。但下民难与图始，日用不足，皆以国家追悔前言，二三其德。臣窃闻之，天之所辅者仁，人之所助者信。今陛下初膺大宝⑤，亿兆观德。始发大号⑥，便有二言。生八表之疑心⑦，失四时之大信。纵国家有倒悬之急，犹必不可，况以泰山之安而辄行此事！为陛下为此计者，于财利小益，于德义大损。臣诚智识浅短，窃为陛下惜之。伏愿少览臣言，详择利益。冒昧之罪，臣所甘心。"

【注释】

①关中：指关中地区，位于陕西中部。因西有大散关，东有函谷关，北有崤关，南有武关，为四塞之国，故称关中。

②关东：指函谷关以东地区。给复：免除赋税徭役。

③折造：折算租税。

④均同七子：意谓人君对臣民当一视同仁。语本《诗经·曹风·鸤鸠》："鸤鸠在桑，其子七兮。"毛传："鸤鸠之养其子，朝从上下，莫从下上，平均如一。"郑玄笺："喻人君之德当均一于下也。"

⑤膺（yīng）：担当，接受。大宝：指帝位。

⑥大号：诏令。

⑦八表：又称"八荒"。八方之外，指遥远的地方。

【译文】

贞观三年(629)，太宗下诏免除关中两年租税，免除关东一年的徭役。不久，又下诏令说：已经开始服役和纳税的，都要继续进行缴纳，明年再合计折算。

给事中魏徵上书说："臣见八月九日诏书上说，全国都免除徭役一年。百姓听了后老老少少相互欢庆，载歌载舞。接着又听到有诏书说：人丁已调配服役的，就令他们服役至期满，然后折算租税；剩余的赋税也要交纳完毕，等到明年合计折算。全国百姓，都大失所望。这确实是对百姓平均对待，一视同仁。但是老百姓很难一开始就理解朝廷的用意，况且他们现在缺吃少穿，日常用度不足，他们认为是国家追悔以前的政策，反复无常所造成的。我私下里听说，上天所辅佐的是仁慈的人，百姓们所帮助的是守信用的人。现在陛下刚刚继承帝位，亿万百姓都在观望您的德行。如果刚发出的圣旨就有改变，这样做将会引起全国上下的疑心，认为陛下就像春夏秋冬失去秩序那样不守信义。就是在国家危难的时刻都一定不能这样做，何况如今国家安如泰山而做出这样的事！替陛下想出这种办法的人，虽然在财富上小有好处，但在道德仁义上却大受损失。我确实智虑短浅，但私下却为陛下惋惜。希望陛下稍微浏览一下我的奏章，仔细衡量一下利弊。冒昧之罪，我甘心承担。"

简点使、右仆射封德彝等[①]，并欲中男十八已上[②]，简点入军。敕三四出，徵执奏以为不可。

德彝重奏："今见简点者云，次男内大有壮者。"

太宗怒，乃出敕："中男已上，虽未十八，身形壮大，亦取。"徵又不从，不肯署敕。

太宗召徵及王珪，作色而待之[③]，曰："中男若实小，自不点入军。若实大，亦可简取。于君何嫌？过作如此固执，朕不解公意！"

徵正色曰："臣闻竭泽取鱼，非不得鱼，明年无鱼；焚林而畋，非不获兽，明年无兽。若次男已上尽点入军，租赋杂徭，将何取给？且比年国家卫士，不堪攻战，岂为其少，但为礼遇失所，遂使人无斗心。若多点取人，还充杂使，其数虽众，终是无用。若精简壮健，遇之以礼，人百其勇，何必在多？陛下每云，我之为君，以诚信待物，欲使官人百姓，并无矫伪之心。自登极已来，大事三数件，皆是不信，复何以取信于人？"

太宗愕然曰："所云不信，是何等也？"

徵曰："陛下初即位，诏书曰：'逋租宿债，欠负官物，并悉原免。'即令所司，列为事条。秦府国司，亦非官物。陛下自秦王为天子，国司不为官物，其余物复何所有？又关中免二年租调④，关外给复一年⑤。百姓蒙恩，无不欢悦。更有敕旨：'今年白丁多已役讫⑥，若从此放免，并是虚荷国恩。若已折已输，令总纳取了，所免者皆以来年为始。'散还之后，方更征收，百姓之心，不能无怪，已征得物，便点入军，来年为始，何所取信？又共理所寄，在于刺史、县令⑦，常年貌税⑧，并悉委之。至于简点，即疑其诈伪。望下诚信，不亦难乎？"

太宗曰："我见君固执不已，疑君蔽此事。今论国家不信，乃人情不通。我不寻思，过亦深矣。行事往往如此错失，若为致理？"乃停中男，赐金瓮一口，赐珪绢五十匹。

【注释】

①简点使：唐代临时负责选拔士卒的官名。唐初，征 18 岁以上中男入伍，置诸道简点使。简点，选定。

②中男：青壮年男子。唐初规定 16 岁以上的男子为中男，21 岁以上的男子为成丁。

③作色：脸上变色。指神情变严肃或发怒。

④租调：指租和调，唐代前期主要的赋役制度。经过隋末的大动荡，唐初人口锐减，土地大片荒芜，唐王朝为了恢复农业生产，采用前代曾实行过的均田制。对每一男丁授田百亩，其中永业田 20 亩，口分田 80 亩。在这基础上实施租庸调法。规定，每丁每年向国家输粟 2 石，为租；输绢 2 丈、绵 3 两（或布 2 丈 4 尺、麻 3 斤），为调；服役 20 日，称正役，不役者每日纳绢 3 尺（或布 3.6 尺），为庸。

⑤关外：指潼关以东地区。

⑥白丁：这里指临时征集起来的壮丁。

⑦刺史：官名。汉武帝元封五年（前 106）始置。刺，检核问事之意。汉武帝元封五年将首都以外的郡国划分为十三区（正式名称为部）。每部派刺史一人，巡视吏治，称为行部。隋炀帝改州为郡，改刺史为太守。任巡察各地之职，其地位品秩，均与汉武帝时的部刺史相同，旋罢。唐改郡为州，以太守为刺史，为地方的高级行政长官。

⑧貌税：清查户口，征收赋税。隋唐均田制或租庸调制的依据是每户的丁口数，为防人们隐瞒实际年龄来逃避赋役，刺史、县令每年要亲自查阅户口，验证老少之实，来确认交租服役人数。

【译文】

简点使、右仆射封德彝等人，都主张把年满十八岁以上未成壮丁的中男也征召入伍。太宗并且就此事下了三四次敕文，魏徵上奏认为不可以实行。

封德彝重新上奏说：“今天看到从事简点军士的官员说，在次男中也有很多身强体壮的人。”

太宗大怒，于是下令：“中男以上，即使未满十八岁，只要身体强壮的，亦可征召入伍。”魏徵又表示不同意，不肯签署敕令。

太宗将魏徵、王珪都召来，对他们板起面孔说：“中男当中如果真是瘦小的，自然不能简点入军。如果身体强壮，也可以选拔入伍。这对你们有什么妨碍？为什么要这样固执，我真不了解你们是什么用意！”

魏徵严肃地回答说：“臣听说，排尽池塘的水来捕鱼，不是捕不到鱼，而是明年就没有鱼可捕了；焚烧树林来捕猎，不是抓不到野兽，而是明年就没有野兽可打了。如果次男以上的男丁都简点入军，那么租赋杂役将靠谁来供给？而且近年来的士卒不能胜任攻城作战的要求，哪里是因为人数少，只是因为没有得到应有的礼遇，这就使他们失去了斗志。如果再多地征召士卒，让他们去充当杂役，士兵人数虽然增多了，但终究也没有什么用。如果精心选拔身体健壮的成年男子，给他们应有的礼遇，人人都会勇气百倍，何必要那么多兵士？陛下常说：我做国君，以诚信待人，要使官吏、百姓都没有矫饰虚伪之心。但是自从陛下即位以来，有几件大事都是不守信用的，这又怎么能取信于人呢？”

太宗惊愕地说：“你所说的不守信用的事，是指哪些？”

魏徵说：“陛下刚即位时，下诏书说：‘过去欠下的租税债务及拖欠官府的财物，全部予以免除。’并且立刻命令主管部门列为条令公布。但秦王府所征的租税和财物却不计算在官府财物之列。陛下从秦王到天子，原秦王府所征调的财物都不算官府财物，那还有什么东西才算是官府财物呢？又如，关中免除两年租税，关外免除徭役一年。百姓蒙受皇恩，无不欢欣喜悦。但却又下了一道诏书说：‘今年多数百姓已经服完徭役，如果从今年开始放免，便是空受皇恩。若是已经开始服役或缴纳租税的，今年仍然收纳了结，所免的租税从明年开始。’免除租税的命令下达之后，又重新征收，这样百姓的心里不能不感到奇怪。租税已经征得，又立即简点士卒，所谓明年开始，叫百姓如何相信？此外，共同治理国家的责任寄托在刺史和县令身上，每年都清查户口，征收赋税，这些都委派他们来操办。到了简点士卒时又怀疑他们弄虚作假。这样，希望下级诚实守信，不是很困难的吗？"

太宗说："我见你没完没了固执己见，怀疑你不大了解这些事情。今天你谈论的国家失信于民，是我不通民情。我没有认真思考，错误确实严重。处理事情如此失误，怎能把国家治理好呢？"于是，下令停止征召中男入伍，赐给魏徵金瓮一口，赐给王珪绢五十匹。

贞观五年，持书侍御史权万纪、侍御史李仁发俱以告讦谮毁①，数蒙引见。任心弹射②，肆其欺罔，令在上震怒，臣下无以自安，内外知其不可，而莫能论诤。

给事中魏徵正色而奏之曰："权万纪、李仁发并是小人，不识大体，以谮毁为是，告讦为直，凡所弹射，皆非有罪，陛下掩其所短，收其一切。乃骋其奸计，附下罔上，多行无礼，以取强直之名。诬房玄龄，斥退张亮③，无所肃厉，徒损圣明。道路之人，皆兴谤议。臣伏度圣心，必不以其谋虑深长，可委以栋梁之任，将以其无所避忌，欲以警厉群臣。若信狎回邪，犹不可以小谋大，群臣素无矫伪，空使臣下离心。以玄龄、亮之徒，犹不可得伸其枉直，其余疏贱，孰能免其欺罔？伏愿陛下留神再思。自驱使二人以来，有一弘益，臣即甘心斧钺④，受不忠之罪。陛下纵未能举善以崇德，岂可进奸而自损乎？"

太宗欣然纳之，赐徵绢五百匹。其万纪又奸状渐露，仁发亦解黜,万纪贬连州司马⑤。朝廷咸相庆贺焉。

【注释】

①持书侍御史:官名。亦称治书侍御史。隋以持书侍御史为御史大夫之事,尽辖御史台中各事。唐初沿隋称,仍为御史大夫之副,秩正四品下。高宗即位,以"治"为帝讳,改名为御史中丞。持书,管理文件。侍御史,掌纠察举百官、入承诏、推鞫弹举及御史台中其他各事。权万纪:京兆万年(今陕西西安)人。经常直言进谏,自潮州刺史擢持书侍御史。告讦谮(zèn)毁:揭发他人隐私,诬陷诽谤。

②弹射:弹劾。

③张亮:唐郑州荥阳人。原为李密部下,得房玄龄等的推荐入李世民幕府,为凌烟阁功臣之一。贞观年间,因善于行政而颇得信任,又揭发侯君集谋反、随征高丽而立功。但其后因好巫术而逐渐名声败坏,贞观二十年被告谋反,受诛。

④斧钺(yuè):斧和钺都是古代兵器,用于斩刑。这里借指处以重刑。

⑤连州:州名。隋置州,以州西南有黄连岭而名。唐辖境相当于今广东连州、阳山县及连山壮族瑶族自治县、连南瑶族自治县等地。司马:官名。唐时于每州置司马,为州郡佐官,以安排贬谪或闲散的人。

【译文】

贞观五年(631),持书侍御史权万纪和侍御史李仁发都因为揭发别人隐私、诬陷诽谤,多次被太宗召见。他们随意弹劾大臣,肆意欺骗蒙蔽天子,使得皇上震怒,群臣惶惶不安。内外的人都知道他们不对,但没有人敢向太宗论说谏诤。

给事中魏徵严肃地向太宗上奏说:"权万纪、李仁发都是小人,不识大体,他们认为诬陷诽谤是对的,把揭发别人的隐私当成正直。他们所弹劾的人都并非有罪，陛下却替他们掩盖错误，完全听信他们的一切，使得他们肆意施展奸谋，对下拉拢，对上欺瞒，做了很多有悖常理的事情，来骗取耿直敢言的名声。他们诬陷房玄龄，斥退张亮，并不能整肃朝廷，反而白白地损害了陛下的威望和圣明。路上的行人都在指责议论。我私下揣度陛下的心意，肯定不会认为这两个人是深谋远虑，可以委以国家栋梁的重任，而是要用他们无所避忌的言论，来警惕鞭策群臣。但即使真信任亲近这些不正的人，也不能用小人来算计大臣，况且群臣素来没有矫情伪诈的事情，这样做只会使群臣离心离德。像房玄龄、张亮这样的大臣，尚且不能为自己申辩曲直，那么其他与陛下关系疏远、地位卑微的臣子，谁还能免遭他们的欺侮诬陷？臣希望陛下再三思量。自从任用这两个人以来，只要给国家做了一件有益的事，臣下甘愿遭斧钺之诛，受不忠之罪。陛下即使不能任用贤能的人来发扬圣德，怎么可以任用奸佞的人而自损威望呢？"

太宗欣然采纳魏徵的意见，赏赐给他五百匹绢。后来权万纪奸邪的行迹慢慢暴露出来，李仁发也被免职罢黜，权万纪被贬为连州司马，朝廷百官都相互庆贺。

贞观六年，有人告尚书右丞魏徵，言其阿党亲戚。太宗使御史大夫温彦博案验其事，乃言者不直。彦博奏称，徵既为人所道，虽在无私，亦有可责。遂令彦博谓徵曰："尔谏正我数百条，岂以此小事，便损众美。自今已后，不得不存形迹①。"

居数日，太宗问徵曰："昨来在外，闻有何不是事？"

徵曰："前日令彦博宣敕语臣云：'因何不存形迹？'此言大不是。臣闻君臣同气，义均一体，未闻不存公道，惟事形迹。若君臣上下同遵此路，则邦国之兴丧，或未可知！"

太宗矍然改容曰:"前发此语,寻已悔之,实大不是,公亦不得遂怀隐避。"

徵乃拜而言曰:"臣以身许国,直道而行,必不敢有所欺负。但愿陛下使臣为良臣,勿使臣为忠臣。"

太宗曰:"忠、良有异乎?"

徵曰:"良臣使身获美名,君受显号,子孙传世,福禄无疆。忠臣身受诛夷,君陷大恶,家国并丧,独有其名。以此而言,相去远矣。"

太宗曰:"君但莫违此言,我必不忘社稷之计。"乃赐绢二百匹。

【注释】

①存形迹:意谓注意检点自己的行为。存,隐藏,隐蔽。形迹,言行举止。

【译文】

贞观六年(632),有人告发尚书右丞魏徵,说他包庇自己的亲戚。太宗派御史大夫温彦博去查办这件事,结果是告发的人歪曲了事实。温彦博上奏说,魏徵既然被人告发,虽然调查下来并无偏袒徇私,但也有可责备的地方。于是太宗就叫温彦博对魏徵传话说:"你直言谏诤了我几百件事,我怎会因这点小事,就否定你那么多的好处呢? 但是从今以后,你也不能不检点一下自己的举止言行了。"

过了几天,太宗问魏徵说:"这两天你在外边,有没有听到什么不对的事情?"

魏徵说:"前天您叫温彦博向我传达圣意说:'为什么不检点自己的举止言行?'这话说得很不对。我听说君臣之间应该是一条心,从道理上讲等于是一个整体。没有听说过不心存公道,只去检点举止言行。

如果君臣上下都按照这条路去走，那么国家的兴亡就不能预料了。"

太宗听了，瞿然变色说："前次说了此话后，不久就觉得后悔了，实在讲得不对。你也不要因此就存退避之心。"

魏徵于是下拜说："我把身子已交给了国家，公正办事，绝不敢有什么欺罔行为。但愿陛下让我做一个良臣，不要让我去做忠臣。"

太宗问："忠臣和良臣有什么不同吗？"

魏徵回答说："良臣是使自身获得好名声，君主也能得显耀的称号，子子孙孙代代传下去，有享受不尽的福禄。而忠臣却是使自身蒙受诛戮，使君主陷于昏庸大恶的境地，使自家和国家都归败亡，只留下个忠臣的空名。从这个角度来说，良臣与忠臣相差太远了。"

太宗说："你只要不违背所说的话，我一定不会忘记国家兴亡的根本大计。"于是赐给魏徵绢二百匹。

贞观六年，匈奴克平①，远夷入贡，符瑞日至②，年谷频登。岳牧等屡请封禅③，群臣等又称述功德，以为"时不可失，天不可违，今行之，臣等犹谓其晚"。惟魏徵以为不可。

太宗曰："朕欲得卿直言之，勿有所隐。朕功不高耶？"

曰："高矣。"

"德未厚耶？"

曰："厚矣。"

"华夏未安耶？"

曰："安矣。"

"远夷未慕耶？"

曰："慕矣。"

"符瑞未至耶？"

曰："至矣。"

“年谷未登耶？”

曰：“登矣。”

“然则何为不可？”

对曰：“陛下功高矣，民未怀惠；德厚矣，泽未旁流；华夏安矣，未足以供事；远夷慕矣，无以供其求；符瑞虽臻而尉罗犹密④，积岁丰稔而仓廪尚虚；此臣所以切谓未可。臣未能远譬，且借近喻于人：有人长患，疼痛不能任持，疗理且愈，皮骨仅存，便欲负一石米，日行百里，必不可得。隋氏之乱，非止十年。陛下为之良医，除其疾苦，虽已乂安，未甚充实，告成天地，臣窃有疑。且陛下东封⑤，万国咸萃，要荒之外⑥，莫不奔驰。今自伊、洛之东⑦，暨乎海、岱⑧，崔莽巨泽⑨，茫茫千里，人烟断绝，鸡犬不闻，道路萧条，进退艰阻。宁可引彼戎狄，示以虚弱？竭财以赏，未厌远人之望；加年给复，不偿百姓之劳。或遇水旱之灾，风雨之变，庸夫邪议，悔不可追。岂独臣之诚恳，亦有舆人之论。”

太宗称善，于是乃止。

【注释】

①匈奴：这里指东突厥。

②符瑞：吉祥的征兆。

③岳牧：传说为尧舜时四岳十二牧的省称，后用“岳牧”泛称地方官员。封禅：我国古代帝王为祭拜天地而举行的活动。

④臻（zhēn）：至，达到。尉（wèi）罗：本指捕鸟的网。这里借喻法网。

⑤东封：指向东到泰山封禅。

⑥要荒：古称王畿外极远之地，亦泛指远方之国。

⑦伊：指伊水。发源于熊耳山南麓的栾川县,流经嵩县、伊川,穿伊阙而入洛阳,东北至偃师注入洛水。洛：指洛水。黄河下游南岸大支流。位于河南西部,经卢氏县、洛宁县、宜阳县、洛阳市到偃师县杨村附近纳伊水后称伊洛河,到巩义市洛口以北入黄河。

⑧岱：指泰山。泰山为东岳,为五岳(东岳泰山、南岳衡山、西岳华山、北岳恒山、中岳嵩山)之宗,故曰岱。

⑨萑(huán)莽巨泽：指芦苇丛生的大泽。

【译文】

　　贞观六年(632),突厥已经平定,远方的外族也都来朝贡,吉祥的征兆天天出现,五谷连年丰收。地方官员们纷纷上书请太宗举行封禅大典,朝廷群臣们也纷纷歌功颂德,他们认为"时机不可失去,天意不可违背,现在举行封禅大典,群臣们以为都有些晚了"。只有魏徵认为不可以。

　　太宗说："我想听听你的意见,不要有所隐讳。我的功业不高吗?"

　　魏徵回答："很高。"

　　太宗问："我的仁德不厚吗?"

　　魏徵回答："很厚。"

　　太宗问："全国还没有安定吗?"

　　魏徵回答："安定了。"

　　太宗问："远方外族还没仰慕吗?"

　　魏徵回答："仰慕了。"

　　太宗问："吉祥的符瑞还没有出现吗?"

　　魏徵回答："出现了。"

　　太宗问："五谷没有丰收吗?"

　　魏徵回答："丰收了。"

　　太宗质问道："既然如此,为什么还不能举行封禅呢?"

　　魏徵答道："陛下功业虽然很高了,但百姓尚未感受到陛下的恩惠;

德行虽然厚了，但恩泽还未普及；全国虽已安定，但还没有足够的力量来办大事；远方外族虽然已经臣服了，但还无法满足他们各项事物的需求；符瑞虽然已经出现，但刑法仍然很严密；粮食虽然连年丰收，但仓库还没有充实；这就是我私下认为不能举行封禅大典的原因。我不拿远的历史来比喻，暂且以'人'来作比喻吧：有个人患病长期疼痛，不堪忍受，虽经治疗且已痊愈，但已瘦得皮包骨头，却要他背负一石米，一天走百里路，一定是不可能做到的。隋代的祸乱，不止十年，陛下就像一位良医，解除了百姓的疾苦，天下虽已太平，但国家还不很富裕殷实，在这种情况下要祭祀天地，报告大功告成，我心里是有疑虑的。况且陛下向东到泰山封禅，各国贵宾都来庆贺，连那些偏远的外邦都要为此奔波赶来。现在从伊水、洛水以东，直到东海、泰山，芦苇丛生，沼泽遍布，茫茫千里，人烟断绝，听不到鸡犬的声音，道路萧条，进退十分艰难。怎么能把夷狄引到这里，让他们看出我们的虚弱？就是竭尽财力赏赐，也满足不了远方来宾的欲望。再多免除几年徭役赋税，也补偿不了百姓的辛劳。如再遇上水旱之灾，风雨之害，就会遭到庸人们的议论和责难，那时追悔就来不及了。这不仅是我的诚心恳求，也是众人的舆论。"

太宗称赞魏徵的意见很好，于是停止封禅。

贞观七年，蜀王妃父杨誉在省竞婢①，都官郎中薛仁方留身勘问②，未及予夺。其子为千牛③，于殿庭陈诉，云："五品以上非反逆不合留身，以是国亲，故生节目④，不肯决断，淹历岁月。"

太宗闻之，怒曰："知是我亲戚，故作如此艰难。"即令杖仁方一百，解所任官。

魏徵进曰："城狐社鼠皆微物⑤，为其有所凭恃，故除之犹不易。况世家贵戚，旧号难理，汉、晋以来，不能禁御；武德之中⑥，以多骄纵；陛下登极，方始萧条。仁方既是职司⑦，能为国家守法，岂可枉加刑罚，以成外戚之私乎！此源一开，万端争起，后必悔之，将无所及。自古能禁断此事，惟陛下一人。备豫不虞⑧，为国常道。岂可以水未横流，便欲自毁堤防？臣窃思度，未见其可。"

太宗曰："诚如公言，向者不思⑨。然仁方辄禁不言，颇是专擅，虽不合重罪，宜少加惩肃。"乃令杖二十而赦之。

【注释】

①蜀王：即李愔（？—667），唐太宗第六子，吴王李恪同母弟，贞观五年（631），封梁王；十年（636），改封蜀王、益州都督。在省竞婢：在皇宫禁地追逐婢女。省，皇宫禁地。竞，追逐。

②都官郎中：掌发配徒隶、簿录俘囚、公私良贱诉竞雪冤。薛仁方：太宗严格执法，带动了一批"多所弹纠，不避权要"的执法官吏，戴胄、高季辅、薛仁方等都是史册中所记载的佼佼者。留身：拘留人身。勘问：查问，审问。

③千牛：即"千牛备身"的简称，禁卫武官。唐设置左右千牛卫，为禁军之一。

④节目：本指树木枝干相接的地方或纹理纠结不顺的地方。这里比喻为枝节，即指节外生枝。

⑤城狐社鼠：本指城墙上的狐狸，社庙里的老鼠。这里比喻依仗权势作恶，一时难以驱除的小人。

⑥武德：唐高祖的年号（618—626）。

⑦职司：职务，职责。这里指主管官员。

⑧备豫不虞：防备意外。

⑨向者：以往，从前。

【译文】

贞观七年(633),蜀王李愔妃子的父亲杨誉在皇宫禁地追逐婢女,都官郎中薛仁方将他拘留并审问,还没来得及进行处理。杨誉的儿子是千牛卫武官,在殿廷上诉述说:"五品以上的官员,不是犯反叛罪的不应拘留,因为我父亲是皇亲国戚,薛仁方就故意节外生枝,不肯决断,拖延时日。"

太宗听了很生气地说:"明知是我的亲戚,还故意如此刁难!"当即下令打薛仁方一百杖,并免去他所担任的官职。

魏徵进谏说:"城墙下的狐狸和神社中的老鼠,都是些微不足道的小动物,因为它们有所依仗,要除掉它们还真不容易。何况世家贵戚历来就号称难以管理。汉、晋以来就不能控制禁止;武德年间很多皇亲国戚骄横放纵;陛下登基后他们才开始有所收敛。薛仁方既然担当主管官员,能为国家执法,怎能对他随便施加刑罚,以达到外戚挟私报复的目的呢?如果这个先例一开,以后各种事端都会接踵而来,到时后悔也来不及了。自古以来能禁止外戚骄纵的只有陛下一人。防备意外,是治国的常识。怎么能在河水尚未泛滥的时候,就想自己毁掉堤防呢?我私下认为,这种做法是不对的。"

太宗说:"确实如你所说,先前我没有仔细考虑。但是薛仁方妄自拘留人而不申报,也很是专权,虽算不上是重罪,也应稍加惩罚。"于是下令打了薛仁方二十杖,免予解职处分。

贞观八年,左仆射房玄龄、右仆射高士廉于路逢少府监窦德素^①,问北门近来更有何营造^②? 德素以闻,太宗乃谓玄龄曰:"君但知南衙事^③,我北门少有营造,何预君事?"玄龄等拜谢。

魏徵进曰:"臣不解陛下责,亦不解玄龄、士廉拜谢。玄龄既任大臣,即陛下股肱耳目,有所营造,何容不知? 责其访问官司,臣所不解。且有利害,役工多少,陛下所为善,当助陛下成之,所为不是,虽营造,当奏陛下罢之。此乃君使臣、臣事君之道。玄龄等问既无罪而陛下责之,臣所不解;玄龄等不识所守,但知拜谢,臣亦不解。"

太宗深愧之。

【注释】

①高士廉(576—647):名俭,以字显。李世民长孙皇后、长孙无忌的亲舅舅。高士廉对李世民极为器重,以致主动将长孙后许配给李世民。因得罪杨广,被发配岭南。随后中原大乱,被隔绝在外,直到李靖灭萧铣南巡时才得以回归。其人善行政、文学,为李世民心腹,参与玄武门之变的策划。贞观年间,任侍中、安州都督、益州大都督府长史、吏部尚书、尚书右仆射、同中书门下三品,封申国公。少府监:官名,是少府的长官。少府,为专管宫廷修建工程的官署名。

②北门:指皇宫的北门,即玄武门。

③南衙:宰相官署。唐代皇宫在长安城北面,中央的省、台、寺、监各官署都设在宫城之南,故称南衙或南司。

【译文】

贞观八年(634),左仆射房玄龄、右仆射高士廉在路上遇到了少府监窦德素,问他皇宫北门近来又在营建些什么工程。窦德素将这件事报告给太宗。于是,太宗对房玄龄说:"你只管好南衙的事务就行了,我北门宫内稍有营建,跟你有什么关系?"房玄龄等人跪下谢罪。

魏徵进谏说:"臣不明白陛下为什么要指责房玄龄、高士廉,也不明白房玄龄、高士廉为什么要谢罪。房玄龄既然是朝廷大臣,也就是陛下的股肱和耳目,宫内有所营建,他怎么可以不知道呢?陛下指责他询问主管部门,臣不理解。况且所营建的房屋是有利还是有害,所使用的人工是多还是少,如果陛下决策得对,就应当协助陛下来完成;如果陛下决策得不对,即使已开始营造,也应当奏请陛下停工。这才是'君任用臣、臣侍奉君'的正道。房玄龄等询问此事既然没有过错,而陛下却加以责备,这是臣所不明白的;房玄龄等人不清楚自己的职守,只知道下拜谢罪,这也是臣所不理解的。"

太宗听后深深感到惭愧。

贞观十年,越王①,长孙皇后所生,太子介弟②,聪明绝伦,太宗特所宠异。或言三品以上皆轻蔑王者,意在谮侍中魏徵等,以激上怒。

上御齐政殿,引三品已上入,坐定,大怒作色而言曰:"我有一言,向公等道。往前天子即是天子,今时天子非天子耶?往年天子儿是天子儿,今日天子儿非天子儿耶?我见隋家诸王,达官已下,皆不免被其踬顿③。我之儿子,自不许其纵横,公等所容易过,得相共轻蔑。我若纵之,岂不能踬顿公等!"玄龄等战栗,皆拜谢。

徵正色而谏曰:"当今群臣,必无轻蔑越王者。然在礼,臣、子一例,《传》称,王人虽微④,列于诸侯之上。诸侯用之为公即是公,用之为卿即是卿,若不为公卿,即下士于诸侯也。今三品已上,列为公卿,并天子大臣,陛下所加敬异。纵其小有不是,越王何得辄加折辱?若国家纪纲废坏,臣所不知。以当今圣明之时,越王岂得如此。且隋高祖不知礼义⑤,宠树诸王,使行无礼,寻以罪黜,不可为法,亦何足道?"

太宗闻其言，喜形于色，谓群臣曰："凡人言语理到，不可不伏。朕之所言，当身私爱。魏徵所论，国家大法。朕向者忿怒，自谓理在不疑。及见魏徵所论，始觉大非道理。为人君言，何可容易！"

召玄龄等而切责之，赐徵绢一千匹。

【注释】

①越王：即李泰（618—652），太宗第四子。始封宜都王，武德四年（621）三月徙封卫王，出继怀王后。贞观二年（628）又徙封越王，为扬州大都督。再迁雍州牧、左武候大将军。改封魏王。

②介弟：对他人之弟的敬称，或对自己弟弟的爱称。

③踬（zhì）顿：受到阻碍而处境困难。

④王人：王臣，帝王的使者。

⑤隋高祖（541—604）：即杨坚，弘农华阴（今陕西华阴东）人。隋朝的开国君主。初仕北周，封随公，逼北周静帝禅让为帝，国号隋。在位二十四年，后为次子杨广所弑。谥文帝。

【译文】

贞观十年（636），越王李泰，是长孙皇后所生，也就是太子李承乾的弟弟，聪明超群，太宗对他特别宠爱。有权贵在太宗面前散播谣言，说三品以上的官员都轻蔑越王，想以此来毁谤魏徵等人，激怒太宗。

太宗驾临齐政殿，把三品以上的官员召引进宫，坐定后，满脸怒气地说："我有一句话要向各位讲。以前的天子是天子，如今的天子就不是天子吗？以前天子的儿子是天子的儿子，如今天子的儿子就不是天子的儿子吗？我看隋朝的各位藩王，连高官都不免受他们欺侮。我的儿子，我不许他们骄横霸道，你们觉得日子好过了，就一起轻视他们。我如果放纵他们，难道他们不能欺侮你们吗？"房玄龄等人吓得发抖，都下拜谢罪。

魏徵却正颜厉色地劝谏道："当今朝廷中的大臣们并没有瞧不起越王的。然而在礼法制度上，臣下和陛下的儿子应该同等看待。《春秋穀梁传》上说，天子身旁的臣子虽然卑微，但仍要排在诸侯之上。如果诸侯被任用为公，他们就是公，任用为卿，他们就是卿，如果不做公卿，他们就是地位一般的诸侯。现在三品以上的官员都位列公卿，都是天子的大臣，是陛下所敬重优待的人。即使他们小有过错，越王怎能随便摧抑侮辱他们呢？如果是在国家的法令制度已经败坏的时候，我就无话可说了。而当今正值圣明的时代，越王怎么能这样对待大臣。况且隋高祖不懂得礼仪，宠爱抬高诸王，致使他们做出不合礼法的事，不久他们都因犯罪而被废黜，这是不值得效法的，又有什么可以称道的呢？"

太宗听了这番话后，喜形于色，便对群臣说："凡是人家说的话在理上，就不能不服。我所说的，出于私爱，而魏徵的所论才是国家的大法。我刚才大发脾气，自以为在理，不用怀疑，听了魏徵的议论，才觉得自己很没有道理。做人君的讲起话来，真不能轻率随便！"

于是将房玄龄等人狠狠地责备了一番，赏赐给魏徵一千匹绢。

贞观十一年，所司奏凌敬乞贪之状①。太宗责侍中魏徵等滥进人。

徵曰："臣等每蒙顾问，常具言其长短②。有学识，强谏诤，是其所长。爱生活，好经营，是其所短。今凌敬为人作碑文，教人读《汉书》③，因兹附托，回易求利，与臣等所说不同。陛下未用其长，惟见其短，以为臣等欺罔，实不敢心伏。"

太宗纳之。

【注释】

①凌敬：初为窦建德的谋臣，失败后降唐。

②长短：这里指长处和短处。

③《汉书》：又称《前汉书》，我国第一部纪传体断代史，东汉班固撰。它的体例沿袭《史记》，但又有所创新，成为后世纪传体史书的范本；它的史料价值和文学价值也很高。主要记述汉高祖元年（前206）至王莽地皇四年（23）共二百三十年的史事，是继《史记》之后我国古代又一部重要史书。

【译文】

贞观十一年（637），有关部门奏上凌敬贪污的文书。于是太宗责怪侍中魏徵等人当初滥荐人才。

魏徵回答说："臣等每次承蒙陛下垂询，总是尽可能地将所举荐人的长处、短处都讲出来。凌敬这个人有学问识大体，敢于谏诤，这是他的长处；喜好生活享受，喜欢经营财物，这是他的短处。现在凌敬为别人撰写碑文、教人读《汉书》，由此拉上关系，交换牟利。这和臣等所介绍的他的情况不正相同吗？陛下没有用他的长处，只看到他的短处，就认为臣等欺君瞒上，这实在不能使臣心服。"

太宗接受了这个意见。

贞观十二年，太宗谓魏徵曰："比来所行得失政化，何如往前？"

对曰："若恩威所加，远夷朝贡，比于贞观之始，不可等级而言。若德义潜通，民心悦服，比于贞观之初，相去又甚远。"

太宗曰："远夷来服，应由德义所加。往前功业，何因益大？"

徵曰："昔者四方未定，常以德义为心。旋以海内无虞，渐加骄奢自溢。所以功业虽盛，终不如往初。"

太宗又曰："所行比往前何为异？"

徵曰："贞观之初，恐人不言，导之使谏。三年已后，见人谏，悦而从之。一二年来，不悦人谏，虽勉强听受①，而意终不平，谅有难色。"

太宗曰："于何事如此？"

对曰："即位之初，处元律师死罪，孙伏伽谏曰②：'法不至死，无容滥加酷罚。'遂赐以兰陵公主园③，直钱百万。人或曰：'所言乃常事，而所赏太厚。'答曰：'我即位来，未有谏者，所以赏之。'此导之使言也。徐州司户柳雄于隋资妄加阶级④，人有告之者，陛下令其自首，不首与罪。遂固言是实，竟不肯首。大理推得其伪⑤，将处雄死罪，少卿戴胄奏法止合徒。陛下曰：'我已与其断当讫，但当与死罪。'胄曰：'陛下既不然，即付臣法司。罪不合死，不可酷滥。'陛下作色遣杀，胄执之不已，至于四五，然后赦之。乃谓法司曰：'但能为我如此守法，岂畏滥有诛夷。'此则悦以从谏也。往年陕县丞皇甫德参上书大忤圣旨，陛下以为讪谤。臣奏称上书不激切，不能起人主意，激切即似讪谤。于时虽从臣言，赏物二十段，意甚不平，难于受谏也。"

太宗曰："诚如公言，非公无能道此者。人皆苦不自觉，公向未道时，都自谓所行不变。及见公论说，过失堪惊。公但存此心，朕终不违公语。"

【注释】

①亹（mǐn）强：勉力，努力。

②孙伏伽（？—658）：唐贝州武城（今河北清河）人。隋大业末，从大理寺史累补万年县法曹。入唐，上书言事，望高祖以隋炀帝为戒，开直言之路，废止奢侈逸乐之举。被擢为治书侍御史。及平王世充、窦建德，复请宽贷二人所部。贞观初，转大理少卿，亦以直言著名。后为大理卿，出为陕州刺史。永徽五年（654），以年老致仕。

③兰陵公主：唐太宗的女儿，名淑，字丽贞。

④徐州：地名，在今江苏西北部。司户：官名。唐制，府称户曹参军，州称司户参军，县称司户。掌管户口、田赋、徭役等事。阶级：旧指官职的等级。

⑤大理：官署名，即大理寺。中央司法机构，掌司狱定刑，长官为大理寺卿。

【译文】

贞观十二年（638），太宗对魏徵说："近来的朝政得失、政治教化，与过去相比怎么样？"

魏徵回答说："如果从朝廷恩典和威望所及的情况来看，远方的异国都前来朝贡，和贞观初年相比，确实不可同日而语。如果从陛下道德仁义潜移默化的普遍性和人民心悦诚服这方面来说，和贞观初年相比则相差很远。"

太宗说："边远的异国前来归顺，应该是道德仁义普遍施加的结果。以前的功业，怎么比现在还大呢？"

魏徵回答说："从前四方没有平定，陛下经常把道德仁义挂在心上，后来海内安定了，陛下就逐渐滋长了骄奢自满的情绪。所以现在的功业虽然兴盛，但终究还是不如当初。"

太宗又问："我的所作所为与往年相比有什么不同？"

　　魏徵回答说:"贞观初年,陛下唯恐别人不肯直言,就引导大臣们大胆进谏。三年以后,见人诤谏就能高兴地采纳。近一二年来就不大喜欢别人进谏了,虽然勉强能够听取建议,但内心却不能平衡,脸上有为难的神色。"

　　太宗说:"在哪些事情上是这样的?"

　　魏徵回答说:"陛下即位之初,要将元律师处以死罪,孙伏伽规谏说:'按照法律元律师不应处死罪,不应该滥加酷刑。'于是陛下将价值百万的兰陵公主园赏赐给他。当时有人提出:'孙伏伽规谏的只不过是平常小事,而陛下的赏赐太优厚了。'您说:'我即位以来,还没有过谏诤的人,所以要重赏他。'这就是主动引导大家进谏。徐州司户柳雄私自加高自己在隋朝时的等级,有人揭发他,陛下让他自首,倘若不自首就要判他的罪。但柳雄坚持说情况属实,不肯自首。经大理寺审查确认柳雄是作伪,将要判处他死刑。大理寺少卿戴胄上奏说,依法只能判柳雄徒刑。陛下说:'我已经给他说这个案子判决完毕,只能执行死刑。'戴胄说:'陛下既然不同意我的意见,就请将臣交给司法部门治罪。臣坚持认为柳雄的罪不该判死刑,不能滥施酷刑。'陛下怒形于色,一定要杀柳雄,戴胄仍然坚持自己的意见,如此争执了四五次,陛下才赦免了柳雄的死罪。并且向司法部门说:'如果你们都能像戴胄这样为我严守法律,难道还用担心会有发生滥用死刑的事吗?'这是高兴接受规谏的事例。从前,陕县县丞皇甫德参上书,大大违背了皇上的意旨,陛下认为他是在毁谤朝廷。我曾上奏说,上书的言语如果不激切,就不能引起君主的注意;但言语激切却又近似于毁谤。当时陛下虽然听从了臣的话,还赏赐他绢二十四,但内心却不舒平,这是难以接受谏言的事例。"

　　太宗说:"确实像你所说的那样,除了你,恐怕没有人能说出这样的话来。人们都苦于不能自我觉悟,你没说这番话之前,都自以为所做的事不会发生什么变化。听了你的这番论说,才认识到自己的过失令人吃惊。你只要能保有这样忠贞耿直的心,我一定不会违背你所说的话。"

卷三

君臣鉴戒第六

【题解】

《君臣鉴戒》篇重点是以历史为镜子，引用历史上的经验教训，说明"君臣本同治乱，共安危，若主纳忠谏，臣进直言，斯故君臣合契，古来所重"的道理。唐太宗要臣僚懂得"君失其国，臣亦不能独全其家"的利害关系，又从多方面引用历史故事，提请臣下注意竭尽为臣之道。魏徵等大臣也以历史鉴戒，要唐太宗做一位善始善终的有道明君，要他看清"首虽尊高，必资手足以成体。君虽明哲，必藉股肱以致理"的道理。又引用《孟子》关于君臣关系的论述来告诫："君视臣如手足，臣视君如腹心；君视臣如犬马，臣视君如国人；君视臣如粪土，臣视君如寇雠。"认为"臣之事君无二志，至于去就之节，当缘恩之厚薄"。文中强调，皇帝只有以诚信待人，臣属才能尽忠尽职。

贞观三年，太宗谓侍臣曰："君臣本同治乱，共安危，若主纳忠谏，臣进直言，斯故君臣合契①，古来所重。若君自贤，臣不匡正，欲不危亡，不可得也。君失其国，臣亦不能独全其家。至如隋炀帝暴虐，臣下钳口②，卒令不闻其过，遂至灭亡。虞世基等，寻亦诛死。前事不远，朕与卿等可得不慎,无为后所嗤③!"

【注释】

①合契:对合符契。我国古代早期的兵符、债券、契约多以竹木或
金石制成,刻字后中剖为二,双方各执其一,两半对合则生效。
这里引申为符合、投合。

②钳口:闭口。

③嗤(chī):讥笑,嘲笑。

【译文】

贞观三年(629),太宗对身边的大臣们说:"君臣之间本应该同治
乱,共安危,如果君主能够接纳忠诚的规谏,臣子敢于直言不讳,那就是
君臣情投意合,这个是自古以来很受推重的。如果君主自以为是,臣子
又不去进谏匡正,要想国家不危亡是不可能的。君主丧失了国家,臣子
也不能单独保全自己的家庭。至于像隋炀帝那样暴虐,臣子都闭口不
言,终于使他听不到自己的过失,最后导致国破身亡,虞世基等人不久
也被诛杀。此事距今不远,我与大家不能不谨慎行事啊? 千万不要让
后人讥笑啊!"

贞观四年,太宗论隋日。

魏徵对曰:"臣往在隋朝,曾闻有盗发,炀帝令於士澄捕
逐①,但有疑似,苦加拷掠,枉承贼者二千余人,并令同日斩
决。大理丞张元济怪之②,试寻其状,乃有六七人,盗发之日
先禁他所,被放才出,亦遭推勘③,不胜苦痛,自诬行盗。元
济因此更事究寻,二千人内惟九人逗遛不明。官人有谙识
者④,就九人内四人非贼。有司以炀帝已令斩决,遂不执奏,
并杀之。"

太宗曰："非是炀帝无道,臣下亦不尽心,须相匡谏,不避诛戮,岂得惟行谄佞⑤,苟求悦誉。君臣如此,何能不败?朕赖公等共相辅佐,遂令囹圄空虚,愿公等善始克终,恒如今日!"

【注释】

①於士澄:原为隋将,后降唐。

②大理丞:大理寺属官。"丞"一般为主官副职之称,丞之职在正刑之轻重。唐制,丞断罪后,须经大理正审核。张元济:隋大业中为武阳令,务以德教训下,百姓怀之。

③推勘:审问。

④谙(ān)识:熟悉,认识。

⑤谄佞(nìng):花言巧语,阿谀逢迎。

【译文】

贞观四年(630),太宗谈论起隋朝统治时候的情况。

魏徵回答说:"我过去在隋朝时,曾听说有盗窃案发生,隋炀帝命令於士澄追捕盗贼,只要发现可疑的人,就抓起来拷打他们,被迫含冤承认自己是盗贼的有二千多人。隋炀帝下令在同一天处决他们。当时的大理丞张元济感到奇怪,就试着查阅这个案子的文书档案,竟发现其中有六七个人,案发的那一天都被囚禁在另外的处所,案发后才被放出来,但他们也被收审拷问,由于不堪忍受痛苦,被迫承认参与盗窃。因此张元济进一步调查推究,结果在两千人中只有九人当时的行踪不清楚。官吏中有熟悉这些人的,证明九个人里有四个不是盗贼。但有关部门认为隋炀帝已经下令处斩,就不再上奏,结果把这些人全都杀了。"

太宗说:"这不仅是隋炀帝暴虐无道,他的臣下们也不尽心办事,他们应当匡正谏诤,不怕有杀身之祸,怎能一味谄媚奉迎,只求君主的欢心和称誉。君臣之间如果都是这样，怎能不败亡？我依靠你们共同辅佐，就能使监狱空无一人。希望你们能善始善终，常像今天一样。"

贞观六年，太宗谓侍臣曰："朕闻周、秦初得天下，其事不异。然周则惟善是务①，积功累德，所以能保八百之基。秦乃恣其奢淫，好行刑罚，不过二世而灭。岂非为善者福祚延长②，为恶者降年不永③？朕又闻桀、纣，帝王也，以匹夫比之，则以为辱。颜、闵匹夫也④，以帝王比之，则以为荣。此亦帝王深耻也。朕每将此事以为鉴戒，常恐不逮，为人所笑。"

魏徵对曰："臣闻鲁哀公谓孔子曰⑤：'有人好忘者，移宅乃忘其妻。'孔子曰：'又有好忘甚于此者，丘见桀、纣之君乃忘其身。'愿陛下每以此为虑，庶免后人笑尔！"

【注释】

①惟善是务：即惟务善事，只做好事。

②福祚(zuò)：福禄，福分。

③降年不永：谓上天赐予人的年龄、寿命不能永远。不永，不能长久，不能永远。

④颜：即颜回（前523—前490）。字子渊，一作颜渊，春秋末鲁国（今山东曲阜）人。孔子的得意门人，以德行著称。闵：即闵损（前536—前487），字子骞，春秋末期鲁国人。孔子七十二弟子之一，以德行修养著称，在这方面和颜渊齐名。

⑤鲁哀公：春秋时鲁国第二十六任君主。他是鲁定公的儿子，承袭鲁定公担任该国君主，在位27年。

【译文】

贞观六年(632),太宗对身边的大臣们说:"我听说周朝、秦朝当初取得天下时,他们采取的方法并没有什么不同。然而周朝建国后只做好事,积累功德,所以能保持八百多年的基业。而秦朝却肆意骄奢淫逸,滥施刑罚,所以没有超过两代就灭亡了。这难道不正是做善事的福禄长久,而作恶的年寿不长吗? 我又听说夏桀、商纣虽是帝王,但用普通百姓与他们相比,百姓也觉得是一种耻辱;颜回、闵子骞是普通百姓,用帝王与他们相比,帝王也会引以为荣。这也是帝王深感羞惭的事。我经常把这些事引以为戒,常担心自己的德行赶不上颜回、闵子骞,而被人耻笑。"

魏徵说:"臣曾听说鲁哀公对孔子说:'有一个健忘的人,在搬家时把他的妻子给忘了。'孔子说:'还有比这个人更健忘的,我看像夏桀、商纣这样的国君就把自己也给忘了!'希望陛下常想到这些事情,以免被后人耻笑。"

贞观十四年,太宗以高昌平①,召侍臣赐宴于两仪殿。谓房玄龄曰:"高昌若不失臣礼,岂至灭亡? 朕平此一国,甚怀危惧,惟当戒骄逸以自防,纳忠謇以自正②。黜邪佞,用贤良,不以小人之言而议君子。以此慎守,庶几于获安也③。"

魏徵进曰:"臣观古来帝王拨乱创业,必自戒惧,采刍荛之议,从忠谠之言。天下既安,则恣情肆欲,甘乐谄谀,恶闻正谏。张子房④,汉王计画之臣⑤,及高祖为天子⑥,将废嫡立庶⑦。子房曰:'今日之事,非口舌所能争也。'终不敢复有开说。况陛下功德之盛,以汉祖方之,彼不足准。即位十有五年,圣德光被。今又平殄高昌⑧,屡以安危系意,方欲纳用忠良,开直言之路,天下幸甚。昔齐桓公与管仲、鲍叔牙、宁戚四人饮⑨，桓公谓叔牙曰：'盍起为寡人寿乎⑩？'叔牙奉觞而起曰⑪：'愿公无忘出而在莒时⑫，使管仲无忘束缚于鲁时⑬，使宁戚无忘饭牛车下时⑭。'桓公避席而谢曰：'寡人与二大夫能无忘夫子之言，则社稷不危矣！'"

太宗谓徵曰："朕必不敢忘布衣时⑮，公不得忘叔牙之为人也。"

【注释】

①高昌：西域古国名。位于今新疆吐鲁番东，故城坐落在火焰山脚下。是古代西域留存至今最大的故城遗址。高昌是天山南路的交通要冲，亦为古代新疆政治、经济、文化的中心地之一。该城在 13 世纪末的战乱中废弃，大部分建筑物消失，目前外城西南和东南角保存有两处寺院遗址。城墙高耸，昔日雄风犹存。1961 年高昌古城被列为国家重点文物保护单位。

②忠謇(jiǎn)：忠诚正直。这里指忠诚正直的人。

③庶几：差不多。

④张子房：即张良(？—前 186)，字子房，西汉初年的重要谋臣。先祖是战国时期韩国人，祖父、父亲都曾在韩国为相。秦灭韩国时，拿出全部家产，寻访收买刺客，谋划刺杀秦始皇，为韩复仇。秦末农民战争中，率部投奔刘邦，不久游说项梁立韩贵族成为韩王，为韩司徒。后韩王成被项羽杀害，复归刘邦，为其重要谋士。汉朝建立，封留侯。见刘邦封故旧亲近、诛旧日私怨，力谏刘邦封凤怨雍齿，释疑群臣。

⑤计画：计虑，谋划。古人计事必用手指画，使其事易见，故称"计画"。

⑥高祖：指汉高祖刘邦(前 256—前 195)。字季，沛县(今江苏沛县)

人。因为被项羽立为汉王，所以建国时定国号为"汉"，史称"西汉"。

⑦废嫡(dí)立庶：废掉正妻所生子女，立姬妾所生子女。嫡，是指正妻及其所生子女。庶，指姬妾及其所生子女。我国古代实行一夫多妻制度，但各个妻子之间的地位不平等，这种差别就是嫡庶之分。刘邦曾先立吕后之子刘盈为太子，后因宠爱戚姬，想废掉刘盈，立戚姬之子刘如意为太子。吕后向张良求计，张良让刘盈礼请"商山四皓"(隐居在商山的四位有名望的老人)为辅，刘邦见此，就打消了废刘盈的念头。

⑧平殄(tiǎn)：平定殄灭。

⑨鲍叔牙(？—前644)：亦称"鲍叔""鲍子"。颍上(在今安徽)人。春秋时齐国大夫，官至宰相，以知人善交著称。鲍叔牙自青年时即与管仲交，知管仲贤。鲍叔牙事公子小白，管仲事公子纠，及小白立，为桓公，鲍叔牙遂荐进管仲，相桓公九合诸侯而成霸业。宁戚：卫国人，齐桓公时期齐国大夫。宁戚原来出身穷困，以为商家赶车喂牛为生计。他主动设法接近齐桓公，以唱歌表白自己的志愿。齐桓公通过和他交谈了解到他的才能，予以破格重用，于是宁戚和管仲、鲍叔等同为齐桓公近臣。

⑩盍(hé)：何不，为什么不。表示反问。

⑪奉觞(shāng)：举杯敬酒。觞，古代酒器。

⑫莒(jǔ)：春秋时齐邑，位于今山东莒县。前686年夏，齐公子小白(齐桓公)在鲍叔牙的保护下曾奔莒避乱。

⑬管仲无忘束缚于鲁：齐襄公杀了鲁桓公后，具有政治远见的管仲和鲍叔牙都预感到齐国将会发生大乱。所以他们都替自己的主子想方设法找出路。公子纠的母亲是鲁君的女儿，因此管仲和召忽就保护公子纠逃到鲁国去躲避。在齐国压力下，鲁庄公杀死公子纠，并将管仲和召忽擒住，准备将二人送还齐桓公发落，

以期退兵。管仲被装入囚车，随使臣回齐国。

⑭宁戚无忘饭牛车下：宁戚本是卫国人，他聪慧好学、抱负远大。他听说齐桓公好贤纳士，便决定前去相投。他扮成行商，赶着牛车来到齐国，夜宿于齐都郭门之外。恰逢桓公外出途经郭门，正在车下喂牛的宁戚击牛角而歌。桓公十分惊奇，认为他是个人才，遂起用宁戚。后来根据管仲的建议，令宁戚掌管农业生产。在宁戚的管理下，齐国的农业得到很快的发展。鲍叔牙特意为宁戚祝酒道："使宁戚勿忘饭牛车下时"，提醒他要谦逊，不能居功自傲。成语"宁戚饭牛"比喻有才之士沦落而做低贱的事。也成为齐桓公礼贤下士、选贤任能的范例。饭，这里用作动词，喂。

⑮布衣：旧常称平民百姓为布衣。

【译文】

贞观十四年（640），太宗因平定了高昌国，在两仪殿设宴招待身边的大臣们。在宴会上太宗对房玄龄说："高昌如果对我国不失臣下应尽的礼节，怎会至于灭亡呢？我平定这一个国家，心中深感恐惧，今后只有警戒骄奢淫逸以防危亡，采纳忠直之言来改正自己的过失，罢黜邪佞小人，任用贤良人士，不以小人的言论来评议君子。用这些方法来谨慎守业，也许可以使国家安定。"

魏徵进言说："我看到自古以来帝王在拨乱创业的时候，一定能自己警戒谨慎，采纳百姓的意见，听从忠直的谏言。等到天下安定时，就恣情纵欲，喜欢听阿谀奉承的话，厌恶忠直的规谏。张良是汉高祖的谋臣，后来高祖当了皇帝，想要废嫡立庶。张良说：'今天这件事情，不是凭借口舌可以争辩的。'所以他始终不敢去劝说开导高祖。何况陛下功德的伟大，和汉高祖相比，他是比不上的。陛下即位十五年，圣德普照天下。如今又平定了高昌，经常把国家的安危记在心上，想任用忠良之士，开直言之路，这是天下人的大幸。以前齐桓公与管仲、鲍叔牙、宁戚四人在一起喝酒时，桓公对鲍叔牙说：'为什么不起来向寡人敬酒呢？'

鲍叔牙起身举杯敬酒说：'愿主公不要忘记当年流亡莒国时的情景；愿管仲不要忘记在鲁国被囚禁时的情景；愿宁戚不要忘记在车下喂牛时的情景。'齐桓公离座起来答谢说：'寡人与管仲、宁戚二位如能不忘你说的话，那么国家就不会有覆亡的危险了。'"

太宗对魏徵说："我一定不敢忘记当百姓时的情景，你也不能忘记鲍叔牙的为人啊！"

贞观十四年，特进魏徵上疏曰：

"臣闻君为元首，臣作股肱，齐契同心，合而成体，体或不备，未有成人。然则首虽尊高，必资手足以成体。君虽明哲，必藉股肱以致理。《礼》云：'人以君为心，君以人为体，心庄则体舒，心肃则容敬。'[①]《书》云：'元首明哉，股肱良哉，庶事康哉。''元首丛脞哉，股肱惰哉，万事堕哉。'[②]然则委弃股肱，独任胸臆，具体成理，非所闻也。

"夫君臣相遇，自古为难。以石投水，千载一合，以水投石，无时不有[③]。其能开至公之道，申天下之用，内尽心膂[④]，外竭股肱，和若盐梅[⑤]，固同金石者，非惟高位厚秩，在于礼之而已。昔周文王游于凤凰之墟，袜系解，顾左右莫可使者，乃自结之。岂周文之朝尽为俊乂[⑥]，圣明之代独无君子者哉？但知与不知，礼与不礼耳！是以伊尹[⑦]，有莘之媵臣[⑧]，韩信[⑨]，项氏之亡命[⑩]，殷汤致礼，定王业于南巢[⑪]，汉祖登坛，成帝功于垓下[⑫]。若夏桀不弃于伊尹，项羽垂恩于韩信，宁肯败已成之国为灭亡之虏乎？又微子[⑬]，骨肉也，受茅土于宋[⑭]，箕子[⑮]，良臣也，陈《洪范》于周[⑯]。仲尼称其仁，莫有非之者。《礼记》称：鲁穆公问于子思曰[⑰]：'为旧君反服，古欤?'子思曰:'古之君子,进人以礼,退人以礼,故有旧君反服之礼也。今之君子,进人若将加诸膝,退人若将队诸泉。毋为戎首,不亦善乎,又何反服之礼之有?'齐景公问于晏子曰:'忠臣之事君如之何?'晏子对曰:'有难不死,出亡不送。'公曰:'裂地以封之,疏爵而待之,有难不死,出亡不送,何也?'晏子曰:'言而见用,终身无难,臣何死焉? 谏而见纳,终身不亡,臣何送焉? 若言不见用,有难而死,是妄死也,谏不见纳,出亡而送,是诈忠也。'《春秋左氏传》曰⑱:崔杼弑齐庄公⑲,晏子立于崔氏之门外,其人曰:'死乎?'曰:'独吾君也乎哉! 吾死也?'曰:'行乎?'曰:'吾罪也乎哉! 吾亡也? 故君为社稷死,则死之,为社稷亡,则亡之。若为己死,为己亡,非其亲昵,谁敢任之。'门启而入,枕尸股而哭,兴,三踊而出⑳。孟子曰:'君视臣如手足,臣视君如腹心;君视臣如犬马,臣视君如国人;君视臣如粪土,臣视君如寇雠。'虽臣之事君无二志,至于去就之节,当缘恩之厚薄,然则为人主者,安可以无礼于下哉!

【注释】

①"《礼》云"几句:《礼》,即《礼记》,我国古代一部重要的典章制度书籍,是战国至秦汉年间儒家学者解释说明经书《仪礼》的文章选集,也可以说是关于我国古代礼乐文化的论著汇编。下文所引为《礼记·缁衣》篇里的内容。心庄,内心庄重。

②"《书》云"几句:《书》,也称为《尚书》。它是我国第一部上古历史文件和部分追述古代事迹著作的汇编,它保存了商周特别是西周初期的一些重要史料。下文所引为《尚书·益稷》篇里的内

容。丛脞(cuǒ)，琐碎，杂乱。

③"以石投水"四句：语出《文选·运命论》。意谓使石头顺从流水，千年才能偶然遇上一次；而让流水顺从石头，则时刻都在发生。比喻君臣之间的关系。"以石投水"比喻君主能听从臣下的谏言，"以水投石"比喻臣下的谏言不为君主所听。

④心膂(lǚ)：心思与精力。

⑤和若盐梅：语本《尚书·说命》"若作和羹，尔惟盐梅"。比喻君臣之间互相投契。"盐""梅"都是古代的调味品。

⑥俊乂(yì)：才德出众的人。

⑦伊尹：商初大臣。名伊，尹为官名。一说名挚。莘县(今山东莘县)人。出仕前，曾在"有莘之野"躬耕务农。传说他为了见到商汤，遂使自己作为有莘氏女的陪嫁之臣，说汤而被用为"小臣"。后为成汤重用，委以国政，助汤灭夏，建立商朝。

⑧有莘：古代国名，故地在今天的河南开封陈留东。出自姒姓，以国名为氏。媵(yìng)：随嫁，陪送出嫁。

⑨韩信(？—前196)：淮阴(今江苏淮安)人。陈胜、吴广起义后，韩信始投项梁，继随项羽，后从刘邦。汉高祖元年(前206)，经丞相萧何力荐，始为大将，协助刘邦制定了还定三秦以夺天下的方略。

⑩项氏：指项羽(前232—前202)，名籍，字羽，下相(今江苏宿迁西南)人。楚国贵族出身。前209年，跟随叔父项梁在吴(今江苏苏州)起义。前207年，率兵渡漳水后，破釜沉舟，在钜鹿(今河北平乡西南)击败秦军主力。秦亡后，自立为西楚霸王，并大封诸侯王。在楚汉战争中被刘邦打败，最后被围于垓下(今安徽灵璧南)，突围到乌江(今安徽和县东北)自杀。亡命：逃亡的人。

⑪南巢：古代地名，在今安徽巢湖市西南。

⑫垓(gāi)下：位于今安徽灵璧南沱河北岸。前202年十二月，在楚

汉战争中,楚汉两军在垓下进行了一场战略决战,项羽在这里被围失败。

⑬微子:商末周初朝歌(今河南淇县)人,名启,殷商帝乙之子,纣的庶兄。因纣王淫乱,商代将亡,屡次劝谏。纣王不听,遂出走。武王克商,他肉袒面缚乞降。后纣王子武庚作乱,被周公旦攻灭,即以他继承殷祀,封于宋。传说他为政贤能,为殷民所爱戴。

⑭茅土:指王、侯的封爵。古代天子分封王、侯时用代表方位的五色土筑坛,按封地所在方向取一色土,包以白茅而授之,作为受封者得以有国建社的表征。宋:先秦时期子姓诸侯国。西周初,周公东征平定武庚叛乱后,另立归顺周王朝的纣王庶兄微子启建立宋国,都商丘。

⑮箕子:名胥余,因封国于箕(今山西太谷东北),爵为子,故称箕子。殷商贵族,殷纣王的叔父。性耿直,有才能,在纣朝内任太师辅朝政。

⑯《洪范》:《尚书》中的一篇。旧说认为是箕子向周武王陈述的"天地之大法"。近人疑为战国时的作品。洪,大。范,法。

⑰鲁穆公:春秋诸侯国鲁国的第二十九任君主。他是鲁元公的儿子,承袭鲁元公任该国君主,在位33年。子思:名孔伋,字子思,孔子之孙。生于东周敬王三十七年(前483),卒于周威烈王二十四年(前402),终年82岁。春秋战国时期著名的思想家。

⑱《春秋左氏传》:简称《左传》,是我国现存最早的、第一部较为完备的编年体史书。相传是春秋末年左丘明为解释孔子的《春秋》而作。它起自鲁隐公元年(前722),迄于鲁哀公二十七年(前464),以《春秋》为本,通过记述春秋时期的具体史实来说明《春秋》的纲目,是儒家重要经典之一。西汉时称之为《左氏春秋》,东汉以后改称《春秋左氏传》,简称《左传》。它与《公羊传》《穀梁传》合称"《春秋》三传"。

⑲崔杼(? —前546)：春秋时齐国大夫。又称崔子、崔武子。齐惠公时为正卿，灵公时曾率军伐郑、秦、鲁、莒等国。灵公病危，迎立齐庄公，以宿仇杀太傅高厚。庄公好色，前548年与崔杼妻棠姜有染，崔杼大怒，联合棠无咎杀之，另立庄公弟杵臼为君，即齐景公。前546年崔氏家族内讧，左相庆封乘机攻灭崔氏，崔杼上吊自杀，尸体后为景公戮曝。他在齐当国秉政，骄横异常，先后立庄公、景公，在朝大肆杀戮，使齐政局动荡。齐庄公：原名吕光，齐灵公之子。前553—前548年在位。齐庄公继位前，内廷动荡不安，齐国元气大伤。

⑳三踊：古代丧礼，向死者跳脚号哭，以示哀痛。凡初死、小敛、大敛皆哭踊，谓之三踊。

【译文】

贞观十四年(640)，特进魏徵上书说：

"臣听说君主就好像是人的头脑，臣子就好像是人的四肢，头脑和四肢协调一致，才能成为一个完整的人体。身体器官不完备，就不能成为一个完整的人。头脑虽然高贵重要，但必须借助四肢的配合，才能成为一个完整的人体。君主虽然英明，也必须借助大臣才能达到治理国家的目的。所以《礼记》中说：'百姓把君主看成是自己的心脏，君主把百姓看成是自己的躯体。内心庄重，身体才会舒坦；内心严肃，面容才会恭敬。'《尚书》中说：'君主英明，大臣贤良，诸事康宁！'又说：'君主琐碎，大臣懒惰，万事不成！'那么，把作为四肢的大臣抛开，只凭君主的独断专行，能治理好国家的，我从来没有听说过。

"君臣互相知遇，自古以来就是很难得的。就像是要让石头顺从流水，千年才能遇上一次；而让流水顺从石头，则无时不有。君臣能够秉持大公无私的道义，尽展天下人才的作用，君主在内尽心尽力，大臣在外竭力辅佐，二者融洽得就像羹里的盐和梅，坚固得如同金石，达到这样的境界，不是仅靠高官厚禄，而是在于以礼相待。以前周文王巡游于凤凰之墟,袜子带开了,看看左右,没有一个可供使唤的人,就自己将袜带系上。难道周文王的朝代全是有贤德的人,而今圣明的时代就偏偏缺少君子吗?只是君臣间知遇或不知遇,待之有礼或无礼罢了。所以,伊尹是有莘的陪嫁奴隶,韩信是项羽手下的逃兵,商汤对伊尹以礼相待,于是在南巢奠定了王业;汉高祖登坛拜韩信为将,于是在垓下成就了帝王之功。如果夏桀不舍弃伊尹,项羽加恩于韩信,他们怎么会败毁手中的政权,成为亡国之君呢?又如微子是商纣王的同胞兄弟,却接受周朝分封的宋国;箕子是商纣王的贤良大臣,却向周武王陈述了《洪范》。孔子称他们为'仁人',没有人提出异议。《礼记》上记载,鲁穆公询问子思说:'被斥退的臣子为他原来的君主服丧服,符合古制吗?'子思说:'古代有德的君主,用人的时候以礼相待,斥退人的时候也是以礼相待,所以有被斥退的臣子为旧君服丧的礼制。现在的君主,用人的时候就好像要把人抱在膝盖上,斥退人的时候就好像把人推入深渊。所以,被斥退的臣子不当戎首率兵来讨伐就不错了,哪里还有为旧君主服丧的礼节呢?'齐景公问晏子说:'忠臣是怎样侍奉君主的?'晏子回答说:'君主遇难不为他去死,君主逃亡不为他去送行。'景公说:'分割土地来封赐他,封赏爵禄来对待他,君主遇难时却不为他去死,君主流亡时却不去送行,这是为什么?'晏子回答说:'如果君主采纳忠臣的建议,终身就不会遇到困难,忠臣何必要去死呢?如果君主接受忠臣的规谏,终身就不会逃亡,忠臣又何必去送行呢?如果忠言不被采纳,君主遇难而为他去死,这叫妄死;忠谏不被接受,君主逃亡而为他送行,这是伪装忠诚。'《春秋左氏传》上说:崔杼杀齐庄公时,晏子守在崔杼家门外。他的随从问道:'你要陪君主去死吗?'晏子说:'仅仅是我一个人的君主吗?我为何去死?'又问:'你要逃亡吗?'晏子回答说:'是我犯罪了吗?我为什么要逃亡?所以,君主如果为社稷而死,我就和他一起去死;君主如果为社稷而逃亡,我就陪他一起逃亡。如果君主是为自己而死,为自己而逃亡,不是他亲近的人,谁肯担当这些事呢?'崔杼家的门开了,晏子就走进去,伏在齐庄公的身上而哀哭,然后站起来顿足三次就出去了。孟子说:'君主看待臣子如同手足,臣子就把君主视为腹心;君主看待臣子如同犬马,臣子就把君主视同路人;君主看待臣子如同粪土,臣子就把君主视为仇敌。'虽然臣子侍奉君主不能有二心,至于在决定去留的原则上,应当根据君主对自己恩德的厚薄来定。那么做君主的,怎么可以对待臣下无礼呢?

　　"窃观在朝群臣,当主枢机之寄者①,或地邻秦、晋②,或业与经纶③,并立事立功,皆一时之选,处之衡轴④,为任重矣。任之虽重,信之未笃,则人或自疑。人或自疑,则心怀苟且。心怀苟且,则节义不立。节义不立,则名教不兴⑤。名教不兴而可与固太平之基、保七百之祚,未之有也。又闻国家重惜功臣,不念旧恶,方之前圣,一无所间⑥。然但宽于大事,急于小罪,临时责怒,未免爱憎之心,不可以为政。君严其禁,臣或犯之,况上启其源,下必有甚,川壅而溃,其伤必多,欲使凡百黎元⑦,何所措其手足!此则君开一源,下生百端之变,无不乱者也。《礼记》曰:'爱而知其恶,憎而知其善。'若憎而不知其善,则为善者必惧。爱而不知其恶,则为恶者实繁。《诗》曰:'君子如怒,乱庶遄沮⑧。'然则古人之震怒,将以惩恶,当今之威罚,所以长奸,此非唐、虞之心也,非禹、汤之事也。《书》曰:'抚我则后⑨,虐我则雠。'荀卿子曰⑩:'君,舟也。人,水也。水所以载舟,亦所以覆舟。'故孔子曰:'鱼失水则死,水失鱼犹为水也。'故唐、虞战战栗栗,日慎一日。安可不深思之乎?安可不熟虑之乎?

【注释】

①枢(shū)机:指朝廷的重要职位或机构。

②秦、晋:指今陕西、山西一带。

③业与经纶:参与处理国家大事。与,参与。经纶,本指整理过的蚕丝。这里比喻规划、管理政治,即处理国家大事。

④衡轴:古代天文仪器的转轴。这里比喻中枢要职。

⑤名教:指封建礼教。

⑥一无所间:没有一点差别。间,差别。

⑦凡百黎元:众多的天下百姓。凡百,泛指众多。黎元,民众。

⑧乱庶遄(chuán)沮:祸乱就会迅速终止。庶,差不多。遄,快,迅速。沮,阻止,终止。

⑨后:指古代的君主、帝王。

⑩荀卿子:即荀况(约前313—前238)。号卿,战国时赵国猗氏(今山西安泽)人。他是战国末期儒家学派中的大师,是我国古代杰出的唯物主义思想家、教育家。早年曾游学于齐国,广泛接触各派学说。韩非、李斯都是他的学生。因为年高望重,曾三次被推为祭酒。晚年到楚国,春申君黄歇任他为兰陵(今山东苍山)令。失官后家居著书,死后葬于兰陵。

【译文】

"我私下观察在朝廷中的大臣们,有的担当着重要部门的主管,有的是在秦、晋地区担当过边防的重臣,有的是在朝廷参与过国家大事的要员,他们都为国建功立业,都是当代的优秀人才,让他们担任中枢要职,责任非常重大。委以重任,却对他们又信任不深,这样就会使人产生疑虑。有疑虑,就会心怀得过且过的态度。心怀得过且过的态度,就树立不起节义。节义树立不起来,礼教就不能振兴。礼教不能振兴起来,而想巩固太平基业、保持七百年的国运,是不会有这种事的。我又听说国家很器重功臣,不再计较他们过去的错误,比之前朝圣君,一点儿差别也没有。但是陛下只对大事宽恕，对小过错反而严厉处理，随时责怪发怒，免不了是爱憎之心的表达，这样是不能治理好国家的。君主严明禁令，还有些臣子敢于触犯，更何况在上边的人开了先例，下面的人就有更过分的了。河流壅塞就会使河堤崩溃，受其伤害的人一定很多，那让黎民百姓可怎么办呢！这就是说，君主开启一个弊端，下面就会出现多种多样的弊端，这样一来国家就没有不动乱的。《礼记》中说：'自己喜爱的人，要知道他们的缺点；自己憎恨的人，要知道他们的优点。'如果憎恨一个人就看不到他的优点，那么做善事的人一定会感到恐惧；如果喜爱一个人，就看不到他的缺点和错误，那么做坏事的人就会增多。《诗经》中说：'如果君主对谗佞的小人怒责，作乱的事大概很快就会停止。'然而，古人的震怒是用来惩罚恶人的，如今的严厉惩罚，却助长了奸邪的风气。这不是尧、舜那样贤明君主的本意，也不是禹、汤那样贤能君主所行之事。《尚书》中说：'抚爱我的就是我的君主，虐待我的就是我的仇敌。'荀子说：'君主，好比是船；百姓，好比是水。水可以浮载船，但也可以使船翻。'所以孔子说：'鱼失去水就会死亡，水失去鱼依然是水。'因此，尧、舜总是战战栗栗，一天比一天谨慎。对于这些道理，怎能可以不深思呢？怎能可以不熟虑呢？

"夫委大臣以大体①，责小臣以小事，为国之常也，为理之道也。今委之以职，则重大臣而轻小臣；至于有事，则信小臣而疑大臣。信其所轻，疑其所重，将求至理，岂可得乎？又政贵有恒，不求屡易。今或责小臣以大体，或责大臣以小事；小臣乘非所据，大臣失其所守；大臣或以小过获罪，小臣或以大体受罚。职非其位，罚非其辜，欲其无私，求其尽力，不亦难乎？小臣不可委以大事，大臣不可责以小罪。任以大官，求其细过，刀笔之吏②，顺旨承风，舞文弄法，曲成其罪。自陈也^③，则以为心不伏辜^④；不言也，则以为所犯皆实。进退惟谷^⑤，莫能自明，则苟求免祸。大臣苟免，则谲诈萌生；谲诈萌生，则矫伪成俗；矫伪成俗，则不可以臻至理矣！

【注释】

①大体：这里指大事、重任。

②刀笔之吏：指代办文书的小吏。刀笔，指刀和笔，都是古时在竹简上写字、改字的工具。

③自陈：自己陈述、表白。

④伏辜(gū)：服罪。

⑤进退惟谷：谓进退两难。

【译文】

"把大事委托给大臣，把小事责成给小臣，这是治国的常理，也是处理朝政的正确方法。现在委任职官时，重视大臣而轻视小臣；到有事情时却信任小臣而猜疑大臣。这是信任自己所轻视的，怀疑自己所重视的，用这种方法想求得太平盛世，怎么可能实现呢？再者朝政贵在稳定，不能贪求多变。现在有时责成小臣去办大事，有时又责成大臣去办小事；小臣处在他不该占据的位置，而大臣却又失去应有的职守；大臣或者因为小错而获罪，小臣或者因为大事而受罚。这样职非其位，而罚非其罪，要想让他们没有私心，竭诚尽力，不是很难的吗？小臣不能委任以大事，大臣不能因小错而责罚。将国家大事委任给大臣，而又苛求其小过，这样代办文书的小吏就会顺着陛下的旨意，舞文弄法，曲成其罪。如果大臣为自己辩解表白，就认为他是不肯服罪；如果不辩解表白，就以为所犯都是事实。真是进退两难，不能自己辩明冤屈，于是只好苟且免祸。大臣采取苟且免祸的态度，谲诈的念头就会滋生；一旦谲诈的念头滋生，就会虚伪成风；如果虚伪成风，就难以达到天下太平了。

　　"又委任大臣，欲其尽力，每官有所避忌不言，则为不尽。若举得其人，何嫌于故旧；若举非其任，何贵于疏远。待之不尽诚信，何以责其忠恕哉①！臣虽或有失之，君亦未为得也。夫上之不信于下，必以为下无可信矣。若必下无可信，则上亦有可疑矣！《礼》曰：'上人疑则百姓惑，下难知则君长劳②。'上下相疑，则不可以言至理矣。当今群臣之内，远在一方，流言三至而不投杼者③，臣窃思度，未见其人。夫以四海之广，士庶之众，岂无一二可信之人哉？盖信之则无不可，疑之则无可信者，岂独臣之过乎？夫以一介庸夫结为交友，以身相许，死且不渝，况君臣契合，寄同鱼水。若君为尧、舜，臣为稷、契④，岂有遇小事则变志，见小利则易心哉！此虽下之立忠未有明著，亦由上怀不信，待之过薄之所致也。岂'君使臣以礼，臣事君以忠'乎？以陛下之圣明，以当今之功业，诚能博求时俊，上下同心，则三皇可追而四⑤，五帝可俯而六矣。夏、殷、周、汉，夫何足数！"

　　太宗深嘉纳之。

【注释】

①忠恕：儒家的一种道德规范。忠，谓尽心为人。恕，谓推己及人。

②"上人"二句：语出《礼记·缁衣》。意为君主多疑，百姓就会疑惑；对臣下不了解，君主就会操心费神。劳，指操心费神，劳心劳神。

③投杼(zhù)：抛下织布的梭子。这里比喻谣言众多，足以动摇人的看法。语出《战国策·秦策二》。《战国策》记载：有一个与曾参同名的人杀了人，有人便对曾参的母亲说："曾参杀人了。"曾参的母亲不相信，仍然织布不动。以后连续又有两个人来告诉

曾参杀人的事，曾母终于信以为真，丢下机杼翻墙逃走了。杼，
织布的梭子。

④稷（jì）：即后稷。姬姓，名弃，传说是周的始祖。虞舜时任农官，
受封于邰（今陕西武功）。契：子姓，帝喾之子。因帮助禹治水有
功，虞舜封契于商（今陕西商洛商州区），又任命契为司徒。

⑤三皇：传说中的远古帝王。有多种说法，其中一说指伏羲、女娲、
神农，又一说指燧人、伏羲、神农。

【译文】

"再者，委任大臣，是想要他们尽心为国，但每当委任大臣时却有所
顾忌而不敢直言，这就是不尽心。如果举荐的人适当，何必因故人旧友
而避嫌；如果举荐的人不当，何必以关系疏远的人而为贵？对待大臣不
诚心诚意，又怎能要求他们对自己忠诚呢？臣子就算偶然有所过失，君
主也不能这样对待他们。君主对臣下不信任，一定会认为臣下没有可
信任之处；如果臣下确实没有什么可信任的，那么君主也就值得怀疑
了。《礼记》中说："君主多疑，百姓就会疑惑；对臣下不了解，君主就会
忧心忡忡。'上下相互猜疑，就根本谈不上天下大治了。现在群臣当中
远在外地做官者，流言蜚语三番五次地传来而能让陛下不相信，我私下
认为没有一个。以我国疆域广大，人口众多，难道就没有一两个可以信
任的人了吗？大概信任了一个人就会认为他没有不可信的地方，怀疑
一个人就会认为他没有可以信任的，这难道只是臣子的过错吗？平庸
的人交朋友时还能以生命许诺，至死不渝，何况君臣意气相投、互相寄
托如鱼水呢？如果君主如同尧、舜，臣子如同稷、契，怎么会遇见小事就
改变志向，见到小利就变心呢？虽然臣下树立忠心不够显著，也是因为
君主心中对他不够信任、对他过于苛刻所造成的。这难道不是应该'君
使臣以礼，臣事君以忠'吗？以陛下的圣明和当今的功业，如果真能广
泛寻求当世的俊杰，君臣上下同心，那么三皇就能追加为四皇，五帝往
下就能变为六帝，夏、殷、周、汉诸朝那还算得上什么呢！"

太宗非常赞赏并采纳了魏徵的建议。

贞观十六年，太宗问特进魏徵曰："朕克己为政，仰企前烈①。至于积德、累仁、丰功、厚利，四者常以为称首②，朕皆庶几自勉。人苦不能自见，不知朕之所行，何等优劣？"

徵对曰："德、仁、功、利，陛下兼而行之。然则内平祸乱，外除戎狄，是陛下之功。安诸黎元，各有生业，是陛下之利。由此言之，功利居多，惟德与仁，愿陛下自强不息，必可致也。"

【注释】

①仰企前烈：仰慕企望前人的功业。前烈，前人的功业。

②称首：首要，第一。

【译文】

贞观十六年（642），太宗问特进魏徵说："我克己奉公，一心一意处理政事，仰慕企望达到前人的功业。至于像积累美德、增加仁义、建立功业、为民谋利，这四个方面我都认为是最首要的事情，并且常用它们来自勉。可是，人苦于不能自己觉察自己的过失，不知道我的行为是好还是不好？"

魏徵回答道："德、仁、功、利，陛下都能兼而行之。对内平定祸乱，对外征服戎狄，都是陛下所建的功业。安抚百姓，使他们各有生计，是陛下所积的福利。由此来说，功与利所占居多，只是德与仁陛下还须自强不息，一定是可以达到的。"

贞观十七年，太宗谓侍臣曰："自古草创之主，至于子孙多乱，何也？"

司空房玄龄曰："此为幼主生长深宫，少居富贵，未尝识人间情伪、理国安危①，所以为政多乱。"

　　太宗曰："公意推过于主，朕则归咎于臣。夫功臣子弟多无才行，藉祖父资荫遂处大官②，德义不修，奢纵是好。主既幼弱，臣又不才，颠而不扶③，岂能无乱？隋炀帝录宇文述在藩之功④，擢化及于高位⑤，不思报效，翻行弑逆。此非臣下之过欤？朕发此言，欲公等戒勖子弟⑥，使无愆过，即家国之庆也。"

　　太宗又曰："化及与玄感⑦，即隋大臣受恩深者子孙，皆反，其故何也？"

　　岑文本对曰⑧："君子乃能怀德，荷恩，玄感、化及之徒，并小人也。古人所以贵君子而贱小人。"

　　太宗曰："然。"

【注释】

①情伪：真假，真诚与虚伪。

②藉：同"借"。资荫：即根据家族背景、祖上的功勋而非考试成绩来选择官员的制度。只要满足条件，其子孙愿意入朝为官者，就可以无条件得到官职。因此这种官员基本上都是贵族出身。资，资格，资历。荫，封荫。

③颠：倾败，灭亡。这里指国家遇到危急。

④宇文述（？—616）：字伯通，代郡武川（今内蒙古武川南）人。出身鲜卑贵族。北周末以军功拜上柱国，封褒国公。隋开皇初，拜右卫大将军。平陈之役，任行军总管，率兵三万从六合渡江。时晋王杨广镇扬州，欲拉拢宇文述附己，遂奏请文帝任宇文述为寿州刺史总管。杨广与宇文述计谋夺太子位，宇文述建议杨广收买朝中宰相杨素等。于是述、素二人共谋立杨广为太子。及后

炀帝即位,宇文述参预朝政,与苏威并重。后以述为左卫大将军,封许国公,总领军事。

⑤化及(?—619):即宇文化及,代郡武川(今内蒙古武川西)人。隋大将宇文述之子。隋炀帝为太子时,化及统领禁军,很受宠信。炀帝即位后,授为太仆少卿。宇文述临死前乞炀帝照顾其二子,于是炀帝授化及为右屯卫将军。大业十四年(618),反隋起事,军队在河南北及江淮间已占据大部分地区,武贲郎将司马德戡便与化及密谋,煽动骁骑发动叛乱,推化及为主,缢杀炀帝,立秦王浩为帝。不久德戡因内讧被杀。此时东都则立越王侗为帝,并招瓦岗军李密讨伐宇文化及。双方战于黎阳(今河南浚县北),化及军败,北走魏县(今河北大名西南)。后化及毒杀秦王浩,自立为帝,建国号许。唐武德二年(619),唐遣李神通攻宇文化及,化及东走聊城,后夏国主窦建德攻陷聊城,生擒化及,斩之于襄国(今河北邢台)。

⑥戒勖:告诫勉励。

⑦玄感:即杨玄感(?—613),弘农华阴(今陕西华阴东)人。父杨素,曾协助炀帝夺取皇位与平定汉王谅的叛乱,假楚公,位至司徒。玄感以父功为柱国、礼部尚书,自以为家世显贵,朝臣中多其父故吏;他又见朝政紊乱,炀帝猜忌大臣,玄感内心不安,于是和诸弟阴谋推翻炀帝的统治。

⑧岑文本(595—645):字景仁,南阳棘阳(今新野东北)人。隋唐文学家,唐朝重臣。隋末,萧铣在江陵建立割据政权,任他为中书侍郎,专典文书。唐贞观元年(627)任秘书郎,后又任中书侍郎,最后官至中书令。

【译文】

贞观十七年(643),太宗对身边的大臣们说:"从古以来,开国君主们开创基业,传到他的子孙时往往就发生祸乱,这是什么缘故呢?"

司空房玄龄说:"这是因为幼主生长在深宫里,从小过着富贵的生活,不知道民间事情的真伪、治理国家的安危之道,所以当政之后多发生祸乱。"

太宗说:"你的意思是把过失推到君主身上,我却认为要归罪于臣子身上。那些功臣的子弟大多既无才能也无德行,借着祖上或父辈的资荫就做上大官,他们不修养德义,又喜好奢侈放纵。君主既然幼弱,臣下又没有才能,国家遇到危险都不能去匡扶,怎能不发生祸乱? 隋炀帝记着宇文述在自己当晋王时有协助他夺取皇位的功劳,因此把他的儿子宇文化及提升到高官显位,可是宇文化及不考虑如何报效恩德,反而叛逆弑君。这难道不是臣下的罪过吗? 我说这番话,是希望你们能告诫自己的子弟,使他们不要违法犯罪,这就是家庭与国家值得庆幸的了。"

太宗又说:"宇文化及与杨玄感都是隋朝中受皇恩最深的大臣子孙,后来他们都谋反了,这是什么缘故呢?"

岑文本回答说:"君子才懂得感恩戴德,杨玄感、宇文化及之流都是小人。这便是古人之所以重视君子而轻视小人的原因。"

太宗说:"说得对。"

择官第七

【题解】

《择官》篇进一步阐述了唐太宗"致安之本,惟在得人"的思想和具体办法,记录了唐初"任官唯贤才",知人善用,重视地方官人选等情况。一是要求主管大臣要把择官用人作为大事来处理。"公为仆射,当助朕忧劳,广闻耳目,求访贤哲"。一是要妥善办理从中央到地方的各级官吏的选拔和管理。"朝廷必不可独重内臣,外刺史、县令,遂轻其选。所以百姓未安,殆由于此","朕居深宫之中,视听不能及远,所委者惟都督、刺史,此辈实理乱所系,尤须得人"。一是要讲求质量,务求称职。提出了官不在多,量才授职,宁缺勿滥的思想。"当须更并省官员,使得各当所任,则无为而理矣。""乱代惟求其才,不顾其行。太平之时,必须才行俱兼,始可任用。"任人唯贤是"贞观之治"的一项重要内容,也是"贞观之治"赖以实现的基本保证。本篇比较全面地反映了贞观时期以德行为重的择官原则。

贞观元年,太宗谓房玄龄等曰:"致理之本,惟在于审。量才授职,务省官员。故《书》称:'任官惟贤才。'又云:'官不必备,惟其人。'若得其善者,虽少亦足矣。其不善者,纵多亦奚为?古人亦以官不得其才,比于画地作饼,不可食也。《诗》曰：'谋夫孔多①，是用不就。'又孔子曰：'官事不摄②，焉得俭？'且'千羊之皮，不如一狐之腋③。'此皆载在经典，不能具道。当须更并省官员，使得各当所任，则无为而理矣④。卿宜详思此理，量定庶官员位。"玄龄等由是所置文武总六百四十员。

太宗从之，因谓玄龄曰："自此傥有乐工杂类⑤，假使术逾侪辈者⑥，只可特赐钱帛以赏其能，必不可超授官爵，与夫朝贤君子比肩而立，同坐而食，遣诸衣冠以为耻累⑦。"

【注释】

①孔多：很多。

②摄：代理。

③"千羊"二句：语出《史记·赵世家》："吾闻千羊之皮，不如一狐之腋。"比喻众愚不如一贤。

④无为而理：自己无所作为而使天下得到治理。无为，无所作为。理，治理。后泛指以德化民。

⑤乐工：歌舞演奏艺人。

⑥侪（chái）辈：同辈，同行。

⑦衣冠：衣和冠。古代士以上戴冠，因用以指士以上的服装。这里借指官员、士大夫。

【译文】

贞观元年（627），太宗对房玄龄等大臣说："治国的根本，关键在于审察官吏。根据才能授予适当的官职，务必精简官员。所以《尚书》中说：'任用官员惟选贤才。'又说：'官员不一定要齐备，只要任人得当。'如果得到好的官员，人数虽少也足够用了；如果得到不好的官员，人数再多又有什么用呢？古人也把没有选到适当的人才，比作在地上画饼，那是不能吃的。《诗经》中说：'谋划者中庸人多，所以事情办不成。'而且孔子也说：'做官的人如不能身兼二职，怎能谈得上节俭？'况且'一千张羊皮也不如一张狐狸腋下的毛皮珍贵'。这些话都记载在经典上，不能一一道来。应当进一步省减官员，使他们各自担当起所任的职责，这样就能做到无为而治了。你们应该仔细思索这个道理，衡量制定官员的编制。"房玄龄等人因此编制了文武官员任职方案，总共六百四十人。

太宗同意了这一方案，并对房玄龄说："以后若有乐工及其他杂务人员，即使技能超过同辈，也只能特别赏赐钱财来奖赏他们的技能，一定不能超员授予官爵，让他们与朝廷上的贤臣并肩而立，同桌吃饭，使士大夫感到羞辱。"

贞观二年，太宗谓房玄龄、杜如晦曰："公为仆射，当助朕忧劳，广闻耳目，求访贤哲。比闻公等听受辞讼①，日有数百。此则读符牒不暇②，安能助朕求贤哉？"

因敕尚书省，细碎务皆付左右丞，惟冤滞大事合闻奏者③，关于仆射。

【注释】

①辞讼：诉讼。

②符牒(dié)：这里泛指一切公文。符，古代朝廷传达命令或调兵遣将用的凭证。牒，官方的文件、证件。

③冤滞：滞留未申的冤狱。

【译文】

贞观二年(628)，太宗对房玄龄、杜如晦说："你们身为仆射，应当协助我操劳国事，广开视听，访求贤良明哲的人才。近来听说你们收到诉讼的状子，每天达数百件。这样，审阅公文的时间都没有了，哪里还能帮我去访求贤才呢?"

于是下诏给尚书省,琐碎杂务都交给左、右丞去处理,只有冤案和疑难大案才能禀报仆射。

贞观二年,太宗谓侍臣曰:"朕每夜恒思百姓间事,或至夜半不寐,惟恐都督、刺史堪养百姓以否①。故于屏风上录其姓名,坐卧恒看。在官如有善事,亦具列于名下。朕居深宫之中,视听不能及远,所委者惟都督、刺史,此辈实理乱所系,尤须得人。"

【注释】

①都督:官名。《新唐书·百官志》云:"都督掌督诸州兵马、甲械、城隍、镇戍。"凡管内诸州一切与军事有关的事宜(如军卒、兵器、马匹、粮草、城防、镇戍),都要受其督管。刺史:官名。为一州军政的长官。堪:能够,可以。

【译文】

贞观二年(628),太宗对身边的大臣们说:"我每天晚上都在考虑百姓的事,有时到半夜三更还不能入睡,就是担心都督、刺史不能担负起安抚百姓的重任。所以在屏风上记下他们的姓名,坐卧时都可以看到。他们在任期间做过什么好事,也都记在他们的名下。我住在深宫之中,看到的和听到的都不可能涉及太远,依靠的就是都督、刺史这些地方长官,这些人实在是关系到国家的安危治乱,特别需要选择得力的人。"

贞观二年,太宗谓右仆射封德彝曰:"致安之本,惟在得人。比来命卿举贤,未尝有所推荐。天下事重,卿宜分朕忧劳,卿既不言,朕将安寄?"

对曰："臣愚岂敢不尽情,但今未见有奇才异能。"

太宗曰："前代明王使人如器①,皆取士于当时,不借才于异代。岂得待梦傅说、逢吕尚然后为政乎②?且何代无贤,但患遗而不知耳!"德彝惭赧而退③。

【注释】

①使人如器:即根据人才的具体情况来使用。各称其情,各得其用。

②傅说:商王武丁的大臣。殷商王武丁继位后,为治理天下,在民间访贤问能,于平陆遇上正在"版筑"的傅说。看其人长相不凡,即与他交谈起来。傅说谈天说地,证古论今,谈笑风生,头头是道,令武丁心悦诚服。于是武丁排除世俗干扰,拜傅说为相,辅佐国政。傅说入主朝政,即实行"治乱罚恶、畏天保民、选贤取士、辅治开化"等一系列政治措施,缓解了各王室宗亲、国家与奴隶之间矛盾,使殷商出现政治开明、国泰民安、百废俱兴的局面。傅说所言,见《尚书·商书》。吕尚:姜姓,吕氏,名望,字子牙。俗称姜太公。其祖先曾佐大禹治水有功,封于吕。他的一生穷困潦倒,先是屠牛于朝歌,后又卖饭于孟津,直到老年,无可奈何,才到渭水河边钓鱼,希望遇见文王姬昌。文王西伯出猎,路经渭水之滨,见吕尚于钓鱼台垂钓。二人一见如故,一同坐车回城,周文王立吕尚为师,辅佐政事。后武王灭商建周而称王天下,因吕尚功劳卓著,武王将齐国分封给吕尚,建都营丘,是齐国的缔造者。

③惭赧(nǎn):因羞愧、羞惭而脸红。

【译文】

贞观二年(628),太宗对右仆射封德彝说:"使国家安定的根本,是得到贤能的人才。近来,我命你举荐贤才,但一直没有见你有所推荐。

治理国家事关重大,你应为我分担忧虑和辛劳。你不上言推荐人才,我将托负谁呢?”

封德彝回答说:“臣子虽然愚昧,怎么敢不尽心寻访,只是至今还没有发现有独特才能的人。”

太宗说:“从前,圣明的君主使用人才就像使用器具一样用其所长,都是选拔当时的人才,也不向别的朝代去借。难道我们一定得等到梦见傅说、遇到吕尚这样的贤臣,然后才去治理国家吗?况且哪一个朝代没有贤才?只怕是被遗漏或不了解罢了!”封德彝惭愧地退了下去。

　　贞观三年,太宗谓吏部尚书杜如晦曰:“比见吏部择人,惟取其言词刀笔,不悉其景行①。数年之后,恶迹始彰,虽加刑戮,而百姓已受其弊。如何可获善人?”

　　如晦对曰:“两汉取人,皆行著乡闾②,州郡贡之,然后入用,故当时号为多士。今每年选集,向数千人,厚貌饰词③,不可知悉,选司但配其阶品而已④。铨简之理⑤,实所未精,所以不能得才。”

　　太宗乃将依汉时法,令本州辟召⑥,会功臣等将行世封⑦,事遂止。

【注释】
①景行:崇高的德行。
②乡闾:古以二十五家为闾,一万二千五百家为乡,因以“乡闾”泛指民众聚居之处。
③厚貌饰词:伪装忠厚,文饰言辞。
④选司:旧时主管铨选官吏的机构。阶品:官吏的等级品位。
⑤铨简:考量选拔。

⑥辟召：征召。

⑦世封：指世袭封爵。

【译文】

贞观三年(629)，太宗对吏部尚书杜如晦说："近来见吏部选拔官员，只按他的口才文笔来录取，而不全面考察其德行。数年之后，有些人的劣迹才开始暴露，虽然对他们加以刑杀，但百姓已深受其害。如何才能挑选出好的人才呢？"

杜如晦回答说："两汉时选拔的人才，都是德行称著于乡间和闾里的人，由州郡将他们举荐给朝廷，然后才录用，所以当时号称人才济济。现在每年选拔官员，候选者云集多达数千人，这些人伪装忠厚，掩饰其词，不可能完全地了解他们，主管铨选官吏的机构只能做到授予他们一定的等级品位而已。考量选拔的方法实在不够精密，所以得不到真正的人才。"

于是太宗打算依照汉朝时选拔官吏的办法，让各州征召举荐，但因遇上功臣进行世袭封爵，这件事就终止了。

贞观六年，太宗谓魏徵曰："古人云，王者须为官择人，不可造次即用①。朕今行一事，则为天下所观；出一言，则为天下所听。用得正人，为善者皆劝；误用恶人，不善者竞进。赏当其劳，无功者自退；罚当其罪，为恶者戒惧。故知赏罚不可轻行，用人弥须慎择。"

徵对曰："知人之事，自古为难，故考绩黜陟②，察其善恶。今欲求人，必须审访其行。若知其善，然后用之。设令此人不能济事，只是才力不及，不为大害。误用恶人，假令强干，为患极多。但乱代惟求其才，不顾其行。太平之时，必须才行俱兼，始可任用。"

【注释】

①造次：仓促，匆忙。

②考绩黜陟（chù zhì）：考核官吏，按其政绩好坏以定升降。黜陟，指人才的进退，官吏的升降。

【译文】

贞观六年（632），太宗对魏徵说："古人说，君主必须根据官职来选择合适的人才，决不可匆忙任用。我现在每做一件事，就被天下人看得到；每说一句话，就被天下人听得到。任用了正直的人，干好事的人就会得到劝勉；任用了坏人，不干好事的人就会竞相钻营。奖赏要与功绩相当，没有功绩的人就会自动退避；惩罚要与罪过相称，作恶的人就会有所戒惧。由此可知赏罚不可随便使用，用人更应慎重选择。"

魏徵回答说："真正了解一个人的事，自古以来就是很难的，所以用考察政绩的办法来决定官职的升降，来观察人的善恶。现在要访求人才，必须慎重地考察他的品行。如果了解到他品行好，然后才可任用。即使他办的事并不成功，那也只是因为他的才干和能力达不到，不会造成大的危害。如果误用了品质恶劣的人，即使他精明强干，危害也就极大。但在天下混乱时，往往只要求他的才能，顾不上他的品行。天下太平时，必须是德才兼备的人方才可以任用。"

贞观十一年，侍御史马周上疏曰："治天下者，以人为本。欲令百姓安乐，惟在刺史、县令。县令既众，不能皆贤，若每州得良刺史，则合境苏息①。天下刺史悉称圣意，则陛下可端拱岩廊之上②，百姓不虑不安。自古郡守、县令皆妙选贤德，欲有迁擢为将相，必先试以临人③，或从二千石入为丞相及司徒、太尉者④。朝廷必不可独重内臣⑤，外刺史、县令，遂轻其选。所以百姓未安，殆由于此。"

太宗因谓侍臣曰："刺史，朕当自简择；县令，诏京官五品已上各举一人。"

【注释】

①合境：全境。苏息：休养生息。

②岩廊：高峻的廊庑。这里借指朝廷。

③临人：治理百姓。这里指地方官员。

④二千石：汉制，郡守俸禄为二千石，即月俸百二十斛。世因称郡守为"二千石"。丞相：官名。我国古代皇帝的股肱。典领百官，辅佐皇帝治理国政，无所不统。丞相制度起源于战国。唐、宋以后尚书省或中书省有时设左、右丞相，相当于原来的尚书左右仆射，位居尚书令或中书令之次，握有实权。司徒：上古官名。相传尧、舜时已经设置，主管教化民众和行政事务。夏、商、周时期，朝廷都设有司徒官，为"六卿"之一，职位相当于宰相。春秋时列国也多设有这个职位。太尉：官名。秦代始设，为全国军政首脑。汉武帝时改称大司马。历代多沿置，但渐成加官，无实权。后成为对武官的尊称。

⑤内臣：指在朝廷任职的官员，对地方官而言。

【译文】

贞观十一年(637)，侍御史马周上书说："治理天下的人必须以人为本。要想让百姓安居乐业，关键在于选用好刺史和县令。县令的人数太多，不可能都贤能，如果每州能选得一个贤能的刺史，那么整个州郡内的百姓就都能得到休养生息。全国的刺史如果都能使陛下称心如意，那么陛下就可以拱手端坐在朝廷之上，不用担心百姓不能安居乐业。自古以来，郡守和县令都要精心选拔那些有贤德的人来担任，打算提升做大将或宰相的人，必定先让他们试做地方官，或者就从郡守中选拔入朝担任丞相及司徒、太尉。朝廷不能只重视内臣的选拔，而把刺史和县令置之度外，于是轻易决定刺史和县令的人选。百姓之所以不能够安居乐业，原因大概就在这里。"

于是太宗对身边的大臣们说："刺史，当由我来亲自选择；县令，应命五品以上的京官每人推荐一个。"

贞观十一年，治书侍御史刘洎以为左右丞宜特加精简，上疏曰："臣闻尚书万机，实为政本，伏寻此选，授任诚难。是以八座比于文昌①，二丞方于管辖②，爰至曹郎③，上应列宿④，苟非称职，窃位兴讥。伏见比来尚书省诏敕稽停，文案壅滞。臣诚庸劣，请述其源。贞观之初，未有令、仆⑤，于时省务繁杂，倍多于今。而左丞戴胄，右丞魏徵，并晓达吏方，质性平直，事应弹举，无所回避。陛下又假以恩慈，自然肃物。百司匪懈⑥，抑此之由。及杜正伦续任右丞⑦，颇亦厉下⑧。比者纲维不举⑨，并为勋亲在位⑩，器非其任，功势相倾。凡在官寮，未循公道，虽欲自强，先惧嚣谤。所以郎中予夺⑪，惟事谘禀；尚书依违，不能断决。或纠弹闻奏，故事稽延，案虽理穷，仍更盘下。去无程限，来不责迟，一经出手，便涉年载。或希旨失情，或避嫌抑理。勾司以案成为事了，不究是非；尚书用便僻为奉公⑫，莫论当否。互相姑息，惟事弥缝。且选众授能，非才莫举，天工人代⑬，焉可妄加？至于懿戚元勋⑭，但宜优其礼秩，或年高及耄，或积病智昏，既无益于时宜，当置之以闲逸。久妨贤路，殊为不可。将救兹弊，且宜精简。尚书左右丞及左右郎中，如并得人，自然纲维备举，亦当矫正趋竞⑮，岂惟息其稽滞哉！"

疏奏。寻以洎为尚书左丞。

【注释】

①八座：亦作"八坐"，封建时代中央政府的八种高级官员。历朝制度不一，所指不同。隋唐以六尚书、左右仆射及令为"八座"。文昌：即"文昌帝君"，亦称梓潼帝君。道教神名。唐宋时封王，元时封为帝君，掌人间功名、禄位事。

②二丞：指尚书左丞、右丞。管：钥匙。辖：插在轴端孔内的车键，使轮不脱落。

③曹郎：即部曹，官名，指部属各司的官吏。

④列宿：众星宿。

⑤令、仆：指尚书令与仆射。

⑥匪懈：辛劳不懈。

⑦杜正伦(？—659)：相州洹县(今河北临漳西南)人。隋仁寿中，与兄正玄、正藏均以秀才擢第。善文章，通佛经。任羽骑尉。入唐，直秦王府文学馆。贞观初，以魏徵荐，擢授兵部员外郎。累迁至中书侍郎。

⑧厉下：严格要求下面的官吏。

⑨纲维：总纲和四维。比喻法度。

⑩勋亲：指元勋、亲贵、国戚。

⑪予夺：赐予和剥夺，引申为赏罚。

⑫便僻：谄媚逢迎。

⑬天工人代：天的职司由人代替执行。这里意谓尚书省的人是代天办事的。

⑭懿(yì)戚：指皇亲国戚。

⑮趋竞：指争名夺利、投机钻营。

【译文】

贞观十一年(637)，治书侍御史刘洎认为尚书省左、右丞应该特别精心选任。他向太宗上书说："臣听说尚书省日理万机，确实是政府最重要的部门,寻求适当的人来主持这个部门确实很难。所以人们把尚书省的八座比作天上的文昌宫内的众星,左右二丞比作是锁管和插在轴端孔内的车键,各部的曹官,也都与上天的星宿对应,如果不称职,就会招来窃居要职的讥评。我看到近来尚书省内诏书敕令不迅速执行,文件堆积案头。我虽庸劣无能,也请让我讲一讲这种现象的原因。贞观初年,尚书省内未设置尚书令、左右仆射的职务,当时省内公务繁杂,事情比现在多一倍。而当时的尚书左丞戴胄、右丞魏徵,都深知管理官吏和处理政事的方法,品性又公平正直,凡遇到应该弹劾举报的事情,他们从不回避。陛下对他们又格外地信任和爱护,自然能整肃纲纪。各个部门之所以不敢懈怠,就是任人得当的缘故。到杜正伦继任右丞的时候,他也能够对下面严格要求。近来之所以纲纪不整,都是由于功勋国戚占据了位置,他们的才能不能胜任职务,只是凭借功勋权势相互倾轧。其他在职的官员,也不能秉公办事,他们虽然也想自强振作,但是首先想到的是害怕受到流言蜚语的诽谤。所以郎中裁决事情时,只是报请上级处理;各部尚书也模棱两可,不能决断。有的人害怕向皇上奏明,也故意拖延,有些案件虽已弄得很清楚,仍然盘问下属。公文发出没有期限,回复迟了也不责备,事情一经交办,就拖上成年累月。有的只为迎合上边的旨意而不惜违背实际情况,有的为避免嫌疑而不管是否在理。办案部门只求结案了事,而不追究是非。尚书把谄媚逢迎作为办事的标准,也不管他对错。他们上下互相姑息,有了问题便极力掩盖弥合。选拔人才应该从众人中选拔有才能的授予,没有才能的就不应举荐,官吏是代替上天做事,怎能胡乱授予?至于国戚皇亲和国家元勋,只能给他们优厚的礼遇,有的人年高老耄,有的人久病智衰,既然已不能再为当今作出贡献,就应当让他们休闲养逸安度晚年。如果还让他们长期在位阻碍进用贤能的仕途,这是极不恰当的。为纠正这类弊端,应先精心挑选官员。尚书左、右丞和左、右郎中的人选,如果这些职位都用上称职的人,自然就能纲举目张,也能够纠正那些歪门邪道、投机钻营的歪风，这岂止是解决办事拖拉的问题啊！"

奏章送了上去，不久便任命刘洎为尚书左丞。

贞观十三年，太宗谓侍臣曰："朕闻太平后必有大乱，大乱后必有太平。大乱之后，即是太平之运也^①。能安天下者，惟在用得贤才。公等既不能知贤，朕又不可遍识，日复一日，无得人之理。今欲令人自举，于事何如？"

魏徵对曰："知人者智，自知者明。知人既以为难，自知诚亦不易。且愚暗之人，皆矜能伐善^②，恐长浇竞之风^③，不可令其自举。"

【注释】

①运：指迷信命中注定的遭遇。

②矜(jīn)能：夸耀自己的才能。

③浇竞：追名逐利的浮薄风气。

【译文】

贞观十三年(639)，太宗对身边的大臣们说："我听说太平之后必定会有大乱，大乱之后必定会有太平局面。大乱过后，就将是太平的气运了。能够使天下安定的方法，只能是任用贤才。你们既不知道贤才在何处，我又不可能遍识天下之人，这样一天天过去，就得不到贤能的人才了。现在我想让人们自我推荐，这样做对选拔人才怎么样呢？"

魏徵回答说："了解别人的人聪明，了解自己的人明智。了解别人很难，有自知之明也确实不容易。而那些愚昧昏庸的人，都善于自夸而攻击别人，恐怕会助长追名逐利的浮薄风气，所以不能让人们自荐。"

　　贞观十四年,特进魏徵上疏曰:

　　"臣闻知臣莫若君,知子莫若父。父不能知其子,则无以睦一家;君不能知其臣,则无以齐万国。万国咸宁,一人有庆,必藉忠良作弼①,俊乂在官,则庶绩其凝②,无为而化矣。故尧、舜、文、武见称前载,咸以知人则哲③,多士盈朝,元、凯翼巍巍之功④,周、召光焕乎之美⑤。然则四岳、九官、五臣、十乱⑥,岂惟生之于曩代而独无于当今者哉? 在乎求与不求,好与不好耳! 何以言之? 夫美玉明珠,孔翠犀象,大宛之马⑦,西旅之獒⑧,或无足也,或无情也,生于八荒之表⑨,途遥万里之外,重译入贡⑩,道路不绝者,何哉? 盖由乎中国之所好也。况从仕者,怀君之荣,食君之禄,率之以义,将何往而不至哉? 臣以为与之为孝,则可使同乎曾参、子骞矣⑪;与之为忠,则可使同乎龙逄、比干矣;与之为信,则可使同乎尾生、展禽矣⑫;与之为廉,则可使同乎伯夷、叔齐矣⑬。

【注释】

①弼(bì):辅弼,辅助,帮助。

②庶绩其凝:意谓各种事业都能成功。庶绩,各种事业。凝,聚集。

③哲:有智慧的人。

④元:指八元,古代传说中的八个才子。《左传·文公十八年》云:"高辛氏有才子八人:伯奋、仲堪、叔献、季仲、伯虎、仲熊、叔豹、季狸,忠、肃、恭、懿、宣、慈、惠、和,天下之民谓之'八元'。"孔颖达疏:"元,善也,言其善于事也。"后用以称颂有才德的人。凯:指八凯,亦作"八恺",相传古代高阳氏的八个才子。《左传·文公十八年》云:"高阳氏有才子八人:苍舒、隤敳、梼戭、大临、龙降、

庭坚、仲容、叔达,齐、圣、广、渊、明、允、笃、诚,天下之民谓之'八恺'。"说这八人个个明正笃诚,都可以大用。

⑤周:指周公。姬姓,名旦,是周武王的弟弟,也叫姬叔旦。他曾助武王灭商,武王封他于鲁,但他不就封,由他的长子伯禽去鲁国接受封地,他自己则留下辅佐武王及其儿子成王。因在"周"(今陕西岐山北)亦有采邑,爵位是"公",所以称为"周公旦",或简称"周公"。召:指召公,姬姓,名奭(shì),周文王的儿子,武王的弟弟。因其采邑在召(今陕西岐山西南),称"召公"。周成王时,他出任太保,同为周成王的重臣。他支持周公旦摄政当国,支持周公平定叛乱。

⑥四岳:相传为唐尧臣,羲和的四子。分管四方的诸侯,为我国上古时代的四方诸侯之长,所以叫"四岳"。九官:相传古代舜设置的九个大臣。《汉书·刘向传》:"臣闻舜命九官,济济相让,和之至也。"颜师古注:"《尚书》:禹作司空,弃后稷,契司徒,咎繇作士,垂共工,益朕虞,伯夷秩宗,夔典乐,龙纳言,凡九官也。"五臣:相传古代舜的五个臣子。《论语·泰伯》:"舜有臣五人,而天下治。"何晏注:"孔曰:'禹、稷、契、皋陶、伯益。'"十乱:治也。《尚书·泰誓》云:"予(周武王)有乱臣十人。"十人指上述十个辅佐周武王治国平乱的大臣,即周公旦、召公奭、太公望、毕公、荣公、太颠、闳夭、散宜生、南宫适、文母(一说指文王之后太姒,一说指武王之妻邑姜)。后因以"十乱"泛指辅佐皇帝的十个有才能的人。

⑦大宛之马:大宛国的良马。大宛,古西域国名,在今中亚费尔干纳盆地。据《史记·西域传》记载,大宛马"其先天马子也",它在高速疾跑后,肩膀位置会慢慢鼓起,并流出像鲜血一样的汗水,因此得名"汗血宝马"。

⑧西旅之獒(áo):西夷国的獒犬。《尚书·旅獒》里记载:西旅来献大犬,太保认为不可接受,遂作谏文《旅獒》一篇,用来劝诫周武王注

重平日的细节修养,安定国家,保护国民,不要玩物丧志。西旅,
我国古代西方少数民族所建的国名,是羌人祖先生活的地方。
獒,一种高大、凶猛、垂耳、短毛的犬。原产于我国青藏高原。

⑨八荒:指八方边远地区。

⑩重译:多重翻译。重,重复。

⑪曾参(约前505—前435):字子舆,曾点之子,春秋末鲁国南武城
(今山东嘉祥)人。他们父子都是孔子的学生,俱列孔门七十二
贤,少孔子46岁,是孔子晚年重要弟子之一。子骞(前536—前
487):即闵损。见前注。

⑫尾生:我国历史上第一个有记载的为情而死的青年。《史记·苏
秦列传》记载,尾生与女子期于桥下。女子不来,水至不去。尾
生抱柱而死。展禽:名获,字季,又字禽。封于柳下,谥惠,后人
尊称柳下惠。春秋时为鲁国士师,掌管法典刑狱。

⑬伯夷、叔齐:商末孤竹君之二子。相传其父遗命要立次子叔齐为
继承人。孤竹君死后,叔齐让位给伯夷,伯夷不受,叔齐也不愿
登位,先后都逃到周国。周武王伐纣,二人叩马谏阻。武王灭商
后,他们耻食周粟,采薇而食,饿死于首阳山。见《吕氏春秋·诚
廉》《史记·伯夷列传》。

【译文】

贞观十四年(640),特进魏徵上书说:

"臣听说,知臣莫若君,知子莫若父。父亲如果不了解儿子,就无法
使一家和睦;君主如果不了解臣子,就不能使天下一统。天下安宁,君
主坐在朝廷上受万民朝拜,必须要依靠忠臣良将的辅佐。有贤能的人
在朝做官,各种事业才能成功,君主不必操劳天下就可无为而治。尧、
舜、文王、武王之所以被后代称颂为圣明君主,都是因为他们是有智慧
的人。在他们的朝中拥有众多的贤士,八元、八恺辅佐舜建立巍巍的功
业,周公、召公辅佐周武王取得了光辉的业绩。难道'四岳''九官''五

臣''十乱'这样的贤臣,只生长在过去的朝代,而唯独当今没有吗? 这只是在于君主寻求与不寻求,喜好与不喜好而已! 为什么这样说呢? 美玉、明珠、孔雀、翡翠、犀角、象牙、大宛国的良马、西夷国的獒犬,它们有的没有脚,有的没有感情,出产在边远的地方,距中原的路途有万里之遥,他们要经过多重翻译才能到中国进贡,道路上的人络绎不绝,这是为什么呢? 大概是由于中原人喜好这些东西。更何况为官的人都想着君主所给予的荣华,吃的是君主所给的俸禄,如果君主用仁义统率他们,他们哪里会不来呢? 臣认为用孝悌来教导他们,就可以使他们成为像曾参、闵子骞那样的孝子;用忠诚来教导他们,就可以使他们成为像关龙逢、比干那样的忠臣;用信义来教导他们,就可以使他们成为像尾生、展禽那样的义士;用廉洁来教导他们,就可以使他们成为像伯夷、叔齐那样的廉洁之士。

"然而今之群臣,罕能贞白卓异者^①,盖求之不切,励之未精故也。若勖之以公忠,期之以远大,各有职分,得行其道。贵则观其所举,富则观其所养,居则观其所好,习则观其所言^②,穷则观其所不受,贱则观其所不为。因其材以取之,审其能以任之,用其所长,掩其所短。进之以六正,戒之以六邪^③,则不严而自励,不劝而自勉矣。

【注释】

① 贞白:守正清白。

② 习:近习(亲信、亲近)的意思。指君主宠爱亲信的人。

③ "进之"二句:六正、六邪,西汉光禄大夫刘向著有《说苑》一书,其中谈到为官之道时,把官员分为"六正"、"六邪"十二类。"六正"为"圣臣""良臣""忠臣""智臣""贞臣""直臣";"六邪"为"具臣"

"谀臣""奸臣""谗臣""贼臣""亡国之臣"。

【译文】

"然而现在的群臣当中,很少有正直清白、才能卓越的人,大概是对他们要求得不严,磨砺得不够的缘故吧!如果用公正无私、忠心报国来勉励他们,用树立远大理想来要求他们,使他们各有职责,各自施展其才能并实行他的主张。显贵时要观察他们所举荐的人,富裕时要观察他们所蓄养的门客,闲居时要观察他们喜好什么,亲近时要观察他们所说的话,穷困时要观察他们不屑接受的东西,贫贱时要观察他们不屑去做的事情。根据他们的才能选拔他们,考察他们的能力任用他们,发挥他们的长处,回避他们的短处。用'六正'来引导他们上进,用'六邪'来使他们警戒。这样,即使不严格要求,他们也会刻苦自励;用不着规劝,他们也能努力自勉。

"故《说苑》曰①:人臣之行,有'六正''六邪'。行'六正'则荣,犯'六邪'则辱。

"何谓'六正'？一曰,萌芽未动,形兆未见,昭然独见存亡之机,得失之要,预禁乎未然之前,使主超然立乎显荣之处,如此者,'圣臣'也。二曰,虚心尽意,日进善道,勉主以礼义,谕主以长策②,将顺其美,匡救其恶,如此者,'良臣'也。三曰,夙兴夜寐,进贤不懈,数称往古之行事,以励主意,如此者,'忠臣'也。四曰,明察成败,早防而救之,塞其间③,绝其源,转祸以为福,使君终以无忧,如此者,'智臣'也。五曰,守文奉法,任官职事,不受赠遗,辞禄让赐,饮食节俭,如此者,'贞臣'也。六曰,家国昏乱,所为不谀,敢犯主之严颜,面言主之过失,如此者,'直臣'也。是谓'六正'。

"何谓'六邪'？一曰,安官贪禄,不务公事,与代浮沉,左右观望,如此者,'具臣'也。二曰,主所言皆曰善,主所为皆曰可,隐而求主之所好而进之,以快主之耳目,偷合苟容,与主为乐,不顾其后害,如此者,'谀臣'也。三曰,内实险诐④,外貌小谨,巧言令色,妒善嫉贤。所欲进则明其美、隐其恶,所欲退则明其过、匿其美,使主赏罚不当,号令不行,如此者,'奸臣'也。四曰,智足以饰非,辩足以行说,内离骨肉之亲,外构朝廷之乱,如此者,'谗臣'也。五曰,专权擅势,以轻为重,私门成党,以富其家,擅矫主命,以自贵显,如此者,'贼臣'也。六曰,谄主以佞邪,陷主于不义,朋党比周,以蔽主明,使白黑无别,是非无间,使主恶布于境内,闻于四邻,如此者,'亡国之臣'也。是谓六邪。

"贤臣处六正之道,不行六邪之术,故上安而下理。生则见乐,死则见思,此人臣之术也。《礼记》曰:'权衡诚悬,不可欺以轻重;绳墨诚陈,不可欺以曲直;规矩诚设,不可欺以方圆;君子审礼,不可诬以奸诈。'然则臣之情伪,知之不难矣。又设礼以待之,执法以御之,为善者蒙赏,为恶者受罚,安敢不企及乎?安敢不尽力乎?

【注释】

①《说苑》:西汉刘向撰。原二十卷,后仅存五卷,经宋曾巩搜辑,复为二十卷。内分君道、臣术、建本、立节等二十门,分类纂辑先秦至汉代史事传说,内容多哲理深刻的格言警句,杂以议论,叙事意蕴讽喻,故事性颇强,借以阐明儒家的政治思想和伦理观念,是一部富有文学意味的重要文献。

②长策:上策,万全之计,效用长久的方策。

③间：空隙，漏洞。

④险诐（bì）：阴险邪僻。

【译文】

"《说苑》里讲：臣子的行为有六正、六邪两类。按照六正去做，就会光荣；犯了六邪的毛病，就会可耻。

"什么是六正呢？第一是，当事情的端倪还没有萌生、各种征兆还不显著的时候，就能独特敏锐地看到存亡的关键、得失的要害，防患于未发生之前，使君主超然立于显赫荣耀的地位，这样的臣子就是圣臣。第二是，能够虚心尽意，不断地提出好的建议，勉励君主施行礼义，告知君主好的良策，积极推行君主好的政策，匡正君主的错误，这样的臣子就是良臣。第三是，能起早贪黑，坚持不懈地为国家推荐贤才，反复引用历史的经验教训来激励君主，这样的臣子就是忠臣。第四是，能够明察成败，并及早地加以预防或补救，堵塞漏洞，根绝祸源，转祸为福，使君主最终解除忧患，这样的臣子就是智臣。第五是，能够奉公守法，照章办事，不受贿赂，推让官禄和赏赐，生活节俭，这样的臣子就是贞臣。第六是，在国家昏乱之时，不做阿谀逢迎的事，敢于冒犯君主而直言诤谏，当面指出君主的过失，这样的臣子就是直臣。这些就是所谓的六正。

"什么是六邪呢？第一是，贪图官禄，不努力办好公事，随波逐流，左右观望，这样的臣子就是具臣。第二是，凡是君主所说的都一律称好，君主所做的都表示认可，暗中打听君主的喜好并加以进奉，以此来取悦君主耳目声色之好，投其所好，引导君主游玩取乐，而不顾对国家的后害，这样的臣子就是谀臣。第三是，内心阴险邪僻，外表小心谨慎，巧言令色，嫉贤害能。凡是他想推荐的人，就只讲优点而掩盖缺点，凡是他所排挤的人，就专讲坏处而隐藏美德，致使君主赏罚不当，号令不能施行，这样的臣子就是奸臣。第四是，智谋足以掩饰自己的过失，能言善辩足以推行自己的谬说，在内离间骨肉之亲，在外造成朝廷的混乱,这样的臣子就是谗臣。第五是,专权擅势,以轻为重,结党营私,损国肥家,借用君主的名义行事,以达到自己的地位显贵,这样的臣子就是贼臣。第六是,用花言巧语谄谀君主,使君主陷于不义,结纳朋党,以此来蒙蔽君主的耳目视听,使黑白不辨,是非不分,使君主的恶名传遍全国,远扬四周邻国,这样的臣子就是亡国之臣。这就是所谓的六邪。

"贤良的臣子都会身处六正之道,不实行六邪之术,所以能使上安而下治。他们生前被人爱戴,死后被人怀念,这才是为人臣的正道。《礼记》中说:'有秤杆在那里悬挂着,就不可能在轻重方面受到欺骗;有绳墨在那里放着,就不可能在曲直方面受到欺骗;有圆规和矩尺在那里摆着,就不可能在方圆方面受到欺骗;君子懂得各种礼度规范,就不会被奸诈所欺骗。'这样臣子的忠奸真伪,就不难分辨了。如果再用礼仪来对待他们,用法律来约束他们,有功的受赏,作恶的受罚。这样他们哪敢不求上进? 哪敢不尽心出力呢?

"国家思欲进忠良,退不肖①,十有余载矣。徒闻其语,不见其人,何哉? 盖言之是也,行之非也。言之是则出乎公道,行之非则涉乎邪径。是非相乱,好恶相攻。所爱虽有罪,不及于刑;所恶虽无辜,不免于罚。此所谓'爱之欲其生,恶之欲其死'者也。或以小恶弃大善,或以小过忘大功。此所谓'君之赏不可以无功求,君之罚不可以有罪免'者也。赏不以劝善,罚不以惩恶,而望邪正不惑,其可得乎? 若赏不遗疏远,罚不阿亲贵②,以公平为规矩,以仁义为准绳,考事以正其名,循名以求其实,则邪正莫隐,善恶自分。然后取其实,不尚其华,处其厚,不居其薄,则不言而化,期月而可知矣! 若徒爱美锦,而不为人择官,有至公之言,无至公之实,爱而不知其恶,憎而遂忘其善。徇私情以近邪佞,背公道而远忠良，则虽夙夜不怠，劳神苦思，将求至理，不可得也。”

书奏，太宗甚嘉纳之。

【注释】

①不肖：本意是子不像父。这里指不正派的臣子。

②阿(ē)：迎合，偏袒。

【译文】

“国家想进用忠良之臣，斥退不肖之臣，已有十多年了。但只是听到这样的说法，而没有看见这样的人，这是什么缘故呢？大概是因为说的是对的，而做的是不对的。说得对，就符合于公道；做得不对，就走上邪门歪道了。这样就会是非混乱，好恶相攻。喜爱的人虽然犯了罪，也不会受到处罚；憎恨的人尽管无辜，也免不了受到处罚。这就是所谓的‘爱之欲其生，恶之欲其死’。或者是因为有小缺点就否定了他显著的成绩，或者是因为小过失就忘记他大的功劳。这就是所谓的‘君之赏不可以无功求，君之罚不可以有罪免’。如果奖赏不能起到劝善，惩罚不能起到惩恶，而又希望达到邪正分明，这怎么可以得到呢？如果奖赏时能做到不遗漏疏远的人，惩罚时不偏袒亲戚权贵，以公平作为规矩，以仁义作为准绳，考核事实来辨证名分，按照名分来责求实际工作，这样就可以使‘邪’与‘正’都隐蔽不住，‘善’与‘恶’自然分明。然后就录用那些有真才实干的，不要那些浮华的；录用那些老实忠厚的，不要那些浅薄的。这样就可以达到‘不言而化’的境界，一年就可以知道结果了。如果只喜欢徒有仪表的人，而不去为百姓选择好的官吏，只有至公的言辞，而没有至公的事实；对所喜爱的人就看不见他的缺点，对所憎恶的人就忘记了他的优点；徇私情而去亲近那些邪佞的小人，背离公道而疏远那些贤良的忠臣，即使日夜不停地辛劳，冥思苦想，希望实现天下大治，也是不能够得到的。”

奏折呈进之后，太宗十分赞许，并予以采纳。

贞观二十一年，太宗在翠微宫①，授司农卿李纬户部尚书②。房玄龄是时留守京城。会有自京师来者，太宗问曰："玄龄闻李纬拜尚书，如何?"对曰："但云'李纬大好髭须'③，更无他语。"由是改授洛州刺史④。

【注释】

①翠微宫：唐宫名。高祖武德八年(625)，于终南山造太和宫。太宗贞观十年(636)废。二十一年(647)重行修建，改名翠微宫。

②司农卿：司农寺长官，掌国家粮食积储、仓廪及京中朝官禄米供应。

③髭(zī)须：胡子。唇上曰髭，唇下为须。

④洛州：唐朝初年将河南郡改名为洛州，治所在洛阳县(今河南洛阳东北)。

【译文】

贞观二十一年(647)，太宗在翠微宫任命司农卿李纬为户部尚书。当时，房玄龄留守京城长安。恰巧有人从京城来翠微宫，太宗问他说："房玄龄听到李纬出任户部尚书，有什么反应?"来人回答说："房玄龄只是说'李纬的大胡子长得好'，再没有其他的话了。"太宗因此改任李纬为洛州刺史。

封建第八

【题解】

　　"封建"是我国古代的一种政治制度,即"封土建国"或"封爵建藩"。君主把土地分给宗室或功臣,让他们在这土地上永享福禄。在本篇中,唐太宗曾认为周、汉分封宗室,国祚绵长,而隋朝在短期内迅速崩溃的原因之一,是郡县制削弱了王室在地方上的屏藩力量,所以他登基后一再提出裂土以分封宗室和功臣的错误主张。贞观十一年,太宗诏令"宗室勋贤作镇藩部,贻厥子孙,嗣守其政,非有大故,无或黜免",认为封建亲贤,当是子孙长久之道,应为世袭刺史。礼部侍郎李百药、中书舍人马周引用周秦汉隋的历史教训上书,从各个角度说明了分封制的弊端,极力谏阻唐太宗推行这种制度。李百药、马周认为:得失成败,各有由焉。政或兴衰,有关于人事。宜赋以茅土,畴其户邑,必有材行,随器方授,则翰翮非强,亦可以获免尤累。而设官分职,任贤使能,以循良之才,膺共治之寄,刺举分竹,才是治世之道。而封君列国,藉其门资,或忘其先业之艰难,或轻其自然之崇贵,莫不世增淫虐,代益骄侈。最后弄的个国破人亡。

　　贞观元年,封中书令房玄龄为邗国公[1],兵部尚书杜如晦为蔡国公,吏部尚书长孙无忌为齐国公,并为第一等,食邑实封一千三百户②。

皇从父淮安王神通上言③："义旗初起,臣率兵先至,今玄龄等刀笔之人,功居第一,臣窃不服。"

太宗曰："国家大事,惟赏与罚。赏当其劳,无功者自退。罚当其罪,为恶者戒惧。则知赏罚不可轻行也。今计勋行赏,玄龄等有筹谋帷幄,画定社稷之功,所以汉之萧何④,虽无汗马,指踪推毂,故得功居第一。叔父于国至亲,诚无爱惜,但以不可缘私滥与勋臣同赏矣!"

由是诸功臣自相谓曰："陛下以至公行赏,不私其亲,吾属何可妄诉。"

初,高祖举宗正籍⑤,弟侄、再从、三从孩童已上封王者数十人⑥。至是,太宗谓群臣曰："自两汉已降,惟封子及兄弟,其疏远者,非有大功,如汉之贾、泽⑦,并不得受封。若一切封王,多给力役,乃至劳苦万姓,以养己之亲属。"于是宗室先封郡王其间无功者,皆降为县公⑧。

【注释】

①邢国公:有的史书记载为"邢国公"。

②食邑实封:谓受封爵并可实际享用其封户租赋。食邑,指古代君主赐予臣下作为世禄的封地。唐宋时亦作为一种赐予宗室和高级官员的荣誉性加衔。实封,古代封建国家名义上封赐给功臣贵戚食邑的户数与实际封赏数往往不符,实际上赐与的封户叫实封。唐太宗贞观初年,定爵制九等:一等为王,食邑万户,正一品;二等为嗣王、郡王,食邑五千户,从一品;三等为国公,食邑三千户,从一品;四等为开国郡公,食邑二千户,正二品;五等为开

国县公，食邑一千五百户，从二品；六等为开国县侯，食邑一千户，从二品；七等为开国县伯，食邑七百户，正四品上；八等为开国县子，食邑五百户，正五品上；九等为开国县男，食邑三百户，从五品上。有封爵者必有食邑，但食邑或为虚数，只有"实封"才是实际收入。

③从父：堂叔父。淮安王神通(? —630)：即李神通，名寿，唐高祖李渊从父弟，海州刺史李亮(李虎第八子)子。隋末在长安，高祖起兵后受连累，不得不跑到南山中避祸。李神通在山里苦熬了一阵子，后来当李渊的三女儿平阳公主到来之后，李神通就与他们合兵一起以应李渊，自称关中道行军总管。高祖占领长安，其中也有李神通的功劳。后拜宗正卿。武德元年(618)，拜右翊卫大将军，封永康王。寻改封淮安王。

④萧何(? —前193)：西汉初期政治家，汉初三杰之一，沛(今江苏沛县)人。早年任秦沛县狱吏，秦末辅佐刘邦起义。项羽称王后，萧何劝说刘邦接受分封，立足汉中。刘邦为汉王，以萧何为丞相，萧何极力推荐韩信为大将军，还定三秦。楚汉战争时，他留守关中，侍太子，为法令约束，使关中成为汉军的巩固后方，不断地输送士卒粮饷支援作战，对刘邦战胜项羽、建立汉代政权起了重要作用。汉代建立后，以他功最高封为"赞侯"，位次第一，食邑八千户。

⑤宗正籍：宗室名籍的正本。

⑥再从：同曾祖的亲属关系叫再从。三从：同高祖的亲属关系叫三从。从，次于至亲而同祖的亲属关系。

⑦贾、泽：指汉代的刘贾、刘泽。刘贾(? —前196)，西汉初泗水沛(今江苏沛县)人。汉高祖堂兄。初任将军，从刘邦东击项羽。在战争中屡立战功。刘邦称帝后封荆王，王淮东。刘泽(? —前178)，刘邦从祖昆弟，西汉沛(今江苏沛县)人。从刘邦起兵，高

祖三年受封为郎中，高祖十一年(前196)刘泽任将军击败逆反的
夏侯陈豨，受封营陵侯。吕后死，刘泽与齐王刘襄等合谋诛诸
吕，至长安与诸将相共立刘恒为帝。孝文帝元年徙封刘泽为燕
王。孝文帝二年刘泽去世，谥为"敬"，即燕敬王。

⑧县公：唐代爵位九等（亲王、郡王、国公、郡公、县公、县侯、县伯、
县子、县男）之一。五等为开国县公，食邑一千五百户，从二品。

【译文】

贞观元年(627)，唐太宗封中书令房玄龄为邗国公、兵部尚书杜如
晦为蔡国公、吏部尚书长孙无忌为齐国公，都是一等功臣，实封食邑一
千三百户。

太宗的叔父淮南王李神通上书说："当初反隋的义旗刚刚打出，我
首先率兵响应，如今房玄龄等舞文弄墨的人反而功居一等，我心中
不服。"

太宗说："处理国家大事，要做好赏与罚。赏赐的要与功劳相当，无
功之人就会自动退避。惩罚要与过错相当，作恶的人就会感到畏惧。
由此可知，赏与罚是不可以轻易施行的。如今计算功勋颁行赏赐，房玄
龄等人有运筹帷幄、安定社稷的大功，所以汉代的萧何虽然没有挥汗疆
场，但他有军队所到、粮饷随至的功劳，所以功居第一。叔父是我的至
亲，我确实不会吝惜封赏，但也不可以因私的缘故而滥与功臣享受同样
的封赏。"

因此，诸位功臣相互议论说："陛下能够秉公行赏，不偏私自己的亲
属，我们还有什么可妄自争诉的。"

当初，唐高祖根据宗室名籍，将自己的兄弟、侄子、再从及三从亲属
的子侄孩童以上几十人都封了王。到这时，太宗对群臣说："自从两汉
以来，皇帝只封儿子和兄弟为王，其他关系较疏远的人中，除非立有大
功，像汉朝的刘贾、刘泽那样，否则都不得受封。如果一切亲属都封王，
要给他们多配劳力仆役，这样就会加重百姓的劳苦，来供养自己的亲

属。"于是,宗室当中先前被封为郡王而没有功劳的,全部降为县公。

贞观十一年,太宗以周封子弟,八百余年;秦罢诸侯,二世而灭;吕后欲危刘氏①,终赖宗室获安;封建亲贤,当是子孙长久之道。乃定制,以子弟荆州都督荆王元景、安州都督吴王恪等二十一人②,又以功臣司空赵州刺史长孙无忌、尚书左仆射宋州刺史房玄龄等一十四人,并为世袭刺史。礼部侍郎李百药奏论驳世封事曰③:

"臣闻经国庇民④,王者之常制;尊主安上,人情之大方。思阐理定之规,以弘长世之业,万古不易,百虑同归。然命历有赊促之殊⑤,邦家有理乱之异。遐观载籍,论之详矣。咸云周过其数⑥,秦不及期⑦,存亡之理,在于郡国。周氏以鉴夏、殷之长久,遵皇王之并建⑧,维城磐石,深根固本。虽王纲弛废⑨,而枝干相持⑩,故使逆节不生,宗祀不绝。秦氏背师古之训,弃先王之道,剪华恃险,罢侯置守,子弟无尺土之邑,兆庶罕共理之忧⑪,故一夫号呼而七庙隳圮⑫。

【注释】

①吕后(前241—前180):名雉,字娥姁,刘邦之妻,单父(在今山东单县南)人。刘邦称帝,立吕雉为皇后,为刘邦剪除异姓诸王起了很大作用。高祖死,吕后以汉惠帝年少,策划诛杀诸旧臣,从中取得实际政权。惠帝不满吕后所为,忧郁而死。吕后遂临朝称制,大封外戚诸吕为侯。由于刘邦曾与诸大臣共立"非刘氏不王"的誓约,吕雉封诸吕为王,遭到刘氏宗室和大臣的强烈反对。吕后死后,诸吕阴谋作乱,被太尉周勃、丞相陈平和朱虚侯刘章

等迅速剪灭。吕后死后，薄姬的儿子代王刘恒被迎立为帝，汉朝政权又回到刘氏手中。刘氏：指汉朝政权。

②荆州都督荆王元景(? —653)：唐高祖第六子李元景。武德三年(620)，封为赵王。八年(625)，授安州都督。贞观初，历迁雍州牧、右骁卫大将军。十年(636)，徙封荆王，授荆州都督。十一年(637)，定制元景等为世袭刺史。安州都督吴王恪：唐太宗李世民的第三子。武德三年(620)，封蜀王，授益州大都督，以年幼不之官。十年(636)，又徙封吴王。十二年(638)，累授安州都督。李世民曾想立李恪为太子，但遭到了大臣长孙无忌的反对，最后在长孙无忌的周旋下，太子的名分最终落在了名不见经传的晋王李治身上，这对于雄心勃勃的李恪来说，是一个沉重的打击。等到李治登基，长孙无忌掌权，长孙无忌凭借其手中的权势，先谋立太子李忠，后又冤杀了吴王李恪。

③李百药(565—648)：字重规，定州安平(今河北定州)人。唐朝史学家。隋文帝时李百药仕太子舍人、东宫学士。隋炀帝时仕桂州司马职，迁建安郡丞。后归唐，拜中书舍人、礼部侍郎、散骑常侍。为人耿直，曾直言上谏唐太宗取消诸侯，为太宗采纳。曾受命修订五礼、律令。贞观元年(627)奉诏撰《齐书》。世封事：指世袭封爵的事。

④经国庇民：指治理国家，保护百姓。庇，保护。

⑤命历：天命历数。赊(shē)促：远近，缓急，长短。

⑥周过其数：周朝统治天下超过了它应有的年数。周成王在郏鄏定九鼎后，占卜得知当传世三十代，享国七百年。后来周朝实际经历了三十七主，八百六十七年，故说"周过其数"。

⑦秦不及期：秦朝的统治没有达到预计的年限。秦始皇曾预言："朕为始皇帝，后世以计数，二世、三世至于万世，传之无穷。"孰料事与愿违，自秦统一六国算起，仅维持了15年，至二世而亡。

故说"秦不及期"。

⑧皇王：指古代圣王。后泛指皇帝。

⑨王纲：指王室的权威、法纪。

⑩枝干：这里指周朝的诸侯国。

⑪兆庶：犹言兆民、万民。

⑫七庙：本指四亲（父、祖、曾祖、高祖）庙、二祧（高祖的父和祖父）
庙和始祖庙。泛指帝王的宗庙。后世以"七庙"作为国家政权、
王朝的代称。隳圮（huī pǐ）：倾坍，倒塌。这里指国家政权被推
翻，王朝被消灭。

【译文】

　　贞观十一年（637），太宗认为周朝分封皇室子弟，王位传承了八百
余年；秦朝废除诸侯分封制，传承到秦二世就亡国了；吕后想夺取汉朝
刘氏的天下，最后依靠刘氏宗室的力量，才重获安定；分封皇亲和贤臣，
应当是使子孙长治久安的方法。于是太宗规定制度，将荆州都督荆王
李元景、安州都督吴王李恪等二十一位皇室子弟，以及功臣司空赵州刺
史长孙无忌、尚书左仆射宋州刺史房玄龄等十四人，一并封为世袭刺
史。礼部侍郎李百药上书驳斥世袭制度说：

　　"臣听说治理国家、保护百姓，是国君的职责；尊奉国君使之安稳，
是百姓的大义。考虑阐扬治国安邦的规划，用以弘扬发展长治久安的
大业，使它万古不变，在这方面，大家的想法都是一致的。然而各个朝
代的政权有时间长短的差异，国家也有安定和动乱的不同。翻阅一下
典籍，对此记载得很周详。都说周朝统治天下超过了它应有的年数，而
秦朝则没有达到预计的年限。这两个朝代存亡的原因，就在于它们实
行了郡国制。周朝借鉴了夏、商二朝享国长久的经验，遵从古代圣王共
同治理天下的方针，使各藩国稳如磐石般地捍卫国家，使国家根基深厚
牢固。即使王纲废弛了，还有诸侯国像树枝护卫树干一样扶持着王室，
所以能使叛乱的事情不发生，宗庙的祭祀不断绝。秦朝背弃了师法古

代的准则,抛弃了先王治国的方法,倚仗着华山的险要,废除诸侯设立郡守,使宗室子弟没有一寸封地,亿万百姓很少有共同治理天下的忧患意识,所以有一个人高呼起义,秦王朝的政权就被推翻了。

"臣以为自古皇王,君临宇内,莫不受命上玄①,册名帝录。缔构遇兴王之运②,殷忧属启圣之期③。虽魏武携养之资④,汉高徒役之贱⑤,非止意有觊觎⑥,推之亦不能去也。若其狱讼不归,菁华已竭⑦,虽帝尧之光被四表,大舜之上齐七政⑧,非止情存揖让,守之亦不可焉!以放勋、重华之德⑨,尚不能克昌厥后⑩。是知祚之长短,必在于天时,政或兴衰,有关于人事。隆周卜世三十,卜年七百,虽沦胥之道斯极⑪,而文、武之器尚存⑫,斯龟鼎之祚⑬,已悬定于杳冥也。至使南征不返⑭,东迁避逼⑮,禋祀阙如⑯,郊畿不守,此乃陵夷之渐⑰,有累于封建焉。暴秦运距闰余⑱,数终百六⑲。受命之主,德异禹、汤,继世之君,才非启、诵⑳。借使李斯、王绾之辈盛开四履㉑,将闾、子婴之徒俱启千乘㉒,岂能逆帝子之勃兴㉓,抗龙颜之基命者也㉔!

【注释】

①上玄:上天。

②缔构:犹缔造。

③殷忧属启圣:深切的忧患能启发圣明。殷,深。

④魏武:即曹操(155—220),字孟德,小名阿瞒,沛国谯县(今安徽亳州)人。建安元年(196),迎献帝都许(今河南许昌)。从此"挟天子以令诸侯",控制东汉王朝,先后削平吕布等割据势力,为其

子曹丕代汉建魏，最终平蜀灭吴打下了坚实基础。建安十三年
(208)，进位为丞相。封魏王。子曹丕称帝，追尊为武帝。携养
之资：曹操的祖父曹腾，是东汉末年宦官集团十常侍中的一员，
汉相国曹参的后人。父亲曹嵩本不姓曹，是曹腾的养子，遂改姓
为"曹"。曹嵩的出身，当时就搞不清楚，所以陈寿称他"莫能审
其生出本末"，所以这里称其为"携养之资"。

⑤汉高徒役之贱：指汉高祖出身农家，曾为下层管理徒役的低贱小
吏，曾在咸阳(今陕西咸阳东北)服过徭役。

⑥觊觎(jì yú)：希望得到(不应该得到的东西)。

⑦菁华已竭：语出《尚书大传》卷一下："菁华已竭，褰裳去之。"菁
华，精华。竭，尽。

⑧七政：古天文术语，说法不一。一般指日、月和金、木、水、火、土
五星。《尚书·舜典》："在璇玑玉衡，以齐七政。"孔传："七政，日
月五星各异政。"孔颖达疏："七政，谓日月与五星也。"《史记·五
帝本纪》"以齐七政"，裴骃《集解》引郑玄注同此说。

⑨放勋：即尧帝，号放勋。因封于唐，故称"唐尧"。重华：即虞舜。
一说为虞舜的美称。《尚书·舜典》孔传曰："华，谓文德。言其
光文重合于尧，俱圣明。"一说，舜目重瞳，故名。《史记·五帝本
纪》曰："虞舜者，名曰重华。"张守节《正义》曰："〔舜〕目重瞳子，
故曰重华。"

⑩克昌厥后：后世子孙兴旺发达。厥，其。

⑪沦胥：本指互相牵连受苦。后泛指沦陷、沦丧。

⑫文、武：指文王、武王。器：这里引申指政权。

⑬龟鼎：指元龟与九鼎，古时皆为国之重器。后用以比喻帝位。

⑭南征不返：指周昭王十九年，昭王亲自统率六师军队南攻楚国，
因扰害百姓而被船民设计淹死，全军覆没，昭王死于汉水之滨。

⑮东迁避逼：前770年，因为内乱和犬戎入侵，周平王被迫将国都

从镐京迁至洛邑。因洛邑在镐京之东,此后的周朝史称东周。

⑯禋(yīn)祀:古代祭天的一种礼仪。先燔柴升烟,再加牲体或玉帛
　　于柴上焚烧。后泛指祭祀。阙如:缺然,欠缺的样子。

⑰陵夷:由盛到衰。渐:征兆、迹象。

⑱闰余:本指农历一年和一回归年相比所多余的时日。后也指增
　　添的东西。这里意谓秦始皇靠侥幸登上帝位。

⑲百六:指灾难和厄运。

⑳启:夏启,姒姓,名启。夏朝开国国君,夏禹之子。禹病死后,启
　　即位为天子,成为中国历史上由“禅让制”变为“世袭制”的第一
　　人。有扈氏对启破坏禅让制度的做法十分不满,夏启发兵对有
　　扈氏进行征伐,大战于甘,有扈氏战败被灭。这次胜利,使新生
　　的政权得到初步巩固。建立了中国第一个奴隶制的国家。诵:
　　即周成王。见前注。

㉑李斯(?—前208):战国末年楚国上蔡(今河南上蔡西南)人。秦
　　统一天下后,与王绾、冯劫议定尊秦王政为皇帝,并制定有关的
　　礼仪制度。被任为丞相。他建议拆除郡县城墙,销毁民间的兵
　　器,以加强对人民的统治;反对分封制,坚持郡县制;又主张焚烧
　　民间收藏的《诗》《书》、百家语,禁止私学,以加强专制主义中央
　　集权的统治。秦始皇死后,他与赵高合谋,伪造遗诏,迫令始皇
　　长子扶苏自杀,立少子胡亥为二世皇帝。后为赵高所忌,于秦二
　　世二年(前208)被腰斩于咸阳市,并夷三族。王绾:秦人。秦始
　　皇时,任丞相。秦统一六国后,命丞相、御史等议尊号,他与御史
　　大夫冯劫、廷尉李斯等议称“秦皇”,秦始皇改为“皇帝”。四履
　　(lǚ):四方。履,指领土。

㉒将闾:秦公子,胡亥的兄弟。秦二世即位后,将他囚禁在内宫,议
　　定他为“勾结逆党,意图谋反”的罪状,最终被逼自尽。子婴(?—
　　前206):嬴姓,名子婴。末代秦王。秦始皇死后,二世胡亥即位。

二世宠信宦官赵高,诛杀多位旧臣,包括李斯、蒙恬等人。二世在位三年,为赵高所杀。赵高欲自立为王,但发现群臣并不支持,于是迎立子婴继位。赵高声称民变起后,秦地比统一前更小,故子婴不能称"皇帝",只能称"王"。子婴即位五天后便定计杀死赵高。

㉓帝子:指汉高祖刘邦。刘邦斩蛇起义,被附会为赤帝之子斩白帝之子。

㉔龙颜:谓眉骨圆起。这里指汉高祖刘邦。《史记·高祖本纪》:"高祖为人,隆准而龙颜,美须髯,左股有七十二黑子。"

【译文】

"臣认为,自古以来的帝王君临天下,没有一个不是受命于上天,列名于帝录的。他们缔造国家时,是遇上了王者兴起的好运,遇到忧患也是锻炼才能的时机。即使像魏武帝曹操是靠别人抚养长大,汉高祖是下层管理徒役的低贱小吏,就是他们不希望得到帝位,想要推让恐怕也推不掉。如果民心不归附他,时机已过,即使像帝尧那样光芒普照四海,像大舜那样功绩与星月同辉,就是他们不存心让位,想继续保住帝位也是不可能的!以唐尧、虞舜的美德,尚且不能使他们的子孙继承帝位。由此可知国家命数的长短,一定在于天命;国家的兴盛与衰微,与人的治理有着密切的关系。周朝占卜的结果是传位三十世,享国七百年,后期虽然沦落到极点,然而文王、武王的政权还在,可见那帝业的命运,早已决定于冥冥之中了。至于像周昭王南巡不返,周平王被迫将国都迁至洛邑,躲避犬戎的逼迫,周王朝宗庙祭祀的香火不能继续,京郊的土地也不能保守,这都是由盛到衰的征兆,这是受到分封制的连累。而残暴的秦始皇靠侥幸的日子登上帝位,但其气数终是厄运。秦朝受命国君秦始皇的德行不同于夏禹、商汤,继承帝位的秦二世的才干也比不上夏启、姬诵,即使像李斯、王绾一类人大大开拓疆域,将闾、子婴等人都拥立为千乘诸侯,又怎能阻挡了汉高祖刘邦的蓬勃兴起,又怎能抗拒了汉高祖刘邦开创帝业的天命呢?

"然则得失成败,各有由焉。而著述之家,多守常辙①,莫不情忘今古,理蔽浇淳②,欲以百王之季,行三代之法③,天下五服之内④,尽封诸侯,王畿千里之间,俱为采地⑤。是则以结绳之化行虞、夏之朝⑥,用象刑之典治刘、曹之末⑦,纪纲弛紊,断可知焉。锲船求剑⑧,未见其可;胶柱成文⑨,弥多所惑。徒知问鼎请隧⑩,有惧霸王之师;白马素车⑪,无复藩维之援⑫。不悟望夷之衅⑬,未堪羿、浞之灾⑭;既罹高贵之殃⑮,宁异申、缯之酷⑯。此乃钦明昏乱,自革安危,固非守宰公侯,以成兴废。且数世之后,王室浸微,始自藩屏,化为仇敌。家殊俗,国异政,强陵弱,众暴寡,疆场彼此,干戈侵伐。狐骀之役,女子尽髽⑰;崤陵之师,只轮不反⑱。斯盖略举一隅,其余不可胜数。陆士衡方规规然云⑲:'嗣王委其九鼎⑳,凶族据其天邑㉑,天下晏然,以治待乱。'何斯言之谬也!而设官分职,任贤使能,以循良之才,膺共治之寄,刺举分竹㉒,何世无人。至使地或呈祥,天不爱宝,民称父母,政比神明。曹元首方区区然称㉓:'与人共其乐者,人必忧其忧;与人同其安者,人必拯其危。'岂容以为侯伯,则同其安危;任之牧宰,则殊其忧乐?何斯言之妄也!

【注释】

①常辙:常规。

②浇淳:淳朴的社会风气。

③三代之法:指夏、商、周三代的法律。按照黄宗羲在《明夷待访录》中的解释,三代以上是天下为公的时代,三代以上之法是"天下之法","固未尝为一己而立也","天子之所是未必是,天子之

所非未必非,天子亦遂不敢自为非是而公其非是”。黄宗羲认为,只有夏、商、周三代的法才是真正的法,因为三代之法是为了维护天下万民的利益而制定的,而不是为君主的一己之利而立。黄宗羲指出:三代之法的根本精神就是立天下之法,以天下治天下,把天下这一莫大之物交给天下人,让天下万民自己来管理,把山泽珍宝都放诸四海之中,刑罚奖赏也不一定出自君主一人。按照这样的法律,在朝廷做官的人不一定高贵,在草莽为民的人也不见得低贱。

④五服:古代王畿外围,以五百里为一区划,由近及远分为侯服、甸服、绥服、要服、荒服,合称五服。服,服事天子之意。

⑤采地:指古代卿大夫的封邑。

⑥结绳之化:结绳记事的古老教化。结绳记事是文字发明前人们所使用的一种记事方法。即在一条绳子上打结,用以记事。据古书记载:“事大,大结其绳;事小,小结其绳,结之多少,随物众寡。”虞、夏之朝:指虞舜和夏禹之世。

⑦象刑之典:相传上古无肉刑,所谓“象刑”,就是以“画衣冠异章服”为形式,以“耻辱其形象”为目的,即仅用与众不同的服饰加之犯人以示辱,以不戕害罪人肢体为特点的一种象征性惩罚。刘、曹:指刘汉、曹魏。

⑧锲船求剑:即刻舟求剑。《吕氏春秋·察今》里说:有个楚国人乘船渡江,不小心把佩带的剑掉进了江里。他急忙在船沿上刻上一个记号,说:“这儿是我的剑掉下去的地方。”船靠岸后,这个人顺着船沿上刻的记号下水去找剑,但找了半天也没有找到。比喻不懂事物已发展变化而仍用静止的方法去看问题。

⑨胶柱成文:意同“胶柱鼓瑟”,比喻固执拘泥,不知变通。胶柱,胶住瑟上的弦柱,以致不能调音节的高低。

⑩问鼎请隧:指图谋统治天下。问鼎,传说古代夏禹铸造九鼎,代

表九州，作为国家权力的象征。夏、商、周三代以九鼎为传国重器，为得天下者所据有。楚王问鼎，有取而代周之意。后遂称图谋王位为"问鼎"。请隧，隧葬，天子的葬礼。《左传·僖公二十五年》："晋侯朝王。王飨醴，命之宥。请隧，弗许。"杨伯峻注："请隧者，晋文请天子允许于其死后得以天子礼葬己耳。"

⑪白马素车：驾白马，乘素车。古代凶丧舆服。《史记·秦始皇本纪》："楚将沛公破秦军入武关，遂至霸上，使人约降子婴。子婴即系颈以组，白马素车，奉天子玺符，降轵道旁。沛公遂入咸阳。"裴骃《集解》引应劭曰："素车白马，丧人之服也。"

⑫藩维：指藩国。

⑬望夷之衅(xìn)："望夷"是秦代的宫名，故址在今陕西泾阳东南。因东北临泾水以望北夷，故名。秦末，赵高迫杀秦二世于此。衅，事端，祸乱。

⑭羿、浞(zhuó)之灾：夏启去世后，他的儿子太康即位；太康死后，他的儿子仲康即位；仲康死后，子相即位。这时他们都开始喜欢享受，不再体贴民众。东夷族中力量比较强盛的有穷氏首领后羿(又称夷羿)趁夏王朝内部发生王权之争，占据夏都，"因夏民以代夏政"，夺取了王位。后羿称帝后，不关心民众，每天以田猎为乐。不久被他的亲信东夷族伯明氏成员寒浞杀害，寒浞自立为帝。

⑮罹(lí)：遭遇。高贵之衅：指太子舍人成济受司马昭、贾充指使将曹髦杀死之事。曹髦(241—260)，即魏高贵乡公，字彦士，魏文帝曹丕之孙，东海定王曹霖之子。封为高贵乡公。曹芳被废后，司马师立他为帝，是三国时期曹魏的第四任皇帝。司马师废齐王曹芳后，身为宗室的曹髦被立为新君，但曹髦对司马氏兄弟的专横跋扈十分不满，于260年召见王经等人，对他们说"司马昭之心，路人所知也"，率领官人讨伐司马昭。然而此次行动却被

司马昭知晓，在司马昭谋士贾充的指使下，曹髦为武士成济所杀。

⑯申、缯（zēng）之酷：指幽王被杀。周幽王三年，天灾频繁，周朝统治内外交困。这时，幽王改以嬖宠美人褒姒为后，其子伯服为太子，废掉正后申侯之女及太子宜臼。结果，宜臼逃奔申国，激怒了申侯。于是申侯联合缯侯和犬戎进攻幽王，幽王和伯服均为犬戎所杀。

⑰"狐骀"二句：狐骀之战失败后，邾国妇女全部用麻束发送葬。据《左传·襄公四年》记载：冬十月，邾国、莒国讨伐鄫国，鲁军救鄫，入邾境。邾军在狐骀（今山东滕州东南）被击败，邾去接丧的女子都系发戴孝。髽（zhuā），古代妇人送丧的露髻，用麻束发。

⑱"崤陵"二句：崤陵之战，秦军全军覆没，连一只车轮子也未能返回秦国。据《左传·僖公三十二年》记载：晋文公死后，秦国和晋国在崤陵打了一仗，秦国中了晋国的埋伏，结果大败，三员大将被俘。

⑲陆士衡（261—303）：字机，西晋吴郡（今江苏苏州）人。三国吴丞相陆逊之孙、大司马陆抗之子。吴时任牙门将。吴亡，回乡读书，作《文赋》，为古代重要文学理论著作。其诗形式华美，技巧纯熟，有"陆才如海"之誉。其书法《平复帖》，为后人师法。规规然：惊怖不已，茫然自失的神态。

⑳嗣王：继位之王。这里指周惠王、襄王、悼王出外流亡。

㉑凶族：原指与尧舜部族敌对的四个部落，后亦泛称敌对的民族或恶人。这里指叛乱的周王室子弟子颓、子带、子朝。

㉒刺举：谓检举奸恶，举荐有功。分竹：给予作为权力象征的竹使符，谓封官授权。

㉓曹元首：三国时魏人，曾作《六代论》。区区然：自以为然的样子。

【译文】

"然而，事情的得失成败各有其本身的原因。而写书的人大多墨守成规,分辨不出古今的情势,弄不明白古今和时代的风气虚伪与淳厚的区别。想在百王之后,推行夏、商、周三代的制度,将天下五服之内的国土全部分封给诸侯,千里王畿之间也都分给卿大夫做采邑。这是要在虞舜、夏禹的时代实行上古结绳记事的古老教化,在汉魏时代推行尧舜时期的象刑法典,这样就会造成纪纲混乱,断然可知。刻舟求剑是行不通的,胶柱鼓瑟更是值得怀疑。大家只知道楚庄王图谋统治天下和晋文公想得到王者葬礼的野心,霸主军队的可怕;以及秦王子婴白马素车出降,没有诸侯出来援助。未能从望夷宫秦二世被弑事件中有所领悟;夏朝后羿推翻太康、后又被寒浞杀害所带来的灾难,更是不堪回首;魏朝高贵乡公遭遇的杀身之祸,难道与周幽王被申侯与缯勾结犬戎所杀那样悲惨的遭遇有所不同。这都是因为帝王自己昏乱,自己把自己由太平引向覆亡,并不是因为郡县制与分封制造成的兴废。几代之后,皇室逐渐衰微,原本作为屏障的诸侯,都变成仇敌。以至于各诸侯家庭传统不同,各诸侯国的政治不同,以强凌弱,以众侵寡,对峙疆场,干戈相见。狐骀之战,使邾国妇女全部用麻束发去送葬;崤陵之战,秦军全军覆没,连一只车轮子也未能返回秦国。这里只略举数例,其余的不可胜数。陆士衡却一本正经地说:'继位的国君虽然抛弃九鼎而出逃,凶恶的外族占据了京城,但天下安定,终究会扭转乾坤,化乱世为太平。'这话真是荒谬透顶! 实行郡县制,设官分职,任用贤能,用贤良的人才,担负起共同治理国家的重任,考察进用,哪个朝代没有贤良的人才? 这样就会使大地呈祥、上天降瑞,百姓就会称颂国君为人民的父母,把朝廷奉为神明。曹元首却自以为然地说:'与别人能共享欢乐的人,别人一定能为他分忧;与别人能共享安逸的人,别人一定能拯救他的危难。'怎么能说分封诸侯,就能安危共济;而任命刺史、县官,就不能与国君同享忧乐呢? 这是何等荒谬啊!

　　"封君列国,藉其门资①,忘其先业之艰难,轻其自然之崇贵,莫不世增淫虐,代益骄侈。离宫别馆,切汉凌云②,或刑人力而将尽,或召诸侯而共乐。陈灵则君臣悖礼③,共侮徵舒;卫宣则父子聚麀④,终诛寿、朔⑤。乃云为己思治,岂若是乎? 内外群官,选自朝廷,擢士庶以任之,澄水镜以鉴之⑥,年劳优其阶品⑦,考绩明其黜陟⑧。进取事切,砥砺情深。或俸禄不入私门⑨,妻子不之官舍⑩。班条之贵,食不举火⑪;剖符之重,居惟饮水⑫。南阳太守,弊布裹身⑬;莱芜县长,凝尘生甑⑭。专云为利图物,何其爽欤? 总而言之,爵非世及,用贤之路斯广;民无定主,附下之情不固。此乃愚智所辨,安可惑哉? 至如灭国弑君,乱常干纪⑮,春秋二百年间,略无宁岁。次睢咸秩,遂用玉帛之君⑯;鲁道有荡⑰,每等衣裳之会⑱。纵使西汉哀、平之际⑲,东洛桓、灵之时⑳,下吏淫暴,必不至此。为政之理,可以一言蔽焉。

【注释】

①门资:犹门第。

②切汉凌云:形容高高的楼差不多接近天上的银河了。切,靠近。汉,银河。也称云汉、银汉、天汉。

③陈灵:即陈灵公,春秋时陈国君。名平国。前600年,灵公与其臣子孔宁、仪行父都与大夫夏徵舒的母亲夏姬私通,另一个臣子泄冶看不过去,便进言灵公,希望他能做好人民的榜样,灵公便把泄冶杀了。他们的丑闻传遍全国,陈国百姓甚至作诗讽刺他们的丑行。有一天灵公与孔宁、仪行父三人又去夏姬家中,灵公向两位臣子说:"徵舒长得很像你们啊。"两位臣子也回称:"也很像国君您啊。"夏徵舒听闻此话后,极为愤怒,便在灵公喝完酒离开夏家时,在门外将灵公射杀。

④卫宣：即卫宣公。卫宣公为人淫纵不检，做公子的时候就与其父
　卫庄公的妾夷姜私通，生下了长子公子急，寄养于民间。登基后
　依然淫性不减，因原配邢妃不受宠，就立了公子急为嗣子。公子
　急16岁时，聘了齐僖公的女儿宣姜为妻，卫宣公听说宣姜美貌，
　就自己迎娶了宣姜。后来宣姜为卫宣公生了公子寿和公子朔两
　个儿子。卫宣公因为宠爱宣姜就想立公子寿而废公子急。宣姜
　与怀有野心的公子朔设计要加害公子急，计划以出使齐国之名
　让公子急离开都城，然后在半路上暗杀公子急。结果被公子寿
　事先发觉告诉了公子急。但公子急却执意要杀身成仁，情急无
　奈之下，公子寿就以送别为名设酒席灌醉了公子急，而自己冒充
　公子急出使齐国，结果在半路被盗贼暗杀。酒醒后的公子急赶
　到亮明了身份，也被盗贼杀害。丧子后的卫宣公精神恍惚，不久
　就病死了。聚麀(yōu)：本指兽类父子共一牝的行为。禽兽不知
　父子夫妇之伦，故有父子共牝之事。后指两代的乱伦。麀，
　牝鹿。
⑤寿、朔：指卫宣公的儿子公子寿和公子朔。
⑥水镜：喻指明鉴之人。
⑦年劳：任职的年数和劳绩。官吏考绩擢升的标准之一。
⑧考绩：指考核官吏。黜陟：指人才的进退，官吏的升降。
⑨俸禄不入私门：指东汉时豫州刺史杨秉计日受俸，余禄不入私门
　事。世以廉洁称。
⑩妻子不之官舍：指东汉时钜鹿太守魏霸、颍川太守何并皆以简朴
　宽恕为政，在办公时妻子不得入官舍。
⑪食不举火：指东汉安帝时冀州刺史左雄在任办公时经常吃干粮，
　舍不得用火烧饭。
⑫居惟饮水：指晋朝邓攸为吴郡太守时自己带米上任，不受俸禄，
　只饮当地的水。

⑬"南阳太守"二句：指东汉权豪之家多尚奢丽，南阳太守羊续深疾之，常敝衣薄食，车马羸败。南阳，在今河南西南部。

⑭"莱芜县长"二句：指东汉桓帝时范丹为莱芜县长，自知性格狷急，不能从俗，常佩戴皮绳上朝以自警。遭党锢之祸后，遁逃于梁沛之间，十多年间，结草屋而居，有时绝粮断炊，但穷居自若。在汉末乐府古诗中，有首民谣赞颂范丹："甑中生尘范史云，釜中生鱼范莱芜。"成为廉吏典范。莱芜，在今山东莱芜境内。

⑮乱常：破坏纲常，违反人伦。干纪：违犯法纪。

⑯"次睢"二句：指鲁僖公十九年，宋襄公派邾文公到睢水祭祀，将鄫国的国君杀了做祭品。

⑰鲁道有荡：意谓道路平坦而广阔。语出《诗经·齐风·载驱》。过去认为该诗是对齐襄公与文姜的淫荡行为的无情讽刺。

⑱衣裳之会：与"兵车之会"相对而言，原指春秋时代诸国之间和好的会议。这里指乱伦的幽会。

⑲哀、平：指西汉的哀帝刘欣和平帝刘衍期间。

⑳东洛：指东汉都城洛阳。桓、灵：指东汉的桓帝刘志和灵帝刘宏。

【译文】

"被分封的列国诸侯，凭借着他们祖宗的门第和资望，忘记了他们祖宗创业的艰难，轻视他们自然就得到的显贵，一代比一代更加骄奢淫逸。他们的离宫别馆高耸入云，有的耗尽了民脂民膏，有的邀约其他诸侯一起来寻欢作乐。陈灵公违背君臣之礼，和臣子一同侮辱微舒；卫宣公则父娶子妻，最终杀了他的儿子寿和朔。还说他们是为了治理好自己的国家，难道是这个样子吗？如果内外群官都是由朝廷来选拔，挑选出来的士大夫由百姓来任用，用明鉴之人来鉴定和审查，按照任职年数及政绩来决定他们官职的升降。这样他们就会急切进取，磨砺高洁的情操。有的人廉洁奉公，不把官禄拿进家门；有的人单身赴任，将妻子儿女留在家中；有的人官位显赫，却常吃干粮，舍不得用火烧饭；有的人身为封疆大吏,却自己携带米粮,只喝当地的水。东汉南阳太守羊续常穿着旧布衣服,莱芜县令范丹的米缸上经常蒙了一层灰尘。如果说做官都是为了贪图利禄,为什么他们还这样清廉! 总而言之,只有爵位俸禄不是世袭,任用贤才的路子才会很宽广;百姓要是没有一个固定的国君,依附于下的感情就不巩固。这个道理是聪明的人和愚昧的人都懂得的,怎么会迷惑不解呢? 至于像灭国弑君,破坏纲常、违犯法纪一类的事,在春秋二百年间,几乎就没有过安宁的年份。宋襄公到睢水祭祀,竟杀掉鄫国国君做祭品;鲁国的道路平坦而广阔,竟也有过乱伦的幽会。即使在西汉的哀帝、平帝之际和东汉的桓帝、灵帝之时,下层官吏的淫乱残暴也不会达到这种程度。治理国家的道理,可以用一句话就概括说明了。

"伏惟陛下握纪御天①,膺期启圣②,救亿兆之焚溺,扫氛祲于寰区③。创业垂统④,配二仪以立德⑤;发号施令,妙万物而为言。独照神衷⑥,永怀前古。将复五等而修旧制⑦,建万国以亲诸侯。窃以汉、魏以还,余风之弊未尽;勋华既往⑧,至公之道斯乖⑨。况晋氏失驭⑩,宇县崩离;后魏乘时⑪,华夷杂处。重以关河分阻,吴、楚悬隔,习文者学长短纵横之术⑫,习武者尽干戈战争之心,毕为狙诈之阶⑬,弥长浇浮之俗⑭。开皇在运⑮,因藉外家。驱御群英,任雄猜之数;坐移明运,非克定之功。年逾二纪⑯,人不见德。及大业嗣文⑰,世道交丧,一人一物,扫地将尽。虽天纵神武,削平寇虐,兵威不息,劳止未康⑱。

【注释】

①握纪御天:掌握纲纪,驾驭天下。

②膺(yīng)期启圣：顺应时机，开创帝业。膺期，承受期运。指受天命为帝王。

③氛祲(jìn)：指预示灾祸的云气。比喻战乱、叛乱。

④垂统：把基业留传下去。多指皇位的承袭。

⑤二仪：指天、地。

⑥神衷：旧时常用以称颂帝王的意旨。这里指帝王。

⑦五等：指公、侯、伯、子、男五等爵位。

⑧勋华：尧舜的并称。勋，放勋，尧名。华，重华，舜名。

⑨乖：违背。

⑩晋氏失驭：晋朝丧失统治。晋朝分为西晋（265—316）与东晋（317—420）两个时期。西晋为晋武帝司马炎所建立，建都洛阳；东晋为晋元帝司马睿所建立，建都建康。司马氏原为曹魏世族，高平陵事变后掌握魏国大权。司马炎篡位后统一中国，但因为无法解决社会问题及政治风气，加上分封王室，使得朝廷在混乱后诸王争权，引发"八王之乱"。战后晋朝元气大伤，周围诸民族乘机叛乱，造成五胡乱华，南北分裂。晋室南迁，建立东晋，北方进入五胡十六国时期。东晋主要由世族掌权，皇权低落。当时庄园经济比西晋时的比例更重，在侨姓世族与吴姓世族开发下繁荣兴盛，使当时的经济中心也逐渐南移。由于军权外重内轻，方镇时而发生叛乱。最后刘裕篡位，进入南北朝时期。

⑪后魏：北朝之一。鲜卑族拓跋珪自立为代王，国号魏，亦称北魏、拓跋魏、元魏。为区别于以前之三国魏，故史称后魏（386—557）。

⑫长短纵横之术：谓纵横家的论辩术。

⑬狙诈：狡猾奸诈。

⑭浇浮：犹浇薄。指社会风气浮薄。

⑮开皇：隋文帝杨坚的年号（581—600）。

⑯二纪：约指二十余年。纪，古代以十二年为一纪。

⑰大业：隋炀帝杨广的年号（605—618），历时13年余。嗣立：指隋
　炀帝继位。

⑱劳止未康：使人民疲劳，不得安宁。

【译文】

"陛下掌握纲纪，驾驭天下，顺应时机，开创帝业，将亿万百姓从悲惨的水火中拯救出来，扫除天下的妖气。陛下创立基业，留传后代，道德比天地还高；发号施令，出言顺应万物之理。圣明的思虑极为独到，经常怀念远古的制度。准备恢复五等封爵，而遵循古代的制度。臣私下以为，汉、魏以来，分封诸侯的弊病未尽；尧舜以前的公正的原则早已改变。更何况晋朝丧失统治，天下分崩离析；后魏乘机占领中原，造成了华夷杂处的局面。再加上南北分裂，吴、楚悬隔，习文之人专意学习长短纵横之术，习武之人全都怀有干戈征伐之心。这些都是阴险狡诈的阶梯，滋长了虚假不纯的风气。隋文帝杨坚之所以如此幸运，是凭借他的外戚地位。他驾驭群雄，玩弄权术，篡周自立，坐享其成，不是打来的天下。他在位二十多年，人们没有看到他有什么恩德。后来隋炀帝继位，世道沦丧，当时的英雄人物，都摧残将尽。虽然他天赋神武，能够平定寇乱，但无休止地用兵，致使人民疲劳，不得安宁。

"自陛下仰顺圣慈①，嗣膺宝历②，情深致理，综核前王。虽至道无名③，言象所纪，略陈梗概，实所庶几。爱敬烝烝④，劳而不倦，大舜之孝也。访安内竖⑤，亲尝御膳，文王之德也。每宪司谳罪⑥，尚书奏狱，大小必察，枉直咸举，以断趾之法易大辟之刑⑦，仁心隐恻，贯彻幽显，大禹之泣辜也⑧。正色直言，虚心受纳，不简鄙讷，无弃刍荛，帝尧之求谏也。弘奖名教，劝励学徒，既擢明经于青紫⑨，将升硕儒于卿相，圣人之善诱也。群臣以宫中暑湿，寝膳或乖，请移御高明，

营一小阁。遂惜十家之产,竟抑子来之愿⑩,不吝阴阳所感,以安卑陋之居。顷岁霜俭,普天饥馑。丧乱甫尔⑪,仓廪空虚。圣情矜愍,勤加赈恤,竟无一人流离道路,犹且食惟藜藿⑫,乐彻簨虡⑬。言必凄动,貌成癯瘦。公旦喜于重译⑭,文命矜其即叙⑮。陛下每见四夷款附,万里归仁,必退思进省,凝神动虑,恐妄劳中国,以求远方,不藉万古之英声,以存一时之茂实⑯。心切忧劳,志绝游幸,每旦视朝,听受无倦,智周于万物,道济于天下。罢朝之后,引进名臣,讨论是非,备尽肝膈,惟及政事,更无异辞。才日昃⑰,必命才学之士,赐以清闲,高谈典籍,杂以文咏,间以玄言⑱,乙夜忘疲⑲,中宵不寐⑳。此之四道,独迈往初,斯实生民以来,一人而已。弘兹风化,昭示四方,信可以期月之间,弥纶天壤㉑。而淳粹尚阻,浮诡未移,此由习之久,难以卒变。请待斫雕成器,以质代文,刑措之教一行㉒,登封之礼云毕㉓,然后定疆理之制㉔,议山河之赏㉕,未为晚焉。《易》称:‘天地盈虚,与时消息,况于人乎?’美哉斯言也。”

【注释】

①仰顺圣慈:意谓仰顺太上皇的旨意继承帝位。圣慈,这里指太上皇唐高宗李渊。

②宝历:指国祚、皇帝。

③至道:指最好的道德或政治制度。无名:难以用语言来形容。

④烝烝(zhēng):谓孝德之厚美。

⑤内竖:古代宦官的卑称。

⑥宪司:负责调查疑难案件的官吏。谳(yàn)罪:将案情上报请示。

⑦大辟：古代杀头的死刑。

⑧泣辜：泣罪。泛指帝王怜恤罪人。

⑨擢（zhuó）明经于青紫：通过科举考试选拔官员。擢，提拔，选拔。明经，科举的一科。汉代以明经射策取士。隋炀帝置明经、进士二科，以经义取者为明经，以诗赋取者为进士。青紫，本为古时公卿绶带之色，因借指高官显爵。

⑩子来：谓民心归附，如子女趋事父母，不召自来，竭诚效忠。

⑪甫尔：初始。尔，语末助词。

⑫藜藿：藜和藿，指粗劣的饭菜。

⑬簨（sǔn）虡（jù）：古代悬挂钟磬鼓的木架。横杆叫簨，直柱叫虡。这里指音乐歌舞活动。

⑭公旦：即周公旦。见前注。

⑮文命：传说为夏禹的名字。矜：骄傲。即叙：就序，归顺。

⑯茂实：茂盛而多实。这里指盛美的德业。

⑰日昃（zè）：太阳偏西。

⑱玄言：指魏晋间崇尚老庄玄理的言论或言谈。

⑲乙夜：二更的时候，约为夜间十时。

⑳中宵：中夜，半夜。

㉑弥纶天壤：使良好的社会风气遍及天下。弥纶，统摄，笼盖。

㉒刑措：亦作"刑错""刑厝"，置刑法而不用。

㉓登封：指登山封禅。

㉔疆理之制：划分疆界的制度。

㉕山河之赏：分封诸侯土地的事。

【译文】

"自从陛下仰顺太上皇的旨意继承帝位以来，综合考察前贤的经验，一心一意致力于治理国家。虽然陛下的美德难以用语言来形容，但我凭自己的印象，略陈梗概，试说一二。陛下爱敬父母，孝德厚美，辛勤

不倦，这是大舜的孝心。亲自向宦官询问太上皇的起居，亲自试尝太上
皇膳食，这是文王的美德。每当负责调查疑难案件的官吏将案情上报
请示，或尚书呈报刑狱的奏疏，无论案件大小都要亲自审察，冤枉与否
都予以指出，并将砍头的死刑改为斩断脚趾的刑罚，陛下的仁慈和恻隐
之心，贯彻于阴阳两界，这就如同大禹见到有人犯罪就痛心哭泣一样。
您表情严肃，说话直率，虚心听取并采纳别人的规谏，不简慢鄙俗之言，
不抛弃山民野老，这就如同帝尧虚心求谏一样。陛下还提倡礼教，勉励
求学的人，既通过明经等考试选拔官员，将那些饱学鸿儒的人委任为卿
相大臣，这就像圣人循循善诱一样。群臣曾认为皇宫里闷热潮湿，食宿
都不太舒适，建议陛下在宽敞明亮的高处，建造一座小阁。而终因陛下
珍惜相当于十户人家的资产费用而抑止了臣子的意愿，不顾冷热的影
响，仍然居住在简陋的居室。近年来，因霜灾造成歉收，遍地饥馑。丧
乱初平，仓库空虚。陛下怜恤百姓，不断给予救济，竟没有一个百姓离
家逃荒，而陛下吃的却是藜藿一类粗劣的饭菜，停止了音乐歌舞活动，
言语凄切，容貌消瘦。当年周公旦因越裳国通过多重翻译前来进贡而
高兴，大禹因西戎前来归附而自豪。如今陛下每次见到四方夷邦不远
万里前来归附我仁德之邦，就退思反省，反复考虑，恐怕因为贪求远方
贡物而过分骚扰中原百姓，只求得现时的完美政绩而不考虑万世的英
名。由于陛下操劳国事，拒绝了一切游玩巡幸，每天清早上朝理事，听
取和接受大臣的建议毫不懈怠，对各项事物都考虑得很周到，道义遍及
天下。退朝之后，还请名臣进宫一起议论治国的得失，全是肺腑之言，
只论政事，不谈其他。太阳偏西的时候，一定让才学渊博的人共享清
闲，和他们一起谈论典籍，杂以吟诗作赋，有时还谈论魏晋间崇尚的老
庄玄理，乙夜忘疲，中夜不寐。在以上四个方面，陛下超过了历代君主，
实在是有史以来的第一人。如果将这些美德风化海内，昭示四方，我相
信在一年之内，定能遍及天下。但目前淳朴的风气依然受干扰阻碍，浮
躁诡诈的恶习也没有完全铲除，这是由于积习太久，难以一下子改变。

请等璞玉雕琢成器,以淳朴取代了华丽,置刑不用的教化得以实行,登山封禅的典礼完毕之后,再制定分疆治理的制度,讨论分封诸侯土地的事也不算晚。《易经》上说:'天地盈虚变化,会随着时间的推移而此消彼长,更何况人呢?'这话说得多么好呀!"

　　中书舍人马周又上疏曰:

　　"伏见诏书令宗室勋贤作镇藩部,贻厥子孙,嗣守其政,非有大故,无或黜免。臣窃惟陛下封植之者,诚爱之重之,欲其绪裔承守①,与国无疆,可使世官也。何则?以尧、舜之父,犹有朱、均之子②?况下此以还,而欲以父取儿,恐失之远矣。傥有孩童嗣职,万一骄逸,则兆庶被其殃而国家受其败。政欲绝之也,则子文之理犹在③;政欲留之也,而栾黡之恶已彰④。与其毒害于见存之百姓,则宁使割恩于已亡之一臣,明矣。然则向之所谓爱之者,乃适所以伤之也。臣谓宜赋以茅土⑤,畴其户邑⑥,必有材行,随器方授,则翰翮非强⑦,亦可以获免尤累⑧。昔汉光武不任功臣以吏事,所以终全其世者,良由得其术也。愿陛下深思其宜,使夫得奉大恩,而子孙终其福禄也。"

　　太宗并嘉纳其言。于是竟罢子弟及功臣世袭刺史。

【注释】

①绪裔承守:世代袭守职位。

②朱、均:即指丹朱和商均。丹朱,唐尧之子,名朱。因封于丹水,故曰丹朱。因傲慢荒淫,尧禅位于舜。《史记·五帝本纪》:"尧知子丹朱之不肖,不足授天下,于是乃权授舜。"商均,舜之子。相传舜

以商均不肖,乃使伯禹继位。事见《孟子·万章上》《史记·五帝本纪》。在文献记载中常把商均与丹朱并用为不肖子之典型。

③子文之理:春秋时期楚国斗谷於菟任令尹时,正值楚国统治集团内争和子元内乱之后,困难重重,斗谷於菟能从国家和民族利益出发,毫不犹豫地"自毁其家",尽力相助效劳,使楚国迅速度过了难关。因此,斗氏之族从稳定楚国政局到解决国计民生困难,均作出了巨大贡献。子文,楚国令尹,是一代贤相。他曾辅佐楚成王执掌国政。在治理国家、外交和军事方面,具有杰出的才能。这里的"子文之理"泛指先人的功劳。理,治理。

④栾黡(yǎn)之恶:晋国大夫栾武子之子栾黡的劣迹。栾黡,栾书嫡子。栾书在悼公即位的事上起了决定性作用,一直得到悼公的优容。栾书死后,栾黡一直担任晋国下军主将,作风强悍霸道,几乎得罪了当时的所有家族。栾黡死后不久,其子栾盈就被范氏驱逐,旋于前550年被灭族,栾氏退出晋国政治舞台。

⑤茅土:指王、侯的封爵。古天子分封王、侯时,用代表方位的五色土筑坛,按封地所在方向取一色土,包以白茅而授之,作为受封者得以有国建社的表征。

⑥户邑:户口与县邑。汉代开始以户口或县邑为封建单位。

⑦翰翮(hé):羽翼。这里指才能、能力。

⑧尤累:过失。

【译文】

中书舍人马周又上书说:

"臣见到诏书命令宗室子弟和有功之臣到封地做刺史,并传位给他们的子孙,使其世代保守政权,没有大的原因,不得罢免。臣私下认为陛下对所封的人,确实是爱惜和器重他们,希望他们世袭承守职位,与国家一样万年无疆,可以使他们世世为官。为什么要这么做呢?像尧、舜这样的父亲,尚且有丹朱、商均这样的不肖子孙,何况尧、舜以下的人，要根据父亲的功德来推断儿子，恐怕相差得太远了。倘若有人在孩童时就承袭了父亲的职位，万一长大以后变得骄横淫逸起来，那么不但百姓遭殃，国家也会受其败坏。若要断绝他们的官职和封地吧，其先人的功劳尚在；若要保留他们的官职和封地吧，但其本人的过恶已明显暴露。与其让这些人去毒害活着的老百姓，还不如断恩于一个已故的功臣，这是很明显的道理。这样一来，原来认为是对他们的爱护，其实恰恰是对他们的伤害。臣下认为，最好是给他们封一些土地，作为食邑，他们的子孙中确有才能者，可根据他们的才能授予官职，对那些能力不强的人，也可以免去过失和罪咎。过去东汉光武帝不让功臣担任政事，所以才能保全他们的一生，确实是由于他处理的方法得当啊。希望陛下深思有关事宜，使宗室和功臣能蒙受陛下的大恩，而他们的子孙也能终享福禄。"

太宗非常赞赏李百药和马周的意见，并加以采纳。于是停止了分封宗室弟子和功臣世袭刺史的做法。

太子诸王定分第九

【题解】

　　本篇主要记录了李世民等人教育太子、诸王的言论和事迹。在封建社会,太子身为储君,将来必定会君临天下,统治万民。应预先确立名分,否则觊觎皇位的人会时时对太子构成威胁,历史上皇帝的兄弟、子孙为争夺皇位而发生刀兵相见、骨肉相残的悲剧事件数不胜数。因此早日确立太子和诸王的名分,确立太子的崇高地位,同时断绝其他人的非分之想,避免发生兄弟阋墙的惨剧,也是让国家长治久安的良策。本篇认为应当尽早给诸王确定不同的名分,并严格遵循礼仪制度,做到厚薄有差,以绝非分之想,断绝祸患之源。同时也要教育太子、诸王以忠、孝、恭、俭为做人的正道,"贫不学俭,富不学奢",让万代子孙遵照执行,才不会导致国家灭亡。

　　贞观七年,授吴王恪齐州都督①。太宗谓侍臣曰:"父子之情,岂不欲常相见耶? 但家国事殊,须出作藩屏②;且令其早有定分③,绝觊觎之心④,我百年后,使其兄弟无危亡之患也。"

【注释】

①吴王恪：即李恪(619—653)，太宗第三子。武德三年(620)，封长沙郡王；武德九年，封汉王(见新、旧《唐书》。而《墓志》云为"汉中郡王"，疑为墓志贬义行文所需)；贞观二年(628)，封蜀王，领益州大都督(今四川成都)，未之官；贞观五年，转秦州都督(今甘肃天水)，未之官；贞观七年，转齐州都督(今山东济南)，之官一年。贞观十年，改封吴王。此句当作"授蜀王恪齐州都督"，封恪蜀王在前，吴王在后。日本所藏南家本、菅家本作"授蜀王恪齐州都督"。齐州：唐代州名，治所在历城(今山东济南一带)。

②藩屏：国家的屏障。这里比喻诸侯的封国。

③定分：一定的名分。

④觊觎(jì yú)：非分的希望或企图。

【译文】

贞观七年(633)，太宗任命吴王李恪为齐州都督。太宗对身边的大臣们说："从父子之间的感情来说，怎么会不希望经常相见呢！但是家事与国事有所不同，要让他到封国去任职；而且使他早有一定的名分，断绝觊觎皇位的想法。即使我去世后，也能让他们兄弟之间没有危亡的祸患。"

贞观十一年，侍御史马周上疏曰："汉晋以来，诸王皆为树置失宜①，不预立定分，以至于灭亡。人主熟知其然，但溺于私爱，故前车既覆而后车不改辙也。今诸王承宠遇之恩有过厚者，臣之愚虑，不惟虑其恃恩骄矜也。昔魏武帝宠树陈思②，及文帝即位③，防守禁闭，有同狱囚，以先帝加恩太多，故嗣王从而畏之也④。此则武帝之宠陈思，适所以苦之也。且帝子何患不富贵，身食大国⑤，封户不少，好衣美食之外,更何所须?而每年别加优赐,曾无纪极⑥。俚语曰⑦:'贫不学俭,富不学奢。'言自然也。今陛下以大圣创业,岂惟处置见在子弟而已,当须制长久之法,使万代遵行。"

疏奏,太宗甚嘉之,赐物百段。

【注释】

①树置:树立。这里指封授爵位或职务。

②魏武帝:即曹操(155—220)。字孟德,小名阿瞒,沛国谯县(今安徽亳州)人。三国时政治家、军事家、诗人。他通过"挟天子以令诸侯"的手段,控制东汉王朝,为其子曹丕代汉建魏打下了坚实基础。陈思:即曹植(192—232),为魏武帝(曹操)第三子,文帝之弟,字子建,谥号思,故称陈思王。

③文帝:即魏文帝曹丕(187—226),见前注。

④嗣王:继位之王。

⑤身食大国:指分封的食邑很大。

⑥纪极:终极,限度。引申为穷尽。

⑦俚语:粗俗的或通行面极窄的方言词。

【译文】

贞观十一年(637),侍御史马周上书说:"自汉晋以来,分封诸王都因为封授的位置不当,没有预先确立名分,因而导致灭亡。国君们对这些事是很清楚的,但因为沉溺于个人感情,所以没有能吸取前车之鉴而改变做法。现在诸王当中有过于受宠的,臣所忧虑的,不仅仅是他们倚仗宠爱而骄奢自大。从前魏武帝宠爱陈思王曹植,后来魏文帝曹丕即位,便对曹植防范禁制,使他就像在狱中的囚犯一样,这是因为先帝对他的恩宠太多,所以继位的君主对他就有所惧怕了。魏武帝宠爱曹植,恰恰是害苦了他。况且,帝王的儿子还用得着担心没有富贵可享受?他们分封的食邑很大,封赐的食户也不少,穿好衣服吃好食物,还有什么需要的？何况每年还得到不计其数的额外优厚赏赐而没有限制。俗话说：'贫不学俭，富不学奢。'意思是说，这些习性自然就会那样。现在陛下以圣明的德行开创帝业，难道仅仅是安顿好现在的子弟就算成功了吗？应当制定长远的制度，让万代子孙遵照执行。"

这个奏折送上之后，太宗看了十分赞赏，赐给他绢帛等物百段。

贞观十三年，谏议大夫褚遂良以每月特给魏王泰府料物有逾于皇太子①，上疏谏曰："昔圣人制礼，尊嫡卑庶。谓之储君②，道亚霄极③，甚为崇重，用物不计，泉货财帛，与王者共之。庶子体卑，不得为例，所以塞嫌疑之渐，除祸乱之源。而先王必本于人情，然后制法，知有国家，必有嫡庶。然庶子虽爱，不得超越嫡子，正体特须尊崇④。如不能明立定分，遂使当亲者疏，当尊者卑，则佞巧之徒承机而动，私恩害公，或至乱国。伏惟陛下功超万古，道冠百王，发施号令，为世作法。一日万机，或未尽美，臣职谏净，无容静默。伏见储君料物，翻少魏王⑤，朝野见闻，不以为是。臣闻《传》曰：'爱子，教以义方。'⑥忠、孝、恭、俭，义方之谓。昔汉窦太后及景帝并不识义方之理⑦，遂骄恣梁孝王⑧，封四十余城，苑方三百里。大营宫室，复道弥望⑨，积财镪巨万计⑩，出警入跸⑪，小不得意，发病而死。宣帝亦骄恣淮阳王⑫，几至于败，赖其辅以退让之臣，仅乃获免。且魏王既新出阁⑬，伏愿恒存礼训，妙择师傅，示其成败；既敦之以节俭，又劝之以文学。惟忠惟孝，因而奖之；道德齐礼，乃为良器。此所谓'圣人之教，不肃而成'者也。"

太宗深纳其言。

【注释】

①魏王泰：即李泰（619—653），字惠褒，唐太宗第四子。李泰雅好文学，工书画，才华横溢，很受唐太宗宠爱，史载"宠冠诸王"，是太宗最宠爱的儿子。按惯例受封王子都应去封地，不得长驻京畿。但李泰封王后，因为太宗偏爱，特许"不之官"，长年留在太宗身边。太宗因为泰好士爱文学，特令在他的府邸设置文学馆，任他自行引召学士。料物：指物资、食物、用物等。

②储君：候补王位的人。

③道亚霄极：德行仅次于国君。道，名分。亚，仅次于。霄极，天空的最高处。这里喻指朝廷君王。

④正体：旧指承宗的嫡长子。

⑤翻：通"反"，反而。

⑥"臣闻"句：语出《左传·隐公三年》。意谓爱护子女，就要教育他们懂得道理规矩。义方，做事应该遵守的规范和道理。

⑦窦太后（前205—前135）：名漪，清河郡（今河北清河）人。吕后时，窦姬被选中去了代国。到了代国，代王刘恒非常喜欢她，先与她生了女儿刘嫖，后又生了刘启和刘武两个儿子。等到代王成为汉文帝后，于前180年三月封窦姬为皇后，长子刘启立为太子，刘嫖封为馆陶长公主，幼子刘武先封为代王，后封为梁孝王。文帝去世后，景帝刘启即位，窦后成了皇太后。前135年去世，与文帝合葬霸陵。景帝：即汉景帝刘启（前188—前141），汉文帝刘恒长子，母亲窦姬（窦太后），汉惠帝七年（前188）生于代地中都（今山西平遥西南）。在位16年，卒于景帝后元三年（前141），谥号"孝景皇帝"。

⑧梁孝王：汉文帝刘恒幼子刘武，先封为代王，后封为梁孝王。

⑨复道：楼阁间架空的通道，也称阁道。

⑩财镪（qiǎng）：钱财。镪，穿钱的绳子。引申为成串的铜钱，泛指

钱币。

⑪出警入跸(bì)：古代帝王进出时所经之地都要戒备、清道、断绝行人。这里指梁孝王进出时的警戒和清道仪式都如同帝王。

⑫宣帝：即刘询(前91—前49)，字次卿。汉武帝晚年，太子刘据与其子都因巫蛊之祸而死，当时刘询年幼，流落民间，深知民间疾苦和吏治得失。元平元年(前74)昌邑王被废后，霍光等大臣将他从民间迎入宫中，先封为阳武侯，于同年七月继位，时年18岁。亲政后，励精图治，任用贤能。招抚游民，恢复和发展农业生产。淮阳王：即刘钦，是汉宣帝的第二子。聪达有材，帝颇爱之。元康三年(前65)受封为淮阳王，前48年就国，建都于陈(今河南淮阳)。刘钦在位36年去世，传位给儿子淮阳文王刘去。王莽篡位后，淮阳王国灭亡。

⑬出阁：皇子出就藩封称"出阁"。

【译文】

　　贞观十三年(639)，谏议大夫褚遂良因为每月特别供给魏王李泰府的物品，超过了皇太子，而上书进谏说："从前圣人制定的礼制，尊重嫡子，抑制庶子。皇太子称之为储君，德行仅次于国君，极为高贵尊崇，所用的物资用不着限制，钱财货物，可以和国君共同享用。庶子的地位较低，不得拿嫡子来比照，以此来杜绝嫌疑，清除祸源。先王一定是根据人之常情来制定礼法的，明白有国有家，就必须有嫡有庶，这样才能安定有序。庶子即使被宠爱，也不得超过嫡子，因为嫡子的地位必须要特别尊崇。如果不能明确地确立他们的名分，就会使应当亲近的人反而疏远，应当尊崇的人反而卑贱，那些佞巧奸邪之徒就会乘机活动，因私宠而损害公道，惑乱人心，扰乱国家。陛下功业超越了万古，德行冠于百王，发布的政策诏令亦是后世的楷模。陛下日理万机，有时未必妥善，但臣子的职责就是谏诤，不容许他们沉默不言。为臣的看到供应太子的物资，反而比魏王少，朝野或民间听到后都认为这样做不对。臣听

《左传》上说:'爱护子女,就要教育他们懂得道理规矩。'忠、孝、恭、俭,就是做人的正道。以前汉朝的窦太后、汉景帝都不懂得这个道理,于是娇惯梁孝王,赐给他四十多座城,其苑围方圆达三百里。梁孝王大肆修建宫室,建造的楼阁复道举目相望,积聚的钱财数以万计,进出时的警戒和清道仪式都如同帝王,但后来稍有不如意,就病发死了。汉宣帝放纵娇惯淮阳王,几乎导致国家败亡,幸亏有谦逊的大臣辅佐,才使他免于灾难。魏王是新近出藩到封地就任的,臣希望陛下要常用礼义教导他,好好为他选择师傅,用国家成败的道理来启示他;既要他勤俭节约,又要用文章学问来劝勉他。尽忠尽孝,就予以奖励;用道德来引导他,用礼仪来约束他,这样才能使他成为有用的人才。这就是所谓'圣人的教化,不用疾言厉色就能使人成器'的道理。"

太宗接纳了他的意见。

贞观十六年,太宗谓侍臣曰:"当今国家何事最急?各为我言之。"

尚书右仆射高士廉曰①:"养百姓最急。"

黄门侍郎刘洎曰:"抚四夷急。"

中书侍郎岑文本曰:"《传》称:'道之以德,齐之以礼。'义为急。"

谏议大夫褚遂良曰:"即日四方仰德,不敢为非,但太子、诸王须有定分,陛下宜为万代法以遗子孙,此最当今日之急。"

太宗曰:"此言是也。朕年将五十,已觉衰怠。既以长子守器东宫②,诸弟及庶子数将四十,心常忧虑在此耳。但自古嫡庶无良,何尝不倾败家国。公等为朕搜访贤德,以辅储宫,爰及诸王,咸求正士。且官人事王,不宜岁久。岁久则分义情深，非意窥窬③，多由此作。其王府官寮，勿令过四考④。"

【注释】

①高士廉(575—647)：名俭，以字行，唐渤海蓨县(今河北景县)人。"少有器局，颇涉文史"，与大文豪薛道衡等人结为忘年之交，为一时才俊。隋末因故谪交州，唐初北归。高宗时任雍州治中。玄武门之变，曾参与谋划。太宗时升任侍中、吏部尚书、仆射、太傅等。

②守器：守护国家的重器。借指太子。东宫：封建时代太子住的地方。借指太子。

③窥窬(yú)：亦作"窥觎""窥逾"。犹言觊觎，窥视可乘之隙，得到非分的希望或企图。这里指窥视帝位。

④四考：四次考核。谓任职四年。考，检查、考核。唐代每年考核一次官员的政绩，以决定升黜，称之为"考"。

【译文】

贞观十六年(642)，太宗对身边的大臣们说："当今国家什么事情最为急迫？请各位发表意见。"

尚书右仆射高士廉说："抚养百姓最为要紧。"

黄门侍郎刘洎说："安抚四面的少数民族最为急迫。"

中书侍郎岑文本说："《左传》上说：'用道德来引导，用礼义来约束。'提倡礼义是最为急迫的。"

谏议大夫褚遂良则说："当今天下都仰慕陛下的圣德，谁也不敢为非作歹，但太子和诸王必须有一定的名分，陛下应为子孙后代立下万代可行的规矩，这是当今最为紧急的事情。"

太宗说："这话说得很对。我已年近五十，已经感到精力衰弱倦怠。现在既已确立长子为东宫太子，其他兄弟及庶子总计有四十余人，我心中常忧虑的是这件事。但是自古以来，不论是嫡子或是庶子，如果没有贤良辅佐，就难免倾家败国。你们要为我访求贤德之士，来辅佐太子，宗室诸王也要由正直的人来辅助。但辅佐王子的官吏任职时间不宜太久，因为时间一长，他们的感情就会深厚，就会图谋帝位，大多非分的想法由此而产生。因此各王府的官员，任职时间不要超过四年。"

尊敬师傅第十

【题解】

本篇主要记述了唐太宗教谕太子和诸王尊敬师傅、努力学习的言论以及大臣们的相关奏疏。太宗认为"不学,则不明古道,而能政致太平者未之有也"。凡是圣明的帝王,都有道德高尚的师傅,"黄帝学大颠,颛顼学录图,尧学尹寿,舜学务成昭,禹学西王国,汤学威子伯,文王学子期,武王学虢叔。前代圣王,未遭此师,则功业不著乎天下,名誉不传乎载籍"。"古来帝子,生于深宫,及其成人,无不骄逸,是以倾覆相踵,少能自济"。太子与诸王地位高贵,尽享荣华,教育不当便会骄奢淫逸,自取灭亡。

贞观君臣对约束皇子、尊师重学的重要性认识得十分深刻,其所规定的具体做法确实有助于限制皇子的骄纵情绪,从而提高他们的个人素质。

贞观三年,太子少师李纲有脚疾①,不堪践履②。太宗赐步舆③,令三卫举入东宫④,诏皇太子引上殿⑤,亲拜之,大见崇重。纲为太子陈君臣父子之道,问寝侍膳之方,理顺辞直,听者忘倦。太子尝商略古来君臣名教⑥,竭忠尽节之事。纲懔然曰:"托六尺之孤,寄百里之命⑦,古人以为难,纲以为易。"每吐论发言,皆辞色慷慨,有不可夺之志,太子未尝不耸然礼敬。

【注释】

①太子少师:官名,辅导皇太子的官员。一般以位高望重的大臣兼任,亦有专任者。与太子少保、少傅合称太子三少,或东宫三少。李纲:字文纪,观州蓨(河北景县)人。为人有气节,贞观初拜太子少师。

②践履(lǚ):穿鞋行走。

③步舆:古代一种人抬的代步工具。

④三卫:唐禁卫军,有亲卫、勋卫、翊卫,合称"三卫"。东宫:封建时代太子住的地方。

⑤引:这里是搀扶的意思。

⑥商略:商讨。

⑦"托六尺之孤"二句:语出《论语·泰伯》。意谓接受托孤,辅佐年幼的国君,代理国政。六尺之孤,指未成年的孤儿。百里之命,指管理方圆百里的诸侯封国的命令。

【译文】

贞观三年(629),太子少师李纲患有脚疾,不能穿鞋走路。太宗特别赐给他一顶轿子,命令东宫侍卫抬他进入东宫,诏令皇太子搀扶他上殿,并亲自拜见,显得非常受尊崇。李纲为太子陈说君臣父子之间的道义,以及问候起居的礼节、检视膳食的方法,讲得畅达明白,义正辞严,使听讲的人聚精会神,忘记了疲倦。太子曾经与李纲商讨古代的君臣规范和竭忠尽节之事。李纲大义凛然地说:"接受托孤,辅佐年幼的国君,代理国政,古人认为很难,我却觉得很容易。"他每次发表言论,言辞、态度总是慷慨激昂,有一种坚定不可动摇的意志,太子没有不肃然起敬的。

贞观六年，诏曰："朕比寻讨经史，明王圣帝，曷尝无师傅哉？前所进令，遂不睹三师之位①，意将未可。何以然？黄帝学大颠，颛顼学录图，尧学尹寿②，舜学务成昭，禹学西王国③，汤学威子伯，文王学子期，武王学虢叔④。前代圣王，未遭此师，则功业不著乎天下，名誉不传乎载籍。况朕接百王之末，智不同圣人，其无师傅，安可以临兆民者哉？《诗》不云乎：'不愆不忘，率由旧章⑤。'夫不学，则不明古道，而能政致太平者未之有也！可即著令，置三师之位。"

【注释】

①三师：北魏以后以太师、太傅、太保为三师，都是古代与天子坐而论道和辅导太子的官员。

②尹寿：帝尧之师，传说尹寿是河阳（今河南孟州）人，因博学多才而被召为帝尧之师。尹寿任帝尧老师时，要求尧讲求仁义道德，并对尧讲授无为之道，即以无为来治理天下，实行仁政，与民休息，以实现无为而无不为。

③西王国：据《荀子·大略》篇记载"禹学西王国"，杨琼注云："或曰：大禹生于西羌，西王国，西羌之贤人也。"

④虢叔：又称虢公，季历第三子，周文王之弟，周武王之叔。西周初年由周武王封于西虢（一说东虢），虢叔号曰"虢公"。

⑤"不愆(qiān)"二句：语出《诗经·大雅·嘉乐》。意谓不犯过失不忘本，一切按照老规矩办事。愆，过失，差错，罪过。率，遵循。旧章，老法规。

【译文】

贞观六年（632），太宗下诏说："我近来研讨经史，凡是圣明的帝王，哪一个没有师傅呢？先前所呈上来的官职的法令中竟不见有三师的职位,想来不妥。为什么呢？黄帝曾向大颠学习,颛顼曾向录图学习,尧曾向尹寿学习,舜曾向务成昭学习,禹曾向西王国学习,汤曾向威子伯学习,文王曾向子期学习,武王曾向虢叔学习。前代的圣明君主,如果不曾受这些老师的教育,他们的功业就不会那么显扬天下,他们的声名也不会在史籍中记载流传。何况我位居历代帝王之后,智慧比不上圣人,如果没有师傅的指教,怎么能够统率亿万百姓呢？《诗经》上说:'不犯过失不忘本,一切按照老规矩办事。'如果不学习,就不明白古人的治国之道,不这样而能使天下太平的是从来没有过的！应当立即拟定法令,设立三师的职位。"

　　贞观八年,太宗谓侍臣曰:"上智之人,自无所染①,但中智之人无恒②,从教而变。况太子师保③,古难其选。成王幼小,周、召为保傅④。左右皆贤,日闻雅训,足以长仁益德,使为圣君。秦之胡亥⑤,用赵高作傅⑥。教以刑法,及其嗣位,诛功臣,杀亲族,酷暴不已,旋踵而亡。故知人之善恶,诚由近习。朕今为太子、诸王精选师傅,令其式瞻礼度⑦,有所裨益。公等可访正直忠信者,各举三两人。"

【注释】

①染:感染,通过语言或行为来影响别人。

②无恒:无常。这里指不稳定。

③师保:即指太师、太保。古人教育太子有师有保,统称"师保"。

④周、召:周公旦(武王弟)和召公。见前注。保傅:古代保育、教导太子等贵族子弟及未成年帝王、诸侯的男女官员,统称为保傅。

⑤胡亥:即秦二世。见前注。

⑥赵高:秦朝宦官。原为赵国人。进入秦宫后任中车府令兼掌皇

帝的符玺。亲近秦始皇少子胡亥。赵高依仗着秦二世胡亥对他
的宠信,在秦王朝最后的几年统治中翻云覆雨,把秦朝的暴虐苛
政推向了顶峰,加速了秦朝的灭亡。

⑦式瞻:瞻仰效法。

【译文】

贞观八年(634),太宗对身边的大臣们说:"智慧高明的人,自然
不会受周围环境的熏染,但智慧中等的人就不稳定了,会随着所受
的教育而改变。况且太子的师保人选,自古以来就很难选择。周成
王年幼的时候,周公和召公担任太傅、太保,左右都是贤明之人,他
天天接受有益的教导,足以增长仁义道德,于是成了圣明的国君。
秦朝的胡亥,启用赵高做他的太师。赵高用苛刑峻法来教育他,等
到秦二世继位之后,就诛戮功臣,屠杀宗族,残暴酷毒,很快就灭亡
了。因此可知,人的善恶确实可以受到周遭环境和左右亲近的习染
和影响。我今天想为太子及诸王精心选择师傅,让太子和诸王瞻仰
效法师傅的礼仪风度,从中受到教益。你们可为我寻访正直忠信的
人,各自举荐三两个人来。"

贞观十一年,以礼部尚书王珪兼为魏王师①。太宗谓尚
书左仆射房玄龄曰:"古来帝子,生于深宫,及其成人,无不
骄逸,是以倾覆相踵,少能自济②。我今严教子弟,欲皆得安
全。王珪我久驱使,甚知刚直,志存忠孝,选为子师。卿宜
语泰,每对王珪,如见我面,宜加尊敬,不得懈怠。"珪亦以师
道自处,时议善之也。

【注释】

①魏王:唐太宗的第四子李泰(618—652)。见前注。

②自济：自成其事。这里指自强自立。

【译文】

贞观十一年（637），任命礼部尚书王珪兼任魏王李泰的师傅。太宗对尚书左仆射房玄龄说："自古以来，帝王的儿子生长在深宫当中，到他长大成人之后，无不骄横淫逸，因此相继败亡，很少能有自强自立的。我如今要严加管教子弟，希望他们都能得到安宁保全。王珪一向是我信任的人，深知他性情刚毅正直，心存忠孝，所以选他做我儿子的师傅。您可以对李泰说，每当见到王珪就如同见到我一样，应该加以尊敬，不得怠慢。"王珪也按照为师之道来要求对待自己，深得当时舆论的好评。

贞观十七年，太宗谓司徒长孙无忌、司空房玄龄曰："三师以德道人者也①。若师体卑，太子无所取则②。"于是诏令撰太子接三师仪注③。太子出殿门迎，先拜三师，三师答拜，每门让三师，三师坐，太子乃坐。与三师书，前名"惶恐"④，后名"惶恐再拜"。

【注释】

①三师：北魏以后，以太师、太傅、太保为"三师"。道：通"导"，教导。

②则：准则。

③仪注：制度，仪节。即礼仪的细则。

④前名"惶恐"：开头要先写"惶恐"二字。

【译文】

贞观十七年（643），太宗对司徒长孙无忌，司空房玄龄说："三师是用德行来教导别人的人，如果三师的地位低下，太子就无法确认尊师的准则。"于是，下令制定太子接待三师的礼仪制度，仪注中规定：太子必须出殿门迎接三师；太子应先拜三师，三师答拜；每逢进门时，都要让三师先行；三师坐定后，太子才可以就座；给三师写信，开头要先写"惶恐"二字，最后要写上"惶恐再拜"四字。

贞观十八年，高宗初立为皇太子①，尚未尊贤重道，太宗又尝令太子居寝殿之侧②，绝不往东宫。散骑常侍刘洎上书曰③：

"臣闻郊迎四方，孟侯所以成德④；齿学三让⑤，元良由是作贞⑥。斯皆屈主祀之尊，申下交之义。故得刍言咸荐⑦，睿问旁通⑧；不出轩庭，坐知天壤，率由兹道，永固鸿基者焉。至若生乎深宫之中，长乎妇人之手，未曾识忧惧，无由晓风俗。虽复神机不测，天纵生知而开物成务⑨，终由外奖⑩。匪夫崇彼干籥⑪，听兹谣颂⑫，何以辨章庶类⑬，甄核彝伦⑭？历考圣贤，咸资琢玉⑮。是故周储上哲，师望、奭而加裕⑯；汉嗣深仁，引园、绮而昭德⑰。原夫太子，宗祧是系⑱，善恶之际，兴亡斯在。不勤于始，将悔于终。是以晁错上书，令通政术；贾谊献策，务知礼教。窃惟皇太子玉裕挺生⑲，金声夙振⑳，明允笃诚之美㉑，孝友仁义之方，皆挺自天姿，非劳审谕㉒，固以华夷仰德，翔泳希风矣㉓。然则寝门视膳，已表于三朝；艺宫论道，宜弘于四术㉔。虽富于春秋㉕，饬躬有渐㉖，实恐岁月易往，堕业兴讥，取适晏安㉗，言从此始。臣以愚短，幸参侍从，思广储明㉘，辄愿闻彻。不敢曲陈故事，切请以圣德言之。

【注释】

①高宗:即唐高宗李治(628—683),字为善,庙号高宗,太宗第九子。贞观五年(631)封晋王。七年(633),授并州都督。太宗晚年,太子李承乾和魏王李泰间发生了争夺皇位继承权的斗争。十七年(643),太宗废太子承乾,黜魏王泰,改立晋王李治为太子。二十三年(649)五月,太宗去世,李治即位,是为唐高宗。

②寝殿:帝王的寝宫,卧室。

③散骑常侍:官名。唐朝时在门下省者称左散骑常侍,在中书省者称右散骑常侍。无实际职权,但为尊贵之官,多用作将相大臣的兼职。

④孟侯:指太子。《尚书大传·略说》云:"天子太子年十八曰孟侯。孟侯者,于四方诸侯来朝,迎于郊者。"

⑤齿学:指太子入学,不敢居人之前,与公卿之子依年龄大小为序,以示谦卑。语本《礼记·文王世子》:"行一物而三善皆得者,唯世子而已,其齿于学之谓也。"三让:古相见礼。主人三揖,宾客三让。《礼记·文王世子》云:"故世子齿于学,国人观之曰:'将君我,而与我齿让,何也?'曰:'有父在,则礼然。'然而众知父子之道矣。其二曰:'将君我,而与我齿让,何也?'曰:'有君在,则礼然。'然而众著于君臣之义也。其三曰:'将君我,而与我齿让,何也?'曰:'长长也。'然而众知长幼之节矣。"

⑥元良由是作贞:太子由此才能养成正直的作风。元良,太子。贞,正。《礼记·文王世子》云:"语曰:'乐正司业,父师司成,一有元良,万国以贞。'世子之谓也。"

⑦刍言:浅陋的言论,卑贱者的言论。这里指百姓的话。咸:都。

⑧睿问:犹言圣闻。问,通"闻"。旁通:博通,四通八达。

⑨天纵生知而开物成务:天生聪明而通晓万物的规律去成就一番事业。开物成务,指通晓万物的道理,并按这道理行事而得到成

功。开，开通，了解。物，指客观规律。务，事务。语出《周易·系辞上》："夫《易》，开物成务，冒天下之道，如斯而已者也。"

⑩外奖：外来的奖劝、激励、辅助。奖，辅助。

⑪干籥(yuè)：这里指礼乐教化。干，指盾牌和雉羽，供乐舞之用。籥，古代管乐器，像编管之形。三孔，以和众声也。吹籥而舞，舞时依照籥声为节拍。

⑫谣颂：歌谣和诗颂。这里指诗歌的教化。

⑬辨章庶类：辨明万物。章，通"彰"，明显。

⑭甄(zhēn)核彝伦：这里指分清道理。甄核，鉴定，甄别。彝伦，伦常，人与人之间的道德关系。

⑮琢玉：雕琢玉器。意思是说石中的玉虽然有美的本质，但是没有精细的雕琢，与破瓦乱石一样。故古人语："玉不琢，不成器；人不学，不知礼。"

⑯望：即太公望、吕尚，俗称姜太公。见前注。曾佐武王灭殷，封于齐。奭(shì)：召公名。见前注。

⑰园：指东园公。姓庾，字宣明，居园中，因以为号。绮：指绮里季。姓吴，名实，字子景，居绮里，号绮里季。两人皆为汉初的著名隐士，是"商山四皓"（东园公、绮里季、夏黄公、甪里）中的两个人，他们曾力谏汉高祖刘邦废太子之事。这四位饱学之士先后为避秦乱而结茅山林。高祖尝召之为官，不至。

⑱宗祧(tiāo)：宗庙。祧，始祖之庙。

⑲玉裕挺生：形容太子资质杰出，温裕如玉。玉裕，如玉的姿容。挺生，挺拔而生。

⑳金声凤振：形容太子美名早传。金声，美好的名声。凤振，早已传播。

㉑明允笃诚：有清明公允、笃厚诚信的美德。

㉒审谕：指太子的师傅对太子的明白开导。

㉓翔泳希风：上下都羡慕他的风节。翔泳，本指飞鸟游鱼。这里引申指上上下下的人。希，仰慕、羡慕。

㉔四术：指《诗》《书》《礼》《乐》这四门功课。

㉕富于春秋：指年纪还轻。春秋，指年岁。

㉖饬(chì)躬有渐：修身养性有所长进。饬躬，指修身养性。

㉗取适晏安：贪图安逸的生活。晏安，安逸。

㉘思广储明：希望能增加太子的明智。储，储君，太子。

【译文】

贞观十八年(644)，高宗刚被立为皇太子，还没有开始教导他尊敬贤人、尊重道德，太宗又让他居住在自己的寝殿旁侧，从来不去东宫。散骑常侍刘洎向太宗上书说：

"臣听说，四方诸侯来朝时让太子迎接四方宾客，是皇太子养成好的道德的途径；虚心学习三让之礼，太子才能养成正直的作风。这些都是委屈君主的礼节，表明与低下者交往的仁义。所以才能听到百姓的愿望，耳闻八方；虽然不出宫门，坐在宫中就能得知天下的各种事情，遵循这个方针，就可以永远巩固帝王的大业。如果生在深宫当中，长在妇人手中，不曾知道忧愁和恐惧，也就无从知道各地民风习俗。即使是圣智莫测，天生聪明，但通晓万物的规律去成就一番事业，仍需要外力的相助。如果不重视礼乐教化，不学习诗书，又怎能辨明万物，分清道理。考察前代圣贤，都是通过教育和培养才得以成才。所以，周朝的储君虽然天资聪明，还需要拜太公望、召公奭做老师才能增加他的才干；汉朝的嗣君深怀仁义，尚需请来东园公、绮里季等师傅才光大德义。太子是宗庙社稷的继承人，他的好与坏、善与恶关系到国家的兴亡。如果开始不勤于教育，最终将会后悔莫及。因此晁错上书，要求太子先要通晓治国方略；贾谊献策，要求太子务必先懂得礼教。臣私下以为皇太子天资杰出，声名卓著，有清明公允、笃厚诚信的美德，又有孝友仁义的好品质，这些都是出自天性，无须师傅对太子的明白开导，就已让海内外景

仰他的美德，上上下下的人都羡慕他的风节。然而太子问寝视膳的孝
心，已表现在一日三次的朝见上；在艺宫论道，还应该博通《诗》《书》
《礼》《乐》这四门功课。虽然太子年纪还轻，修身养性也有所长进，只怕
岁月易逝，荒废了学业和事业，引起讥讽和非议，如果贪图安逸的生活，
讥讽的言论就会从此开始。为臣愚昧浅陋，有幸侍奉太子，希望能增加
太子的智慧，使其不久名闻四方。为臣不敢拐弯抹角地陈述旧事，恳请
以陛下的圣德为例来说明。

　　"伏惟陛下诞睿膺图①，登庸历试②。多才多艺，道著于
匡时③；允文允武，功成于纂祀④。万方即叙⑤，九围清晏⑥。
尚且虽休勿休，日慎一日，求异闻于振古⑦，劳睿思于当年。
乙夜观书⑧，事高汉帝；马上披卷，勤过魏王。陛下自励如
此，而令太子优游弃日，不习图书，臣所未谕一也。加以暂
屏机务，即寓雕虫⑨。纡宝思于天文⑩，则长河韬映⑪；摛玉
华于仙札⑫，则流霞成彩。固以锱铢万代⑬，冠冕百王。屈、
宋不足以升堂⑭，锺、张何阶于入室⑮？陛下自好如此，而太
子悠然静处，不寻篇翰，臣所未谕二也。陛下备该众妙⑯，独
秀寰中，犹晦天聪，俯询凡识⑰。听朝之隙⑱，引见群官，降以
温颜，访以今古。故得朝廷是非，闾里好恶，凡有巨细，必关
闻听。陛下自行如此，而令太子久趋入侍，不接正人，臣所
未谕三也。陛下若谓无益，则何事劳神；若谓有成，则宜申
贻厥⑲。蔑而不急，未见其可。伏愿俯推睿范⑳，训及储君。
授以良书，娱之嘉客。朝披经史，观成败于前踪；晚接宾游，
访得失于当代。间以书札，继以篇章，则日闻所未闻，日见
所未见。副德愈光㉑，群生之福也。

【注释】

①诞睿膺图:天生睿知,承受天命。

②登庸历试:登上帝位,历经考验。登庸,指登上帝位。

③匡时:匡正时世,挽救时局。

④纂祀:继承帝王大业。纂,继承。祀,祭祀。

⑤即叙:就绪。这里是归顺、依附的意思。

⑥九围:九州。泛指天下。清晏:清平,太平。

⑦振古:远古,往昔。

⑧乙夜:二更时分,约为夜间十时。这里泛指深夜。

⑨雕虫:指写作诗文辞赋。

⑩纡(yū):萦绕回旋。宝思:圣思。

⑪韬映:掩盖光芒。

⑫摛(chī):舒展,散布。仙札:指圣旨,皇帝的文书。

⑬锱铢(zī zhū)万代:意谓能使历代文章失色。锱铢,锱和铢。这里比喻微小、渺小。

⑭屈:指屈原(前340—前278),汉族,芈姓屈氏,名平,字原;又自称名正则,字灵均。战国末期楚国丹阳(今湖北秭归)人。初任左徒、三闾大夫,主张推行"美政",改革政治。后遭旧贵族谗言攻击,被迫去官。楚顷襄王时,被放逐沅湘流域,终因理想无从实现,遂投汨罗江自杀。他是著名的辞赋家,他所开创的"楚辞"这一诗歌样式,对后世文学具有极大影响。宋:指宋玉。又名子渊,湖北宜城(也有称归州)人。相传他是屈原的学生。是继屈原之后的浪漫主义楚辞大家。升堂:比喻刚刚入门。意谓学业才小有成就,尚未臻于更高境界。

⑮锺:指锺繇(151—230)。字元常,颍川长社(今河南长葛)人。三国时魏书法家。明帝时进太傅,封定陵侯,人称锺太傅。其书法博取众长,擅长隶书、楷书、行书。对书法的章法和结体有深入

周密的研究。其书法自然天成，无雕琢气。其楷书带有浓厚的隶书气息，风格古朴，被历代奉为楷模。张：指张芝（？—约192）。字伯英，酒泉（今甘肃酒泉）人。东汉书法家。他擅长草书中的章草，将古代笔画分离的草法，改为上下牵连富于变化的新写法，富有独创性，在当时影响很大，有草圣之称。晋王羲之对汉、魏书迹，惟推锺（繇）、张（芝）两家，认为其余不足观。入室：指获得老师学问技艺的真谛，比喻达到更高境界。

⑯备该众妙：兼备众多才能。该，通"赅"，尽备。

⑰凡识：这里指见识平常的人。

⑱隙：空闲。

⑲贻厥：是"贻厥子孙"的省语。语出《尚书·五子之歌》："明明我祖，万邦之君，有典有则，贻厥子孙。"指留传，遗留。贻，遗留。厥，其，他的。

⑳睿范：圣明的规范、榜样。

㉑副德愈光：太子的德行越来越光大。

【译文】

"陛下天生睿知，承受天命登上帝位，历经考验。多才多艺，德行显著于匡救时弊；文昌武盛，创立帝王基业传给后世。万方归顺，九州太平。尚且政治休美而不以休美自居，反而一天比一天谨慎，不断地探求古代的治国良方，还像当年那样耗尽心思。读书到深夜，事功超过汉光武帝；在马背上还手不释卷，勤奋超过魏武帝。陛下如此自励，却让太子优游终日，虚度时光，不去读书学习，这是臣所不理解的第一个问题。此外，陛下在放下处理政务的闲暇时，就吟诗作赋。舒圣思于天文，使银河失色；展美辞于仙札，宛若流霞璀璨。使历代文章显得像锱铢一样渺小，盖过历朝帝王。屈原、宋玉的文章不能说已经入门，锺繇、张芝的书法怎能算得上精深？陛下自己对文学书法这么钟爱，而太子却悠然静处，对篇章书法十分冷淡，这是臣所不理解的第二个问题。陛下兼备众多才能,独步天下,却还虚怀若谷,倾听凡夫俗子的意见。在听政的空闲,还引见群臣,和颜悦色,访今问古。所以能够得知朝廷政令的得失、民间百姓的好恶,事无巨细,都要关心过问。陛下自己这样做,却让太子长期入宫陪驾,不去接触正人君子,这是臣所不理解的第三个问题。陛下如果认为做这些事没有益处,那么何必劳心伤神去做;如果认为以上这些事有好处,那么就应该申明留给子孙做榜样。不重视这件事情,不赶紧实行,恐怕是不妥当的。臣认为,陛下应该用自己的榜样来教育储君。授给他好书,让他和贤能的人交往。让太子早晨阅读经史,体会前朝成败的历史教训;晚上接见宾客,询问当今的朝政得失。空闲时练习书法,写写文章,就会每天都能听到从未听到的事,看到从未看到的事。太子的德行越来越光大,这将是天下众生的福气。

"窃以良娣之选①,遍于中国。仰惟圣旨,本求典内②,冀防微,慎远虑,臣下所知。暨乎征简人物③,则与聘纳相违④。监抚二周⑤,未近一士。愚谓内既如彼,外亦宜然者。恐招物议⑥,谓陛下重内而轻外也。古之太子,问安而退,所以广敬于君父;异宫而处,所以分别于嫌疑。今太子一侍天闱⑦,动移旬朔⑧,师傅已下,无由接见。假令供奉有隙,暂还东朝⑨,拜谒既疏,且事俯仰,规谏之道,固所未暇。陛下不可以亲教,宫寀无因以进言⑩,虽有具寮⑪,竟将何补?

"伏愿俯循前躅⑫,稍抑下流⑬,弘远大之规,展师友之义。则离徽克茂⑭,帝图斯广,凡在黎元,孰不庆赖。太子温良恭俭,聪明睿哲,含灵所悉⑮,臣岂不知。而浅识勤勤,思效愚忠者,愿沧溟益润,日月增华也。"

太宗乃令泊与岑文本、马周递日往东宫⑯，与皇太子谈论。

【注释】

①良娣之选：为太子选妾。良娣，古代皇太子妾的称号，位在妃下。

②典内：掌管宫廷内务。

③征简：征求选拔。

④聘纳：谓以礼娶亲。古代婚有六礼：纳采、问名、纳吉、纳征、请期、亲迎。聘，指问名。纳，指纳征，亦称纳币。

⑤监抚二周：谓太子监国抚军两年。二周，两年。

⑥物议：众人的议论，多指非议。

⑦天闱：宫闱，宫廷。

⑧旬朔：十天或一个月。旬，十天。朔，一个月。亦泛指不长的时日。

⑨东朝：即东宫。太子所居住的地方。

⑩宫寀(cǎi)：宫内太子的属官。

⑪具寮：具备了官职。犹言设计了官职。

⑫前躅(zhuó)：指前人的遗范。躅，足迹，踪迹。

⑬下流：本指地位微贱的人。这里指次要的事情。

⑭离徽克茂：才德能日盛。徽，美德。克，能。

⑮含灵所悉：天下人都知道。含灵，指普天下的人。

⑯递日：依照次序一天接一天。

【译文】

"为臣私下以为，为太子选良娣，遍及全国。想来陛下的意思，是希望选择一个能管理好东宫内务的人，防微杜渐，慎重地作长远打算，这是臣所能理解的。至于为太子选择辅佐的人才，则与选良娣相反。太子在监国抚军的两年之间，没有接触过一个贤能的人。为臣认为，选取内官都如此重视,选拔外朝的官员也应该同样对待。否则就会招致世人的非议,说陛下重内而轻外。古时的太子向君父请安之后就退下宫廷,因此非常尊重父王;和父王分住在不同的宫殿,因此能避免嫌疑。现在太子在宫中侍候陛下,动不动就是十天半月,太师、太傅以下的官员根本没有机会见到他。即使太子在侍奉陛下时有闲暇,让他暂时回到东宫,以往其宫属已很少与太子见面,见面时也只是一些应酬琐事,规谏之道,根本没有时间去顾及。陛下不能亲自教诲太子,属官又没有机会进谏,虽然设计了官职,又有什么用呢?

"臣深切希望太子能够遵循前人的典范,稍微抑制一下次要的事情,树立远大的志向,发展与师友之间的情谊。这样太子的才德就能日盛,帝业的宏图因此就会越来越壮大,所有的黎民百姓,谁不庆幸依赖。太子温良恭俭,聪明睿智,这是天下人都知道的事,臣子怎么会不知道?我见识浅薄,但仍然勤勤恳恳奉献愚忠,只是希望沧海的水能再增加一些温润,为日月再增加一点光辉罢了。"

于是太宗下诏命令刘洎与岑文本、马周依照次序每天轮流去东宫,与皇太子交谈讨论。

教戒太子诸王第十一

【题解】

本篇主要记述了唐太宗如何教谕和训诫太子诸王的言论以及大臣关于如何管教诸王的奏疏。自古以来，国君王侯能保全自己的，为数很少。他们自幼富贵，不知稼穑艰难，骄傲懒惰，贪图享受，以致违法乱纪，不免自取灭亡。太宗总结历史的教训，对子弟严加教戒，力图使他们自守分际，谨慎修身，以期常葆富贵。他认识到"舟所以比人君，水所以比黎庶，水能载舟，亦能覆舟。尔方为人主，可不畏惧"的深刻道理。他考察了前代的历史教训，认为凡是拥有一方土地的诸侯，其兴盛必定是由于积善，其败亡必定是由于积恶。"若不遵诲诱，忘弃礼法，必自致刑戮"。其核心思想就是要求诸王戒骄奢、知礼度，所以对他们的严格约束不失为防微杜渐的明智之举。

贞观七年，太宗谓太子左庶子于志宁、杜正伦曰①："卿等辅导太子，常须为说百姓间利害事。朕年十八，犹在人间，百姓艰难，无不谙练。及居帝位，每商量处置，或时有乖疏，得人谏诤，方始觉悟。若无忠谏者为说，何由行得好事？况太子生长深宫，百姓艰难，都不闻见乎！且人主安危所系,不可辄为骄纵。但出敕云'有谏者即斩',必知天下士庶无敢更发直言。故克己励精,容纳谏诤,卿等常须以此意共其谈说。每见有不是事,宜极言切谏,令有所裨益也。"

【注释】

①庶子:官名。太子官属。汉代以后为太子侍从官之一,南北朝时称中庶子。唐以后于太子官署中设左、右春坊,以左、右庶子分隶之。于志宁(588—665):字仲谧,京兆高陵(今属陕西)人。唐高祖入关,迎谒于长春宫,授银青光禄大夫。历渭北道行军元帅府记室、天策府中郎、文学馆学士。贞观三年(629),进中书侍郎,加散骑常侍、行太子左庶子。十四年(640),兼太子詹事。太子承乾屡有过恶,志宁不时进谏,并上《谏苑》以讽,不为所纳。承乾废,晋王为皇太子,复拜左庶子,进侍中。

【译文】

贞观七年(633),太宗对太子左庶子于志宁、杜正伦说:"你们辅导太子,应常给他讲述民间的疾苦。我十八岁时仍在民间,百姓的艰难困苦无不清楚。后来登上帝位,每逢商量或处置事情,有时产生差错和粗疏,得到别人的谏诤后,方才醒悟。如果没有忠诚正直的人恳切进谏,怎么能办好事情?况且太子生长在深宫中,百姓的艰难他都不曾听过见过!而且国君是关系到国家安危的人,更不能骄矜放纵。只要发出敕令说'有进谏者就要杀头',那么一定会知道天下的官民就没有人再敢讲真话了。所以,要克制私欲,励精图治,容纳谏诤,你们必须经常拿这些道理给太子讲解。每当看见他有做得不对的事情,就应该极力地劝谏,使他得到教益。"

贞观十八年，太宗谓侍臣曰："古有胎教世子①，朕则不暇。但近自建立太子，遇物必有诲谕，见其临食将饭，谓曰：'汝知饭乎？'对曰：'不知。'曰：'凡稼穑艰难，皆出人力，不夺其时，常有此饭。'见其乘马，又谓曰：'汝知马乎？'对曰：'不知。'曰：'能代人劳苦者也，以时消息②，不尽其力，则可以常有马也。'见其乘舟，又谓曰：'汝知舟乎？'对曰：'不知。'曰：'舟所以比人君，水所以比黎庶，水能载舟，亦能覆舟。尔方为人主，可不畏惧？'见其休于曲木之下，又谓曰：'汝知此树乎？'对曰：'不知。'曰：'此木虽曲，得绳则正，为人君虽无道，受谏则圣。此傅说所言③，可以自鉴。'"

【注释】

①胎教：一种对胎儿施行教育的方法。孕妇谨言慎行，心情舒畅，给胎儿以良好影响，谓之"胎教"。传说周文王的母亲怀孕的时候，眼睛不看邪恶的东西，耳朵不听不健康的音乐，嘴里不说恶语脏话。她认识到，母亲所接触的外界事物都会感应给胎儿，并对其产生一定的影响。她晚上就命乐官朗诵诗歌给她听，演奏高雅的音乐给她听，因此周文王一生下来就很聪明。

②消息：指消长、盛衰、生灭。这里指有劳有逸。

③傅说所言：指《尚书·说命上》："说复于王曰：惟木从绳则正，后从谏则圣。"孔传："言木以绳直，君以谏明。"意谓木依从绳墨砍削就会正直，君主依从谏言行事就会圣明。绳，指木工的绳墨。

【译文】

贞观十八年（644），唐太宗对侍从的大臣们说："古时候曾有胎教世子的传说，我却没有时间考虑这事。但最近自册立太子以来，遇到事物都要对他教诲晓谕。见他对着饭菜准备吃饭时，我便问他：'你知道饭是怎样来的?'回答说:'不知道。'我说:'凡是种庄稼的农事都很艰难辛苦,全靠农民出力,不要违背农业时令,才常有这样的饭吃。'看到他骑马,又问他:'你对马了解吗?'回答说:'不知道。'我说:'马是能够代替人做许多劳苦的工作的,要让它按时休息,不耗尽它的气力,这样就可以常有马骑。'看到他乘船,又问他:'你对船了解吗?'回答说:'不知道。'我说:'船好比是君主,水好比是百姓,水能浮载船,也能推翻船。你不久将做君主了,对这个道理怎能不感到畏惧呢?'看到他靠在弯曲的树下休息,又问他:'你对这棵树了解吗?'回答说:'不知道。'我说:'这树虽然长得弯曲,但用墨绳校正就可加工成平正的木材。做君主的虽然有时德行不高,但只要能够接纳规谏,也会成为圣明之君。这是傅说讲的道理,可以对照自己作为鉴戒。'"

　　贞观七年,太宗谓侍中魏徵曰:"自古侯王能自保全者甚少,皆由生长富贵,好尚骄逸,多不解亲君子远小人故尔。朕所有子弟,欲使见前言往行,冀其以为规范。"因命徵录古来帝王子弟成败事,名为《自古诸侯王善恶录》,以赐诸王。其序曰:

　　"观夫膺期受命①,握图御宇②,咸建懿亲③,藩屏王室,布在方策④,可得而言。自轩分二十五子⑤,舜举一十六族⑥,爰历周、汉,以逮陈、隋,分裂山河,大启盘石者众矣⑦。或保乂王家⑧,与时升降;或失其土宇,不祀忽诸⑨。然考其盛衰,察其兴灭,功成名立,咸资始封之君;国丧身亡,多因继体之后。其故何哉? 始封之君,时逢草昧,见王业之艰阻,知父兄之忧勤。是以在上不骄,夙夜匪懈。或设醴以求贤⑩,或吐飧而接士⑪。故甘忠言之逆耳,得百姓之欢心。树至德于生前，流遗爱于身后。暨夫子孙继体，多属隆平^⑫，生自深宫之中，长居妇人之手，不以高危为忧惧，岂知稼穑之艰难？昵近小人，疏远君子，绸缪哲妇^⑬，傲狠明德，犯义悖礼，淫荒无度，不遵典宪，僭差越等^⑭。恃一顾之权宠，便怀匹嫡之心^⑮；矜一事之微劳，遂有无厌之望。弃忠贞之正路，蹈奸宄之迷途。愎谏违卜^⑯，往而不返。虽梁孝、齐冏之勋庸^⑰，淮南、东阿之才俊^⑱，摧摩霄之逸翮，成穷辙之涸鳞，弃桓、文之大功^⑲，就梁、董之显戮^⑳。垂为炯戒^㉑，可不惜乎？皇帝以圣哲之资，拯倾危之运，耀七德以清六合^㉒，总万国而朝百灵^㉓，怀柔四荒，亲睦九族。念华萼于《棠棣》^㉔，寄维城于宗子^㉕。心乎爱矣，靡日不思，爰命下臣，考览载籍，博求鉴镜，贻厥孙谋。臣辄竭愚诚，稽诸前训。凡为藩为翰^㉖，有国有家者，其兴也必由于积善，其亡也皆在于积恶。故知善不积不足以成名，恶不积不足以灭身。然则祸福无门，吉凶由己，惟人所召，岂徒言哉！今录自古诸王行事得失，分其善恶各为一篇，名曰《诸王善恶录》，欲使见善思齐，足以扬名不朽；闻恶能改，庶得免乎大过。从善则有誉，改过则无咎。兴亡是系，可不勉欤？"

太宗览而称善，谓诸王曰："此宜置于座右，用为立身之本。"

【注释】

①膺（yīng）期受命：指受命登基，受天命为帝王。膺期，承受期运。

②握图御宇：掌握版图，治理天下。握图，犹握符。谓膺天命而有天下。

③懿(yì)亲：至亲。特指皇室宗亲、外戚。

④方策：同"方册"，典籍。

⑤轩：指轩辕氏，即黄帝。黄帝分封二十五子事，见《国语》。

⑥舜举一十六族：指舜时的贤臣"八元"（传说高辛氏有才子八人，叫八元）、"八恺"（高阳氏有才子八人，叫八恺）。八元八恺（一十六族）辅佐虞舜，把政事治理得很好。

⑦大启盘石：大动国家的根基。盘石，同"磐石"，巨石。这里比喻国家的根基。

⑧保乂王家：保国安邦，使国家安定太平。

⑨不祀：不为人奉祀。比喻亡国。

⑩醴(lǐ)：一种甜酒。

⑪吐飧(sūn)：吐哺，极言殷勤待士。传周公一饭之间，三次停下来，以接待宾客。喻求贤殷切。

⑫隆平：指太平年代。

⑬绸缪(chóu móu)哲妇：迷恋美色。绸缪，缠绵，情深意长。哲妇，本指多谋虑的妇人。后因以指乱国的妇人。《诗经·大雅·瞻卬》："哲夫成城，哲妇倾城。懿厥哲妇，为枭为鸱。"孔颖达疏："若为智多谋虑之妇人，则倾败人之城国。妇言是用，国必灭亡。"

⑭僭(jiàn)差：僭越失度，超越本分。差，等级，既定的本分。

⑮匹嫡之心：与嫡子相匹敌的念头。

⑯愎谏违卜：刚愎自用，不听劝谏，违反天意，坚持错误。卜，占卜。古时占卜，用龟甲称卜，用蓍草称筮，合称卜筮。古人认为占卜的结果代表天意，违卜就是违反天意。

⑰梁孝：指西汉梁孝王刘武，七国之乱期间，曾率兵抵御吴王刘濞，保卫了国都长安，功劳极大。齐冏：指晋齐王司马冏。字景治，河内温县（今河南温县西）人。司马昭之孙，齐王攸子。袭封齐

　　王。及赵王伦篡位,他联络河间王颙、成都王颖、常山王乂等共讨
　　赵王伦,迎惠帝复位。勋庸:功勋。

⑱淮南:指淮南王刘安。西汉思想家、文学家,沛郡丰(今江苏沛
　　县)人。汉高祖刘邦之孙,淮南历王刘长之子,袭封为淮南王。
　　好读书鼓琴,善为文辞,才思敏捷。东阿:指魏东阿王曹植。

⑲桓:指齐桓公。姜姓,名小白。春秋时期齐国国君。任用管仲进
　　行改革,国力富强,是春秋时期的第一位霸主。文:指晋文公。
　　姬姓,名重耳。春秋时期著名的政治家,春秋五霸之一。实行
　　"通商宽农""明贤良""赏功劳"等政策,整顿内政,任用赵衰、狐
　　偃等人,发展农业、手工业,加强军队,国力大增,出现"政平民
　　阜,财用不匮"的局面。

⑳梁:指梁冀。字伯卓,安定乌氏(今甘肃平凉西北)人。东汉外戚
　　和权臣。梁氏专权自恣,极力诛除异己。桓帝对梁冀专权素有
　　不满,加以梁冀刺杀贵人邓猛姊婿邴尊事发,桓帝遂与宦官单超
　　等五人密谋诛冀,梁冀与妻自杀,子胤及诸梁宗亲无长少皆弃
　　市。朝廷百姓称庆。董:指董卓。字仲颖,陇西临洮(今甘肃岷
　　县)人。东汉末年权臣。灵帝病危时,他驻屯河东,拥兵自重,坐
　　待事变。灵帝死后,董卓引兵驰抵京城,势力大盛,废黜少帝,立
　　陈留王为献帝,卓迁太尉领前将军事,进位相国。董卓放纵士兵
　　在洛阳城中大肆剽房财物,淫掠妇女,又虐刑滥罚,以致人心恐
　　慌,内外官僚朝不保夕。初平三年(192)四月,董卓入朝时为吕
　　布所杀。消息传开后,百姓歌舞于道,置酒肉互相庆贺。董卓被
　　陈尸街衢,其家族被夷灭。

㉑炯戒:明白显著的鉴戒。

㉒七德:指武王的七种德行,禁暴、戢兵、保大、定功、安民、和众、丰
　　财。六合:指上(天)、下(地)和东、西、南、北四方,泛指天下或
　　宇宙。

㉓百灵：百姓。

㉔华萼(è)：亦作"花萼"，托在花瓣下部的一圈绿色小片。花萼相承，比喻兄弟之爱。《棠棣》：《诗经·小雅》篇名。《诗经·小雅·棠棣》云："棠棣之华，鄂不韡韡。凡今之人，莫如兄弟。"是一首申述兄弟应该互相友爱的诗。"棠棣"也作"常棣"，俗称棣棠，花黄色春末开。后常用以指兄弟。

㉕维城：连城以卫国。这里借指皇子或皇室宗族。宗子：古代宗法制度称大宗的嫡长子为"宗子"。

㉖藩：篱笆，藩篱。这里指封建王朝的属国或属地。翰：通"干(幹)"(gàn)。草木的茎干。这里引申为骨干。指受分封、保国家的皇子或皇室宗族。

【译文】

贞观七年(633)，太宗对侍中魏徵说："自古以来的王侯，能够自我保全的很少，都是因为生长在富贵的环境中，喜欢骄奢淫逸，多数人不懂得亲近君子、远离小人的缘故。我想让所有的子弟都能知道前代王侯的言行，希望他们以此作为行动的规范。"于是命令魏徵辑录自古以来帝王子弟的成败事迹，取名为《自古诸侯王善恶录》，分别赐给诸王。此书的序言说：

"历来受命登基的帝王，掌握版图，治理天下，都分封自己的皇室宗亲、外戚做诸侯，让他们做王室的屏藩，这都记载在史册中，历历可考。自从轩辕黄帝分封二十五个儿子，虞舜任用了十六位贤臣，历经周、汉，一直到陈、隋等朝代，各朝皇帝割裂国土，大动国家根基的为数算是不少了。这些诸侯，有的保国安邦，与时代的变迁而沉浮；而有的却失去封国，亡族灭家。然而考察其盛衰兴亡的规律，凡是功成名就的，大都是最初所封的侯王；而国灭身亡的，大都是后世继位的侯王。这是什么原因呢？最初所封的侯王，当时赶上国家草创时期，亲自经历了创建王业的艰难险阻，知道父兄的忧愁劳苦。所以他们身处上位而不骄奢，日夜操劳而不松懈。有时像汉代的楚元王设醴酒招待贤人,有时像周公旦一样吃饭时还停食以接待宾客。所以,他们能够听取逆耳的忠言,深得百姓的欢心。他们在生前能树立高尚的品德,身后能被百姓所称颂爱戴。等到他们的子孙继位为侯王时,多属太平年代,他们生长在深宫当中,在妇人的手里长大,他们不以身居高位而感到覆亡的危险,哪里知道稼穑的艰辛呢?他们亲近小人,疏远君子,迷恋美色,轻视美德,违背礼义,荒淫无度,不遵法令,逾越侯王的本分。倚恃国君一时的宠爱,便产生与嫡子相匹敌的念头;自以为有一点功劳,便滋长无穷的欲望。抛弃了忠诚正直的大道,走上了为非作歹的邪路。刚愎自用,不听劝谏,违反天意,迷途不返。即使有梁孝王、齐王同那样的功勋,淮南王、东阿王那样的才华,也不免摧折凌云健翅,成为涸辙之鱼。抛弃了齐桓公、晋文公那样的功业,落得梁冀、董卓那样被诛戮的下场。成为后世明白显著的鉴戒,能不可惜吗?皇上以英明圣哲的能力,拯救了倾危的世道,秉持七德,廓清天下,统领万国,百姓来朝,怀柔四邻,亲睦九族。咏吟《棠棣》中'华萼'的诗句,念及兄弟手足的感情;希望连城护卫王室,分封皇室宗亲。心中充满了恩爱,无时不再思念,于是命令下臣考求史籍,广泛收集历史经验作为借鉴,留传给子孙。臣竭尽愚诚,考察了前代的历史教训。凡是拥有一方土地的诸侯,其兴盛必定是由于积善,其败亡必定是由于积恶。由此可知,不积善不足以成就功名,不积恶不至于败国亡身。然而祸福不是注定的,吉凶全在于自己,由人招致,这难道是空话!现辑录自古以来诸王行事得失的事例,把善恶分为两类,各为一篇,取名为《诸王善恶录》,希望能够使太子诸王效法美善的德行,得以扬名不朽;闻恶能改,避免犯下大错。从善就一定会受到赞誉,改过就会无灾。这是关系到国家兴亡的事,怎能不以此自勉呢?”

　　太宗看后大加称赞,对诸王说:“这部书应该时刻放在你们的座右,作为立身的根本。”

　　贞观十年,太宗谓荆王元景、汉王元昌、吴王恪、魏王泰等曰①:"自汉已来,帝弟帝子受茅土、居荣贵者甚众,惟东平及河间王最有令名②,得保其禄位。如楚王玮之徒③,覆亡非一,并为生长富贵,好自骄逸所致。汝等鉴诫,宜熟思之。拣择贤才,为汝师友,须受其谏诤,勿得自专。我闻以德服物,信非虚说。比尝梦中见一人云虞、舜,我不觉竦然敬异,岂不为仰其德也!向若梦见桀、纣,必应斫之④。桀、纣虽是天子,今若相唤作桀、纣,人必大怒。颜回、闵子骞、郭林宗、黄叔度虽是布衣⑤,今若相称赞道类此四贤,必当大喜。故知人之立身,所贵者惟在德行,何必要论荣贵。汝等位列藩王,家食实封⑥,更能克修德行,岂不具美也?且君子、小人本无常,行善事则为君子,行恶事则为小人,当须自克励,使善事日闻,勿纵欲肆情,自陷刑戮。"

【注释】

①荆王元景:指太宗弟李元景(? —653),唐高祖第六子。武德三年(620)封为赵王,八年(625)授安州都督。贞观初,历迁雍州牧、右骁卫大将军。十年徙封荆王,授荆州都督。高宗即位,进位司徒。永徽四年(653),坐与房遗爱谋反赐死,国除。汉王元昌:即李元昌,唐高祖李渊庶七子,武德三年(620)封鲁王,贞观十年(636)封汉王。书法受之史陵,祖述羲、献,在童年已精笔意。善行书,又善画马,笔迹妙绝。

②东平:即东汉东平王刘苍。刘苍是东汉开国皇帝刘秀的儿子,建武十五年(39)封东平公,十七年(41)进爵为王。刘苍博学多才,东汉明帝刘庄对他很器重,每次外出巡视,都把京城交给他管理。刘苍虽然地位很高,却毫无骄奢淫逸的贵族习气,而且很关

心百姓的生活，为东汉初年的太平盛世作出了重要贡献。河间
王：即西汉河间王刘德，汉景帝的儿子，武帝异母兄。以皇子的
身份受封为河间王。他喜好儒学，为王二十六载，始终没有卷入
诸王争权的政治漩涡，而将其毕生精力投入了对中国文化古籍
的收集与整理，一时之间刘德贤名传遍天下。后刘德因遭武帝
猜疑，终忧悒成疾而死。汉武帝念其功劳，遂赐谥为"献王"。

③楚王玮：指西晋楚王司马玮。字彦度。晋武帝第五子。初封始
平王，后徙封于楚，都督荆州诸军事。武帝死，入朝为卫将军，与
贾后连谋除杨骏。汝南王司马亮辅政，司马玮又与贾后合计捕
杀汝南王司马亮。贾皇后恶亮又忌玮，于是使惠帝为诏，言楚王
矫诏害亮，且欲诛朝臣，图谋不轨，被下廷尉，遂斩之。

④斫（zhuó）：用刀、斧等砍劈。

⑤郭林宗：即东汉郭泰（128—169）。字林宗，太原郡介休（今山西
介休）人。郭泰素有大志，就读于成皋屈伯彦门下。三年之后，
竟博通"三坟五典"。有弟子千人，名震京师，士林以为典范。黄
叔度：名宪，字叔度。东汉汝南慎阳（今河南正阳）人。叔度家世
代贫居，自幼苦读经书，遂成饱学之士。他德才非凡，为天下名
士所敬服。

⑥实封：古代封建国家名义上封赐给功臣贵戚食邑的户数与实际
封赏数往往不符，实际上赐与的封户叫"实封"。

【译文】

贞观十年（636），太宗对荆王李元景、汉王李元昌、吴王李恪、魏王
李泰等人说："自汉朝以来，皇帝的兄弟和儿子受封王爵、享受荣华富贵
的人非常多，只有汉朝的东平王、河间王名声最好，能保守自己的俸禄
和地位。像晋朝的楚王司马玮之类，国灭身亡的不止一例，都是因为生
长在富贵当中，喜好骄纵淫逸所造成的。你们应该以之作为鉴戒，好好
想一想。选择贤良的人做你们的师傅和朋友，你们必须接受他们的谏

诤，不得自以为是、独断专行。我听说以德服人，确实不是虚妄的说法。最近我曾梦见一个人他自称是虞舜，便不禁肃然起敬，这难道不是因为崇慕他的德行吗？如果当时梦见的是桀、纣，我一定会拿刀去砍他。桀、纣虽然是天子，现在如果将某人称作桀、纣，此人必定会大怒。颜回、闵子骞、郭林宗、黄叔度虽然都是普通百姓，现在如果称赞某人与这四位贤人相似，此人必定会非常高兴。由此可知人立身处世，最可贵的是德行，何必要讲荣华富贵。你们位列藩王，衣食有封地食邑做保障，要是能勤修德行，岂不是更完善了吗？况且君子和小人本来就不是固定不变的，做善事就是君子，做恶事就是小人。你们应当自己克制私欲，刻苦自励，使每天都能听到你们的善事，不要放纵情欲，使自己陷入刑罚之中。"

贞观十年，太宗谓房玄龄曰："朕历观前代拨乱创业之主，生长人间，皆识达情伪①，罕至于败亡。逮乎继世守文之君，生而富贵，不知疾苦，动至夷灭。朕少小以来，经营多难，备知天下之事，犹恐有所不逮。至于荆王诸弟②，生自深宫，识不及远，安能念此哉？朕每一食，便念稼穑之艰难；每一衣，则思纺绩之辛苦。诸弟何能学朕乎？选良佐以为藩弼③，庶其习近善人，得免于愆过尔④。"

【注释】

①情伪：真假，真诚与虚伪。

②荆王诸弟：指太宗的弟弟荆王李元景。

③藩弼：藩王的辅助。

④愆（qiān）过：罪恶，罪过。

【译文】

贞观十年(636),太宗对房玄龄说:"我通观前代拨乱创业的国君,他们都生长在民间,能洞察民情真伪,很少有败亡的。到了继位的守成之君,他们生长在富贵荣华之中,不知民间的疾苦,因此往往导致败亡。我从小就经历过很多磨难,完全了解天下之事,尚且恐怕有考虑不到的地方。至于像荆王等诸位弟弟,生自深宫,见识短浅,怎么能考虑到这些事呢?我每次吃饭,就念及耕种庄稼的艰难;每次穿衣,就想到纺线织布的辛苦。各位弟弟怎么才能学得像我一样呢?现在选择贤良的人做他们的辅佐,希望他们经常接近品德高尚的人,才能得以免除过失。"

贞观十一年,太宗谓吴王恪曰:"父之爱子,人之常情,非待教训而知也。子能忠孝则善矣!若不遵诲诱,忘弃礼法,必自致刑戮。父虽爱之,将如之何?昔汉武帝既崩,昭帝嗣立①,燕王旦素骄纵②,诬张不服③,霍光遣一折简诛之④,则身死国除。夫为臣子不得不慎。"

【注释】

①昭帝:指汉昭帝刘弗陵。汉武帝最小的儿子。自幼聪明多知,又长得身高体壮,很受武帝宠爱。原太子刘据被杀,太子之位一直空缺。武帝想立刘弗陵为太子,为免吕氏之乱重演,便于前88年将其母赵婕妤赐死。第二年,汉武帝临死之前下诏立刘弗陵为太子,任霍光为大司马大将军辅政。

②燕王旦:汉武帝的第三子,汉昭帝刘弗陵的哥哥。元狩六年(前117)武帝封刘旦为燕王,都蓟(今北京市城区西南部)。汉昭帝即位,刘旦不服,联络其他皇族成员如中山哀王之子刘长、孝王刘泽等阴谋叛乱。后事情败露,但被皇帝赦免。前80年,他又

与大臣上官桀、桑弘羊勾结,阴谋废掉昭帝,自立为帝,再次以失败告终。刘旦畏罪自杀。

③诪(zhōu)张:欺诳放肆。

④霍光:字子孟,河东平阳(今山西临汾)人。是武帝时期的重要谋臣。汉武帝死后,他受命为汉昭帝的辅政大臣,从此霍光掌握了汉朝政府的最高权力,"(昭)帝年八岁,政事一决于光"。昭帝始元六年(前80),上官桀、燕王旦等人加紧政变的准备工作。霍光掌握了上官桀等人的政变计划,遂在政变未发动之前先发制人,将上官桀、桑弘羊等主谋政变的大臣统统逮捕,诛灭了他们的家族。折简:书信。这里指皇帝玺书。

【译文】

贞观十一年(637),太宗对吴王李恪说:"父亲爱儿子,是人之常情,用不着别人教导就可知晓。儿子能够忠孝就好了!如果不听教诲,背弃礼法,必然会自招惩罚。到那时,父亲虽然爱儿子,又有什么办法呢?过去汉武帝死后,他的儿子汉昭帝继位,燕王刘旦向来骄纵,放肆不服,霍光以一封皇帝玺书声讨,就让他身死国灭。作为臣子不能不谨慎小心啊!"

贞观中,皇子年小者多授以都督、刺史,谏议大夫褚遂良上疏谏曰:"昔两汉以郡国理人①,除郡以外,分立诸子,割土封疆,杂用周制。皇唐郡县,粗依秦法。皇子幼年,或授刺史。陛下岂不以王之骨肉,镇捍四方,圣人造制,道高前古?臣愚见,有小未尽,何者?刺史师帅②,人仰以安。得一善人,部内苏息;遇一不善人,阖州劳弊。是以人君爱恤百姓,常为择贤。或称'河润九里③,京师蒙福';或与人兴咏④,生为立祠。汉宣帝云⑤:'与我共理者,惟良二千石乎!'如臣愚见,陛下子内年齿尚幼,未堪临人者,请且留京师,教以经学。一则畏天之威,不敢犯禁;二则观见朝仪,自然成立。因此积习,自知为人。审堪临州,然后遣出。臣谨按汉明、章、和三帝⑥,能友爱子弟,自兹以降,以为准的⑦。封立诸王,虽各有土,年尚幼小者,召留京师,训以礼法,垂以恩惠。讫三帝世⑧,诸王数十百人,惟二王稍恶⑨,自余皆冲和深粹⑩,惟陛下详察。"

太宗嘉纳其言。

【注释】

①郡国:汉代行政区域名和诸侯王封域名。汉初,兼采封建及郡县之制,分天下为郡与国。郡直属中央,国是诸侯王的封地。封王之国称王国,封侯之国称侯国。两者地位相等,所以"郡""国"并称。

②师帅:《周礼》军制中师的统帅,亦为州长。这里指一方的长官和统帅。

③河润九里:如河水浸润土地。这里比喻施恩于人。语出《庄子·列御寇》。

④与人兴咏:深得民心,被百姓所传颂。

⑤汉宣帝:即刘询(前91—前49),汉武帝的曾孙。元平元年(前74)昭帝死后,因无嗣子,霍光等大臣奏请皇太后迎立刘询为帝,是年18岁。宣帝统治期间,"吏称其职,民安其业",号称"中兴"。宣帝统治时期是汉朝武力最强盛、经济最繁荣的时候,因此史书对宣帝大为赞赏,称:孝宣之治,信赏必罚,文治武功,可谓中兴。他与前任汉昭帝刘弗陵的统治被并称为"昭宣中兴"。

⑥汉明、章、和三帝:东汉明帝刘庄,是光武帝刘秀的第四子,初封

东海公,后立为太子,即皇帝位。东汉章帝刘炟是汉明帝第五子,永平三年(60)立为皇太子,年方 4 岁。永平十八年(75)明帝病逝后,章帝即位,时年 19 岁。东汉和帝刘肇,汉章帝第四子,在位 17 年,即位时才 10 岁,由窦太后临朝称制。

⑦准的:箭靶。这里引申为"准则"。

⑧讫三帝世:指终汉明帝、章帝、和帝三帝之世。

⑨二王:指楚王刘英和广陵王刘荆。刘英是东汉光武帝刘秀第六子,他于建武十五年(39)封为楚公,十七年(41)进爵为楚王。广陵王刘荆是东汉光武帝刘秀第九子,建武十五年封山阳公,十七年进爵为王。此二人皆因谋反失败自杀。

⑩冲和深粹:指为人谦和,品德优良。冲和,淡泊平和。深粹,深厚纯粹。

【译文】

贞观年间,年幼的皇子大多被授予都督、刺史的官职,谏议大夫褚遂良上奏章规谏说:"从前两汉是以郡国制度管理百姓。除了郡之外,还分封皇室诸子,划分土地疆界,参用了周朝的分封制度。大唐的郡县制度,大致沿袭秦朝的办法。皇子年纪尚小,有的就被封为刺史。陛下岂不是在用自己的骨肉来捍守四方,圣人制定的法令制度,比前人要高明些吗?但依臣的愚见,认为这种方法尚有不尽完善之处,为什么呢?刺史与都督是百姓得以安居乐业的依靠。得到一个善人担任这些职务,郡县之内就能休养生息;得到一个不善的人担任,郡县之内的百姓就会劳累疲弊。因此国君爱护百姓,常常给他们选派贤良的人做刺史。有的刺史被赞誉为'河润九里,京师蒙福';有的刺史深得民心,被百姓所传颂,生前就被立祠纪念。汉宣帝说:'与我共同治理天下的,只有贤良的太守啊!'依臣愚见,陛下皇子中年龄尚小,而不能管理民政的,就暂且留在京师,用经学来教育他们。一来可使他们畏惧天子的威严,不敢违犯禁令;二来可使他们观摩朝廷仪礼,这样自然就成长自立。靠这样长久学习，自然就懂得如何为人处世，经过审查认为他们确实可以治理州郡了，然后再把他们派出去。为臣认为东汉明帝、章帝、和帝三个皇帝都能友爱子弟，自那以后，都拿他们做榜样。他们封立的诸王虽然各有封地，但年纪尚小的就留在京师，以礼法教导，施以恩惠。终三帝之世，诸王人数多达百十人，只有其中两人稍微恶劣，其余的都为人谦和，品德优良，希望陛下详察。"

太宗赞成并采纳了他的意见。

规谏太子第十二

【题解】

本篇主要记述了太宗选择贤臣来规谏教育太子李承乾的事迹。李承乾是唐太宗的嫡长子，武德二年(619)生于长安承乾殿，因而命名。武德九年(626)十月，太宗刚刚即位，便将年仅8岁的李承乾立为太子。幼年的李承乾聪明伶俐，太宗对他很是喜欢，并选择德高望重的大臣做他的老师，严格教导。他们引经据典，以古为鉴，谆谆教诲，忠直忘私，得到了唐太宗的支持和褒奖。一开始，李承乾积极上进，能识大体，颇得太宗和朝廷大臣的好评。但由于李承乾生于深宫之中，长于妇人之手，自幼养尊处优，喜好声色，沉溺于畋猎，慢慢地沾染了不少坏习惯，生活日益荒唐颓废。李百药、孔颖达、张玄素、于志宁等大臣恪尽职守，用历史上许多经验和教训屡屡直言规劝太子，可惜这些规谏不被太子李承乾所采纳。太宗的期望变成了失望，太子李承乾渐被疏远，最终酿成政变阴谋，被废黜而死。太子是一国的储君，是皇位的法定继承人，贤良与否，事关重大。李承乾虽因不听规劝终遭废黜，但贞观君臣对教戒太子的高度重视还是值得称道的。

贞观五年，李百药为太子右庶子。时太子承乾颇留意《典》《坟》①，然闲宴之后②，嬉戏过度。百药作《赞道赋》以讽

焉③,其词曰:

"下臣侧闻先圣之格言,尝览载籍之遗则。伊天地之玄造④,洎皇王之建国,曰人纪与人纲⑤,资立言与立德⑥。履之则率性成道⑦,违之则罔念作忒⑧。望兴废如从钧⑨,视吉凶如纠缫⑩。至乃受图膺箓⑪,握镜君临⑫。因万物之思化,以百姓而为心。体大仪之潜运⑬,阅往古于来今。尽为善于乙夜⑭,惜勤劳于寸阴⑮。故能释层冰于瀚海⑯,变寒谷于蹛林⑰。总人灵以胥悦⑱,极穹壤而怀音⑲。

【注释】

①《典》《坟》:是《五典》《三坟》的简称,夏商之前的古文献资料,已失传。这里借指各种古代文籍。

②闲宴:悠闲安逸。

③讽:指用含蓄的话批评或劝告。

④伊:用在某些词语前面,表示加强语气。玄造:犹造化。

⑤人纪与人纲:人之纲纪。指立身处世的道德规范。

⑥资:资助,帮助。

⑦履:实行,执行。率性:尽情任性。成道:成就道德。

⑧罔念:谓不思为善。忒(tè):差错。这里指走向邪路。

⑨从钧:顺从天意。钧,上天。

⑩纠缫(mò):绳索。这里引申为缠绕联结。

⑪受图膺箓(lù):承受天命。图,河图。膺,受。箓,符命。图、箓都是古代天子将兴的符应。

⑫握镜:执持明镜。喻帝王受天命,怀明道。

⑬大仪:太极。指形成天地万物的混沌之气。潜运:悄悄运转。

⑭乙夜:夜里二更时候,约为今夜间十时。

⑮寸阴：短暂的光阴。语出《淮南子·原道训》："圣人不贵尺之璧，
　而重寸之阴，时难得而易失也。"

⑯瀚海：唐代泛指蒙古大沙漠以北的地域。

⑰蹛(dài)林：匈奴秋社之处。匈奴土俗，秋社绕林木而会祭，故称。
　这里借指秋社之处。蹛，绕，环绕。

⑱总人灵以胥悦：让海内百姓都欢欣喜悦。胥，都。

⑲穹(qióng)壤：指天地。

【译文】

贞观五年(631)，李百药任太子右庶子。当时，太子李承乾对《五典》《三坟》等古代典籍兴趣浓厚，然而在悠闲的时候，却嬉游过度。于是，李百药就写了一篇《赞道赋》来劝喻太子。赋中说：

"下臣听说过前代圣贤的格言，浏览过古代典籍的遗训。自天地开辟，皇王建立国家，就有人伦纲纪，用来帮助树立言论和德行。实行它就能成就道德，违背它就可能走向邪路。看国家的兴废如同顺从天意，观人事的吉凶如同缠绕联结。于今我大唐国君承受天命，胸怀明道，君临天下。必须按照万物的规律办事，要以百姓的利益作为根本。体察天地运行的规律，纵览古今的历史经验。要孜孜不倦地日夜做善事，勤劳治政，珍惜光阴。因此能让瀚海中的冰雪融化，让边远寒冷的蹛林变为阳春。让海内百姓都欢欣喜悦，让天下都传颂皇帝的美好名声。

"赫矣圣唐，大哉灵命①，时维大始②，运钟上圣③。天纵皇储④，固本居正；机悟宏远，神姿凝映。顾三善而必弘⑤，祗四德而为行⑥。每趋庭而闻礼，常问寝而资敬。奉圣训以周旋，诞天文之明命⑦。迈观乔而望梓⑧，即元龟与明镜⑨。自大道云革⑩，礼教斯起，以正君臣，以笃父子。君臣之礼，父子之亲，尽情义以兼极，谅弘道之在人。岂夏启与周诵，亦

丹朱与商均？既雕且琢，温故知新。惟忠与敬，曰孝与仁。则可以下光四海，上烛三辰⑪。昔三王之教子，兼四时以齿学⑫；将交发于中外，乃先之以礼乐。乐以移风易俗，礼以安上化人。非有悦于钟鼓，将宣志以和神⑬。宁有怀于玉帛，将克己而庇身。生于深宫之中，处于群后之上⑭；未深思于王业，不自珍于匕鬯⑮。谓富贵之自然，恃崇高以矜尚⑯。必恣骄狠，动愆礼让。轻师傅而慢礼仪，狎奸谄而纵淫放。前星之耀遽隐⑰，少阳之道斯谅⑱。虽天下之为家，蹈夷险之非一。或以才而见升，或见谗而受黜。足可以自省厥休咎⑲，观其得失。请粗略而陈之，觊披文而相质⑳。

【注释】

①灵命：犹天命。

②大始：古代指天地开辟、万物开始形成的时代。这里指开创帝业的时候。

③运：运气。钟：逢。

④天纵：天所放任，意谓上天赋予。后常用以谀美帝王。皇储：已确定的皇位继承人。

⑤三善：指臣事君、子事父、幼事长的三种道德规范。

⑥祗（zhī）：敬。四德：《周易》以元、亨、利、贞为四德。《周易·乾·文言》曰："元者，善之长也；亨者，嘉之会也；利者，义之和也；贞者，事之干也。君子体仁，足以长人；嘉会，足以合礼；利物，足以和义；贞固，足以干事。君子行此四德者，故曰：乾，元亨利贞。"《子夏易传》曰："元，始也。亨，通也。利，和也。贞，正也。言乾禀纯阳之性，故能首出庶物，各得元始、开通、利谐、贞固，不失其宜。是以君子法乾而行四德。"

⑦诞天文之明命：使圣人的旨意发扬光大。诞，大。这里意谓发扬光大。天文，此处意同圣旨。明命，圣明的命令。

⑧迈观乔而望梓：意谓遵行父子之道。迈，行。乔、梓，《尚书大传·梓材》曰："伯禽与康叔见周公，三见而三笞之。康叔有骇色，谓伯禽曰：'有商子者，贤人也。与子见之。'乃见商子而问焉。商子曰：'南山之阳有木焉，名乔。'二三子往观之，见乔实高高然而上，反以告商子。商子曰：'乔者，父道也。南山之阴有木焉，名梓。'二三子复往观之，见梓实晋晋然而俯，反以告商子。商子曰：'梓者，子道也。'"乔木高，梓木低，比喻父位尊，子位下，后因以"乔梓"比喻父子。

⑨元龟：比喻可资借鉴的往事。晋刘琨《劝进表》云："前事之不忘，后事之元龟也。"

⑩大道：这里指最高的治世原则，包括伦理纲常等。革：变革。

⑪烛：照耀。三辰：谓日、月、星。

⑫齿学：指太子入学，不敢居人之前，与公卿之子弟依年龄大小为序，以示谦卑。语本《礼记·文王世子》："行一物而三善皆得者，唯世子而已，其齿于学之谓也。"

⑬宣志以和神：抒发心志、和悦精神。

⑭群后：指众诸侯王。古代天子和诸侯皆称"后"。

⑮匕鬯（chàng）：《周易·震》云："震惊百里，不丧匕鬯。"王弼注："匕，所以载鼎实；鬯，香酒。奉宗庙之盛也。"后因代指宗庙祭祀。这里指代宗庙，转指国家政权。

⑯矜尚：骄矜自大。

⑰前星：指太子。《汉书·五行志下》："心，大星，天王也。其前星，太子；后星，庶子也。"后因以"前星"指太子。

⑱少阳：东宫，太子所居。后以此指太子。

⑲休咎（jiù）：吉与凶，祸与福。

⑳披文：分析文辞。相质：观察实质。

【译文】

"显赫繁盛的大唐，崇高的天命，当创业的开始，上圣遇上了好机运。皇太子天资聪明，根基牢固，心地纯正；机智深远，英姿照人。念'三善'而必弘扬，敬'四德'而为之实行。每当经过中庭听到父王关于礼仪的教诲，常常问候起居以表敬爱。依照圣人的训导来待人接物，使圣人的旨意发扬光大。遵行父子之道，作为自己立身行事的准则和借鉴。自从大道变革，礼教兴起，端正了君臣之间的道义，加深了父子之间的情义。君臣之间的礼法和父子之间的亲情，充满情义而达到极点，但能否弘扬大道，完全在于个人。怎么能说夏启和周诵这样的贤太子与丹朱和商均这样的不肖之子一样呢？所以要精雕细刻，温故知新。只要拥有忠、敬、孝、仁，就可以下照四海，上耀日月星三辰。过去三王教育子弟，按照年龄四季顺序就学；将让太子出宫就位，就要先以礼乐教化。乐可以移风易俗，礼可以安定社稷、教化百姓。学乐并不是为了听钟鼓之音，而是为了抒发心志、和悦精神。不是为了吝啬玉帛，而是要用礼来克制私欲，保全自身。生长在深宫之中，位处于诸王之上；未曾深思过帝业的艰难，不能珍惜自己的国家。反而认为富贵荣华来于自然，自恃地位崇高而骄矜自大。一定会放纵骄横，动则丧失礼让。轻视师傅，简慢礼仪，亲近奸邪而放纵淫逸。这样，太子的光辉就会遽然隐没，德行就会受到影响。虽然太子以天下为家，但遭遇的安危却有所不同。有的会因为才德兼备而升登帝位，有的会遭到谗言诋毁而被废黜。这些完全可以从中看出吉凶，祸福，成败，得失。请允许下臣粗略地陈述一些历史事例，希望能分析考察。

"在宗周之积德①，乃执契而膺期②；赖昌、发而作贰③，启七百之鸿基。逮扶苏之副秦④，非有亏于闻望；以长嫡之隆重，监偏师于亭障⑤。始祸则金以寒离⑥，厥妖则火不炎上⑦；既树置之违道，见宗祀之遄丧。伊汉氏之长世，固明两之递作⑧。高惑戚而宠赵⑨，以天下而为谑；惠结皓而因良⑩，致羽翼于寥廓。景有惭于邓子⑪，成从理之淫虐⑫；终生患于强吴⑬，由发怒于争博⑭。彻居储两⑮，时犹幼冲，防衰年之绝议，识亚夫之矜功⑯；故能恢弘祖业，绍三代之遗风。据开博望⑰，其名未融。哀时命之奇舛，遇谗贼于江充⑱；虽备兵以诛乱，竟背义而凶终。宣嗣好儒⑲，大猷行阐，嗟被尤于德教，美发言于忠謇。始闻道于匡、韦⑳，终获戾于恭、显㉑。太孙杂艺㉒，虽异定陶㉓，驰道不绝㉔，抑惟小善。犹见重于通人，当传芳于前典。中兴上嗣㉕，明、章济济，俱达时政，咸通经礼。极至情于敬爱，惇友于於兄弟；是以固东海之遗堂㉖，因西周之继体。五官在魏㉗，无闻德音。或受讥于妲己㉘，且自悦于从禽㉙。虽才高而学富，竟取累于荒淫。暨贻厥于明皇㉚，构崇基于三世㉛。得秦帝之奢侈，亚汉武之才艺。遂驱役于群臣，亦无救于凋弊。中抚宽爱㉜，相表多奇。重桃符而致惑㉝，纳钜鹿之明规㉞。竟能扫江表之氛秽㉟，举要荒而见羁㊱。惠处东朝㊲，察其遗迹，在圣德其如初，实御床之可惜！悼愍怀之云废㊳，遇烈风之吹沙。尽性灵之狎艺，亦自败于凶邪。安能奉其粢盛㊴，承此邦家。

【注释】

①宗周：指周王朝。因周为所封诸侯国之宗主国，故称。

②执契：谓把握契机。

③昌：指周文王姬昌。商末西方诸侯之长。姬姓，名昌。古公亶父之孙，季历之子。传说古公亶父见少子季历和昌贤德，想传位给

他们，季历的两兄太伯、仲雍为让位奔于荆蛮。古公死，季历继位，后又传位于昌。昌即位后，礼贤下士，得太颠、闳夭、散宜生、鬻熊、辛甲等臣，周国势日强。发：指周武王姬发。周朝第一代王。见前注。

④扶苏：秦始皇长子。秦始皇死后，赵高等人害怕扶苏即位执政，便伪造诏书，指责扶苏在边疆和蒙恬屯兵期间，"为人不孝""士卒多耗，无尺寸之功""上书直言诽谤"，逼其自杀。副秦：为秦之副主（太子）。

⑤偏师：全军中除主力部队以外的部分军队。扶苏认为天下未定，百姓未安，反对实行"焚书坑儒""重法绳之臣"等政策，因而被秦始皇贬到上郡监蒙恬军。

⑥金以寒离：指欲废掉太子。古人认为金之德寒，表示疏远。《左传》载：闵公二年，晋侯使太子申生伐东山皋落氏，并让他佩戴金玦。大臣狐突认为"金"性寒而"玦"表决绝，知道晋侯要废太子。

⑦火不炎上：谓太子被杀。《尚书大传》卷三云："弃法律，逐功臣，杀太子，以妾为妻，则火不炎上。"

⑧明两：谓君王和太子俱贤。递作：相继而起。

⑨高：指汉高祖。惑戚而宠赵：指汉高祖被戚夫人所惑，而宠爱其所生赵王如意。

⑩惠结皓而因良：指汉惠帝为太子时，用张良之计，接纳商山四皓（东园公、绮里季、夏黄公、甪里），终使汉高祖打消了改立赵王如意为太子的念头。惠，指汉惠帝。皓，指商山四皓。良，指张良。

⑪景有惭于邓子：指汉文帝曾病痈，邓通经常为文帝吸吮患处。太子（汉景帝）启入问病，文帝要他吸吮，启面有难色。后来听说邓通这样做过，太子启感到十分惭愧。景，指汉景帝。邓子，指邓通。

⑫成从理之淫虐：造成了邓通的淫乱暴虐。从理，鼻侧口旁的纵理纹。古时相士认为鼻侧口旁有纵理纹达口角者，主饿死。有善相者说邓通"当贫饿死"。文帝说："能使邓通富的在我，怎能说他会贫？"于是赐他严道铜山，准许他自行铸钱，由是邓氏钱布天下，富贵骄横。及太子启嗣位为景帝，有人告发邓通出塞外铸钱，景帝就籍没他全部家产。邓通身无分文，寄食他家被饿死。淫虐，淫乱暴虐。

⑬终生患于强吴：高祖十二年（前195），刘邦立兄刘仲之子刘濞为吴王。吴王刘濞开铜矿，铸"半两"钱，煮海盐，设官市，免赋税，于是吴国经济迅速发展，刘濞的政治野心也开始滋生。汉景帝即位后，刘濞日益骄横。景帝前三年正月，汉朝廷削地的诏书送至吴国。吴王濞立即诛杀了由朝廷派来的二千石（郡级）以下的官员。以"清君侧，诛晁错"为名，遍告各诸侯国，发动了以吴、楚为首的"七国之乱"。强吴，指吴王刘濞。

⑭由发怒于争博：文帝时，吴太子入朝，与皇太子刘启（即景帝）博弈，因争棋路发生争执，皇太子抓起棋盘将吴太子砸死。从此，刘濞称疾不朝。汉文帝干脆赐他几杖（对老年人尊敬和优待的象征），准许他不用朝请。但吴王刘濞不但没有悔改，反而更加骄横。博，古代的一种棋戏。

⑮彻：指汉武帝刘彻。储两：太子。

⑯亚夫：指周亚夫。西汉大将。沛县（今江苏沛县）人。周勃子。文帝时，匈奴进犯，他防守细柳（今陕西咸阳西南），军令严整。景帝时，任太尉，参与平定吴楚七国之乱。后任丞相。因其子犯法，受牵连入狱，绝食而死。矜（jīn）功：犹恃功。

⑰据：指刘据。卫子夫为汉武帝生下的长子，又称卫太子。年近而立之年的汉武帝因得子兴奋异常，元朔元年（前128）三月，卫子夫被立为皇后，元狩元年（前122），刘据被立为太子。后在巫蛊

之乱中被奸臣江充迫害,刘据举兵反抗,兵败逃亡,后来自杀。博望:指博望苑。刘据在元狩元年获立为皇太子,当时7岁。后来武帝为成年的太子修建"博望苑",让太子在那里跟宾客往来,"从其所好"。

⑱江充(? —前91):字次倩,西汉赵国邯郸(今河北邯郸)人。汉武帝拜他为绣衣直指,派他专门督察皇亲国戚与亲近臣僚们的不法行为,随时弹劾。在巫蛊之乱中,江充陷害了刘据。

⑲宣嗣:指汉宣帝的太子(汉元帝)。

⑳匡:指匡衡。字稚圭,西汉经学家。匡衡聪颖好学,精通《诗经》,尤其喜欢探讨诗句的含义。学者多有上书,认为他"经明不凡,当世少双"。于是,萧望之亲自上奏折,请求皇帝任用。汉元帝因赐他为郎中,又迁博士、给事中。匡衡曾先后出任光禄大夫、太子少傅、光禄勋、御史大夫等职。汉元帝还曾让匡衡居于殿中为师,为朝内官员讲授诗赋。建昭三年(前36),丞相韦玄成病死,匡衡代之为相,赐封乐安侯。韦:指韦玄成。字少翁,鲁国邹人。韦贤子。"少好学,修父业,尤为谦逊下士,名誉日广",有高节。"以明经"擢为谏议大夫,迁大河都尉,淮阳中尉,太常少府,御史大夫,河南太守,徙太子太傅。为谏大夫,迁大河都尉,袭爵扶阳侯,拜河南太守。神爵末征为未央卫尉,五凤中迁太常,坐杨恽免。起为淮南王中尉。元帝即位,进少府,迁太子太傅。永光初拜御史大夫,代于定国为丞相。建昭三年(前36)卒,谥曰共侯。

㉑恭:指弘恭。西汉沛(今江苏沛县)人。我国历史上著名的宦官,西汉宣帝、文帝时任中书令。元帝立,与石显并得信任,委以政事,继续重用,权倾一时,公卿皆畏之。显:指石显。字君房,济南(今属山东)人。他少年时因犯法而被处宫刑,成为太监。由于他善于奉迎,被汉元帝重用,做了尚书仆射、尚书令,排斥异己,专权祸国。

㉒太孙：汉成帝字，汉元帝的长子。西汉宣帝甘露二年(前52)，太子刘奭生了一个儿子。汉宣帝十分高兴，因为这个孩子是他的长孙，他给孩子取名为"骜"，希望他成为汉家的千里马。而且，还给他取字"太孙"，说明一生下来就把他认定为皇位的继承人了。

㉓定陶：指定陶共王刘康。定陶共王德才兼备，多才多艺，气度恢宏，处事不凡，元帝对他非常钟爱，常常把他带在身边。

㉔驰道：古代供君王行驶车马的道路。

㉕中兴：复兴。上嗣：太子。

㉖东海：指东海王。汉明帝之兄，与明帝非常友爱。

㉗五官：指五官中郎将。中郎署的长官。魏文帝曹丕即位前曾任五官中郎将。西汉沿秦置五官、左、右三中郎将，分统郎官，号为三署，所统郎官为三署郎。东汉规定，郎官50岁以上者属五官中郎将，余分属左右中郎将。掌宿卫殿门、出充车骑。东汉初参与征战，又协助光禄勋典领郎官选举，有大臣丧事，则奉命持节策赠印绶或东园秘器。三中郎将本侍卫之长，汉末已无三署郎，而曹丕于建安十六年(211)任五官中郎将，是则以此名义为丞相之副，后遂不置。

㉘妲己：传说为有苏氏的女儿。商纣王子辛的宠妃，有美色。纣王迷于妲己的美色，荒理朝政，在宫中朝夕欢歌。

㉙从禽：追逐禽兽。

㉚明皇：指魏明帝曹叡。与曹操、曹丕并称为曹魏"三祖"。

㉛三世：三年。

㉜中抚：指晋武帝司马炎。为司马昭长子，曾出任中抚军。

㉝桃符：晋武帝司马炎之弟齐王司马攸的小名。

㉞钜鹿：指裴秀，字季彦，河东闻喜(今山西闻喜)人。司马炎(晋武帝)即位后，任裴秀为尚书令，加左光禄大夫，封钜鹿郡公。司马

昭曾欲立司马攸为世子,因裴秀等规劝,终立司马炎为世子。司马炎得继晋王,多赖裴秀在司马昭面前为他讲好话。

㉟江表:指长江以南地区,从中原看,地在长江之外,故称江表。当时为东吴孙皓占据。

㊱要荒:古称王畿外极远之地。亦泛指远方之国。这里指吴、蜀等国。见羁(jī):被控制。晋武帝司马炎代魏后,派兵攻灭吴国,统一天下。

㊲惠:指晋惠帝司马衷,晋武帝司马炎第三子。东朝:即东官,太子所居。这里指太子。晋惠帝是我国历史上典型的昏庸无能的皇帝。他从小就不爱读书,整天只懂吃喝玩乐,不务正业。司马炎对此很发愁。尚书令魏瓘欲谏而不敢,遂在侍宴时佯醉,跪在武帝前手抚御床说:"此座可惜。"

㊳愍怀:即司马通,晋惠帝太子。幼而聪慧,并努力学习六艺,但被贾后嫉妒,贾后派阉官去教唆他为非作歹,终遭贾后所害。后册复太子,谥愍怀。

㊴粢(zī)盛:古代盛在祭器内以供祭祀的谷物。这里指奉祀宗庙。

【译文】

"由于周朝的先世积德,才得以把握契机而承受天命;靠周文王、周武王的兴起,开启了周朝七百年的基业。到秦朝扶苏做了太子,他的名望并没有亏缺,却以皇太子的重要身份,去边塞监军。开始的祸患是太子被疏远,最后的灾难是太子遭到杀害;秦王朝在树立秦二世时违背正道,江山社稷很快就丧亡了。汉朝国运长久,固然是因为君王和太子俱贤并相继而起。汉高祖迷惑于戚姬而宠爱她的儿子赵王如意,拿江山社稷为儿戏;汉惠帝用张良的计谋而结纳商山四皓,使得自己在很多地方树立了羽翼。汉景帝侍奉父皇不如宠臣邓通,造成了邓通的淫乱暴虐;终身以强吴为患,是由于赌局争执时一怒之下打死了吴太子。汉武帝刘彻做太子时年龄尚小,却能提出到君主晚年时要防备大臣专权的高论，并看出周亚夫居功自傲，所以他能够光大祖宗基业，继承高祖、文帝、景帝三代的遗风。刘据开设博望苑交往宾客，他的贤明却并不显著。哀叹他的命运不幸，受到江充的谗言诋毁；虽然诛杀了江充，但最后却落了个叛逆的罪名而被迫自杀。汉宣帝的后嗣汉元帝雅好儒术，大道得到弘扬，但感叹他因道德教化而被指责，赞美他发表的意见忠诚正直。开始时任用匡衡、韦玄成为丞相，得以闻知大道，后来任用弘恭、石显，深受连累。汉成帝的才艺虽然不及定陶共王，但他做太子时奉召入宫时不敢穿过御道，这还是小小的美德。仍为有识之人所看重，并在史书中记载流芳传颂。汉光武帝中兴，传承帝业，明帝、章帝等勤勉治国，明达时政，都精通经典礼法，发自内心地敬上爱下，对兄弟也极尽手足之情。因此能巩固东海王的遗业，遵循西周时代的传统。魏文帝曹丕任五官中郎将时，没有听说过他有高尚的品德，反而听说过他因私纳美女而受讥，而且自我沉醉于田猎。虽然他才华很高，学识渊博，却终究受累于荒淫。到了传位给他的儿子魏明帝后，明帝于御花园中建筑土山达三年之久。他学到了秦始皇的荒淫奢侈，却缺少汉武帝的雄才大略。驱使群臣去服劳役，却不能拯救民生的凋敝。晋武帝司马炎宽厚爱民，相貌奇异。其父虽曾看重其弟而为立世子感到迷惑，终究采纳钜鹿郡公裴秀的规劝，立了司马炎。司马炎继位后，扫灭东吴，统一天下，使遥远的邻邦都臣服于晋国。晋惠帝做太子时，观察他的作为昏愚痴呆，但武帝仍然不改初衷，让他继续做嗣君，实在是让人叹惜呀！可怜愍怀太子被废，就好像是狂风吹细沙一般容易。他很有天资，也尽心研习六艺和经典，但还是因为被教唆作恶而自己败亡。这样的人怎能让他奉祀宗庙，继承家国！

"惟圣上之慈爱，训义方于至道①。同论政于汉幄②，修致戒于京邸③。鄙《韩子》之所赐④，重经术以为宝。咨政理之美恶，亦文身之黼藻⑤。庶有择于愚夫，惭乞言于遗老⑥。

致庶绩于咸宁,先得人而为盛。帝尧以则哲垂谟⑦,文王以多士兴咏。取之于正人,鉴之于灵镜。量其器能,审其检行。必宜度机而分职,不可违方以从政。若其惑于听受,暗于知人,则有道者咸屈,无用者必伸。谗谀竞进以求媚,玩好不召而自臻。直言正谏,以忠信而获罪;卖官鬻狱⑧,以货贿而见亲。于是亏我王度,敦我彝伦⑨。九鼎遇奸回而远逝,万姓望抚我而归仁。盖造化之至育,惟人灵之为贵。狱讼不理,有生死之异涂;冤结不伸,乖阴阳之和气。士之通塞,属之以深文⑩;命之修短,悬之于酷吏。是故,帝尧画像,陈恤隐之言;夏禹泣辜,尽哀矜之志。因取象于《大壮》⑪,乃峻宇而雕墙。将瑶台与琼室⑫,岂画栋与虹梁。或凌云以退观⑬,或通天而纳凉⑭。极醉饱而刑人力⑮,命痿蹶而受身殃⑯。是以言惜十家之产⑰,汉帝以昭俭而垂裕;虽成百里之囿⑱,周文以子来而克昌。彼嘉会而礼通,重旨酒之为德⑲。至忘归而受祉,在齐圣而温克⑳。若其酗䣪以致昏㉑,酖湎而成忒,痛殷受与灌夫㉒,亦亡身而丧国。是以伊尹以酣歌而作戒,周公以乱邦而贻则。咨幽闲之令淑,实好逑于君子。辞玉辇而割爱,固班姬之所耻㉓;脱簪珥而思愆,亦宣姜之为美㉔。乃有祸晋之骊姬㉕,丧周之褒姒㉖。尽妖妍于图画,极凶悖于人理。倾城倾国,思昭示于后王;丽质冶容,宜永鉴于前史。复有蒐狩之礼、驰射之场㉗,不节之以正义,必自致于禽荒㉘。匪外形之疲极,亦中心而发狂。夫高深不惧,胥靡之徒㉙;韣绁为娱㉚,小竖之事㉛。以宗社之崇重,持先王之名器,与鹰犬而并驱,凌艰险而逸辔㉜。马有衔橛之理㉝,

兽骇不存之地,犹有觋于获多㉞,独无情而内愧?

【注释】

①义方:指行事应遵守的规矩法度。

②汉幄:汉家的帷幄。代指汉朝。

③京鄗:即指镐京,西周国都,在今陕西西安西南。代指周朝。鄗,假借为"镐"。

④鄙《韩子》之所赐:鄙视晋元帝赐《韩非子》给太子的做法。晋元帝好刑法,曾将法家著作《韩非子》赐予太子学习。

⑤文身:本指在身上刺花纹。这里意谓修身。黼(fǔ)藻:谓修饰使臻完美。

⑥惭:羞愧。这里是"虚心"的意思。

⑦则哲:《尚书·皋陶谟》:"知人则哲,能官人。"曾运乾《正读》:"哲,智;官,任。言知人则能器使。"意思是能鉴察人的品行才能,即可谓之明智。后以"则哲"谓知人。垂谟:垂视法则。

⑧鬻(yù)狱:受贿而枉断官司。

⑨敦(dù):败坏。彝伦:指伦常。

⑩深文:谓制定或援用法律条文苛细严峻。

⑪取象于《大壮》:按照《周易·大壮》卦之象建造宫殿。《大壮》,《周易·系辞下》:"上古穴居而野处,后世圣人易之以宫室,上栋下宇,以待风雨,盖取诸《大壮》。"《大壮》上震下乾。震为雷,乾为天(古人认为天形似圆盖),其卦象为上有雷雨,下有御雨之圆盖。故云创建宫室以避风雨,取象于《大壮》。后用为建筑宫室之典。

⑫瑶台、琼室:夏桀建瑶台,商纣建琼室,都是华丽的宫廷建筑物。

⑬凌云:台名。位于河南郾城新店乡台王村。魏帝曹丕曾把这里当做他的点兵台;唐代时,叛将吴元济在此驻扎。

⑭通天：台名。在今陕西淳化西北甘泉山故甘泉宫中。《汉书·武帝纪》："(元封)二年冬十月……作甘泉通天台。"颜师古注："通天台者，言此台高，上通于天也。《汉旧仪》云高三十丈，望见长安城。"

⑮刑人力：穷奢极欲地役使人民。

⑯瘘躄(jué)：指手足萎弱无力，行走不便的病症。

⑰惜十家之产：指汉文帝因惜十家之产而不建露台。典出《史记·孝文本纪》："(汉文帝)尝欲作露台，召匠计之，直百金。上曰：'百金，中人十家之产也。吾奉先帝宫室，常恐羞之，何以台为！'"

⑱百里之囿：这里指周文王畜养禽兽的园林方圆百里。《孟子注疏》卷二："传云天子之囿方百里，大国四十里，次国三十里，小国二十里。"

⑲重旨酒之为德：意谓重视酒德。旨酒，美酒。刘向《战国策》云："昔者，帝女令仪狄作酒而美，进之禹，禹饮而甘之，遂疏仪狄，绝旨酒。"大禹认为后世必有以酒亡国者，于是疏远仪狄并戒酒。

⑳齐圣：聪明睿智，聪明圣哲。温克：本谓醉酒后能蕴藉自持，后亦谓人持有温和恭敬的态度。

㉑酗酗(yǒng)：酗酒，谓不加节制地喝酒。

㉒殷受：即商纣。名受。前14世纪到前11世纪，商代迁都于殷(今河南安阳西北小屯村)后改称"殷"。商纣是我国商代最后一位君主，也是我国历史上有名的暴君。他曾用酒作池，终至亡国。灌夫：西汉人，初以勇武闻名，为人刚直不阿，任侠，好饮酒骂人。与丞相田蚡不和，后因在蚡处使酒骂座，戏侮田蚡，为田蚡所劾，以不敬罪族诛。事见《史记·魏其武安侯列传》。

㉓"辞玉辇"二句：指汉朝的班姬谢绝与君王同辇游玩而割舍宠爱。班姬，即班婕妤(婕妤并非班的名字，而是汉代后宫嫔妃的称号。因班曾入宫被封婕妤，后人一直沿用这个称谓)。汉代女作家。

祖籍楼烦(今山西宁武),后迁居长安(今陕西西安)西郊。汉成帝初年,班婕妤补选入后宫,初为少使,后成为婕妤,很受成帝的宠幸。一次成帝到后宫游玩,要班婕妤与他同坐一辆车,婕妤以古之贤君有贤臣在侧,而亡国之主才是嬖女相随的史实加以拒绝。成帝的母后听到此事,大为感慨:"古有樊姬,今有婕妤。"

㉔"脱簪珥"二句:指周朝的宣姜摘下自己的装饰,劝谏君王不要贪恋女色、贻误政事。宣姜,据《列女传》记载:周宣姜后者,齐侯之女也。贤而有德,事非礼不言,行非礼不动。宣王尝早卧晏起,后夫人不出房。姜后脱簪珥,待罪于永巷。使其傅母通言于王曰:"妾不才,妾之淫心见矣,至使君王失礼而晏朝,以见君王乐色而忘德也。夫苟乐色,必好奢穷欲,乱之所兴也。原乱之兴,从婢子起。敢请婢子之罪。"王曰:"寡人不德,实自生过,非夫人之罪也。"遂复姜后而勤于政事。早朝晏退,卒成中兴之名。

㉕骊姬:春秋时骊戎之女。晋献公伐骊戎,将之虏入晋国。骊姬以美色取得了晋献公的专宠,参与朝政,晋献公竟废去夫人齐姜,立骊姬为夫人。她使计离间了献公与申生、重耳、夷吾父子兄弟之间的感情,并设计杀死了太子申生,制造了"骊姬倾晋"。

㉖褒姒(sì):褒人所献,姒姓,故称为褒姒。周幽王征伐有褒国(今陕西汉中西北),褒人献出美女褒姒乞降。褒姒甚得周幽王宠爱,被立为妃,宠冠周王宫。翌年,褒姒生子伯服(一作伯般),幽王对她更加宠爱,竟废去申后和太子宜臼,册立褒姒为王后,立伯服为太子。褒姒生性不爱笑,偶露笑容,更加艳丽迷人。为取悦褒姒,虢国石父献出"烽火戏诸侯"的奇计,于是幽王举烽火召集诸侯,诸侯匆忙赶至,却发觉并非寇匪侵犯。后来,申后之父联络鄫侯及犬戎入寇,周幽王举烽火示警,诸侯以为又是骗局而不愿前往,致使幽王被犬戎所弑,褒姒亦被劫掳。

㉗蒐(sōu)狩之礼:古代田猎的规章制度。蒐狩,古代帝王春冬时

的射猎活动。春猎为蒐,冬猎为狩。

㉘禽荒:沉迷于田猎。

㉙胥靡之徒:古代服劳役的刑徒。

㉚鞴绁(bèi xiè):鞴以蹲鹰,绁以牵狗。借指纨袴子弟放荡游乐的生活。

㉛小竖:僮仆。

㉜逸辔(pèi):指疾驶的马车。

㉝衔橛:意谓马车奔驰时有倾覆的危险。

㉞靦(miǎn):羞愧,不好意思。

【译文】

"当今圣上慈爱,用至高的道德准则来教育子弟。如同汉朝在帷幄的论政,遵循周朝在镐京的致戒。鄙视晋元帝赐《韩非子》给太子的做法,而把儒家的经术视为修身治国的法宝。既要咨询治国政策的得失,也要重视自身的品德修养使臻完美。既要从老百姓那里接受意见,也要向旧臣遗老虚心征求谏言。要想朝政处理得当,天下安定,必须先得人才才能兴盛。帝尧知人并能成为后世典范,文王以人才众多而为后人传颂。从正直的人中选拔人才,用'灵镜'来加以鉴别。衡量他们的才能,审查他们的德行。一定要根据他们的具体情况来分派职务,不可违反制度使其参政。如果被传闻所迷惑,没有看清人的本性,就会造成有道德有本领的人受冤屈,而卑鄙无能之人一定会得逞。这样一来,那些善于谄谀的人竞相溜须拍马,游手好闲的人不请自来。那些直言诤谏的人士,会因为忠信而获罪,那些卖官枉法的不良之辈,就会因为贿赂而受到亲近。于是就会毁坏法度,败坏伦常。国家就会败亡在奸人的手中,百姓就会盼望我来安抚而归于仁义。天生万物,只有人最为贵。如果诉讼不能公正审理,涉案的人就会有生、死两种不同的结果;如果冤案得不到昭雪,天地阴阳之气就不会和谐。士人前途的通达或阻塞,决定于苛法;百姓生命的长寿或夭折,则掌握在酷吏的手中。因此,帝尧用画像的办法象征刑罚,来体现圣人的恻隐之心;夏禹对着囚犯哭泣,表现了天子对百姓的哀怜之情。于是依照《易经》中《大壮》的卦象,建造高楼,雕梁画栋。夏桀建的瑶台、商纣造的琼室,岂止雕梁画栋。魏文帝修建凌云台登高远望,汉武帝修筑通天台避暑纳凉。他们为了穷奢极欲而役使人民,结果生命痿蹶而自身遭殃。所以汉文帝珍惜十家之产,以昭示俭约而为后世立下楷模;周文王虽然修建了百里苑囿,但因为是百姓自愿来帮助修建的而国力能够强盛。在宴会上虽然要礼尚往来,尽情欢饮,但要重视酒德。饮至忘返而得福的境界,在于聪明之自制。如果因酗酒而变得昏庸,醉酒酿成大祸,就会像殷纣王建造酒池肉林,灌夫借酒骂人一样,得到亡家丧国的下场。因此伊尹为禁止酣饮而作出训诫,周公也因酣饮容易乱邦丧国而下令戒酒。那些温柔娴静的女子,确实是君子的理想配偶。汉朝的班姬深明大义,谢绝与君王同辇游玩;周朝的宣姜摘下自己的装饰,劝谏君王不要贪恋女色、贻误政事。然而也有祸乱晋国的骊姬,导致周朝灭亡的褒姒。她们虽然比图画中描绘还要妖艳美丽,却穷凶极恶,违背伦理。所以遇到倾城倾国的美女,就应该接受历史的教训;看到天生丽质的女子,应该想到历史上因女色亡国的事例,将其作为鉴戒。还有田猎的礼制,驰骋在猎场上,如果不用礼义来节制自己,必然会荒废朝政。田猎不但使人疲惫,还能导致人心放纵失常。对高山深谷不知惧怕,乃是囚徒之类;把放鹰驱犬作为娱乐,则是僮仆之事。太子肩负宗庙社稷的重大责任,持先王的传国宝器,而今却与鹰犬并驾齐驱,纵马凌越艰险的地方。马有失蹄导致车辆倾覆的可能,野兽在没有生存之地时会变得很凶恶,难道只会为猎获的野兽少而感到羞愧,却丝毫不为自己无情的虐杀而感到内疚吗?

　　"以小臣之愚鄙,忝不赀之恩荣[1]。擢无庸于草泽,齿陋质于簪缨[2]。遇大道行而两仪泰[3],喜元良盛而万国贞[4]。

以监抚之多暇，每讲论而肃成⑤。仰惟神之敏速，叹将圣之聪明。自礼贤于秋实⑥，足归道于春卿⑦。芳年淑景，时和气清。华殿邃兮帘帏静⑧，灌木森兮风云轻，花飘香兮动笑口，娇莺啭兮相哀鸣⑨。以物华之繁靡⑩，尚绝思于将迎。犹允蹈而不倦⑪，极耽玩以研精⑫。命庸才以载笔⑬，谢摛藻于天庭⑭。异洞箫之娱侍⑮，殊飞盖之缘情⑯。阙雅言以赞德，思报恩以轻生。敢下拜而稽首，愿永树于风声。奉皇灵之遐寿⑰，冠振古之鸿名。"

　　太宗见而遣使谓百药曰："朕于皇太子处见卿所作赋，述古来储贰事以诫太子⑱，甚是典要。朕选卿以辅弼太子，正为此事，大称所委，但须善始令终耳。"因赐厩马一匹，采物三百段。

【注释】

①忝（tiǎn）：用作谦词，表示愧于进行某事。不赀（zī）：不可比量，不可计数。

②齿：录用。陋质：平庸的才能。簪缨：古代官吏的冠饰。比喻显贵。

③两仪：指天地。《周易·系辞上》："易有太极，是生两仪。"泰：平安，安定。

④元良：太子的代称。贞：正。

⑤肃成：为太子讲学处。《三国志·魏书·文帝纪》"又使诸儒撰集经传"，裴松之注引三国魏王沈《魏书》："帝初在东宫……集诸儒于肃成门内，讲论大义，侃侃无倦。"后即以"肃成"为太子讲学处之称。

⑥秋实：比喻人的德行成就。

⑦春卿：周代的春官为六卿之一，掌邦礼。后因称礼部长官为春卿。

⑧邃（suì）：指殿堂深广。

⑨啭（zhuàn）：鸟儿婉转地叫。

⑩繁靡：繁华。

⑪允蹈：恪守，遵循。

⑫耽玩：迷恋，赏玩。研精：专心穷究精义。

⑬载笔：携带文具以记录王事。

⑭摛（chī）藻于天庭：作这篇《赞道赋》呈献给朝廷。摛藻，铺陈辞藻，意谓施展文才。天庭，指皇帝的宫廷。

⑮异洞箫之娱侍：有异于王褒作《洞箫赋》侍候汉元帝娱乐。洞箫，指《洞箫赋》。作者为王褒，字子渊，西汉蜀资中（今四川资阳）人。此赋为咏物赋篇先河之作，对后世文风文体颇有影响。此赋在修辞上极下功夫，当中并非堆砌夸张，而是描写精巧细微，音调和美，形象鲜明。篇中多用骈偶的句子，开魏晋六朝骈文之端。

⑯殊飞盖之缘情：不同于魏文帝做世子时让曹植赋《公宴诗》的情趣。飞盖，驰车，驱车。语出三国魏曹植《公宴诗》："清夜游西园，飞盖相追随。"

⑰皇灵：指皇帝。遐寿：高龄，高寿。

⑱储贰：亦作"储二"，储副，太子。

【译文】

"小臣以愚陋的资质，愧受陛下难以计量的恩宠。从草野间将我这个无庸之辈提拔上来，将平庸的人与圣朝显宦巨卿并列朝班。我庆幸遭逢圣道大行，天下安宁，欣喜太子年富力强，万方归正。太子在监国抚军的闲暇，常在书房讲论治理国家的原则和修身养性的方法。仰慕您如神的敏捷，叹服您如圣般的聪明。若在德行方面有所成就，就足以在礼仪方面归向正道。盛时美景,时和气清。华殿深邃,帘帷清静;树木葱茏,云淡风轻;百花飘香,含苞欲放;娇莺婉转,相对鸣唱。面对如此繁华的景物,却能摒绝交游。仍然恪守德行而孜孜不倦,迷恋学问而精研深思。让我这个平庸的人拿起笔来,作这篇《赞道赋》呈献给朝廷。这有异于王褒作《洞箫赋》侍候汉元帝娱乐,亦不同于曹植《公宴诗》'清夜游西园,飞盖相追随'的情趣。我缺乏优美的文辞来赞颂太子的盛德,只希望用自己的生命来报答陛下的恩宠。请允许小臣下跪稽首,愿太子永远保持美好名声。好好侍奉皇上,英名冠于古今。"

　　太宗见到这篇赋后,派人对李百药说:"我在皇太子那里见到你所作的赋,陈述自古以来储君的事迹以规诚太子,很是简要得法。我选你来辅佐太子,正是为此。你对所委派的事很称职,但要善始善终啊!"于是赏赐给李百药御马一匹,彩帛三百段。

　　贞观中,太子承乾数亏礼度[①],侈纵日甚,太子左庶子于志宁撰《谏苑》二十卷讽之[②]。是时,太子右庶子孔颖达每犯颜进谏[③]。承乾乳母遂安夫人谓颖达曰:"太子长成,何宜屡得面折[④]?"对曰:"蒙国厚恩,死无所恨。"谏诤愈切。承乾令撰《孝经义疏》[⑤],颖达又因文见意[⑥],愈广规谏之道。太宗并嘉纳之,二人各赐帛五百匹,黄金一斤,以励承乾之意。

【注释】

①亏礼度:违犯礼法制度。亏,使受损失。

②《谏苑》:太子承乾屡有过恶,志宁不时进谏,并上《谏苑》以讽,不为所纳。承乾废,晋王为皇太子,复拜左庶子,进侍中。讽:规劝训导。

③孔颖达(574—648):字冲远、仲达,冀州衡水(今河北衡水)人。

隋唐间儒家学者,经学家。到唐代,历任国子博士、国子司业、国子祭酒等职。卒谥宪。唐贞观初年,唐太宗认为当时儒学师说多门,章句繁杂,命孔颖达主持编撰五经义训。孔颖达兼采南北经学义疏,以南学为主,编成《五经正义》180卷,为经学注疏的"定本",现存《十三经注疏》中。唐高宗永徽四年(653),颁《五经正义》于全国,自此时起至宋初,为经学考试的标准。

④面折:当面指责。

⑤《孝经义疏》:疏解《孝经》经义的书。义疏,疏解经义的书。《孝经》是我国古代儒家的伦理学著作。该书以"孝"为中心,比较集中地阐发了儒家的伦理思想。它肯定"孝"是上天所定的规范,"夫孝,天之经也,地之义也,人之行也"。书中指出,孝是诸德之本,"人之行,莫大于孝",国君可以用孝治理国家,臣民能够用孝立身理家,保持爵禄。《孝经》在我国伦理思想中,首次将孝亲与忠君联系起来,认为"忠"是"孝"的发展和扩大,并把"孝"的社会作用绝对化、神秘化,认为"孝悌之至"就能够"通于神明,光于四海,无所不通"。

⑥因文见意:借注释《孝经》来表达自己的意见。

【译文】

贞观年间,太子李承乾多次违犯礼法制度,一天比一天骄纵奢侈。太子左庶子于志宁撰写了二十卷《谏苑》对太子规劝训导。这时太子右庶子孔颖达也常常对太子犯颜直谏。李承乾的乳母遂安夫人对孔颖达说:"太子已经长大成人,怎么能屡次当面指责他呢?"孔颖达回答说:"我蒙受朝廷重恩才这样做,即使因直谏而被处死也不悔恨。"此后他诤谏得更加激烈。李承乾命他撰写《孝经义疏》,孔颖达又借注释《孝经》来表达自己的意见,更进一步在书中扩大对承乾规谏的途径。太宗对他们二人的做法深为嘉许采纳,分别赐予二人帛五百匹,黄金一斤,用来勉励他们教导承乾。

　　贞观十三年,太子右庶子张玄素以承乾颇以游畋废学,上书谏曰:

　　"臣闻皇天无亲,惟德是辅①,苟违天道,人神同弃。然古三驱之礼②,非欲教杀,将为百姓除害。故汤罗一面,天下归仁③。今苑内娱猎,虽名异游畋,若行之无恒④,终亏雅度。且傅说曰:'学不师古,匪说攸闻⑤。'然则弘道在于学古,学古必资师训。既奉恩诏,令孔颖达侍讲,望数存顾问⑥,以补万一。仍博选有名行学士,兼朝夕侍奉。览圣人之遗教,察既往之行事,日知其所不足,月无忘其所能,此则尽善尽美。夏启、周诵焉足言哉! 夫为人上者,未有不求其善,但以性不胜情,耽惑成乱⑦。耽惑既甚,忠言尽塞,所以臣下苟顺,君道渐亏。古人有言:'勿以小恶而不去,小善而不为。'故知祸福之来,皆起于渐⑧。殿下地居储贰⑨,当须广树嘉猷⑩。既有好畋之淫,何以主斯匕鬯⑪? 慎终如始,犹恐渐衰,始尚不慎,终将安保!"承乾不纳。

【注释】

①"皇天"二句:语出《尚书·蔡仲之命》。指上天公正无私,总是帮助品德高尚的人。亲,亲近。辅,帮助。

②三驱:古王者田猎之制。谓田猎时须让开一面,三面驱赶,以示好生之德。一说,田猎一年以三次为度。

③"汤罗"二句:据《史记》记载,商汤出猎时,见四面张网,恐禽兽被杀绝,于是就命令撤去三面之网,并祷告说:"想往左就往左,想往右就往右,不听话的就进入罗网。"商汤因仁慈而赢得天下之心。本句意谓张布罗网时仅堵一面,天下就会归附于他的仁义。

④无恒：无常。这里指没有节制。

⑤"学不"二句：语出《尚书·商书·说命下》。原文为："学于古训乃有获。事不师古，以克永世，匪说攸闻。"意谓在学习上不师法古代圣贤，我还不曾听说过。匪，通"非"。攸，所。

⑥顾问：咨询。

⑦耽惑：犹迷惑。

⑧渐：慢慢地，一点一点地，一步一步地。

⑨储贰：储副，太子。

⑩嘉猷：治国的好规划。这里指好的德行。

⑪匕鬯(chàng)：《周易·震》："震惊百里，不丧匕鬯。"王弼注："匕，所以载鼎实；鬯，香酒。奉宗庙之盛也。""匕鬯"皆为祭祀用物，后因代指宗庙祭祀。

【译文】

贞观十三年(639)，太子李承乾因为常常打猎荒废学业，太子右庶子张玄素上书规谏说：

"臣听说，苍天对人不分亲疏，只佑助有德之人。如果有人违背天意，人和神都要抛弃他。古代对打猎所规定的'三驱'之礼，不是教人嗜杀，而是要为百姓除害。所以商汤打猎时，张布罗网仅止一面，天下都归附于他的仁义。如今殿下在宫苑里打猎玩乐，名义上虽然和出外游猎有所区别，但是如果没有节制，终究有伤您儒雅的气度。况且傅说曾经说过：'在学习上不师法古代圣贤，我还不曾听说过。'既然如此，弘扬道德就应该学习古礼，而学古必须依靠师傅的训导。既然已经奉圣上恩诏，令孔颖达为太子讲解经书，就希望殿下常常能以事咨询，万一有所不足可以弥补。还应该广泛选择一些有德行的饱学之士，早晚侍读。可以多学习些圣人的遗教，经常审查自己以往的言行，每天都能知道自己的不足之处，每个月不忘自己学会的东西，这样就会尽善尽美了。夏启、周诵又有什么值得称道的！作为君主，没有不愿意追求美德的，只是因为有时理智不能克制情欲,沉溺迷惑才造成昏乱。如果沉溺迷惑得厉害了,就会听不进忠言,因此臣下随意附和,国君之道就会逐渐亏损。古人曾说过:'不要因为过错很小就不去改正,也不要因为善事很小就不屑去做。'因此要知道祸福的发生,都是从小事慢慢地开始的。殿下身居太子的地位,应当广泛建树好的德行。已经养成嗜好游猎的毛病,将来如何担起主持朝政的重任?谨慎从事,至终如始,尚且担心有时会慢慢地懈怠,如果一开始就不慎重,又怎能保持到最后!"李承乾不采纳张玄素的意见。

玄素又上书谏曰:

"臣闻称皇子入学而齿胄者①,欲令太子知君臣、父子、尊卑、长幼之道。然君臣之义,父子之亲,尊卑之序,长幼之节,用之方寸之内②,弘之四海之外者,皆因行以远闻,假言以光被③。伏惟殿下,睿质已隆,尚须学文以饰其表。窃见孔颖达、赵弘智等④,非惟宿德鸿儒,亦兼达政要。望令数得侍讲,开释物理⑤,览古论今,增辉睿德。至如骑射畋游,酣歌妓玩,苟悦耳目,终秽心神。渐染既久,必移情性。古人有言:'心为万事主,动而无节即乱。'恐殿下败德之源,在于此矣。"

承乾览书愈怒,谓玄素曰:"庶子患风狂耶?"

【注释】

①齿胄:指太子入学与公卿之子依年龄为序,不以皇子为上。

②方寸:指人的内心。

③假言以光被:凭借言辞来广泛传布。光被,广泛传布。

④赵弘智(572—653):河南新安(今河南洛阳新安)人。学通三

《礼》《史记》《汉书》。隋大业中,为司隶从事。武德初,转太子舍人。贞观中,累迁黄门侍郎,兼弘文馆学士。高宗初,累转陈王师,讲《孝经》于德福殿时,宰相、弘文馆学士、太学生皆在听讲,弘智举五孝,诸儒诘辩,随问酬答,舌无留语。帝悦,进国子祭酒。

⑤物理:事物的道理、规律。

【译文】

张玄素又上书说:

"臣听说皇子入学与同学按年龄长幼排序,是希望太子知道君臣、父子、尊卑、长幼的道理。然而君臣之义、父子之亲、尊卑之序、长幼之礼,要在心里掌握它,在四海弘扬它,这些都是靠实行才久远闻名,凭借言辞才广泛传布。现在殿下已经长大成人,天资聪明,但还必须学习文化来培养风度。臣私下以为孔颖达、赵弘智等人,不仅是很有道德涵养的大儒,同时也通达处理政务的要领。希望殿下能够经常请他们讲授学问,解释事物的道理、规律,披览历史,讨论当今,给殿下的睿德增添光辉。至于骑射游猎、歌舞伎乐,虽然能愉悦耳目,但终究会污染心神。渐渐地习染时间久了,必然会改变人的性情。古人说过:'心是万事的主宰,行事无节制就会混乱。'我担心败坏殿下德行的根源,就在于此。"

李承乾看了这份谏书更加恼怒,对张玄素说:"右庶子你患疯狂病了吗?"

十四年,太宗知玄素在东宫频有进谏,擢授银青光禄大夫①,行太子左庶子②。时承乾尝于宫中击鼓,声闻于外,玄素叩阁请见③,极言切谏。承乾乃出宫内鼓,对玄素毁之,遣户奴伺玄素早朝④,阴以马槌击之⑤,殆至于死。是时承乾好

营造亭观,穷极奢侈,费用日广。玄素上书谏曰:

"臣以愚蔽,窃位两宫⑥,在臣有江海之润⑦,于国无秋毫之益,是用必竭愚诚⑧,思尽臣节者也。伏惟储君之寄,荷载殊重,如其积德不弘,何以嗣守成业? 圣上以殿下亲则父子,事兼家国,所应用物,不为节限。恩旨未逾六旬,用物已过七万,骄奢之极,孰云过此? 龙楼之下⑨,惟聚工匠;望苑之内⑩,不睹贤良。今言孝敬,则阙侍膳问竖之礼⑪;语恭顺,则违君父慈训之方;求风声⑫,则无学古好道之实;观举措,则有因缘诛戮之罪。宫臣正士,未尝在侧,群邪淫巧,昵近深宫。爱好者皆游伎杂色,施与者并图画雕镂。在外瞻仰,已有此失;居中隐密,宁可胜计哉! 宣猷禁门⑬,不异阛阓⑭,朝入暮出,恶声渐远。右庶子赵弘智经明行修,当今善士,臣每请望数召进,与之谈论,庶广徽猷⑮。令旨反有猜嫌,谓臣妄相推引⑯。从善如流,尚恐不逮;饰非拒谏,必是招损。古人云:'苦药利病,苦口利行。'伏愿居安思危,日慎一日。"

书入,承乾大怒,遣刺客将加屠害,俄属宫废⑰。

【注释】

①银青光禄大夫:官名。唐代为加官及褒赠之官,为从三品。

②行:以高官兼任低级职务者为"行"。

③叩:敲门。阁(hé):宫中小门。

④户奴:家奴。早朝:早上上朝。

⑤阴:暗中,偷偷地。马楇(zhuā):马鞭子。

⑥窃位两宫:兼任朝廷和东宫的职位。窃,自谦之辞。

⑦江海之润:指有江海一样的深厚恩泽。

⑧是用:因此。用,以,为。

⑨龙楼:汉代太子宫门名。《汉书·成帝纪》:"上尝急召,太子出龙
　　楼门,不敢绝驰道,西至直城门,得绝乃度,还入作室门。"颜师古
　　注引张晏曰:"门楼上有铜龙,若白鹤、飞廉之为名也。"后来借指
　　太子所居之宫。

⑩望苑:即博望苑。汉武帝为戾太子所建,使交接宾客之处。故址
　　在今陕西西安。后多借指太子之宫。

⑪侍膳问竖之礼:对父皇侍膳问安的礼节。周文王为太子时,伺候
　　父王进膳时一定要自己先尝,并一日三次向内竖(宦官)打听父
　　王安否。

⑫风声:名声。

⑬宣猷(yóu)禁门:发布政令的宫廷。宣猷,发布政令。

⑭阛阓(huán huì):街市,街道。

⑮徽猷:美善之道。猷,道,指修养。

⑯推引:推荐引进。

⑰俄:在短时间内。属官:太子所属之官,即东宫。借指太子。

【译文】

　　贞观十四年(640),太宗得知张玄素在东宫频繁地进谏,就提升他
为银青光禄大夫,兼太子左庶子。当时李承乾曾经在宫中击鼓作乐,鼓
声在宫外都听得见,张玄素敲门求见太子,直言进谏。李承乾把宫中的
鼓拿出来,当着张玄素的面毁掉,后来派遣家奴趁张玄素早朝的机会,
暗中用马鞭打了他一顿,几乎将他打死。当时李承乾正热衷于营造亭
观台阁,奢侈无度,费用逐日增加。张玄素上书规劝说:

　　"臣愚昧无知,窃居朝廷和东宫的职位,圣上对臣有江海一样深厚
的恩泽,而臣对国家却没有像秋毫那么细小的贡献,因此为臣一定要竭
尽忠诚,想尽到臣子的责任。储君身上的寄托,负担非常重大。如果积

累得德行不够深厚宽广,怎么能继承保守祖宗的基业? 圣上与殿下论亲则是父子,论事则兼家国,所应用的物资不加限制。圣上的恩旨颁布还不到六十天,殿下所用掉的财物就已经超过了七万,挥霍浪费到了极点,还有谁能超过这种程度。龙楼之下,聚满了工匠;而望苑之内,却看不到一个贤良的人士。如今说起孝敬,殿下缺少对父皇侍膳问安的礼节;提起恭顺,殿下违背了君父教导的道理;要说名声,殿下又没有学古好道的行动;观察举措,殿下却有枉法杀人的罪过。东宫中正直的士人从来没有带在身边,而奸邪淫巧的人却天天在深宫中受到亲近。殿下所喜好的人都是些杂耍艺伎,赏赐给人的东西都是些图画雕刻之类的玩物。表面上能看到的就有这么多的过失,内中的隐患岂能数得清楚!发布政令的宫廷与市井店铺没有差别,各种人物早入晚出,殿下的坏名声渐渐散布到四面八方。右庶子赵弘智经学渊博、品行修洁,是当今的贤良之士。臣屡次奏请殿下,希望经常召见他,和他谈论经术,光大殿下的美德。没想到殿下反而对臣有所猜疑,说臣是妄自推荐人才。从善如流,尚且怕达不到至善的境界;掩盖过失,拒绝规谏,一定会招致损失。古人说:'良药苦口利于病,忠言逆耳利于行。'愿殿下能够居安思危,一天比一天谨慎。"

此份奏章送入东宫,李承乾看后大怒,派遣刺客将要加害张玄素,但不久李承乾的太子之位就被废黜了。

贞观十四年,太子詹事于志宁以太子承乾广造宫室①,奢侈过度,耽好声乐,上书谏曰:

"臣闻克俭节用,实弘道之源;崇侈恣情,乃败德之本。是以凌云概日,戎人于是致讥②;峻宇雕墙,《夏书》以之作诫③。昔赵盾匡晋④,吕望师周⑤,或劝之以节财,或谏之以厚敛⑥。莫不尽忠以佐国,竭诚以奉君,欲使茂实播于无穷⑦，英声被乎物听⑧。咸著简策⑨，用为美谈。且今所居东宫，隋日营建，睹之者尚讥甚侈，见之者犹叹甚华。何容于此中更有修造？财帛日费，土木不停，穷斤斧之工，极磨砻之妙⑩？且丁匠官奴入内，比者曾无复监。此等或兄犯国章，或弟罹王法，往来御苑，出入禁闱，钳凿缘其身，槌杵在其手。监门本防非虑，宿卫以备不虞，直长既自不知⑪，千牛又复不见⑫。爪牙在外⑬，厮役在内，所司何以自安，臣下岂容无惧？

【注释】

①太子詹事：官职名。为太子属官之长。唐制：东宫设詹事府，掌统三寺十率府的事务。

②"是以"二句：指秦穆公夸耀他的宫殿凌云摩日，被西戎的由余讥笑。

③"峻宇"二句：《夏书》把高屋雕墙作为危亡的警戒。《夏书》，指记载夏代史事的书。《尚书》中《禹贡》《甘誓》《五子之歌》《胤征》四篇，旧亦称《夏书》。

④赵盾：晋国的正卿。《左传·宣公二年》记载：晋灵公荒淫无道，厚敛资财，雕饰墙壁。晋国的正卿赵盾多次进谏。

⑤吕望：姜姓，字子牙，被尊称为太公望，后人多称其为姜子牙、姜太公。他不仅是开创西周的功臣，而且是辅佐文王、武王、成王、康王四朝之元老，积累了丰富的治国经验，推动了社会的发展和进步。武王尊之为"师尚父"。姜太公深知"民为邦本，民固国兴"的道理，有民则有国，无民则何国可言。因此，他力倡以民为本，仁政顺民的思想。是我国历史上最享盛名的政治家、军事家和谋略家。

⑥厚敛：重敛财物，亦指征收重税。

⑦茂实：盛美的德业。

⑧物听：众人的言论。这里指人们的听闻。

⑨简策：在造纸技术发明以前，我国古代书籍主要是用墨写在竹木简上。因此称用竹简做的书为"简策"。这里借指为"史册"。

⑩磨砻(lóng)：磨治。

⑪直长：官名。唐殿中省所辖各供奉机构均设此官，为奉御等主官的辅佐。

⑫千牛：官名。禁卫官千牛备身、千牛卫的省称。掌执千牛刀，为君王护卫。唐朝的千牛卫就是禁军。

⑬爪牙：指爪牙官，禁卫军官。

【译文】

贞观十四年(640)，太子詹事于志宁因太子李承乾广造宫室，奢侈过度，沉溺声色，上书规谏说：

"臣听说，俭朴节约是弘扬道德的根源；奢侈放纵是败坏道德的根本。所以，秦穆公夸耀他的宫殿凌云摩日，被西戎的由余讥笑；高大的宫室、雕饰的墙壁，《夏书》把它作为危亡的警戒。从前赵盾匡扶晋国，劝谏晋灵公不要聚敛资财，吕望在周朝做太师时，劝勉周文王要节省财物。他们无不尽忠辅佐国家，竭诚侍奉国君，希望使国君的德行传播到四方，美好的名声充满人们的听闻。这些事迹都记载在史书之中，后世传为美谈。况且现在殿下所住的东宫是隋朝时修建的，见过的人都指责它过于奢侈，感叹它非常豪华，哪里还用得着耗费财物再加改建，天天耗费财物，土木工程不停，穷极砍削的工巧，琢磨的精妙？而且近来工匠、官府奴隶进入东宫，竟没有人监视他们。这些人当中，有的是其兄长犯过国法，有的是其弟受过王法制裁，他们在御苑中来来往往，出入宫廷禁地，有的随身携带铁钳钢凿，有的手持铁锤钢杆。门卫本来是防御安全的，宿卫是以防意外的。而这种情况直长既不知，禁卫官又看

不见。武臣在外,而工匠、官奴在内,禁卫部门怎能安心,臣子怎能不感
到忧惧呢?

　　"又郑、卫之乐①,古谓淫声。昔朝歌之乡②,回车者墨
翟③;夹谷之会④,挥剑者孔丘。先圣既以为非,通贤将以为
失。顷闻宫内,屡有鼓声,大乐伎儿⑤,入便不出。闻之者股
栗,言之者心战。往年口敕⑥,伏请重寻,圣旨殷勤⑦,明诚恳
切。在于殿下,不可不思;至于微臣,不得无惧。

【注释】

①郑、卫之乐:郑国、卫国的音乐,儒家认为都是乱世之声,淫靡之
　　音。儒家崇尚中和之美,继承了以孔子为代表的先秦儒家的音
　　乐观,崇雅正而抑淫俗,极力排斥郑卫之声。郑,指郑国,姬姓。
　　卫,指卫国,姬姓。郑、卫都是春秋战国时期重要诸侯国。

②朝歌:古地名,位于河南北部的淇县。商朝武乙、帝乙、帝辛四代
　　殷王皆建都于此。

③墨翟:姓墨名翟,战国时期著名思想家、政治家、军事家。提出
　　"兼爱""非攻"等观点,创立墨家学说,并有《墨子》一书传世。

④夹谷之会:据《孔子家语》记载,鲁定公与齐侯会于夹谷(今山东
　　莱芜南)。齐国奏乐,使俳优侏儒在面前游戏。孔子说:"匹夫戏
　　弄诸侯,罪应诛。"于是孔子斩侏儒,齐侯惧,有惭色。

⑤大乐伎儿:大乐署中的歌舞伎人。大乐,亦称"太乐",官署名,掌
　　管奏乐,以供祭享。

⑥口敕:帝王口头的诏令。

⑦殷勤:恳切叮咛。

【译文】

"另外，郑国、卫国的音乐，古代就被认为是靡靡之音。从前，墨翟到了朝歌，因为地名不符合他的'非乐'思想，便驾车返回；孔子曾在夹谷之会上挥剑斩杀舞乐的侏儒。古代的圣人都认为歌舞失礼是错误的东西，通达的人也都认为靡靡之音是一种过失。近来听到东宫常有鼓声，太乐署中的歌舞伎人召进东宫后便不再出来。听见这件事的人不寒而栗，说起此事的人胆战心惊。往年圣上的口谕，敬请殿下重温。圣旨对此事一再嘱托，反复告诫。对于殿下，不能不有所考虑；至于微臣，不能不因此担忧。

"臣自驱驰宫阙，已积岁年，犬马尚解识恩，木石犹能知感，臣所有管见，敢不尽言。如鉴以丹诚①，则臣有生路；若责其忤旨，则臣是罪人。但悦意取容②，臧孙方以疾疢③；犯颜逆耳，《春秋》比之药石④。伏愿停工巧之作，罢久役之人，绝郑、卫之音，斥群小之辈。则三善允备⑤，万国作贞矣。"

承乾览书不悦。

【注释】

①鉴以丹诚：能明察臣下的一片赤诚。鉴，观察，明察。

②悦意取容：取悦求容于人。

③臧孙方以疾疢(chèn)：臧孙认为这是恶疾。典出《左传·襄公二十三年》。臧孙曰："季孙之爱我，疾疢也；孟孙之恶我，药石也。美疢不如恶石。夫石犹生我，疢之美，其毒滋多。"臧孙，春秋时鲁国大夫，即臧武仲，臧孙氏，名纥。短小多智，号称"圣人"。方，等同，相当。疾疢，病害。

④药石：比喻规诫。引申为规诫他人改过之言。

⑤三善允备：臣事君、子事父、幼事长的善德就已齐备。三善，指臣事君、子事父、幼事长的善德。允备，齐备。

【译文】

"臣自从在宫中奔走任职以来，已经多年了，即使是犬马尚且知道报恩，木石也知道感戴情义，臣有浅显的见解，岂敢不尽量进言？如果殿下怜惜臣的一片赤诚，那么臣就有生路；如果殿下认为臣违背旨意，那么臣就是罪人。但是，取悦求容于人，臧孙比作是恶疾；犯颜直谏，忠言逆耳，《春秋》把它比作药石。希望殿下停止营建工程，放还久做服劳役的工匠；禁绝郑、卫的淫靡音乐；斥退那些邪佞的小人。那么臣事君、子事父、幼事长的善德就已齐备，天下万国即可归于中正了。"

李承乾看完疏奏，很不高兴。

十五年，承乾以务农之时召驾士等役①，不许分番②，人怀怨苦。又私引突厥群竖入宫。志宁上书谏曰：

"臣闻上天盖高，日月光其德；明君至圣，辅佐赞其功。是以周诵升储③，见匡毛、毕④；汉盈居震⑤，取资黄、绮⑥。姬旦抗法于伯禽⑦，贾生陈事于文帝，咸殷勤于端士⑧，皆恳切于正人。历代贤君，莫不丁宁于太子者，良以地膺上嗣，位处储君。善则率土沾其恩，恶则海内罹其祸。近闻仆寺、司驭、驾士、兽医⑨，始自春初，迄兹夏晚，常居内役，不放分番。或家有尊亲，阙于温清⑩；或室有幼弱，绝于抚养。春既废其耕垦，夏又妨其播殖。事乖存育，恐致怨嗟。傥闻天听，后悔何及？又突厥达哥支等，咸是人面兽心，岂得以礼义期，不可以仁信待。心则未识于忠孝，言则莫辩其是非，近之有损于英声，昵之无益于盛德。引之入阁，人皆惊骇，岂臣庸识,独用不安？殿下必须上副至尊圣情,下允黎元本望⑪,不可轻微恶而不避,无容略小善而不为。理敦杜渐之方⑫,须有防萌之术。屏退不肖,狎近贤良。如此则善道日隆,德音自远。"

承乾大怒,遣刺客张师政、纥干承基就舍杀之。是时丁母忧⑬,起复为詹事⑭。二人潜入其第,见志宁寝处苫庐⑮,竟不忍而止。

及承乾败,太宗知其事,深勉劳之。

【注释】

①驾士:导引帝王车驾之士。

②分番:分组轮流值勤。

③周诵:指周太子姬诵。见前注。

④毛:指毛叔。毕:指毕公。周成王姬诵做太子时,得到毛叔、毕公的辅佐。

⑤盈:指汉惠帝刘盈。居震:此谓居太子之位。

⑥黄:指夏黄公。绮:指绮里季。汉惠帝刘盈能够当上皇帝,是靠夏黄公、绮里季等四位贤人的支持。

⑦姬旦:指周公姬旦。伯禽:姓姬,字伯禽,亦称禽父。周公旦长子,周封鲁国的第一任国君。

⑧端士:品德端正之人。

⑨仆寺:古代宫中被用于做杂事、供役使的人。司驭:管理、驾驭马匹、车辆的小官吏。

⑩温凊(qìng):凉。冬温夏凊的省称。冬天温被使暖,夏天扇席使凉。后指侍奉父母之礼。

⑪黎元:百姓,民众。

⑫敦：治理。杜渐：杜绝乱源的开端，不让它发展。

⑬丁母忧：遭逢母亲丧事。古代遇到父母的丧事称"丁忧"。丁忧期间官吏要离任守丧。

⑭起复：指守丧期满再复职。

⑮苫（shān）庐：古代在亲丧中所居之室。

【译文】

贞观十五年（641），李承乾在农忙的时候，征召驾士等人服役，并不许他们轮流换班，使服役的人心怀怨恨。他又私下征召一群突厥童仆进入东宫。于志宁上书规谏道：

"臣听说上天崇高，日月辉映着它的圣德；国君贤明，大臣辅佐他成就功业。所以，周成王姬诵做太子时，得到毛叔、毕公的匡助；汉惠帝刘盈能够登上帝位，是靠夏黄公、绮里季等四位贤人的支持。周公姬旦用世子应该遵守的法规来要求伯禽，贾谊屡次上书文帝谈论国家大事。他们都是殷勤为国的忠直人士，恳切进谏的正人君子。历代贤明的国君没有一个不再三告诫叮嘱太子的，这是因为太子是将来帝位的继承人，是储君。太子贤明，举国上下都受他的恩泽；太子邪恶，四海百姓都要遭殃。近来听说仆寺、司驭、驾士、兽医等杂役，从开春到夏末，长期在宫中服役，不准他们换班休息。他们当中，有的人家里有年迈的父母亲，因此却得不到奉养；有的人家里有年幼的子女，因此却断绝了父亲的抚养。春天已经耽误了他们耕地，夏天又影响了他们播种。事关他们的生存，恐怕会引起他们的怨恨。倘若圣上知道了这件事，殿下就是后悔又如何来得及？此外，突厥达哥支等都是人面兽心，岂能用礼仪期望他们，也不能用信义对待他们。他们的内心不识忠孝，语言不辨是非，接近他们有损于殿下的英名，亲近他们也不能增加殿下的盛德。把他们召入东宫，众人都深感惊骇，岂只是臣见识平庸，独自感到不安？殿下必须上不辜负君父的期待，下不辜负百姓的仰望，不要因为过错小就不改，也不要因为小的善事就不做。应当制定防微杜渐的方法，必须有防止恶行萌生之术。驱逐不肖的小人,亲近贤良的君子。这样就可使德行日益隆盛,美名日益传到远方。"

李承乾大怒,于是派遣刺客张师政、纥干承基到于志宁家去刺杀他。当时于志宁正逢母亲的丧事在为母亲守丧,就又被重新起用为太子詹事。二人潜入他家,见于志宁睡的是草铺的床,枕的是泥土块,为母亲恪尽孝礼,二人终不忍下手而作罢。

等到李承乾事情败露,太宗知道了于志宁因进谏被行刺的事,对他深加慰劳勉励。

卷五

仁义第十三

【题解】

在本篇中,主要记载了唐太宗"以仁义诚信为治"的治国主张。唐太宗认为,自古以来用仁义治国的,国家气运就会长久。所以他说"为国之道,必须抚之以仁义,示之以威信,因人之心,去其苛刻,不作异端,自然安静","行仁义则灾害不生"。唐太宗"君道"学说的核心内容是传统儒家的仁政和仁义思想,这也是他当政后推行让步政策、宽简刑罚、轻徭薄赋的理论基础。本篇和下面的《崇儒学》等篇,都反映了唐初统治者尊崇儒学、重视道德教化、主张省刑慎罚、以仁义治天下的思想。

贞观元年,太宗曰:"朕看古来帝王,以仁义为治者,国祚延长;任法御人者[1],虽救弊于一时,败亡亦促[2]。既见前王成事,足是元龟[3],今欲专以仁义诚信为治,望革近代之浇薄也[4]。"

黄门侍郎王珪对曰:"天下雕丧日久,陛下承其余弊,弘道移风,万代之福。但非贤不理,惟在得人。"太宗曰:"朕思贤之情,岂舍梦寐[5]!"给事中杜正伦进曰:"世必有才,随时所用。岂待梦傅说,逢吕尚,然后为治乎?"

太宗深纳其言。

【注释】

①御人：制驭他人。

②促：时间短，这里指很快就会灭亡。

③元龟：比喻可资借鉴的往事。

④浇薄：指人情轻薄，风气虚浮。

⑤岂舍梦寐：即"梦寐岂舍"，意谓在梦中也不会忘记。

【译文】

贞观元年(627)，太宗说："我看自古以来用仁义治国的帝王，国运长久；用刑法统治百姓的，虽然能补救一时的弊端，但败亡也很迅速。已经看到的前代帝王成败的事例，足可以作为借鉴。现在我打算专门用仁义诚信来治理国家，希望能革除近代浮薄不纯的社会风气。"

黄门侍郎王珪回答说："天下仁义道德衰亡已久，陛下承接的是一堆遗弊，能够弘扬正道，移风易俗，这是百姓万代的福气。但没有贤才是不能治理天下的，关键是在于能得到贤才。"太宗说："我思念贤才的心情，就是在睡梦中也念念不忘呀！"给事中杜正伦进言说："世上一定会有人才，随时可以发掘任用。难道要等到梦见傅说、遇到吕尚，然后才治理国家吗？"

太宗同意并采纳了他的意见。

贞观二年，太宗谓侍臣曰："朕谓乱离之后①，风俗难移。比观百姓渐知廉耻，官人奉法，盗贼日稀，故知人无常俗，但政有治乱耳。是以为国之道，必须抚之以仁义，示之以威信，因人之心，去其苛刻，不作异端②，自然安静。公等宜共行斯事也！"

【注释】

①乱离：遭战乱而流离失所。

②异端：指违背正道的事情。

【译文】

　　贞观二年(628)，太宗对身边的大臣们说："我认为在国家乱离之后，社会风气很难在短时间内变好。近来看到百姓都逐渐懂得了廉耻，官吏百姓都能奉公守法，盗贼日渐减少。从而知道没有一成不变的风俗，只是施政有治乱好坏的区别。所以，治国之道必须用仁义来安抚百姓，向他们展示威严和诚信，要顺应民心，废除严刑酷法，不做违背正道的事情，天下自然就安定平静。你们应当共同努力做好这件事。"

　　贞观四年，房玄龄奏言："今阅武库甲仗①，胜隋日远矣。"太宗曰："饬兵备寇虽是要事②，然朕惟欲卿等存心理道，务尽忠贞，使百姓安乐，便是朕之甲仗。隋炀帝岂为甲仗不足以至灭亡，正由仁义不修，而群下怨叛故也。宜识此心。"

【注释】

①甲仗：亦作"甲杖"。泛指武器。

②饬兵：整顿军队。

【译文】

　　贞观四年(630)，房玄龄上奏说："最近我检阅武库的武器，发现已远远胜过隋朝了。"太宗说："整顿军队、防备贼寇虽然是重要的事，但我更希望你们多留心于治国的策略，一定要竭尽忠贞，使百姓能安居乐业，这才是我最理想的武器。隋炀帝哪里是因为武器不够多而招致灭亡的，正是因为他不施行仁义，而使群臣百姓怨恨啊。你们应该理解我的这层意思。"

　　贞观十三年,太宗谓侍臣曰:"林深则鸟栖,水广则鱼游,仁义积则物自归之。人皆知畏避灾害,不知行仁义则灾害不生。夫仁义之道,当思之在心,常令相继,若斯须懈怠①,去之已远。犹如饮食资身,恒令腹饱,乃可存其性命。"王珪顿首曰②:"陛下能知此言,天下幸甚!"

【注释】

　　①斯须:片刻。

　　②顿首:叩头。

【译文】

　　贞观十三年(639),太宗对身边的大臣们说:"树林茂密了鸟儿就会来栖息,江湖广阔了群鱼就会来游弋,仁义积累得深厚了百姓就自然会来归顺。人们都知道躲避灾害,但不知道施行仁义就能使灾害不发生。仁义之道应该牢记在心,经常让它持续不断,如果有片刻懈怠,就会远离仁义。这就好像人饮食是为了保养身子,经常使肚子吃饱,才可以维持生命。"王珪叩头说:"陛下能够知道这个道理,真是天下的大幸啊!"

论忠义第十四

【题解】

在本篇中，主要记载了唐太宗立意要表彰宣传的对封建君王效愚忠的言行。如冯立之对于隐太子、姚思廉之对于隋代王，都被认为是值得嘉许的。就连唐太宗贞观十九年（645）久攻辽东安市城不下，也要"嘉安市城主坚守臣节，赐绢三百匹，以劝励事君者"。同时还一再下令表彰历代那些"固守忠义，克终臣节"的官吏及其子孙，以此鼓励当代和后世一切臣民誓死效忠君王。又如唐太宗十分欣赏春秋战国时卫懿公的臣子弘演，此人竟忠义到"自出其肝，而内懿公之肝于其腹中"的程度。他感慨地说："今觅此人，恐不可得。"而魏徵则认为忠义应是君臣双方面的事，他以当年豫让之语对之："臣昔事范、中行，范、中行以众人遇我，我以众人报之。智伯以国士遇我，我以国士报之。"所以"在君礼之而已，亦何谓无人焉"。这是魏徵替唐太宗设计的培育忠臣的途径。但是，这里的"忠诚"乃是封建社会皇帝对臣子提出的道德要求，其真实意图就是想通过褒扬历代忠臣来激励大臣们对自己的效忠，我们今天必须用批判的眼光来阅读这些文章。

　　冯立①，武德中为东宫率②，甚被隐太子亲遇。太子之死也，左右多逃散，立叹曰："岂有生受其恩，而死逃其难！"于是率兵犯玄武门③,苦战,杀屯营将军敬君弘④。谓其徒曰:"微以报太子矣。"遂解兵遁于野。俄而来请罪,太宗数之曰⑤:"汝昨者出兵来战,大杀伤吾兵,将何以逃死?"立饮泣而对曰:"立出身事主,期之效命,当战之日,无所顾惮。"因歔欷悲不自胜⑥,太宗慰勉之,授左屯卫中郎将⑦。立谓所亲曰:"逢莫大之恩,幸而获免,终当以死奉答。"未几,突厥至便桥⑧,率数百骑与虏战于咸阳,杀获甚众,所向皆披靡,太宗闻而嘉叹之。时有齐王元吉府左车骑谢叔方率府兵与立合军拒战⑨,及杀敬君弘、中郎将吕衡⑩,王师不振,秦府护军尉迟敬德乃持元吉首以示之⑪,叔方下马号泣,拜辞而遁。明日出首,太宗曰:"义士也。"命释之,授右翊卫郎将⑫。

【注释】

①冯立:同州冯翊(今陕西大荔)人。有武艺,略懂文书。太子建成任他为翊卫车骑将军,是建成亲信得力的人。

②武德:唐高祖的年号(618—626),也是唐朝的第一个年号。东宫率:官名。唐制东宫制左右率府,掌兵仗、仪卫。

③玄武门:长安城宫城的北门。

④敬君弘:绛州太平(山西新绛)人。武德中,为骠骑将军,封黔昌县侯,掌屯营兵于玄武门,加授云麾将军。隐太子建成被杀,其余党冯立等率兵犯玄武门,君弘挺身出战。其所亲止之曰:"事未可知,当且观变,待兵集,成列而战,未晚也。"君弘不从,乃与中郎将吕世衡大呼而进,并遇害。太宗甚嗟赏之,赠君弘左屯卫大将军,世衡右骁卫将军。

⑤数:数落,责备。

⑥歔欷(xū xī):悲泣,抽噎。

⑦左屯卫中郎将：武官名。为低级武官，统领侍卫，掌宿卫之类职务。

⑧便桥：也称"便门桥"。汉长安城西北、渭水上的桥名，武帝建元三年（前138）始建。《汉书·武帝纪》注云："便门，长安城北面西头门，即平门也……于此道作桥，跨渡渭水以趋茂陵，其道易直，即今所谓便桥是其处也。"亦省称"便门"。

⑨齐王元吉（603—626）：即李元吉，唐高祖李渊第四子，母窦皇后。李渊自太原起兵反隋，大军入关，留他守太原。唐建国后，封为齐王。武德二年（619），刘武周南侵并州，他弃太原归长安。后与长兄李建成合谋杀李世民。武德九年（626）六月初四，李世民发动"玄武门之变"，元吉与建成一同遇害身亡。左车骑：武官名。掌骑从侍卫职务。谢叔方：万年（今陕西西安长安区）人。

⑩中郎将：武官名。统管皇帝的侍卫。吕衡：史作"吕世衡"，此避唐太宗讳，除"世"字。是秦王李世民事先收买的心腹。在"玄武门之变"中，守将吕世衡一同出战，结果战死。

⑪尉迟敬德（585—658）：即尉迟恭，字敬德，朔州鄯阳（今山西朔州）人。唐朝大将，凌烟阁二十四功臣之一。武德九年（626）玄武门之变，助李世民夺取帝位。任泾州道行军总管等职。

⑫右翊卫郎将：武官名。掌供奉侍卫的职务。

【译文】

　　冯立在武德年间担任东宫率，很受隐太子李建成的宠遇。隐太子被杀的时候，其左右部下大多逃散。冯立叹息说："怎能在太子生前受其恩宠，而在其死后逃避危难呢？"于是率领士兵攻打玄武门，艰苦奋战，杀死屯营将军敬君弘。然后对他的部下说："总算可以稍微报答太子了。"于是解散军队逃到山野乡村。不久，冯立回朝请罪。太宗责问他："你先前率兵来攻战，杀伤我许多兵将，你凭什么可以免死？"冯立哭着回答说："我出仕侍奉主人，希望能以死报效，作战的那一天，就什么也不顾忌了。"因此悲哀得难以自制。太宗勉慰他,任命他做了左屯卫中郎将。冯立对他的亲信们说:"得到皇上莫大的恩惠,而免我一死,一定要以死来报答。"过了不久,突厥进犯到渭河便桥,冯立率领数百骑兵与敌军在咸阳大战,杀伤和俘获了很多敌人,所向披靡。太宗听说后,对他大加称赞。玄武门事变时,还有齐王李元吉府中左车骑谢叔方,率领齐王府兵与冯立合军抗拒,当他们杀了敬君弘、中郎将吕衡后,秦王军的士气不振。秦王府护军尉尉迟敬德就手持李元吉的首级给他们看,谢叔方下马号哭,拜辞遁逃。第二天,谢叔方前来自首。太宗说:"真是个义士!"命令释放了他,并任命他为右翊卫郎将。

贞观元年,太宗尝从容言及隋亡之事,慨然叹曰:"姚思廉不惧兵刃①,以明大节,求诸古人,亦何以加也!"思廉时在洛阳,因寄物三百段②,并遗其书曰:"想卿忠节之风,故有斯赠。"初,大业末,思廉为隋代王侑侍读③,及义旗克京城时,代王府僚多骇散,惟思廉侍王,不离其侧。兵士将升殿,思廉厉声谓曰:"唐公举义兵④,本匡王室,卿等不宜无礼于王!"众服其言,于是稍却,布列阶下。须臾,高祖至,闻而义之,许其扶代王侑至顺阳阁下,思廉泣拜而去。见者咸叹曰:"忠烈之士,仁者有勇⑤,此之谓乎!"

【注释】

①姚思廉(557—637):字简之,吴兴(今浙江湖州)人。唐朝史学家。他聪颖勤学,历仕陈、隋、唐三朝。陈时,为衡阳王府法曹参军,转会稽王主簿。入隋后,补汉王府行参军,掌记室,寻除河间郡司法。入唐后,授秦王府文学,贞观初迁著作郎、弘文馆学士。贞观九年(635)拜散骑常侍,赐爵丰城县男。姚思廉对于政事

"直言无隐",督促太宗勤于国事。太宗因思廉是秦府旧人,许可他随时就政事的得失直接秘密上奏,思廉也利用这个有利条件,充分发表自己对政事的见解,"展尽无所讳"。姚思廉去世后,唐太宗深为哀悼,为之废朝一日,赠太常卿,谥号"康",特准许葬于昭陵。

②物:指杂色的锦物。

③代王侑:即代王杨侑。隋炀帝长子杨昭第三子,初封陈王,后改封代王。617年,李渊自太原起兵攻入长安,立他为帝,改年号为"义宁"。遥尊炀帝为太上皇。在位半年,又为李渊所废。李渊自行称帝。杨侑被降封为希国公,闲居长安。第二年五月遇害。侍读:古代官名。为帝王、皇子讲学之官。

④唐公:指唐高祖李渊。李渊本来是隋王朝的贵族,李渊的父亲李昞为唐国公。李渊7岁时他父亲逝世,他世袭为唐国公。

⑤仁者有勇:语出《论语·宪问》:"仁者必有勇。"

【译文】

贞观元年(627),太宗曾随便谈到了隋朝灭亡的历史,感慨地叹息说:"姚思廉不惧怕武力威胁,显示了忠贞的气节,考察古人当中,也没有什么人能够超过他的!"姚思廉当时在洛阳,太宗于是寄赠给他杂帛三百段,并写信给他说:"怀念你的忠义之风,所以赠给你这些东西。"当初,在隋朝大业末年,姚思廉担任隋朝代王杨侑的侍读,到起义军队攻克京城长安时,代王府的官吏大多被吓得四处逃散,只有姚思廉一个人侍从代王,不离左右。义军士兵将要登上宫殿时,姚思廉厉声喝道:"唐公率兵起义,本来是为了匡救王室,你们不应对代王无礼!"士兵们信服他的话,于是稍稍退却,排列在台阶下面。过了一会儿,唐高祖来到,听说此事后认为姚思廉很是忠义,允许他搀扶代王到顺阳阁下,姚思廉哭泣拜辞,然后离去。看到这个情景的人都感叹地说:"真是一位忠烈之士!'仁者有勇',说的就是姚思廉这样的人吧!"

贞观二年,将葬故息隐王建成、海陵王元吉,尚书右丞魏徵与黄门侍郎王珪请预陪送。上表曰:

"臣等昔受命太上①,委质东宫,出入龙楼,垂将一纪②。前宫结衅宗社③,得罪人神,臣等不能死亡,甘从夷戮,负其罪戾,置录周行④,徒竭生涯,将何上报?陛下德光四海,道冠前王,陟冈有感⑤,追怀棠棣⑥,明社稷之大义,申骨肉之深恩,卜葬二王,远期有日。臣等永惟畴昔⑦,忝曰旧臣,丧君有君⑧,虽展事君之礼;宿草将列⑨,未申送往之哀。瞻望九原⑩,义深凡百⑪,望于葬日,送至墓所。"

太宗义而许之,于是宫府旧僚吏尽令送葬。

【注释】

①太上:太上皇,指唐高祖李渊。唐太宗即帝位后,称李渊为太上皇。

②一纪:岁星(木星)绕地球一周约需十二年,故古称十二年为一纪。《国语·晋语四》韦昭注:"岁星一周为一纪。"

③前宫:指前东宫太子李建成。结衅:造成祸乱、罪过。宗社:宗庙和社稷的合称。借指国家。

④周行:周官的行列。《诗经·周南·卷耳》:"嗟我怀人,置彼周行。"毛传:"行,列也。思君子,官贤人,置周之列位。"后泛指朝官。

⑤陟冈:《诗经·魏风·陟岵》:"陟彼冈兮,瞻望兄兮。"后因以"陟冈"为怀念兄弟的典故。

⑥棠棣:《诗经·小雅·棠棣》篇是一首申述兄弟应该互相友爱的诗。后常用"棠棣"指兄弟之情。"棠棣"亦作"常棣"。

⑦永惟:深思,常念。畴昔:往日。

⑧丧君有君:意谓失去了旧君而又有了新君。前一个"君"字指隐

太子,后一个"君"字指唐太宗。语出《左传·僖公十五年》。

⑨宿草:隔年的草。《礼记·檀弓上》:"朋友之墓,有宿草而不哭焉。"孔颖达疏:"宿草,陈根也,草经一年则根陈也。朋友相为哭一期,草根陈乃不哭也。"后多用为悼亡之辞。

⑩九原:春秋时晋国卿大夫的墓地在九原,后用以泛指墓地。

⑪凡百:众人。意谓他们的情义深于常人。

【译文】

贞观二年(628),将要安葬已经死去的息隐王李建成、海陵王李元吉。尚书右丞魏徵与黄门侍郎王珪请求陪灵送葬。他们上表说:

"臣等往昔受太上皇任命,供职东宫,出入东宫将近十二年。前太子对祖宗社稷犯下了罪过,得罪了人神。臣等不能殉死,甘愿接受刑戮,背负罪过,仍被录用,臣等徒然竭尽一生,又将拿什么来报答陛下的大恩呢?陛下恩德光耀四海,道德仁义超过前代君王。如今陛下感念兄弟情义,怀念手足感情;既彰显国家社稷的大义,又表达了骨肉兄弟的深情,卜定日期安葬二王,长远的期望指日可待。臣等常念往昔,有幸称为旧臣,失去了旧君而又有了新君,虽然已施行了事奉新君的礼节;而旧君坟上已经长满了野草,还未抒发对他们的送别哀思。瞻望墓地,情义深于常人,希望能在安葬的那一天,允许我们送灵柩到墓地。"

太宗认为他们很重君臣情义,就同意了他们的要求,于是二王官府中的旧部僚属,都允许去送葬。

贞观五年,太宗谓侍臣曰:"忠臣烈士,何代无之。公等知隋朝谁为忠贞?"

王珪曰:"臣闻太常丞元善达在京留守①,见群贼纵横,遂转骑远诣江都②,谏炀帝,令还京师。既不受其言,后更涕泣极谏,炀帝怒,乃远使追兵③,身死瘴疠之地④。有虎贲郎中独孤盛在江都宿卫⑤，宇文化及起逆⑥，盛惟一身，抗拒而死。”

太宗曰：“屈突通为隋将⑦，共国家战于潼关⑧，闻京城陷，乃引兵东走。义兵追及于桃林⑨，朕遣其家人往招慰，遽杀其奴。又遣其子往，乃云：‘我蒙隋家驱使，已事两帝，今者吾死节之秋⑩，汝旧于我家为父子，今则于我家为仇雠。’因射之，其子避走，所领士卒多溃散。通惟一身，向东南恸哭尽哀。曰：‘臣荷国恩，任当将帅，智力俱尽，致此败亡，非臣不竭诚于国。’言尽，追兵擒之。太上皇授其官，每托疾固辞。此之忠节，足可嘉尚。”

因敕所司，采访大业中直谏被诛者子孙闻奏。

【注释】

①太常丞：太常寺卿的辅佐，帮助太常寺卿掌管宗庙礼乐等事。

②江都：郡名。治江阳（今江苏扬州）。

③追兵：谓征召、调集军队。

④瘴疠：瘴气所致的疾病。我国南方山林间森林茂密，交通闭塞，环境恶劣，蚊蝇群舞，虫媒猖獗，因动植物腐败等会产生一种能致病的有毒气体，人吸入太多瘴气后，导致缺氧，就会晕倒。古书中称这些地区为“瘴疠之地”。

⑤虎贲郎中：武官名。职掌侍卫。虎贲者，言其如猛兽之奔。独孤盛：复姓独孤，名盛，隋上柱国独孤楷之弟。性刚烈，有胆气。炀帝在藩，盛以左右从，累迁为车骑将军。及帝嗣位，以藩邸之旧，渐见亲待，累转为右屯卫将军。宇文化及作乱，宿卫者皆释仗而走。盛与左右十余人逆拒之，为乱兵所杀。越王侗称制，赠光禄大夫、纪国公，谥曰武节。

⑥起逆：发动叛乱。

⑦屈突通（557—628）：长安（今陕西西安）人。性格刚毅，崇尚忠贞，洁身自爱，喜好武略，尤善骑射。隋开皇十七年（597），屈突通任亲卫大都督，后升右武侯车骑将军。大业中期，屈突通转任左骁卫大将军。大业十三年（617）十一月李渊率兵入据长安，拥立代王杨侑为皇帝。屈突通听到消息的同时，也听到他的家属都被抄斩，遂带兵向东去东都洛阳，准备伺机东山再起。后降唐，并授兵部尚书之职，封为蒋国公。

⑧国家：这里指唐军、唐朝。潼关：在今陕西潼关境内，当陕西、山西、河南三省要冲，是从洛阳进入长安必经的咽喉重镇，形势险要。

⑨桃林：亦称桃林塞、桃林原。在今河南灵宝附近。

⑩死节：为保全节操而死。

【译文】

贞观五年（631），太宗对身边的大臣们说："哪个朝代没有忠臣义士？你们认为隋朝的大臣谁是忠贞的？"

王珪说："臣听说隋朝的太常丞元善达在大业末年炀帝巡幸江都时留守京城，见群贼横行，于是就单刀匹马远道赶到江都，向隋炀帝进谏。炀帝让他返回京师，并没有接受他的谏言。元善达后来又痛哭流涕地极力进谏，炀帝大怒，就派他到远方征调军队，结果他死在南方的瘴疠横行之地。又有虎贲郎中独孤盛，他在江都担任宿卫，宇文化及发动叛乱时，只有独孤盛一人奋力抵抗，直到战死。"

太宗说："屈突通任隋朝的将领，与我军在潼关大战。听说京城陷落，便率领部下向东奔走援救。我义军追到桃林，我派他的家仆前去招降，他便把那个家仆杀死了。又派他的儿子前去劝降，他对儿子说：'我蒙隋朝任用，已经侍奉过两代皇帝，现在是我为他们尽节而死的时候了，你以前和我是父子，现在和我是仇人！'于是用箭射他的儿子，他的儿子避开逃走。他所率领的士卒也都溃散了，只剩下他一个人。他只身面向东南方痛哭，非常悲哀，说道：'我受国家恩遇，担任将帅，智谋和力量都已用尽了。遭到今日的败亡，不是为臣不尽心报国。'话刚说完，追兵就将他捉住了。太上皇要授予他官职，他每次都托病坚决推辞。像这样的忠诚节操，实在值得嘉奖推崇！"

于是命令有关部门，寻访大业年间因直谏而被杀的大臣们的子孙，报告朝廷。

贞观六年，授左光禄大夫陈叔达礼部尚书^①，因谓曰："武德中，公曾进直言于太上皇，明朕有克定大功^②，不可黜退云^③。朕本性刚烈，若有抑挫，恐不胜忧愤，以致疾毙之危。今赏公忠謇^④，有此迁授。"

叔达对曰："臣以隋氏父子自相诛戮，以至灭亡，岂容目睹覆车，不改前辙^⑤？臣所以竭诚进谏。"

太宗曰："朕知公非独为朕一人，实为社稷之计。"

【注释】

①左光禄大夫：唐时用作散官文阶之号，为从二品，掌议论及顾问，应对诏命。陈叔达（573—635）：字子聪，吴兴（今浙江吴兴南）人。南朝陈宣帝第十六子。太建十四年（582）封义阳王。善容止，颇有才学。历侍中、丹阳尹、都官尚书。隋大业中，拜内史舍人，出为绛郡太守。后降唐，以郡归李渊，授丞相府主簿，封汉东郡公，与温大雅同掌机密。后拜侍中，进封江国公。贞观中，拜礼部尚书。

②克定：平定天下。

③黜（chù）退：贬黜，罢免。

④忠謇(jiǎn):忠诚正直。

⑤目睹覆车,不改前辙:眼见前车倾覆而后车仍不改前辙。比喻以
　前的失败,后来应当吸取教训。

【译文】

　　贞观六年(632),太宗任命左光禄大夫陈叔达为礼部尚书,并对他
说:"武德年间,你曾向太上皇直言进谏,明说我有平定天下的大功,不
能降职罢免等等。我生性刚烈,如果遭受压制或挫折,恐怕经受不起忧
愤,以致有生病致死的危险。今天奖赏你的忠诚正直,给予你这次提拔
任命。"

　　陈叔达回答说:"臣因看到隋文帝、隋炀帝父子自相残杀,造成隋朝
的灭亡,岂能容许眼见前车倾覆而后车仍不改前辙? 这是臣当时竭尽
忠心直言进谏的原因。"

　　太宗说:"我知道你当时进谏并不是只为我一人,实在是为整个国
家着想。"

　　贞观八年,先是桂州都督李弘节以清慎闻①,及身殁后,
其家卖珠。太宗闻之,乃宣于朝曰:"此人生平,宰相皆言其
清,今日既然,所举者岂得无罪②? 必当深理之③,不可
舍也。"

　　侍中魏徵承间言曰④:"陛下生平言此人浊⑤,未见受财
之所。今闻其卖珠,将罪举者,臣不知所谓。自圣朝以来,
为国尽忠,清贞慎守,终始不渝,屈突通、张道源而已⑥。通
子三人来选,有一匹羸马;道源儿子不能存立,未见一言及
之。今弘节为国立功,前后大蒙赏赉,居官殁后,不言贪残,
妻子卖珠,未为有罪。审其清者,无所存问⑦,疑其浊者,旁
责举人,虽云疾恶不疑,是亦好善不笃⑧。臣窃思度,未见其

可,恐有识闻之,必生横议^⑨。"

太宗抚掌曰:"造次不思^⑩,遂闻此语,方知谈不容易。并勿问之,其屈突通、张道源儿子,宜各与一官。"

【注释】

①桂州都督:官名。桂州的军事长官。桂州,南朝梁置桂州,隋唐为桂州始安郡。治始安(唐为临桂,即今广西桂林)。清慎:清廉、谨慎。

②举:举荐。

③深理:严厉惩治。

④承间:趁机会。

⑤生平:素来。浊:不干净。这里指为官不清廉。

⑥张道源:并州人。官大理卿。以清廉、谨慎闻名,死时家中只有余粟二斛。

⑦存问:慰问。

⑧不笃:不够诚实纯厚。

⑨横议:非议。

⑩造次:仓促,匆忙。

【译文】

贞观八年(634),先前桂州都督李弘节以清廉谨慎闻名,他死后,家属却出卖珠宝。太宗听说此事后,在朝廷上宣谕说:"李弘节的生平,宰相们都说他清廉,今天既然家人出来卖珠宝,所荐举他的人怎能无罪?一定要认真追究,不能放过。"

侍中魏徵趁机会对太宗说:"陛下素来说此人生前为官不清,但也没发现他收受贿赂的地方。如今听说他家人出来卖珠宝,就要加罪推荐他的人,臣不知道陛下是什么意思。自圣朝建国以来,能为国尽忠、清廉慎守、始终不渝的人,只有屈突通、张道源两个人而已。屈突通的三个儿子前来京师应考,只有一匹瘦马;张道源的儿子穷得无法生存自立,没有见陛下有一句话谈到过他们。现在李弘节为国立功,前后受过不少赏赐,在任或死后,也没听说过他曾贪污受贿、残害百姓,如今他的妻子出来卖珠宝,不应算有罪。明知清廉的,从来没有关心慰问过;怀疑有贪渎行为的,要连带指责举荐他的人,虽说是嫉恶如仇,但好善的心却不够纯厚。臣私下思量,这样做不一定好,恐怕有见识的人听到此事后,一定会横加议论。"

太宗拍手说道:"我匆忙没有深思,就说出这样的话,现在方知道说话不能随便。不要再追究李弘节家卖珠宝之事了。屈突通、张道源的儿子,都应该给他们各授一个官职。"

贞观七年,太宗将发诸道黜陟使①,畿内道未有其人②,太宗亲定,问于房玄龄等曰:"此道事最重,谁可充使?"

右仆射李靖曰:"畿内事大,非魏徵莫可。"

太宗作色曰③:"朕今欲向九成宫④,亦非小,宁可遣魏徵出使? 朕每行不欲与其相离者,适为其见朕是非得失。公等能正朕不? 可因辄有所言,大非道理。"

乃即令李靖充使。

【注释】

①黜陟(chù zhì)使:唐朝全国分十几个道,也称监察区,中央派官员前往巡视,称黜陟使。职掌巡察全国各地,举察官吏的廉贪以行赏罚;并询访民间疾苦,赈济穷乏。黜陟,指人才的进退,官吏的升降。

②畿(jī)内道:即关内道,贞观元年(627)设置。境内有京兆、华、同、岐、邠、陇、泾、原、宁、庆、鄜、坊、丹、延、灵、会、盐、绥、宥、麟、

丰、胜、银、夏、单于、安北等州府。约相当于今陕西秦岭以北、黄
河以西、阴山以南、腾格里沙漠以东地区。畿，古称王都所在处
的千里地面，后指京城管辖的地区。道，我国历史上的地方行政
或监察区划。唐初户口锐减而州县倍增，不便于中央政权的监
督和领导，至太宗贞观元年(627)，一方面下令并省州县，一方面
又依据山川形势，划分全国为关内、河南、河东、河北、山南、陇
右、淮南、江南、剑南、岭南十道。

③作色：变了脸色。指神情变严肃或发怒。

④九成宫：唐代宫名。本为隋仁寿宫，系皇帝避暑处。唐太宗贞观
　五年(631)重修，以所在山有九重，遂命名"九成"。

【译文】

　贞观七年(633)，太宗准备派遣各道黜陟使，畿内道还没有人选。
太宗亲自过问此事，就问房玄龄等人说："这个道的事务最重，谁可以担
当这个黜陟使？"

　右仆射李靖说："畿内道事关重大，非魏徵不可。"

　太宗脸色变得严肃了，说："我现在打算到九成宫去，事情也不小，
怎能派遣魏徵出任黜陟使？我每次外出巡行都不愿与魏徵分离的原
因，是因为他能看到我的是非得失。你们也能谏正我吗？说出这样的
话来，太没有道理了。"

　于是，当即任命李靖充任畿内道黜陟使。

　贞观九年，萧瑀为尚书左仆射。尝因宴集，太宗谓房玄
龄曰："武德六年已后，太上皇有废立之心①，我当此日，不为
兄弟所容，实有功高不赏之惧②。萧瑀不可以厚利诱之，不
可以刑戮惧之，真社稷臣也③。"乃赐诗曰："疾风知劲草，板
荡识诚臣④。"瑀拜谢曰："臣特蒙诚训，许臣以忠谅，虽死之

日，犹生之年。"

【注释】

①废立之心：指废黜李建成、立我为太子的打算。

②功高不赏之惧：指惧怕功劳极大，无法赏赐，反被加害。

③社稷臣：谓关系国家安危之重臣。

④板荡：《诗经·大雅》有《板》《荡》两篇，都是写当时政治黑暗、人
　　民痛苦的。后来用"板荡"指政局混乱、社会动荡不安。

【译文】

　　贞观九年(635)，萧瑀担任尚书左仆射。在一次宴会上，太宗对房玄龄说："武德六年以后，太上皇有废黜李建成而立我为太子的打算。我当时不被兄弟所容纳，确实有'功高不赏'的恐惧。萧瑀这个人，不能用厚利来引诱他，不能用刑戮来恐吓他，真是国家的栋梁之臣啊！"于是赐诗给萧瑀云："疾风知劲草，板荡识诚臣。"萧瑀向太宗拜谢说："臣承蒙陛下的训诫，又给臣忠贞诚信的评价，臣即使死去也犹同活着。"

　　贞观十一年，太宗行至汉太尉杨震墓①，伤其以忠非命②，亲为文以祭之。房玄龄进曰："杨震虽当年夭枉③，数百年后方遇圣明，停舆驻跸④，亲降神作，可谓虽死犹生，没而不朽。不觉助伯起幸赖欣跃于九泉之下矣。伏读天文⑤，且感且慰，凡百君子，焉敢不勖励名节⑥，知为善之有效！"

【注释】

①杨震(59—124)：字伯起，东汉弘农华阴(今陕西华阴)人。他出
　　身于官宦世家，通晓经典，博览群书，有"关西孔子"之称。杨震
　　为官忠贞清廉，刚正不阿，屡遭陷害，被迫害至死。杨震死后一

年多，汉顺帝即位（126），杨震门生虞放、陈翼往京城为杨震翻
案。朝廷都称颂杨震是忠臣，顺帝才下诏封杨震的两个儿子为
郎，赠钱百万，用很高的礼节将杨震改葬于华阴潼亭。

②非命：遭受意外的灾祸而死亡叫死于非命。

③夭枉：短命早死。

④停舆驻跸（bì）：帝王出行在途中停留或暂住。舆、跸，指帝王出行
　的车驾。

⑤天文：这里指太宗所作的祭文。

⑥勖（xù）励：勉励。

【译文】

　　贞观十一年（637），太宗出行，来到东汉太尉杨震的墓地，哀伤他为
国尽忠却死于非命，亲自撰文祭奠。房玄龄上前进言说："杨震当年含
冤而死，数百年后才遇到圣明的国君，为他停车驻足，亲赐御文，可以说
虽死犹生，永垂不朽了。臣不禁为杨震能在九泉之下幸遇天恩而欢欣
雀跃。拜读圣上的祭文，既感动，又欣慰，天下的君子怎敢不勉励名节，
认识到做了善事一定会有好报！"

　　贞观十一年，太宗谓侍臣曰："狄人杀卫懿公①，尽食其
肉，独留其肝。懿公之臣弘演呼天大哭②，自出其肝，而内懿
公之肝于其腹中③。今觅此人，恐不可得。"

　　特进魏徵对曰："昔豫让为智伯报雠④，欲刺赵襄子⑤。
襄子执而获之，谓之曰：'子昔事范、中行氏乎⑥？智伯尽灭
之，子乃委质智伯，不为报雠；今即为智伯报雠，何也？'让答
曰：'臣昔事范、中行，范、中行以众人遇我，我以众人报之。
智伯以国士遇我⑦，我以国士报之。'在君礼之而已，亦何谓
无人焉？"

【注释】

①狄人：我国古代北方的游牧民族。狄，亦作"翟"。卫懿公：名赤，
卫惠公之子，卫康叔十代孙，卫都朝歌（今河南淇县）人。卫懿公
嗜好养鹤，前660年冬，北方狄人攻卫，到荥泽时，卫懿公发兵抵
抗，大臣与国人拒绝参战。卫懿公无奈，便带少数亲信赴荥泽迎
敌，结果兵败被杀。

②弘演：春秋时期卫国大夫，很受卫懿公器重。他奉命远使未归
时，狄人突然攻卫，杀懿公，尽食其肉，独舍其肝。弘演回来，见
而号曰："臣请为表。"因自剖其腹，先出己之五脏，然后纳懿公肝
入己腹而死。后来，他被称为封建社会忠君的典范。

③内：同"纳"，放入。

④豫让：春秋战国时晋国人。晋出公二十二年（前453），赵、韩、魏
共灭智氏。豫让用漆涂身，吞炭使哑，暗伏桥下，谋刺赵襄子未
遂，后为赵襄子所捕。临死时，求得赵襄子衣服，拔剑击斩其衣，
以示为主复仇，然后伏剑自杀。见《史记·刺客列传》。智伯：名
瑶，又称智囊子。智氏世为晋大夫，春秋末年晋国六卿（智氏、韩
氏、赵氏、魏氏、范氏、中行氏）之一。智伯在很短时间内使智氏
盛极一时，超过根基深厚的韩、赵、魏三家，但由于他"贪而愎"，
盲目自信，急于求功，不能审时度势，最终被韩、赵、魏三家联手
所灭。

⑤赵襄子：名无恤，一作"毋恤"，赵鞅（赵简子）之子。赵鞅去世，他
接任其位担任晋国的六卿之一。前454年，与智瑶发生冲突，被
围困在晋阳近一年，由部下张孟谈奇迹般地说服了智瑶的韩、魏
盟军，突然向智瑶反攻，击斩智瑶。从此奠定三家分晋的基础。

⑥范、中行氏：即范氏和中行氏，皆为春秋末年晋国六卿之一。前
458年，范氏、中行氏被智氏、韩氏、赵氏、魏氏联手所灭，其封地
被四家瓜分。

⑦国士:一国中才能优秀的人物。

【译文】

贞观十一年(637),太宗对身边的大臣们说:"狄人杀了卫懿公,吃光了他的肉,只留下他的肝。卫懿公的臣子弘演呼天大哭,挖出自己的肝,把卫懿公的肝放进自己腹中。如今要寻找这样的人,恐怕已经找不到了。"

特进魏徵说:"从前豫让为智伯报仇,想刺杀赵襄子。赵襄子抓住他,问他说:'你从前不是侍奉范氏、中行氏吗? 智伯将他们都灭掉了,你反而投靠了智伯,不为他们报仇;现在你却要为智伯报仇,这是为什么呢?'豫让回答说:'臣以前侍奉范氏、中行氏,范氏和中行氏以普通人对待我,所以我也像报答普通人那样来报答他们。智伯以国士一样对待我,我也要用国士的作为来报答他。'这关键是看国君如何对待臣子,怎么能说这样的忠臣现在就没有了呢?"

贞观十二年,太宗幸蒲州①,因诏曰:"隋故鹰击郎将尧君素②,往在大业,受任河东③,固守忠义,克终臣节。虽桀犬吠尧④,有乖倒戈之志,疾风劲草,实表岁寒之心⑤。爰践兹境,追怀往事,宜锡宠命⑥,以申劝奖。可追赠蒲州刺史,仍访其子孙以闻。"

【注释】

①蒲州:在今山西永济地区。

②鹰击郎将:隋炀帝大业三年(607),改府兵制的军府名称,以骠骑府为鹰扬府,主官骠骑将军改称鹰扬郎将,正五品;副职车骑将军改称鹰扬副郎将,从五品。五年,又改鹰扬副郎将为鹰击郎将。尧君素:魏郡汤阴(今河南汤阴东)人。炀帝为晋王时,君素

以左右从。及炀帝嗣位,累迁鹰击郎将。大业之末,盗贼蜂起,
人多流亡,君素所部独全。后从骁卫大将军屈突通拒义兵于河
东,署领河东通守。

③河东:代指山西。因黄河流经山西的西南境,山西在黄河以东,
　故称河东。秦汉时指河东郡地,在今山西运城、临汾一带。唐代
　以后泛指山西。

④桀犬吠尧:桀的犬向尧狂吠。比喻一心为他的主子效劳。

⑤岁寒之心:喻困境不屈的节操。岁寒,喻困境、乱世。

⑥锡:赐与、赏给。宠命:加恩特赐的任命。封建社会中对上司任
　命的敬辞。

【译文】

　　贞观十二年(638),太宗巡幸蒲州,下诏说:"隋朝已故鹰击郎将尧
君素,以往在大业年间任职河东,他坚守忠义,能尽忠臣的气节。虽然
是各为其主,违背了反戈一击的原则,但他像疾风中的劲草,表现出一
种困境不屈的节操。如今我来到此地,追怀往事,应该特赐宠遇,以表
示对忠臣的勉励。可以追赠他为蒲州刺史,并查访其子孙的下落,向我
报告。"

　　贞观十二年,太宗谓中书侍郎岑文本曰:"梁、陈名臣①,
有谁可称? 复有子弟堪招引否?"

　　文本奏言:"隋师入陈②,百司奔散③,莫有留者,惟尚书
仆射袁宪独在其主之傍④。王世充将受隋禅⑤,群僚表请劝
进,宪子国子司业承家托疾独不署名⑥。此之父子,足称忠
烈。承家弟承序,今为建昌令⑦,清贞雅操,实继先风。"

　　由是召拜晋王友⑧,兼令侍读⑨,寻授弘文馆学士⑩。

【注释】

①梁、陈：指南朝梁代和陈代。南朝梁(502—557)，南北朝时期南
　朝的第三个朝代。502 年，萧衍正式在建康(今江苏南京)称帝，
　将国号定为大梁。南朝陈(557—589)，南北朝时期南朝的最后
　一个朝代，由陈霸先建立，亦以建康(今江苏南京)为首都，亡国
　君为陈后主陈叔宝，最后被隋文帝所灭。

②隋师入陈：指 589 年隋文帝攻灭南朝陈。

③百司：即百官。

④袁宪：字德章，陈郡阳夏(今河南太康)人。陈后主陈叔宝(582—
　589 年在位)时为尚书仆射，入隋授昌州刺史。幼聪敏好学，善
　草书。

⑤王世充将受隋禅：炀帝死后，王世充与元文都、卢楚等奉杨侗为
　帝(史称皇泰主)，杨侗以世充为吏部尚书，封郑国公。同年七
　月，世充杀文都、卢楚，进拜尚书左仆射，总督内外诸军事，遂专
　制朝政。唐武德二年(619)四月，世充废皇泰主，称帝即位，建元
　开明，国号郑。三年(620)，唐高祖李渊遣秦王李世民攻郑，进逼
　东都，世充乞援于夏主窦建德。四年(621)五月，李世民败夏军
　于虎牢(今河南荥阳西北)，建德被俘，世充以洛阳降，郑亡。

⑥国子司业：学官名，国子监一种官衔。隋大业三年，始置司业一
　人，从四品，为监内的副长官，协助祭酒主管监务。

⑦建昌：今江西永修。

⑧晋王友：晋王的师友。晋王，即唐高宗李治(628—683)，太宗第
　九子，母文德顺圣皇后长孙氏。贞观五年(631)封晋王。

⑨侍读：官名。南北朝、唐、宋诸王属官，有侍读，侍讲。即陪侍帝
　王读书论学或为皇子等授书讲学。其职务与侍读学士略同，然
　级别较其为低。

⑩弘文馆学士：官名。唐初开文学馆，以大臣十八人兼学士，讨论

文典,号称"十八学士"。又置弘文馆学士,讲论文义,商量政事。唐太宗时命学士参加起草诏令、制度、礼仪等。

【译文】

贞观十二年(638),太宗对中书侍郎岑文本说:"梁、陈两朝的名臣中,有谁值得称道的? 他们还有子弟可以召来任用的吗?"

岑文本上奏说:"隋军攻入陈朝时,陈朝百官逃奔散离,没有留下来的,只有尚书仆射袁宪独自留在他的主子身边。王世充将要接受隋主杨侗的禅让时,百官纷纷上表劝他当皇帝,只有袁宪的儿子国子司业袁承家借口有病没有在劝进表上签名。这样的父子,足可称为忠烈。袁承家的弟弟袁承序现就任建昌县令,清廉公正,节操高洁,真是继承了父兄的家风。"

于是太宗下诏任命袁承序为晋王友,并叫他兼陪晋王读书,不久又任命他为弘文馆学士。

贞观十五年,诏曰:"朕听朝之暇,观前史,每览前贤佐时,忠臣徇国,何尝不想见其人,废书钦叹①! 至于近代以来,年岁非远,然其胤绪或当见存②,纵未能显加旌表③,无容弃之遐裔④。其周、隋二代名臣及忠节子孙,有贞观已来犯罪配流者⑤,宜令所司具录奏闻。"于是多从矜宥⑥。

【注释】

①废书:放下书。谓中止阅读。

②胤(yìn)绪:后代。

③旌表:封建统治者用立牌坊或挂匾额等方式表扬遵守封建礼教的人,叫做旌表。

④遐裔:远方,边远之地。

⑤配流：把罪人发配、流放到边远的地区。

⑥矜宥（jīn yòu）：矜怜宽宥。

【译文】

贞观十五年（641），太宗下诏说："我在处理朝政的闲暇，就阅读前朝史书，每当我看到前代贤臣辅佐朝政，忠臣为国献身时，我何尝不想见一见其人，我放下书本时常常是唏嘘感叹不已！至于近代以来，离现在的年代不远，他们的后代有的可能还在世，即使不能大规模地对他们进行表彰，也不应该把他们抛弃在边远荒凉的地方。北周、隋代两朝名臣和忠孝节义之士的子孙，如果有贞观以来因犯罪被发配流放到边远地区的，应让各主管部门详细登记上报。"于是对这些人大多采取了宽大的处理。

贞观十九年，太宗攻辽东安市城①，高丽人众皆死战②。诏令耨萨延寿、惠真等降众止其城下以招之③，城中坚守不动。每见帝幡旗，必乘城鼓噪④。帝怒甚，诏江夏王道宗筑土山以攻其城⑤，竟不能克。太宗将旋师，嘉安市城主坚守臣节，赐绢三百匹，以劝励事君者。

【注释】

①辽东：今辽宁辽阳。安市城：我国古代东北部的一个军事城堡，始建于晋。在今辽宁海城镇菅城子村一带。

②高丽：隋唐时期把今天的朝鲜、韩国称为"高丽"。

③耨（nòu）萨：高丽部落酋长名。据《读史方舆纪要》卷三十八引《东夷传》云："高丽其族有五：一消奴部，一绝奴部，一顺奴部，一灌奴部，一桂娄部。各有耨萨主之。耨萨，盖酋名也。"延寿：即高延寿。惠真：即高惠贞。

④乘城鼓噪：登城鼓噪呐喊。

⑤江夏王道宗：即李道宗。李道宗为唐高祖李渊的堂侄。唐武德
　　元年(618)五月，李渊在长安称帝，建立唐朝。李道宗的父亲李
　　韶被追封东平王，赠户部尚书。李道宗则封为略阳郡公。贞观
　　元年(627)，李道宗征拜鸿胪卿，历左领军、大理卿。贞观十一年
　　(637)，李道宗迁礼部尚书，改封江夏郡王。贞观十八年(644)二
　　月，唐太宗出兵征讨高丽。李道宗率部在安市城东南筑土山，逼
　　近城墙。命诸将攻城，但唐军连攻三天未能占领。

【译文】

　　贞观十九年(645)，太宗进攻辽东安市城，据守此城的高丽军民都
拼命战斗。太宗诏令先已投降的高丽首长延寿、惠真等人到其城下等
待招降，城中的高丽军民却坚守不动。每次看见太宗的旗帜，就登城鼓
噪呐喊。太宗非常恼怒，命令江夏王李道宗在城边筑土山用来攻城，却
始终不能攻克。太宗将要退兵时，赞赏安市城的守将坚守臣子的气节，
赏赐给他们绢三百匹，用来勉励忠心侍奉君主的人。

孝友第十五

忠、孝在不同的时代有着不同的含义。在我国古代，即指忠于国君，孝于父母，是古人看重的两条最高道德标准，"孝子之门，忠义存焉"，这是儒家的观点，也是历代推崇孝道的原因。本篇列举了房玄龄、虞世南、韩王李元嘉、霍王李元轨及突厥人史行昌五个人对行孝、友悌的故事，以及唐太宗对他们的赞扬和赏赐，反映出李世民对儒家的封建伦理道德始终持赞许和提倡的态度，其目的就是要求臣下对封建君主必须忠心不二，以维护其对人民的统治。同时也是"贞观之治"中尊崇儒学、重视教化的具体体现。

司空房玄龄事继母，能以色养①，恭谨过人。其母病，请医人至门，必迎拜垂泣。及居丧，尤甚柴毁②。太宗命散骑常侍刘洎就加宽譬③，遗寝床、粥食、盐菜。

【注释】

①色养：谓承顺父母颜色。后因称人子和颜悦色奉养父母或承顺父母颜色为"色养"。

②柴毁：谓居丧哀甚，瘦损如柴。

③宽譬(pì)：宽慰劝解。

【译文】

司空房玄龄侍奉继母，能够承顺父母和颜悦色，恭谨的态度超过常人。他继母生病，请来的医生到了门前，一定流泪迎拜。到了办丧事的时候，房玄龄十分悲伤，以至于骨瘦如柴。太宗派散骑常侍刘洎前去宽慰劝解，并赠给他寝床、粥食和盐菜。

虞世南，初仕隋，历起居舍人①，宇文化及弑逆之际②，其兄世基时为内史侍郎③，将被诛，世南抱持号泣，请以身代死，化及竟不纳。世南自此哀毁骨立者数载，时人称重焉。

【注释】

①起居舍人：官名。掌记录皇帝日常行动与国家大事。唐贞观初于门下省废舍人，置起居郎。职掌同前。

②"宇文化及"句：指大业四年，宇文化及在江都发动兵变，杀死炀帝事。

③内史侍郎：官名。历代不同。隋初为内史侍郎，炀帝时，员额由四人减为二人，又称内书侍郎。唐初为内史侍郎，武德三年（620），复称中书侍郎。高宗曾改西台侍郎。

【译文】

虞世南，起初在隋朝当官，历任起居舍人，在宇文化及弑君叛逆的时候，他的哥哥虞世基当时任内史侍郎，将被牵连诛杀，虞世南抱着哥哥痛哭不止，请求让自己代替哥哥去死，宇文化及终于没有答应。虞世南从此以后好几年都因悲伤过度而骨瘦如柴，当时的人都很推重他。

韩王元嘉①，贞观初为潞州刺史②，时年十五。在州闻太妃有疾③,便涕泣不食。及至京师发丧,哀毁过礼。太宗嘉其至性④,屡慰勉之。元嘉闺门修整⑤,有类寒素士大夫⑥,与其弟鲁哀王灵夔甚相友爱⑦,兄弟集见,如布衣之礼⑧。其修身洁己,内外如一,当代诸王莫能及者。

【注释】

①韩王元嘉(618—688):即李元嘉,高祖第十一子。母宇文昭仪,隋左武卫大将军宇文述之女。贞观六年(632),赐实封七百户,授潞州刺史。贞观十年(636)封韩王。武后时授太尉。少好学,聚书至万卷,采碑文古迹多得异本,皆以古文字参定同异。闺门修整,当世称之。

②潞州:治所在今山西长治。

③太妃:指韩王元嘉之母宇文昭仪,隋左武卫大将军宇文述之女。

④至性:多指天赋的卓绝品性。这里指天性纯厚。

⑤闺门修整:意谓治家有礼。闺门,室内之门。

⑥寒素士大夫:指家境贫寒的读书人。

⑦鲁哀王灵夔(?—688):即李灵夔,高祖第十九子,韩王元嘉同母弟。少有美誉,好学,工草隶。

⑧布衣:本指平民百姓的最普通的廉价衣服。后来"布衣"就指广大劳苦大众了。

【译文】

韩王李元嘉,贞观初年担任潞州刺史,当时年仅十五岁。他在潞州听说太妃生病,就哭得吃不下饭。等到在京师送丧时,哀伤悲痛得超过了丧礼的限度。太宗赞赏他天性纯厚,多次安慰劝勉他。李元嘉治家严谨有礼,家中就像出身贫寒的读书人一样朴素。李元嘉与其同母弟弟鲁哀王李灵夔非常友爱,兄弟聚会时,都行百姓一样的礼节。他修身洁己,内外如一,当时诸王没有能比得上他的。

　　霍王元轨^①，武德中初封为吴王。贞观七年，为寿州刺史^②。属高祖崩^③，去职，毁瘠过礼^④。自后常衣布服，示有终身之戚^⑤。

　　太宗尝问侍臣曰："朕子弟孰贤？"

　　侍中魏徵对曰："臣愚暗，不尽知其能，惟吴王数与臣言，臣未尝不自失^⑥。"

　　太宗曰："卿以为前代谁比？"

　　徵曰："经学文雅，亦汉之间、平^⑦，至如孝行，乃古之曾、闵也^⑧。"

　　由是宠遇弥厚，因令妻徵女焉。

【注释】

①霍王元轨（？—688）：即霍王李元轨，唐高祖李渊的第十四子，唐初名相魏徵的女婿。自幼聪敏好学，多才多艺，深得其父李渊的喜爱。武德六年（623）被封为蜀王，武德八年（625）又被改封为吴王。贞观七年（633），任寿州刺史。贞观十年（636）被封为霍王，授绛州史，又转为徐州刺史。后因反武（则天）失败，被迁居黔州，在囚车载他到陈仓时，路上薨毙。

②寿州：治所在今安徽寿州。

③属（zhǔ）：及，到。

④毁瘠：因居丧过哀而极度瘦弱。

⑤终身之戚：指因父母去世而一辈子感到悲痛。

⑥自失：因感空虚不足而内心若有所失。

⑦间、平：指西汉河间献王刘德和东汉东平宪王刘苍。刘德（？—前130），西汉藏书家。景帝刘启第三子，栗姬第二子，废太子刘荣之弟。封为河间王，卒后谥"献"，又称河间献王，家居咸阳，修

学好古。刘苍(?—83),光武帝子,明帝的同母弟,建武十五年
(39)封为东平公,十七年(41)封为东平王,都无盐(山东东平)。
二人皆好学有德行。

⑧曾、闵:指孔子的学生曾参和闵损,二人皆以孝行著称。

【译文】

霍王李元轨,武德年间先封为吴王。贞观七年(633),任寿州刺史。
到高祖去世时离职,居丧时因哀伤过度而身体消瘦,超过了礼法的规
定。从此以后常穿布衣,表示终身悲戚。

太宗问身边的大臣们说:"我的子弟当中谁最贤良?"

侍中魏徵回答说:"臣愚昧,不完全了解他们的才能。只有吴王和
臣有过几次交谈,臣每次都觉得自愧不如。"

太宗说:"你认为他可以和前朝的哪个人相比?"

魏徵说:"他的经学和文雅,可以和汉代的河间献王、东平宪王相
比。至于孝道德行,就像古代的曾参和闵损。"

从此以后,太宗更加恩遇李元轨,并让他娶魏徵之女为妻。

贞观中,有突厥史行昌直玄武门①,食而舍肉②,人问其
故,曰:"归以奉母。"太宗闻而叹曰:"仁孝之性,岂隔华夷?"
赐尚乘马一匹③,诏令给其母肉料。

【注释】

①史行昌:人名。姓史名行昌。突厥族人,本姓"阿史那",进入中
原后改汉姓"史"。

②舍:放在一边。

③尚乘:即指尚乘局,官署名。管理皇家马匹的官署。隋炀帝置,
为殿内省六尚局之一。唐因其制。

【译文】

　　贞观年间,有个名叫史行昌的突厥人在玄武门值班,吃饭时挑出菜里的肉不吃,有人问他是什么缘故,他回答说:"拿回家侍奉母亲。"太宗听了以后感叹地说:"仁孝的品性,哪里会有华夏与四夷的区别呢?"于是赐给他尚乘局的马一匹,并诏令给他母亲供应肉食。

公平第十六

【题解】

本篇以"公平"命名,主要是阐述君王处理政事,贵在公正平允。"私僻之径渐开,至公之道日塞,往来行路,咸知之矣。邦之兴衰,实由斯道。为人上者,可不勉乎?"处事不公正,奸邪之徒就有机可乘,正直的人难免受冤枉;处事公平,钻营的人就没有得逞的机会。所以"圣君任法不任智,任公不任私"。房玄龄说:"治理国家的关键在于公平正直,所以《尚书》上说:'不结党营私,王道浩浩荡荡;不结党营私,王道平平坦坦。'孔子也说:'任用正直的人士而废弃邪恶的小人,百姓就会心悦诚服。'"而要达到公正平允,就必须提高人们的道德修养,"德者,所以循己也;威者,所以理人也。民之生也,犹铄金在炉,方圆薄厚,随镕制耳!是故世之善恶,俗之薄厚,皆在于君。"所以魏徵又引用《潜夫论》进谏太宗说:"人君之治,莫大于道德教化也。民有性、有情、有化、有俗。情性者,心也,本也;俗化者,行也,末也。是以上君抚世,先其本而后其末,顺其心而履其行。心情苟正,则奸慝无所生,邪意无所载矣。"唐太宗在多数情况下尚能做到赏罚不以亲疏为据,而以礼法为度,赏不避仇,罚不避亲。可以说政治教化是推行至公之道的关键,如此久而久之,吏治与社会风气就会焕然一新。但从贞观十年(636)以后,唐太宗的骄傲情绪日益滋长,处事常有不当,这在本篇末尾收录的魏徵的长篇谏书中有明确的反映。

　　太宗初即位,中书令房玄龄奏言:"秦府旧左右未得官者①,并怨前宫及齐府左右处分之先己②。"

　　太宗曰:"古称至公者,盖谓平恕无私③。丹朱、商均,子也,而尧、舜废之;管叔、蔡叔④,兄弟也,而周公诛之。故知君人者,以天下为心,无私于物。昔诸葛孔明,小国之相,犹曰'吾心如称⑤,不能为人作轻重',况我今理大国乎?朕与公等衣食出于百姓,此则人力已奉于上,而上恩未被于下,今所以择贤才者,盖为求安百姓也。用人但问堪否,岂以新故异情?凡一面尚且相亲,况旧人而顿忘也⑥!才若不堪,亦岂以旧人而先用?今不论其能不能,而直言其怨嗟⑦,岂是至公之道耶?"

【注释】

①秦府:即指高祖时李世民的秦王府。在唐朝建立过程中,李世民南征北战,立下了汗马功劳,被封为秦王。

②前宫及齐府:此指前太子李建成的东宫和齐王李元吉的齐王府。

③平恕:持平正义,宽厚仁慈。

④管叔:姬姓,名鲜。周武王之弟,周武王灭商后,曾封纣王之子武庚为诸侯。同时,封鲜于管(今河南郑州),让管叔和蔡叔、霍叔共同监督武庚,史称"三监"。武王死后,成王年少,由周公摄政,管叔与蔡叔不满,遂伙同武庚纠合东方夷族作乱,结果为周公东征所平定,管叔兵败被杀。蔡叔:姬姓,名度。西周蔡国国君,周文王五子。周灭商后,封于蔡(今河南上蔡)。成王继位后,他和管叔等不满周公摄政,勾结武庚起兵作乱,兵败后被放逐于郭

邻,卒于迁所。

⑤称:同"秤"。

⑥顿:立刻。

⑦怨嗟(jiē):嗟叹怨恨。

【译文】

太宗刚即位不久,中书令房玄龄上奏说:"原来在秦王府供职的旧部中没有被封官的,都抱怨说前宫和齐王府的部下比自己先获得官职。"

太宗说:"古代被称为至公的,大概说的是公平宽恕而没有私心。丹朱和商均是尧、舜的儿子,尧、舜却因为他们不肖而废弃不用;管叔、蔡叔是周公的兄弟,周公却因为他们参与叛乱而将他们诛杀了。由此可知作为君主必须以天下之心为公,不能偏私。从前诸葛亮只是一个小国的丞相,尚且能说'我的心就像一杆秤,不能因为不同的人而称起来轻重不一',何况我现在治理着一个大国呢? 我和你们的衣食都来自百姓,百姓的人力已奉献给上面,而上面的恩泽还没有施予百姓,现在选择贤才的原因,正是为了使百姓安居乐业。任用人才只问他是否能够胜任,怎能因为是新人或旧人而区别对待呢? 有一面之交的人尚且可以互相亲近,更何况是旧人,怎么会一下子就忘了呢! 但如果他的才干不能胜任,又怎能因为是旧人就优先任用呢? 现在不谈论他们能不能胜任,而只是说他们有怨言,这难道是最公平的原则吗?"

贞观元年,有上封事者,请秦府旧兵并授以武职,追入宿卫。

太宗谓曰:"朕以天下为家,不能私于一物,惟有才行是任,岂以新旧为差? 况古人云:'兵犹火也,弗戢将自焚①。'汝之此意,非益政理。"

【注释】

①"兵犹火"二句：语出《左传》。意谓兵就像火一样，不收敛就会烧了自己。戢(jí)，收敛。引申指停止战争。

【译文】

贞观元年(627)，有人上书奏事，请求将原属秦王府的兵士都授予武职，补充到宫中担任卫士。

太宗说："我以天下为家，不能对某一个人有偏私，只有有才能的人才可以委任给官职，怎么能因为是新人或者旧人而有所差别呢？况且古人说过：'兵就像火一样，不加收敛就会烧了自己。'你这条建议对朝政没有什么好处。"

贞观元年，吏部尚书长孙无忌尝被召，不解佩刀入东上阁门，出阁门后，监门校尉始觉①。尚书右仆射封德彝议以监门校尉不觉，罪当死；无忌误带刀入，徒二年，罚铜二十斤。太宗从之。

大理少卿戴胄驳曰："校尉不觉，无忌带刀入内，同为误耳。夫臣子之于尊极②，不得称误，准律云：'供御汤药、饮食、舟船，误不如法者，皆死。'陛下若录其功，非宪司所决③；若当据法，罚铜未为得理。"太宗曰："法者非朕一人之法，乃天下之法，何得以无忌国之亲戚，便欲挠法耶④？"更令定议。德彝执议如初，太宗将从其议，胄又驳奏曰："校尉缘无忌以致罪，于法当轻，若论其过误，则为情一也，而生死顿殊，敢以固请。"太宗乃免校尉之死。

是时，朝廷大开选举，或有诈伪阶资者⑤，太宗令其自首，不首，罪至于死。俄有诈伪者事泄，胄据法断流以奏之⑥。太宗曰："朕初下敕，不首者死，今断从流，是示天下以不信矣。"胄曰："陛下当即杀之，非臣所及，既付所司，臣不敢亏法。"太宗曰："卿自守法，而令朕失信耶？"胄曰："法者，国家所以布大信于天下，言者，当时喜怒之所发耳！陛下发一朝之忿而许杀之。既知不可而置之以法，此乃忍小忿而存大信，臣窃为陛下惜之。"

太宗曰："法有所失，卿能正之，朕复何忧也？"

【注释】

①监门校尉：掌管宫殿门禁及守卫之事的小官。唐代监门卫设有左右上将军各一人，从二品；左右大将军各一人，正三品；左右将军各二人，从三品。所属有监门校尉、中郎将等。觉：察觉，发现。

②尊极：犹至尊。多指帝、后及帝、后之位。

③宪司：这里指司法机关。

④挠法：枉法。

⑤阶资：级别和资历。

⑥流：流刑，流放。

【译文】

贞观元年(627)，吏部尚书长孙无忌被皇上召见，没有解下身上的佩刀就进入东上阁门，出了阁门后，监门校尉才发觉。尚书右仆射封德彝认为，监门校尉没有发现，严重失职，罪当处死；长孙无忌误带佩刀入宫，应判徒刑两年，并罚铜二十斤。太宗同意了他的意见。

大理少卿戴胄反驳说："监门校尉没有发觉，长孙无忌带刀进入皇宫，两者都是属于疏忽失误。但臣子对于皇上，不能用疏忽来开脱罪责。法律上说：'供奉御用的汤药、饮食、舟船，因失误而不合乎法律规定的,一律处死。'陛下如果看重他原来的功绩,从轻处理,这就不是刑法部门所能决定的了;如果依据法律来定,罚铜就并不算合理。"太宗说:"法律并不是我一个人的法律,而是天下人共同的法律。怎能因为长孙无忌是皇亲国戚,就可以破坏法律呢?"于是下令重新定罪。封德彝仍然坚持原来的意见,太宗又准备同意他的意见。戴胄再次提出反驳说:"监门校尉因长孙无忌而获罪,根据法律应该从轻处罚。如果论他们的过失,情节是相同的,而判刑却有生与死那么大的差别,所以我敢坚持请求改判。"于是,太宗免除了监门校尉的死罪。

当时,朝廷大开选拔举荐之路,有的人伪造级别和资历,太宗下令作伪的人自首,如果不自首,就判处死罪。不久,有个作伪的人事情暴露,戴胄依法判处他流放,并上奏太宗。太宗说:"我当初下敕令,不自首的人处以死刑,如今你判他流放,这是向天下人表示我说话不守信用。"戴胄说:"如果陛下当时就把他杀了,那就不是我能干预的事了。既然把他交给司法机关处理,我不敢违法。"太宗说:"你自己遵守法律,却让我失去信用吗?"戴胄说:"法是国家向天下百姓公布的大信用,而陛下的话仅是凭一时的喜怒说出来的。陛下当时是发泄一时的怒气,说要杀掉作伪的人。已经知道不能这么做了,才又让我依法处置,这正是隐忍小的愤怒而保存大的信义,臣私下为陛下珍惜这种精神。"

太宗说:"我执法有失误的地方,你能为我纠正,我还有什么可担忧的呢!"

贞观二年,太宗谓房玄龄等曰:"朕比见隋代遗老,咸称高颎善为相者①,遂观其本传,可谓公平正直,尤识治体。隋室安危,系其存没。炀帝无道,枉见诛夷,何尝不想见此人,废书钦叹!又汉、魏已来,诸葛亮为丞相,亦甚平直,尝表废廖立、李严于南中②,立闻亮卒,泣曰:'吾其左衽矣③!'严闻亮卒,发病而死。故陈寿称④:'亮之为政,开诚心,布公道,尽忠益时者,虽仇必赏;犯法怠慢者,虽亲必罚。'卿等岂可不企慕及之? 朕今每慕前代帝王之善者,卿等亦可慕宰相之贤者。若如是,则荣名高位,可以长守。"

玄龄对曰:"臣闻理国要道,在于公平正直,故《尚书》云:'无偏无党,王道荡荡。无党无偏,王道平平。'又孔子称'举直错诸枉则民服'⑤。今圣虑所尚,诚足以极政教之源,尽至公之要,囊括区宇,化成天下。"

太宗曰:"此直朕之所怀,岂有与卿等言之而不行也?"

【注释】

①高颎(? —607):字昭玄,渤海蓨(今河北景县东)人。隋朝杰出的政治家、军事家、谋臣。"少明敏,有器局,略涉书史,尤善词令"(《隋书·高颎列传》)。北周末年,投靠杨坚,辅佐杨坚建立隋朝,成为隋朝开国功臣。杨坚称帝后,知高颎知兵事,多计谋,任命为尚书左仆射兼纳言。开皇八年(588)隋朝以晋王广为元帅伐陈,高颎任元帅长史,指挥全军一举灭陈,完成南北统一,功封齐国公。高颎反对立次子杨广为太子,因高颎之女是杨勇的妻子,杨坚认为是高颎在为私利,被文帝疏忌失权,开皇十九年(599)免官。大业三年(607),对炀帝的奢侈有所非议,被人告发,与贺若弼同时被杀。

②廖立:字公渊,武陵临沅(今湖南常德)人。蜀汉之臣,刘备在赤壁之战后,占据了荆州,开始细心地访人才。经诸葛亮推荐,廖立历任长沙太守、巴郡太守、侍中、长水校尉。李严:字正方,荆州南阳(今河南南阳)人。以办事干练著称,官至中都护、骠骑将

军、都乡侯,历任诸县郡不辱使命。李严的胆识和军事才能都十
分杰出,对蜀汉政权的忠诚亦不容怀疑。诸葛亮北伐,李严督运
粮草,但办事不力致使蜀军北伐被迫停止。后被罢官流放梓潼
郡。南中:泛指我国川南、云、贵一带。

③左衽:衣襟向左掩。衽,衣襟。古代披头散发,衣襟左开,借指亡
国而异族入侵为主。语出《论语·宪问》:"微管仲,吾其被发左
衽矣。"

④陈寿(233—297):字承祚,西晋巴西安汉(今四川南充)人。少好
学,师事同郡学者谯周,在蜀汉时曾任卫将军主簿、东观秘书郎、
观阁令史、散骑黄门侍郎等职。当时,宦官黄皓专权,大臣都曲
意附从。陈寿因为不肯屈从黄皓,所以屡遭谴黜。入晋以后,历
任著作郎、长平太守、治书侍御史等职。280 年,晋灭东吴,结束
了分裂局面。陈寿当时 48 岁,开始撰写《三国志》。

⑤举直错诸枉则民服:语出《论语·为政》。意谓任用正直的人士
而废弃邪恶的小人,百姓就会心悦诚服。

【译文】

贞观二年(628),太宗对房玄龄等人说:"我近来看到隋朝的一些遗
老,都称赞高颎善于做宰相,于是我就看了他的传记,确实可以称得上
公平正直,尤其懂得治国之道。隋朝的安与危,与他的生死有着很大的
关系。隋炀帝无道,他被枉杀,我何尝不想能见到这个人,不由得放下
书本为他感叹! 汉魏以来,诸葛亮做丞相,也很公平正直,他曾上表建
议废黜廖立、李严,并将他们流放到南中。诸葛亮死后,廖立听到这个
消息后,哭着说:'我们要亡国而异族入侵为主了!'李严听说诸葛亮逝
世,竟生病而死。所以陈寿说:'诸葛亮处理政务,推诚布公,凡是忠心
为国的,即使是仇人也一定奖赏;凡是违反法纪、玩忽职守的,即使是亲
人也一定惩罚。'你们岂能不仰慕学习他们呢? 我如今很羡慕前代的圣
明帝王,你们也应该仰慕前代的贤良宰相。假若能够这样做,那么荣耀

的名誉和崇高的爵位就能长久保持了。"

房玄龄回答说："臣听说,治理国家的关键,确实在于公平正直,所以《尚书》上说:'不结党营私,王道浩浩荡荡;不结党营私,王道平平坦坦。'还有孔子说:'任用正直的人士而废弃邪恶的小人,百姓就会心悦诚服。'现在圣上所考虑和倡导的,确实可以当作政治教化的根本、推行至公之道的关键,可以囊括宇宙,成就天下的教化。"

太宗说:"这正是我心中所想的,怎能只跟你们说说却不去实行呢?"

长乐公主①,文德皇后所生也②。贞观六年将出降③,敕所司资送倍于长公主④。

魏徵奏言:"昔汉明帝欲封其子,帝曰:'朕子岂得同于先帝子乎?可半楚、淮阳王⑤。'前史以为美谈。天子姊妹为长公主,天子之女为公主。既加'长'字,良以尊于公主也,情虽有殊,义无等别。若令公主之礼有过长公主,理恐不可,实愿陛下思之。"

太宗称善。乃以其言告后,后叹曰:"尝闻陛下敬重魏徵,殊未知其故,而今闻其谏,乃能以义制人主之情,真社稷臣矣!妾与陛下结发为夫妻,曲蒙礼敬,情义深重,每将有言,必候颜色,尚不敢轻犯威严,况在臣下,情疏礼隔,故韩非谓之说难⑥,东方朔称其不易⑦,良有以也。忠言逆耳而利于行,有国有家者深所要急,纳之则世治,杜之则政乱,诚愿陛下详之,则天下幸甚!"

因请遣中使赍帛五百匹⑧,诣徵宅以赐之。

【注释】

①长乐公主(621—643)：唐太宗嫡长女，姓李名丽质，长孙皇后所生。

②文德皇后：即太宗文德顺圣皇后长孙氏。河南洛阳人，隋右骁卫将军晟之女。武德九年(626)，立为皇后。

③出降：出嫁。这里指公主下嫁。贞观七年(633)，长乐公主下嫁长孙无忌之子、宗正少卿长孙冲。给长乐公主办嫁妆的时候，李世民下令照妹妹永嘉长公主出嫁时的嫁妆规格翻倍。因魏徵以汉明帝分封皇子，只半数于先帝子的先例进谏而作罢。长孙皇后因此特地赐四十匹帛、四十万钱给魏徵以示嘉奖。

④长公主：皇帝的姊妹或皇女之尊崇者的封号，后代仅为皇帝姊妹的封号。这里指高祖之女永嘉长公主。

⑤楚、淮阳王：指楚王刘英、淮阳王刘昺。都是汉光武帝刘秀的儿子。

⑥韩非：也称韩非子(约前280—前233)，战国时期韩国都城阳翟(今河南禹州)人。韩王室诸公子之一。《史记》记载，韩非精于"刑名法术之学"，与秦相李斯都是荀子的学生。继承和发展了荀子的法术思想，同时又吸取了以前的法家学说，成为法家的集大成者。秦王政慕其名，遗书韩王强邀其出使秦国。在秦遭李斯、姚贾诬害，死狱中。他的著作很多，主要收集在《韩非子》一书中。说(shuì)难：是《韩非子》55篇中最重要的作品之一。说，游说的意思。

⑦东方朔：字曼倩，平原厌次(今山东惠民东北)人。武帝时，为太中大夫。精通文史，奇智多谋。他给武帝献上论文武、治国、外交、安边等的完整建议，使汉武帝刮目相看。东方朔以自己独特的方式帮助汉武帝清除乱政的后宫势力，打击分裂的诸侯，决定了交好西域的方针，改变和亲政策，做出抵御匈奴等重大决定。

⑧中使：官中派出的使者，多指宦官。赍(jī)：赏赐，以物赐人。

【译文】

长乐公主，是文德皇后长孙氏所生。贞观六年(632)将要出嫁，太宗诏令有关部门给她准备送财礼的规模要比长公主多一倍。

魏徵上书说："从前，汉明帝准备封赏他的儿子，他说：'我的儿子怎能和先帝的儿子享受同等待遇呢？可以按楚王、淮阳王的一半封赐给他。'前代史籍把这件事传为美谈。天子的姊妹叫做长公主，天子的女儿叫做公主。既然加上'长'字，就是要比公主的地位尊贵。从感情上虽然有所不同，从道义上却没有等级的差别。如果让公主的出嫁礼仪超过长公主，在道理上恐怕说不过去，希望陛下仔细考虑。"

太宗认为他说得很好。于是把这番话转告给文德皇后。文德皇后感叹地说："曾经听说陛下很敬重魏徵，只是不知道是什么缘故。现在听了他的进谏，能用义理来克制君主的私情，真是国家的忠臣啊！我和陛下结发为夫妻，承蒙陛下以礼相敬，情深义重，但每当我有劝谏进言的话时，一定要先看陛下的脸色，尚且不敢轻易冒犯陛下的威严，更何况作为臣下的，和陛下之间情礼都有阻隔，所以韩非子把这种情况称为'说难'，东方朔也说进谏'不易'，确实是有道理的。忠言逆耳利于行，这对于国君来说极为重要。采纳忠言就会使天下大治，拒绝纳谏就会使政治混乱。真心希望陛下仔细体会这个道理，那么天下百姓就十分幸运了。"

于是，文德皇后就请太宗派遣宫中使者带着五百匹绢帛，送到魏徵家里赐给他。

刑部尚书张亮坐谋反下狱^①，诏令百官议之，多言亮当诛，惟殿中少监李道裕奏亮反形未具^②，明其无罪。太宗既盛怒，竟杀之。俄而刑部侍郎有阙^③，令宰相妙择其人，累奏不可。太宗曰："吾已得其人矣。往者李道裕议张亮云'反形未具'，可谓公平矣。当时虽不用其言，至今追悔。"遂授道裕刑部侍郎。

【注释】

①刑部尚书：尚书省刑部的长官，掌管全国司法和刑狱的大臣，全面负责刑部事务。

②殿中少监：掌天子的服御事务。殿中省设殿中少监一人。未具：不明确，即证据不足。

③刑部侍郎：尚书省刑部副长官。

【译文】

刑部尚书张亮因谋反犯法被关进监狱，太宗诏令百官审议此事，大多数人认为张亮该杀，只有殿中少监李道裕上奏说张亮谋反的证据不足，说明他无罪。太宗大怒之下，竟把张亮给杀了。不久，刑部侍郎的位置空缺，让宰相妥善选拔合适的人充任，但上报了几次都不被认可。后来太宗说："我已经找到恰当的人选了。以前李道裕评议张亮一案时说'谋反的证据不足'，可以说是公平的。当时我虽然没有采纳他的建议，至今还后悔不已。"于是任命李道裕为刑部侍郎。

贞观初，太宗谓侍臣曰："朕今孜孜求士，欲专心政道，闻有好人，则抽擢驱使①。而议者多称'彼者皆宰臣亲故'②，但公等至公行事，勿避此言，便为形迹③。古人'内举不避亲，外举不避仇'，而为举得其真贤故也。但能举用得才，虽是子弟及有仇嫌④，不得不举。"

【注释】

①抽擢(zhuó)：拔擢，提拔。驱使：指被任用。

②宰臣：大臣。亲故：亲戚故友。

③形迹：这里指办事无拘无束。

④仇嫌：怨仇，怨恨。

【译文】

贞观初年，太宗对身边的大臣们说："我现在孜孜不倦地访求德才兼备之士，打算专心致力于治政之道，听说有贤人就提拔任用。但是议论的人总是说什么'这些人都是宰相大臣的亲朋故旧'，只要你们秉公办事，不必顾虑这些话，可以不受拘束地去做事。古人的'内举不避亲，外举不避仇'，就是为了举荐真正的贤才的缘故。只要能举荐真正的贤才，即使是自己的子弟或有仇怨的人，也不能不举荐。"

贞观十一年，时屡有阉宦充外使^①，妄有奏，事发，太宗怒。

魏徵进曰："阉竖虽微，狎近左右^②，时有言语，轻而易信，浸润之谮^③，为患特深。今日之明，必无此虑，为子孙教，不可不杜绝其源。"

太宗曰："非卿，朕安得闻此语？自今已后，充使宜停。"

魏徵因上疏曰："臣闻为人君者，在乎善善而恶恶^④，近君子而远小人。善善明则君子进矣，恶恶著则小人退矣；近君子则朝无秕政^⑤，远小人则听不私邪^⑥。小人非无小善，君子非无小过。君子小过，盖白玉之微瑕；小人小善，乃铅刀之一割^⑦。铅刀一割，良工之所不重，小善不足以掩众恶也；白玉微瑕，善贾之所不弃，小疵不足以妨大美也。善小人之小善，谓之善善，恶君子之小过，谓之恶恶，此则蒿兰同嗅^⑧，玉石不分，屈原所以沉江，卞和所以泣血者也^⑨。既识玉石之分,又辨蒿兰之臭,善善而不能进,恶恶而不能去,此郭氏所以为墟⑩,史鱼所以遗恨也⑪。

【注释】

①阉宦:宦官。外使:派出办事的使者。

②狎(xiá)近:亲近。这里指经常侍奉在天子身旁。

③浸润之谮:平时日积月累的谮言会造成危害。浸润,指谗言逐渐发生作用。

④善善而恶(wù)恶:喜欢好的,厌恶坏的。善善,第一个"善"是动词,喜欢、称赞的意思。第二个"善"是名词,指好的人或事。恶恶,第一个"恶"是动词,是厌恶、憎恶的意思。第二个"恶"是名词,指坏的人或事。

⑤粃(bǐ)政:弊政。指不良的有害的政治措施。

⑥私邪:偏信谮言。

⑦铅刀之一割:铅刀虽不锋利,偶尔用得得当,也能割断东西。比喻才能平常的人有时也能有点用处。多作请求任用的谦词。语出《后汉书·班超传》:"况臣奉大汉之威,而无铅刀一割之用乎?"

⑧蒿兰:臭蒿与香兰。臭蒿,菊科植物,一年生草本,植株有浓烈臭味。香兰,附生草本。叶质柔滑坚韧,是一种有天然香味的药草。

⑨卞和:春秋楚人。相传他得玉璞,先后献给楚厉王和楚武王,被认为是欺诈,受刑砍去双脚。楚文王即位,他抱璞哭于荆山下,文王使人琢璞,得宝玉,名为"和氏璧"。

⑩郭氏:这里指春秋时小国郭国,后为齐所灭。本书《纳谏》第一章云:"臣闻于《管子》曰:齐桓公之郭国,问其父老曰:'郭何故亡?'父老曰:'以其善善而恶恶也。'桓公曰:'若子之言,乃贤君也,何

至于亡?'父老曰:'不然。郭君善善而不能用,恶恶而不能去,所以亡也。'"

⑪史鱼:春秋时卫国大夫,以直谏著名。史鱼曾劝告卫灵公要重用蘧伯玉,不可用弥子瑕,但卫灵公没有听他的话。史鱼将这件事当成了一块心病。在他病得快死的时候,他对他的儿子说:"我在卫国,不能推荐蘧伯玉、贬退弥子瑕,这是我作为臣子的失职。我活着的时候不能帮助君主行正道,死了之后,也就不能根据礼的规定来埋我。所以,我死以后,你把我的尸体放在窗户边,对我来说就够了。"史鱼的儿子按照他说的做了。卫灵公来吊丧,看到这种情况后,觉得很奇怪,便问其中的原因。史鱼的儿子把他父亲说的话告诉了卫灵公。卫灵公深为感动。于是,叫人把史鱼埋了,并且提拔了蘧伯玉,贬退了弥子瑕。

【译文】

贞观十一年(637),当时常有宦官充当使者外出办事的,他们往往有一些虚妄的奏议。事情败露后,太宗大怒。

魏徵进谏说:"宦官的地位虽然低微,但经常侍奉在天子左右,常常在君主面前说些话,很容易让君主相信,那些日积月累的坏话,会造成很大的危害。如今陛下圣明,当然不必有此顾虑,但为了教育子孙后代,不能不杜绝这个祸源。"

太宗说:"不是你魏徵,我怎能听到这样的话?从今以后,停止宦官充使的事。"

魏徵因而上书说:"臣听说做国君的关键在于喜欢好的而厌恶坏的,接近君子而疏远小人。鲜明地喜欢好人好事,君子就会进用;明确地反对恶人恶事,小人就会退避。亲近君子,朝政就不会出什么弊政;疏远小人,听取意见就不会偏信谗言。但小人也并非没有一点小的长处,君子也不是没有一点小的过错。君子小的过错,就好像是白玉上小的瑕疵;小人的一点长处,就好像用铅刀割一下的效果。铅刀割一次的效果，是不会被好的工匠所重视的，因为一点小的长处掩盖不了大的缺点；白玉虽然会有小瑕疵，但精明的商人是不会丢弃它的，因为小的瑕疵不足以妨碍美玉整体的美质。如果喜欢小人的一点长处，就算是喜欢好人好事；讨厌君子的一点过失，就算是讨厌坏人坏事；这就是将野蒿与香兰的气味同样看待，将美玉和石头不加区分，这就是屈原投江而死、卞和哭得眼里流血的原因。既然能够区别美玉和石头，又能分辨野蒿和兰草的气味，但喜欢好人而不能任用，讨厌恶人又不能驱逐，这正是郭国之所以灭亡，史鱼之所以遗恨尸谏的原因啊！

"陛下聪明神武①，天姿英睿②，志存泛爱，引纳多涂③，好善而不甚择人，疾恶而未能远佞。又出言无隐，疾恶太深，闻人之善或未全信，闻人之恶以为必然。虽有独见之明，犹恐理或未尽。何则？君子扬人之善，小人讦人之恶④。闻恶必信，则小人之道长矣；闻善或疑，则君子之道消矣⑤。为国家者，急于进君子而退小人，乃使君子道消，小人道长，则君臣失序，上下否隔⑥，乱亡不恤，将何以理乎？且世俗常人，心无远虑，情在告讦，好言朋党⑦。夫以善相成谓之同德，以恶相济谓之朋党，今则清浊共流，善恶无别，以告讦为诚直，以同德为朋党。以之为朋党则谓事无可信，以之为诚直则谓言皆可取。此君恩所以不结于下，臣忠所以不达于上。大臣不能辩正，小臣莫之敢论，远近承风，混然成俗，非国家之福，非为理之道。适足以长奸邪，乱视听，使人君不知所信，臣下不得相安。若不远虑，深绝其源，则后患未之息也。今之幸而未败者，由乎君有远虑，虽失之于始，必得之于终故也。若时逢少隳⑧，往而不返，虽欲悔之，必无所及。既不可以传诸后嗣,复何以垂法将来? 且夫进善黜恶,施于人者也;以古作鉴,施于己者也。鉴貌在乎止水⑨,鉴己在乎哲人。能以古之哲王,鉴于己之行事,则貌之妍丑宛然在目⑩,事之善恶自得于心,无劳司过之史⑪,不假刍荛之议,巍巍之功日著,赫赫之名弥远。为人君者可不务乎?

【注释】

①神武:英明威武的意思,多用以称颂帝王将相。

②英睿:犹明智。多用于颂扬人主。

③多涂:各种途径。涂,通"途",途径。

④讦(jié):攻击别人的短处或揭发别人的阴私。

⑤消:减少,受损害。

⑥否隔:亦作"否鬲",隔绝不通。

⑦朋党:为私利而勾结在一起的宗派。

⑧时逢屯蹶(huī):碰上了混乱的世道。蹶,毁坏。这里引申指乱世。

⑨鉴貌在乎止水:查看容貌要对照静止之水。鉴,古代用铜制成的镜子。这里用作动词,指观察。

⑩妍丑:美和丑。

⑪司过:掌纠察群臣过失的官吏。

【译文】

"陛下聪明威武,天资英明睿智,心存博爱,能从各种途径选拔人才。但是,陛下喜好贤才而不太善于选择人才,憎恨恶人而又未能疏远佞臣。而且说话毫不隐讳,疾恶太深。听说别人的优点,有时未必全信;听说别人的缺点,就以为一定是如此。虽然陛下有独到的见解,但仍恐怕不尽合理。为什么呢? 因为君子是称赞别人的好处的,小人是攻击别人的缺点的。听说别人的缺点就深信不疑,这样小人攻讦的手段就会增长;听说别人的优点就将信将疑,这样君子扬善的途径就会减少。治理国家的人急于进用君子而斥退小人,却反而让君子扬善的途径减少,让小人攻讦的手段增长,这样就会使君臣之间失去正常的秩序,上下隔绝不通,国家乱亡,将用什么去治理国家呢?况且世俗常人心无远虑,喜欢攻击别人的短处,好说别人结党营私。其实用善互相成全叫做'同德',用邪恶互助帮助叫做'朋党',现在却清浊合流,善恶不分,把告讦攻击他人当做诚实正直,把同心同德看成是结党营私。把同心同德看成是结党营私,就认为他们所做的事没有什么可值得相信;把告讦攻击他人当做诚实正直,就认为他们所说的话都可以听取。这样就会使得国君的恩惠不能施于臣下,臣下的忠心也不能够表现给国君。对此大臣不能分辨纠正,小臣不敢随便议论,到处都承袭了这种不良风气,浑然成为习惯,这不是国家的福祉,也不是治国的方法。只能助长奸邪,混淆视听,使国君不知道什么可信,臣下不能相安无事。如果不深谋远虑,彻底杜绝它的根源,后患将难以止息。当今之所以没有败亡的原因,是因为陛下有远见卓识,虽然刚开始时有些失误,但是最终将会有所得。如果碰上了混乱的世道,又不加以改正,即使后悔,也一定来不及了。这些既然不能传给后代,又拿什么示范将来?况且进用贤良、黜退奸邪是针对别人的,以历史为借鉴是针对自己的。观察容貌要对着静止的水来照,省察自己要对着圣哲之人来照。能够用古代的圣君贤王来对照自己的所作所为,那么自己面貌的美丑宛如就在眼前,事情的好坏自己心里就会明白,无须劳神史官来记载,也无须百姓来议论。巍巍大功日益显著,赫赫名声更加远扬。为人君主者能不致力于此吗?

"臣闻道德之厚,莫尚于轩、唐[①];仁义之隆,莫彰于舜、禹。欲继轩、唐之风,将追舜、禹之迹,必镇之以道德,弘之以仁义,举善而任之,择善而从之。不择善任能而委之俗吏,既无远度,必失大体,惟奉三尺之律^②,以绳四海之人,欲求垂拱无为^③,不可得也。故圣哲君临,移风易俗,不资严刑峻法,在仁义而已。故非仁无以广施,非义无以正身。惠下以仁,正身以义,则其政不严而理,其教不肃而成矣。然则仁义,理之本也;刑罚,理之末也。为理之有刑罚,犹执御之有鞭策也。人皆从化,而刑罚无所施;马尽其力,则鞭策无所用。由此言之,刑罚不可致理,亦已明矣。故《潜夫论》曰^④:'人君之治,莫大于道德教化也。民有性、有情、有化、有俗。情性者,心也,本也;俗化者,行也,末也。是以上君抚世,先其本而后其末,顺其心而履其行。心情苟正,则奸慝无所生,邪意无所载矣。是故上圣无不务理民心,故曰:"听讼,吾犹人也,必也使无讼乎?"道之以礼,务厚其性而明其情。民相爱,则无相伤害之意;动思义,则无畜奸邪之心。若此,非律令之所理也,此乃教化之所致也。圣人甚尊德礼而卑刑罚,故舜先敕契以敬敷五教^⑤,而后任咎繇以五刑也^⑥。凡立法者,非以司民短而诛过误也,乃以防奸恶而救祸患,检淫邪而内正道。民蒙善化,则人有士君子之心;被恶政,则人有怀奸乱之虑。故善化之养民,犹工之为曲豉也^⑦。六合之民^⑧,犹一荫也^⑨,黔首之属^⑩,犹豆麦也,变化云为^⑪,在将者耳!遭良吏,则怀忠信而履仁厚;遇恶吏,则怀奸邪而行浅薄。忠厚积,则致太平;浅薄积,则致危亡。是以圣帝明王,皆敦德化而薄威刑也。德者,所以循己也;威者,所以理人也。民之生也,犹铄金在炉^⑫,方圆薄厚,随镕制耳^⑬！是故世之善恶，俗之薄厚，皆在于君。世之主诚能使六合之内、举世之人，感忠厚之情而无浅薄之恶，各奉公正之心而无奸险之虑，则醇酽之俗^⑭，复见于兹矣。'后王虽未能遵古，专尚仁义，当慎刑恤典^⑮，哀敬无私，故管子曰：'圣君任法不任智，任公不任私。'故王天下，理国家。

【注释】

①轩、唐：指轩辕氏（黄帝）和陶唐氏（尧帝）。

②三尺之律：据文献记载，古时把法律条文写在三尺长的竹简上，故称法律为"三尺之律"。但出土实物并非如此，有时法律条文也不写在三尺长的竹简上，如 1973 年在湖北云梦出土的《秦律》就写在长 23 厘米（约一尺）的竹简上。

③垂拱无为：垂衣拱手，不做什么事，就可以无为而治。语出《尚书·武成》："惇信民义，崇德报功，垂拱而治天下。"

④《潜夫论》：是东汉王符撰写的一部政论书籍。王符，字节信，安定临泾（今甘肃镇原）人。少好学，有志操，与马融、窦章、张衡、崔瑗等人相友善。当时社会矛盾日趋尖锐和严重，朝政更加腐败黑暗，统治阶级的贪婪和残暴，再加上连年的自然灾害，使社会更加动荡不安、民不聊生。王符性情耿介，不苟同于世俗，于是终身不仕，隐居著书三十余篇，以抨击时政之得失，取名为《潜夫论》。《潜夫论》共三十六篇，多数是讨论治国安民之术的政论文章，少数也涉及哲学问题。它对东汉后期政治社会提出广泛尖锐的批判，涉及政治、经济、社会风俗各个方面，指出其本末倒置、名实相违的黑暗情形，认为这些皆出于"衰世之务"，并引经据典，用历史教训警告当时的统治者。

⑤敕契以敬敷（fū）五教：命契推行五教之义。五教，五常之教，指父

义、母慈、兄友、弟恭、子孝五种伦理道德的教育。敷，布置铺设。这里是推行的意思。

⑥五刑：中国古代的五种刑罚。最初为墨（将墨涂于犯人刺刻后的面额部）、劓（割去犯人的鼻子）、刖（弄断犯人之足）、宫（割去男犯生殖器，闭塞女犯生殖器）、大辟（对死刑的通称）五种。咎繇（gāo yáo）：即皋陶。舜之贤臣。

⑦犹工之为曲豉（chǐ）：像酿酒工匠做酒曲合豆豉一样。曲豉，用大豆发酵制成的调味品，也叫豆豉。

⑧六合：指上（天）、下（地）和东西南北四方，泛指天下或宇宙。

⑨荫：庇护。

⑩黔首：指平民百姓。

⑪云为：指言论行为。

⑫铄（shuò）金：熔化金属。

⑬镕（róng）：铸器使用的模型。

⑭醇酽（chún yàn）：酒味浓厚，这里喻风俗淳厚敦和。

⑮慎刑恤典：慎用刑罚，抚恤百姓。恤典，朝廷对去世官吏分别给予辍朝示哀、赐祭、配飨、追封、赠谥、树碑、立坊、建祠、恤赏、恤荫等的典例。

【译文】

"臣听说道德的深厚，没有谁能赶得上黄帝和唐尧；仁义的崇高，没有谁能赶得上虞舜和夏禹。要想继承黄帝、唐尧的淳风，追上虞舜、夏禹的功绩，就必须用道德镇伏风俗，弘扬仁义，举用贤才，听从善言。如果不选择善人、任用能人，而把政事委托给俗吏，他们既无远见卓识，必定会丢失国家大体。只会拿法律条文去规范和苛求四海之内的百姓，想要做到无为而治的境界是不可能的。所以圣哲的国君治理天下，是靠移风易俗，不依靠严刑峻法，只是推行'仁义'而已。离了'仁'就无法广泛地施行恩德，离了'义'就无法端正自身。给臣下带来恩惠，用'义'

来端正自身,这样,国家的政务不用严厉就能达到太平,国家的教化不用严峻就能有所成就。如此则仁义是治国的根本,刑罚为治国的末事。为了治国用而刑罚,就像赶马车用鞭子。百姓们全都服从教化了,刑罚就无所施行了;马匹能自觉尽力了,鞭子也就没有什么用处了。由此而论,刑罚不能使国家太平的道理,也就很明显了。所以《潜夫论》中谈到:‘国君的统治没有比道德教化更重要的。百姓有性、有情、有化、有俗。性与情是内心,是根本;教化与风俗是行动,是末节。所以圣明的国君治理天下,先是巩固根本,而后才做末节的事,是顺应民心来引导行动的。民众的心与情端正了,奸佞之心就无从产生,邪恶之事就无法存在。因此贤明的圣人没有不致力于治理民心的,所以孔子说:“审理案子,我也和别人一样,一定要做到使案件不再发生。”用礼来引导百姓,一定使民性民情淳厚清明。百姓互相敬爱,就不会有彼此伤害的意思;行动时想到义,就不会蓄积奸邪之心。像这些,都不是律令能做到的,这是通过道德教化所达到的。圣人都尊重仁义礼德而鄙视刑罚,所以舜帝先命契推行五教之义,然后再让咎繇实行五刑之法。大凡制定法律的原因,并不是为了纠察百姓的短处和惩治他们的过失,而是为了防范奸邪、避免祸患,肃清淫邪,使社会纳入正轨。百姓蒙受善政的教化,那么人人都会有君子一样的情怀;如果受到恶政的统治,那么人人都会产生邪恶不轨的念头。所以,用好的道德来教育百姓,就好像酿酒工匠做酒曲合豆豉一样。天下就如处于同一庇荫之下,百姓就好像酿酒的原料麦豆一样,他们的言论行为就全在于统治者的作为了!如果遇到好的官吏,他们就会胸怀忠信而努力践行仁义;如果遇到坏的官吏,他们就会心胸狭隘而行为浅薄。仁义忠信积累得深厚了,国家就会太平;奸邪浅薄的风气积累得深厚了,就会导致国家的危亡。所以圣明的国君都强调加强道德教化而鄙视严刑峻法。道德,是用来约束自己的;权威,是用来统治他人的。人们的生长过程就像金属在炉中冶炼,方圆薄厚都随铸器使用的模型来确定。所以,世道的善恶,风俗的薄厚,都取决于国君的作为。世上的国君果真能使天下的百姓都为性情忠厚所感动而无浅薄的恶习,各自都有奉公循正的心态,而没有奸邪阴险的想法,那么良好的社会风气就又可以重新出现。'后代的国君虽不能遵循这种古法,只是崇尚仁义,但也应当慎用刑罚,施行抚恤百姓的制度,力求公正无私。所以管子说:'圣明的国君是依赖法度而不依赖奸智,是听从公论而不曲从私见。'所以能够称王于天下,治理好国家。

"贞观之初,志存公道,人有所犯,一一于法。纵临时处断,或有轻重,但见臣下执论,无不忻然受纳。民知罪之无私,故甘心而不怨;臣下见言无忤,故尽力以效忠。顷年以来①,意渐深刻②,虽开三面之网而察见川中之鱼,取舍在于爱憎,轻重由乎喜怒。爱之者,罪虽重而强为之辞;恶之者,过虽小而深探其意。法无定科③,任情以轻重;人有执论,疑之以阿伪。故受罚者无所控告,当官者莫敢正言。不服其心,但穷其口,欲加之罪,其无辞乎? 又五品已上有犯④,悉令曹司闻奏⑤。本欲察其情状,有所哀矜;今乃曲求小节,或重其罪,使人攻击,惟恨不深。事无重条,求之法外,所加十有六七。故顷年犯者惧上闻,得付法司⑥,以为多幸。告讦无已,穷理不息,君私于上,吏奸于下,求细过而忘大体,行一罚而起众奸,此乃背公平之道,乖泣辜之意⑦,欲其人和讼息,不可得也。

【注释】

①顷年:近年。
②深刻:苛刻严峻。

③定科：明确规定的法令条例。

④五品：九品官阶的第五级。220年（黄初元年），当时的曹魏认为
汉朝的社会不但用人风气不好，而且制度也不规范和完善，于是
由侍中尚书陈群负责制定了"九品官人之法"，这就是著名的"九
品中正制"，把被选的官员按其家世、才能、道德修养，由高到低
分成九个品级，即"上上、上中、上下、中上、中中、中下、下上、下
中、下下"，从此中国的官员开始了量化分类制度。到了唐朝，文
官的品阶又有很详细的规范，品还是九个品，但品中又有阶的分
别，如正五品上，正五品下，从五品上，从五品下。一品不分从，
二品、三品只分正从，四品正从之中又分上下阶，所以由"正一品
（三师、三公）"开始到最后的一级"从九品下（下县尉）"，总共是
九品三十等，相差悬殊。

⑤曹司：官署。诸曹郎中职司所在。

⑥法司：古代掌司法刑狱的官署。

⑦泣辜：指帝王怜恤罪人。

【译文】

"贞观初年，陛下心存公道，人们有违法乱纪的行为，都一一根据法
律处治。即使有时有处理过轻或过重的情形，只要有臣子劝谏反对，无
不欣然采纳。百姓知道判决公正无私，所以都甘愿受惩罚而没有怨愤；
臣子见直言进谏不会触犯圣上，所以都能尽力效忠。但近年以来，陛下
处事逐渐苛刻，虽然网开三面，但仍然过分严明，审察如见渊中之鱼，取
舍决定于个人的爱憎，处罚轻重决定于一时的喜怒情绪。对于所爱的
人，罪行虽重，也要强为辩解；对于所憎恶的人，错误虽小，也要深加追
究。执法没有明确规定的法令条例，只凭自己的感情来决定轻重；如果
有人执言谏诤，就怀疑他们作伪营私。所以，受罚的人无处控告申诉，
当官的人也不敢秉公直言。不是让他们心悦诚服，而是让人闭口而不
敢言，欲加之罪，何患无辞？而且五品以上的官员触犯法令，都让曹司

上奏报告。本意是想查清他们的情状,有所哀矜;现在却是曲意苛求小节,有的加重罪名,使人攻击揭发,唯恐判罪不重。如果法律上没有重治的条款,就在法律之外寻找根据,加以重责,十分之六七都是这样。所以近年来触犯法律的官员最怕让皇上知道,要是能归掌司法刑狱的官署来处理,他们就认为是一大幸事。下面告发攻击的人没完没了,上面处治判决的人也不能停息,国君在上徇私,官吏在下枉法,苛求小过而忘记大体,处罚一人而引起更多的人作奸犯科,这是因为违背了公平的原则,背离了帝王怜恤罪人的初衷,要想使百姓团结安定、平息狱讼,是不可能达到的。

　　"故《体论》云①:'夫淫泆盗窃②,百姓之所恶也,我从而刑罚之,虽过乎当③,百姓不以我为暴者,公也。怨旷饥寒④,亦百姓之所恶也,遁而陷之法,我从而宽宥之⑤,百姓不以我为偏者,公也。我之所重,百姓之所憎也;我之所轻,百姓之所怜也。是故赏轻而劝善,刑省而禁奸。'由此言之,公之于法,无不可也,过轻亦可;私之于法,无可也,过轻则纵奸,过重则伤善。圣人之于法也公矣,然犹惧其未也,而救之以化,此上古所务也。后之理狱者则不然:未讯罪人,则先为之意;及其讯之,则驱而致之意,谓之能;不探狱之所由,生为之分,而上求人主之微旨以为制,谓之忠。其当官也能,其事上也忠,则名利随而与之,驱而陷之,欲望道化之隆,亦难矣。

【注释】

①《体论》:据《隋书·经籍志·儒家》著录,杜氏《体论》四卷,曹魏幽州刺史杜恕撰。杜恕(198—252),字务伯,京兆杜陵人。晋征

南大将军杜预之父。三国时魏国书法家,工行草。为人倜傥任意而思不防患。太和中为散骑黄门侍郎。推诚以质,不治华饰,专心向公,论议亢直。在朝八年,不结党援。后为幽州刺史,以斩鲜卑小子一人为程喜所劾,免为庶人,徙章武郡。杜恕在章武著《体论》八篇,又著《兴性论》一篇。《魏志》有传。《体论》八篇者,一《君》,二《臣》,三《言》,四《行》,五《政》,六《法》,七《听察》,八《用兵》,分四卷,卷凡二篇。其书盖亡于唐末,《群书治要》载有六千余言,不著篇名。

②淫泆:亦作"淫佚",恣纵逸乐,淫荡,淫乱。

③过乎当:超过适当的限度。

④怨旷:指女无夫,男无妻。

⑤宽宥:宽恕,饶恕。

【译文】

"所以《体论》上说:'淫逸盗窃,是百姓所痛恨的,我顺从民意加以惩罚,虽然有时处罚有些过重失当,百姓也不认为我残暴,因为我是出于公心。男女怨旷、饥寒交迫,也是百姓所不愿意的,有人为逃脱困境而陷入法网,我顺从民意加以宽大处理,百姓不认为我执法偏私,也是因为我出于公心。我加以重刑的,正是百姓所憎恨的;我加以宽恕的,正是百姓所怜悯的。因此奖赏虽轻也可以引导百姓向善,刑罚虽少也可以禁止奸邪。'由此说来,秉公执法,没有什么不可以的,量刑过轻也是可以的;在执法时有私心,是不可以的,量刑过轻就会姑息养奸,过重就可能伤及良善。圣人施行刑法是出于公心,但仍然担心没能达到至善至公,于是用推行教化来补救刑罚之失,这是上古贤明国君的做法。后来治理刑狱的人做法则全然不同:罪犯尚未审讯,就已预先拟定了罪名;到审讯时,就想方设法让犯人承认预先拟定了的罪名,还把这称为有才干;不探究清楚下狱的原因,就硬将他们按罪分类,顺从上面国君的意旨加以重刑或轻宥,还把这称为忠诚。这些人当官就靠如此的能耐,这些人侍奉国君就靠如此的忠诚,结果名利双收,他们再驱逐百姓陷入法网,如此下去,要想使道德教化隆盛,可就难了。

"凡听讼吏狱,必原父子之亲①,立君臣之义,权轻重之序,测浅深之量。悉其聪明,致其忠爱,然后察之,疑则与众共之。疑则从轻者,所以重之也,故舜命咎繇曰:'汝作士,惟刑之恤。'又复加之以三讯②,众所善,然后断之。是以为法,参之人情。故《传》曰③:'小大之狱,虽不能察,必以情。'而世俗拘愚苛刻之吏,以为情也者,取货者也,立爱憎者也,右亲戚者也,陷怨仇者也,何世俗小吏之情,与夫古人之悬远乎? 有司以此情疑之群吏,人主以此情疑之有司,是君臣上下通相疑也,欲其尽忠立节,难矣。

【注释】

①原:追究根源。

②三讯:《周礼》以三讯判决庶民狱讼,一讯群臣,二讯群吏,三讯万民。形容对决狱的慎重。

③《传》:指《左传》,语见《左传·庄公十年》。

【译文】

"凡是听讼判案,必须推究父子之情,树立君臣之义,权衡罪行的大小,决定刑罚的重轻。要充分施展自己的聪明才智,发扬所有的忠厚仁爱,然后考察实行,若有疑难的地方就要与众人一起商量。有疑惑的就尽量从轻处理,这样做是表示慎重,所以舜对咎繇说:'你担任法官,就要怜恤刑狱。'还要加上向大臣、群吏和庶民多次查询,大家都认为正确,然后才能断案。这就是说,执法要参以人情。所以《左传》上说:'大小案件,即使不可能都审察得十分清楚,但断案的时候,一定要体恤人情。'而世俗中那些古板愚昧而又苛刻的官吏,认为所谓人情就是要索取行贿,根据个人爱憎去断案,袒护亲戚,陷害仇人。为什么这种世俗小吏的想法,与古代圣人的人情相差得那么远呢?主管部门因为这种人情而怀疑官吏营私,国君又因为这种人情而怀疑主管官员舞弊,这样君臣上下相互猜疑,要想让臣子竭尽忠心,确立节操,那就难了。

"凡理狱之情,必本所犯之事以主,不敢讯,不旁求①,不贵多端,以见聪明,故律正其举劾之法②,参伍其辞③,所以求实也,非所以饰实也。但当参伍明听之耳,不使狱吏锻炼饰理成辞于手④。孔子曰:'古之听狱,求所以生之也;今之听狱,求所以杀之也。'故析言以破律⑤,任案以成法⑥,执左道以必加也⑦。又《淮南子》曰⑧:'沣水之深十仞⑨,金铁在焉,则形见于外。非不深且清,而鱼鳖莫之归也。'故为者以苛为察,以功为明,以刻下为忠,以讦多为功,譬犹广革,大则大矣,裂之道也。夫赏宜从重,罚宜从轻,君居其厚,百王通制。刑之轻重,恩之厚薄,见思与见疾,其可同日言哉!且法,国之权衡也,时之准绳也。权衡所以定轻重,准绳所以正曲直,今作法贵其宽平,罪人欲其严酷,喜怒肆志,高下在心,是则舍准绳以正曲直,弃权衡而定轻重者也,不亦惑哉?诸葛孔明⑩,小国之相,犹曰'吾心如秤,不能为人作轻重',况万乘之主⑪,当可封之日,而任心弃法,取怨于人乎?

【注释】

①旁求:广泛搜求。这里指罗列罪名,节外生枝。

②举劾:列举罪行、过失加以弹劾。

③参伍：交互错杂。这里是错综比验的意思。语本《周易·系辞上》："参伍以变，错综其数。"

④锻炼：本指锻造或冶炼。这里比喻枉法陷人于罪。

⑤析言：谓巧说诡辩，曲解律令。

⑥任案：因案件判例来代替法律。

⑦左道：指邪门歪道。

⑧《淮南子》：又名《淮南鸿烈》，是西汉宗室淮南王刘安招致宾客，在他主持下编著的一部著作。据《汉书·艺文志》云："淮南内二十一篇，外三十三篇。"颜师古注曰："内篇论道，外篇杂说。"现今所存的有二十一篇，大概都是"内篇"所遗。据高诱序言，"鸿"是广大的意思，"烈"是光明的意思。作者认为此书包括了广大而光明的通理。全书内容庞杂，它将道、阴阳、墨、法和一部分儒家思想糅合起来，但主要的宗旨倾向于道家。《汉书·艺文志》将它列入杂家。

⑨沣水：河名。源出陕西长安西南秦岭中，北流至西安西北入渭河。仞：古代的长度单位。周制八尺、汉制七尺为一仞。

⑩诸葛孔明（181—234）：诸葛亮，复姓诸葛，字孔明，琅邪阳都（今山东沂南）人。三国时政治家、军事家。早年隐居隆中（今湖北襄樊）。刘备"三顾茅庐"，请他出谋献策，遂提出联孙抗曹、重兴汉室的建议，即"隆中对"。后刘备据其策略，联孙攻曹，取得赤壁之战的胜利，并占领荆州、益州，建立蜀汉政权。刘备称帝后，任丞相。刘备临终前把儿子刘禅和治理蜀国的重任托付给他。当政期间，励精图治，赏罚严明。后病死于五丈原军中。

⑪万乘：古代天子地方千里，能出兵车万乘，因以"万乘"指天子。

【译文】

"凡是审理案件之事，一定要根据所犯罪的事实作为主要审查内容，不能严刑逼供，不能节外生枝，不是牵连的头绪越多就越能显示判案者的聪明,所以法律规定了举证、审讯的制度,反复比验供词,是为了求得事实的真相,而不是要掩饰事实的真相。多方调查,听取各方面的意见,是不让狱吏徇私枉法、掩饰事实真相、伪造判案文书而得逞。孔子说:'古代圣贤判案,是想尽办法寻求给人以生的理由;今人判案,是千方百计寻求给人以死的理由。'所以就会离析语言对法律断章取义,因案件判例来代替法律,施展邪门歪道来设法加罪于人。《淮南子》说:'沣水虽然有十仞之深,金铁一类的东西沉到水底,在外面也能看得一清二楚。不是因为水不够深和不够清澈,但鱼鳖都不往那里去。'所以,执政者把细苛当做明察,把求功当做明智,把刻薄百姓当做忠心,把攻讦他人当做功劳,这就像是一张大的皮革,大是挺大,但也容易破裂。奖赏应该从重,惩罚应该从轻,国君要以仁厚为本,这是历代帝王通行的规矩。刑罚的轻重,恩情的厚薄,让百姓称颂或是让百姓痛恨,这两种做法的效果怎可同日而语!况且法律是治理国家的权衡,时事的准绳。权衡是用来确定轻重的,准绳是用来显示曲直的。现在制定法律以其宽容公平为贵,但判人的罪却极其严酷,甚至只凭个人的喜怒任意处治,高下在心,这就等于舍掉准绳来端正曲直,舍弃权衡来确定轻重,这不是太糊涂了吗?诸葛孔明是小国的丞相,还说过'我的心就像一杆秤,不能因为人的好恶而改变轻重'的话,更何况是大国的万乘之君,处在唐虞盛世,怎能随心所欲放弃法律,而取怨于百姓呢?

"又时有小事,不欲人闻,则暴作威怒,以弭谤议①。若所为是也,闻于外,其何伤?若所为非也,虽掩之,何益?故谚曰:'欲人不知,莫若不为;欲人不闻,莫若勿言。'为之而欲人不知,言之而欲人不闻,此犹捕雀而掩目,盗钟而掩耳者②,只以取诮③,将何益乎?臣又闻之,无常乱之国,无不可理之民者。夫民之善恶由乎化之薄厚,故禹、汤以之理,桀、纣以之乱；文、武以之安，幽、厉以之危④。是以古之哲王，尽己而不以尤人，求身而不以责下。故曰：'禹、汤罪己，其兴也勃焉；桀、纣罪人，其亡也忽焉。'为之无已，深乖恻隐之情⑤，实启奸邪之路。温舒恨于曩日⑥，臣亦欲惜不用，非所不闻也。臣闻尧有敢谏之鼓⑦，舜有诽谤之木⑧，汤有司过之史⑨，武有戒慎之铭⑩。此则听之于无形，求之于未有，虚心以待下，庶下情之达上，上下无私，君臣合德者也。魏文帝云⑪：'有德之君乐闻逆耳之言，犯颜之诤，亲忠臣，厚谏士，斥谗慝，远佞人者，诚欲全身保国，远避灭亡者也。'凡百君子，膺期统运，纵未能上下无私，君臣合德，可不全身保国、远避灭亡乎？然自古圣哲之君，功成事立，未有不资同心，予违汝弼者也⑫。

【注释】

①弭（mǐ）：止息，中断。这里是阻止的意思。

②"捕雀"二句：遮着眼睛捉麻雀，偷钟时捂住自己的耳朵。比喻自己骗自己。"捕雀掩目"语出陈寿《三国志·魏书·陈琳传》："谚有'掩目捕雀'。夫微物尚不可欺以得志，况国之大事，其可以诈立乎！""盗钟掩耳"语出《吕氏春秋·自知》："百姓有得钟者，欲负而走，则钟大不可负，以椎毁之，钟况然有音。恐人闻之而夺己也，遽掩其耳。"

③诮（qiào）：讥笑讽刺。

④幽、厉：指周幽王和周厉王，他们都是西周时的暴君。周幽王在位时，沉湎酒色，不理国事，各种社会矛盾急剧尖锐化，政局不稳。幽王变本加厉地加重剥削，任用贪财好利善于逢迎的虢石父主持朝政，引起国人怨愤。周厉王在位期间，重用奸佞荣夷

公,不听贤臣周公、召公等人劝阻,实行残暴的政策,奴役百姓,不让他们有丝毫的言论自由,以至于行人来往,只能以眼神来示意。于是周朝国势更加衰落,朝政更加腐败。百姓怨声载道、民不聊生。

⑤恻隐:怜悯,对受苦难的人表示同情。

⑥温舒:即西汉时王温舒。阳陵(今陕西咸阳东)人。武帝时期,封建的政治、经济都达到了鼎盛阶段。与此同时,一批豪强地主势力也开始膨胀起来。他们凭借强大的宗族势力,勾结官府和贵族,武断乡曲,横行霸道,大量吞并农民土地。为了打击豪强地主势力,汉武帝重用了一大批酷吏。这些人以皇权做后盾,以酷杀而著称。他们的活动,对于抑制豪强地主的气焰,加强专制皇权,起了显著的作用。但是,必须指出,有些酷吏决非清官廉吏。他们往往以酷行贪,以酷掩贪,因此,一批豪强地主被打下去了,一批酷吏贪官却滋生起来。王温舒就是这批人中的一个典型。他虽曾上书力论狱吏营私舞弊的危害,但他专好猜疑,心狠手毒,嗜杀成性,以杀立威,国家法律常被置于不顾。对一些大案、疑案更是昏昏不辨。而且他还贪得无厌,终被朝廷诛灭五族。曩日:往日,以前。

⑦尧有敢谏之鼓:相传尧曾在庭中设鼓,让百姓击鼓进谏,指出他施政有什么不对的地方。《淮南子·主术训》云:"故尧置敢谏之鼓。"

⑧舜有诽谤之木:相传尧命舜在交通要道竖立木柱,让人在上面写谏言,指出自己的过失,以修明政治,史称"诽谤之木",也称"谤木"。见《史记·孝文本纪》。

⑨汤有司过之史:据《淮南子》记载,商汤曾给自己设置了进谏的史官(司过)来指出自己的缺点和错误。

⑩武有戒慎之铭:据《大戴礼记·武王践祚》载,姜太公述《丹书》

云："敬胜怠者吉，怠胜敬者灭；义胜欲者从，欲胜义者凶。"周武王闻之，退而为戒，并写在几、案等器物上，作为座右铭。《政教真诠》云："戒慎者，乃事必以正，戒谨恐惧也。"即做事要警惕而审慎。《礼记·中庸》："是故君子戒慎乎其所不睹，恐惧乎其所不闻。"

⑪魏文帝：当作"魏武帝"。即曹操（155—220），字孟德，沛国谯（今安徽亳州）人。东汉末年著名的军事家、政治家和诗人。三国时代魏国的奠基人和主要缔造者，后为魏王。其子曹丕称帝后，追尊他为魏武帝。

⑫弼者：辅佐君王的大臣。

【译文】

"陛下有时做的一些小事，不想让别人知道，就突然发威作怒，以此来阻止别人的议论。如果所做的事是正确的，就是传到外边，又有什么妨碍呢？如果所做的事是错误的，就是极力掩盖，又有什么好处呢？所以谚语说：'若要人不知，除非己莫为；若要人不闻，除非己莫言。'自己做了却想让别人不知道，自己说了却想让听见，这就像是掩目捕雀，掩耳盗铃，只会被人讥笑讽刺，又有什么益处呢？臣又听说，没有长时间混乱的国家，也没有不可治理的百姓。国民的善恶好坏取决于道德教化的厚薄，所以夏朝和商朝在禹和汤的治理下就天下大治，在桀和纣的统治下就天下大乱；周朝在文王、武王的治理下就秩序安定，在幽王、厉王的统治下就出现危机。因此，古代圣明的国君，严以责己而不怨恨别人，寻求自身的不足而不责备下属。因此说：'禹、汤时常责备自己，所以国家迅速兴旺；桀、纣处处怪罪别人，所以国家很快灭亡。'不断这样做，就会深深违背恻隐之情，并且开启奸邪之路。汉朝的王温舒有杀人不尽之恨，臣对此人深感惋惜，恩泽未能结纳人心，只想干用刑罚我没听过这件事。臣听说过，尧时有敢谏之鼓，舜时有诽谤之木，汤时有专记过失的史官，武王时有戒慎的座右铭。这些都是先王倾听意见于事情没有发生的时候，寻求谏言于没形成过失的时候，虚心对待臣下，希望下情能够上达，上下无私，君臣同心同德。魏武帝也说：'有德之君喜欢听逆耳的话，喜欢听犯颜直谏之言，亲近忠贞的大臣，厚待直谏的人士，斥逐谗慝，远离奸佞的小人，实在是想保全自身和国家，远远避开亡国杀身之祸。'凡是承受天命控驭国运的国君，即使不能做到上下无私，君臣同德，难道可以不保全自身和国家，避开亡国杀身之祸吗？自古以来的圣明国君，能够功成名就、建立一番伟业的，没有不依靠君臣上下同心同德，也没有违背辅弼大臣意见的。

　　"昔在贞观之初，侧身励行，谦以受益①。盖闻善必改，时有小过，引纳忠规，每听直言，喜形颜色。故凡在忠烈，咸竭其辞。自顷年海内无虞②，远夷慑服，志意盈满，事异厥初③。高谈疾邪，而喜闻顺旨之说；空论忠谠，而不悦逆耳之言。私嬖之径渐开④，至公之道日塞，往来行路，咸知之矣。邦之兴衰，实由斯道。为人上者，可不勉乎？臣数年以来，每奉明旨，深惧群臣莫肯尽言。臣切思之，自比来人或上书⑤，事有得失，惟见述其所短，未有称其所长。又天居自高，龙鳞难犯，在于造次⑥，不敢尽言，时有所陈，不能尽意，更思重竭，其道无因。且所言当理，未必加于宠秩⑦，意或乖忤，将有耻辱随之，莫能尽节，实由于此。虽左右近侍，朝夕阶墀⑧，事或犯颜，咸怀顾望。况疏远不接，将何以极其忠款哉？又时或宣言云：'臣下见事，只可来道，何因所言，即望我用？'此乃拒谏之辞，诚非纳忠之意。何以言之？犯主严颜，献可替否，所以成主之美，匡主之过。若主听则惑，事有不行，使其尽忠谠之言，竭股肱之力⑨，犹恐临事而惧，莫肯效其诚款。若如明诏所道，便是许其面从，而又责其未尽言，进退将何所据？欲必使乎致谏，在乎好之而已。故齐桓好服紫⑩，而合境无异色；楚王好细腰⑪，而后宫多饿死。夫以耳目之玩，人犹死而不违，况圣明之君求忠正之士，千里斯应，信不为难。若徒有其言，而内无其实，欲其必至，不可得也。"

【注释】

①谦以受益：指虚心接受意见。

②无虞：没有忧患，太平无事。

③厥：其。

④私嬖(bì)：私心与偏爱。嬖，受宠爱的人。

⑤比来：近来。

⑥造次：仓促，匆忙。

⑦宠秩：宠爱而授以官秩。这里指加官进爵。

⑧阶墀(chí)：台阶。这里指官殿。

⑨股肱：比喻左右得力的辅助人才。

⑩齐桓好服紫：比喻上行下效。据《韩非子·外储说左上》记载：齐桓公喜欢穿紫色衣服，于是齐国人都穿起了紫色衣服。一时间紫色的衣料大贵，一匹紫色布的价格超过五匹素色布的价格。齐桓公为此发愁了。他对管仲说："我喜欢穿紫色衣服，全国百姓都穿紫色衣服，怎么办？"管仲说："主公如果想制止这种局面，为什么不停止穿紫色衣服呢？你还应该对人说：'我非常讨厌紫色染料的气味。'如果有人穿着紫色衣服来见你，你一定要说：'离我远点，我讨厌紫色染料的臭气！'"齐桓公说："很好。就这么办。"当天，所有的近臣就不再穿紫色衣服；第二天，国都临淄

已没人穿紫色衣服;第三天,整个齐国也找不到一个穿紫色衣服的人了。

⑪楚王好细腰:楚王喜欢细腰的人。据《墨子·兼爱中》记载:"昔者,楚灵王好士细要,故灵王之臣皆以一饭为节。"比喻上有所好,下必甚焉。细腰,纤细的腰身,也代指美女。

【译文】

"从前在贞观初年时,陛下躬身厉行,虚心接受意见。听到好的批评意见一定接受改正,偶尔发生小的过失,都能接纳忠言规谏。每当听到直言进谏,总是喜形于色。所以,凡是忠臣耿士都能竭诚进谏。近年来,四海无事,远邦臣服,四夷来朝,于是陛下志得意满,处理事情与当初很不相同。虽然口中高谈阔论如何痛恨邪佞行为,而实际上却喜欢听顺从自己的话;奢言倡导敢谏直谏的行为,而实际上却不喜欢听逆耳忠言。偏爱与私心渐渐张开,至公之道日渐阻塞,这些情况就是街上往来的行人也都知道。国家的衰亡,就是从这里开始的。作为国君,怎能不深思自勉呢?臣近几年来,每当听见陛下贤明的诏旨,深怕群臣不肯竭诚尽言。臣认真反复思考,感到近年来有人上书,如果所谈论的事情有所得失,只见陛下指责那人的短处,却没见陛下称赞过他们的长处。另外,陛下位尊权重,龙鳞难犯,臣下在仓促之间,不敢轻率进言,即使有所进谏,也不能全讲出来,事后反复思考想再重新竭诚进言,却又没有机会了。况且臣下所说的都符合道理,也未必会得到加官进爵的奖赏,如果言语间有不合皇上的意旨,耻辱就随之而来,臣下不能克尽节操,原因确实就在这里。即使是陛下左右的近侍,朝夕陪伴在宫殿之上,如有事需要犯颜启奏时,也都心怀顾虑,更何况那些关系疏远而无从接近陛下的人,又怎能有机会向陛下进献忠诚恳切之言呢?此外,陛下曾公开表示说:'臣下有什么意见,只可前来说明,但是为什么你们提的意见,我就一定要采纳呢?'这其实是拒绝纳谏的言辞,不是诚心纳谏的意思。为什么这样说呢?冒犯国君的威严,进献忠言,是为了成就国君的大业,匡正国君的过失。如果国君听了心有疑惑,事情不能施行,即使让臣下进献忠诚之言,竭尽辅佐之力,臣下依然担心临事恐惧,而不敢竭诚尽忠。如果像陛下公开所讲的那样,表面上是让臣下进谏,实际上是指责尽忠直谏,这样不是让人进退无所适从吗?如果一定想使臣下大胆进谏,关键在于国君真正喜欢这样做。从前齐桓公爱穿紫色的衣服,因而全国没有别的颜色的衣服;楚王喜欢细腰的人,因而后宫内就有为求细腰而饿死的人。因为国君愉目悦耳的爱好,人们饿死都不敢违反,更何况是圣明的国君寻求忠正的贤才,只要国君一声令下,贤士必然会不远千里前来应召,相信这不是一件难事。如果只有一句空话,而内心却没有切实施行的打算,希望忠正的贤人一定前来,那是办不到的。”

太宗手诏曰:“省前后讽谕,皆切至之言,固所望于卿也。朕昔在衡门①,尚惟童幼,未渐师保之训②,罕闻先达之言③。值隋主分崩,万邦涂炭,慄慄黔黎④,庇身无所。朕自二九之年,有怀拯溺,发愤投袂⑤,便提干戈,蒙犯霜露,东西征伐,日不暇给,居无宁岁。降苍昊之灵,禀庙堂之略,义旗所指,触向平夷。弱水、流沙⑥,并通辙轩之使⑦;被发左衽⑧,皆为衣冠之域。正朔所班⑨,无远不届。及恭承宝历⑩,寅奉帝图⑪,垂拱无为,氛埃靖息⑫,于兹十有余年。斯盖股肱馨帷幄之谋⑬,爪牙竭熊罴之力⑭,协德同心,以致于此。自惟寡薄,厚享斯休,每以抚大神器⑮,忧深责重,常惧万机多旷,四聪不达⑯,战战兢兢,坐以待旦。询于公卿,以至隶皂⑰,推以赤心。庶几明赖,一动以钟石⑱,淳风至德,永传于竹帛⑲。克播鸿名,常为称首。朕以虚薄,多惭往代,若

不任舟楫,岂得济彼巨川? 不藉盐梅⑳,安得调夫五味?"赐
绢三百匹。

【注释】

①衡门:横木为门,指简陋的屋舍。语出《诗经·陈风·衡门》:"衡
门之下,可以栖迟。"

②师保:古时任辅弼帝王和教导王室子弟的官,有师有保,统称"师
保"。《礼记·文王世子》里说:"师也者,教之以事而喻诸德也;
保也者,慎其身以辅翼之,而归诸道者也。"

③先达:学问好、道德高尚的前辈。

④慄慄(dié):恐惧,惶惶不可终日。

⑤投袂:甩袖。形容激动或奋发。

⑥弱水:水名。位于今甘肃西北部和内蒙古自治区西部,今称额济
纳河。始见于《尚书·禹贡》:"导弱水至于合黎。"孙星衍《尚书
今古文注疏》:"郑康成曰:'弱水出张掖。'"流沙:古代泛指我国
西北的沙漠地区,此处为古代中西交通干道所经。

⑦辎(yóu)轩:古代使臣乘坐的一种轻车,也是古代使臣的代称。

⑧被发左衽:本指头发披散不束,衣襟向左掩,是指古代中原地区
以外少数民族的装束。这里借指中原地区以外的少数民族。

⑨正朔所班:颁行历法。正朔,本指一年的第一天,这里借指历法。
班,颁行。

⑩宝历:指国祚,皇位。

⑪寅:恭敬。帝图:犹帝位。

⑫氛埃靖息:没有变故或战乱,地方安靖。氛埃,比喻战乱。

⑬股肱(gōng)罄(qìng)帷幄之谋:文武大臣运筹帷幄。股肱,比喻
左右辅助得力的人。罄,用尽。帷幄,军帐。这里指在军营帐幕
之中谋划军国大事。

⑭爪牙竭熊罴(pí)：武将竭尽勇武。爪牙，禁卫军将官。熊罴，熊和罴，皆为猛兽。这里借喻勇士或雄师劲旅。

⑮神器：象征国家权力之物，如玺、鼎等。借指帝位、政权。

⑯四聪：能远闻四方的事。《尚书·舜典》："明四目，达四聪。"孔颖达疏："达四方之聪，使为己远听四方也。"

⑰隶皂：衙门里的差人。

⑱钟石：钟鼎与石碑。这里用作动词，指刻勒在钟鼎与石碑上的铭文。

⑲竹帛：竹简和白绢，古代书写文书、法律的材料。这里代指史册。

⑳盐梅：盐和梅子。盐味咸，梅味酸，均为调味所需。这里喻指国家所需的贤才。

【译文】

太宗看了魏徵的疏奏，亲手写诏书说："看了你前后几次的上书，对我的讽谕都情切意至，这正是我对你的期望。我以前身居陋室的时候，年纪尚小，未曾接受过名师的教诲，很少听到长辈的训导。又正逢隋朝分崩离析，生灵涂炭，百姓惶惶不可终日，流离失所。我自十八岁起，便立下拯救百姓的志向，发愤投军，手持干戈，冒霜犯露，东征西伐，终年忙于征战，没有一天安宁的日子。幸亏苍天有灵，禀遵祖宗的韬略，义旗所指，所向披靡。弱水、流沙等边远地区，也有大唐的使臣乘车前往；蛮夷戎狄之地，也都身穿华夏衣冠。我朝所颁行的历法，也没有因为遥远而不能到达的地方。到我继承帝位，承奉先帝的大业，垂拱而治，海内平安，尘埃不起，至今已十多年了。这都是由于文臣尽运筹帷幄之谋，武将竭如熊如罴之武，大家同心同德，才有今天的功绩。我自觉德寡才薄，却享受着太厚的福泽，每想到社稷大业，就感到责任沉重，常担心贻误国家大事，不能尽听四方之言，因此战战兢兢，坐以待旦。我经常向公卿求教，甚至询问衙门里的差人，并向他们推心置腹。以求依靠他们能目明耳聪，创一番能铭刻在钟鼎和石碑上的丰功伟业，使淳风至德永远载入史册。能传播美名，常被后人称赞。我才德虚薄，有好多地方不敢和前代圣明的国君相比，如果不依靠你们这样的'船'和'桨'，我怎能渡过大河？ 如果不依靠你们这样的'盐'和'梅'，我怎能调出味道鲜美的五味?"为此赐给他三百匹绢以资奖励。

诚信第十七

　　本篇主要讲用"诚信"来治国的道理,同时也反映出贞观君臣对"诚信"原则重视的程度。如果君臣之间不能以真诚相待,则难以齐心协力治理国政。魏徵认为:"为国之基,必资于德礼;君之所保,惟在于诚信。诚信立则下无二心,德礼形则远人斯格。然则德礼诚信,国之大纲。"魏徵把"诚信"看成治理国家政务的大纲,"上不信则无以使下,下不信则无以事上","不信之言,无诚之令,为上则败德,为下则危身"。殷纣王轻慢侮弄五常,周武王就夺了他的天下;项羽因为没有仁信,就被汉高祖夺了他的江山;历史的教训比比皆是。君主只有以诚信对待朝臣,才能得到群臣的鼎力相助。朝廷只有摈弃诈伪,取信于民,才能使万民归心,天下太平。唐太宗以历史为鉴,能任人不疑,群臣也竭尽忠诚,这就是唐初君臣能成就"贞观之治"的重要原因,这也是儒家的处世修身准则在"贞观之治"中的具体运用。

　　贞观初,有上书请去佞臣者①。太宗谓曰:"朕之所任,皆以为贤,卿知佞者谁耶?"

　　对曰:"臣居草泽②,不的知佞者③,请陛下佯怒以试群臣,若能不畏雷霆④,直言进谏,则是正人,顺情阿旨,则是佞人。"

太宗谓封德彝曰："流水清浊，在其源也。君者政源，人庶犹水，君自为诈，欲臣下行直，是犹源浊而望水清，理不可得。朕常以魏武帝多诡诈，深鄙其为人，如此，岂可堪为教令⑤？"

谓上书人曰："朕欲使大信行于天下，不欲以诈道训俗，卿言虽善，朕所不取也。"

【注释】

①佞臣：奸邪谄上之臣。

②草泽：荒郊野地。这里指民间。

③的知：确实了解。的，确实。

④雷霆：形容盛怒时大发脾气。这里是对帝王暴怒的敬称。

⑤教令：指教规和法令。

【译文】

贞观初年，有人上书请求太宗清除邪佞的臣子。太宗说："我所任用的人，都以为是贤臣，你知道哪个是邪佞的臣子吗？"

那人回答说："臣住在荒野民间，不能确知哪个人是佞臣，请陛下假装发怒，用来试验群臣，假若能不惧怕陛下的雷霆之怒，仍能直言进谏的就是正人贤臣，如果依顺陛下情绪迎合旨意，阿谀奉承的就是奸邪谄佞之臣。"

太宗对封德彝说："流水的清浊，关键在于水源。国君是政令发出的源头，臣子百姓就好比是水，如果国君自己先以诈术骗人，而要求臣子行为忠直，这就好像水源浑浊而希望流水清澈一样，这在道理上是讲不通的。我常常认为魏武帝曹操为人诡诈，所以特别鄙视他的为人，如果我也这样，还怎么可以去制定教规和法令呢？"

于是，太宗对上书劝谏的人说："我想使大的诚信在天下实行，不想用伪诈的方法去引导风俗，你的方法虽然好，但我不能采纳。"

贞观十年，魏徵上疏曰：

"臣闻为国之基，必资于德礼；君之所保，惟在于诚信。诚信立则下无二心，德礼形则远人斯格①。然则德礼诚信，国之大纲，在于君臣父子，不可斯须而废也②。故孔子曰：'君使臣以礼，臣事君以忠③。'又曰：'自古皆有死，民无信不立④。'文子曰⑤：'同言而信，信在言前；同令而行，诚在令外。'然则言而不信，言无信也；令而不从，令无诚也。不信之言，无诚之令，为上则败德，为下则危身。虽在颠沛之中⑥，君子之所不为也。

【注释】

①格：正。

②斯须：片刻，一会儿。

③"孔子曰"几句：见《论语·八佾》篇。为孔子答鲁定公之语。

④"又曰"几句：见《论语·颜渊》篇。为孔子答子贡之语。

⑤文子：其名字及籍贯已不可确考。《汉书·艺文志》道家类著录《文子》九篇，班固在其条文下只注明："老子弟子，与孔子同时。"没有记载其名字籍贯。据史书记载，他曾游学齐国，把道家兼融仁义礼的思想带到齐国，形成了齐国的黄老之学。1973年河北定县40号汉墓出土的竹简中有《文子》残简，其中与今本《文子》相同的文字有六章，也有不见于今本的一些内容，确证了《文子》一书为西汉时已有的先秦古书。传世《文子》分十二篇八十八章。文子在唐代时与老子、庄子并重，天宝元年唐玄宗诏封文子

为"通玄真人",诏改《文子》为《通玄真经》,与《老子》《庄子》《列子》并列为道教四部经典。《文子》一书的主要内容是解说老子之言,阐发老子的思想,同时又吸收了同期其他学派的某些思想,是继承和发展了的道家学说,在我国古代哲学史上占有一席之地。

⑥颠沛:这里比喻处境窘迫困顿。

【译文】

贞观十年(636),魏微上书说:

"臣听说治理国家的基础,一定要依靠德行和礼义;国君所应该坚守的,只在于诚实信用。诚实信用树立以后,臣子对国君就没有二心;德行礼义形成后,边远的人民就会前来归正。既然如此,德行、礼义、诚实、信用,就是国家的纲领,贯穿于君臣、父子之中,不可片刻废弃。因此,孔子说:'国君对待臣子要按照礼制,臣子侍奉国君要忠心不二。'他又说:'自古人生都有一死,如果百姓不讲信用就不能安身立命。'文子也说:'同样的说话被人信任,那是因为信任建立在说话的前面;同样的法令可以贯彻实行,那是因为有诚信在法令之外。'然而话说出来却不实行,是言而无信;法令制定了却不被服从,是因为没有诚意。不被实行的言语,没有诚意的法令,对国君来说会败坏道德名声,对百姓来说会招致杀身的危险。即使在颠沛流离的环境中,有德有才的君子也不会那样做。

"自王道休明①,十有余载,威加海外,万国来庭②,仓廪日积,土地日广,然而道德未益厚,仁义未益博者,何哉? 由乎待下之情,未尽于诚信,虽有善始之勤,未睹克终之美故也③。昔贞观之始,乃闻善惊叹,暨八九年间,犹悦以从谏。自兹厥后,渐恶直言,虽或勉强有所容,非复曩时之豁如④。

謇谔之辈⑤,稍避龙鳞;便佞之徒⑥,肆其巧辩。谓同心者为擅权,谓忠谠者为诽谤。谓之为朋党,虽忠信而可疑;谓之为至公,虽矫伪而无咎。强直者畏擅权之议,忠谠者虑诽谤之尤。正臣不得尽其言,大臣莫能与之争。荧惑视听⑦,郁于大道⑧,妨政损德,其在此乎? 故孔子曰'恶利口之覆邦家者',盖为此也。

【注释】

①休明:美好清明,用以赞美明君或盛世。

②来庭:犹来朝。谓朝觐天子。

③克终:谓能善终。

④豁如:开阔、旷达的样子。这里是宽宏大量的意思。

⑤謇(jiǎn)谔:亦作"謇鄂""謇愕",正直敢言。

⑥便佞:花言巧语,阿谀奉承。

⑦荧惑:炫惑,迷惑。

⑧郁:郁结,闭塞。

【译文】

"自从陛下实行王道,盛世清明,已有十多年了,威及海外,万国来朝,国库日益充实,疆土日益拓展,但是道德却没有更加深厚,仁义却没有更加广博,这是什么原因呢? 是因为陛下对待臣子和百姓还没有达到诚实信用,虽然行事有良好的开端,但是还没有看到善终的美德的缘故。在贞观初年,陛下听说良言善行就惊喜赞叹,随后八九年间,还很乐意听取谏言。但从那以后,陛下就渐渐讨厌直言规谏,虽然有时勉强接纳,但没有像以前那样豁达大度了。那些正直敢言的人都有意回避君王,奸邪巧佞之徒便肆意施展花言巧语。认为同心同德的人是专擅揽权,认为忠诚敢谏的人是诽谤天子。他们认为是结党营私的,即使其忠实诚信也觉得可疑;他们认为是大公无私的,即使其弄虚作假也不会受到责备。因此刚直坚贞的人畏惧独揽政权的罪名,忠诚直言的人担心落得诽谤朝政的口实。正直的臣子不能完全陈述自己的意见,朝中重臣也无法与其争辩是非。因此国君的视听被迷惑,治理国家的大道被堵塞,妨碍施政,损害德行,其原因就在这里吧? 所以孔子说‘我憎恨那些巧舌如簧倾覆国家的人’,大概就是针对这种情况而言的。

　　"且君子小人,貌同心异,君子掩人之恶,扬人之善,临难无苟免①,杀身以成仁②。小人不耻不仁,不畏不义,唯利之所在,危人自安。夫苟在危人,则何所不至? 今欲将求致理,必委之于君子;事有得失,或访之于小人。其待君子也则敬而疏③,遇小人也必轻而狎④。狎则言无不尽,疏则情不上通。是则毁誉在于小人,刑罚加于君子。实兴丧之所在,可不慎哉? 此乃孙卿所谓⑤:‘使智者谋之,与愚者论之;使修洁之士行之⑥,与污鄙之人疑之⑦。欲其成功,可得乎哉?’夫中智之人,岂无小惠,然才非经国⑧,虑不及远,虽竭力尽诚,犹未免于倾败;况内怀奸利,承颜顺旨,其为祸患,不亦深乎? 夫立直木而疑影之不直,虽竭精神,劳思虑,其不得亦已明矣。

【注释】

①难无苟免:语出《礼记·曲礼上》:"临难毋苟免。"谓遇到危难时不苟且偷生。

②杀身以成仁:语出《论语·卫灵公》:"志士仁人,无求生以害仁,有杀身以成仁。"指牺牲生命,保全仁德和正义。

③敬:严肃。

④狎（xiá）：亲昵，亲近而不庄重。

⑤孙卿：姓荀，名况，字卿，后因避汉宣帝讳，改称孙卿。战国时期赵
　国猗氏（今山西安泽）人，著名思想家、文学家、政论家。儒家重要
　代表人物之一，对儒家思想有所发展，提倡性恶论。年五十至齐，
　游学稷下，齐襄王以为列大夫，三为祭酒。后离齐至楚，春申君任
　其为兰陵令。晚年专事著述，终老兰陵。今传《荀子》十二卷三十
　二篇。司马迁《史记·孟轲荀卿列传》记载有其生平事迹。

⑥修洁：品行端正，高尚纯洁。

⑦污鄙：污秽卑鄙。

⑧经国：治理国家。

【译文】

"况且君子和小人，外貌相同而内心却不一样，君子能掩饰别人的
缺点，赞扬别人的优点，遇到祸患不苟且以求幸免，能牺牲生命来保全
仁德和正义。小人不以不仁为耻辱，不怕不义，只要有利可图，就危害
别人来保全自己。如果是心存危害别人的念头，那么还有什么事做不
出来呢？现在想要国家得到治理，一定要把国事委托给君子；而事情有
成败得失，有时也要向小人咨询。对待君子的态度是敬而远之，对待小
人的态度是狎而近之。亲近小人就言无不尽，疏远君子就使下情不能
上达。这样就会褒贬由小人决定，刑罚施加给了君子。这实在是国家
兴亡的关键所在，能不慎重吗？这就是荀子所说的："让聪明的人去谋
划事情，却和愚蠢的人来讨论决定；让品行端正的人去执行，却和浅薄
卑鄙的人来共同怀疑他。要想事情成功，能够办得到吗？'中等智力的
人，怎能没有一点小聪明，但他们没有治理国家的才能，又不能深谋远
虑，虽然竭尽力量和忠诚，还是不能避免国家的倾覆毁败；更何况心怀
奸诈、顾念私利的小人，他们承颜顺旨，带来的祸患不是更严重吗？竖
立直木却怀疑它的影子不正，即使耗尽精神，劳尽心思，那事情得不到
正确的结果是很明白的了。

　　"夫君能尽礼，臣得竭忠，必在于内外无私，上下相信。上不信则无以使下，下不信则无以事上，信之为道大矣！昔齐桓公问于管仲曰：'吾欲使酒腐于爵①，肉腐于俎②，得无害霸乎③？'管仲曰：'此极非其善者，然亦无害于霸也。'桓公曰：'如何而害霸乎？'管仲曰：'不能知人，害霸也；知而不能任，害霸也；任而不能信，害霸也；既信而又使小人参之④，害霸也。'晋中行穆伯攻鼓⑤，经年而弗能下，馈间伦曰⑥：'鼓之啬夫⑦，间伦知之。请无疲士大夫，而鼓可得。'穆伯不应，左右曰：'不折一戟，不伤一卒，而鼓可得，君奚为不取？'穆伯曰：'间伦之为人也，佞而不仁。若使间伦下之，吾可以不赏之乎？若赏之，是赏佞人也。佞人得志，是使晋国之士舍仁而为佞。虽得鼓，将何用之？'夫穆伯，列国之大夫，管仲，霸者之良佐，犹能慎于信任，远避佞人也如此，况乎为四海之大君，应千龄之上圣⑧，而可使巍巍之至德之盛，将有所间乎⑨？

【注释】

①爵：古代酒器。

②俎(zǔ)：古代切肉用的砧板。

③霸：称霸为王。

④参：干预。

⑤中行穆伯：春秋时晋国六卿之一。鼓：春秋时夷国名，白狄之别种。
　其地在今河北晋州，后为晋国所灭。事见《左传·昭公十五年》。

⑥馈间伦：人名，晋国中行穆伯的左右官吏。

⑦啬夫：古代官吏名，司空的属官。

⑧上圣：指圣明之君。

⑨间：间断，不连贯。

【译文】

"国君能对臣子尽到礼仪，臣子就会为国君竭尽忠诚，关键在于内外无私，君臣之间互相信任。国君不信任臣子就无法驱使臣子，臣子不信任国君就不能服侍国君，可见诚信这条原则是多么重要！从前齐桓公问管仲：'我要是让酒在杯中变质，让肉在砧板上腐烂，这样会不会损害我的霸业？'管仲说：'这当然不是极好的事，但对霸业也没有什么危害。'桓公问：'那什么事才会有害于霸业呢？'管仲说：'不能了解人，对霸业有害；能了解人却不能用人，对霸业有害；能任用人而不能信任人，对霸业有害；即使能信任人却又让小人干预其间，也对霸业有害。'晋国的中行穆伯攻打鼓国，经过一年多时间也没能攻下。馈间伦说：'鼓国的啬夫，我了解他。请不要劳累士大夫，鼓国就可以到手。'中行穆伯没有理他，随从的人问中行穆伯说：'不折一戟，不伤一卒，而鼓国就可以到手，您为什么不干呢？'中行穆伯说：'馈间伦的为人，奸佞而且不仁义。如果用馈间伦的计策攻下鼓国，我能不奖赏他吗？如果奖赏他，就是奖赏奸佞小人。奸佞小人得志，就会使晋国的士人都舍弃仁义而成为奸佞的人。即使攻下了鼓国，又有什么用呢？'穆伯，只是列国的一个大夫；而管仲，则是霸主的好辅佐，却都能够这样谨守信用，远避佞人，更何况陛下是统领天下的君主、上应千年的圣明天子，怎能让巍巍盛德有所间断呢？

"若欲令君子小人是非不杂①，必怀之以德，待之以信，厉之以义②，节之以礼③。然后善善而恶恶，审罚而明赏④。则小人绝其私佞，君子自强不息，无为之治⑤，何远之有？善善而不能进，恶恶而不能去，罚不及于有罪，赏不加于有功，则危亡之期,或未可保,永锡祚胤⑥,将何望哉?"

太宗览疏叹曰:"若不遇公,何由得闻此语?"

【注释】

①不杂:不混杂,不混淆。

②厉:通"励",劝勉。

③节:限制,约束。

④审:详知。明:明悉。

⑤无为之治:语出《论语·卫灵公》篇。指以仁德感化民众,以达到社会安定的统治方法。这种治理方法是继承了老子思想,又总结了战国以来社会发展经验,兼综诸家之长的黄老之学。陆贾曾献给汉高祖刘邦《新语》一书,书中内容虽不尽为道家者言,但也提出"无为而治"的思想:"夫道莫大于无为,行莫大于谨敬。何以言之? 昔虞舜治天下,弹五弦之琴,歌《南风》之诗,寂若无治国之意,漠若无忧民之心,然天下治。"

⑥永锡祚胤(zuò yìn):永远赐福给子孙后代。锡,赐予。祚胤,福运及于后代子孙。

【译文】

"要想让君子小人是非分明,必须用仁德来安抚他们,用诚信来对待他们,用仁义来劝勉他们,用礼仪来节制他们。然后才能崇敬善良的人而厌恶奸邪的人,赏罚分明。这样,小人就会无法施展他们的邪佞,君子才能自强不息,无为而治的局面哪里还会遥远? 如果崇敬良善而不能任用善人,厌恶奸邪而又不能摒弃恶人,有罪过的人得不到惩罚,有功劳的人得不到奖赏,那么国家灭亡的日子说不定就会到来,永远赐福给子孙后代还有什么指望呢?"

太宗读了魏徵的疏奏后感叹说:"如果不是遇见你魏徵,我怎么能听到这样的话呢?"

太宗尝谓长孙无忌等曰："朕即位之初,有上书者非一,或言人主必须威权独任,不得委任群下;或欲耀兵振武,慑服四夷①。惟有魏徵劝朕'偃革兴文②,布德施惠,中国既安,远人自服'。朕从此语,天下大宁,绝域君长③,皆来朝贡,九夷重译④,相望于道。凡此等事,皆魏徵之力也。朕任用,岂不得人?"

徵拜谢曰："陛下圣德自天,留心政术。实以庸短,承受不暇,岂有益于圣明?"

【注释】

①慑服:因惧怕而屈服。

②偃革:指停止战争。

③绝域:指极远的地方。

④九夷:泛称少数民族。重译:指辗转多次翻译。

【译文】

太宗曾经对长孙无忌等人说："我刚即位时,有不少人上书言事,有的说国君必须独揽大权,不能委任给群臣;有的建议应炫耀武力,使四夷因惧怕而屈服。只有魏徵劝我'停止战争,振兴文教,布德施惠,中国得到了安宁,边远的人自然会来臣服'。我听从了他的建议,天下得到大治,极远地方的君王酋长前来朝贡,少数民族经过多次翻译来朝贡,相望于道。所有这一切事情,都得力于魏徵。我任用他,难道能说用人不当吗?"

魏徵拜谢说："陛下天生圣明,留心治国的方法。臣实在是平庸短见,秉承圣谕还感到力不从心,哪里谈得上对陛下有所裨益呢?"

贞观十七年,太宗谓侍臣曰："《传》称'去食存信'①,孔子曰'人无信不立'②。昔项羽既入咸阳,已制天下,向能力行仁信③,谁夺耶?"

房玄龄对曰:"仁、义、礼、智、信,谓之五常,废一不可。能勤行之,甚有裨益。殷纣狎侮五常④,武王夺之,项氏以无信为汉高祖所夺,诚如圣旨。"

【注释】

①去食存信:比喻宁可失去粮食而饿死,也要坚持信义。

②人无信不立:语出《论语·颜渊》。意谓人没有诚信就无法安身立命。

③向:假如,假使。

④狎侮:轻慢侮弄。

【译文】

贞观十七年(643),太宗对身边的大臣们说:"《左传》上讲'宁可舍弃粮食,也要保持诚信',孔子说'人没有诚信就无法安身立命'。从前,项羽攻入咸阳,已经控制了天下,假如他当时能努力施行仁信政策,谁还能夺取他的天下?"

房玄龄回答说:"仁、义、礼、智、信,称为五常,废去任何一项都不行。如果能勤恳地推行五常,会有很大的补益。殷纣王轻慢侮弄五常,周武王就讨伐他,项羽因为没有诚信就被汉高祖夺了他的江山,确实像陛下所讲的那样。"

卷六

俭约第十八

【题解】

　　本篇主要记录了唐太宗等人提倡节己顺民、俭约慎行、反对铺张浪费的言行。太宗把奢侈纵欲视为王朝败亡的重要原因,因此厉行俭约,不务奢华。"自王公已下,第宅、车服、婚娶、丧葬,准品秩不合服用者,宜一切禁断。"唐太宗认为"百姓所不欲者劳弊",因此"己所不欲,勿施于人",魏徵进谏也说"以欲从人者昌,以人乐己者亡",因此"不要做无益的事去损害有益的事",使百姓得到休养生息的机会,如此则国家财货富足,百姓安居乐业。贞观时的统治者能"以欲从人"的思想和俭约自持的做法,的确是后代帝王将相所无法相比的。

　　贞观元年,太宗谓侍臣曰:"自古帝王凡有兴造,必须贵顺物情①。昔大禹凿九山②,通九江③,用人力极广而无怨讟者,物情所欲,而众所共有故也。秦始皇营建宫室而人多谤议者,为徇其私欲,不与众共故也。朕今欲造一殿,材木已具,远想秦皇之事,遂不复作也。古人云:'不作无益害有益'④,'不见可欲,使人心不乱'⑤,固知见可欲,其心必乱矣。至如雕镂器物,珠玉服玩,若恣其骄奢,则危亡之期可立待也。自王公已下,第宅、车服、婚娶、丧葬,准品秩不合服用者,宜一切禁断。"

由是二十年间,风俗简朴,衣无锦绣,财帛富饶,无饥寒之弊。

【注释】

①物情:指物理人情,世情,民心。

②九山:泛指九州的大山。

③九江:泛指九州的江河。

④不作无益害有益:语出《尚书·周书·旅獒》。意谓不要做无益的事去损害有益的事。

⑤"不见"二句:语出《老子》第三章。意谓不谋求满足私欲,不使民心混乱。

【译文】

贞观元年(627),太宗对身边的大臣们说:"自古以来凡是帝王要兴建工程,必须重视顺应民心。从前,大禹开凿九州的大山,疏浚天下的江河,耗费人力非常多,却没有痛恨埋怨的人,是因为人民希望他这样做,和大家想法一样的缘故。秦始皇营造宫殿,很多人指责批评,是因为他为了满足个人的私欲,不和民心一致的缘故。我最近想建造一座宫殿,材料已经准备齐全,但想起过去秦始皇的事情,就不再兴建了。古人曾经说过:'不要做无益的事去损害有益的事','不要表现出谋求私欲的愿望,就可使民心不乱',由此可知表现出谋求私欲的愿望,民心必然会混乱。至于像各种精雕镂刻的贵重器具,珠宝美玉奇服珍玩,如果放纵骄奢享用,那么国家危亡的日子就会马上到来。从王公以下,住宅、车服、婚嫁、丧葬等各种事情,凡是和他的官职品级不相称的,应该一律停止。"

从此二十年间,风俗简朴,人们的衣着不追求华丽,物资富饶,没有发生饥寒之苦。

贞观二年，公卿奏曰："依《礼》，季夏之月^①，可以居台榭。今夏暑未退，秋霖方始^②，宫中卑湿，请营一阁以居之。"

太宗曰："朕有气疾^③，岂宜下湿？若遂来请，糜费良多。昔汉文将起露台^④，而惜十家之产^⑤，朕德不逮于汉帝，而所费过之，岂为人父母之道也？"

固请至于再三，竟不许。

【注释】

①季夏：夏季的最后一个月，即农历六月。

②秋霖：秋日的淫雨。

③气疾：指呼吸系统的疾病。

④露台：露天台榭。《史记·孝文本纪》："即位二十三年，宫室苑囿狗马服御无所增益，有不便，辄弛以利民。尝欲作露台，召匠计之，直百金。上曰：'百金，中民十家之产，吾奉先帝宫室，常恐羞之，何以台为！'"后遂以"露台"为帝王节俭之典。

⑤十家之产：十户中等人家的财产。汉代的户等划分，大致可区分为"小家（小民）""中家（中民）""大家（大民）"三个等级。按《史记·孝文本纪》云"百金，中民十家之产"，"中民十家"之产为百金，则一家之产约为十金。

【译文】

贞观二年（628），公卿们上奏说："按照《礼记》中的记载来看，夏季的最后一个月，适合居住在高台楼阁上。如今夏季的暑热尚未消退，秋季的连绵大雨又刚刚开始，皇宫中低洼潮湿，请为陛下营建一座楼阁来居住。"

太宗说："我有呼吸系统的疾病,怎么能居住在低洼潮湿的地方呢?如果同意了你们的请求,花费实在太多。从前汉文帝准备建筑露天台榭,而为珍惜相当于十户人家财产的费用就没有兴建,我德行赶不上汉文帝,而耗费的财物却超过了他,难道这是为民父母的德行吗?"

公卿大臣们再三提出请求,太宗始终没有答应。

贞观四年,太宗谓侍臣曰:"崇饰宫宇,游赏池台,帝王之所欲,百姓之所不欲。帝王所欲者放逸,百姓所不欲者劳弊。孔子云:'有一言可以终身行之者,其恕乎!己所不欲,勿施于人①。'劳弊之事,诚不可施于百姓。朕尊为帝王,富有四海,每事由己,诚能自节。若百姓不欲,必能顺其情也。"

魏徵曰:"陛下本怜百姓,每节己以顺人。臣闻:'以欲从人者昌,以人乐己者亡②。'隋炀帝志在无厌,惟好奢侈,所司每有供奉营造,小不称意,则有峻罚严刑。上之所好,下必有甚,竞为无限,遂至灭亡。此非书籍所传,亦陛下目所亲见。为其无道,故天命陛下代之。陛下若以为足,今日不啻足矣③。若以为不足,更万倍过此亦不足。"

太宗曰:"公所奏对甚善!非公,朕安得闻此言?"

【注释】

①"有一言"几句:语出《论语·卫灵公篇》。意谓有一句话可以终身奉行,那就是"仁恕"吧!自己所不愿意做的,就不要强加给别人。

②"以欲"二句:使自己的欲望能顺应民心的就会昌盛,用众人来满

足自己享乐要求的就会灭亡。语出《左传·僖公二十年》。

③不啻(chì)：无异于，如同。

【译文】

贞观四年(630)，太宗对身边的大臣们说："扩建修饰宫殿屋宇，游览观赏池水台榭，是帝王所希望的，却不是百姓所希望的。帝王所希望的是骄奢淫逸，百姓所不希望的是劳累疲惫。孔子说：'有一句话可以终身奉行，那就是"仁恕"吧！自己所不愿意做的，就不要强加给别人。'劳累疲惫的事，确实不能强加给百姓。我身为帝王，富有四海，每件事都是我说了算，真的能够节制自己的欲望。凡是百姓不希望的事，我一定能顺应民心。"

魏徵说："陛下一向怜恤百姓，常常节制自己去顺应民心。臣听说：'使自己的欲望能顺应民心的就会昌盛，用众人来满足自己享乐要求的就会灭亡。'隋炀帝贪得无厌，喜好奢靡，有关部门每次供奉器物和营造宫苑，稍不称心，就加以严刑重罚。上面所喜欢的，下面必定会做得更加厉害，上下攀比，没有节制，最终就会导致灭亡。这不仅在史籍上有所记载，也是陛下亲眼目睹的事实。因为隋炀帝荒淫无道，所以上天赐命陛下取而代之。如果陛下认为这样就满足了，那么现在的尊贵富足也就如同满足了。如果陛下认为这样还没有满足，那么再超过现在的一万倍也不会知足。"

太宗说："你所回答得很好！不是你，我怎能听到这样的话？"

　　贞观十六年，太宗谓侍臣曰："朕近读《刘聪传》①，聪将为刘后起鸾仪②，廷尉陈元达切谏③，聪大怒，命斩之。刘后手疏启请，辞情甚切，聪怒乃解，而甚愧之。人之读书，欲广闻见以自益耳，朕见此事，可以为深诫。比者欲造一小殿，仍构重阁，今于蓝田采木④，并已备具。远想聪事，斯作遂止。"

①《刘聪传》：见《晋书·刘聪载记》。刘聪，字玄明，一名刘载。新
　兴(今山西忻州)人。刘聪是匈奴汉国开创者刘渊的第四子。永
　嘉四年(310)，匈奴汉国君主刘渊死后由太子刘和继位，刘聪杀
　刘和自立，改元光兴。尊刘渊妻单氏为皇太后，其母张氏为帝太
　后，刘为皇太弟，领大单于、大司徒，立妻为皇后，以子刘粲为抚
　军大将军，都督中外诸军事。刘聪在位期间，是匈奴汉国最强盛
　的时期，他在政治、军事等方面都有一些建树。

②鹙仪：东晋十六国时期汉帝刘聪立左贵嫔刘氏为皇后，欲为刘氏
　起鹙仪殿于后庭。廷尉陈元达冒死上书进谏，希望刘聪以苍生
　为念、简朴为尚，放弃兴建宫殿的念头。刘聪对此暴跳如雷，下
　令将其全家处斩。事见《晋书·刘聪载记》。

③陈元达：字长宏，后部人。刘渊僭号，征为黄门郎，刘聪时转廷
　尉，拜御史大夫，以谏不用自杀。

④蓝田：地名，在今陕西蓝田。

【译文】

　　贞观十六年(642)，太宗对身边的大臣们说："我最近读了《刘聪
传》。刘聪准备给刘皇后建造鹙仪殿，廷尉陈元达恳切地加以谏阻，刘
聪大怒，下令将他斩首。刘皇后亲笔上奏请求赦免陈元达，措辞真情恳
切，刘聪才消除了怒意，而且感到非常惭愧。人们读书，就是希望增长
见闻，对自己有所帮助而已，我看到这件事，可以作为深刻的鉴戒。近
来我想造一座小宫殿，是多层的阁楼，现在让人从蓝田采伐木料，并且
都已经准备齐全。遥想刘聪这件事，就停止了这项工程。"

　　贞观十一年，诏曰："朕闻死者，终也，欲物之反真也；

葬者，藏也，欲令人之不得见也。上古垂风，未闻于封树^①；后世贻则^②，乃备于棺椁^③。讥僭侈者^④，非爱其厚费；美俭薄者，实贵其无危。是以唐尧，圣帝也，谷林有通树之说^⑤；秦穆，明君也，橐泉无丘陇之处^⑥。仲尼，孝子也，防墓不坟^⑦；延陵^⑧，慈父也，嬴、博可隐^⑨。斯皆怀无穷之虑，成独决之明，乃便体于九泉，非徇名于百代也。洎乎阖闾违礼^⑩，珠玉为凫雁^⑪；始皇无度，水银为江海^⑫；季孙擅鲁^⑬，敛以玙璠^⑭；桓魋专宋^⑮，葬以石椁。莫不因多藏以速祸，由有利而招辱。玄庐既发^⑯，致焚如于夜台^⑰；黄肠再开^⑱，同暴骸于中野。详思曩事，岂不悲哉！由此观之，奢侈者可以为戒，节俭者可以为师矣。朕居四海之尊，承百王之弊，未明思化，中宵战惕^⑲。虽送往之典，详诸仪制，失礼之禁，著在刑书，而勋戚之家多流通于习俗，闾阎之内或侈靡而伤风^⑳。以厚葬为奉终，以高坟为行孝，遂使衣衾棺椁极雕刻之华，灵𫐆冥器穷金玉之饰^㉑。富者越法度以相尚，贫者破资产而不逮。徒伤教义，无益泉壤，为害既深，宜为惩革。其王公已下，爰及黎庶，自今已后，送葬之具有不依令式者^㉒，仰州府县官明加检察，随状科罪。在京五品已上及勋戚家，仍录奏闻。”

【注释】

①封树：在坟上堆土植树为标记。堆土为坟，植树为饰。古代士以上的葬礼。《礼记·王制》："庶人县封，葬不为雨止，不封不树，丧不贰事。"孔颖达疏："庶人既卑小，不须显异，不积土为封，不标墓以树。"

②贻(yí)则：指为后世留下典则。语出《尚书·五子之歌》："有典有则，贻厥子孙。"

③棺椁(guǒ)：棺材和套棺。棺，泛指棺材。椁，套在棺外的外棺，就是棺材外面套的大棺材。

④讥僭侈者：谴责僭越奢侈的做法。讥，讥讽，谴责。僭侈，犹僭奢，过分奢侈。

⑤谷林：地名，帝尧所葬之处，其址在今山东鄄城县城的富春乡谷林。《吕氏春秋》云"尧葬谷林"。通树：指四周全部种上树。通，全部，整个。

⑥橐(tuó)泉：指橐泉宫，秦宫殿名，旧址在今陕西凤翔南。《三辅皇图·宫》："《皇览》曰：秦穆公冢在橐泉宫祈年观下。"亦省称"橐泉"。丘陇：亦作"丘垄"，坟墓。

⑦防：地名。在今山东费县。坟：土堆。这里指用土堆成的坟包。

⑧延陵：季札，姬姓。吴王寿梦之第四子，封于延陵，故称延陵季子，后又封州来，故又称延州来季子。季子自齐反，其长子死，葬于嬴、博之间。《礼记·檀弓》云："孔子曰：'延陵季子，吴之习于礼者也。'往而观其葬焉。其坎深不至于泉，其敛以时服。既葬而封，广轮掩坎，其高可隐也。既封，左袒，右还其封且号者三，曰：'骨肉归复于土，命也。若魂气则无不之也，无不之也。'而遂行。孔子曰：'延陵季子之于礼也，其合矣乎。'"

⑨嬴、博：地名。都是春秋时齐邑，在今山东莱芜西北。隐：埋葬。

⑩阖闾(hé lú)：即阖庐。春秋末吴的国君，名光。他用专诸刺杀吴王僚而自立。曾伐楚入郢(今湖北江陵西北)，后在槜李(今浙江嘉兴西南)为越王勾践所败，重伤而死。见《史记·吴太伯世家》。

⑪凫(fú)雁：野鸭与大雁。

⑫水银为江海：据《史记·秦始皇本纪》记载，秦始皇陵地宫内"以

水银为百川江河大海"。秦始皇以水银为江河大海的目的,不单
是营造恢宏的自然景观,在地宫中弥漫的汞气体还可使入葬的
尸体和随葬品保持长久不腐烂。而且汞是剧毒物质,大量吸入
可导致死亡,因此地宫中的水银还可毒死盗墓者。

⑬季孙:春秋后期鲁国大夫季平子。春秋战国时,鲁国的季孙氏日
益强盛。文子、武子、平子三人辅佐鲁国文、宣、成、襄、昭、定六
位国君,位列三卿之首,凌驾于公室之上,独专国政,掌握了鲁国
的实权。

⑭玙璠(yú fán):美玉。

⑮桓魋(tuí):春秋时宋国向戌之孙,姓向,名魋。因为是宋桓公的
后代,又以"桓"为氏;因为是宋国的司马,又称司马桓魋。曾任
宋国主管军事行政的官,专擅宋国朝政。

⑯玄庐:墓的别名。

⑰夜台:也称"长夜台",坟墓。因坟墓封闭后非常黑暗,而且永远
不会亮起来,所以称坟墓为"夜台"或"长夜台"。

⑱黄肠:也称"黄肠题凑"。"黄肠题凑"一名最初见于《汉书·霍光
传》。所谓"黄肠",是指堆垒在棺椁外的黄心柏木枋,"题凑"指
木枋的头一律向内排列。"黄肠题凑"是一种葬式,始于上古,多
见于汉代,汉以后很少再用。西汉帝王陵寝椁室四周用柏木堆
垒成的框形结构,根据汉代的礼制,黄肠题凑与梓官、便房、外藏
椁同属帝王陵墓中的重要组成部分。但经朝廷特赐,个别勋臣
贵戚也可使用。

⑲中宵:中夜,半夜。战惕:惊悸,恐惧。

⑳闾阎:里巷内外的门。后多借指里巷,也泛指民间。

㉑灵辅(ér):丧车。冥器:也称明器,就是陪葬器。我国以物陪葬的
习俗古已有之。《礼记·檀弓》有云:"夫明器,鬼器也。"

㉒令:法规章程。式:有关细则。

【译文】

贞观十一年(637)，太宗下诏说："我听说死亡就是生命的终结，是让人返璞归真；埋葬就是埋藏尸体，目的是使人再也看不见。古代的风俗，没有听说要堆坟树标记；后世立下规矩，才为死者准备棺椁。谴责僭越奢侈的做法，不是吝啬嫌其费用太多；赞成节俭薄葬，其实是看重他没有做有害的事情。所以，唐尧是圣明的国君，传说他葬在谷林时仅在墓的四周种树做标记；秦穆公是圣明的国君，葬在橐泉宫时没有堆土做丘陇。孔子是孝子，在防这个地方合葬双亲时没有起土堆坟；延陵是位慈父，在远离家乡的嬴、博一带安葬了儿子。这些人都心怀着长远的考虑，有独特果断的明智，是便于死者能够安卧在九泉之下，并不是为了在百年以后获得美名。到吴王阖闾时就违背了礼制，墓中用珍珠美玉雕刻成凫雁；秦始皇更是奢侈无度，在墓中用水银来象征江海；季平子专擅鲁国大权，死后用美玉玙璠来装殓；桓魋在宋国专权，制造石椁来埋葬。这些人没有一个不是由于贪婪地贮藏财物而很快地引来灾祸，由于坟墓中有利可图而招来掘墓之辱。墓室打开之后，致使尸体在墓穴中被焚烧；黄肠题凑被拆散，尸骸和棺木一起暴露在旷野。仔细思考这些往事，难道不可悲吗！由此看来，奢侈的做法可以引为鉴戒，节俭的做法可以作为榜样。我位处全国之尊，同时也承续了百代帝王的弊端，我还没明白如何去教化百姓，所以睡到半夜也会恐惧忧虑。虽然丧葬的典章已详细地记载在仪礼中，禁止违背礼法的条文，也写在了刑法里，但元勋贵戚之家大多随从习俗，民间也有奢侈浪费、败坏风气的现象。他们把厚葬当做奉老送终，把修建高大的坟墓当做孝道，于是衣衾棺椁雕饰得极其华丽，灵车葬器尽量用金银珠玉作装潢。富贵的人家超越法度而互相炫耀，贫穷的人家破卖家产还追赶不上。这只能是损害教义，对地下的死者毫无好处。厚葬的危害已经很深了，应当给以惩治革除。从王公以下到平民百姓，从今以后送葬的器物有不依照法令规定的，希望各州、府、县的官员明确地加以检察，根据情节定罪。在京城五品以上的官员及元勋贵戚之家,也要记录情况上奏。"

岑文本为中书令,宅卑湿,无帷帐之饰。有劝其营产业者①,文本叹曰:"吾本汉南一布衣耳,竟无汗马之劳,徒以文墨②,致位中书令,斯亦极矣。荷俸禄之重,为惧已多,更得言产业乎?"言者叹息而退。

户部尚书戴胄卒,太宗以其居宅弊陋,祭享无所,令有司特为之造庙。

温彦博为尚书右仆射,家贫无正寝③,及薨④,殡于旁室。太宗闻而嗟叹,遽命所司为造,当厚加赙赠⑤。

魏徵宅内,先无正堂,及遇疾,太宗时欲造小殿,而辍其材为徵营构,五日而就。遣中使赍素褥布被而赐之⑥,以遂其所尚。

【注释】

①营产业:建置家产。营,建造,营造。

②文墨:这里指掌起草文札、辞章之事。

③正寝:泛指房屋的正厅或正屋。

④薨(hōng):古代称公侯之死曰"薨",后世有封爵的大官死后也称"薨"。

⑤赙赠:赠送财物给办丧事的人家。

⑥赍(jī):拿东西给人。

【译文】

岑文本担任中书令时,住宅低矮潮湿,没有帷帐装饰。有人劝他建置家产,岑文本叹息说:"我本来是汉南的一个普通百姓,始终没有汗马功劳,只是凭靠文墨之事做到中书令,这也是到了顶点了。我享有很高的俸禄,愧惧已多,还能再谈什么添置产业的事吗?"劝说他的人感叹着退了回去。

户部尚书戴胄去世的时候,太宗因为他的住宅破烂简陋,连个祭奠的地方也没有,就命令有关部门特地给他建造了一座庙。

温彦博任尚书右仆射,家里贫穷到没有个正屋,去世以后,把灵柩停在侧室。太宗听说后叹息不已,立即命令有关部门给他家建造了正房,并赠送了许多财物帮助他办理丧事。

魏微的住宅原来没有正堂,他生病的时候,太宗正准备给自己建造一个小殿,于是就停下工程,用这些材料给魏微建造了正堂,五天就竣工了。太宗派遣宫廷使者带着素色的褥子和布制的被子赐给他,成全了他崇尚节俭的志向。

谦让第十九

【题解】

"谦让"就是为人谦逊礼让，是儒家修身伦理的重要内容。只有谦逊礼让，才能获得他人的指正，"己之才艺虽多，犹病以为少，仍就寡少之人更求所益"，进而提高自身的品德。君王位高权重，四海独尊，骄矜自傲之情往往油然而生。所以"凡为天子，若惟自尊崇，不守谦恭者，在身倘有不是之事，谁肯犯颜谏奏？"本篇记述了几则贞观君臣谦虚、恭谨的言行事迹。以李世民、李孝恭、李道宗等人功高位重而能如此谦让自律，确实堪为后世楷模。太宗提倡克己谦让，鼓励臣子犯颜进谏，目的是为了在处理国政时少有过失。

贞观二年，太宗谓侍臣曰："人言作天子则得自尊崇，无所畏惧，朕则以为正合自守谦恭，常怀畏惧。昔舜诫禹曰：'汝惟不矜，天下莫与汝争能；汝惟不伐，天下莫与汝争功。'①又《易》曰：'人道恶盈而好谦。'②凡为天子，若惟自尊崇，不守谦恭者，在身倘有不是之事③，谁肯犯颜谏奏？朕每思出一言，行一事，必上畏皇天，下惧群臣。天高听卑④，何得不畏？群公卿士，皆见瞻仰，何得不惧？以此思之，但知常谦常惧,犹恐不称天心及百姓意也。”

魏徵曰:“古人云:‘靡不有初,鲜克有终。’⑤愿陛下守此常谦常惧之道,日慎一日,则宗社永固,无倾覆矣。唐、虞所以太平。实用此法。”

【注释】

①“汝惟不矜”四句:语出《尚书·虞书·大禹谟》。意谓你只要做到不矜持骄傲,天下就没有人敢和你争贤能;你只要做到不夸耀,天下就没有人敢和你争功劳。不伐,不自夸耀。

②“人道”句:语出《周易·谦卦》。意谓人们都厌恶骄傲自满而崇尚谦逊恭谨。

③在身:自身。

④卑:下。这里指在下面的民间情况。

⑤“靡不”二句:语出《诗经·大雅·荡》。意谓事情往往有始,但很难有终。

【译文】

贞观二年(628),太宗对身边的大臣们说:“人们说做了皇帝的人就可以自认为尊贵崇高,无所畏惧了,我却认为正应该自己保持谦逊恭谨,经常心怀畏惧。从前舜帝告诫禹说:‘你只要做到不矜持骄傲,天下就没有人敢和你争贤能;你只要做到不夸耀,天下就没有人敢和你争功劳。’又见《周易》上说:‘人们都是厌恶骄傲自满而崇尚谦逊恭谨。’大凡做皇帝的,如果自认为尊贵崇高,不保持谦逊恭谨的话,自身倘若有所过失,谁还肯冒犯威严直言谏奏呢?我想每说一句话,每办一件事,都必定要上畏苍天,下畏群臣。苍天在上却倾听着人世间的善恶,怎么能不畏惧呢?诸位公卿大臣都在看着我,怎么能不畏惧呢?如此考虑,经常谦逊恭谨、小心畏惧,还恐怕不符合上天的旨意和百姓的心愿啊!”

魏徵说:“古人说:‘事情往往有始,但很难有终。’希望陛下经常坚守这谦逊恭谨、小心畏惧的态度,一天比一天谨慎从事,那么国家社稷就会永远巩固,不会倾覆了。尧舜时代之所以太平,确实用的就是这个方法。"

　　贞观三年,太宗问给事中孔颖达曰:"《论语》云:‘以能问于不能,以多问于寡,有若无,实若虚。’①何谓也?"

　　颖达对曰:"圣人设教,欲人谦光②。己虽有能,不自矜大,仍就不能之人,求访能事。己之才艺虽多,犹病以为少,仍就寡少之人更求所益。己之虽有,其状若无;己之虽实,其容若虚。非惟匹庶,帝王之德,亦当如此。夫帝王内蕴神明③,外须玄默④,使深不可知,故《易》称‘以蒙养正’,‘以明夷莅众’⑤。若其位居尊极,炫耀聪明,以才陵人⑥,饰非拒谏,则上下情隔,君臣道乖。自古灭亡,莫不由此也。"

　　太宗曰:"《易》云:‘劳谦,君子有终,吉。’诚如卿言。"诏赐物二百段。

【注释】

①"以能"四句:语出《论语·泰伯》。意谓有才能的人向无才能的人请教,知识多的人向知识少的人请教;有学问的像没有学问的一样,知识充实的像知识空虚的一样。

②谦光:语出《周易·谦卦》。谓尊者谦虚而显示其光明美德。

③蕴:蕴藏。指深藏而不露。

④玄默:谓沉静不语。

⑤"《易》称"二句:语出《周易·蒙卦》及《明夷卦》。意谓"要用蒙昧来自养正道","用明智来治理民众"。莅众,临于众上。指治理民众。

⑥陵人:也作"凌人",以势压人。

⑦"劳谦"三句:语出《周易·谦卦》。意谓勤劳而谦虚的君子,有好
　　结果,是吉利的。

【译文】

　　贞观三年(629),太宗问给事中孔颖达说:"《论语》说:'有才能的人
向无才能的人请教,知识多的人向知识少的人请教;有学问的像没有学
问的一样,知识充实的像知识空虚的一样。'这是什么意思?"

　　孔颖达回答说:"圣人施行教化,是希望尊者谦逊而显示其光明美
德。自己虽然有才能,也不骄傲自大,仍然要去向才能不如自己的人请
教,学习他知道的事。自己的才艺虽很多,但还是怕懂得太少,仍然要
去向才艺不如自己的人请教,以求得到更多的才艺。自己虽然有知识,
但表现出来像没有知识一样;自己虽然很充实,但面容上显得却虚怀若
谷。非但是百姓要这样,帝王的德行,也应当这样。帝王的内心里蕴藏
着神明大智,但外表仍须保持沉默,使人感到深不可测,所以《周易》说,
'要用蒙昧来自养正道','用明智来治理民众'。如果身居最尊贵的地
位,还炫耀自己的聪明,倚仗才能盛气凌人,掩饰过错,拒绝纳谏,那么
上下的情况就会隔绝,君臣之道就会背离。自古以来国家的灭亡,没有
一个不是由这种情况引起的。"

　　太宗说:"《周易》说:'勤劳而谦虚的君子,有好的结果,是吉利的。'
确实像你所说的那样。"下诏赐给孔颖达锦帛二百段。

　　河间王孝恭①,武德初封为赵郡王,累授东南道行台尚
书左仆射②。孝恭既讨平萧铣、辅公祐③,遂领江、淮及岭南
北,皆统摄之。专制一方,威名甚著,累迁礼部尚书。孝恭
性惟退让,无骄矜自伐之色。时有特进江夏王道宗④,尤以
将略驰名,兼好学,敬慕贤士,动修礼让,太宗并加亲待。诸

宗室中,惟孝恭、道宗莫与为比,一代宗英云⑤。

【注释】

①河间王孝恭(591—640):即李孝恭,唐初大将,唐高祖族侄。武德初,以赵郡王任山南道招慰大使,招降巴蜀三十余州。又任荆湘道行军总管,用长史李靖计,击降萧铣,并遣李靖等招降岭南各地。武德七年(624)任行军元帅,率李靖等诸将,镇压辅公祏,破广陵、丹阳,平定江南。拜扬州大都督。贞观初任礼部尚书,改封河间郡王。

②行台:台省在外者称行台。魏晋始有之,为出征时随其所驻之地设立的代表中央的政务机构,唐贞观以后渐废。

③萧铣(583—621):隋朝末年地方割据势力首领。南兰陵(今江苏常州西北)人。炀帝杨广即位,次年萧铣之叔伯姑母被册立为皇后,即萧皇后。萧铣遂被任为罗县县令。大业十三年(617),萧铣在罗县举兵起事反隋,自称梁公。十月,称梁王,建年号为鸣凤。次年四月,在岳阳称帝,国号为梁,建元鸣凤,置百官,均循梁故制。后萧铣迁都江陵,修复先世陵园。其势力范围东至九江,西至三峡,南至交趾(越南河内),北至汉水,雄踞南方。梁国初建后,其部下诸将自恃有功,骄恣专横,杀戮多自决。萧铣恐日久难制,逐一诛杀。后因滥杀过多,其故人及边将镇帅多有疑惧,多叛降而去,最终被李孝恭击败。唐朝武德四年(621),萧铣被斩。辅公祏(?—624):隋末、唐初江南地区农民起义军领袖,齐郡临济(山东济阳东章丘西北)人。与杜伏威一起率领江淮农民起义军转战南北,打击了隋、唐王朝。杜伏威投降后,他坚持斗争,建国,称帝,成为唐初农民战争中众望所归的、最后一位有影响的起义领袖。但这时唐王朝的军事力量也日益强大,武德七年(624)十二月,唐高祖下决心剿灭这支起义队伍,派赵郡王

李孝恭等率数万强大的水陆军师围剿辅公祏。辅公祏连战连败,弃城出走,最后只与数十人逃至武康(今浙江德清西)被俘,由乡民执送丹阳,壮烈就义。

④江夏王道宗:即李道宗,唐高祖李渊的堂侄。唐武德元年(618年)五月,李渊在长安称帝,建立唐朝。李道宗的父亲李韶,被追封东平王,赠户部尚书。李道宗则封为略阳郡公,起家左千牛备身。道宗晚年颇好学,敬慕贤士,不以地势凌人,宗室中唯道宗及河间王李孝恭兄弟最为当代所重。事见《旧唐书·列传第十》《新唐书·列传第三》。

⑤宗英:指皇室中才能杰出的人。

【译文】

河间王李孝恭,武德初年被封为赵郡王,一直升到东南道行台尚书左仆射。李孝恭讨平萧铣、辅公祏以后,江淮和岭南一带就都由他来总管。他独自掌握一方,声威非常显赫,后又升迁到礼部尚书。李孝恭的性格谦逊礼让,没有居功自傲的样子。当时还有特进江夏王李道宗,更以大将韬略著称于世,同时他又虚心好学,崇敬仰慕贤明的人士,一举一动都注意礼让,太宗对他们二人都很亲近。在皇室亲族中,只有李孝恭、李道宗没有人可与他们相比,是皇族中才能杰出的人物。

仁恻第二十

【题解】

　　仁恻者,仁爱怜悯之意也,也是儒家思想的主要内容之一。本篇记述了唐太宗怜恤百姓、将士的一些故事。在封建社会,君主宽厚仁爱,体恤百姓疾苦,施行仁政,其目的是用以安宁百姓,维护统治。太宗遣送后宫宫女;出资赎买大旱时被卖男女;不避辰日哀悼襄州都督张公谨;亲到御州城北门楼抚慰兵士;诏集前后战亡人骸骨设太牢致祭;床前问病卒之疾苦;替李思摩吮血止伤等都表现出太宗的宽厚仁慈的恻隐之心,这些做法对收揽人心、上下一致确实起到了很大作用。这也许是出现"贞观之治"的主要原因之一。

　　贞观初,太宗谓侍臣曰:"妇人幽闭深宫,情实可愍。隋氏末年,求采无已,至于离宫别馆①,非幸御之所,多聚宫人。此皆竭人财力,朕所不取。且洒扫之余,更何所用?今将出之,任求伉俪②,非独以省费,兼以息人,亦各得遂其情③。"于是后宫及掖庭④,前后所出三千余人。

【注释】

①离宫：帝王在都城之外的宫殿，也泛指皇帝出巡时的住所。别馆：行宫，别墅。

②伉俪：指夫妇，配偶。伉，对等、匹敌之意。俪，结缘、配偶之意。

③遂其情：各自满足心愿。

④掖庭：亦作"掖廷"，宫中旁舍，妃嫔居住的地方。

【译文】

贞观初年，太宗对身边的大臣们说："妇女幽居在深宫中，这种情况实在可怜。隋朝末年，无休止地选取宫女，以至于离宫别馆之类不是皇帝常去住宿的场所，也聚集了很多宫女。这都是耗费百姓财力的行为，我不赞成这种做法。而且宫女除了打扫庭院之外，还有什么可干的事呢？如今打算放她们出宫，任她们选择配偶，这样不单能节省费用，并且可以平息宫女的怨恨，也能使她们各自满足心愿。"于是先后从后宫及掖庭内放出了宫女三千多名。

贞观二年，关中旱①，大饥。太宗谓侍臣曰："水旱不调，皆为人君失德。朕德之不修②，天当责朕，百姓何罪而多遭困穷！闻有鬻男女者，朕甚愍焉。"乃遣御史大夫杜淹巡检③，出御府金宝赎之④，还其父母。

【注释】

①关中：指陕西渭河流域一带。

②不修：指不善、不好。

③杜淹（？—628）：字执礼，唐京兆杜陵（今陕西西安东南）人。隋时任御史中丞。入唐，在秦王李世民府任文学馆学士等职。太宗时拜御史大夫，累官至吏部尚书，参预朝政。封安吉郡公。

④御府：帝王的府库。

【译文】

贞观二年(628)，关中干旱，发生了大饥荒。太宗对身边的大臣们说："水旱不调和，都是因为国君缺乏道德。我德行不好，苍天应当责罚我，百姓有什么罪过，而遭受这么多困苦灾难！听说有卖儿卖女的人，我很怜悯他们。"于是派遣御史大夫杜淹巡视检察灾区，拿出皇家府库的钱财赎回那些被卖的孩子，还给他们的父母。

贞观七年，襄州都督张公谨卒①，太宗闻而嗟悼②，出次发哀③。有司奏言："准《阴阳书》云④：'日在辰，不可哭泣。'此亦流俗所忌。"

太宗曰："君臣之义，同于父子，情发于中，安避辰日？"遂哭之。

【注释】

①襄州：在今湖北襄樊。都督：古时的军事长官。张公谨(594—632)：字弘慎，魏州繁水(今河北南乐西北)人。初为王世充部将，后归秦王李世民。玄武门之变，公谨独闭关拒战，以功授左武卫将军。贞观初，为代州都督，置屯田以省馈运，数言时政得失。后副李靖经略突厥，上陈可取之策，及破定襄，改襄州都督，进封邹国公。

②嗟悼：哀伤悲叹。

③出次：为悼念死者而避开正寝，出郊外暂住。次，处所。

④《阴阳书》：这里指古代专门用于择日、占卜、星相、风水等书。

【译文】

贞观七年(633)，襄州都督张公谨去世，太宗闻知后哀伤悲叹，并出宫城为他发丧。有关部门上奏说："根据《阴阳书》的说法：'在辰日，不能哭泣。'这也是民间丧俗所禁忌的。"

太宗说："君臣之间的情义就同父子关系一样，哀痛发自内心，还避什么辰日？"于是前往吊丧哭泣张公谨。

贞观十九年，太宗征高丽，次定州①，有兵士到者，帝御州城北门楼抚慰之。有从卒一人病，不能进，诏至床前，问其所苦，仍敕州县医疗之，是以将士莫不欣然愿从。及大军回次柳城②，诏集前后战亡人骸骨，设太牢致祭③，亲临，哭之尽哀，军人无不洒泣。兵士观祭者，归家以言其父母，曰："吾儿之丧，天子哭之，死无所恨。"

太宗征辽东，攻白岩城④，右卫大将军李思摩为流矢所中⑤，帝亲为吮血，将士莫不感励。

【注释】

①次：临时驻扎。定州：今河北定州。

②柳城：在今河北滦州东南。

③太牢：古代祭祀时牛、羊、豕三牲具备谓之"太牢"。太牢之祭是古代国家规格最高的祭祀大典。

④白岩城：在今辽宁辽阳东。

⑤李思摩（？—649）：即阿史那思摩，本姓阿史那，唐时突厥贵族。贞观四年（630），唐灭东突厥，思摩归唐，太宗嘉其诚，赐皇姓，封怀化郡王、右武卫大将军。贞观十三年（639），改授乙弥尼孰可汗，使率原突厥一部归于黄河以北。贞观二十一年（647）三月在长安病亡，四月，陪葬昭陵。起冢象白道山，在今礼泉县昭陵乡菜园头村北高险处。唐太宗去世后，高宗李治诏令琢诸蕃酋长

十四人石像，列置在昭陵祭坛上，思摩即为其一。

【译文】

贞观十九年(645)，太宗亲征高丽，驻扎在定州，只要有兵士到，太宗都亲临州城北门楼抚慰他们。当时有一个随从的士兵生了病，不能进见，太宗就把他召到自己的床前，询问他的病情，敕令州县的官给他好好治疗，所以将士们没有不心甘情愿随驾出征的。等到大军回师驻扎在柳城时，又诏令收集前后阵亡将士的骸骨，设太牢隆重祭奠，太宗亲临祭祀，为死者哀悼痛哭，全军将士无不落泪哭泣。观看祭祀的士兵回到家乡，把这件事情告诉阵亡者的父母，他们的父母说："我们的儿子战死，天子为他哭丧致哀，死了也没有什么遗憾了。"

太宗亲征辽东，攻打白岩城，右卫大将军李思摩被乱箭射中，太宗亲自替他吮血止伤，将士们没有不因此而受感动和激励的。

慎所好第二十一

【题解】

　　《慎所好》篇主要记录了唐太宗对儒、释、道三教的不同看法，告诫人们不要盲目地随上所好，做国君的人对自己的爱好也要务必谨慎。太宗认为在上位的人有什么爱好，下面的人就会大张旗鼓地张罗；至高无上的国君有什么爱好，必定在社会上会形成风气。像秦始皇的非分爱好、汉武帝的求神问仙、隋炀帝的专信邪道、梁武帝父子惟好释氏、老氏，都是虚妄之事，空有其名，害人害己。太宗认为应该喜好“尧舜之道、周孔之教”，“君天下者，惟须正身修德而已，此外虚事，不足在怀”，正是由于当时君臣上下同心同德、去除虚妄、重视实际，所以在唐初的官吏中才能出现励精图治的风气，才开创了“贞观之治”的局面。

　　贞观二年，太宗谓侍臣曰：“古人云：‘君犹器也，人犹水也，方圆在于器，不在于水。’故尧、舜率天下以仁，而人从之；桀、纣率天下以暴，而人从之。下之所行，皆从上之所好。至如梁武帝父子①，志尚浮华②，惟好释氏、老氏之教③。武帝末年，频幸同泰寺④，亲讲佛经，百寮皆大冠高履，乘车扈从，终日谈论苦空⑤，未尝以军国典章为意。及侯景率兵向阙⑥,尚书郎已下,多不解乘马,狼狈步走,死者相继于道路。武帝及简文卒被侯景幽逼而死⑦。孝元帝在于江陵⑧,为万纽于谨所围⑨,帝犹讲《老子》不辍⑩,百寮皆戎服以听⑪。俄而城陷,君臣俱被囚絷。庾信亦叹其如此⑫,及作《哀江南赋》,乃云:'宰衡以干戈为儿戏⑬,缙绅以清谈为庙略⑭。'此事亦足为鉴戒。朕今所好者,惟在尧、舜之道,周、孔之教⑮,以为如鸟有翼,如鱼依水,失之必死,不可暂无耳。"

【注释】

①梁武帝(464—549):即萧衍。字叔达,南兰陵(今江苏常州西北)人。南朝梁的建立者。原为齐雍州刺史,乘齐内乱起兵,502年夺取帝位。在位时重用士族,残酷剥削农民,多次镇压农民起义。统治后期,北方降将侯景叛乱,被侯景囚禁,饿死于台城。梁武帝崇佛闻名于史,他倾注大量精力研究佛学,著有《涅萃》《大品》《净名》《三慧》等数百卷佛学著作。其子萧统、萧纲(南朝梁简文帝)等人也崇尚佛学。

②浮华:讲究表面上的华丽或阔气,不顾实际。

③释氏:指佛教。佛姓释迦的略称。老氏:指老子。道教的始祖。

④同泰寺:旧址在今江苏江宁之东北。梁武帝普通二年(521)九月建立。本寺楼阁台殿悉仿王宫,有大殿、小殿、东西般若台、大佛阁、璇玑殿等堂宇,尤其是九级浮图耸入云表。梁亡陈兴,该寺遂成废墟。

⑤苦空:佛教语。谓人世间一切皆苦,凡事俱空。

⑥侯景(? —552):字万景,怀朔(今内蒙古固阳西南)人。北朝东魏将领。初为戍兵,继转附高欢。东魏时,职位通显,历任尚书

左仆射、司空、司徒、大行台等职，拥兵专制河南。欢死，投靠西魏，旋又附梁，受封河南王，太清二年(548)为东魏击败，遂勾结萧正德(萧衍侄)于八月举兵反叛。攻陷台城，困死梁武帝，遂立太子萧纲为帝(简文帝)。史称"侯景之乱"。后西征江陵失利，返回建康(今江苏南京)，自立为帝，改国号汉，梁元帝自江陵讨之，败逃被杀。

⑦简文：即南朝梁简文帝(503—551)，名萧纲，南兰陵(今江苏常州西北)人。武帝第三子。由于长兄萧统早死，他在中大通三年(531)被立为太子。太清三年(549)侯景之乱，梁武帝被囚饿死，萧纲即位，大宝二年(551)为侯景所害。

⑧孝元帝：即南朝梁元帝，名绎。萧衍第七子。天正元年(552)在江陵即位称帝。年号承圣。但当时梁州、益州已并于西魏，襄阳也在西魏控制之中。江陵形势十分孤立。承圣三年(554)九月西魏宇文泰派万纽于谨、宇文护率军五万南攻江陵。十一月江陵城陷，萧绎被俘遭害。江陵：今湖北荆州。

⑨万纽于谨：本姓万忸于氏。字思敬，洛阳(今河南洛阳东北)人。北魏、西魏、北周名将。西魏大统元年(535)，拜西魏骠骑大将军。后以功进爵常山郡公，拜大丞相府长史，兼大行台尚书。十二年，拜尚书左仆射，旋迁司空。十五年，进位柱国大将军。西魏恭帝元年(554)，领兵五万攻南朝梁，并预料梁元帝萧绎必据守都城江陵，遂先遣精骑断梁军退路，后率大军直趋江陵，多路合围，一举克之，擒元帝。三年(556)，拜大司寇。北周孝闵帝元年(557)，封燕国公，迁太傅、大宗伯，参与朝政。

⑩《老子》：亦称《道德经》。道教主要经典之一。作者李耳，字伯阳，又称老聃(dān)，楚国苦县厉乡曲仁里(今河南鹿邑)人。是我国古代最伟大的哲学家和思想家之一，被道教尊为教祖。《史记·老子韩非列传》："关令尹喜曰：'子将隐矣，强为我著书。'于

是老子乃著书上下篇,言道德之意五千余言而去。"

⑪戎服:军服、战衣。

⑫庾信(513—581):字子山,南阳新野(今河南新野)人。少聪敏好学,有才名。初仕梁,为昭明太子伴读,曾任尚书度支郎中、东宫领直等官。后奉命由江陵出使西魏,值西魏灭梁,被留。历仕西魏、北周,官至骠骑大将军、开府仪同三司。在梁时出入宫禁,为文绮艳,与徐陵并为宫廷文学代表,时称"徐庾体"。他的《哀江南赋》和《拟咏怀》诗可为代表。虽有堆砌典故、用意曲深之弊,但集六朝诗、赋、文创作之大成,对唐代文学影响甚巨。

⑬宰衡:指宰相。

⑭庙略:朝廷的谋略。

⑮周、孔:指周公、孔子。

【译文】

贞观二年(628),太宗对身边的大臣们说:"古人说:'国君好比是盛水的容器,百姓好比是水,水的形状是方是圆决定于装它的容器,而不决定于水本身。'所以尧、舜用仁义统治天下,而人们也跟着行仁义;桀、纣用暴虐统治天下,而人们也跟着行暴虐。下边的人做些什么,都是跟着上面人的喜好。至于像梁武帝父子崇尚浮华,只有喜欢佛教、道教。武帝末年,经常驾临同泰寺,亲自讲解佛经,随从的官僚们也都跟着戴大帽穿高靴,乘车随从,整天谈论佛经义旨,不把军机要务、法典制度放在心上。等到侯景率兵攻打京师时,尚书郎以下的官员多数不会骑马,徒步狼狈逃窜,被杀死的人在路上一个接一个。梁武帝和儿子简文帝最后被侯景幽禁而死。孝元帝在江陵被西魏万纽于谨所包围时,他还在不停地讲论《老子》,官员们都穿着军装听讲。不久江陵城被攻破,君臣都被俘虏。庾信也感叹他们的如此作为,在《哀江南赋》中写道:'宰相把战争当作儿戏,官吏把清谈当作国家的谋略。'这件事实在可以作为鉴戒。我现在所喜欢的,只有尧、舜的准则,和周公、孔子的礼教，我认为就像鸟有了翅膀和鱼依靠水一样，失去它必死无疑，不能片刻没有啊！"

　　贞观二年，太宗谓侍臣曰："神仙事本是虚妄，空有其名。秦始皇非分爱好，为方士所诈①，乃遣童男童女数千人，随其入海求神仙②。方士避秦苛虐，因留不归，始皇犹海侧踟蹰以待之③，还至沙丘而死④。汉武帝为求神仙，乃将女嫁道术之人，事既无验，便行诛戮⑤。据此二事，神仙不烦妄求也。"

【注释】

①方士：古代称从事求仙、炼丹等活动的人。

②入海求神仙：据《史记·秦始皇本纪》记载，秦始皇希望长生不老，前219年，徐市(fú)(《秦始皇本纪》中作"徐市"，《淮南衡山列传》中作"徐福")上书说海中有蓬莱、方丈、瀛洲三座仙山，有神仙居住。于是秦始皇派徐市率领童男童女数千人以及已经预备的三年粮食、衣履、药品和耕具入海求仙。

③踟蹰(chí chú)：徘徊不前。

④沙丘：今河北钜鹿东南。秦始皇在巡视时死于沙丘。

⑤"汉武帝"四句：汉武帝求仙访道欲得长生，栾大以方术得汉武帝宠信。汉武帝为了求仙成功，不仅大兴土木，赏给术士金银帛无数，封侯赐宅，而且把亲生女儿卫长公主嫁给了栾大。栾大被封为五利将军、佩五利将军、天上将军、地土将军、大通将军、乐通侯及天道将军六印，贵震天下。后因方术败露而被诛。事见《史记·封禅书》。

【译文】

　　贞观二年(628)，太宗对身边的大臣们说："神仙的事本来就是虚无缥缈的,空有其名。秦始皇为了追求自己的非分爱好,结果被方士欺骗,竟然派遣童男童女几千人,跟随他入海求仙药。方士为了躲避秦朝的苛刻暴政,因而留居海上不再回来,秦始皇还在海边徘徊等待,归途中走到沙丘就死了。汉武帝为了寻求神仙,将女儿嫁给有道术的人,后来见求仙的事情没有灵验,就诛杀了有道术的人。根据这两件事看来,用不着花费精力去追求神仙。”

贞观四年,太宗曰:“隋炀帝性好猜防,专信邪道,大忌胡人①,乃至谓胡床为交床②,胡瓜为黄瓜,筑长城以避胡,终被宇文化及使令狐行达杀之③。又诛戮李金才④,及诸李殆尽,卒何所益?且君天下者,惟须正身修德而已,此外虚事,不足在怀。”

【注释】

①胡人:古代对我国北方边地及西域各民族人民的称呼。

②胡床:古代北方民族的一种有靠背、能折叠的坐具。

③令狐行达:复姓令狐,名行达。奉宇文化及之命杀死了隋炀帝。

④李金才:即李浑,隋右骁卫大将军。大业十一年(615)隋炀帝以李浑门族强盛,又因一句“李氏当为天子”的谶语,杀李浑及其宗族三十二人。

【译文】

贞观四年(630),太宗说:“隋炀帝生性猜疑,好设防范,一味迷信邪门歪道,最忌讳胡人,以至于改称胡床为交床,胡瓜为黄瓜,修筑长城来防备胡人,可是最终还是被有胡人血统的宇文化及派遣令狐行达杀死。另外,隋炀帝诛杀了李金才,李氏家族几乎被杀尽,最终有什么好处呢?统治天下的国君,只要端正自身、修养品德就行了,除此以外的那些虚妄荒诞之事,不值得放在心上。"

　　贞观七年,工部尚书段纶奏进巧人杨思齐至①,太宗令试,纶遣造傀儡戏具②。太宗谓纶曰:"所进巧匠,将供国事,卿令先造此物,是岂百工相戒无作奇巧之意耶?"乃诏削纶阶级③,并禁断此戏。

【注释】

①工部尚书:工部的长官。工部,尚书省六部之一,掌管全国水土工程。巧人:即巧匠。

②傀儡(kuǐ lěi)戏具:即木偶戏具。

③阶级:旧指官职的等级。

【译文】

　　贞观七年(633),工部尚书段纶推荐的工匠杨思齐来到,太宗命令试一试他的技艺,段纶便让他制作木偶戏的用具。太宗对段纶说:"你所推荐的能工巧匠将要服务于国事,你让他先制造这些东西,这哪里是劝戒各行各业工匠不许从事奇异技巧的意思呢?"于是下诏降低段纶的官阶等级,并命令禁止演出木偶戏。

慎言语第二十二

【题解】

　　《慎言语》篇主要记载了贞观时君臣对于言语得失的探讨，并指出君主"出言（说话）"要特别慎重。古代帝王，君临天下，一言九鼎，若帝王出言不慎，则会影响施政，或令臣下演绎出无穷的事端。所以，当时的朝臣们每每利用各种时机来谏劝李世民慎开"金口"。太宗认为"欲出一言，即思此一言于百姓有利益否，所以不敢多言"。太宗心忧天下黎民，把"出言"是否对百姓有利，看作是慎言语的标准。因此杜正伦进言曰："若一言乖于道理，则千载累于圣德，非止当今损于百姓。"魏徵认为："人君居四海之尊，若有亏失，古人以为如日月之蚀，人皆见之。"所以称"君无戏言"，帝王务必三思而后言。

　　贞观二年，太宗谓侍臣曰："朕每日坐朝，欲出一言，即思此一言于百姓有利益否，所以不敢多言。"

　　给事中兼知起居事杜正伦进曰①："君举必书，言存左史②。臣职当兼修起居注，不敢不尽愚直。陛下若一言乖于道理，则千载累于圣德③，非止当今损于百姓，愿陛下慎之。"

　　太宗大悦，赐彩百段。

【注释】

①给事中:官名。秦汉为列侯、将军、谒者等的加官。侍从皇帝左右,备顾问应对,参议政事,因执事于殿中,故名。隋唐以后为门下省之要职,掌驳政令之违失。知起居事:古代官职。唐初在门下省设起居郎,掌修起居注之事,逐日记录皇帝的言行。

②左史:官名。《礼记·玉藻》记载曰周代史官有左史、右史之分。左史记行动,右史记言语。而《汉书·艺文志》记载曰左史记言,右史记事。唐宋曾以门下省之起居郎、中书省之起居舍人为左、右史,分别主记事与记言。有学者结合文献及考古资料研究认为,左史、右史之名均出现于西周时期,从其职能以及当时人们的习惯来看,它并不是先秦时期的实有官制,应该是内史、太史的譬喻称呼。至于记言记事之职责,也并不特指左史、右史,而是针对先秦史官共有的职能而言。

③累:牵连。

【译文】

贞观二年(628),太宗对身边的大臣们说:"我每天坐朝听政,想要说话的时候,就要考虑到这句话对百姓是否有益处,所以不敢随便多说。"

给事中兼知起居事杜正伦进言说:"国君的举动一定要记录下来,左史负责记录言语。臣现在的职务是兼修起居注,不敢不尽自己的愚忠秉笔直书。陛下如果有一句话违背了道理,那么千年以后也会牵连到您圣明的德行,不仅仅是对当今的百姓有所损害,希望陛下说话慎重。"

太宗听后非常高兴,赐给他彩绢百段。

贞观八年,太宗谓侍臣曰:"言语者君子之枢机①,谈何容易?凡在众庶,一言不善,则人记之,成其耻累。况是万

乘之主，不可出言有所乖失。其所亏损至大，岂同匹夫？我
常以此为戒。隋炀帝初幸甘泉宫②，泉石称意而怪无萤火，
敕云：'捉取多少③，于宫中照夜。'所司遽遣数千人采拾，送
五百舆于宫侧。小事尚尔，况其大乎？"

　　魏徵对曰："人君居四海之尊，若有亏失，古人以为如日
月之蚀④，人皆见之，实如陛下所戒慎。"

【注释】

①枢机：比喻事物的关键。

②甘泉宫：汉代宫殿名，旧址位于今陕西淳化北甘泉山上，宫以山
　　名。甘泉宫为汉武帝时仅次于长安未央宫的重要活动场所，它
　　不只是作为统治阶级的避暑胜地，而且许多重大政治活动都安
　　排在这里进行。隋唐时又有所增修扩建。

③多少：或多或少。这里是"一些"的意思。

④日月之蚀：日月之食。蚀，亏损。

【译文】

　　贞观八年(634)，太宗对身边的大臣们说："言语是君子德行的关键
表现，谈何容易？一般百姓一句话讲错了，就会被人们记住，成为他的
耻辱和累赘。何况是一个国家的君主，说话更不能出现什么过失。因
为它造成的危害特别大，岂能与普通百姓相比？我经常以此为戒。隋
炀帝初次驾临甘泉宫时，对宫里的泉水山石很满意，但责怪没有萤火
虫，于是下令：'捉一些放到宫里，晚上用来照明。'主管官署急忙派出几
千人去各处捕捉，结果送来五百车萤火虫在甘泉宫两侧。小事尚且如
此，何况那些大事呢？"

　　魏徵回答说："国君处在天下最崇高的地位，如果有所失误，古人认
为像日食月食亏损一样，人们都能看得见，确实要像陛下这样警惕

慎重。”

贞观十六年，太宗每与公卿言及古道①，必诘难往复。

散骑常侍刘洎上书谏曰②：“帝王之与凡庶，圣哲之与庸愚，上下相悬，拟伦斯绝③。是知以至愚而对至圣，以极卑而对极尊，徒思自强，不可得也。陛下降恩旨，假慈颜，凝旒以听其言④，虚襟以纳其说⑤，犹恐群下未敢对扬⑥。况动神机，纵天辩，饰辞以折其理，援古以排其议，欲令凡庶何阶应答⑦？臣闻皇天以无言为贵，圣人以不言为德，老子称‘大辩若讷’⑧，庄生称‘至道无文’⑨，此皆不欲烦也。是以齐侯读书，轮扁窃议⑩，汉皇慕古，长孺陈讥⑪，此亦不欲劳也。且多记则损心，多语则损气。心气内损，形神外劳，初虽不觉，后必为累。须为社稷自爱，岂为性好自伤乎？窃以今日升平，皆陛下力行所至，欲其长久，匪由辩博；但当忘彼爱憎，慎兹取舍，每事敦朴，无非至公⑫，若贞观之初则可矣。至如秦政强辩⑬，失人心于自矜；魏文宏材⑭，亏众望于虚说。此才辩之累，皎然可知。伏愿略兹雄辩，浩然养气⑮，简彼缃图⑯，淡焉怡悦⑰。固万寿于南岳⑱，齐百姓于东户⑲，则天下幸甚，皇恩斯毕⑳。”

太宗手诏答曰：“非虑无以临下，非言无以述虑。比有谈论，遂至烦多。轻物骄人，恐由兹道。形神心气，非此为劳。今闻谠言㉑，虚怀以改。”

【注释】

①古道：指古代的治国思想等。

②散骑常侍:官名。在皇帝左右规谏过失,以备顾问。唐代分属门
　下省和中书省,在门下省者称左散骑常侍,在中书省者称右散骑
　常侍。虽无实际职权,仍为尊贵之官,多为将相大臣的兼职。

③拟伦斯绝:无法比拟。拟伦,伦比,比拟。

④凝旒(liú):指冕旒静止不动。形容帝王态度肃穆专注。

⑤虚襟:虚怀,虚心。

⑥对扬:对答。

⑦阶:台阶和梯子。这里比喻凭借的途径。

⑧大辩若讷:谓真正善辩的人好像言语迟钝一样。讷,不善于讲
　话,说话迟钝。

⑨庄生:即庄周。名周,字子休(一说子沐),战国时代宋国蒙(今安
　徽蒙城)人。是道家学派的代表人物,老子哲学思想的继承者和
　发展者,先秦庄子学派的创始人。他的学说涵盖着当时社会生
　活的方方面面,他的思想包含着朴素辩证法因素,认为一切事物
　都在变化。他认为“道”是“先天生地”的,主张“无为”,放弃生活
　中的一切争斗。其根本精神还是归依于老子的哲学。后世将他
　与老子并称为“老庄”,他们的哲学为“老庄哲学”。至道无文:意
　谓最高的道理不须用文采修饰。文,指文采修饰。

⑩“齐侯”二句:据《庄子》记载,齐桓公在堂上读书,在堂下做车轮
　的轮扁看见觉得好奇,就走上堂来对齐桓公说:“冒昧请问,您读
　的书里讲什么?”桓公说:“是圣人的教诲。”轮扁问:“圣人还活着
　吗?”桓公说:“已经死了。”轮扁说:“那么您读的书,不过是古人
　留下的糟粕罢了。”意谓古代的圣人死掉了,他们关于治国的诀
　窍也就一起死掉了,是传不给后人的。

⑪“汉皇”二句:据《史记》记载:汉武帝时,长孺敢于犯颜直谏,因常
　规劝武帝,武帝听得不耐烦。一次武帝召集群儒说:“我欲振兴
　政治,效法尧舜,如何?”长孺说:“陛下内多欲而外施仁义,奈何

欲效唐虞之治乎!"武帝听了十分生气。从此以后,长孺的官职再也没有升上去。长孺,即汲黯,字长孺,西汉濮阳(今河南濮阳西南)人。孝景帝时为太子洗马,武帝即位后为谒者,并先后任荥阳令、东海太守,主爵都尉,位列九卿。汲黯为政,以民为本,同情民众的疾苦,不畏权贵,敢于折面谏诤。

⑫至公:最公正的原则。

⑬秦政:即秦始皇,嬴姓,名政。

⑭魏文:即魏文帝曹丕。宏材:指有杰出的才能。曹丕爱好文学,并有相当的成就。

⑮浩然养气:谓养浩然之气。浩然之气是指一种浩大刚正的精神。浩,盛大、刚直的样子。气,指精神。

⑯缃(xiāng)图:指年久而纸已发黄的书卷图籍。缃,浅黄色。

⑰淡焉:使之淡漠。怡悦:取悦,喜悦。

⑱南岳:典出《诗经·小雅·天保》:"如南山之寿,不骞不崩。"后用为人祝寿之词。

⑲东户:即东户季子,传说中的上古君主。《淮南子·缪称训》云:"昔东户季子之世,道路不拾遗,耒耜、余粮宿诸晦首。"高诱注:"东户季子,古之人君。"亦省称"东户"。

⑳毕:遍及。

㉑谠(dǎng)言:正直的话。

【译文】

贞观十六年(642),太宗每次和公卿大臣讨论古代的治国之道时,一定要反复提出难题诘问。

散骑常侍刘洎上书劝谏说:"帝王和臣子、圣明贤能的人和平庸愚昧的人之间,上下相差悬殊,无法比拟。因此,拿极愚蠢的人与极圣明的人相比,拿极卑贱的人与极尊贵的人相比,纵使前者想自己努力超过对方,也是不可能做到的。陛下施恩下旨,和颜悦色,肃穆专注地认真倾听别人的言论，虚心地接受别人的意见，尚且担心臣子不敢当面对答。何况陛下启动神思、运用雄辩，修饰言辞来驳斥别人的说法，引经据典来否定别人的议论，还想叫臣子怎样应答呢？臣听说苍天把不说话看作是尊贵，圣人把不说话视为美德。老子认为'真正善辩的人如同言语迟钝一样'，庄子认为'最高的道理不须用文采修饰'，这都是不希望言语繁多的意思。所以齐桓公读书，轮扁私下非议；汉武帝慕古尊儒，汲黯提出了讥讽，这都是不希望他们过分劳神。况且多记事就会损伤心神，多说话就会损伤元气。内伤心神、元气，外伤形体、精神，即使起初察觉不到，以后一定会留下祸患。应该为国家爱惜自己，怎么能为兴趣损伤自己呢？我认为如今天下升平，都是陛下努力治理国家的结果。想要让它长久保持下去，不是靠雄辩博览能办到的；只是应当忘掉那些爱憎之情，谨慎进行这方面的取舍，做每件事都要朴实无华，无不遵奉至公之道，像贞观初年一样就可以了。至于像秦始皇强辞善辩，因为自傲而失去人心；魏文帝有杰出的才能，却因为空言浮论而失去了众望。这种由口才和雄辩带来的损害，是明白可知的。臣竭诚希望陛下减少一些这种雄辩，修养浩然正气。少看一些古代书籍，恬淡喜悦。自己能够像南山一样长寿，把国家治理得像东户时代一样，那么天下百姓就非常幸运了，皇恩也就遍及天下了。"

太宗亲笔写诏书批复说："不思考就不能治理天下，不说话就不能阐述自己的想法。近来和臣子谈论，形成言说过于频繁。轻视别人，态度骄傲，恐怕由此而产生。身体、精神、心思和元气确实不应该为此而劳损。今天听到你忠诚正直的劝言，我一定虚心接受予以改正。"

杜谗邪第二十三

【题解】

《杜谗邪》篇主要记述了贞观时君臣对谗言祸国的认识，同时告诫人们要"斥弃群小，不听谗言"，因为谗言是祸乱的根源，进谗言的人是国家的蟊贼。在历史上，凡是"世乱则谗胜"，一旦谗言得逞，则忠良就会蒙冤，国政就会败坏，百姓就会遭殃。"恺悌君子，无信谗言。谗言罔极，交乱四国"。国君任用贤人、勇于纳谏，则自然谗佞无门、政治清明。"若暗主庸君，莫不以之迷惑，忠臣孝子所以泣血衔冤"。封建皇帝高高在上，处于被"万心攻一心"的地位，正确地分辨谗言忠告，从而做到近君子、远小人，这是最高统治者必须始终认真对待的问题。文中所记唐太宗信任忠臣、惩处邪佞小人的做法，确实令人称道。

　　贞观初，太宗谓侍臣曰："朕观前代谗佞之徒①，皆国之蟊贼也②。或巧言令色，朋党比周③；若暗主庸君，莫不以之迷惑，忠臣孝子所以泣血衔冤。故丛兰欲茂，秋风败之；王者欲明，谗人蔽之。此事著于史籍，不能具道。至如齐、隋间谗谮事，耳目所接者，略与公等言之。斛律明月④，齐朝良将，威震敌国。周家每岁斫汾河冰⑤，虑齐兵之西渡。及明月被祖孝徵谗构伏诛⑥,周人始有吞齐之意。高颎有经国大才⑦,为隋文帝赞成霸业,知国政者二十余载,天下赖以安宁。文帝惟妇言是听⑧,特令摈斥⑨,及为炀帝所杀,刑政由是衰坏⑩。又隋太子勇抚军监国⑪,凡二十年间,固亦早有定分。杨素欺主罔上⑫,贼害良善,使父子之道一朝灭于天性⑬,逆乱之源,自此开矣。隋文既混淆嫡庶,竟祸及其身,社稷寻亦覆败。古人云'代乱则谗胜',诚非妄言。朕每防微杜渐,用绝谗构之端,犹恐心力所不至,或不能觉悟。前史云:'猛兽处山林,藜藿为之不采⑭;直臣立朝廷,奸邪为之寝谋⑮。'此实朕所望于群公也。"

魏徵曰:"《礼》云:'戒慎乎其所不睹,恐惧乎其所不闻⑯。'《诗》云:'恺悌君子,无信谗言。谗言罔极,交乱四国⑰。'又孔子曰:'恶利口之覆邦家'⑱,盖为此也。臣尝观自古有国有家者,若曲受谗潜,妄害忠良,必宗庙丘墟,市朝霜露矣⑲。愿陛下深慎之!"

【注释】

①谗佞(nìng):指那些进谗言的邪佞小人。

②蟊(máo)贼:本指吃禾苗的两种害虫。这里用来比喻危害人民或国家的人。

③朋党比周:结党营私,排斥异己。比周,集结,联合。

④斛律明月(515—572):即斛律光,字明月,北齐朔州敕勒部(今山西朔城区)人。出身于将门之家,是北朝时期著名的将领。他少工骑射,以武艺知名。皇建元年(560)进爵钜鹿郡公。后历位太子太保、尚书令、司空、司徒。河清三年(564),因功升为太尉。

天统三年(568)秋,官拜太保,承袭爵位咸阳王,后升为太傅。武平初年,斛律光屡胜周兵,战功卓著,拜为左丞相,别封清河郡公。他的部队战斗力很强,在北齐和北周的频繁战争中,从没有打过败仗,北周将士都很怕他。武平三年(572),斛律光被奸佞祖挺诬陷为谋反朝廷,诱到宫中杀害。朝野上下都十分悲痛。

⑤周家:指北周。汾河:是黄河的第二大支流,也是山西境内最大的河流。

⑥祖孝徵:即祖挺,字孝徵。北齐大臣。曾散布谣言,谗杀斛律明月等贤臣。

⑦高颎:字昭玄,一名敏,自称渤海蓚县(今河北景县)人。隋代名相。隋文帝拟废太子杨勇,立次子杨广为太子时,高颎反对,渐被文帝和皇后疏忌;开皇十九年(599)被人诬告免官。仁寿四年(604),隋炀帝即位,高颎复起为太常卿。大业三年(607),因对隋炀帝的奢侈和当时政事有所非议,为人告发,与贺若弼同日被杀。

⑧文帝:指隋文帝杨坚。妇:指隋文帝之妻独孤皇后。

⑨摈斥:抛弃,排斥。

⑩刑政:刑法政令。

⑪隋太子勇:即太子杨勇,杨坚与皇后独孤氏的长子。杨勇不善于伪装,比较随意,而次子杨广却是很有心计的人,他与杨素多方设计,陷害杨勇,最后被废为庶人,远离京城。

⑫杨素(? —606):字处道,弘农华阴(今陕西华阴)人。初事北周武帝。后事隋文帝杨坚,为上柱国,拜御史大夫。588 年,伐陈有功,任荆州总管。继为纳言、尚书左仆射。执掌朝政,以奸诈自立。依附晋王杨广参与宫廷阴谋,废太子杨勇,杀文帝。杨广立,他任司徒。杨素十分骄横,任意侮辱属臣,凡逆己者,必加陷害。贪图财货,广营产业。死于 606 年。

⑬天性:先天具有的品质或性情。

⑭藜藿:指藜藿之类的野菜。

⑮寝谋:停止施行阴谋计划。

⑯"戒慎"二句:语出《礼记·中庸》篇。意谓在别人看不见的地方
　也要谨慎,在别人听不见的时候也要小心。

⑰"恺悌(kǎi tì)"二句:语出《诗经·小雅·青蝇》篇。意谓平易近
　人的君子,不要听信谗言。谗言违背公正原则,会搅乱天下四
　方。恺悌,亦作"恺弟",平易近人。罔极,不正。

⑱恶利口之覆邦家:语出《论语·阳货》篇。意谓厌恶那些以花言
　巧语使国家覆灭的人。

⑲市朝霜露:意谓人们聚集的闹市变得冷落无人。

【译文】

　　贞观初年,太宗对身边的大臣们说:"我看前代那些进谗言的邪佞
小人,都是损害国家的蠹贼。他们花言巧语,结党营私;如果国君愚昧
昏庸,没有不被迷惑的,这就是忠臣孝子泣血衔冤的原因。所以兰花正
要长得茂盛,秋风却来摧残它;国君想要明察事理,谗佞小人就来蒙蔽
他。这样的事情都记载在史籍上,不能一一说来。至于北齐和隋朝时
期诽谤诬陷忠良的事,我耳闻目睹的,简要地向你们说一说。斛律明月
是北齐的良将,威名震撼敌国。北周每年冬天都要砸破汾河的封冰,就
是担心北齐的军队西渡汾河来进攻。等到斛律明月被祖孝徵谗言惨遭
杀害以后,北周才产生了吞并北齐的念头。高颍很有治理国家的才能,
他协助隋文帝完成霸业,执掌国家政务二十多年,天下靠他得以安宁。
可是隋文帝只听信妇人的话,特意排斥他,到高颍被隋炀帝杀害之后,
隋朝的法制政令从此也就衰败了。另外,隋太子杨勇领军监国前后有
二十年,本来早就确定了储君的名分。杨素欺君罔上,残害忠良,使他
们父子之间的亲情一下子泯灭,叛逆祸乱的根源从此就开始了。隋文
帝混淆了嫡子和庶子的名分,结果招来杀身之祸,不久国家也就覆亡

了。古人说'世道混乱谗言就会猖獗',确实不是妄言乱语。我常常防微杜渐,禁绝谗言和诬陷之事的发生,但仍然还担心有心力照顾不到的地方,或者有没能察觉的问题。前朝史书上说:'猛兽盘踞山林,藜藿之类的野菜因此就没人敢去采摘;忠臣执掌朝政,奸诈邪恶的小人因此就会停止阴谋活动。'这确实是我对你们的期望。"

魏徵说:"《礼记》上说:'在别人看不见的地方要谨慎,在别人听不见的地方也要小心。'《诗经》上说:'平易近人的君子,不听信谗言。谗言违背公正原则,只会搅乱天下四方。'另外,孔子说:'厌恶那些以花言巧语使国家覆灭的人',大概就是针对这个问题说的。臣曾观察自古以来统治国家的人,如果听信谗言,残害忠良,必然导致国家灭亡,宗庙变成废墟,闹市变得冷落。希望陛下对这件事特别慎重!"

贞观七年,太宗幸蒲州①,刺史赵元楷课父老服黄纱单衣②,迎谒路左,盛饰廨宇,修营楼雉以求媚③。又潜饲羊百余口,鱼数千头,将馈贵戚。太宗知,召而数之曰④:"朕巡省河、洛⑤,经历数州,凡有所须,皆资官物。卿为饲羊养鱼,雕饰院宇,此乃亡隋弊俗,今不可复行。当识朕心,改旧态也。"以元楷在隋邪佞,故太宗发此言以戒之。元楷惭惧,数日不食而卒。

【注释】

①蒲州:在今山西永济一带。

②赵元楷:隋朝旧臣,在唐为行军总管,因不正派,所以太宗说这些话来警戒他。课:旧指规定数额的赋税。这里指规定穿的服装色质。

③楼雉:城楼与城堞。求媚:讨好。

④数：数落，责备，指责。

⑤河、洛：指黄河、洛水一带。

【译文】

贞观七年(633)，太宗巡幸蒲州，刺史赵元楷为此规定父老都要穿上黄纱单衣，站在道路的左边迎接，并大举修饰官署的房屋，修整城楼、雉堞，来献媚讨好太宗。他又暗地饲养了百余只羊、数千尾鱼，准备馈送给皇亲国戚。太宗知道后，把他召来并斥责他说："我此次巡察黄河、洛水一带，经过许多州县，凡有什么需要的都是由国库供应。你为此养羊、喂鱼，雕饰庭院屋宇，这是被灭亡的隋朝留下的坏风气，现在不能再实行。你应当理解我的用心，改变旧的习惯。"因为赵元楷在隋朝任职时就有邪佞的恶名，所以太宗说这样的话来警戒他。赵元楷听了以后又惭愧又害怕，几天吃不下东西就死了。

贞观十年，太宗谓侍臣曰："太子保傅①，古难其选。成王幼小②，以周、召为保傅③，左右皆贤，足以长仁，致理太平，称为圣主。及秦之胡亥④，始皇所爱，赵高作傅，教以刑法。及其篡也，诛功臣，杀亲戚，酷烈不已，旋踵亦亡。以此而言，人之善恶，诚由近习⑤。朕弱冠交游⑥，惟柴绍、窦诞等⑦，为人既非三益⑧，及朕居兹宝位，经理天下，虽不及尧、舜之明，庶免乎孙皓、高纬之暴⑨。以此而言，复不由染，何也？"

魏徵曰："中人可与为善⑩，可与为恶，然上智之人自无所染。陛下受命自天，平定寇乱，救万民之命，理致升平，岂绍、诞之徒能累圣德？但经云：'放郑声⑪，远佞人。'近习之间，尤宜深慎。"

太宗曰："善。"

【注释】

①保傅：即太保、太傅，古代保育、教导太子的官员。

②成王：指周成王。

③周、召：指周公、召公。

④胡亥：嬴姓，名胡亥，秦朝第二代皇帝，始皇少子。早年曾从中车府令赵高学习狱法。秦始皇三十七年（前210）始皇帝病死，胡亥在赵高和丞相李斯的扶植下立为太子，并承袭帝位，称二世皇帝。

⑤近习：亲近，熟习。

⑥弱冠：古时以男子二十岁为成人，初加冠，因体犹未壮，故称弱冠。后遂称男子二十岁或二十几岁的年龄为弱冠。

⑦柴绍（？—638）：字嗣昌，晋州临汾（今山西临汾）人。唐朝大将，凌烟阁二十四功臣之一。唐国公李渊也将三女儿（即后来的平阳公主）嫁给了他。唐朝建立，柴绍为左翊卫大将军。此后柴绍随秦王李世民参加统一战争，屡立战功，被封为霍国公，赐食邑一千二百户，并转为右骁卫大将军。窦诞：唐王朝开国功臣，他曾以元帅府司马的身份伴随李世民东征西战。李世民接唐王位后，为照顾窦诞的资历与功勋，以宗王卿的官衔让他管理内部事务。但窦诞终因上了年纪，在君臣众人讨论国事时出现"昏谬失对"的现象，对此李世民感慨良多，遂以光禄大夫罢官。

⑧三益：谓正直、诚信、多闻（博学）。借指良友。语本《论语·季氏》："孔子曰：益者三友，损者三友。友直，友谅，友多闻，益矣。"

⑨孙皓（242—283）：字元宗，又名彭祖，孙权的孙子，孙和的儿子。三国时期东吴的第四代君主。在位期间，专横残暴，荒淫无道，不得民心。高纬（556—577）：北齐后主，字仁纲，南北朝时期北齐第五位皇帝。他即位时，腐朽的北齐政权已经摇摇欲坠，他自己仍然荒淫无道，导致北齐军队衰弱，政治腐败。后北周来攻，

　　齐军大败,高纬被周军俘虏,不久被杀。

⑩中人:指中等智慧的人。

⑪郑声:原指春秋战国时郑国的音乐。古代人认为郑声淫,与孔子

　　等提倡的雅乐不同,故受儒家排斥。此后,凡与雅乐相悖的音

　　乐,均为崇"雅"黜"俗"者斥为"郑声"。

【译文】

　　贞观十年(636),太宗对身边的大臣们说:"太子的师傅自古以来就难以选择。周成王幼年继位,周公、召公做他的师傅,身旁左右都是贤人,足以增长仁德,使国家太平,因此被称为圣明君主。到了秦朝的胡亥,为秦始皇所宠爱,让赵高做他的师傅,教他刑政苛法。到了胡亥篡立为皇帝后,诛杀功臣,残害亲戚,不断残暴酷虐,可时间很短也就灭亡了。由此说来,人品行的善恶,确实是受亲近人的影响。我年轻时所交往的只有柴绍、窦诞等人,他们算不上属于正直、诚信、多闻的'三益'之列的人,但到我即位治理天下时,虽然赶不上像尧、舜那样的圣明,但也不至于像孙皓、高纬那样昏庸残暴。由此说来,人的品行又不受亲近的人熏染,这是什么原因呢?"

　　魏徵说:"智慧中等的人可以为善,也可以作恶,但智慧上等的人自然就不会被别人熏染。陛下受命于天,平定寇盗战乱,拯救万民的性命,使天下大治,四海升平。柴绍、窦诞等人怎能影响了陛下的圣德呢?但是经书上说过:'抛弃淫靡的音乐,远离奸佞的小人。'在对待亲近人的方面,尤其应该特别谨慎。"

　　太宗说:"说得很好。"

　　尚书左仆射杜如晦奏言①:"监察御史陈师合上《拔士论》②,兼人之思虑有限,一人不可总知数职③,以论臣等。"

　　太宗谓戴胄曰:"朕以至公理天下,今任玄龄、如晦,非为勋旧④,以其有才行也。此人妄事毁谤,止欲离间我君臣。

昔蜀后主昏弱⑤,齐文宣狂悖⑥,然国称理者,以任诸葛亮、杨遵彦不猜之故也。朕今任如晦等,亦复如此。"

于是流陈师合于岭外⑦。

【注释】

①尚书左仆射:尚书省的长官。唐初,大抵继承了隋文帝时的制度,尚书省置令而虚其位,仆射总领省事,与中书令、侍中同掌相权,而左仆射为首相。房玄龄为左仆射前后达二十年,号称贤相。《新唐书》《旧唐书》之《杜如晦传》中记载杜如晦的职位均作"尚书右仆射",与此不同。

②《拔士论》:论选拔人才的书籍。

③总知:总管,统领。

④勋旧:有功劳的旧部下。

⑤蜀后主:即刘禅,小名阿斗,刘备之子,于刘备去世后继位成为蜀国皇帝,也称"蜀后主"。刘禅初为皇帝时,对诸葛亮充分信任,军国大事全权委任于诸葛亮。

⑥齐文宣:即北齐文宣帝高洋。字子进,南北朝时期北齐开国皇帝。他在位初年,留心政务,削减州郡,整顿吏治,训练军队,加强兵防,使北齐在很短的时间内强盛起来。后来他沉湎纵恣,略无纲纪,肆行淫暴,无故杀人,奢侈至极。朝政腐败,国势衰落,军队也日益削弱,腐化的生活也缩短了高洋的寿命。北齐天保十年(559),高洋死,时年仅31岁。狂悖:狂妄悖理。

⑦流:指流刑,古代的一种刑罚,即把犯人送到边远的地方。岭外:指五岭以南两广地区。

【译文】

尚书左仆射杜如晦上奏说:"监察御史陈师合呈上《拔士论》,并且说一个人的思考能力是有限度的,一个人不能统管兼掌数职,他根据这一点来非议我们。"

太宗对戴胄说："我用至公无私之心治理天下,现在任用房玄龄、杜如晦,不是因为他们是有功劳的旧部下,而是因为他们有才能、有德行。陈师合这个人妄图生事胡乱诽谤,只是想离间我们君臣之间的关系。从前蜀后主昏庸懦弱,齐文宣帝狂暴悖乱,但是国家却治理得很好,这是因为任用诸葛亮、杨遵彦而不加猜疑的缘故。我今日任用杜如晦等人,也是按照这个办法。"

于是把陈师合流放到五岭以南地区。

贞观中,太宗谓房玄龄、杜如晦曰："朕闻自古帝王上合天心,以致太平者,皆股肱之力。朕比开直言之路者,庶知冤屈,欲闻规谏。所有上封事人①,多告讦百官②,细无可采。朕历选前王③,但有君疑于臣,则下不能上达,欲求尽忠极虑,何可得哉? 而无识之人,务行谗毁,交乱君臣④,殊非益国。自今已后,有上书讦人小恶者,当以谗人之罪罪之。"

【注释】

①封事:密封的奏章。古时臣下上书奏事,防有泄漏,皆用皂囊封缄,故称。

②讦(jié):揭发别人的阴私。

③选:挑拣。这里是列举的意思。

④交乱:使互相胡乱猜疑。

【译文】

贞观年间,太宗对房玄龄、杜如晦说："我听说自古以来帝王能够上合天意,而能达到天下太平的,都是臣子辅佐的功劳。我近来开辟直言劝谏途径的原因,就是希望了解到百姓的冤屈,想听到臣子的规谏。但现在所有上密奏的人,大多是揭发别人的隐私或攻击别人的短处,事情琐细得不足采纳。我一一列举前朝国君,只要国君猜疑臣下时,下情就不能上达,想要臣子竭虑尽忠,怎么可能实现呢?而那些没有见识的人专门从事诽谤诋毁,使君臣互相猜疑,实在对国家没有益处。从今以后,有上书攻击别人细小过失的,我就用诬陷罪处罚他。"

魏徵为秘书监,有告徵谋反者,太宗曰:"魏徵,昔吾之雠,只以忠于所事,吾遂拔而用之,何乃妄生谗构①?"竟不问徵,遽斩所告者。

【注释】

①谗构:用谗言编织成的罪名。这里是诬陷的意思。

【译文】

魏徵担任秘书监时,有人控告他谋反,太宗说:"魏徵过去是我的仇人,只因为他忠于职守,于是我就提拔任用他,怎么能胡乱生事,用谗言诬陷他?"太宗不但没有责问魏徵,而且立即斩杀了诬告的人。

贞观十六年,太宗谓谏议大夫褚遂良曰:"卿知起居,比来记我行事善恶?"

遂良曰:"史官之设,君举必书。善既必书,过亦无隐。"

太宗曰:"朕今勤行三事,亦望史官不书吾恶。一则鉴前代成败事,以为元龟①;二则进用善人,共成政道;三则斥弃群小,不听谗言。吾能守之,终不转也②。"

【注释】

①元龟:比喻可资借鉴的往事。

②转：改变。

【译文】

贞观十六年（642），太宗对谏议大夫褚遂良说："你兼管起居注的事务，近来记录我的所作所为是好还是坏？"

褚遂良说："史官的设置，就是为了把国君的一举一动都记录下来。好事当然必须记录，有过失也不应当加以隐瞒。"

太宗说："我现在努力从事三件事，也是希望史官不要记录我的过失。一件是审察前朝政事的成败，作为借鉴；第二件是任用贤人，共同完成治理国家的事业；第三件是排斥抛弃小人，不听信谗言。我能够坚持下去，始终不会改变。"

悔过第二十四

【题解】

　　人非圣贤,孰能无过? 即使贵为帝王,也难免发生过失。重要的是对待过失的态度:掩盖过失,只能酿成更大的过失;听从谏言,及时改正过失,就能大大降低损失。本篇记述了唐太宗的懊悔之言和改过之行。能够经常反省自己的不足,接纳规谏之言,并立即改正,是唐太宗个人修养的一大优点。太宗度量宽宏,勇于自省,闻过即改,从善如流,终致国泰民安,也是他促成"贞观之治"的原因之一。

　　贞观二年,太宗谓房玄龄曰:"为人大须学问。朕往为群凶未定,东西征讨,躬亲戎事,不暇读书。比来四海安静,身处殿堂,不能自执书卷,使人读而听之。君臣父子,政教之道,并在书内。古人云:'不学,墙面①,莅事惟烦②。'不徒言也。却思少小时行事,大觉非也。"

【注释】

　　①墙面:谓面对墙壁,目无所见。比喻不学无术或一无所知。
　　②烦:心里烦闷。这里指遇事没有能力解决。

【译文】

贞观二年(628),太宗对房玄龄说:"做人非常需要学问。我以前因为群凶没有平定,东征西讨,亲自主持军务,没有空闲读书。近来国家安宁,我又身处于殿堂之上,即使不能亲自手执书卷阅读,也要叫人朗读给我听。君臣父子的伦理纲常、政治教化的策略道术,都写在书本里了。古人说:'不学习就一无所知,碰到事情也就没有能力解决。'这不是空话。反思自己年轻时的所作所为,觉得很不对。"

贞观中,太子承乾多不修法度,魏王泰尤以才能为太宗所重①,特诏泰移居武德殿②。

魏徵上疏谏曰:"魏王既是陛下爱子,须使知定分,常保安全,每事抑其骄奢,不处嫌疑之地也。今移居此殿,使在东宫之西,海陵昔居③,时人以为不可。虽时移事异,犹恐人之多言。又王之本心④,亦不宁息,既能以宠为惧,伏愿成人之美。"

太宗曰:"我几不思量,甚大错误。"遂遣泰归于本第。

【注释】

①魏王泰(618—652):太宗第四子李泰,字惠褒。武德三年(620)始封宜都王。贞观二年(628)改封越王,徙封魏王。

②武德殿:唐代长安城里太极宫(又称西内)中的主要建筑之一。

③海陵(603—626):指唐高祖李渊第四子李元吉。唐建国后,封为齐王。后与长兄李建成合谋杀李世民。武德九年(626)六月初四,李世民发动"玄武门之变",被诛。后被追封为海陵郡王。

④王之本心:指魏王泰自己的内心。

【译文】

贞观年间,太子李承乾常常不遵守法令制度,魏王李泰因为特别有才能而被太宗器重,特意下诏让李泰移居武德殿。

魏徵上书劝谏说:"魏王既然是陛下的爱子,就应当让他懂得自己特定的身份,以便能长久保持保全,每件事都要抑止他骄奢放纵,不要让他处在嫌疑的位置上。现在让他移居武德殿,住在东宫的西侧,海陵王曾住在这里,当时的舆论就认为不妥当。虽说时代转变,情况不同,但还是应该提防人们的议论。另外魏王自己内心也不会踏实,既然他已经认识到受到父皇的恩宠应该常持畏惧之心,希望陛下能成全他的美德。"

太宗说:"我几乎没考虑到这些,而犯了大错误。"于是让李泰又回到他本来的府第。

贞观十七年,太宗谓侍臣曰:"人情之至痛者,莫过乎丧亲也。故孔子云:'三年之丧,天下之通丧,自天子达于庶人也①。'又曰:'何必高宗?古之人皆然②。'近代帝王,遂行不逮,汉文以日易月之制③,甚乖于礼典。朕昨见徐幹《中论·复三年丧》篇④,义理甚深,恨不早见此书。所行大疏略⑤,但知自咎自责,追悔何及!"因悲泣久之。

【注释】

①"三年"几句:语出《论语·阳货》。

②"何必"二句:语出《论语·宪问》。高宗,指商君武丁。

③汉文:指汉文帝。以日易月:古代帝王去世,太子继位得服丧三年(三十六月),后来汉文帝改为三十六日即释服终丧,因称"以日易月"。

④徐幹(170—217)：字伟长，汉北海剧县(今山东昌乐)人。东汉末文学家、哲学家。"建安七子"之一。著有《中论》二十篇。《中论》是一部政论性儒家思想著作，其意旨："大都阐发义理，原本经训，而归之于圣贤之道。"《复三年丧》是其中的一篇。

⑤大：通"太"。

【译文】

贞观十七年(643)，太宗对身边的大臣们说："人的感情中最为悲痛的，莫过于失去父母双亲。所以孔子说：'给父母服三年丧，是天下通行的丧期，从天子到百姓都是如此。'又说：'岂只是殷商高宗，古人都是这样做的。'近代帝王实行的丧期不及古人，汉文帝时以日代月的制度，大大违背了礼的原则。我昨天读了徐幹《中论·复三年丧》篇，文章的义理十分精深，恨没有能早日看到这部书。我当年所行的丧礼太简单了，现在只能归罪自己、责备自己，追悔莫及啊！"因此悲痛地哭泣了很久。

贞观十八年，太宗谓侍臣曰："夫人臣之对帝王，多承意顺旨，甘言取容。朕今欲闻己过，卿等皆可直言。"

散骑常侍刘洎对曰："陛下每与公卿论事，及有上书者，以其不称旨，或面加诘难①，无不惭退。恐非诱进直言之道②。"

太宗曰："朕亦悔有此问难，当即改之③。"

【注释】

①诘难：诘问盘驳。

②诱：劝导。

③此章又见卷二《纳谏》篇，内容较此为详，可参阅。

【译文】

贞观十八年(644)，太宗对身边的大臣们说："凡是臣下对于帝王，大多是顺承旨意，说好听的话以取悦帝王。我现在想听听自己的过错，你们都可以直言不讳。"

散骑常侍刘洎回答说："陛下每次与大臣讨论事情，以及有人上书奏事的时候，因为他的意见不合您的心意，您有时当面加以责难，使他们无不难堪地退下来。这恐怕不是劝导臣子直言进谏的方法。"

太宗说："我也后悔有这样的追问责难，应当立即改正。"

奢纵第二十五

【题解】

　　《奢纵》篇转录了贞观十一年侍御史马周论述时政的一篇上疏,以及太宗对奏疏的反应。马周通过列举大量史实,指出在贞观中期社会上存在着一些奢侈方面的问题,希望引起唐太宗的注意,并提出了解决的办法。马周认为如果帝王奢侈纵欲,则不免横征暴敛,不惜民力;臣子奢侈骄纵,则难免自取败亡。应以"节俭于身、恩加于人二者是务","若以陛下之圣明,诚欲励精为政,不烦远求上古之术,但及贞观之初,则天下幸甚"。马周的奏疏,劝谏唐太宗要戒奢侈、抑骄纵,他认为百姓所患不仅是贫苦,更重要的是上下不能同甘共苦。如果统治者不能体恤百姓,百姓自然离心离德。提醒太宗要吸取历史教训,俭朴节用、爱惜民力,其言辞恳切,深为太宗赏识。

　　贞观十一年,侍御史马周上疏陈时政曰:

　　"臣历睹前代,自夏、殷、周及汉氏之有天下,传祚相继①,多者八百余年,少者犹四五百年,皆为积德累业,恩结于人心。岂无僻王②,赖前哲以免! 尔自魏、晋已还,降及周、隋③,多者不过五六十年,少者才二三十年而亡,良由创业之君不务广恩化④，当时仅能自守，后无遗德可思。故传嗣之主政教少衰，一夫大呼而天下土崩矣。今陛下虽以大功定天下，而积德日浅，固当崇禹、汤、文、武之道，广施德化，使恩有余地，为子孙立万代之基。岂欲但令政教无失，以持当年而已！且自古明王圣主，虽因人设教，宽猛随时⑤，而大要以节俭于身、恩加于人二者是务。故其下爱之如父母，仰之如日月，敬之如神明，畏之如雷霆，此其所以卜祚遐长而祸乱不作也⑥。

【注释】

①传祚(zuò)：帝位相传。祚，帝位。夏：始于夏禹，终于桀，共十七帝。古本《纪年》说夏朝共历四百七十一年。殷：《史记集解》引谯周曰："殷凡三十一世，六百余年。"周：《史记集解》引皇甫谧曰："周凡三十七王，八百六十七年。"汉：据《汉书》记载，前206年汉高祖刘邦自称汉王，前202年称皇帝，建立汉朝，建都长安。8年王莽称帝，改国号为"新"，西汉灭亡。假如不算那些在位不到一年的皇帝的话，西汉共历十二帝，共二百一十年。25年，在绿林农民起义下，王莽政权被推翻。参加过绿林起义的西汉皇族刘秀重建汉朝，定都洛阳，史称"东汉"，东汉王朝前后历十二帝，共一百九十五年。

②僻王：指邪僻不正的国君。

③"自魏、晋"二句：晋(265—316)，自265年魏国大臣司马懿的孙子司马炎篡夺皇位，改国号为"晋"，共四帝，历五十二年。东晋王朝(317—420)，自晋元帝司马睿建国，共历十一帝，前后一百零三年。东晋十六国之后，我国历史进入南北分裂阶段(420—589)。在南方，先后有刘宋、南齐、梁代和陈四个政权的更迭，历

史上把这南方四朝称之为南朝。这中间除梁元帝以江陵作都三年外,其余的时间,南方各朝的京城始终建在建康(今江苏南京)。刘宋(420—479)是其中统治年代最长的一个政权,历八帝,六十年。南齐(479—502)国祚短暂,历七帝,二十三年。梁代(502—557)历四帝,五十六年。陈(557—589)历五帝,凡三十三年。北朝(386—581)其中包括了北魏、东魏、西魏、北齐、北周等数个王朝。北魏(386—534)历十四帝,一百四十九年。东魏(534—550)历一帝,十七年。西魏(535—556)历三帝,二十二年。东、西魏先后被北齐(550—577)和北周(557—581)取代。北齐历六帝,二十八年。北周历五帝,二十四年。581 年,北周外戚杨坚夺取了帝位,改国号为隋。隋朝(581—617)历三帝,共三十七年。

④恩化:恩德教化。

⑤宽猛:宽大与严厉。

⑥卜祚(zuò):古人认为帝位是上天所赐,而占卜可以测知天意,故以"卜祚"借称帝位。遐:长远。

【译文】

贞观十一年(637),侍御史马周上疏论述当时的政事说:

"臣通观前朝历史,从夏朝、殷朝、周朝以及汉朝的情况来看,帝位的传袭继承,时间长的有八百多年,短的也有四五百年,都是因为积累德行、功业,他们的恩德深入到百姓的心中。难道其间没有出现过邪僻不正的国君吗?只是依赖前朝贤君的恩泽而免于祸难罢了!从魏、晋以来,一直到北周、隋朝,国祚长的不过五六十年,短的仅有二三十年就灭亡了,都是因为创业的帝王没有致力于推广恩德教化,当时只能保住自己的帝位,没有留下让后人怀念的恩德的缘故。所以继位的帝王政治教化稍有衰减,只要有一个人站出来呼吁造反,国家就会土崩瓦解。现在陛下虽然凭巨大的功勋平定了天下,但是积累德行的时间不长,所以应当推崇禹、汤、文王、武王的治国原则,广泛施行恩德教化,使恩德有余,为子孙后代奠定万世传袭的基础。怎能只想求得政治教化没有过失,以保持自己的统治就行了呢!况且自古以来圣明的帝王虽然是因人设教,宽厚和严厉随着时局而变化,但是最关键的是在自身节俭、施恩百姓两个方面。因此百姓爱戴他们像爱戴自己的父母一样,瞻仰他们像瞻仰日月一样,尊敬他们像尊敬神灵一样,畏惧他们像畏惧雷霆一样,这就是他们的帝位能长久传承而不发生祸乱的原因。

　　"今百姓承丧乱之后,比于隋时才十分之一,而供官徭役,道路相继,兄去弟还,首尾不绝。远者往来至五六千里,春秋冬夏,略无休时。陛下虽每有恩诏,令其减省,而有司作既不废,自然须人,徒行文书,役之如故。臣每访问,四五年来,百姓颇有怨嗟之言,以陛下不存养之。昔唐尧茅茨土阶①,夏禹恶衣菲食②,如此之事,臣知不复可行于今。汉文帝惜百金之费,辍露台之役,集上书囊,以为殿帷,所幸夫人,衣不曳地。至景帝以锦绣纂组妨害女工,特诏除之,所以百姓安乐。至孝武帝虽穷奢极侈,而承文、景遗德,故人心不动。向使高祖之后,即有武帝,天下必不能全。此于时代差近③,事迹可见。今京师及益州诸处营造从奉器物④,并诸王妃主服饰,议者皆不以为俭。臣闻昧旦丕显,后世犹怠⑤;作法于理,其弊犹乱。陛下少处人间,知百姓辛苦,前代成败,目所亲见,尚犹如此,而皇太子生长深宫,不更外事,即万岁之后⑥,固圣虑所当忧也。

【注释】

①茅茨(cí)土阶:茅草盖的屋顶,泥土砌的台阶。形容房屋简陋,或生活俭朴。茨,用茅草、芦苇盖的屋顶。阶,台阶。

②恶衣菲食:粗劣的衣食。形容生活俭朴。菲,质量差。

③差近:较近。

④益州:在今四川成都一带。

⑤"臣闻"二句:语出《左传·昭公三年》。意谓起早贪黑勤奋工作而取得显赫功业的国君,其后代犹且懈怠不为。昧旦,拂晓,黎明。丕,大。

⑥万岁:对皇帝死亡的讳称。

【译文】

　　"如今百姓经过社会丧乱之后,人口只相当于隋朝的十分之一,但为官府服徭役的人,在路上络绎不绝,兄长离家,弟弟才回来,前后相接不断。路程远的往返有五六千里,春夏秋冬,几乎没有休息的时候。陛下虽然时常降下仁慈的恩诏,命令他们减省徭役,但是有关部门仍然不能停止,自然仍须征调人夫,所以诏书也是白白下达,百姓照旧被役使。臣每次去访问,四五年来,百姓颇有怨恨嗟叹之言,认为是陛下不存临抚养他们。从前唐尧用茅草盖房,用土块砌台阶,夏禹粗衣劣食。像这样的事,臣深知不可能再在今天施行。汉文帝因珍惜百金的费用,停止建造露台,还收集臣子上书用的布袋,用作宫殿的帷帐,他所宠爱的夫人的衣裙短得不能拖在地上。到了景帝时,因为做锦绣五彩绦带之类丝织品而妨害了妇女应做的其他事,他特意下诏废弃不用,因此百姓安居乐业。到了武帝时,虽然他穷奢极欲,但是依赖文帝、景帝遗留下的恩德,民心并没有骚乱。假如汉高祖之后,就是武帝时代,天下一定不会保全。由于这些事情发生时代离当今较近,其事迹还可以清楚可见。现在京师和益州等地在制造供奉皇室使用的器物以及诸位亲王、妃嫔、公主的服饰,议论的人都认为不够节俭。臣听说,起早贪黑勤奋工作而取得功业显赫的国君，其后代犹且懈怠不为；制定出合乎情理的法令，久而久之也会产生弊端和混乱。陛下小时候在民间长大，知道百姓的辛苦，前代的兴亡成败，都是亲眼目睹的，尚且还是这样，而皇太子生长在深宫里，没有经历过宫墙之外的世事，陛下万岁之后的事情，确实应当引起陛下的忧虑了。

　　"臣窃寻往代以来成败之事，但有黎庶怨叛①，聚为盗贼，其国无不即灭。人主虽欲改悔，未有重能安全者。凡修政教，当修之于可修之时，若事变一起而后悔之，则无益也。故人主每见前代之亡，则知其政教之所由丧，而皆不知其身之有失。是以殷纣笑夏桀之亡，而幽、厉亦笑殷纣之灭。隋帝大业之初，又笑周、齐之失国。然今之视炀帝，亦犹炀帝之视周、齐也。故京房谓汉元帝云②：'臣恐后之视今，亦犹今之视古。'此言不可不戒也。

【注释】

①黎庶：庶民，百姓。

②京房（前77—前37）：本姓李，字君明，东郡顿丘（今河南清丰西南）人。西汉学者。由于他开创了今文《易》学"京氏学"，所以驰名于中国学术史。京房的《易》学把灾异与政治相联系在一起，京房讲灾异的目的在于干政，推行自己的政治主张。由此，当汉元帝召见他时，他就趁机对元帝宣讲自己的见解，通过讲灾变的方法，京房获得了元帝的信任。

【译文】

　　"臣私下寻思前代以来国家兴亡成败的事情，发现只要有百姓怨恨背叛，聚众做盗贼，他的国家就没有不迅速灭亡的。国君虽然想悔改，也不可能重新获得安全。凡是修整政治教化，应当在能够修整的时候就去修整;如果事变一旦发生才感到后悔,那就毫无益处了。所以后代的国君每当看见前朝的覆亡,才知道前朝的政治教化失败的原因,却完全不知道自己身上所存在的过失。因此殷纣王嘲笑夏桀的灭亡,而周幽王、周厉王又嘲笑殷纣王的灭亡。隋炀帝大业初年,又嘲笑北周、北齐丧失国家。然而现在看隋炀帝,也像隋炀帝当时看北周、北齐一样。所以,京房对汉元帝说:'臣忧虑后人看待今日的态度,也像今日看待前代的眼光一样。'这话不能不引起警戒啊!

"往者贞观之初,率土荒俭①,一匹绢才得粟一斗,而天下怡然。百姓知陛下甚忧怜之,故人人自安,曾无谤讟。自五六年来,频岁丰稔,一匹绢得十余石粟,而百姓皆以陛下不忧怜之,咸有怨言,以今所营为者,颇多不急之务故也。自古以来,国之兴亡不由蓄积多少,唯在百姓苦乐。且以近事验之,隋家贮洛口仓②,而李密因之③;东京积布帛④,王世充据之⑤;西京府库⑥,亦为国家之用,至今未尽。向使洛口、东都无粟帛,即世充、李密未必能聚大众。但贮积者固是国之常事,要当人有余力而后收之。若人劳而强敛之,竟以资寇,积之无益也。然俭以息人,贞观之初,陛下已躬为之,故今行之不难也。为之一日,则天下知之,式歌且舞矣⑦。若人既劳矣而用之不息,傥中国被水旱之灾,边方有风尘之警⑧,狂狡因之窃发⑨,则有不可测之事,非徒圣躬旰食晏寝而已⑩。若以陛下之圣明,诚欲励精为政,不烦远求上古之术,但及贞观之初,则天下幸甚。"

太宗曰:"近令造小随身器物,不意百姓遂有嗟怨,此则朕之过误。"乃命停之。

【注释】

①率土荒俭：全国土地荒芜。率土，四海之内，犹全国。荒俭，犹荒歉。

②洛口仓：古粮仓名，又名兴洛仓。隋大业二年（606）筑，故址在今河南巩义东南。因地处旧洛水入黄河处而得名。

③李密（582—619）：字法主，京兆长安人，祖籍辽东襄平（今辽宁辽阳南）。隋末农民起义中瓦岗军后期领袖。大业九年（613）参与杨玄感起兵反隋。玄感败，李密逃亡。大业十二年（616），入瓦岗军。李密军令严肃，赏赐优厚，士卒乐意为他所用。他建议袭取隋军兴洛（后改洛口）仓，开仓赈济，扩充队伍，然后进取东都。大业十三年（617），瓦岗军攻取洛口仓，招就食饥民几十万，起义队伍迅速壮大。因：沿袭。

④东京：杨坚建立隋朝，以洛阳为东都，称东京。

⑤王世充（？—621）：隋末割据者之一。字行满，隋新丰（今陕西临潼东北）人。祖籍西域，本姓支。仕隋，历为江都郡丞。大业九年（613）起，以镇压江南刘元进等部农民起义军，坑杀降众三万余人，升江都通守。十三年，被调北援东都洛阳，为李密所败，遂入据洛阳以自固。及炀帝被弑，他拥越王杨侗为帝，得以专权。旋废杨侗，自立称帝，国号郑，年号开明。后降唐，被仇家所杀。

⑥西京：杨坚建立隋朝，以长安为首都，称西京。

⑦式歌且舞：载歌载舞。式，文言助词，无义。

⑧风尘：比喻战乱。

⑨狂狡：指狂妄狡诈之徒。

⑩旰（gàn）食：指勤于政事不能按时吃饭。晏寝：晚睡。

【译文】

"从前在贞观初年时，全国土地荒芜，一匹绢只能换一斗粟，但天下安居乐业。百姓知道陛下十分关心爱护他们，所以人人自安，没有一点怨言。从贞观五、六年以来，连年取得丰收，一匹绢可以换十多石粟，然而百姓都认为陛下不关心爱护他们，总有怨言，这是因为如今营作的事务，许多都是无关紧要的缘故。自古以来，国家的兴亡不是由于财物蓄积得多少，只在于百姓的苦乐。就拿近来的事来看，隋朝在洛口仓储藏粮食，却被李密夺取了；东京洛阳积蓄布帛，却被王世充占有了；西京府库的财物也被我大唐所用，至今还没有用完。如果原来洛口仓、洛阳没有积蓄粮食布帛，那么王世充、李密未必能够聚集起大规模的队伍。只是贮积财物本来是国家的正常事务，重要的是应当在百姓有了余力时再去征收。如果百姓劳苦不堪而去强行征收，最终还是资助了贼寇，这样的贮积是没有好处的。然而崇尚节俭来使百姓得以休息，这在贞观初年陛下已经亲自实行过，所以现在重新实行并不难。只要实行一天，天下就都会知道，百姓就会载歌载舞。如果百姓已经劳苦不堪，却还要不停地役使他们，倘若国内遭受水旱之灾，边境有战乱的警报，狂妄狡诈之徒就会乘机反叛，就会出现不可预测的情况，那就不仅仅使陛下晚进餐迟睡觉而已。如果以陛下的圣明，真要想励精图治，就不需要远求上古时的治国办法，只要赶得上贞观初年那样，那天下就很幸运了。"

太宗说："最近下令制造一些随身的小件器物，没想到百姓因此就有嗟叹怨言，这就是我的过错了。"于是命令停止制造。

贪鄙第二十六

【题解】

"贪鄙"者,贪婪卑鄙也。在本篇中作者列举了不少历史上"贪冒"的例子,集录了唐太宗论述贪鄙利弊的一些言论。唐太宗认为受贿贪财是得小利而招大弊,得不偿失,其目的就是告诫大家不能贪得无厌,贪欲乃是罪恶的源泉。如果帝王贪得无厌,就会劳役无度,信任群小,疏远忠良,最终导致灭亡;如果上下清廉,方可长守富贵,江山永存。"贤者多财损其志,愚者多财生其过","若徇私贪浊,非止坏公法,损百姓……亦有因而致死"者,"'祸福无门,惟人所召。'然陷其身者,皆为贪冒财利","大丈夫岂得苟贪财物,以害及身命,使子孙每怀愧耻耶"? 以此来告诫百官清廉自持,常保身家平安。

贞观初,太宗谓侍臣曰:"人有明珠,莫不贵重,若以弹雀,岂非可惜? 况人之性命甚于明珠,见金钱财帛不惧刑网①,径即受纳,乃是不惜性命。明珠是身外之物,尚不可弹雀,何况性命之重,乃以博财物耶②? 群臣若能备尽忠直,益国利人,则官爵立至。皆不能以此道求荣,遂妄受财物,赃贿既露,其身亦殒,实可为笑。帝王亦然,恣情放逸,劳役无度,信任群小,疏远忠正,有一于此,岂不灭亡? 隋炀帝奢侈自贤,身死匹夫之手,亦为可笑。"

【注释】

①刑网:法网。

②博:取得,换得。

【译文】

贞观初年,太宗对身边的大臣们说:"人如果拥有明珠,无不十分珍惜看重,如果拿它去弹射鸟雀,岂不是可惜了吗? 何况人的性命比珍珠更为贵重,如果见到金银财帛就不惧怕刑法,就敢直接接受贿赂,这就是不爱惜性命。明珠是身外之物,尚且不能拿去弹射鸟雀,何况性命比珍珠更加贵重,哪能用来换取财物呢? 群臣如果能够竭尽忠直,有益于国家,有利于百姓,那么官职爵位立即就可以取得。如果不能以这种方法来追求荣华,而妄受财物,贿赂一旦暴露,自身也就丧失了性命,这确实是可笑的。帝王也是如此,如果任性放纵享乐,过度地征用劳役,信任小人,疏远忠诚正直的人,只要犯有其中的一种过错,怎么能不灭亡? 隋炀帝奢侈反而自认为贤能,最终死于匹夫之手,也是很可笑的。"

贞观二年,太宗谓侍臣曰:"朕尝谓贪人不解爱财也,至如内外官五品以上①,禄秩优厚,一年所得,其数自多。若受人财贿,不过数万,一朝彰露,禄秩削夺,此岂是解爱财物? 视小得而大失者也。昔公仪休性嗜鱼②,而不受人鱼,其鱼长存。且为主贪,必丧其国;为臣贪,必亡其身。《诗》云:'大风有隧,贪人败类③。'固非谬言也。昔秦惠王欲伐蜀④,不知其径,乃刻五石牛,置金其后。蜀人见之,以为牛能便金,蜀王使五丁力士拖牛入蜀,道成,秦师随而伐之,蜀国遂亡。汉大司农田延年赃贿三千万⑤，事觉自死。如此之流，何可胜记！朕今以蜀王为元龟，卿等亦须以延年为覆辙也。"

【注释】

①内外官：指内、外朝官。旧时朝官有内朝、外朝之分。外朝官是指以丞相为首的各官，如御史大夫和九卿等；内朝官是皇宫之内接近君主的各官，也称中朝官。

②公仪休：春秋时期鲁国的贤相。据《淮南子·道应训》载：公仪休喜欢吃鱼，有人就送鱼给他，他拒而不受。送鱼的人说："听说你喜欢吃鱼，为什么不肯接受我送的鱼呢？"公仪休说："正因为我喜欢吃鱼，所以更不能接受你的鱼。我现在做宰相，买得起鱼，自己可以买来吃，如果我因为接受了你送的鱼而被免去宰相之职，我自己就买不起鱼了，你难道还会再给我送鱼吗？这样一来，我还能再吃得到鱼吗？因此，我是决不能接受你送的鱼的。"

③"大风"二句：语出《诗经·大雅·桑柔》。意谓大风因隧道而生成，贪财的人会败坏同类。

④秦惠王（前356—前311）：即秦惠文王，名嬴驷，孝公之子。前325年，惠文王自称为王。在位期间，任用贤能，推行法制，并不断向外拓展领土。在对关东六国作战取胜后，秦惠文王于前316年出兵灭蜀。蜀：古代先秦时期的蜀族在现今四川建立的国家，后被秦国所灭。但关于蜀国的历史在先秦文献中一直没有详细记载，直到东晋常璩在其《华阳国志·蜀志》中才记载了关于蜀国的历史和传说。

⑤大司农：官名。汉景帝时称大农令，武帝太初元年更名大司农。掌租税、钱谷、盐铁和国家的财政收支。为九卿之一。田延年（？—前72）：字子宾，西汉阳陵（今陕西高陵西南）人。初为大将

军霍光长史,后任河东太守,诛杀豪强,奸邪震惧。入为大司农。
宣帝即位,他以定策功封阳成(一作阳城)侯。不久,因盗官钱三
千万,被人告发,自刭而死。

【译文】

　　贞观二年(628),太宗对身边的大臣们说:"我曾经说过,贪财的人
是不懂得爱惜财物的,比如说当今内、外朝官员五品以上的,俸禄品秩
都很优厚,一年之内所得到的,数量自然很多。如果收受别人的贿赂,
也不过数万,一旦暴露出来,官职俸禄都被削夺,这哪里能算得上是懂
得爱财? 这是看见小的利益,却失掉了大的利益。从前,公仪休喜欢吃
鱼,但他却不收别人送的鱼,所以他能长久地吃到鱼。作为一国之君要
是很贪婪,必然丧失掉他的国家;作为臣子要是很贪婪,必然丧失掉他
的性命。《诗经》上说:'大风因隧道而生成,贪财的人败坏同类。'这确
实不是荒谬的话。从前秦惠王想征伐蜀国,不知道前往蜀国的道路,就
雕刻了五头石牛,把金子放置在牛的屁股后面。蜀国人见后,以为石牛
会拉出黄金来,于是蜀王派了五个大力士把石牛拖回蜀国,结果就形成
了道路,秦军跟随其后而攻打了蜀国,蜀国就灭亡了。汉朝大司农田延
年贪赃三千万,事发后自刭而死。类似这样的事,怎么能数得过来! 我
今天把蜀王作为借鉴,你们也要把田延年当做前车之鉴啊!"

　　贞观四年,太宗谓公卿曰:"朕终日孜孜,非但忧怜百
姓,亦欲使卿等长守富贵。天非不高,地非不厚,朕常兢兢
业业,以畏天地。卿等若能小心奉法,常如朕畏天地,非但
百姓安宁,自身常得欢乐。古人云:'贤者多财损其志,愚者
多财生其过。'此言可为深诫。若徇私贪浊,非止坏公法,损
百姓,纵事未发闻①,中心岂不常恐惧? 恐惧既多,亦有因而
致死。大丈夫岂得苟贪财物,以害及身命,使子孙每怀愧耻

耶？卿等宜深思此言。”

【注释】

①纵：即使。

【译文】

贞观四年（630），太宗对公卿大臣们说：“我整天孜孜不倦，不仅仅是忧念爱惜百姓，也是想让你们能够长久地富贵。天并不是不高，地并不是不厚，然而我常常兢兢业业，是因为对天地十分敬畏。你们如果能够小心谨慎奉公守法，经常像我敬畏天地一样，不但能够使得百姓安宁，你们自身也经常能得到快乐。古人说：‘贤明的人如果财产多了，就会损害他们的志向；愚蠢的人如果财产多了，就会造成他们的过错。’这话可以深以为戒。如果徇私贪污，不但是破坏了国法，伤害了百姓，即使事情没有败露，心中怎能不常怀恐惧呢？恐惧多了，也有因此而导致死亡的。大丈夫怎么能够为了贪图财物而害了自身性命，使子孙后代每每为此感到惭愧羞耻呢？你们应当深刻地思考这些话。”

贞观六年，右卫将军陈万福自九成宫赴京①，违法取驿家麸数石②。太宗赐其麸，令自负出以耻之。

【注释】

①右卫将军：武官名。唐代分左、右卫将军。掌统领宫廷警卫之法，以督其所属的队伍等职。

②驿家：这里指驿站。驿站是古代供传递公文的人或来往官员中途歇宿的地方。这里供驿马食用的草料未经批准是不许随便拿走的。麸（fū）：磨成面后筛剩下的皮和碎屑。

【译文】

贞观六年(632)，右卫将军陈万福从九成宫前往京城，违法从沿途驿站取了几石麦麸。太宗就把这些麸皮赐给他，命令他自己背出去，用这种方式来羞辱他。

贞观十年，治书侍御史权万纪上言：“宣、饶二州诸山大有银坑①，采之极是利益，每岁可得钱数百万贯②。”

太宗曰：“朕贵为天子，是事无所少之。惟须纳嘉言，进善事，有益于百姓者。且国家剩得数百万贯钱③，何如得一有才行人？不见卿推贤进善之事，又不能按举不法④，震肃权豪，惟道税鬻银坑以为利益⑤！昔尧、舜抵璧于山林，投珠于渊谷，由是崇名美号，见称千载。后汉桓、灵二帝好利贱义⑥，为近代庸暗之主，卿遂欲将我比桓、灵耶？”

是日敕放令万纪还第⑦。

【注释】

①宣、饶二州：指宣州和饶州。宣州，治所在今安徽宣城。饶州，治所在今江西鄱阳。银坑：产银的矿坑。

②贯：穿钱的绳索，即钱串。旧时制钱，用绳子穿上，每一千文为一贯。

③剩：多。

④按举：检查举发。

⑤税鬻(yù)：指出租、出售。税，指出租收取的租税。

⑥桓：指东汉桓帝刘志(132—167)，东汉第十位皇帝，他是汉章帝曾孙。在位期间对百姓们勒索抢劫，民不聊生，怨声载道。灵：指东汉灵帝刘宏(156—189)。汉章帝玄孙。汉灵帝在位期间，政治腐败达到极点。他生活荒淫，聚敛无度，卖官鬻爵，搜刮民财，激起

人民反抗。中平元年(184)爆发了张角领导的黄巾起义。

⑦敕放：诏令削职。放，放逐。这里是停职或削职。还第：回家。第，旧时官僚贵族的住宅称"第"。

【译文】

贞观十年(636)，治书侍御史权万纪进言说："宣州、饶州二州群山中有很多银矿坑，开采它们有很大的利润，每年可以获得银钱数百万贯。"

太宗说："我作为尊贵的天子，金钱上的事一点也不缺乏。我只需要听取好的建议，施行善举，做有益于百姓的事。况且国家多收入几百万贯钱，怎能比得上得到一个有才有德的人呢？我没有看见你推荐贤人、建议善举之事，又不能审察检举违法的行为，使权贵豪族震慑敬畏，只会说出出租银坑来获取利润！从前尧、舜把玉璧抛进山林，把明珠投入深谷，因此而获得美名，被称颂千载。后汉桓帝、灵帝贪取财物，轻视道义，是近代昏庸的国君，你是想让我与桓帝、灵帝相比吗？"

太宗当天就敕令权万纪停职回家。

贞观十六年，太宗谓侍臣曰："古人云：'鸟栖于林，犹恐其不高，复巢于木末①；鱼藏于水，犹恐其不深，复穴于窟下。然而为人所获者，皆由贪饵故也。'今人臣受任，居高位，食厚禄，当须履忠正，蹈公清，则无灾害，长守富贵矣。古人云：'祸福无门，惟人所召②。'然陷其身者，皆为贪冒财利③，与夫鱼鸟何以异哉？卿等宜思此语，为鉴诫。"

【注释】

①木末：树梢。

②"祸福"二句：语出《左传·襄公二十三年》。意谓祸福无定，由人

自取。

③贪冒：贪图财利。

【译文】

贞观十六年(642)，太宗对身边的大臣们说："古人说：'鸟栖息在树林里，还担心树木不够高，又在树梢上筑巢；鱼潜藏在泉水里，还担心水不够深，又在洞窟下做穴。但是它们仍然被人捕获，这都是因为贪食诱饵的缘故啊。'现在臣子接受任命，身居高位，享有厚禄，应当做事忠诚正直，遵循清廉无私的原则，那么就不会有灾难，能长久保持富贵。古人说：'祸福无定，由人自取。'然而那些以身犯法的人，都是因为贪图财利，这与那些鱼、鸟有什么不同呢？你们应该思考这些话，作为借鉴和告诫。"

崇儒学第二十七

【题解】

本篇主要记述了贞观时君臣有关崇儒重道的一些言行。作者认为学识的厚薄对治国安邦能力的大小有很大影响，而且与世风民俗的好坏也有很大关系。自汉武帝采纳董仲舒"罢黜百家，独尊儒术"的建议以来，儒家思想就成为历代王朝的统治思想，备受推崇。太宗即位之初，也着意文治，崇尚儒学。所以他连年下诏，确定孔子、颜回为先圣先师，设置弘文馆，将前代名儒左丘明、卜子夏、公羊高、穀梁赤、伏胜、高堂生、戴圣、毛苌、孔安国、刘向、郑众、杜子春、马融、卢植、郑玄、服虔、何休、王肃、王弼、杜预、范宁等的著作"垂于国胄"，并将这些名儒"配享尼父庙堂"。同时命令颜师古考定五经、孔颖达撰写《五经正义》，"付国学施行"。太宗认为"为政之要，惟在得人，用非其才，必难致治。今所任用，必须以德行、学识为本"。贞观时期崇孔尊儒，兴学重教，把勤奋学习儒家思想看作是一种美德，使儒学成为当时社会的正统思想，其目的是为了维护自己的统治。

太宗初践祚①，即于正殿之左置弘文馆②，精选天下文儒，令以本官兼署学士③，给以五品珍膳，更日宿直④，以听朝之隙，引入内殿，讨论坟典⑤，商略政事，或至夜分乃罢。又诏勋贤三品已上子孙⑥，为弘文学生。

【注释】

①践祚：即位，登基。践，踏，登上。祚，通“阼”，皇帝的地位。因此称君主即位为“践祚”。

②弘文馆：唐武德四年(621)置修文馆于门下省。九年，太宗即位，改名弘文馆。藏书二十余万卷。置学士，掌校正图籍，教授生徒。置校书郎，掌校理典籍，刊正错谬。

③学士：“学士”一称最早见于《周礼·春官》，指那些在学校读书的人。唐代置学士于学士院，以文学言语参谋谏净，掌制诰，得受优宠。其后有承旨、侍读、侍讲、直学士等品秩之分。

④更日：隔日或按日轮换。宿直：夜间值班。

⑤坟典：“三坟”“五典”的并称，后转为古代典籍的通称。

⑥勋贤：指有功勋有才能的人。

【译文】

太宗登基初年，就在皇宫正殿的左边修建了一个弘文馆，精选了全国通晓儒学的人，让他们以原来的官职兼任弘文馆学士，供给他们五品以上高官的珍贵饮食享用，按日轮换在皇宫里值班，在皇帝上朝的间隙就召到内殿来，讨论古代典籍，商议治政方略，有时到夜深才结束。太宗又下诏让那些三品以上有功勋有才能的人的子孙，做弘文馆的学生。

　　贞观二年，诏停周公为先圣，始立孔子庙堂于国学①，稽式旧典②，以仲尼为先圣，颜子为先师，而笾豆干戚之容③，始备于兹矣。是岁大收天下儒士，赐帛给传④，令诣京师，擢以不次⑤，布在廊庙者甚众⑥。学生通一大经已上⑦，咸得署吏。国学增筑学舍四百余间，国子、太学、四门、广文亦增置生员⑧，其书、算各置博士、学生⑨，以备众艺。太宗又数幸国学，令祭酒、司业、博士讲论⑩，毕，各赐以束帛。四方儒生负书而至者，盖以千数。俄而吐蕃及高昌、高丽、新罗等诸夷酋长亦遣子弟请入于学⑪。于是国学之内，鼓箧升讲筵者几至万人⑫，儒学之兴，古昔未有也。

【注释】

①国学：《周礼·春官·乐师》云："乐师掌国学之政，以教国子小舞。"孙诒让《周礼正义》云："国学者，在国城中王宫左之小学也。"周代的"国学"只是国家所办的"贵族子弟学校"。此后朝代更替，国学逐步由小学演变为高等学府。

②稽式：准则，法式。这里引申为取法。

③笾（biān）豆：古代祭祀时盛食物的礼器。干戚：干（盾）和戚（大斧），古代祭祀时操干戚以舞。

④给传：谓朝廷给予驿站车马。汉代，凡朝廷征召之人由公车（官署名）以车接送。

⑤不次：不依寻常次序。

⑥廊庙：这里指朝廷。

⑦大经：唐国子监教课及进士考试经书，皆按经文长短分大、中、小三级，唐以《礼记》《春秋左氏传》为大经。

⑧国子：指国子学（监），我国封建时代的教育管理机关和最高学府。唐代国子学下辖国子、太学、四门学、广文馆、书学、算学和律学共七学。国子学是教文武三品以上官员及国公的子孙。太学：与国子学（监）均为传授儒家经典的最高学府，只是教育的对象不同，太学是教文武五品以上官员及郡县公的子孙。四门：即

四门学。唐代四门学隶国子学(监),传授儒家经典,性质与国子
学、太学同,只是四门学的教育对象是七品以上官员及普通人家
的优秀子弟。广文:"广文馆"的简称,官署名,领国子学中修进
士业者。

⑨书、算:即指书学和算学。书学是唐代培养书法人才的学校。
《新唐书·选举志》:"凡书学:《石经三体》限三岁,《说文》二岁,
《字林》一岁。"算学是培养天文、数学人才的学校。博士:古代学
官名,源于战国。我国古代对专门从事某种职业的人的尊称。
学生:指在国子监学习的人。

⑩祭酒:为国子监的主管官。司业:学官名。隋以后国子监置司
业,为监内的副长官,协助祭酒,掌儒学训导之政。博士:这里指
管教七品以上官员的子弟以及有才干的庶人子弟的人。

⑪吐蕃:7至9世纪时我国古代藏族所建政权,与唐经济文化联系
至为密切。高昌:始建于前1世纪汉代,因其"地势高敞,人广昌
盛"得名。460年,车师国亡,柔然立阚氏伯周为王,称其国为高
昌国,掀开了高昌王国的序幕。640年,唐朝统一高昌,在此设立
西州,辖高昌、交河、柳州、天山、蒲昌五县。高丽:少数民族政权
之一,在今朝鲜半岛。新罗:朝鲜半岛东南部土著民族建立的本
土政权。

⑫鼓箧(qiè):谓击鼓开箧,古时入学的一种仪式。这里借指来求学
的人。讲筵:讲经、讲学的处所。这里借指讲学的人。

【译文】

贞观二年(628),太宗下诏停止庙祀周公为先圣,开始在国子学内
建立奉祀孔子的庙堂,取法旧有的制度,尊孔子为先圣,颜渊为先师,庙
堂两边陈列的笾豆、干戚等礼器和乐舞用具从此齐备了。这一年又广
泛招揽天下的儒士,赏赐给他们布帛,供给他们驿传车马,让他们到京
城来,不按寻常的次序授予他们高低不等的官职,因此在朝廷做官的儒

士有很多。太学生中如能读通《礼记》《左传》大经中的一种,都能任职为吏。在国子学内增加建筑了四百多间房舍,国子、太学、四门、广文四学也都增加了学生的名额,书学、算学也分别设置了博士、招收学生,使各种科目都设置完备。太宗又几次亲自前往国学,命祭酒、司业以及博士等学官进行讲论,讲完后每人赏赐五匹帛。四面八方带着书赶来求学的儒生数以千计。不久以后吐蕃和高昌、高丽、新罗等四夷的首长们也派他们的子弟前来申请入学。于是在国子学内,前来讲学和求学的人几乎达到万人,儒学的兴盛,是自古以来未曾有过的。

贞观十四年诏曰:“梁皇侃、褚仲都①,周熊安生、沈重②,陈沈文阿、周弘正、张讥③,隋何妥、刘炫④,并前代名儒,经术可纪,加以所在学徒,多行其讲疏,宜加优异,以劝后生,可访其子孙见在者,录姓名奏闻。”

二十一年诏曰:“左丘明、卜子夏、公羊高、穀梁赤、伏胜、高堂生、戴圣、毛苌、孔安国、刘向、郑众、杜子春、马融、卢植、郑玄、服虔、何休、王肃、王弼、杜预、范宁等二十有一人⑤,并用其书,垂于国胄⑥,既行其道,理合褒崇,自今有事于太学,可并配享尼父庙堂⑦。”其尊儒重道如此。

【注释】

①皇侃(488—545):吴郡(郡治在今江苏苏州)人。南朝梁儒家学者,经学家。曾任国子助教、员外散骑侍郎。皇侃少好学,师事贺汤,尽通其学,尤明三《礼》、《论语》《孝经》,俱作义疏或讲疏,其著作今存《论语义疏》。褚仲都:梁五经博士,以精通《周易》著称。

②熊安生:字植之,长乐阜城(今山东交河东南)人。北朝经学家。

通五经，精三《礼》。他沿袭东汉儒家经说，撰有《周礼》《礼记》《孝经》诸义疏，均已佚。清马国翰《玉函山房辑佚书》辑有《礼记熊氏义疏》四卷。沈重：字子厚，北周武康（今浙江德清）人。史称"学业该博，为当世儒宗。至于阴阳图纬、道经、释典，无不通涉"。

③沈文阿（503—563）：字国卫，南朝陈吴兴武康（今浙江德清）人。少从父学，精三《礼》、三《传》。周弘正（496—574）：字思行，南朝陈汝南安城（今河南汝南东南）人。撰有《周易讲疏》及《论语疏》、《老子疏》等。张讥：字直言，南朝陈清河武城（今山东武城西北）人。通《孝经》《论语》。曾师事周弘正。著有《周易义》《论语义》等，皆佚。清人辑有《周易张氏讲疏》。

④何妥：字栖凤。少有才名。曾撰《周易讲疏》《孝经义疏》等，俱佚。刘炫：字光伯，隋河间景城（今河北献县东北）人。经学家。少时与刘焯友善，同受《诗》于刘轨思，受《左传》于郭懋，问《礼》于熊安生。周武帝平齐，后奉敕与王劭同修国史，又参加修定天文律历。主要著作有《论语述议》《五经正名》《考经述议》《春秋述议》《尚书述议》《毛诗述议》等，多佚。清人马国翰《玉函山房辑佚书》有所辑录。

⑤左丘明：一说左丘为复姓。鲁国人。春秋时史学家。左丘明博览天文、地理、文学、历史等古籍，学识渊博。相传曾著《春秋左氏传》，为解释《春秋》的三传之一，具有重要的史料价值。卜子夏：姓卜，名商，字子夏。春秋末年晋国温（今河南温县。另有魏人、卫人二说，近人钱穆考定，温为魏所灭，卫为魏之误，故生二说）人。孔子七十二著名弟子之一。才思敏捷，以文学著称。公羊高：战国时齐国人。相传是子夏（卜商）的弟子，治《春秋》，著有《春秋公羊传》，着重阐释《春秋》之"微言""大义"，史事记载较简略。谷梁赤：相传是子夏的弟子，战国时鲁人，《春秋谷梁传》

的作者,为今文经学派著作,体裁与《春秋公羊传》相近,以问答形式解经,侧重传《春秋》之"义理",持论比《公羊传》平正,是研究古代儒家思想的重要资料。伏胜:一名伏生,字子贱,章丘(今山东济南)人。秦时为博士官,精于《尚书》。秦始皇焚书时,他将《尚书》藏于旧宅壁中。其后流亡他乡。汉定后自求其书,已损失数十篇,仅存29篇(即是今日传世的《尚书》)。文帝时求能治《尚书》者,伏生老不能行,文帝便遣晁错前往求教,自此迄后世,《尚书》之为学,伏生实为传授的渊源。以后伏生弟子又据他对《尚书》的解释编成《尚书大传》一书。后世人尊其为圣人,在文庙中与孔子一起享受万民祭祀。伏生与他的今文《尚书》对中国儒家经学文化影响至为深远。高堂生:字伯,亦称高堂伯,西汉鲁平阳(今山东新泰龙廷)人。西汉初经学大师,今文礼学的最早传授者。秦始皇焚书后,《礼》已不传,只有他能背诵,并有专门研究。据《汉书·艺文志》记载:"汉兴,鲁高堂生传《士礼》十七篇。讫孝宣世,后仓最名。戴德、戴圣、庆普皆其弟子,三家立于学官。"戴圣:字次君,西汉梁(今河南商丘)人。戴德之侄,戴仁之子。汉代今文礼学的开创者,平生以学习儒家经典为主,尤重《礼》学研究。他所编著的《礼记》称为《小戴礼记》。《小戴礼记》被列为儒家经典,唐时被称为"大经"之一。毛苌:著名诗学家,西汉赵(今河北邯郸)人。毛苌与同时代较早的毛亨同为古文诗学"毛诗学"的开山鼻祖,世称小毛公。所谓《毛诗》即毛氏《诗经》,据近代学者王国维先生考证:"《毛诗》故训多本《尔雅》,当为大毛公所作,而今《毛诗故训传》专言典制义理,多用《周官》,当为小毛公作。"孔安国:字子国,西汉时期鲁国(今山东曲阜)人。汉代经学家。少年时受今文《尚书》于伏生,武帝时鲁共(恭)王拆除孔子旧宅,于壁中得古文《尚书》及《礼记》《论语》《孝经》等数十篇。其中古文《尚书》较今文《尚书》多十六篇,他将古文改写为当时通行的隶书,并作《传》,成为"尚书古文学"的开创者。晚年,著有《古文尚书传》《论语训解》《古文孝经传》《孔子家语》等书,成为古文尚书学派的开创者。刘向(约前77—前6):又名刘更生,字子政,沛县(今江苏沛县)人。西汉经学家、目录学家、文学家。刘向整理的古籍主要包括经传、诸子和诗赋。他又撰有《别录》,为我国最早的图书分类目录学著作。此外,他还编著了《新序》《说苑》《古列女传》三部历史故事集,是魏晋小说的先导。郑众(?—83):字仲师,东汉河南开封人。从父授《左氏春秋》,作《春秋难记条例》,兼通《易》《诗》,知名于世。经学家称之为"先郑",以区别于"后郑"郑玄。又称"郑司农",以区别与宦官郑众。杜子春(约前30—58):东汉经学家。河南缑氏(今河南偃师)人。曾传《周礼》,以授郑众、贾逵。所注《周礼》,郑玄曾采用,今佚。清马国翰《玉函山房辑佚书》辑有《周礼杜氏注》二卷。马融(79—166):字季长,右扶风茂陵(今陕西兴平)人。东汉经学家。少好学,无常师,博通经籍。他一生注书甚多,注有《孝经》《论语》《诗经》《周易》、三《礼》、《尚书》《列女传》《老子》《淮南子》《离骚》等书,皆已散佚。清人编的《玉函山房辑佚书》、《汉学堂丛书》都有辑录。另有赋颂等作品,有集已佚,明人辑有《马季长集》。卢植(?—192):字子幹,涿郡(今河北涿州)人。少与郑玄师从马融,通古今学,为当时大儒。灵帝时征为博士,与蔡邕等在东观补续《汉纪》。著有《尚书章句》《三礼解诂》,但这些书现在已经失传。郑玄:字康成,北海高密(今山东高密)人。13岁时能诵读五经。21岁博览群书,精通历数、算术、图纬。郑玄以毕生精力注释儒家经典,《后汉书·郑玄传》说:凡玄所注《周易》《尚书》《毛诗》《仪礼》《礼记》《论语》《孝经》等凡百余万言。服虔:初名重,又名祇,字子慎,河南荥阳(今河南荥阳)人。东汉时期经学家。信守古文经学,撰有《春秋左氏传解谊》。东晋元帝时,服氏《左传》曾立博士。南北朝时,北方盛行服《注》。唐以后服《注》遂亡。清马国翰《玉函山房辑佚书》辑存四卷,又李贻德有《左传贾(逵)服(虔)注辑述》。何休(129—182):字邵公,任城樊(今山东滋阳)人。东汉时期今文经学家。何休为人质朴,不善言词,但"雅有心思,精研《六经》,世儒无及者",对"三坟五典,阴阳算术,河洛谶纬……莫不成诵"。著有《春秋公羊传解诂》《公羊墨守》,又注《孝经》《论语》等。何休的著作大都散佚,只有《春秋公羊传解诂》保存至今,世传为何氏学。王肃(195—256):字子雍,东海郡郯(今山东郯城西南)人。三国时期经学家。他"善贾(逵)、马(融)之学,而不好郑氏(郑玄),采会同异",注解了《尚书》《诗经》《论语》《周礼》《仪礼》《礼记》《左传》等。各书均佚。清马国翰《玉函山房辑佚书》有辑本。王弼(226—249):字辅嗣,魏山阳(今河南焦作)人。三国时期经学家,魏晋玄学的主要代表人物之一。"幼而察慧,年十余,好《老氏》,通辩能言"。他辞才逸辩,少有高名。他与何晏、夏侯玄等一同开创玄学清谈风气。王弼的主要论著有:《周易注》《周易略例》《老子注》《老子指略》。他注释的《周易》,偏重于哲理,扫除了汉代经学的烦琐之风,具有重要的地位和影响。杜预(222—284):字元凯,京兆杜陵(今陕西西安东南)人。西晋著名政治家、军事家、学者。他博学多能,军事上以谋略著名;长于史学,好学不倦,最喜读左氏《春秋传》,时人谓之《左传》癖。著有《春秋左氏经传集解》和《释例》,是《左传》注解流传至今最早的一种,收入《十三经注疏》中。据《隋书·经籍志》记载,杜预的著作还有《春秋左氏传音》《春秋左氏传评》《律本》《杂律》《丧服要集》《女记》《春秋长历》等。范宁(339—401):字武子,南阳顺阳(今河南淅川东)人。东晋经学家。从小笃学,多所通览。史载:范宁认为《春秋》"三传"中《穀梁传》一向未有善释,于是沉思积

年,为之集解。终于撰成了《春秋榖梁传集解》十二卷,其义精
审,为世所重。南宋以后被收入《十三经注疏》中,一直流传
至今。

⑥国胄:帝王或贵族的子弟。

⑦尼父:对孔子的尊称。孔子字仲尼,故称。

【译文】

贞观十四年(640),太宗下诏书说:"梁朝的皇侃、褚仲都,北周的熊安生、沈重,陈朝的沈文阿、周弘正、张讥,隋朝的何妥、刘炫等,都是前朝著名的儒家学者,他们的经学儒术值得取法,现在在学的学徒,多数还奉行他们对经典的讲疏,应对他们加以优厚的褒奖,用来勉励后辈。可以查访他们现在的子孙,记下姓名奏闻上来。"

贞观二十一年(647)又下诏书说:"左丘明、卜子夏、公羊高、榖梁赤、伏胜、高堂生、戴圣、毛苌、孔安国、刘向、郑众、杜子春、马融、卢植、郑玄、服虔、何休、王肃、王弼、杜预、范宁等二十一人,应当采用他们的著述,留传给皇室和大臣的子孙们。既然推行他们讲述和阐发的道理,按理就应该给予嘉奖和崇敬,今后在太学中凡有祭祀或庆祝活动时,应当让他们配享于尼父的庙堂。"太宗就是这样尊儒重道的。

贞观二年,太宗谓侍臣曰:"为政之要,惟在得人,用非其才,必难致治。今所任用,必须以德行、学识为本。"

谏议大夫王珪曰:"人臣若无学业,不能识前言往行,岂堪大任。汉昭帝时①,有人诈称卫太子②,聚观者数万人,众皆致惑。隽不疑断以蒯聩之事③。昭帝曰:'公卿大臣,当用经术明于古义者,此则固非刀笔俗吏所可比拟④。'"

上曰:"信如卿言。"

【注释】

①汉昭帝(前94—前74)：即汉武帝少子刘弗陵，西汉第六位皇帝。前87—前74年在位，前后在位共13年。

②卫太子：即刘据，是大将军卫青的姐姐卫皇后所生，元狩元年(前122)被立为太子，成了汉武帝法定的接班人。据《汉书·昭帝纪》记载：始元五年(前82)，张延年诈称为卫太子刘据，后以诬罔罪腰斩(而《资治通鉴》记载冒充卫太子的男子则是成方遂)。

③隽不疑：西汉勃海(今河北沧县东)人。初为郡文学。暴胜之为绣衣御史至勃海，知其贤，荐于武帝，任为青州刺史。昭帝即位，齐孝王孙刘泽与燕王旦联络郡国谋反，他发觉后立即收捕，擢为京兆尹。治民严而不残，吏民服其威信。始元五年(前82)，有人冒充卫太子，朝臣不敢辨，他以儒经决事，收捕追治，终发其伪。以此名重当时。蒯(kuǎi)聩：春秋时卫灵公的世子，因事不顺从卫灵公，曾出奔宋国。卫灵公死，蒯聩又回卫国争位，卫出公不接纳他。汉昭帝时(始元五年)有人冒充卫太子，隽不疑根据《春秋》里的记载说卫出公不接纳蒯聩是对的，隽不疑在辨别真假卫太子时以儒经决事，根据《春秋》的义理把那个冒充卫太子的人给抓了起来，经审查，此人果然是冒充卫太子。

④刀笔俗吏：指旧时官衙内办理公文案卷的小吏。古代在竹简上记事，错讹处用刀刮去，故称。

【译文】

贞观二年(628)，太宗对身边的大臣们说："治理国家的关键在于选择合适的人才，如果用非其人，就很难治理好国家。如今用人，必须将道德品行、学问见识作为选拔的根本。"

谏议大夫王珪说："臣子如果没有学问，那就不会了解历史上的种种言行，怎能担负重大的责任？汉昭帝时，有人出来诈称自己是卫太子刘据，引来万人围观，当时在场的人都被迷惑了。京兆尹隽不疑根据

《春秋》上记载的蒯聩的故事辨清了那个人。昭帝说:'公卿大臣,应当选用通晓经学儒术懂得古义的人,这本来不是一般的刀笔之吏可比拟的。'"

太宗说:"确实像你所说的那样。"

贞观四年,太宗以经籍去圣久远,文字讹谬,诏前中书侍郎颜师古于秘书省考定"五经"①。及功毕,复诏尚书左仆射房玄龄集诸儒重加详议。时诸儒传习师说,舛谬已久,皆共非之,异端蜂起。而师古辄引晋、宋已来古本,随方晓答,援据详明,皆出其意表,诸儒莫不叹服。太宗称善者久之,赐帛五百匹,加授通直散骑常侍②,颁其所定书于天下,令学者习焉。太宗又以文学多门,章句繁杂③,诏师古与国子祭酒孔颖达等诸儒,撰定"五经"疏义,凡一百八十卷,名曰《五经正义》④,付国学施行。

【注释】

①颜师古(581—645):名籀,以字行(一云字籀),京兆万年(今陕西西安)人。唐初儒家学者,经学家、语言文字学家、历史学家。少传家业,遵循祖训,博览群书,擅长于文字训诂、声韵、校勘之学。曾作《汉书注》《急就章注》及《匡谬正俗》等,他还是研究《汉书》的专家,对两汉以来的经学史也十分熟悉。隋朝时为安养尉,唐初任朝散大夫、中书舍人,唐太宗时任中书侍郎、秘书少监,晚年为弘文馆学士。秘书省:官署名。是我国古代专门管理国家藏书的中央机构。从东汉后期设立秘书监起,到南北朝升为秘书省,典司图籍。南北朝以后始设秘书省。其主官称秘书监,监以下有少监、丞及秘书郎、校书郎、正字等官,领国史、著作二局,掌

　　国之典籍图书。唐代曾改称"兰台"及"麟台"。五经：五部儒家经典，即《周易》《尚书》《诗经》《礼记》《春秋》。

②通直散骑常侍：官名。晋武帝以员外散骑常侍与散骑常侍共同轮流值班，称为通直散骑常侍。后与散骑常侍、员外散骑常侍成为三个官名。南北朝均三者并置。唐时惟置左右散骑常侍，无员外、通直名目。

③章句：经学家解说经义的一种方式。泛指对古书的注释。

④《五经正义》：唐代颁布的一部官书。五经，指《周易》《尚书》《诗经》《礼记》《春秋》五部儒家经典著作。汉武帝时，朝廷正式将这五部书宣布为经典，故称"五经"。由于经书成书年代早，文字多晦涩难懂，记事又简略不详，给后人学习带来不少困难和混乱。唐朝建立以后，为了统一封建政权的政治、思想、文化建设的需要，亟需整顿混乱的经学，于是由朝廷出面撰修、颁布统一经义的经书。唐太宗下令召集当时一些著名的儒士共同撰修《五经正义》，于唐高宗永徽四年(653)颁行。

【译文】

　　贞观四年(630)，太宗认为儒学经典书籍距离圣人的时代久远了，字句发生了许多谬误，于是下诏让前中书侍郎颜师古到秘书省来考核订正"五经"。颜师古完工后，太宗又下诏让尚书左仆射房玄龄召集众多儒生来详细审议。当时很多儒生因为接受的是自己老师的解说，许多错误相传已久，都认为颜师古的考订不对，一时异端之说蜂拥而起。颜师古就引用晋、宋以来的古本，对各种异说随文给以解答，引证详细明确，出于众人的意料，众位儒生无不惊叹佩服。太宗听了也连连称赞，赐给颜师古五百匹锦帛，加官为通直散骑常侍，把他校定的经书颁行全国，让学者都照此学习。太宗又感到儒家流派很多，解释经书的著作繁杂，下诏让颜师古和国子祭酒孔颖达等儒士撰写考订"五经"的注释，共一百八十卷，定名为《五经正义》，交给国学作为教材使用。

太宗尝谓中书令岑文本曰：“夫人虽禀定性，必须博学以成其道，亦犹蜃性含水①，待月光而水垂；木性怀火，待燧动而焰发②；人性含灵，待学成而为美。是以苏秦刺股③，董生垂帷④。不勤道艺，则其名不立。”

文本对曰：“夫人性相近，情则迁移，必须以学饬情，以成其性。《礼》云：‘玉不琢不成器，人不学不知道。’所以古人勤于学问，谓之懿德⑤。”

【注释】

①蜃（shèn）：即大蛤蜊。栖息于潮湿地带及浅海泥沙滩的表层，其肉质鲜美无比，可供食用。相传大蛤蜊的本性含水，等到有月光的时候才喷出来，借用光的折射原理形成美丽的图案。

②燧（suì）：古代取火的器具。

③苏秦刺股：苏秦，字季子，洛阳（今河南洛阳）人。师事鬼谷子。战国时期，中原大地七雄并立，战争连年不断，各国都想统一中原。年轻的苏秦凭借自己的学识和口才游说当时最强大的秦国，希望得到重用。但是未能如愿。后得太公《阴符经》，潜心研读。读书欲睡，就用锥子刺自己的大腿，血流至脚跟，经过一番努力，终于学有所成。后来游说诸侯，合齐、楚、燕、赵、魏、韩六国抗秦，佩六国相印，开始了其辉煌的政治生涯。

④董生垂帷：董生，名仲舒，广川（今河北枣强）人。汉景帝时为博士。相传他在讲学时，为专心教书，放下帷幕，弟子均不得见其面。武帝即位，上对策三篇，被任为江都王相。他建议“独尊儒术，罢黜百家”，为武帝采纳，使儒学成为封建社会的正统。著有《春秋繁露》等书。

⑤懿（yì）德：美德。懿，美好（多指品德）。

【译文】

太宗曾对中书令岑文本说:"人虽然各自有确定的秉性,但必须博学才能有所成就,就像大蛤蜊本性含水,但要等月光照射时才会把水吐出来而形成美丽的图案;又像木材本身包含易燃的因素,但要靠钻动燧石才能发出火来;人的本性中包含着聪明灵巧,但要通过学习才能显出他的美质。所以当年有苏秦刺股和董生垂帷这样刻苦学习的故事。说明不勤奋学习道德和技能,就不会树立起他们的名声。"

岑文本回答说:"人的天性是相近的,但人的情趣则可以随时变化,必须依靠学习来驾驭情感成就人的本性。《礼记》上说:'玉不琢不成器,人不学不知道。'所以古人都注重勤奋学习,把它看作是一种美德。"

文史第二十八

【题解】

《文史》篇主要记载了太宗对书写史书及"实录"内容的一些看法。太宗在阅读史书时发现前朝史书多看重靡丽文章,不务政事,甚至有导致灭亡者。他认为这些文章辞藻虚浮华丽,对于勉励劝诫人没有什么益处,因而鼓励臣子上书论政,要"词理切直,可裨于政理者",同时他认为"若事不师古,乱政害物,虽有词藻,终贻后代笑"。此外,太宗还特别关注记载自己言行的起居注,他认为"国史,用为惩恶劝善,书不以实,后嗣何观"? 因而他对玄武门事变的记载,要求史官秉笔直书,使"雅合至公之道",从而也反映出本书作者提倡秉笔直书、反对曲笔的观点。

贞观初,太宗谓监修国史房玄龄曰:"比见前、后《汉史》载录扬雄《甘泉》《羽猎》①,司马相如《子虚》《上林》②,班固《两都》等赋③,此既文体浮华,无益劝诫,何假书之史策④? 其有上书论事,词理切直,可裨于政理者,朕从与不从皆须备载。"

【注释】

①前、后《汉史》：即指《前汉书》《后汉书》。扬雄(前53—18)：一作
"杨雄"，字子云，西汉蜀郡成都(今四川成都郫都区)人。西汉学
者、辞赋家。少时好学，博览多识，酷好辞赋。后始游京师，经人
引荐，被喜爱辞赋的成帝召入宫廷，侍从祭祀游猎，任给事黄门
郎。他历成、哀、平"三世不徙官"。王莽称帝后，扬雄校书于天
禄阁。后受他人牵累，即将被捕，于是坠阁自杀，未死。后召为
大夫。扬雄一生悉心著述，除辞赋外，又仿《论语》作《法言》，仿
《周易》作《太玄》，表述他对社会、政治、哲学等方面的思想，在思
想史上有一定价值。扬雄早期以辞赋闻名，他最服膺司马相如，
"每作赋，常拟之以为式"(《汉书·扬雄传》)。《甘泉》《羽猎》：扬
雄的两篇赋名，是模拟司马相如《子虚》《上林》而写的，其内容为
铺写天子祭祀之隆、苑囿之大、田猎之盛，结尾兼寓讽谏之意。
其用辞构思亦华丽壮阔，与司马相如赋相类，所以后世有"扬马"
之称。

②司马相如(约前179—前117)：字长卿，西汉蜀郡成都(今四川成
都)人。是汉代很有成就的散文名家、辞赋家。其作品善于描写
景物，烘托气氛，以情景交融的笔法，把人物感情的起伏跌宕写
得惟妙惟肖，委婉动人，对后代的宫怨诗产生了相当大的影响。
鲁迅先生对司马相如的评价最精炼，最权威："不师故辙，自摅妙
才，广博闳丽，卓绝汉代。"(《汉文学史纲要》)《子虚》：赋篇名。
指司马相如的《子虚赋》。赋中假设子虚、乌有先生和亡是公三
个寓言人物。写楚臣子虚使于齐，齐王盛待子虚。畋罢，子虚访
问乌有先生，遇亡是公在座。子虚讲述齐王畋猎之盛，乌有先生
不服，便以齐之大海名山、异方殊类，傲视子虚。在子虚看来，齐
王对他的盛情接待中流露出大国君主的自豪、自炫。作为楚国
使臣，他感到这是对自己国家和君主的轻慢。使臣的首要任务

是不辱君命,于是,他以维护国家和君主尊严的态度讲述了楚国的辽阔和云梦游猎的盛大规模。全篇结构宏大,辞采富丽,是汉大赋的代表作。《上林》:赋篇名。指司马相如的《上林赋》。该赋本与《子虚赋》为一篇,《文选》收录时始分为二,将前一部分题作《子虚赋》,后一部分题作《上林赋》。《上林赋》写亡是公笑子虚、乌有先生为不足道,乃大肆铺陈汉天子上林苑之宏美巨丽,天子射猎之壮观盛举,以压倒齐、楚,表明非诸侯国所能比。文章写山泽之美,色彩斑斓,绚丽夺目;写草木之盛,千姿百态,目不暇接;写帝王生活,富丽堂皇,淋漓尽致。此赋词采富丽,气势恢弘,是描写皇家园林的最有代表性的作品。上林:指上林苑,故址在今陕西西安西及周至、西安鄠邑区界。它本是秦代的旧苑,汉武帝时重修并加以扩大。

③班固(32—92):东汉史学家、文学家。扶风安陵(今陕西咸阳东北)人。父班彪也是史学家。他继承父业,续修《汉书》。又善于作赋,所写《两都赋》为汉赋名篇。89年,随大将军窦宪出击匈奴。后窦宪专权被杀,他受牵连,死在狱中。《两都》:赋篇名。分《西都赋》《东都赋》两篇,为班固名作。两都,指西都长安和东都洛阳。东汉建都洛阳,"西土耆老"仍希望复都长安,班固持异议,因此作《两都赋》。赋中以主客问答方式假托"西都宾"向"东都主人"夸耀西都长安的关山之险要、宫苑之广大和物产之繁盛,希望东汉皇帝驾返西都;然后又以"东都主人"夸耀光武建都洛阳修文德、来远人的盛况,以驳斥"西都宾"的"淫侈之论"。最后归之为应建都洛阳。《两都赋》颂扬了东汉建都洛阳和光武帝中兴汉室的功绩,体制宏大,写法上铺张扬厉,是西汉大赋的继续。《两都赋》开拓了写京都的题材,对张衡的《二京赋》和左思的《三都赋》均有影响。

④史策:即史册。策,通"册"。

【译文】

　　贞观初年,太宗对主管监修国史的房玄龄说:"近来看前、后《汉书》上载录了扬雄的《甘泉赋》《羽猎赋》,司马相如的《子虚赋》《上林赋》,班固的《两都赋》等,这些文章既辞藻虚浮华丽,对于勉励劝诫人也没有什么益处,为什么还记录在史册上? 如果有人上书论述政事,只要文辞中肯直率,可以裨补于国事政务的,不论我是否采纳,都要详加记载。"

　　贞观十一年,著作佐郎邓隆表请编次太宗文章为集①。太宗谓曰:"朕若制事出令,有益于人者,史则书之,足为不朽。若事不师古,乱政害物,虽有词藻,终贻后代笑,非所须也。只如梁武帝父子及陈后主、隋炀帝②,亦大有文集,而所为多不法,宗社皆须臾倾覆③。凡人主惟在德行,何必要事文章耶?"竟不许。

【注释】

　　①著作佐郎:著作局属官。《新唐书·百官志二》云:"著作局:郎二人,从五品上;著作佐郎二人,从六品上。"著作郎掌撰碑志、祝文、祭文,与佐郎分判局事,专掌史任。邓隆:即邓世隆,相州(今河南安阳)人。贞观初,召授国子主簿,与崔仁师等俱为修史学士。后改著作佐郎,历卫尉丞。编次:按一定的次序编排。

　　②梁武帝父子:指南朝的梁武帝萧衍和其子萧统。梁武帝(464—549),名萧衍,字叔达。他的政治、军事才能,在南朝诸帝中堪称翘楚。史书称他"六艺备闲,棋登逸品,阴阳纬候,卜筮占决,并悉称善","草隶尺牍,骑射弓马,莫不奇妙"。陈后主(553—604):即陈叔宝,南朝陈皇帝。在位时大建宫室,生活奢侈,日与妃嫔、文臣游宴,制作艳词。隋兵南下时,恃长江天险,不以为

意。祯明三年(589),隋兵入建康(今江苏南京),被俘。后在洛
阳病死,追封长城县公。

③须臾:瞬息、顷刻,表示极短的时间。

【译文】

贞观十一年(637),著作佐郎邓隆上表请求将太宗的文章编辑成文
集。太宗对他说:"我制订的政策、发出的诏令,如果对人民有好处的,
史书已经记载了,足以流传不朽。如果处理的事务不师法古人,扰乱国
家、对百姓有害,虽然文章辞藻华丽,终究会被后代耻笑,这不是我需要
的。像梁武帝父子和陈后主、隋炀帝,也都有文集,但是他们的所作所
为大多不合法度,国家在短时间内就灭亡了。凡是做君主的只在于道
德品行的修养,何必要从事文章的写作呢?"太宗最终没有允许编辑文
集的事。

贞观十三年,褚遂良为谏议大夫,兼知起居注①。太宗
问曰:"卿比知起居,书何等事? 大抵于人君得观见否? 朕
欲见此注记者,将却观所为得失以自警戒耳!"

遂良曰:"今之起居,古之左、右史②,以记人君言行,善
恶毕书,庶几人主不为非法,不闻帝王躬自观史。"

太宗曰:"朕有不善,卿必记耶?"

遂良曰:"臣闻守道不如守官,臣职当载笔③,何不
书之?"

黄门侍郎刘洎进曰:"人君有过失,如日月之蚀,人皆见
之。设令遂良不记,天下之人皆记之矣。"

【注释】

①知起居注:负责编纂起居注。起居注,是我国封建时代一种记载

皇帝言行的专册,由历代帝王的近侍臣担任记录和编撰。

②左、右史:我国周代设有左史、右史,为天子记行、记言。《汉书·
艺文志》云"左史记言,右史记事"。据今人考证,从其职能以及
当时人们的习惯来看,它并不是先秦时期的实有官制,应该是内
史、太史的譬喻称呼。至于记言记事之职责,也并不特指左史、
右史,而是针对先秦史官共有的职能而言。

③载笔:这里指秉笔直书。

【译文】

贞观十三年(639),褚遂良任谏议大夫,兼管编纂起居注。太宗问
他说:"你近来主持编纂起居注,记录了哪些事呢? 可不可以让皇帝自
己观看呢? 我想看这些记载的原因,不过是要回顾一下所作所为的成
败得失,用来警惕告诫自己罢了!"

褚遂良说:"现在的起居注,就是古代的左史、右史,是负责记录皇
帝的言行,不论好坏都记录下来,是希望皇帝不要做不合法度的事,没
有听说过皇帝要亲自翻看起居注的。"

太宗说:"我做了不好的事,你也一定会记录吗?"

褚遂良说:"臣听说遵守君臣道义不如忠于自己的职守,臣的责任
是秉笔直书,怎么可以不记录呢?"

黄门侍郎刘洎进言说:"皇帝如有过失,就像日蚀、月蚀一样,人们
都能看见。即使褚遂良不记录,天下的人也都记下来了。"

贞观十四年,太宗谓房玄龄曰:"朕每观前代史书,彰善
瘅恶①,足为将来规诫。不知自古当代国史,何因不令帝王
亲见之?"

对曰:"国史既善恶必书,庶几人主不为非法。止应畏
有忤旨②,故不得见也。"

太宗曰："朕意殊不同古人。今欲自看国史者，盖有善事，固不须论；若有不善，亦欲以为鉴诫，使得自修改耳。卿可撰录进来。"

玄龄等遂删略国史为编年体③，撰高祖、太宗《实录》各二十卷，表上之。太宗见六月四日事④，语多微文⑤，乃谓玄龄曰："昔周公诛管、蔡而周室安⑥，季友鸩叔牙而鲁国宁⑦，朕之所为，义同此类，盖所以安社稷，利万人耳。史官执笔，何烦有隐？宜即改削浮词，直书其事。"

侍中魏徵奏曰："臣闻人主位居尊极，无所忌惮，惟有国史，用为惩恶劝善，书不以实，后嗣何观？陛下今遣史官正其辞，雅合至公之道。"

【注释】

①瘅（dàn）恶：憎恨坏人坏事。

②忤旨：违反了帝王的旨意。

③编年体：我国传统史书的一种体裁，按年、月、日编排史实。如《春秋》《资治通鉴》等就是编年体史书。

④六月四日事：指发生在武德九年（626）六月四日的玄武门事件。当时文字多以"六月四日事"来指代。

⑤微文：指用委婉而隐晦的语言来表达文义。

⑥"昔周公"句：据史书记载，武王即逝，周成王年幼，由周公摄政。他立殷纣王之子武庚于殷，令成王弟管叔、蔡叔监国。管叔、蔡叔和霍叔等人不服，造谣说周公"将不利于孺子"。当武王病重之时，周公尝祝祷，愿以身相代，祝文藏于金縢匮中。后成王因天灾震恐，发金縢之匮，发现祝文，乃大感悟，亲迎周公归。管叔、蔡叔和霍叔勾结武庚及东方夷族叛周，周公奉成王命出师东

征，一举将他们剿灭，从此奠定西周的基业。管、蔡：指管叔、蔡叔，都是周武王的弟弟。

⑦"季友"句：季友，春秋时鲁桓公少子，庄公母弟。叔牙，也是桓公之子。据史书记载，鲁庄公病重，他怀疑庆父，便故意将叔牙召来询问继位一事。叔牙果然大夸庆父的才干。庄公把季友召来商议，季友回答："庆父残忍暴虐，不是一个能够执掌国位的人，叔牙对他哥哥怀有私心，更不能听他的话。"庄公点点头，但已说不出话了。季友出宫假借庄公之名，派内侍传令叔牙赶到大夫针季家中相候，叔牙果然到。季友拿出鸩酒一瓶让叔牙喝，叔牙不肯，被针季揪住耳朵灌下，叔牙七窍流血而死。

【译文】

贞观十四年（640），太宗对房玄龄说："我在每次阅读前朝的史书时，总可以看到一些表扬美德，斥责恶行的内容，足可以作为将来的规劝和告诫。不知自古以来的当代国史为何都不让帝王亲眼看看呢？"

房玄龄回答说："国史的记载既然善恶必书，是希望皇帝不去做非法的事。只是怕有些记载与皇帝的意见相抵触，所以都不让皇帝亲自见到。"

太宗说："我的想法和古人有很大不同。现在我想亲自看看当代国史的原因是，如果记录了我的美德，固然无须再说什么；如果记录了我的过错，也是想把它作为借鉴，使得自己可以改正罢了。你可以将国史抄录送来。"

房玄龄等人就把国史进行了删减改成编年体，写成《高祖实录》、《太宗实录》各二十卷，呈送给太宗看。太宗看到六月四日玄武门事件时，很多地方用语委婉而隐晦，就对房玄龄说："从前周公杀了管叔、蔡叔以后才使周室得以安定，季友毒死了叔牙才使得鲁国变得安宁。我做的六月四日的事，与这类事是同样的道理，都是为了安定国家，造福百姓。史官秉笔直书，何必还要有所隐晦？应立即改掉虚浮的字句，如实把事情写出来。"

　　侍中魏徵上奏说："我听说皇帝处在极尊贵的地位，没有什么顾虑和畏惧的，只有依靠国史，用它来惩罚恶行、勉励美德，如果记载不真实，后代还怎么看呢？陛下现在命令史官改正文辞，很符合至公无私的道理。"

礼乐第二十九

【题解】

礼乐制度是封建统治阶级用来巩固贵族内部关系和愚弄人民的一种手段,其目的在于维护其宗法制度和君权、族权、夫权、神权,维护贵族的世袭制、等级制和加强统治。本篇着重记载了贞观君臣在这方面的议论,以及修定礼乐制度的各种举措。太宗认为"礼乐之作,是圣人缘物设教,以为撙节"的,因此他诏吏部尚书高士廉等刊正姓氏,撰为《氏族志》,其目的在于"崇树今朝冠冕"。他还诏曰:"氏族之美,实系于冠冕。婚姻之道,莫先于仁义","使识嫁娶之序,务合典礼"。当时许多经济和政治上的典章制度,常常贯串在各种礼中,依靠各种礼的举行来加以确立和维护。因此礼乐是纲常伦理的关键,是处理人际关系、调整君臣秩序的原则。太宗诏令改革礼制,自身躬行不辍,并用礼法教诚诸子大臣,懂得"礼乐"是一种有效的治国方式。古代帝王常用兴礼乐为手段以求达到尊卑有序、远近和合的统治目的。

太宗初即位,谓侍臣曰:"准《礼》^①,名,终将讳之^②,前古帝王,亦不生讳其名,故周文王名'昌',《周诗》云:'克昌厥后。'春秋时鲁庄公名'同',十六年《经》书^③:'齐侯、宋公同盟于幽。'唯近代诸帝,妄为节制,特令生避其讳,理非通允,宜有改张。"

　　因诏曰:"依《礼》,二名义不偏讳④,尼父达圣,非无前指。近世以来,曲为节制,两字兼避,废阙已多,率意而行⑤,有违经语。今宜依据礼典,务从简约,仰效先哲,垂法将来。其官号人名及公私文籍,有'世'及'民'两字不连读,并不须避。"

【注释】

①准《礼》:按照《周礼》。准,按照。

②名,终将讳(huì)之:意谓人的名字,要等到他死了以后才避讳。《左传·桓公六年》云:"周人以讳事神,名,终将讳之。"意思是周代用避讳事奉神灵,人死之后,他的名字就必须避讳。讳,封建时代为了维护等级制度的尊严,说话写文章时遇到君主或尊亲的名字都不直接说出或写出,叫做避讳。表示尊敬的心意。《公羊传·闵公元年》云:"《春秋》为尊者讳,为亲者讳,为贤者讳。"

③《经》:指《春秋》。

④"依《礼》"二句:意谓按照《礼记》,人名的两个字,不需要一一避讳。这里的《礼》指《礼记》,《礼记·曲礼上》云:"二名不偏讳。"郑玄注:"谓二名不一一讳也。孔子之母名'徵在',言'在'不称'徵',言'徵'不称'在'。"

⑤率意:轻率任意。

【译文】

　　太宗即位不久,对身边的大臣们说:"按照《周礼》,人的名字要等到死后才避讳,从前古代帝王的名字也不在他们生前避讳。因此周文王名'昌',《周颂》上说:'克昌厥后。'春秋时鲁庄公名'同',庄公十六年《春秋》记载着:'齐侯、宋公同盟于幽。'只有近代这些帝王才都乱加限制,特意下令在其生前就要避讳,这在道理上讲不通,应当有所改变。"

　　因此下诏说:"按照《礼记》,人名的两个字,不需要一一避讳。孔子是通达事理的圣人,以前也不是没有指出过。近代以来,不合理地加以限制,人名的两个字都要避讳,废除和空缺的字因此很多,这样轻率任意地做,有违经典的训示。现在应该依据礼法,务必遵行简约的规定,效法前朝圣人,给后世也留下可行的法则。官职、人名以及公私文书典籍中,有'世'和'民'两个字而并不连读的,都不用避讳。"

　　贞观二年,中书舍人高季辅上疏曰①:"窃见密王元晓等俱是懿亲②,陛下友爱之怀,义高古昔,分以车服,委以藩维③,须依礼仪,以副瞻望。比见帝子拜诸叔④,诸叔亦即答拜,王爵既同,家人有礼,岂合如此颠倒昭穆⑤?伏愿一垂训诫,永循彝则⑥。"

　　太宗乃诏元晓等,不得答吴王恪、魏王泰兄弟拜。

【注释】

①中书舍人:官名。始于先秦,本为国君、太子亲近属官。魏晋时于中书省内置中书通事舍人,掌传宣诏命。南朝沿置,至梁,除"通事"二字,称中书舍人,任起草诏令之职,参与机密,权力日重。隋唐时,中书舍人在中书省掌制诰(拟草诏旨),多以有文学资望者充任。高季辅:即高冯,以字行,渤海蓚县(今河北景县东)人。隋末杀贼报仇,率众归高祖,援陕州总管府户曹参军。贞观末累迁中书令兼检校吏部尚书,赐爵蓚县公。

②密王元晓:唐高祖第二十一子,太宗之弟。懿(yì)亲:至亲。特指皇室宗亲、外戚。

③藩维:边防要地。

④帝子：指太宗之子吴王李恪、魏王李泰。

⑤昭穆：古代宗法制度，宗庙或宗庙中神主的排列次序，始祖居中，以下父子(祖、父)递为昭穆，左为昭，右为穆。这里指按照长幼辈分排列的次序。

⑥彝则：日常的制度，准则。

【译文】

贞观二年(628)，中书舍人高季辅上奏章说："臣私下看到密王李元晓等人都是宗室的至亲，陛下友爱兄弟的胸怀和情谊都高过古人，赐给他们车马冠服，委任给他们藩维的重任，所以他们做事必须依照礼仪的规定，使他们与众人的期待相称。近来看见皇子向叔辈施礼下拜，叔辈们也立即向他们回拜，王爵虽然相同，但家族有家族的礼仪，怎能这样颠倒家族的辈分？我希望陛下颁发训令诫示，作为日常遵循的准则。"

于是太宗诏告李元晓等人，不得向吴王李恪、魏王李泰兄弟回拜答礼。

贞观四年，太宗谓侍臣曰："比闻京城士庶居父母丧者，乃有信巫书之言①，辰日不哭②，以此辞于吊问，拘忌辍哀，败俗伤风，极乖人理。宜令州县教导，齐之以礼典。"

【注释】

①巫书：指专门宣传迷信禁忌、装神弄鬼的书籍。

②辰日：古代以干支记日，逢地支辰日，称作"辰日"。

【译文】

贞观四年(630)，太宗对身边的大臣们说："近来听说京城官员和百姓在父母亲的丧期中，竟然有人相信巫书的话，逢辰日那天不哭，以此来谢绝吊唁，拘泥禁忌而停止哀伤，败坏风俗，非常违背人伦礼法。应该命令州县长官教化开导，一律按照相关礼仪法典的规定去做。"

贞观五年，太宗谓侍臣曰：“佛道设教①，本行善事，岂遣僧尼道士等妄自尊崇，坐受父母之拜？损害风俗，悖乱礼经②，宜即禁断，仍令致拜于父母。”

【注释】

①佛道：佛教与道教的并称。设教：施行教化。

②悖乱：违背，背乱。礼经：古代讲礼节的经典，常指《仪礼》而言。

【译文】

贞观五年（631），太宗对身边的大臣们说：“佛教、道教施行教化，本意是要施行善事，哪里是让和尚、尼姑、道士等人妄自尊大，坐着接受父母的跪拜？这是损害风俗，违背礼法，应该立即禁绝，仍然让他们跪拜自己的父母。”

贞观六年，太宗谓尚书左仆射房玄龄曰：“比有山东崔、卢、李、郑四姓，虽累叶陵迟①，犹恃其旧地，好自矜大，称为士大夫。每嫁女他族，必广索聘财，以多为贵，论数定约，同于市贾，甚损风俗，有紊礼经，既轻重失宜，理须改革。”乃诏吏部尚书高士廉、御史大夫韦挺、中书侍郎岑文本、礼部侍郎令狐德棻等②，刊正姓氏，普责天下谱牒③，兼据凭史、传，剪其浮华，定其真伪，忠贤者褒进，悖逆者贬黜，撰为《氏族志》④。士廉等及进定氏族等第，遂以崔幹为第一等⑤。

太宗谓曰：“我与山东崔、卢、李、郑，旧既无嫌，为其世代衰微，全无官宦，犹自云士大夫，婚姻之际，则多索财物。或才识庸下，而偃仰自高⑥，贩鬻松槚⑦，依托富贵。我不解人间何为重之？且士大夫有能立功，爵位崇重，善事君父，忠孝可称;或道义清素,学艺通博,此亦足为门户,可谓天下士大夫。今崔、卢之属,惟矜远叶衣冠,宁比当朝之贵?公卿已下,何暇多输钱物,兼与他气势,向声背实,以得为荣。我今定氏族者,诚欲崇树今朝冠冕,何因崔幹犹为第一等,只看卿等不贵我官爵耶? 不论数代已前,只取今日官品、人才作等级,宜一量定,用为永则。"遂以崔幹为第三等⑧。至十二年书成,凡百卷,颁天下。

【注释】

①累叶:累世。陵迟:败坏,衰败。

②令狐德棻(583—666):宜州华原(今陕西铜川市耀州区)人。唐朝史学家,多次参加官书的编写。唐高祖时,任大丞相府记室,后迁起居舍人、礼部侍郎、国子监祭酒、太常卿,弘文馆、崇贤馆学士等职。唐初奏请重修梁、陈、北齐、北周及隋朝正史,被采纳。龙朔二年(662),令狐德棻以八十高龄,加金紫光禄大夫。卒于家。曾主编《周书》。

③谱牒:亦作"谱谍",记述氏族或宗族世系的书籍。鉴于隋末唐初旧族、新官发生升降、浮沉,士庶谱牒杂乱无章的状况,唐太宗作了具体指示:"命士廉等遍责天下谱谍,质诸史籍,考其真伪,辨其昭穆,第其甲乙,褒进忠贤,贬退奸逆,分为九等。"这也是唐太宗修订《氏族志》的指导思想。

④《氏族志》:记载宗族谱系的著作。所谓氏族,就是士族。魏晋南北朝指"官有世胄,谱有世官"的身份性的士族,唐初则指非身份性的士族。唐太宗为了抬高李氏皇族、加强皇权、巩固统治,进行了修撰《氏族志》的工作。这是唐统治者加强皇权,打击山东士族的重要措施。

⑤崔幹:《资治通鉴》卷一九五作"崔民幹",因避唐太宗讳,除"民"
　字。武德元年(618)担任黄门侍郎,以山东安抚副使的职位会同
　山东道安抚大使李神通讨伐宇文化及的叛乱。此后也没有建立
　功业,官职始终不见超擢。

⑥偃仰自高:自以为门第高贵,自高自大。偃仰,俯仰。

⑦贩鬻:贩卖。这里指炫耀。松槚(jiǎ):松树与槚树。因松、槚二
　树常被栽植墓前,所以亦作墓地的代称。

⑧"遂以"句:《资治通鉴》卷一九五载高士廉、韦挺等修《氏族志》
　事,成书之初,"以黄门侍郎崔民幹为第一"。太宗对此不满,遂
　改为"以皇族为首,外戚次之,降崔民幹为第三"。崔民幹为黄门
　侍郎位居正四品,唐初宰相位居三品以上,列入《氏族志》第三
　等,照理应是宰相、公卿大臣家族,按崔民幹的职位是不足以列
　入第三等的。唐太宗同意高士廉降崔民幹为第三等,是"尚官"
　与"尚姓"原则妥协的产物。

【译文】

　　贞观六年(632),太宗对尚书左仆射房玄龄说:"近来看到山东崔、卢、李、郑四姓,虽然几代家道衰落,但仍然倚仗旧有的地望,喜欢夸耀自大,自称为士大夫。每当把女儿嫁给其他家族时,都要大肆索取聘礼财物,以多为贵,根据聘礼的多少来决定婚约,如同市场上的商贩,这种做法特别败坏风俗,也紊乱了礼法。既然他们的门望已经与事实不符,理应加以改革。"于是下诏命令吏部尚书高士廉、御史大夫韦挺、中书侍郎岑文本、礼部侍郎令狐德棻等人,负责修改订正全国姓氏,普查全国的氏族家谱,同时依据史书、经传的有关记载,删去其中虚华不实的部分,订正其中的真伪,凡属忠良贤明的就褒扬提拔,凡属奸逆的就给予贬黜,撰写成《氏族志》。高士廉等人进呈重定的氏族等第次序时,就把崔幹列作第一等。

　　太宗看了以后对他们说:"我和山东崔、卢、李、郑四姓并无宿怨,只

因为他们家道几代都衰落,又无人做官,还自称是士大夫,婚嫁的时候又索取大量财物。有的人才能低下,自以为门第高贵而自高自大,依靠炫耀祖宗的名望,依附于富贵的行列。我不理解社会上为什么会看重他们？况且士大夫如果有能力建立功勋,爵位崇高,在侍奉国君和父母方面又是忠孝两全的就值得称道;或者道德一直很高尚,学问技艺宏大广博,这些也足可以自立门户,也称得上是天下的士大夫。现在崔氏、卢氏这些人,只会标榜祖上的荣耀,怎能与当代的达官贵人相比拟呢？公卿以下的官吏,何必大送财物给他们,助长他们的气焰,只图虚名,背离实际,把与他们结交当做荣耀呢？我朝现在重新确定氏族等级的原因,实际上是为了提高当朝官宦士大夫在社会上的地位,为什么崔干还列为第一等？只能认为是你们看轻我大唐的官爵啊！你们不要看几代以前的情况,只根据今天的官品、人才来划定等级,应该统一量定以后,用作永久不变的准则。"于是把崔干列为第三等。到贞观十二年(638),全书完成,共计百卷,颁行全国。

又诏曰:"氏族之美,实系于冠冕①。婚姻之道,莫先于仁义。自有魏失御②,齐氏云亡③,市朝既迁④,风俗陵替⑤,燕、赵古姓,多失衣冠之绪,齐、韩旧族,或乖德义之风。名不著于州闾,身未免于贫贱,自号高门之胄,不敦匹嫡之仪⑥,问名唯在于窃赀⑦,结褵必归于富室⑧。乃有新官之辈,丰财之家,慕其祖宗,竞结婚姻,多纳货贿,有如贩鬻。或自贬家门,受辱于姻娅⑨;或矜其旧望,行无礼于舅姑⑩。积习成俗,迄今未已,既紊人伦,实亏名教。朕夙夜兢惕,忧勤政道,往代蠹害,咸已惩革,唯此弊风,未能尽变。自今已后,明加告示,使识嫁娶之序,务合典礼,称朕意焉。"

【注释】

①冠冕：这里借指仕宦官爵。我国古代社会等级森严，阶级地位的高低往往决定人的尊卑贵贱。除了衣饰之外，冠冕、巾帻也尊卑分明。

②失御：亦作"失驭"，失去驾驭。指丧失统治能力。

③齐氏云亡：指北齐灭亡。

④市朝：本指争名逐利之所。这里泛指朝野。

⑤陵替：衰落，衰败。

⑥敦：遵循，遵守。匹嫡：这里指缔结婚姻。

⑦问名：旧时婚礼中六礼之一。谓男家具书托媒请问女子的名字和出生的年月日。这里泛指求亲。

⑧结褵（lí）：代称成婚。

⑨姻娅：泛指姻亲。

⑩舅姑：在古代，妻称夫之父母（俗称公婆）、夫称妻之父母（俗称岳父母）皆曰舅姑。"舅姑"一词一般与现在人们所说的"公婆"同义。这是因为古代通婚讲究门当户对，两个通婚的氏族彼此嫁女，实际上就是姑舅结亲：女方的公公正是母亲的兄弟辈，所以应该称"舅"；女方的婆婆正是父亲的姊妹辈，所以应该称"姑"，这样一来，公公与舅舅、婆婆与姑姑就"一身而二称"了。如《礼记·坊记》载"昏（婚）礼，婿亲迎，见于舅姑"，郑玄注曰："舅姑，妻之父母也。"古代把"公婆"称为"舅姑"，正是这种"姑舅表配婚（中表婚）"的婚姻制度在语言上的反映。这种称谓习惯一直延续到唐宋时期。

【译文】

太宗又下诏说："氏族值得赞美的地方，实际上是和官爵联系在一起的。婚姻的准则，应该先讲究仁义道德。自从北魏丧失统治能力，北齐灭亡，朝野已经变迁，风俗也已衰落，燕、赵的古姓家族，很多已经失去了宦官的地位,齐、韩的旧家大族,有的也违背了礼义的风气。他们的名字在州郡里间已经听不到了,自身也不免变得贫贱,还自吹是高门贵族的后代,不遵循婚姻的礼仪,求亲只是为了勒索财物,缔结婚约一定要寻找富裕人家。于是就有一些新做官的人和有钱的人家,羡慕那些人祖宗的名声,争相和他们结成姻亲,赠送大量的彩礼,就像买卖东西一样。有的自己降低门第,受到姻亲的污辱;有的还夸耀自己过去的门第,对公公婆婆没有礼貌。这些坏习惯已积习成俗,至今还没有停止,既紊乱了人伦,又损害了名教。我日夜战战兢兢,思索治国之道,历代的积习弊端都作了惩治和革除,只有这种坏风气还没能完全改变。从今以后,明白告示,使大家懂得嫁娶的礼仪,一定要遵守礼法,这才符合我的心意。”

礼部尚书王珪子敬直,尚太宗女南平公主①。

珪曰:“《礼》有妇见舅姑之仪,自近代风俗弊薄,公主出降②,此礼皆废。主上钦明③,动循法制,吾受公主谒见,岂为身荣,所以成国家之美耳。”遂与其妻就位而坐,令公主亲执巾,行盥馈之道④,礼成而退。太宗闻而称善。

是后公主下降有舅姑者,皆遣备行此礼。

【注释】

①尚:仰攀婚姻。特指娶皇帝的女儿为妻。

②公主:君主的女儿。出降:出嫁。因公主尊贵,下嫁到大臣之家,故称为“降”。

③钦明:敬肃明察。后以“钦明”用为对君主的颂词。

④盥(guàn)馈之道:施行洗手进食的礼节。盥馈,谓侍奉尊者盥洗及进膳食。古代婚俗之一,在新婚夫妇进门拜见公婆时,先要给

公婆取洗手水,然后送上食物。

【译文】

礼部尚书王珪的儿子王敬直,娶太宗的女儿南平公主为妻。

王珪说:"《仪礼》上有儿媳妇拜见公婆的礼节,自从近代风俗败坏后,公主出嫁,拜见公婆的礼节都废弃了。现在皇上圣明,一切行动都遵循法制,我接受公主的拜见,哪里是为了自身的荣耀,只是为了成全国家的美德而已。"于是和自己的妻子坐在公婆的位置上,让公主亲自拿来盥洗的帕巾,施行洗手进食的礼节,仪式完成之后才退下。太宗听了此事后大加赞赏。

从此以后,公主下嫁到有公婆的家庭,都要让她们施行这一礼节。

贞观十二年,太宗谓侍臣曰:"古者诸侯入朝,有汤沐之邑①,刍禾百车②,待以客礼。昼坐正殿,夜设庭燎③,思与相见,问其劳苦。又汉家京城,亦为诸郡立邸舍④。顷闻考使至京者⑤,皆赁房以坐,与商人杂居,才得容身而已。既待礼之不足,必是人多怨叹,岂肯竭情于共理哉!"

乃令就京城闲坊,为诸州考使各造邸第。及成,太宗亲幸观焉。

【注释】

①汤沐之邑:住宿和沐浴斋戒的地方。汤沐,古代供诸侯朝见天子时住宿并沐浴斋戒的封地。

②刍禾:指喂养牛马的草料。

③庭燎:古代庭中照明的火炬。

④"汉家"二句:汉家,指汉朝。邸舍,汉代朝觐天子的人在京城中的住所。《史记·吕太后本纪》正义云:"汉法,诸侯各起邸第于

京师。"

⑤考使：即朝集使。汉代，各郡每年遣使进京报告郡政及财经情况，称为上计吏。后世袭汉制，改称朝集使。

【译文】

贞观十二年(638)，太宗对身边的大臣说："古时候诸侯入京朝拜，有住宿和沐浴斋戒的地方，有一百车喂牲口的草料，用招待宾客的礼节接待他们。白天坐在正殿，晚上在宫廷燃起火炬，考虑到方便与他们相见，慰问他们的劳苦。另外，汉朝时，京城中也为各郡来京的官员设置邸舍。最近听说各郡每年奉命到京城来的朝集使，都是租赁房屋居住，与商人杂住在一起，仅能容身而已。既然接待他们的礼节有所不足，必然会有很多埋怨，他们还怎么肯尽心尽力地协同办事呢！"

于是命令在京城有空地的坊中，为各州来京的朝集使建造邸舍。邸舍建成以后，太宗还亲自去视察了一下。

贞观十三年，礼部尚书王珪奏言："准令，三品已上遇亲王于路①，不合下马。今皆违法申敬②，有乖朝典。"

太宗曰："卿辈欲自崇贵，卑我儿子耶？"

魏徵对曰："汉、魏已来，亲王班皆次三公下③。今三品并天子六尚书九卿为王下马④，王所不宜当也。求诸故事⑤，则无可凭，行之于今，又乖国宪⑥，理诚不可。"

帝曰："国家立太子者，拟以为君。人之修短⑦，不在老幼。设无太子，则母弟次立⑧。以此而言，安得轻我子耶？"

徵又曰："殷人尚质⑨，有兄终弟及之义。自周已降，立嫡必长⑩，所以绝庶孽之窥窬⑪，塞祸乱之源本。为国家者，所宜深慎。"

太宗遂可王珪之奏。

【注释】

①亲王：爵位名。唐代以后以皇帝的兄弟及皇子为亲王。

②申敬：表示敬意。

③班：指官爵的排列次序。三公：我国古代朝廷中最尊贵的三个官职的合称。西汉今文经学家据《尚书大传》《礼记》等书以司马、司徒、司空为三公。古文经学家则据《周礼》以太傅、太师、太保为三公。秦不设三公。西汉从武帝时起，因受经学影响，丞相、御史大夫和太尉也被称为三公。

④六尚书：隋唐时吏部、户部、礼部、兵部、刑部、工部的尚书为六部最高长官。六部是隋唐以后主要的政务部门。九卿：在我国历代朝廷中的"九卿"并不一样。西汉时九卿是列卿或众卿之意；隋唐时九卿为太常、光禄、卫尉、宗正、太仆、大理、鸿胪、司农、太府，但已无行政之权。

⑤故事：旧时典章制度的先例。

⑥国宪：国家的法令制度。

⑦修短：长处与短处。这里指优劣、贵贱。

⑧母弟：同母之弟。

⑨尚质：崇尚质朴。

⑩立嫡：谓立嫡长子（正妻所生之长子）为储君。

⑪庶孽：妃妾所生之子（庶子）。窥窬（yú）：亦作"窥觎""窥逾"，指非分的希求。

【译文】

贞观十三年(639)，礼部尚书王珪上奏说："按照法令，三品以上的官员在路上遇到亲王时，不应当下马。现在都违反法令下马表示恭敬，违背了朝廷的典章制度。"

太宗说："你们这些人想抬高自己，贬低我的儿子吗？"

魏徵回答说："汉、魏以来，亲王的排列次序都在三公以下。现在的三品官员和天子的六部尚书、九卿都为亲王下马,这是亲王不应当接受的。寻找历史上的先例,则没有凭据,现在施行,又违背国家的法令制度,在道理上实在说不过去。"

太宗说:"国家设立太子,是准备让继承君位的。一个人的优劣、贵贱,不在于年龄的长幼。假如没有太子,那么同母的弟弟就应当依次立为太子。根据这个来说,你们怎能轻视我的儿子呢?"

魏徵又说:"商朝人崇尚质朴,有兄终弟及的规定。自从周朝以来,所立的太子一定是要嫡长子,这是用来杜绝庶子非分的希求,堵塞祸乱的根源。治理国家的人,对此应该特别谨慎。"

于是太宗批准了王珪的奏请。

贞观十四年,太宗谓礼官曰:"同爨尚有缌麻之恩①,而嫂叔无服②;又舅之与姨,亲疏相似,而服之有殊,未为得礼,宜集学者详议。余有亲重而服轻者,亦附奏闻。"是月,尚书八座与礼官定议曰③:

"臣窃闻之,礼所以决嫌疑,定犹豫,别同异,明是非者也。非从天下,非从地出,人情而已矣。人道所先④,在乎敦睦九族⑤,九族敦睦,由乎亲亲,以近及远。亲属有等差,故丧纪有隆杀⑥,随恩之薄厚,皆称情以立文。原夫舅之与姨,虽为同气⑦,推之于母,轻重相悬。何则?舅为母之本宗,姨乃外戚他姓,求之母族,姨不与焉。考之经史,舅诚为重。故周王念齐⑧,是称舅甥之国;秦伯怀晋⑨,实切《渭阳》之诗⑩。今在舅服止一时之情⑪,为姨居丧五月⑫,徇名丧实,逐末弃本。此古人之情,或有未达,所宜损益,实在兹乎。

【注释】

①同爨(cuàn)：同灶炊食。谓同居，不分家。缌(sī)麻：古代丧服名，五服中之最轻者。孝服用细麻布制成，服期三月。在古代凡本宗为高祖父母、曾伯叔祖父母、族伯叔父母、族兄弟及未嫁族姊妹，外姓中为表兄弟、岳父母等，均服之。

②服：指按照礼制规定穿戴的丧服，以哀悼死者。

③尚书八座：一般指尚书令、仆射及六部(吏部、户部、礼部、兵部、刑部、工部)的尚书为八座。

④人道：亦即人伦纲常，是儒家哲学的重要内容。《礼记·丧服小记》："亲亲、尊尊、长长，男女之有别，人道之大者也。"

⑤九族：一般指从自己往上推到父、祖、曾祖、高祖四代，往下推到子、孙、曾孙、玄孙四代，连同自己一代，共为九族。

⑥丧纪：丧事。隆杀：犹尊卑、厚薄、高下。

⑦同气：有血统关系的亲属，指兄弟姊妹。

⑧周王念齐：齐国世与周通婚，故称甥舅之国。《左传·成公二年》云："晋侯使巩朔献齐捷于周，王弗见，使单襄公辞焉……曰：'夫齐，甥舅之国也，而大师之后也，宁不亦淫从其欲以怒叔父，抑岂不可谏诲？'"

⑨秦伯怀晋：秦康公之舅是晋公子重耳。

⑩《渭阳》：指《诗经·秦风·渭阳》，诗云："我送舅氏，曰至渭阳。"朱熹《集传》注曰：舅氏，秦康公之舅，晋公子重耳也。重耳因遭丽姬之谗而出亡，秦穆公召而纳之。后重耳归晋，康公时为太子，送之渭阳而作此诗。

⑪一时之情：此指服最轻的丧服缌麻。

⑫居丧五月：按丧礼，为小功之服。

【译文】

贞观十四年(640)，太宗对礼官说："同灶炊食的人死后还有穿丧服缌麻的恩情,而小叔与嫂子之间却没有丧服;还有舅父和姨母亲疏关系差不多,但服丧的礼却不相同,未必符合丧礼的规定,应该召集学者详细研究。其他有亲情关系密切而丧服较轻的情况,也一同附带上奏。"当月尚书八座和礼官商议确定了意见说:

"臣等听说,礼的作用是判断疑惑,确定迟疑,区别同异、明辨是非的。它不是从天上掉下来的,也不是从地下冒出来的,只是出于人情罢了。人伦关系首先是在于九族和睦,九族和睦从关系亲近的人开始,由近及远。亲属关系有等级差别,因此丧事的礼数就应该有恩情厚薄的差别,就应该根据恩情厚薄的关系来订立丧礼的条文。舅舅和姨母,虽然都是兄弟姊妹,但从母亲角度上来看,亲疏关系就相差得很远。为什么呢?因为舅舅是母亲家的本宗,姨母则是外姓的亲戚,从母族中去看,姨母是不在其中的。考察经典上的记载,舅舅实在比姨母的关系重一些。所以周王想念齐国,是称舅舅之国。秦康公怀念晋文公,确实符合《渭阳》之诗的意境。现在为舅舅的服丧期只有三个月,为姨母的服丧期却长达五个月,迁就了虚名而丧失了实情,追求末节而背弃了根本。这大概是古人对人的感情没有考虑周全,应该有所增补或减少的地方,其实就在这里。

"《礼记》曰:'兄弟之子犹子也,盖引而进之也。嫂叔之无服,盖推而远之也。'礼,继父同居则为之期①,未尝同居则不为服。从母之夫②,舅之妻,二人相为服。或曰'同爨缌麻',然则继父且非骨肉,服重由乎同爨,恩轻在乎异居。固知制服虽系于名文,盖亦缘恩之厚薄者也。或有长年之嫂遇孩童之叔,劬劳鞠养③,情若所生,分饥共寒,契阔偕老④,譬同居之继父,方他人之同爨,情义之深浅,宁可同日而言哉?在其生也,乃爱同骨肉,于其死也,则推而远之,求之本源，深所未喻。若推而远之为是，则不可生而共居；生而共居为是，则不可死同行路。重其生而轻其死，厚其始而薄其终，称情立文，其义安在？且事嫂见称，载籍非一。郑仲虞则恩礼甚笃⑤，颜弘都则竭诚致感⑥，马援则见之必冠⑦，孔伋则哭之为位⑧，此盖并躬践教义，仁深孝友，察其所行之旨，岂非先觉者欤⑨？但于时上无哲王，礼非下之所议，遂使深情郁于千载，至理藏于万古，其来久矣，岂不惜哉！

【注释】

①期："期服"的简称，古代丧服名，指齐衰为期一年之服。

②从母：即姨母，母亲的姐妹。

③劬（qú）劳鞠（jū）养：辛勤抚养。劬劳，劳苦，苦累，特指父母抚养儿女的劳累。鞠养，养育，抚育。

④契阔：勤苦，劳苦。

⑤郑仲虞：名均，字仲虞，东汉时期人。好义笃实，奉养寡嫂孤儿，礼恩敦至。

⑥颜弘都：名含，字弘都，西晋大臣。颜含兄弟三人，他排行第三，因双兄早亡无传，成为颜氏大宗。颜含的二嫂樊氏患病失明，为治疗嫂子的眼病，颜含备受煎熬，终于治愈。为了侍养父母兄弟，颜含十几年足不出户。

⑦马援：字文渊，东汉扶风茂陵（今陕西兴平东北）人。奉嫂至为恭顺，进屋见嫂时一定要戴好帽子，表示尊敬。

⑧孔伋：即子思，孔子之孙。战国初期鲁国人，儒家的主要代表之一。《礼记·檀弓》谓"子思之哭嫂也为位"。

⑨先觉：觉悟早于常人的人。

【译文】

"《礼记》上说：'兄弟的儿子就像自己的儿子一样，这是为了亲近而接近他；嫂嫂和小叔之间互不服丧，这是为了避嫌而加以疏远。'礼经上说，如果继父和自己一起居住，就得为他服一年丧，没有在一起居住的就不为其服丧。姨母的丈夫，舅舅的妻子，为二人服相同的丧服。有人说'同灶共食的要守缌麻之服'，然而继父虽不是骨肉之亲，服重孝是因为住在一起，恩情浅的是由于不居住在一起。由此可知，制定丧服制度虽然取决于亲近关系，但也要根据感情的厚薄。或者有年长的嫂嫂遇到年幼的小叔，辛勤抚养，在感情上就像自己所生一样，饥寒与共，劳苦到老，与一起居住的继父相比，与一起居住的其他人相比，情义的深浅，怎么可以相提并论呢！在嫂嫂活着的时候，恩爱如同至亲，当嫂嫂死去后，就推托疏远她，探求其中的根源，实在让人难以明白。如果推托疏远她是正确的，那就不该在生前居住在一起；如果生前居住在一起是正确的，那就不该死后将嫂子视同路人看待。看重她的生前而轻视她的死后，厚待她的开始而轻薄她的最终，称量情谊来设立礼制条文，这样做的道理在哪里呢？况且恭奉嫂嫂而被称赞的人，古籍记载的不止一个。东汉郑仲虞侍奉寡嫂，情义礼节诚恳厚重；西晋颜弘都侍奉失明的嫂嫂，他的至诚感动了上苍；东汉马援要见嫂嫂时，一定要先戴好帽子；孔子的孙子孔伋痛哭着为嫂嫂立牌位。这都是亲自实践礼义教化，仁德深厚孝敬友爱的实例。考察这些行为的义旨，难道不是觉悟早于常人的人吗？但那时在上的没有英明的国君，礼制又不是在下的可以议论，因此让这样深厚的情义埋没了千年之久，最根本的道理隐藏了万代之长，这种事情由来已久，怎不令人惋惜呢！

"今陛下以为尊卑之叙，虽焕乎已备①，丧纪之制，或情理未安，爰命秩宗②，详议损益。臣等奉遵明旨，触类傍求，采摭群经，讨论传记，或抑或引，兼名兼实，损其有余，益其不足,使无文之礼咸秩③,敦睦之情毕举,变薄俗于既往,垂笃义于将来,信六籍所不能谈④,超百王而独得者也。

　　"谨按:曾祖父母,旧服齐衰三月⑤,请加为齐衰五月;嫡子妇,旧服大功⑥,请加为期;众子妇,旧服小功⑦,今请与兄弟同为大功九月;嫂叔,旧无服,今请服小功五月。其弟妻及夫兄,亦小功五月。舅,旧服缌麻,请加与从母同服小功五月。"

　　诏从其议。此并魏徵之词也。

【注释】

①焕乎:光亮的样子。这里指非常清楚地。

②秩宗:古代掌宗庙祭祀的官。

③咸秩:都有秩序,条理分明。

④信:通"申",陈述,申明。六籍:指六经。

⑤齐衰:丧服名,为五服之一。服用粗麻布制成,以其缉边缝齐,故称"齐衰"。服期有三年的,为继母、慈母;有一年的,为"齐衰期",如孙为祖父母,夫为妻;有五月的,如为曾祖父母;有三月的,如为高祖父母。

⑥大功:丧服名,为五服之一,服期九月。其服用熟麻布做成,较齐衰稍细,较小功为粗,故称大功。旧时堂兄弟、未婚的堂姊妹、已婚的姑、姊妹、侄女及众孙、众子妇、侄妇等之丧,都服大功。已婚女为伯父、叔父、兄弟、侄、未婚姑、姊妹、侄女等服丧也服大功。参阅《仪礼·丧服》。

⑦小功:旧时丧服名,五服之第四等。服期五月。其服以熟麻布制成,视大功为细,较缌麻为粗。凡本宗为曾祖父母、伯叔祖父母、堂伯叔祖父母,未嫁祖姑、堂姑,已嫁堂姊妹,兄弟之妻,从堂兄

弟及未嫁从堂姊妹；外亲为外祖父母、母舅、母姨等，均服之。

【译文】

"现在陛下认为尊卑的次序，虽然已规定得很清楚很完备，而丧事的制度，有些条文在情理上还不太妥当，于是命令礼官详细审议增补删减。臣等遵照陛下圣明的旨意，触类旁通，征引各种经典，探讨研究各种传记，有的舍去，有的引用，兼顾名实，删减多余的，补充不足的，使过去不成文的礼节都条理分明，使亲密和睦的感情都能体现出来，改变过去鄙薄的风俗，给后世留下笃守情义的法则，陈述申明六经上没有谈到的，是超越百世帝王单独获得的成就。

"我们谨慎地拟定：曾祖父母，原来是服齐衰三个月，现请求增加为齐衰五个月；嫡子之妻子，原来是服大功九个月，现请求增加为齐衰一年；其他儿媳妇，原来是服小功五个月，现在请求和兄弟一样服大功九个月；嫂子和小叔，原来是没有丧服，现在请求服小功五个月。给弟弟的妻子和丈夫的兄弟，也服小功五个月。舅父，原来的丧服为缌麻，请求增加到和姨母一样，服小功五个月。"

太宗下诏同意了这些建议。这些建议都是魏徵撰写的。

贞观十七年十二月癸丑，太宗谓侍臣曰："今日是朕生日，俗间以生日可为喜乐，在朕情翻成感思。君临天下，富有四海，而追求侍养，永不可得。仲由怀负米之恨[1]，良有以也。况《诗》云：'哀哀父母，生我劬劳[2]。'奈何以劬劳之辰，遂为宴乐之事！甚是乖于礼度。"因而泣下久之。

【注释】

①仲由怀负米之恨：仲由，字子路。孔子的学生。据《孔子家语》记载：子路生长在非常贫穷的家庭里，吃得不好，穿得也不好。他

怕父母营养不够，为了让父母能吃到米饭，他要到百里之外去买米，背回家奉养父母。虽然很辛苦，但是子路甘之如饴，孝敬之心始终没有间断和停止过。后来子路物质条件好了，可是他的父母已经先后过世，他想要报答父母之恩也不能够了，所以他非常痛心。

②"哀哀"二句：意谓哀伤我父母，生我真劳苦。语出《诗经·小雅·蓼莪》。

【译文】

贞观十七年(643)十二月癸丑日，太宗对身边的大臣说："今天是我的生日，民间认为生日可以高高兴兴、欢欢乐乐，而我的心情反而成了感慨和思念。当了君主，统治天下，拥有四海，想求得侍奉双亲，却永远无法做到了。子路怀有不能为父母背米的遗恨，实在有道理。况且《诗经》上说：'哀伤我父母，养育我真劳苦。'怎么能在父母劳苦的日子来举行宴会庆祝呢！这太有悖于礼仪法度了！"因此太宗哀伤哭泣了很长时间。

太常少卿祖孝孙奏所定新乐①。太宗曰："礼乐之作，是圣人缘物设教，以为撙节②，治政善恶，岂此之由？"

御史大夫杜淹对曰③："前代兴亡，实由于乐。陈将亡也，为《玉树后庭花》④，齐将亡也，而为《伴侣曲》⑤，行路闻之，莫不悲泣，所谓亡国之音。以是观之，实由于乐。"

太宗曰："不然，夫音声岂能感人？欢者闻之则悦，哀者听之则悲。悲悦在于人心，非由乐也。将亡之政，其人心苦，然苦心相感，故闻而则悲耳。何乐声哀怨，能使悦者悲乎？今《玉树》《伴侣》之曲，其声具存，朕当为公奏之，知公必不悲耳。"

尚书右丞魏徵进曰："古人称,礼云,礼云,玉帛云乎哉!乐云,乐云,钟鼓云乎哉! 乐在人和,不由音调⑥。"

太宗然之。

【注释】

①祖孝孙(? —628):幽州范阳(今北京西)人。隋唐间乐律学家。河北范阳祖氏家族律历算数学的传人之一。隋初开皇年间任协律郎,参定雅乐,曾奉命向陈山阳太守毛爽学习"京房律法",亦曾建言用"三百六十律",未被采纳。入唐后,历任著作郎、吏部郎、太常少卿等职。武德九年(626)唐高祖"诏太常少卿祖孝孙,协律郎窦等定乐",至贞观二年(628)乐成。新乐:《新唐书·乐志》曰:"武德九年,乃命祖孝孙修定雅乐,而梁、陈尽吴、楚之音,周、齐杂胡戎之伎。于是斟酌南北,考以古音,作为唐乐,贞观二年奏之。"祖孝孙等所制定的新雅乐有八十四调、三十四曲、十二和。

②撙(zǔn)节:抑制,节制。

③杜淹:字执礼,京兆杜陵(今陕西长安)人。出身官宦之家。隋时隐太山,文帝恶之,谪戍江表。秦王引为天策府曹参军,文学馆学士,侍宴,赋诗尤工,赐金钟。坐事流嶲州。太宗召拜御史大夫,检校吏部尚书,参预朝政。

④《玉树后庭花》:乐府曲名,南朝陈后主作,著名的亡国之音。歌曰:"丽宇芳林对高阁,新装艳质本倾城;映户凝娇乍不进,出帷含态笑相迎。妖姬脸似花含露,玉树流光照后庭;花开花落不长久,落红满地归寂中!"歌词本是形容嫔妃们娇娆媚丽,堪与鲜花比美竞妍,但却笔锋一转,蓦然点出"玉树后庭花,花开不复久"的哀愁意味,时人都认为是不祥之兆。陈后主君臣整日酣歌,自夕达旦,由此亡国。

⑤《伴侣曲》：为荒嬉无度的南齐东昏侯萧宝卷(483—501)所作。萧宝卷，为齐明帝萧鸾第二子，明帝死后继位，时年16岁，南齐的第六代皇帝。在位期间荒淫无道，聚敛无度。每逢出巡，必令人敲鼓清道，触犯者一律处死。大修宫室，国库殆尽。他宠爱贵妃潘玉儿，恣其所为，作《伴侣曲》，不理朝政。他任意诛杀大臣，逼得文官告退，武将造反，京城几度岌岌可危，后终于被萧衍攻破。后被追封为东昏侯。

⑥"礼云"二句：语出《论语·阳货》。

【译文】

太常少卿祖孝孙奏上他制作的新雅乐。太宗说："制礼作乐，本来是圣人取法天地的物象而施行的教化，是用来抑制人的情感的，政事的好坏，怎么跟它有关呢？"

御史大夫杜淹回答说："前朝的兴亡，的确是由于音乐。陈朝快要灭亡时创作了《玉树后庭花》，南齐快灭亡时创作了《伴侣曲》，过路的人听到了，没有不悲哀流泪的，这就是所谓的亡国之音。从这一点看来，国家的兴亡确实与音乐有关系。"

太宗说："不是那样的，声音怎么能影响人呢？欢快的人听到就喜悦，哀愁的人听到就悲伤。欢快和哀愁存在人的心中，并不是由于音乐的影响。将要灭亡的国家，百姓的内心就会愁苦，因为受愁苦心情的影响，所以听到这种音乐就觉得悲伤。哪里有哀怨的乐声能使愉快的人悲伤呢？现在《玉树后庭花》《伴侣曲》的乐谱都还在，我能为你们演奏一番，我知道你们一定不会感到悲伤的。"

尚书右丞相魏徵回答说："古人说，礼呀，礼呀，仅仅是指玉帛说的吗？乐呀，乐呀，仅仅是指钟鼓说的吗？快乐的关键是由于人内心的和睦，不是由音乐来调节的。"

太宗认为他说得对。

贞观七年，太常卿萧瑀奏言："今《破陈乐舞》[①]，天下之所共传，然美盛德之形容，尚有所未尽。前后之所破刘武周、薛举、窦建德、王世充等[②]，臣愿图其形状，以写战胜攻取之容[③]。"

太宗曰："朕当四方未定，因为天下救焚拯溺，故不获已，乃行战伐之事，所以人间遂有此舞，国家因兹亦制其曲。然雅乐之容[④]，止得陈其梗概，若委曲写之[⑤]，则其状易识。朕以见在将相，多有曾经受彼驱使者，既经为一日君臣，今若重见其被擒获之势，必当有所不忍，我为此等，所以不为也。"

萧瑀谢曰："此事非臣思虑所及。"

【注释】

①《破陈乐舞》：陈，通"阵"，即破阵乐和破阵舞。破阵乐，唐法部大曲。据《隋唐嘉话》《旧唐书·音乐志》《太平广记》等记载：620年，秦王李世民破叛将刘武周，解唐之危，河东（山西永济）士庶歌舞于道，军人利用军中旧曲填唱新词，欢庆胜利，遂有秦王破阵之曲流传于世，后编入乐府。贞观初，唐太宗诏魏徵等增撰歌词，吕才协律度曲，订为《秦王破阵乐》。破阵舞，据《通典》《唐会要》等记载，贞观七年（633），李世民亲制《破阵舞图》，舞式为左圆右方，先偏后伍，鱼丽鹅贯，箕张翼舒，交错屈伸，首尾回互，往来刺击，以像战阵之形。舞者披甲持戟，执纛演习，声震百里，气壮山河，尤为壮观。

②刘武周（？—622）：隋瀛州景城（今河北泊头东北）人，后迁居马邑（今山西朔州）。骁勇善骑射。以军功任建节校尉，还马邑，为鹰扬府校尉。大业十三年（617），杀太守王仁恭，据郡起兵，开仓

赈饥民,自称太守。及后依附突厥,攻占雁门、定襄等地,突厥封之为定杨可汗。又自称皇帝,年号天兴。唐武德二年(619),武周勾结突厥,攻占太原、并诸州,屡败唐兵,威胁关中。次年,为秦王李世民所败,投奔突厥。后拟从突厥逃归马邑,事泄,为突厥所杀。薛举(?—618):隋河东汾阴(今山西万荣西)人。后随父薛汪迁居金城(今甘肃兰州)。最初他在隋朝金城府任校尉。隋炀帝大业末年,各地农民纷纷起义,薛举招集各地起义群众,自称西秦霸王,年号秦兴。大业十三年(617)七月,薛举正式称帝。这时,太原留守李渊起兵反隋,攻克长安,派其子李世民率部攻打扶风郡。李世民与薛举所部大战,一直追奸到陇坻而还。第二年,薛举暴病而亡,长子仁杲继位,据高庶城继续与唐军作战。等到仁杲部粮食不济、军心动荡时,李世民出精兵猛击,一举破敌,俘获了薛仁杲。

③容:景象,状态。

④雅乐:古代宫廷祭祀活动和典礼仪式所用的音乐或乐舞。历代雅乐的形式内容有所不同,但其音乐的"庄严肃穆"和歌词的"典雅纯正"却始终不变。

⑤委曲:指事情原原本本的经过。

【译文】

贞观七年(633),太常卿萧瑀上奏说:"现在《破阵乐舞》在天下广泛流传,然而在赞美陛下的威德功业方面,还有不详尽的地方。先后被攻破的刘武周、薛举、窦建德、王世充等人,臣希望画出他们的形象,用来表现战胜攻取的景象。"

太宗说:"我在当时因为四方还未平定,为了将老百姓救出水深火热的境地,不得已才去做攻战讨伐之事,所以民间才有了这一舞曲,国家也因此制作了这个曲子。然而雅乐的景象,只能陈述其大概情况。如果原原本本地来描写,那么其中的情景就容易被人识别。我看到现在的文武将相有许多曾经被刘武周他们驱使,既然有过短暂的君臣关系,现在要是再让他们看到当初被擒获时的情况,一定会心中有所不忍。我因为这个原因,所以才不让去做。"

萧瑀拜谢说:"这件事不是我能够思虑到的。"

务农第三十

【题解】

《务农》篇主要记录了唐初统治者重视农桑、轻徭薄赋、与民休息、发展生产的一些言论和措施。太宗认为"凡事皆须务本,国以人为本,人以衣食为本,凡营衣食,以不失时为本","君无为则人乐,君多欲则人苦"。基于这种认识,太宗强调要省徭薄赋,不夺农时,期望五谷丰登,农民安居乐业。我国是传统的农业国家,历代王朝都把农业视为国家的根本,推行重农政策。农业发达,国家才能富庶;国家富庶,社会才能安定,王朝才能国祚绵长。唐太宗推行了轻徭薄赋的农业政策,使农业生产迅速恢复,这也为实现"贞观之治"提供了必要的物质基础。

贞观二年,太宗谓侍臣曰:"凡事皆须务本,国以人为本,人以衣食为本,凡营衣食,以不失时为本①。夫不失时者,在人君简静乃可致耳②。若兵戈屡动,土木不息,而欲不夺农时,其可得乎?"

王珪曰:"昔秦皇、汉武,外则穷极兵戈,内则崇侈宫室,人力既竭,祸难遂兴。彼岂不欲安人乎?失所以安人之道也。亡隋之辙,殷鉴不远③,陛下亲承其弊,知所以易之。然在初则易，终之实难。伏愿慎终如始，方尽其美。"

太宗曰："公言是也。夫安人宁国，惟在于君。君无为则人乐，君多欲则人苦。朕所以抑情损欲，克己自励耳。"

【注释】

①失时：指违误农时。

②简静：谓施政不繁苛。

③殷鉴不远：谓前人失败的教训就在眼前，应该引以为戒。语出《诗经·大雅·荡》："殷鉴不远，在夏后之世。"本意为夏朝的灭亡，就是殷朝的前车之鉴。后泛指前人的教训就在眼前。

【译文】

贞观二年(628)，太宗对身边的大臣说："凡处理事情都必须抓住根本。国家以人民为根本，人民以衣食为根本，凡经营衣食，以不失农时为根本。而不违背农时，在于国君施政不繁苛才可以达到。假若连年征战，土木营建不停息，而想不挤占农事的时令，怎么可能呢？"

王珪说："从前秦始皇、汉武帝对外穷兵黩武，对内大造宫室，人力用尽，灾难随即就会发生。他们难道不想让人民安居乐业吗？只是失去了能安定人民的办法。隋朝灭亡的教训，就在眼前，应该引以为戒。陛下亲身承受隋朝的弊病，知道怎样去改造。然而事情开始还容易做到，要坚持到底就很难了。但愿陛下能够始终谨慎小心，才能达到最完善的境界。"

太宗说："你说得对啊。要使人民安乐国家安宁，关键在于国君。国君能够无为而治，人民就能安乐；国君贪得无厌，人民就要受苦。所以我要抑制感情、减少私欲，克制自己并进行自我勉励。"

贞观二年，京师旱，蝗虫大起。太宗入苑视禾①，见蝗虫,掇数枚而咒曰:"人以谷为命,而汝食之,是害于百姓。百姓有过,在予一人,尔其有灵,但当蚀我心,无害百姓。"

将吞之,左右遽谏曰②:"恐成疾,不可。"

太宗曰:"所冀移灾朕躬,何疾之避!"遂吞之。自是蝗不复为灾。

【注释】

①苑:古代饲养禽兽、种植林木的地方。多指帝王的花园。

②遽(jù):急忙。

【译文】

贞观二年(628),京城发生旱灾,蝗虫大量滋生。太宗到皇家苑囿视察禾苗生长状况,看见蝗虫,就抓住几个祷告说:"百姓把粮食当作生命,而你们却吃掉粮食,这是危害百姓。百姓有过错,责任在我一个人,你们如果有灵性,应当只吃我的心,不要伤害百姓。"

祷告完毕将要吞下蝗虫时,身边的侍臣急忙劝阻说:"吃下去恐怕要生病,您不能吃。"

太宗说:"我希望将灾祸移到我的身上,有什么病要躲避呢!"于是就把蝗虫吞了下去。从此以后蝗虫就再没有成灾。

贞观五年,有司上书言:"皇太子将行冠礼①,宜用二月为吉,请追兵以备仪注②。"

太宗曰:"今东作方兴③,恐妨农事,令改用十月。"

太子少保萧瑀奏言:"准阴阳家④,用二月为胜。"

太宗曰:"阴阳拘忌,朕所不行,若动静必依阴阳,不顾理义,欲求福佑,其可得乎? 若所行皆遵正道,自然常与吉会。且吉凶在人,岂假阴阳拘忌? 农时甚要,不可暂失。"

【注释】

①冠礼:古代男子二十岁(天子、诸侯可提前至十二岁)举行的加冠之礼,以示其成人。

②追兵:谓征召、调集军队。仪注:仪节。

③东作:谓春耕。《尚书·尧典》:"寅宾出日,平秩东作。"孔传:"岁起于东,而始就耕,谓之东作。"

④阴阳家:本是战国时期提倡阴阳五行说的一个学派,《汉书·艺文志》列为九流之一。后指以择日、占星、风水等迷信为业的人。

【译文】

贞观五年(631),主管官署上奏说:"皇太子将举行加冠礼,应当选择二月作为吉日,请调集士兵以供各项礼仪之需。"

太宗说:"现在春耕刚刚开始,恐怕妨碍农事,下令改在十月举行吧!"

太子少保萧瑀上奏说:"按照阴阳家的推算,在二月举行最好。"

太宗说:"阴阳禁忌,我不信奉,如果人的行动都依照阴阳禁忌去办,不考虑道德和礼义,想求得福佑,那怎么可能得到呢?如果所作所为都能遵守正道,自然能常常遇到吉利。况且吉与凶都取决于人,怎么能依靠阴阳禁忌来决定呢?农时非常重要,不可耽误片刻。"

贞观十六年,太宗以天下粟价率计斗直五钱,其尤贱处,计斗直三钱,因谓侍臣曰:"国以民为本,人以食为命,若禾黍不登①,则兆庶非国家所有。既属丰稔若斯②,朕为亿兆人父母,唯欲躬务俭约,必不辄为奢侈。朕常欲赐天下之人,皆使富贵。今省徭赋,不夺其时,使比屋之人③,恣其耕稼,此则富矣。敦行礼让,使乡闾之间,少敬长,妻敬夫,此则贵矣。但令天下皆然,朕不听管弦④,不从畋猎,乐在其中矣!"

【注释】

①不登：指粮食歉收。登，粮食成熟。

②丰稔(rěn)：禾谷丰收。

③比屋：借称老百姓。

④管弦：管乐器和弦乐器。这里泛指音乐。

【译文】

贞观十六年(642)，太宗因为全国大多数地方粮价每斗值五枚钱，最便宜的地方，一斗只值三枚钱，于是对身边的大臣说："国家以人民为根本，人民把粮食视为生命，如果粮食歉收，那么亿万百姓就不属于国家所有了。而今粮食如此丰足，我作为亿万百姓的父母，只想以身作则，厉行节约，一定不随意奢侈挥霍。我时常想赏赐天下百姓以恩惠，让他们富贵起来。如今省除徭役租赋，不要占用他们的耕作时间，使家家户户的农民都能尽心耕耘收获，这样家家就能富足了。督促他们实行礼义谦让，使邻里乡亲之间年少的尊敬年长的，妻子尊敬丈夫，这样百姓就能尊贵了。只要能使天下都成为这样，我不听音乐，不去畋猎，也会乐在其中啊！"

刑法第三十一

【题解】

实施刑罚，其本意在于惩治罪恶、鼓励善行。因此，刑罚不在多重，重要的是能达到教化的目的。太宗认为使用刑罚要特别谨慎，要无偏无私，尤其对死刑判决要特别谨慎。"守文定罪，或恐有冤……有据法令合死而情可矜者，宜录奏闻"，所以要求执法者要五次覆奏。同时太宗总结历史教训，告诫官员要自律，"乐不可极，极乐成哀；欲不可纵，纵欲成灾"；"勿内荒于色，勿外荒于禽；勿贵难得之货，勿听亡国之音。内荒伐人性，外荒荡人心；难得之物侈，亡国之声淫"；处理公务要"如履薄临深"，"用周文小心"；不要"危人自达，以钓声价"。由于贞观年间用刑宽大公平，所以社会才得以安宁，监狱几乎出现闲置不用的状况。

贞观元年，太宗谓侍臣曰："死者不可再生，用法须务在宽简。古人云，鬻棺者欲岁之疫，非疾于人，利于棺售故耳。今法司核理一狱①，必求深劲，欲成其考课②。今作何法，得使平允？"

谏议大夫王珪进曰："但选公直良善人，断狱允当者，增秩赐金，即奸伪自息。"诏从之。

太宗又曰:"古者断狱,必讯于三槐、九棘之官③,今三公、九卿即其职也。自今以后,大辟罪皆令中书、门下四品已上及尚书九卿议之④,如此,庶免冤滥。"由是至四年,断死刑,天下二十九人,几致刑措⑤。

【注释】

①核理:审理。

②考课:按一定的标准对官吏的政绩进行考核,以决定其升降赏罚。

③三槐、九棘:相传,周代宫廷外种槐树三棵,荆棘九株。百官朝见天子之时,三公面对槐树而立,九卿面对荆棘而立。后世便以"三槐"代指三公一类官职,"九棘"代指九卿百官。

④大辟:古代杀头的死刑。

⑤刑措:也作"刑错"或"刑厝",指置刑法而不用。

【译文】

贞观元年(627),太宗对身边的大臣说:"人死了就不可能再活,因此执法务必宽大简约。古人说:卖棺木的人希望每年都发生瘟疫,并不是他对人们仇恨,只是因为瘟疫有利于棺木出售罢了。现在司法部门审理一件狱案,总想把案子办得严峻苛刻,用这种手段来完成考核成绩。现在用什么办法,才能使得办案公平恰当呢?"

谏议大夫王珪说:"只管选择公正善良的人才,判案公允的人就增加俸禄,赏赐金帛,奸诈邪恶自然就会停止。"太宗下诏照办。

太宗又说:"古时候审案,一定要询问三槐、九棘这些官员,现今的三公、九卿就相当于这样的职务。从今以后,杀头的死刑都要让中书省、门下省四品以上官员以及尚书九卿等共同议决,这样才能避免冤案和滥用刑罚。"从这时到贞观四年(630),判为死刑的全国只有二十九人,刑罚几乎都快要搁置不用了。

　　贞观二年，太宗谓侍臣曰："比有奴告主谋逆①，此极弊法，特须禁断。假令有谋反者，必不独成，终将与人计之；众计之事，必有他人论之，岂藉奴告也②。自今奴告主者，不须受，尽令斩决。"

【注释】

①谋逆：图谋叛逆。

②藉：凭借，依靠。

【译文】

　　贞观二年(628)，太宗对身边的大臣说："近来有奴仆告发主人图谋叛逆的，这是极有害的做法，特别需要禁止断绝。假如确有谋反的人，一定不会单独谋划，总要和他人商议这件事；许多人合谋的事情，必定会有其他人讲出来，哪里用得着依靠奴仆告发主人呢？从今天起，凡奴仆告发主人谋反的案件，不须受理，将告发的奴仆一律斩首处决。"

　　贞观五年，张蕴古为大理丞①。相州人李好德素有风疾②，言涉妖妄③，诏令鞫其狱④。

　　蕴古言："好德癫病有征，法不当坐。"太宗许将宽宥，蕴古密报其旨，仍引与博戏⑤。

　　持书侍御史权万纪劾奏之，太宗大怒，令斩于东市⑥。既而悔之，谓房玄龄曰："公等食人之禄，须忧人之忧，事无巨细，咸当留意。今不问则不言，见事都不谏诤，何所辅弼？如蕴古身为法官，与囚博戏，漏泄朕言，此亦罪状甚重。若据常律，未至极刑⑦。朕当时盛怒，即令处置，公等竟无一言，所司又不覆奏⑧，遂即决之，岂是道理。"因诏曰："凡有死刑，虽令即决，皆须五覆奏⑨。"五覆奏，自蕴古始也。又曰：
"守文定罪，或恐有冤。自今以后，门下省覆，有据法令合死
而情可矜者，宜录奏闻。"

【注释】

①张蕴古：相州洹水(今河南安阳北)人。太宗初即位，自幽州总管
　　府记室直中书省，上大宝箴以讽，擢大理丞，因治李孝德狱为权
　　万纪所劾，被杀。

②相州：今河南安阳南。李好德：其兄为相州刺史，是张蕴古的好
　　友。风疾：即疯病。指神经错乱、精神失常。

③妖妄：指怪异荒诞的言语。

④鞫(jū)其狱：审讯，审问。

⑤博戏：古代的一种赌输赢、角胜负的棋戏。

⑥东市：即唐代长安东部，是处决犯人的地方。

⑦极刑：泛指死刑。

⑧覆奏：死刑的覆奏制度，我国封建时期独特的司法制度之一，萌
　　芽于汉代，北魏时期，死刑的奏报制度成为定制。到了隋朝，这
　　一制度趋于完备。

⑨五覆奏：即在京城要在两日内五次覆奏。唐太宗时更加完善了
　　这一制度，即所有死刑必须呈报中央，明确区分了三覆奏与五覆
　　奏制度，即在京城要在两日内五次覆奏，在各州要三覆奏，待皇
　　帝批准后方可执行，以示对人命的重视。

【译文】

贞观五年(631)，张蕴古任大理寺丞。相州人李好德向来有疯病，
说了些荒谬狂妄的话，太宗下令审讯这件案子。

张蕴古上奏说："李好德患疯病是有证据的，依法不应该判刑。"太
宗允许将李好德宽宥。张蕴古秘密地将太宗的旨意告诉了李好德，而

且还招来李好德跟他一起博戏。

持书侍御史权万纪向太宗劾奏了张蕴古。太宗大怒，下令将张蕴古斩首于东市。不久就后悔了，对房玄龄说："你们吃朝廷的俸禄，就要为国家分忧，不论事情大小，都应当注意。现在我不问你们就不说，看到不合理的事情也不劝谏，还算什么辅佐大臣呢？像张蕴古身为法官，竟然与囚徒一起博戏，还泄漏我的话，这种罪行非常严重。但如果按照通常的法律来量刑，尚不至于判处死刑。我当时大怒，就下令处决。你们竟都一言不发，主管官署又没有再复奏报告，于是很快就处决了他，这难道是为臣的道理？"因此下诏说："凡判处死刑的，即使下令立即处决，都要经过五次复奏。"死刑要经过五次复奏的规定，就是从张蕴古事件开始的。诏书中又说："按照法律条文定罪，还恐怕有冤屈。从今以后，由门下省复审，有按照法令应该判死刑而情有可原的，应将案情抄录下来上奏。"

蕴古，初以贞观二年自幽州总管府记室兼直中书省①，表上《大宝箴》②，文义甚美，可为规诫。其词曰：

"今来古往，俯察仰观；惟辟作福③，为君实难。宅普天之下，处王公之上；任土贡其所有④，具僚和其所唱⑤。是故恐惧之心日弛，邪僻之情转放。岂知事起乎所忽，祸生乎无妄⑥。固以圣人受命，拯溺亨屯⑦；归罪于己，因心于人，大明无偏照⑧，至公无私亲；故以一人治天下，不以天下奉一人。礼以禁其奢，乐以防其佚。左言而右事，出警而入跸⑨。四时调其惨舒⑩，三光同其得失⑪。故身为之度，而声为之律。勿谓无知，居高听卑；勿谓何害，积小成大。乐不可极，极乐成哀；欲不可纵，纵欲成灾。壮九重于内⑫，所居不过容膝；彼昏不知，瑶其台而琼其室⑬。罗八珍于前⑭，所食不过适

口;惟狂罔念,丘其糟而池其酒⑮。勿内荒于色⑯,勿外荒于
禽;勿贵难得之货⑰,勿听亡国之音。内荒伐人性,外荒荡人
心;难得之物侈,亡国之声淫。勿谓我尊而傲贤侮士,勿谓
我智而拒谏矜己。闻之夏后⑱,据馈频起⑲;亦有魏帝,牵裾
不止⑳。安彼反侧,如春阳秋露;巍巍荡荡,推汉高大度㉑。
抚兹庶事,如履薄临深;战战栗栗,用周文小心㉒。

【注释】

①幽州:古州名,隋炀帝大业初罢州置郡,故改幽州为涿郡。唐武
　　德元年(618)复为幽州,天宝元年(742)改为范阳郡,乾元元年
　　(758)又为幽州,治所在蓟县(今北京市西南)。总管府:北周开始
　　设置的区域性军事管理机构。魏晋以来,逐渐形成一些军事指
　　挥区域,即都督区。其长官称都督。唐初于缘边及襟要地区的
　　一些州治置总管府。记室:官名。东汉置,掌章表书记文檄。后
　　世因之,或称记室督、记室参军等。直中书省:唐代官名,指中书
　　省当值。

②《大宝箴(zhēn)》:《周易·系辞下》说:“天地之大德曰‘生’,圣人
　　之大宝曰‘位’。”后通常以“大宝”指帝位。箴,一种用以规谏劝
　　诫的文体。

③辟:指君主。《汉书·五行志》注:“辟,天子也。”

④任土:指依据土地的具体情况,制定贡赋的品种和数量。《尚书·禹
　　贡序》:“禹别九州,随山濬川,任土作贡。”孔传:“任其土地所有,
　　定其贡赋之差。”《文选·左思〈蜀都赋〉》刘逵注:“任土,任其土
　　地所生也。《尚书》所谓任土作贡也。”

⑤具僚:亦作“具寮”,指百官。

⑥无妄:意外。

⑦亨屯:谓解救困厄,使困苦的人通达。

⑧大明:指日、月。

⑨出警而入跸:古代天子出称"警",入称"跸"。意谓帝王出入时肃清道路,禁止行人。

⑩惨舒:汉张衡《西京赋》:"夫人在阳时则舒,在阴时则惨,此牵乎天者也。"后以"惨舒"指心情忧郁或舒畅。

⑪三光:古时指日、月、星。《白虎通·封公侯》:"天有三光日月星,地有三形高下平。"

⑫九重:指九重宫阙,帝王的居处。

⑬瑶其台而琼其室:玉砌的楼台宫室,泛指华丽的宫廷建筑物。相传暴君桀作瑶台,纣作琼室。瑶、琼,泛指美玉。

⑭八珍:泛指珍馐美味。

⑮丘其糟而池其酒:相传暴君桀、纣以酒为池,酒糟为堤。批评昏君瑶台琼室、丘糟池酒的荒淫腐化生活。

⑯荒:迷乱,放荡。这里指沉迷。

⑰勿贵难得之货:意谓不要看重那些难得的宝物。《老子》曰:"难得之货,令人行妨。"

⑱夏后:即夏禹。

⑲据馈频起:指吃一次饭要频繁地站起好几次,形容事务繁忙。馈,以食物送人,这里指吃饭。《淮南子·氾论训》:"当此之时,一馈而十起,一沐而三捉发,以劳天下之民。"意思就是说,吃一顿饭站起来十次,洗一次头发的时间里要三次手握湿发同人谈话,决不怠慢来访的人。

⑳牵裾:牵拉着衣襟。借指直言极谏。三国时魏文帝曹丕要从冀州迁十万户去充实河南,群臣上谏不听。辛毗再去谏,曹丕不答而入内,辛毗拉住他的衣裾直言极谏。后来魏文帝终于减去五万户。事见《三国志·魏书·辛毗传》。

㉑汉高大度:《史记·高祖本纪》云:"仁而爱人,喜施,意豁如也。
　　常有大度,不事家人生产作业。"汉高,指汉高祖刘邦。
㉒周文小心:周文王谨慎小心。语出《诗经·大雅·大明》:"维此
　　文王,小心翼翼。"周文,指周文王。

【译文】

　　张蕴古,当初在贞观二年(628)时任幽州总管府记室兼中书省的职务,向太宗呈奏《大宝箴》,文辞和意义都很好,可以作为对君主的规劝警戒。其文章说:

　　"古往今来,上下观察;只有君主作威作福,但作为君主也确实很难。居普天之下,处王公之上;根据土地的具体情况有权要求贡献其所有,百官同声附和君主的旨意。所以恐惧的心思日渐松弛,邪恶不正的情欲则日渐放纵。哪里知道事变往往发生在人所忽略的时候,灾祸往往发生在意料之外。本来让帝王承受天命,就是拯救万民于水火之中,使处于危难的人能够亨通;过错归于自己,以自己的心推及百姓,最光明的日月不会偏照,大公无私的人不会私亲;所以用一个人治理天下,而不是用天下侍奉一个人。用礼制来禁止帝王的奢侈,用音乐来防止帝王的放荡。左史记载帝王的言论,右史记载帝王的行为,帝王出入时肃清道路,禁止路人通行。春夏秋冬调节帝王的喜怒哀乐,日月星辰共享帝王的成败得失。所以用自身为法度,用声音为钟律。不要说不知道,处在高位要了解下情;不要说没有祸害,积累小害可以成为大祸害。享乐不可达到极点,乐极生悲;情欲不可放纵,纵欲成灾。在宫内大肆营造九重宫殿,所居住的不过是很小的一部分;那些昏君不明白这个道理,竟用美玉来修筑亭台楼阁。面前陈列着珍馐美味,所吃的不过是适合口味的一小部分;而一味放纵不知节制的君王,过着丘糟池酒的荒淫生活。在内不要沉迷于美色,在外不要沉迷于狩猎;不要看重那些难得的宝物,不要欣赏亡国的音乐。在内沉迷于美色就会戕害人性,在外沉迷于田猎就会扰乱人心;贪图难得的宝物是奢侈,迷恋亡国的音乐是淫

泆。不要自以为尊贵就傲视贤良,侮辱有才能的人士;不要自以为聪明就拒绝规谏,自傲自矜。听说夏禹在吃一次饭之间也要频繁站起好几次,事务十分繁忙;又听说魏文帝被谏臣扯着衣袖不放,而终于采纳了谏议。安抚那些心怀猜疑的人,要像春天的阳光和秋天的露水那样温润;胸怀宽广,要像汉高祖那样豁达大度。处理政事,要像脚踏薄冰、面临深渊那样谨慎,战战兢兢,就像周文王那样小心翼翼。

“《诗》云:‘不识不知①。’《书》曰:‘无偏无党②。’一彼此于胸臆,捐好恶于心想。众弃而后加刑,众悦而后命赏。弱其强而治其乱,伸其屈而直其枉。故曰:如衡如石③,不定物以数,物之悬者,轻重自见;如水如镜,不示物以形,物之鉴者,妍蚩自生④。勿浑浑而浊,勿皎皎而清;勿汶汶而暗⑤,勿察察而明。虽冕旒蔽目而视于未形⑥;虽黈纩塞耳而听于无声⑦。纵心乎湛然之域,游神于至道之精。扣之者,应洪纤而效响⑧;酌之者,随浅深而皆盈。故曰:天之清,地之宁,王之贞⑨。四时不言而代序,万物无为而受成;岂知帝有其力,而天下和平。吾王拨乱,戡以智力⑩;人惧其威,未怀其德。我皇抚运,扇以淳风;民怀其始,未保其终。爰述金镜⑪,穷神尽性。使人以心,应言以行。苞括理体,抑扬辞令。天下为公⑫,一人有庆⑬。开罗起祝⑭,援琴命诗⑮;一日二日,念兹在兹。惟人所召,自天祐之。争臣司直⑯,敢告前疑。”

太宗嘉之,赐帛三百段,仍授以大理寺丞。

【注释】

①不识不知:语出《诗经·大雅·皇矣》。意谓没有多少知识。旧

喻民风淳朴。

②无偏无党：语出《尚书·洪范》。意谓不偏私，不阿党。

③衡、石：泛指称重量的器物。衡，秤。石，古代重量单位，一百二十斤为一石。

④妍蚩：也作"妍媸"，美好和丑恶。

⑤汶汶：昏暗不明的样子。

⑥冕旒(liú)：古代大夫以上的礼冠。顶有延，前后有旒，故曰"冕旒"。旒，古代皇帝礼帽前后的玉串。天子冕冠的前后悬垂着玉串十二旒，诸侯九，上大夫七，下大夫五。取目不视恶之意。见《周礼·夏官·弁师》。

⑦黈纩(tǒu kuàng)：黄绵所制的小球。悬于冠冕之上，垂两耳旁，以示不欲妄听是非。

⑧洪纤：大小，巨细。

⑨"天之清"三句：语出《老子》："天得一以清，地得一以宁……王得一以为天下贞正。"意谓天有道就清明，地有道就安宁，国君有道天下就公正。贞，通"正"。"一"指"道"，是一种社会性的意识，是人们共同遵循的行为准则和规范。

⑩戡(kān)：戡乱，指用军队平定叛乱。

⑪金镜：比喻显明的正道。《太平御览》卷七一七引《尚书考灵耀》："秦失金镜，鱼目入珠。"郑玄注："金镜，喻明道也。"

⑫天下为公：语出《礼记·礼运》："大道之行也，天下为公。"原指君位不为一家私有，后变为一种美好的社会政治理想。

⑬一人有庆：常用为歌颂帝王德政之词。语出《尚书·吕刑》："一人有庆，兆民赖之，其宁惟永。"注云："一人：天子也。庆：善也。"孔传："天子有善则兆民赖之，其乃安宁长久之道。"

⑭开罗起祝：意谓像商汤网开三面那样祝告禽兽逃生。见《史记·殷本纪》。

⑮援琴命诗：指舜帝操五弦琴，歌《南风》之诗。意谓如舜帝弹琴颂诗那样教化百姓。

⑯争臣：通"诤臣"，谏诤之臣。

【译文】

"《诗经》上说：'没有多少知识，不自做聪明。'《尚书》上说：'不偏私，不阿党。'国君在胸中要一律平等待人，在心中要抛弃个人好恶。众人都唾弃的就加以惩罚，众人都赞扬的就加以奖赏。使强暴的势力削弱，使混乱的局面得到治理；使冤屈的得以昭雪，使诬枉的得以纠正。所以说：就像秤和石一样，它并不能确定物体的数量，但悬挂上去的东西，其轻重自然显示；就像清水和铜镜一样，它并不显示物体的形状，但是照到的东西，其美丑自然会显露。不要以浑浊不清为污浊，不要以洁白无尘为清明；不要以昏暗不明为愚昧，不要以严苛细察为精明。虽然冕冠上的疏珠遮住了双目，但仍能够看出没有暴露的事情；虽然冕冠旁的黈纩挡住了耳朵，但仍能够听到没有发出的声响。思想驰骋在清澈明净的境界，精神遨游在大道精华之中。敲击的乐器，随敲击的轻重而发出相应的回响；盛酒的器皿，随酒杯的深浅而各自盈满。所以说：天有道就清明，地有道就安宁，国君有道天下就公正。四季不语而按时更替，万物无为而自然成长；哪里知道帝王有统治威力，而使天下太平安定。陛下拨乱反正，以智慧和武力取胜；百姓只惧怕陛下的威严，却未能感念陛下的恩德。陛下掌握着国家的命运，倡导敦厚纯朴的风气；百姓感怀良好的开端，但还未能保持到最终。于是陈述清明治道，显示陛下洞察一切。用诚心役使百姓，用行动履行诺言。原则与义理要面面俱到，语言辞令要加以褒贬。天下为公，皇帝有美好的德行。像商汤网开三面那样祝告禽兽逃生，如舜帝弹琴颂诗那样教化百姓。一天又一天，念念不忘这些事。祸福由人自召，上天择善护佑。谏诤之臣的职责在于直言规劝，敢奏告上前面的疑虑。"

太宗称赞他这些意见，赐给他绢帛三百段，并授任他为大理寺丞。

　　贞观五年,诏曰:"在京诸司,比来奏决死囚,虽云三覆,一日即了,都未暇审思,五奏何益? 纵有追悔,又无所及。自今后,在京诸司,奏决死囚,宜三日中五覆奏,天下诸州三覆奏。"

　　又手诏敕曰[①]:"比来有司断狱,多据律文,虽情在可矜而不敢违法,守文定罪,或恐有冤。自今门下省復[②],有据法合死而情在可矜者,宜录状奏闻。"

【注释】

①敕:告诫。

②门下省:魏晋至宋的中央最高政府机构之一。至唐,其下属有给事中、散骑常侍、员外散骑常侍、散骑侍郎、员外散骑侍郎、谏议大夫、奉朝请等官职。掌机要,共议国政,并负责审查诏令,签署章奏,有封驳之权。

【译文】

　　贞观五年(631),太宗下诏说:"在京城的各执法部门,近来奏请处决死囚,虽说是复奏了三次,但一天之内就审理完结,都没有时间认真审查思考,复奏五次有什么用呢? 纵然有追悔之处,也来不及了。从今以后,在京城的主管部门奏请处决死囚,应该在三天中重复上奏五次,天下各州也要重复上奏三次。"

　　又亲自写诏书告诫说:"近来执法官吏审判案件,大多依据法律条文,虽然情有可原的也不敢违背法令,完全按照律文定罪,有时恐怕还有冤案。从现在开始,门下省复查时再发现有依据法律该判死刑而情有可原者,应抄录案卷上奏复议。"

　　贞观九年,盐泽道行军总管、岷州都督高甑生坐违李靖节度①，又诬告靖谋逆，减死徙边②。时有上言者曰："甑生旧秦府功臣③，请宽其过。"

太宗曰："虽是藩邸旧劳，诚不可忘，然理国守法，事须画一，今若赦之，便开侥幸之路。且国家建义太原④，元从及征战有功者甚众⑤，若甑生获免，谁不觊觎？有功之人，皆须犯法。我所以必不赦者，正为此也。"

【注释】

①盐泽道：即今新疆罗布泊一带。《读史方舆纪要·卷六十四·陕西十三》云："蒲昌海在玉门、阳关以西三百里。一名盐泽。"岷州：今甘肃岷县。高甑生：唐贞观时岷州都督、盐泽道行军总管。因延误军期，李靖弹劾之。高甑生怀恨在心，诬告李靖谋反，查无此事。八月庚辰，高甑生免死徙边。坐：因事触犯法律。节度：调度，指挥。

②减死徙边：从死刑减到流放边远地区。

③秦府：李世民（唐太宗）即帝位前西去长安助父创建大唐，功封秦王。其住地称"秦王府"，或"秦府"。

④建义太原：指617年李渊在李世民支持下在太原起兵反隋。太原，即今山西太原。

⑤元：同"原"，原来。

【译文】

贞观九年（635），盐泽道行军总管、岷州都督高甑生因为违背李靖的调遣，又诬告李靖图谋造反，触犯法律被减免死刑流放到边远地区。当时有人给太宗上书说："高甑生是当年秦王府的功臣，请求陛下从宽处罚他的罪过。"

太宗说："高甑生虽然是秦王府的旧功臣，确实不应忘记，但治理国家必需遵守法律,处理事情必须一视同仁,如果现在赦免了他,便开了侥幸免罪的先例。况且我大唐从太原起兵以来,原来就跟随征战且有功的人很多,如果高甑生获得赦免,哪个能不存非分之想?这样一来有功劳的人都会去犯法了。我之所以决不赦免他,正是因为这个缘故。"

　　贞观十一年,特进魏徵上疏曰:

　　"臣闻《书》曰:'明德慎罚①','惟刑恤哉②'!《礼》云:'为上易事,为下易知,则刑不烦矣。上人疑则百姓惑,下难知则君长劳矣③。'夫上易事,则下易知,君长不劳,百姓不惑。故君有一德,臣无二心,上播忠厚之诚,下竭股肱之力,然后太平之基不坠,'康哉'之咏斯起④。当今道被华戎⑤,功高宇宙,无思不服⑥,无远不臻⑦。然言尚于简文⑧,志在于明察,刑赏之用,有所未尽。夫刑赏之本,在乎劝善而惩恶,帝王之所以与天下为画一,不以贵贱亲疏而轻重者也。今之刑赏,未必尽然。或伸屈在乎好恶,或轻重由乎喜怒。遇喜则矜其情于法中,逢怒则求其罪于事外⑨。所好则钻皮出其毛羽⑩,所恶则洗垢求其瘢痕⑪。瘢痕可求则刑斯滥矣,毛羽可出则赏因谬矣。刑滥则小人道长,赏谬则君子道消。小人之恶不惩,君子之善不劝,而望治安刑措⑫,非所闻也。

【注释】

①明德慎罚:语出《尚书·康诰》。西周的立法指导思想之一。所谓明德,就是提倡尚德、敬德,它是慎罚的指导思想和保证。所谓慎罚,就是指刑罚适中,不乱罚无罪,不乱杀无辜。

②惟刑恤哉:语出《尚书·舜典》。意谓量刑时要有悯恤之意,使刑

罚轻重适中。恤,怜悯,体恤。

③"为上"五句:语出《礼记·缁衣》。

④"康哉"之咏:相传虞舜时天下大治,作歌颂之,其臣皋陶赓续而歌:"庶事康哉!"

⑤华戎:指天下百姓。华,指华夏民族。戎,指西方少数民族。

⑥无思不服:语出《诗经·大雅·文王》。意谓没有谁不想归服的。

⑦臻(zhēn):至,达到。

⑧简文:选择美好的文辞。简,选择。

⑨事外:在事情之外寻求罪名,即节外生枝。

⑩钻皮出其毛羽:即"钻皮出羽"。比喻极意夸饰自己偏爱的人。语出赵壹《刺世疾邪赋》:"所好则钻皮出其毛羽,所恶则洗垢求其瘢痕。"

⑪洗垢求其瘢痕:即"洗垢求瘢"。洗掉污垢来寻找瘢痕。比喻想尽办法挑剔别人的缺点。瘢,瘢痕。出处同上注。

⑫刑措:亦作"刑错",置刑法而不用。《荀子·议兵》:"传曰:威厉而不试,刑错而不用。"

【译文】

贞观十一年(637),特进魏徵上奏章说:

"臣看到《尚书》上说:'提倡尚德,刑罚适中','量刑时要有悯恤之意!'《礼记》上说:'国君容易侍奉,臣子就容易了解旨意,刑罚就不会太烦琐庞杂。国君犹疑不定,百姓就会觉得迷惑,臣子难以了解旨意,国君就会操劳疲惫。'国君容易侍奉,臣子容易了解旨意,那么国君就不用烦心操劳,百姓也就不迷惑。因此国君有纯一的美德,臣子就没有二心,国君广布忠厚的诚意,臣子就会竭尽辅佐的力量,然后国家太平的根基就不会动摇,欢唱天下大治的歌咏就会兴起。当今陛下仁德覆盖了天下的百姓,功勋高过宇宙,没有谁不想归服的,没有哪个边远的地方是达不到的。然而在语言上崇尚选择美好的文辞,心志却在苛察烦琐小事,惩罚和赏赐的施行,还有不尽如人意之处。刑罚赏赐的根本,在于鼓励美善而惩治罪恶,帝王使用的刑罚和赏赐之所以天下一致,就在于不能因为亲疏贵贱而改变刑赏的轻重。如今施行的惩罚和赏赐,却未必都是这样。有的因自己的好恶来决定刑赏或伸或屈,有的因自己的喜怒来决定刑赏的轻重。遇到高兴时就在法律中寻求情有可原之处,遇到发怒时就到事实之外去寻找其罪过。对待喜爱的人就会钻开肉皮去寻找羽毛,极力为他开脱;对待憎恶的人就会洗净灰垢去寻找疤痕,极力对他挑剔。疤痕是可以找到的,但惩罚就会因此被滥用了;羽毛是可以找出的,但赏赐就会因此而变得荒谬。滥用惩罚,小人的胡作非为就会增多;赏赐荒谬,君子的正确主张就会损害。小人的罪恶不惩罚,君子的美善不勉励,而希望国家安宁、刑罚停止不用,臣下还没有听说过。

　　"且夫暇豫清谈,皆敦尚于孔、老①;威怒所至,则取法于申、韩②。直道而行,非无三黜③,危人自安,盖亦多矣。故道德之旨未弘,刻薄之风已扇④。夫刻薄既扇,则下生百端,人竞趋时,则宪章不一⑤。稽之王度⑥,实亏君道。昔州犁上下其手⑦,楚国之法遂差;张汤轻重其心⑧,汉朝之刑以弊。以人臣之颇僻⑨,犹莫能申其欺罔,况人君之高下,将何以措其手足乎?以睿圣之聪明,无幽微而不烛⑩,岂神有所不达,智有所不通哉?安其所安,不以恤刑为念;乐其所乐,遂忘先笑之变⑪。祸福相倚,吉凶同域,惟人所召,安可不思?顷者责罚稍多,威怒微厉,或以供帐不赡⑫,或以营作差违⑬,或以物不称心,或以人不从命,皆非致治之所急,实恐骄奢之攸渐⑭。是知'贵不与骄期而骄自至,富不与侈期而侈自来',非徒语也。

【注释】

①孔、老：即孔子、老子。指儒家孔子的王道学说和道家老子的无为思想。

②申、韩：即申不害和韩非。指他们所代表的战国时期法家思想。

③三黜：指多次被罢官。形容宦途不顺。

④扇：通"煽"。这里指旺盛。

⑤宪章：典章制度。

⑥稽：考核，衡量。

⑦州犁上下其手：比喻玩弄手法，串通作弊。州犁，即伯州犁，晋国人。春秋时期晋国大夫，后奔楚，为楚国太宰。《左传·襄公二十六年》记载了前547年楚国攻打郑国，楚大夫穿封戌俘虏了郑将皇颉，楚康王的弟弟公子围欲抢夺战功，就与穿封戌争执起来。伯州犁为了偏袒公子围，于是叫俘虏皇颉作证。让皇颉立于庭中，让公子围和穿封戌立于皇颉对面。伯州犁采用的"上下其手"的暗示法向皇颉暗示了应该说是公子围擒获了他。皇颉对伯州犁的暗示心领神会，他急于求释，为讨好楚国当权者，他只好顺着伯州犁的暗示作了回答，最后果然得到了宽赦。

⑧张汤轻重其心：意谓张汤经常揣摸皇上的意图，常以皇帝意旨为治狱准绳。张汤（？—前115），西汉杜陵（今陕西西安东南）人。西汉武帝时期名臣。《汉书》记载其起于书吏，曾为长安吏、茂陵尉、侍御史，后迁升御史大夫，位至三公。他用法主张严峻，但常揣摸皇上的意图，还以《春秋》之义加以掩饰。

⑨颇僻：邪佞，不正。

⑩烛：照耀。引申为察见。

⑪先笑之变：指命运的变化。

⑫供帐不赡(shàn)：供给宴饮的东西不充裕。供帐，指供宴饮之用的帷帐、用具、饮食等物。赡，充足。

⑬差违：差异，差别，不同之点。

⑭攸：所。

【译文】

"悠闲清谈的时候，都崇尚孔子和老子的学说；到逞威发怒之时，就采用申不害和韩非的思想。做事正直的人往往被多次撤职，损人利己而求得自安的人也就越来越多。所以道德的宗旨没有弘大，刻薄的风气却炽盛起来。刻薄的风气炽盛之后，社会就弊端百出，人人竞相趋赶时尚，于是典章制度就无法统一。用古代圣王的德行风度来衡量，实在有损君王的德业。过去伯州犁玩弄手法，串通作弊，于是楚国的法令就混乱了；张汤依据自己的心意决定量刑的轻重，于是汉朝的刑律也就遭到破坏。由于臣子的邪僻，欺骗蒙蔽尚且不能揭露，更何况国君再任意轻重高下国法，那么百姓将会更加手足无措！凭皇上这样的圣明，没有什么隐微的地方不被察觉，难道还有考虑不周，认识不到的吗？安于天下太平，就会不再考虑慎重刑罚之事；自得其乐，就会忘记命运可能先吉后凶的变化。祸与福相辅相成，吉和凶是相连相接的，它们的到来完全是由于个人的招引，怎么可以不考虑呢？近来陛下责罚的人渐渐增多，发怒逞威也渐渐严厉，有时是因为供给的东西不充裕，有时是因为营造的宫室不如意，有时是因为使用的物品不称心，有时是因为下面的人不听从命令，但这些都不是治理国家的当务之急，着实让人担忧因此滋长起骄纵奢侈来。由此可知，'尊贵不以骄傲为警戒而骄傲自然来到，富裕不以奢侈为警戒而奢侈自然来到'，这不是一句空话啊！

"且我之所代，实在有隋，隋氏乱亡之源，圣明之所临照。以隋氏之府藏譬今日之资储，以隋氏之甲兵况当今之士马①，以隋氏之户口校今时之百姓，度长比大，曾何等级？然隋氏以富强而丧败，动之也②；我以贫寡而安宁，静之也③。

静之则安,动之则乱,人皆知之,非隐而难见也,非微而难察也。然鲜蹈平易之涂④,多遵覆车之辙,何哉? 在于安不思危,治不念乱,存不虑亡之所致也。昔隋氏之未乱,自谓必无乱;隋氏之未亡,自谓必不亡。所以甲兵屡动,徭役不息,至于将受戮辱,竟未悟其灭亡之所由也,可不哀哉?

【注释】

①况:比况。士马:指军队。

②动之也:这里指隋炀帝纵欲不止。

③静之也:这里指唐太宗清静无为。

④涂:道路。

【译文】

"再说我朝所取代的,其实就是隋朝,而隋朝混乱灭亡的根源,圣明的陛下是清楚了解的。拿隋朝的库藏和今天的物资储备相比,拿隋朝的兵力和今天的军队相比,拿隋朝的人口和今天的百姓数量相比,衡量长短,比较多少,何曾是一个等级? 然而隋朝以富强而败亡,是因为隋炀帝纵欲不止的缘故;我朝虽贫穷却天下得到安宁,是因为陛下清静无为的缘故。清静无为国家就会稳定,纵欲不止天下就会大乱,这是人人都明白的道理,并不是隐晦而难以发现的,也不是细微而难以察见的。但很少有人走平坦易行的道路,大多沿着翻车的旧辙前行,为什么呢? 就在于安居的时候而不考虑危亡,太平的时候不提防混乱,存在的时候不顾忌败亡所造成的。过去隋朝天下没有混乱的时候,自以为一定不会混乱;在隋朝没有覆亡时,自以为一定不会覆亡。因此屡次发动战争,徭役不止,到了将要遭到杀身之祸时,竟然还没有觉悟到自己覆亡的原因,这不是很可悲的吗?

"夫鉴形之美恶①,必就于止水②;鉴国之安危,必取于亡国。故《诗》曰:'殷鉴不远,在夏后之世。'又曰:'伐柯伐柯,其则不远③。'臣愿当今之动静,必思隋氏以为殷鉴,则存亡治乱,可得而知。若能思其所以危,则安矣;思其所以乱,则治矣;思其所以亡,则存矣。知存亡之所在,节嗜欲以从人,省游畋之娱,息靡丽之作④,罢不急之务,慎偏听之怒。近忠厚,远便佞,杜悦耳之邪说,甘苦口之忠言。去易进之人,贱难得之货⑤,采尧、舜之诽谤⑥,追禹、汤之罪己⑦,惜十家之产,顺百姓之心。近取诸身,恕以待物,思劳谦以受益⑧,不自满以招损。有动则庶类以和,出言而千里斯应⑨,超上德于前载,树风声于后昆⑩。此圣哲之宏规,而帝王之大业,能事斯毕,在乎慎守而已。

【注释】

①鉴:古代盛水器,流行于春秋战国时期。这里用作动词,指看到,觉察到。鉴的作用有三:一是盛水照面,用作镜子;二是盛冰;三是沐浴洗澡。《说文》徐灏曰:"鑑,从皿以盛水也。其后范铜为之,而用以照形者,亦谓之鑑,声转为镜。"

②止水:静止的水。如果用来觉察形状的水不平静,则无法看到本来面目。

③"伐柯"二句:语出《诗经·豳风·伐柯》。意谓用斧子去砍树做斧柄,不用去远处找图纸或样子,就在手边。比喻"以人治人"的方法,不用去问别人,就拿自己做标准好了。第一个"柯"指伐木头用的斧头。第二个"柯"指被伐的木头,即枝柯,用来做斧柄。则,法则,方法。

④靡丽:奢侈华丽。

⑤贱：轻视。

⑥尧、舜之诽谤：相传尧、舜在路旁立诽谤木牌，让人们写上谏言。"诽谤"一词在古是指议论是非、指责过失，引以为谏言。即现代的"提意见"。并非是指造谣污蔑、恶意中伤。崔豹《古今注·问答释义》载："程雅问曰：'尧设诽谤之木，何也？'答曰：'今之华表木也，以横木交柱头，状若花也……以表王者纳谏也，亦以表识衢路也。'"《史记·孝文本纪》亦云："古之治天下，朝有进善之旌，诽谤之木，所以通治道而来谏者。"

⑦罪己：引咎自责。《左传·庄公十一年》记载："禹汤罪己，其兴也勃。"后世帝王在天灾人祸时，往往颁发引咎自责的诏书（罪己诏）。

⑧劳谦：勤勉谦虚。

⑨出言而千里斯应：意谓只要一说话，千里之外都会相应。《周易大传》云："其言善，则千里之外应之……其言不善，则千里之外违之。"

⑩后昆：后代。

【译文】

"观察容貌的美丑，一定要在静止的水面上；借鉴国家的安危，一定要以灭亡的国家作为教训。所以《诗经》上说：'殷朝用作鉴戒的历史并不遥远，就在于夏朝之世。'又说：'用斧子去砍树做斧柄，不用去远处找图纸或样子，就在手边。'臣希望朝廷的一切举动，一定要考虑以隋朝的灭亡作为借鉴，那么存亡治乱就可得而知。如果能思考隋朝之所以危亡的原因，那么国家就更安稳了；如果能思考隋朝之所以混乱的原因，那么国家就能得以治理了；如果能思考隋朝之所以灭亡的原因，那么国家就能得以保全了。知道了存亡的关键所在，就要节制自身的嗜好和欲望而顺从众人，减少游猎的娱乐，停建奢侈华丽的宫室，停办不急需的事情，谨慎戒除偏听时的发怒。亲近忠诚善良的人，疏远阿谀谄媚的人，杜绝悦耳的邪僻之说，喜欢苦口的规劝忠言。罢去苟且取进的人，看轻难以得到的宝物,采取尧、舜竖立诽谤木牌的方法,效法禹、汤归罪于自己的作风,爱惜人民的财产,顺应百姓的心意。就近从自身做起,以宽恕之心待人,想到勤谨谦虚能得到益处,不要骄傲自满而招来损害。这样的话,一旦有所行动,天下百姓就会一齐响应;只要一说话,千里之外都会唱和;就能超越前朝有高尚道德的帝王,树立高尚的风格声望给后人。这是圣人前哲的宏大规划,是帝王的伟大事业,能够完全做到这些事,就在于谨慎自持而已。

"夫守之则易,取之实难。既能得其所以难,岂不能保其所以易? 其或保之不固,则骄奢淫泆动之也。慎终如始,可不勉欤?《易》曰:'君子安不忘危,存不忘亡,治不忘乱,是以身安而国家可保也。'诚哉斯言,不可以不深察也。伏惟陛下欲善之志,不减于昔时,闻过必改,少亏于曩日。若以当今之无事,行畴昔之恭俭①,则尽善尽美矣,固无得而称焉②。"

太宗深嘉而纳用。

【注释】

①畴昔:往昔,从前。

②称:相当,匹敌,

【译文】

"守住国家社稷是容易的,但取得国家社稷是艰难的。既然能够取得困难的,怎会还不能保全容易的? 如果有时不能牢牢地保住,那就是因为骄傲奢侈、荒淫放纵动摇了的缘故。要像开始时那样谨慎直到最后,怎能不时刻努力呢!《易经》上说:'君子在安逸的时候不能忘记危险,在存在的时候不能忘记覆亡,在太平的时候不能忘记动乱,因此自身平安而国家就能长治久安。'这句话说得很真实,不能不认真思考。臣看到陛下向往美善的愿望,并没有比过去减少,但闻过必改的作风,稍微比从前差了一点。如果利用如今天下太平的时机,厉行往昔的恭敬俭约,那就尽善尽美了,就没有什么人能和陛下相匹敌了。”

太宗很赞赏这番话,并且采纳了这些意见。

贞观十四年,戴州刺史贾崇以所部有犯十恶者①,被刺史劾奏。太宗谓侍臣曰:“昔陶唐大圣②,柳下惠大贤③,其子丹朱甚不肖,其弟盗跖为巨恶④。夫以圣贤之训,父子兄弟之亲,尚不能使陶染变革,去恶从善。今遣刺史,化被下人,咸归善道,岂可得也? 若令缘此皆被贬降,或恐递相掩蔽,罪人斯失。诸州有犯十恶者,刺史不须从坐⑤,但令明加纠访科罪⑥,庶可肃清奸恶。”

【注释】

①戴州:隋开皇十六年(596)置。隋大业三年(606)州废。唐武德四年(621)复戴州,治所金乡(在今山东金乡一带)。十恶:我国封建法律规定的不可赦免的十种重罪,包括谋反、谋大逆、谋叛、谋恶逆、不道、大不敬、不孝、不睦、不义、内乱。

②陶唐:即唐尧。帝喾之子。初封于陶,后徙于唐,故名。

③柳下惠:即春秋鲁大夫展获,字季,又字禽,曾为士师官,食邑柳下,谥惠,故称其为柳下惠。相传他与一女子共坐一夜,不曾淫乱。后用以借指有操行的男子。

④盗跖(zhí):原名柳下跖,柳下惠的弟弟。盗跖手下有九千人,横行天下,侵夺诸侯,破墙撬门,抢人牛马,掠人妇女;贪利忘亲,不顾父母兄弟,不祭先祖,所过之处,大国闭城严守,小国入堡自

卫,万民受盗苦害。

⑤从坐:犹连坐。因别人犯罪牵连而受处罚。

⑥科罪:定罪。

【译文】

贞观十四年(640),戴州刺史贾崇因为部属中有人犯了十恶不赦的大罪,被刺史上奏弹劾。太宗对身边的大臣说:"从前帝尧是大圣人,柳下惠是大贤人,但帝尧的儿子丹朱非常不像父亲,柳下惠的弟弟盗跖罪大恶极。凭圣贤的训诲,父子兄弟的亲情,尚且不能熏陶感化他们,去恶从善。现在派一名刺史去感化下面的百姓,使他们都归从正路,怎能做得到呢? 如果因为所管的地方有人犯罪就被贬官降职,恐怕他们就会把事情真相掩盖起来,而使罪犯逍遥法外。各州有犯十恶不赦大罪者,刺史不得因此牵连而被处罚,只须命令他们认真查访定罪,这样也许可以肃清奸诈作恶的坏人。"

贞观十六年,太宗谓大理卿孙伏伽曰①:"夫作甲者欲其坚,恐人之伤;作箭者欲其锐,恐人不伤。何则? 各有司存②,利在称职故也。朕尝问法官刑罚轻重,每称法网宽于往代。仍恐主狱之司利在杀人,危人自达③,以钓声价。今之所忧,正在此耳! 深宜禁止,务在宽平。"

【注释】

①孙伏伽:贝州武城(山东武城)人。为官清正,敢于直言,有魏徵之风。其性格宽宏大量,宠辱不惊。在"玄武门之变"中,孙伏伽拥护李世民,鞍前马后,奔走效劳。李世民即位后,论功行赏,赐孙伏伽男爵,食邑乐安(今山东广饶)。贞观元年(627),提升他为大理寺少卿。贞观十四年(641)拜大理卿,成为朝廷重臣。

②司存：执掌，职责。

③自达：这里是使自己显达。

【译文】

　　贞观十六年（642），太宗对大理卿孙伏伽说："制造铠甲的人希望铠甲坚固，担心人受伤；制作弓箭的人希望箭矢锋利，唯恐人不受伤。为什么呢？这是因为他们各有执掌的职责，有利于他能胜任所担当的职务的缘故。我曾经询问过法官执行刑罚轻重的情况，他们总是说刑罚比过去的朝代宽大。我仍然害怕主管刑案的官署为追求自己的利益而滥施杀刑，用危害他人的手段来使自己显达，沽名钓誉，现在我所忧虑的正在这里啊！应大力加以禁绝，用刑务必宽大公平。"

赦令第三十二

【题解】

"赦令",乃减免罪刑或赋役的命令,是宽恕赦免的恩典。但如果使用过滥,则会带来很多弊病。太宗认为"一岁再赦,善人喑哑","愚人常冀侥幸,惟欲犯法,不能改过"。所以国家法令,惟须简约,不可一罪作数种条款,律法应该稳定划一,不能互相抵触,这样执法时才能做到公允平等。"格式既多","更生奸诈"。尤其是赦免令,更不能随意颁布,赦免愈多,就会使犯罪的人心存侥幸,达不到刑罚惩恶劝善的目的。因此,太宗从来慎用赦免令,意在维持社会法制的稳定。

贞观七年,太宗谓侍臣曰:"天下愚人者多,智人者少。智者不肯为恶,愚人好犯宪章。凡赦宥之恩①,惟及不轨之辈。古语云:'小人之幸,君子之不幸。''一岁再赦,善人喑哑②。'凡养稂莠者伤禾稼③,惠奸宄者贼良人④,昔'文王作罚,刑兹无赦'⑤。又蜀先主尝谓诸葛亮曰⑥:'吾周旋陈元方、郑康成之间⑦,每见启告理乱之道备矣⑧,曾不语赦。'故诸葛亮理蜀十年不赦,而蜀大化。梁武帝每年数赦,卒至倾败。夫谋小仁者,大仁之贼,故我有天下已来,绝不放赦。

今四海安宁，礼义兴行，非常之恩，弥不可数。将恐愚人常冀侥幸，惟欲犯法，不能改过。"

【注释】

①赦宥(yòu)：宽恕，赦免。

②喑(yīn)哑：谓沉默不语。

③稂莠(láng yǒu)：稂和莠，都是形状像禾苗而妨害禾苗生长的杂草。这里比喻坏人。

④奸宄(guǐ)：亦作"奸轨"，指违法作乱的人。

⑤"文王"二句：语出《尚书·康诰》。意谓文王创制惩罚，对有罪的人严加惩治，不轻易赦免。无赦，不宽免罪罚。

⑥蜀先主：即刘备。东汉末，刘备即帝位于蜀，是为先主。

⑦周旋：引申为交际应酬。陈元方：即陈纪，字元方。东汉末名士。郑康成：即郑玄，字康成，北海高密(今山东高密)人。东汉末年的经学大师，他对儒家经典的注释，长期被封建统治者作为官方教材，收入九经、十三经注疏中，对于儒家文化乃至整个中国文化的流传作出了重要的贡献。

⑧启告：启奏，告知。

【译文】

贞观七年(633)，太宗对身边的大臣说："天下愚昧的人多，聪明的人少。聪明的人是不会作恶的，愚昧的人却常常触犯法令。大凡宽恕赦免的恩典，涉及的只是那些图谋不轨的愚昧的人。古话说：'小人的幸运，就是君子的不幸。''一年之内发布几次大赦令，善良的人就会沉默不语。'凡是长着稂莠杂草的地方就会伤害禾苗的生长，给违法作乱的人施恩就会伤害善良的人。从前，'文王创制惩罚，对有罪的人不轻易赦免'。还有蜀汉先主刘备曾对诸葛亮说：'我经常和陈元方、郑康成交际应酬，常听到他们谈论全备的治国办法，却从来没有听到讲实行赦令的。'所以诸葛亮治理蜀国十年中从不实行大赦,而蜀国却得到大治。梁武帝每年都大赦好几次,最终却导致倾覆败亡。施小恩小惠往往会损害仁义之本,所以我自从统治天下以来,绝不发布赦免令。现在天下太平,礼义盛行,特别的恩典多得不可胜计。我担心愚昧的人常寄希望于侥幸,只想犯法遇赦,却不去改正过错。"

贞观十年,太宗谓侍臣曰:"国家法令,惟须简约,不可一罪作数种条。格式既多①,官人不能尽记,更生奸诈。若欲出罪即引轻条②,若欲入罪即引重条③。数变法者,实不益道理,宜令审细,毋使互文④。"

【注释】

①格式:唐代法律的表现形式,即官吏处事的规则法度。格,规定官吏的办事规则。式,规定官署通用的文件程式。

②出罪:开脱罪责。

③入罪:加重罪责。

④互文:指互有歧义的条文。

【译文】

贞观十年(636),太宗对身边的大臣说:"国家法令,必须制订得简明,不应该一种罪有几种条款。格式繁多了,官吏就不能全都记下来,更容易发生奸诈。如果想开脱罪责就援引轻判的条款,如果想加重罪责就援引重判的条款。一再变更法令,实在无益于刑理,应该仔细审定法令,不要让法律条款产生歧义。"

贞观十一年,太宗谓侍臣曰:"诏令格式①,若不常定则人心多惑,奸诈益生。《周易》称'涣汗其大号'②,言发号施令,若汗出于体,一出而不复也。《书》曰:'慎乃出令,令出惟行,弗为反③。'且汉祖日不暇给④,萧何起于小吏⑤,制法之后,犹称画一。今宜详思此义,不可轻出诏令,必须审定,以为永式。"

【注释】

①诏令:唐代法律的表现形式。诏,是皇帝的命令或文告的总称。令,是皇帝的命令,规定各种行政的重要制度。

②涣汗其大号:语出《周易·涣》。孔颖达疏:"'涣汗其大号'者,人遇险厄惊怖而劳,则汗从体出,故以汗喻险厄也。九五处尊履正,在号令之中,能行号令以散险厄者也。故曰'涣汗其大号'也。"大号,帝王的号令。

③"慎乃"几句:语出《尚书·周官》。意谓颁布法令要慎重,法令一出就只有执行,不能违反。

④日不暇给:形容事务繁忙,没有空闲。

⑤萧何(? —前193):沛(今江苏沛县)人。西汉初年政治家。早年任秦沛县监狱的小吏。秦末佐刘邦起义。攻克咸阳后,他收取了秦丞相、御史府所藏的律令、图书,掌握了全国的山川险要、郡县户口,并知民间疾苦,对日后制定政策和取得楚汉战争胜利起了重要作用。刘邦为汉王,以萧何为丞相,对建立汉朝起了重要作用。汉朝建立后,以他功最高封为酂侯。他采撷秦法,重新制定律令制度,作《九章律》(《盗律》《贼律》《囚律》《捕律》《杂律》《具律》《户律》《兴律》《厩律》)。在法律思想上,主张"无为",喜好"黄老之术"。后被拜为相国。高祖死后,他辅佐惠帝。惠帝二年(前193)卒。

【译文】

贞观十一年(637),太宗对身边的大臣说:"朝廷发布的诏令格式,如果长期不能稳定，人们就会产生许多疑惑，奸诈之事就会发生得更多。《周易》上说'涣汗其大号'，是说发号施令，就像人体出汗，一出来就收不回去了。《尚书》上也说：'发布命令要慎重，命令发出就必须执行，不得更改。'汉高祖政事繁忙，没有空闲，丞相萧何又出身于小吏，但他们制定的法令还可称得上整齐划一。现在应该仔细地想想这个道理，不能轻率颁发诏令，必须严加审定，作为永久的准则。"

长孙皇后遇疾，渐危笃①。皇太子启后曰："医药备尽，今尊体不瘳②，请奏赦囚徒并度人入道③，冀蒙福祐。"

后曰："死生有命，非人力所加。若修福可延，吾素非为恶者；若行善无效，何福可求？赦者，国之大事，佛道者，上每示存异方之教耳④。常恐为理体之弊，岂以吾一妇人而乱天下法？不能依汝言。"

【注释】

①危笃：谓病势危急。

②瘳(chōu)：病愈。

③度人入道：佛教语。谓度人出家奉佛。入道，谓皈依宗教，出家为僧尼或道士。

④异方之教：佛教兴起于印度，西汉末年传入我国，故被儒家称为"异方之教"。

【译文】

长孙皇后得了病，病情日渐危急。皇太子对皇后说："医药都用尽了，现在母后贵体仍然没有痊愈，请允许我启奏父皇赦免囚徒，并度人出家奉佛，希望能得到神灵的保佑赐福。"

皇后说："生和死是命中注定的，不是人的力量能够左右的。如果做善事可以延寿,我平日从来不做恶事;如果做善事也无效,还有什么福可求呢?赦免罪犯是国家大事,而佛教,皇上经常表示只不过是保留一种异域传来的宗教罢了。他经常担心其成为治国的弊病,怎么能因为我一个妇人而扰乱国家的大法呢?不能依照你说的话去做。"

贡赋第三十三

【题解】

"贡赋"即土贡和赋税。在封建社会里,贡赋是劳动人民的致命负担,如果贡赋无穷,妄加攀比,既足以激发当政者的贪欲,也会将劳动人民逼向水深火热之中。本篇主要记录了贞观时期君臣对纳受贡赋的看法和议论。

贞观年间,唐王朝国势日渐强盛,各地和外国都派遣使者前来交纳贡赋。太宗不贪求贡赋,并汲取"始皇暴虐,至子而亡;汉武骄奢,国祚几绝"的历史教训。既不允许地方官去自己辖区以外的地方寻求贡赋,对于外国贡献的方物也往往婉拒。鹦鹉"屡有苦寒之言",太宗愍之,又交还给使者,让他带回国放归山林;高丽美女也被送回故土,这都体现了太宗的怜悯之心。唐太宗能通过贡赋而想到国家的兴衰,从而不贪恋财物,退还贡品,获得了临邑属国及后世的赞许。

贞观二年,太宗谓朝集使曰①:"任土作贡,布在前典,当州所产,则充庭实②。比闻都督、刺史邀射声名③,厥土所赋,或嫌其不善,逾境外求,更相仿效,遂以成俗。极为劳扰,宜改此弊,不得更然。"

【注释】

①朝集使：汉代时各郡每年遣使进京报告郡政及财经情况，称为上计吏。后世袭汉制，改称朝集使。

②庭实：陈列于朝堂的贡献物品。

③邀射：追求，谋取。

【译文】

贞观二年(628)，太宗对朝集使说："根据土地的生产情况确定贡赋，都记载在从前的政典中，本州的土特产，就充当为朝堂的贡献物品。近来听说各州的都督、刺史为了追求声名，本州的土特产，有的他们嫌不好，就逾越州境到外地去寻求，地方官互相仿效，已经形成风气。极为烦劳，应该改掉这些弊病，不允许再这样做。"

贞观中，林邑国贡白鹦鹉①，性辩慧，尤善应答，屡有苦寒之言。太宗愍之，付其使，令还出于林薮。

【注释】

①林邑国：古国名。东晋交州日南郡(在今越南中南部)的小国，原汉代象林县地，东汉末年象林人曹区氏杀死县令，自立为王。依附于内地政权的小国。

【译文】

贞观年间，林邑国贡献了一只白鹦鹉，生性聪明，尤其善于应答，屡次说出怕冷的话来。太宗怜悯它，就把它交给林邑国的使臣，让他把鹦鹉带回国放回树林里。

贞观十二年，疏勒、朱俱波、甘棠遣使贡方物①。太宗谓群臣曰："向使中国不安，日南、西域朝贡使亦何缘而至②？

朕何德以堪之③！睹此翻怀危惧。近代平一天下、拓定边方者，惟秦皇、汉武。始皇暴虐，至子而亡；汉武骄奢，国祚几绝。朕提三尺剑以定四海，远夷率服，亿兆乂安，自谓不减二主也。然二主末途皆不能自保，由是每自惧危亡，必不敢懈怠。惟藉公等直言正谏，以相匡弼④。若惟扬美隐恶，共进谀言，则国之危亡，可立而待也。"

【注释】

①疏勒：古西域诸国之一。王莽时称世善，唐名佉沙。在今新疆维吾尔自治区喀什市一带。其治疏勒城，即今疏勒县。朱俱波：亦名朱俱盘、朱居半，古西域国名。北凉沮渠之后，王为疏勒人，都叶城（今新疆叶城）。唐时属西突厥五俟斤哥舒部，后属于阗。甘棠：据载，甘棠在"大海南"，今人认为应在今"非洲东海岸"（参见《唐会要》卷九九"甘棠国"。《中西交通史料汇编》，第2册）。贞观十年（636）甘棠国向唐朝入贡。方物：地方物产（土特产）。

②日南：指日南国，即东晋时交州日南郡（在今越南中南部）的小国。西域：汉代以后对今甘肃玉门关以西地区的通称。

③堪：堪当，可以承受。

④匡弼：匡正辅佐，纠正补救。

【译文】

贞观十二年（638），疏勒、朱俱波、甘棠等国派使者来进献土特产。太宗对大臣们说："假使中国不安定，日南、西域的朝贡使者有什么原因会到来呢？我有什么德行能担当得起这种盛事啊！看到这一切反而心怀危惧。近代能够统一天下、开拓并稳定边疆的，只有秦始皇和汉武帝。秦始皇残酷暴虐，传到儿子就灭亡了；汉武帝骄纵奢侈，帝业差点断绝。我手执三尺宝剑平定天下，远方的异族都相继来归服，亿万百姓平安无事，我自认为不差于秦皇、汉武两位帝王。然而这两位皇帝的晚年都自身难保，因此我常常为国家的危亡而感到担忧，绝对不敢松懈怠慢。只有依靠你们的直言的规劝，来纠正过失，辅佐我治理好国家。如果你们只称赞我做的善事、隐瞒我的过失，都说奉承话，那么国家的危亡很快就会到来。"

　　贞观十八年，太宗将伐高丽，其莫离支遣使贡白金①。黄门侍郎褚遂良谏曰："莫离支虐杀其主，九夷所不容②，陛下以之兴兵，将事吊伐③，为辽东之人报主辱之耻④。古者讨弑君之贼，不受其赂。昔宋督遗鲁君以郜鼎⑤，桓公受之于太庙。臧哀伯谏曰⑥：'君人者将昭德塞违。今灭德立违而置其赂器于太庙，百官象之⑦，又何诛焉！武王克商，迁九鼎于雒邑⑧，义士犹或非之。而况将昭违乱之赂器，置诸太庙，其若之何？'夫《春秋》之书，百王取则，若受不臣之筐篚⑨，纳弑逆之朝贡，不以为愆，将何致伐？臣谓莫离支所献，自不合受。"

　　太宗从之。

【注释】
　　①莫离支：高丽官名，相当于唐朝的军事统帅。
　　②九夷：古代称东方的九种民族。亦指其所居之地。《论语·子罕》："子欲居九夷。"何晏《集解》引马融曰："东方之夷有九种。"《后汉书·东夷传》："夷有九种。曰：畎夷、于夷、方夷、黄夷、白夷、赤夷、玄夷、风夷、阳夷。"一说指玄菟、乐浪、高骊、满饰、凫更、索家、东屠、倭人、天鄙。见《尔雅·释地》"九夷"疏。
　　③吊伐：即吊民伐罪，意谓慰问受苦的民众，讨伐有罪的统治者。

④辽东：辽河以东的地区。这里指高丽人。

⑤宋督遗鲁君以郜(gào)鼎：指春秋时宋督杀了殇公，把郜鼎送给鲁桓公，桓公收下郜鼎，放置在太庙里。宋督，字华父，宋戴公之孙。鲁君，指鲁桓公。郜，周文王子所封国。在今山东成武东南，春秋时为宋所灭。《春秋·桓公二年》记载：宋华父督弑其君殇公与夷，以郜鼎赂鲁桓公，遂为宋相。

⑥臧哀伯：即臧孙达，春秋时鲁国大夫。

⑦象：效仿。

⑧迁九鼎于雒(luò)邑：传说夏禹铸了九个鼎，象征九州，奉为国宝。商汤灭夏，迁九鼎于商邑。周武王灭商，又迁九鼎于雒邑。

⑨筐筐(fěi)：盛物竹器。方曰筐，圆曰筐。这里指贿赂的礼物。

【译文】

贞观十八年(644)，太宗将要讨伐高丽，高丽的莫离支派使者来贡献白金。黄门侍郎褚遂良规劝说："莫离支残酷地杀害了他的国君，是东方各族都不能容忍的，陛下因此起兵，去吊民伐罪，为高丽的百姓洗雪国君被杀的耻辱。古时候讨伐杀害国君的罪人，是不接受他的贿赂的。春秋时宋督杀了殇公，把郜鼎送给鲁桓公，桓公收下郜鼎放置在太庙里。臧哀伯劝谏说：'统治人民的国君要发扬道德，堵塞邪恶，如今宋督违背道德，行为邪恶，而把他贿赂的器物放在太庙里，如果百官都跟着效仿，还能惩罚谁呢？周武王灭亡了商朝，把九鼎搬迁到雒邑，仁人义士还说他的不对，更何况把明显是邪恶叛乱的贿赂之物放在太庙里呢？'《春秋》上的记载，是值得所有国君取法的准则，如果收受背叛国君的人的礼物，接受杀害国君之人的朝贡，还不认为是错误的，那用什么理由去讨伐高丽呢？臣认为莫离支贡献的礼品，自然不应当接受。"

太宗听从了他的意见。

贞观十九年，高丽王高藏及莫离支盖苏文遣使献二美

女^①。太宗谓其使曰："朕悯此女离其父母兄弟于本国^②，若爱其色而伤其心，我不取也。"并却还之本国^③。

【注释】

①高藏：高句丽末代王。《册府元龟》卷一千"外臣部"亡灭条中有如下记载："高丽王高藏，高宗仪凤中，授开府仪同三司、辽东州都督，封朝鲜王，居安东，镇本蕃为主。高藏至安东，潜与靺鞨相通谋叛，事觉，召还，配流邛州，并分徙其人，散向河南、陇右诸州。其贫弱者留在安东城傍。圣历二年，又授高藏男德武为安东都督，以领本蕃。自是高丽旧户在安东者渐寡少，分投突厥及靺鞨等，高氏君长遂绝。"盖苏文（603—666）：又名渊盖苏文，渊氏家族出于早期高句丽五部中的顺奴部。渊盖苏文父亲渊太祚为高句丽东部大人、大对卢（相当于宰相）。盖苏文继承父职为大对卢，仍掌高句丽军政大权，为高句丽莫离支（军事统帅）。

②悯：怜恤，怜悯。

③却：拒绝。

【译文】

贞观十九年（645），高丽国王高藏和莫离支盖苏文派使臣来贡献了两名美女。太宗对高丽的使臣说："我怜悯这两个女子离开了她们在本国的父母兄弟，如果喜爱她们的美色而伤害了她们的心，我是不会接受的。"于是拒绝接受，并将这两位女子送还本国。

辩兴亡第三十四

【题解】

本篇记述了贞观时期君臣探讨国家兴亡的一些言论。通过讨论，唐太宗认为，"行仁义，任贤良则理；行暴乱，任小人则败"。只有推行仁政，信任贤良，国家才会得到治理，反之则国家就要衰败灭亡。太宗深以为戒的是前朝的覆亡，对前朝覆亡的原因太宗认识很深刻，"馋人自食其肉，肉尽必死。人君赋敛不已，百姓既弊，其君亦亡"。他们总结历史经验教训，励精图治，目的在于国家长治久安，避免覆亡。贞观君臣讨论的种种议题，最终的目的都是为了避免国家的灭亡。这也可以说是全书的要旨。

贞观初，太宗从容谓侍臣曰："周武平纣之乱，以有天下；秦皇因周之衰，遂吞六国。其得天下不殊，祚运长短若此之相悬也①？"

尚书右仆射萧瑀进曰："纣为无道，天下苦之，故八百诸侯不期而会②。周室微，六国无罪，秦氏专任智力，吞食诸侯。平定虽同，人情则异。"

太宗曰："不然，周既克殷，务弘仁义；秦既得志，专行诈力。非但取之有异，抑亦守之不同。祚之修短，意在兹乎!"

【注释】

①祚运：福运。

②八百诸侯不期而会：据《史记·周本纪》记载，商纣王昏乱暴虐，淫乱不止，诸侯都叛离殷商而归顺西伯姬昌(周文王)。周文王卒，武王即位，以太公望、周公旦等人为辅佐，师修文王之业。武王二年，观兵于孟津(今河南洛阳孟津东北，时为黄河重要渡口)，"诸侯不期而会盟津(孟津)者八百"，诸侯都说可以伐纣，武王则认为灭商时机还不成熟，于是退兵。不久武王灭商。不期而会，未经约定而自动聚集。

【译文】

贞观初年，太宗从容地对身边的大臣说："周武王平定了商纣王的祸乱，从而取得了天下；秦始皇乘东周的衰微，就吞并了六国。他们取得天下的过程没有什么不同，福运的长短为什么那么悬殊?"

尚书右仆射萧瑀回答说："商纣王治理无道，天下受他的苦，所以八百诸侯未经约定而自动聚集来讨伐纣王。周朝虽然衰落，六国没有罪过，秦始皇全靠智谋和武力，吞食诸侯，逐渐侵占各国的土地。虽然同是平定天下，人们对待他们的态度却不相同。"

太宗说："不是那样的，周取代了商以后，努力弘扬仁义；秦国得志后，却一味地施行欺诈暴力。他们不但取得天下的方式不同，而且守护江山的手段也不同。国运的长短，道理就在这里吧!"

贞观二年，太宗谓黄门侍郎王珪曰："隋开皇十四年大旱，人多饥乏。是时仓库盈溢，竟不许赈给，乃令百姓逐粮①。隋文不怜百姓而惜仓库，比至末年，计天下储积，得供五六十年。炀帝恃此富饶,所以奢华无道,遂致灭亡。炀帝失国,亦此之由。凡理国者,务积于人,不在盈其仓库。古人云:'百姓不足,君孰与足②?'但使仓库可备凶年③,此外何烦储蓄?后嗣若贤,自能保其天下;如其不肖,多积仓库,徒益其奢侈,危亡之本也。"

【注释】

①逐粮:追逐粮食。这里指在灾年百姓到有粮食的地方去逃荒。

②"百姓"二句:语出《论语·颜渊》。意谓如果百姓不富足,那么国君怎么会富足?此是孔子弟子有若答鲁哀公所问"年饥,用不足,如之何"时所言。也即是发挥孔子"政在使民富"(《说苑·政理》)的儒家思想。

③凶年:灾荒年。

【译文】

贞观二年(628),太宗对黄门侍郎王珪说:"隋文帝开皇十四年发生大旱,百姓大多饥饿困乏。当时国家的仓库粮食充溢,竟然不允许开仓赈济,却让百姓到有粮食的地方去逃荒。隋文帝不怜悯百姓而吝惜仓库里的粮食,到了他的晚年,统计天下的粮食积储,可供全国食用五六十年。隋炀帝倚仗这种富裕,所以才豪华奢侈,荒淫无道,终于导致国家灭亡。隋炀帝的亡国,也是因为这个原因。凡是治理国家的人,务必让百姓积蓄财物,不在于国库的充溢。古人说:'如果百姓不富足,那么国君怎么会富足?'只要仓库的储蓄能够防备灾荒年,此外又何必过分储蓄!后代儿孙如果贤能,自然能够保持他的天下;如果他不贤能,仓库中储蓄再多,只能增加他的奢侈,这也是国家灭亡的祸根。"

　　贞观五年，太宗谓侍臣曰："天道福善祸淫，事犹影响①。昔启人亡国来奔②，隋文帝不吝粟帛，大兴士众，营卫安置，乃得存立。既而强富，子孙不思念报德，才至失脱③，即起兵围炀帝于雁门④。及隋国乱，又恃强深入，遂使昔安立其国家者，身及子孙，并为颉利破亡⑤，岂非背恩忘义所至也！"

　　群臣咸曰："诚如圣旨。"

【注释】

①影响：效应。这里指应验。

②启人：即启民可汗（？—609），名染干。东突厥可汗，也称突利可汗。599年，大可汗都蓝可汗在塞下击败突利可汗，此时，突利可汗想降隋，而隋正是要利用他的名号，于是设计挟突利可汗到长安归降。入塞降隋后，在朔州（今山西朔县）定居。仁寿元年（601），隋派杨素协助启民北征，当时漠北大乱，许多部落归附启民，启民便成为东突厥大可汗。

③失脱：即失脱可汗（？—619），名咄吉。启民可汗子。东突厥可汗。《旧唐书·突厥上》作"始毕"，当为同人异译之别。

④雁门：指雁门关。唐于雁门山顶置关，长城重要关口之一。在今山西代县北部。

⑤颉利：即颉利可汗（？—634），名咄苾，为启民可汗第三子。颉利初承父兄基业，兵马强盛，阻挠唐代统一。后又连年侵唐边地，杀掠吏民，劫夺财物。627年，其东部的奚等部落归附于唐，颉利遣兵追击，又与其侄突利可汗互相交战。再加上他疏远突厥贵族，部下离心，兵力遂弱。唐贞观三年（629），唐太宗派李靖出兵攻打颉利，次年大败颉利于阴山，颉利被擒送长安，东突厥前汗国亡。

【译文】

　　贞观五年(631),太宗对身边的大臣说:"天道是使善人得福、恶人遭殃,有些事还是有应验的。过去突厥族的启民可汗亡国来投奔隋朝,隋文帝不惜粮食布帛,动用了大批兵士民众,为他们守卫安置,才使他们得以生存下来。不久突厥富强起来,启民可汗的子孙不想报答恩德,传到启民可汗的儿子失脱可汗时,就起兵把隋炀帝围困在雁门关。等到隋朝大乱,他们更是依仗着兵强马壮长驱直入,以致使过去帮助他们立国安邦的人本身和他们的子孙都被颉利所杀害。难道不是忘恩负义所带来的报应吗?"

　　群臣都说:"确实像陛下所说的那样。"

　　贞观九年,北蕃归朝人奏[1]:"突厥内大雪,人饥,羊马并死。中国人在彼者皆入山作贼[2],人情大恶。"

　　太宗谓侍臣曰:"观古人君,行仁义,任贤良则理;行暴乱,任小人则败。突厥所信任者,并共公等见之,略无忠正可取者。颉利复不忧百姓,恣情所为,朕以人事观之,亦何可久矣?"

　　魏徵进曰:"昔魏文侯问李克[3]:'诸侯谁先亡?'克曰:'吴先亡。'文侯曰:'何故?'克曰:'数战数胜,数胜则主骄,数战则民疲,不亡何待?'颉利逢隋末中国丧乱[4],遂恃众内侵,今尚不息,此其必亡之道。"

　　太宗深然之。

【注释】

　　①北蕃:这里指北突厥国。归朝人:这里指归附唐朝的北突厥人。

　　②中国人:这里指汉族人。

③魏文侯(？—前396)：战国时期魏国的建立者。姬姓，魏氏，名斯。在位期间首先实行变法，改革政治，奖励耕战，兴修水利，发展封建经济，北灭中山国(今河北西部平山、灵寿一带)，西取秦西河(今黄河与洛水间)之地，遂成为战国初期的强国。李克：即李悝，战国初期魏国著名政治家。李克在经济策略方面主张尽地力之教，在政治方面主张法治，提倡富国强兵。文侯时魏国能走上富强之路，李克作出了很大贡献。

④中国：指中原黄河流域一带。古代华夏族建国于黄河流域一带，以为居天下之中，故称中国。

【译文】

贞观九年(635)，北突厥归附唐朝的人报告太宗说："突厥境内下了大雪，百姓遭遇饥荒，羊和马也死了很多。在那里的汉人都上山当了强盗，民情特别不好。"

太宗对身边的大臣说："我观察自古以来的君主能施行仁义、任用贤良者，国家就治理得好；凡是推行暴政、任用小人者，国家就要败亡。突厥君主所信任的人，我们都看到了，大略没有忠诚正直可取的。颉利又不关心百姓，肆意妄为，我从突厥人情事理上分析，他们怎么能长久统治呢？"

魏徵进言说："从前魏文侯问李克：'诸侯中谁会先灭亡？'李克回答说：'吴国先灭亡。'魏文侯又问说：'为什么呢？'李克说：'吴国每战必胜，屡屡获胜，君主就会骄傲，连续打仗，百姓就会疲惫，还能不败亡吗？'颉利可汗乘着隋末中原混乱的时机，就依仗兵强马壮而入侵中原，至今还不罢休，这就是他必定败亡的原因。"

太宗认为魏徵说得很对。

贞观九年，太宗谓魏徵曰："顷读周、齐史，末代亡国之主，为恶多相类也。齐主深好奢侈，所有府库，用之略尽，乃至关市无不税敛。朕常谓此犹如馋人自食其肉,肉尽必死。人君赋敛不已,百姓既弊,其君亦亡,齐主即是也①。然天元、齐主②,若为优劣?"

　　徵对曰:"二主亡国虽同,其行则别。齐主懦弱,政出多门③,国无纲纪,遂至亡灭。天元性凶而强,威福在己,亡国之事,皆在其身。以此论之,齐主为劣。"

【注释】

　　①齐主:指齐后主高纬,北齐世祖高洋之子。

　　②天元:北朝周宣帝宇文赟自称为"天元皇帝"。

　　③政出多门:政令由许多部门发出。指领导无力,权力分散。语本《左传·成公十六年》:"鲁之有季、孟,犹晋之有栾、范也,政令于是乎成。今其谋曰:晋政多门,不可从也。"

【译文】

　　贞观九年(635),太宗对魏徵说:"近来读北周、北齐历史,末代亡国的皇帝,作恶的情况大多类似。齐后主非常喜欢奢侈,所有的府库的储存,差不多都被他用尽,竟至于关口、集市无不征收重税来聚敛财富。我时常说这好像馋嘴的人吃自己的肉一样,肉吃完了自己必定会死亡。国君征收赋税没有休止,百姓疲惫以后,他的国君也就会灭亡,齐后主就是这样。那么北周天元皇帝和齐后主相比较,他们谁优谁劣呢?"

　　魏徵回答说:"这两位国君虽然同是亡国之君,但是他们的行为却有区别。齐后主懦弱无能,政令出自各权势之臣,国家没有纲纪,所以导致灭亡。天元皇帝生性凶悍好强,作威作福全任自己,亡国的原因,都在他自身。从这些情况来看,齐后主比较差。"

卷九

征伐第三十五

【题解】

《征伐》篇主要记载了贞观时期君臣们关于征伐的议论和谏疏,以及对屡犯边境的各少数民族采取恩威并施、以德怀人的民族怀柔方法。唐太宗对征战的基本看法是:军备不可以全部解除,兵器不可以经常使用,所以要慎于征伐,主张和亲。对外战争,劳民伤财,一旦征战不利,则会大伤国家元气。自古穷兵黩武,均难免灭亡的命运。贞观初年,太宗爱惜民力,对突厥推行和亲政策,得保边境平安。但他晚年在处理高丽问题上却刚愎自用,好大喜功,一意孤行,未能接受房玄龄等大臣的劝谏和忠告,执意讨伐高丽,劳民伤财,招致惨败,得不偿失。

武德九年冬,突厥颉利、突利二可汗,以其众二十万,至渭水便桥之北①,遣酋帅执矢思力入朝为觇②,自张声势云:"二可汗总兵百万,今已至矣。"乃请返命③。

太宗谓曰:"我与突厥面自和亲④,汝则背之,我无所愧。何辄将兵入我畿县⑤,自夸强盛,我当先戮尔矣!"思力惧而请命。萧瑀、封德彝等请礼而遣之。

太宗曰:"不然。今若放还,必谓我惧。"乃遣囚之。

太宗曰：“颉利闻我国家新有内难⑥，又闻朕初即位，所以率其兵众，直至于此，谓我不敢拒之。朕若闭门自守，虏必纵兵大掠。强弱之势，在今一策。朕将独出，以示轻之，且耀军容，使知必战；事出不意，乖其本图⑦，制服匈奴，在兹举矣。”遂单马而进，隔津与语⑧，颉利莫能测。

俄而六军继至⑨。颉利见军容大盛，又知思力就拘，由是大惧，请盟而退。

【注释】

①渭水：在今陕西中部，源出甘肃渭源，流经长安，它是关中最大的一条河流，最后在今陕西、河南、山西三省交汇处流入黄河。便桥：《水经注·渭水》云：“水上有梁，谓之渭桥，秦制也，亦曰便门桥。”渭水之上设有三桥：西渭桥、中渭桥、东渭桥。西渭桥在今咸阳西，中渭桥在长安北偏西，东渭桥即在长安北偏东。这里指“中渭桥”。

②遣酋帅执矢思力入朝为觇（chān）：颉利在攻打长安占领武功后，与他不睦的突利二汗和部族首领契苾何力等却迟迟没有到达，颉利出于对他们的戒备，没有立即攻取长安，他派心腹执矢思力为使臣劝李世民出降，实为试探唐军虚实。执矢思力，生卒年不详，突厥人，执矢氏。这一年冬，东突厥颉利可汗率兵南下。执矢思力在这次行动中担任先锋，率先到达离长安城不远的渭水便桥。颉利派他进城刺探唐军的虚实，李世民将执矢思力扣押。几天后颉利与李世民结盟，颉利北返，执矢思力同时获释。贞观三年（629），东突厥被唐军击败，颉利被俘。执矢思力降唐后被封为左领军将军，与契苾何力、阿史那社尔一起，是唐初最著名的少数民族军事将领。觇，窥探，侦察。

③返命：复命，回报。

④和亲：指两个不同民族或同一种族的两个不同政权的首领之间出于"为我所用"的目的所进行的联姻关系。这里指唐朝和突厥的联姻关系。

⑤畿(jī)县：旧称京都附近的县份。

⑥内难：内乱，一般指国家内部的变乱。这里指武德九年发生的"玄武门之变"。

⑦本图：本来的意图。

⑧津：渡口。此指渭水渡口。

⑨六军：国家军队的统称。这里指唐之禁军六军。

【译文】

武德九年(626)冬天，突厥的颉利、突利二位可汗率领二十万军队到达渭河便桥的北面，派首帅执矢思力来朝廷窥探虚实。执矢思力自造声势说："两位可汗统领百万大军，现在已经到来了。"要求唐太宗答复回报。

太宗对他说："我与突厥曾当面议定和亲，你们却违背了协议，我没什么可惭愧的。你们凭什么率领大军侵入我京都近旁的县份，还自夸强盛？我要先杀了你！"执矢思力害怕，请求保全性命。萧瑀、封德彝等人请求按礼节把执矢思力放回去。

太宗说："不能这样做。现在如果放回他，突厥必然认为我胆怯了。"于是把执矢思力囚禁起来。

太宗说："颉利听说我国最近有内乱，又听说我刚登上帝位，所以率领他们的军队直接来到这里，认为我不敢抵抗他们。我如果关上城门坚守，突厥必然会放纵士兵大肆掳掠。强弱形势的变化，就在于今天的决策。我要独自一人出阵，以表示对他们的轻视，并且显示我国的军容，让他们知道我们必将应战。事情出乎他们的意料，就会打乱他们本来的意图。制服突厥，在此一举！"于是太宗单人独马前进，隔着渭河渡口向颉利可汗喊话,颉利猜不透太宗的意图。

　　不久,唐朝六军相继抵达,颉利看到唐军军容强大,又得知执矢思力已被拘押,因此很害怕,请求订立盟约后率兵退去。

　　贞观初,岭南诸州奏言高州酋帅冯盎、谈殿阻兵反叛①。诏将军蔺谟发江、岭数十州兵讨之②。

　　秘书监魏徵谏曰:"中国初定,疮痍未复,岭南瘴疠,山川阻深,兵远难继,疾疫或起,若不如意,悔不可追。且冯盎若反,即须及中国未宁,交结远人,分兵断险,破掠州县,署置官司,何因告来数年,兵不出境? 此则反形未成,无容动众。陛下既未遣使人就彼观察,即来朝谒,恐不见明。今若遣使,分明晓谕,必不劳师旅,自致阙庭③。"太宗从之,岭表悉定。

　　侍臣奏言:"冯盎、谈殿往年恒相征伐。陛下发一单使,岭外恬然。"

　　太宗曰:"初,岭南诸州盛言盎反,朕必欲讨之,魏徵频谏,以为但怀之以德,必不讨自来。既从其计,遂得岭表无事,不劳而定,胜于十万之师。"乃赐徵绢五百匹。

【注释】

①岭南:指我国南方的五岭以南的地区,相当于现在广东、广西全境,以及湖南、江西等省的部分地区。高州:南朝萧梁时期置高州,唐初仍旧,州治在今广东电白。冯盎(? —646):字明远,唐初高州良德(今广东茂名北)人。唐初地方大臣。隋文帝时,以战功官汉阴(今甘肃礼县)太守。后隋炀帝进攻辽东,迁左武卫大将

军。隋亡,回归岭南二十余州,自号总管。唐武德五年(622)降唐,被任为高州总管,封越国公。太宗贞观初,唐地方官多诬其谋反,太宗听魏徵建议,迁之,使晓谕。631年朝京师,又奉命平定岭南叛乱。对唐中央政权始终忠顺不渝。封越国公。谈殿:隋亡时也占据岭南一带。其余生平不详。阻兵:仗恃军队。

②蔺谟(mó):唐太宗时为将军。其余生平不详。江、岭:指江南道、岭南道。

③阙庭:亦作"阙廷",皇宫。借指朝廷。

【译文】

贞观初年,岭南各州上奏报告高州首帅冯盎、谈殿仗恃军队反叛朝廷。太宗命令将军蔺谟派江南道、岭南道数十个州的兵马讨伐他们。

秘书监魏徵劝阻说:"中原刚刚安定,战争造成的创伤还没有恢复,岭南地区山林间湿热蒸发能致病的气体弥漫流行,山河险峻,兵马远行难以接继,疾病瘟疫时常发生,如果不能如愿取胜,后悔就来不及了。况且冯盎如果反叛,就必定趁中原还不安定的时候,勾结远处的人,分派军队占据险要的地方,攻占抢掠州县,设置官署。为什么告发他们反叛好几年了,他的军队却没有越出边境?这就说明反叛的形势并没有形成,不必兴师动众。陛下并没有派遣使者去那里实地观察,即使他们来朝廷朝拜陈述,恐怕也无法搞清其真相。如果现在派出使者,把朝廷的打算明白地告诉他们,不必动用军队,他们自己就会来归顺朝廷。"太宗采纳了这个建议,岭南全部得以平定。

身边的大臣们上奏说:"冯盎、谈殿往年经常互相攻打,陛下如今仅派出一个使者,就使岭南安宁了。"

太宗说:"起初,岭南各州都盛传冯盎反叛,我决心要讨伐他。魏徵多次劝谏,认为只要用恩德安抚他们,不必讨伐,冯盎就会自己来归顺。我采用了他的计谋,于是使得岭南安定无事,不动用兵马就安定了岭南,胜过十万大军的功用。"于是赏赐魏徵五百匹绢帛。

贞观四年,有司上言:"林邑蛮国①,表疏不顺,请发兵讨击之。"

太宗曰:"兵者,凶器,不得已而用之。故汉光武云:'每一发兵,不觉头须为白。'自古以来,穷兵极武,未有不亡者也。苻坚自恃兵强②,欲必吞晋室,兴兵百万,一举而亡。隋主亦必欲取高丽,频年劳役,人不胜怨,遂死于匹夫之手。至如颉利,往岁数来侵我国家,部落疲于征役,遂至灭亡。朕今见此,岂得辄即发兵?且经历山险,土多瘴疬,若我兵士疾疫,虽克剪此蛮③,亦何所补?言语之间,何足介意!"竟不讨之。

【注释】

①林邑:南海古国名。象林之邑的省称。故地在今越南中部。秦汉时为象郡象林县地。东汉末,象林功曹之子区连自立为王。隋仁寿中,遣将军刘芳伐之,其王范梵志挺走,以其地为三郡,置守令。贞观时,王头黎献驯象、镠锁、五色带、朝霞布、火珠。林邑使者其言不恭,群臣请问罪。太宗曰:"昔苻坚欲吞晋,众百万,一战而亡。隋取高丽,岁调发,人与为怨,乃死匹夫手。朕敢妄议发兵邪?"赦不问。唐至德以后改称环王。《南齐书·东南夷列传》:"南夷林邑国,在交州南,海行三千里,北连九德,秦时故林邑县也。"自五代以后,我国正史和《诸蕃志》《岛夷志略》《瀛涯胜览》等书均有记述。

②苻坚(338—385):十六国时前秦皇帝。略阳临渭(今甘肃秦安)人。氐族。初为东海王,后在宫廷斗争中获胜。357年,自立为大秦天王。任用汉人王猛为丞相,抑制豪强,兴修水利,发展农桑,励精图治,统一黄河流域。383年,苻坚不听劝告,亲率大军

进攻东晋,在淝水大败。各族首领乘机反秦自立。后被羌族
首领姚苌擒杀。

③克剪:消灭。

【译文】

贞观四年(630),有官员上奏说:"林邑蛮夷之国,所上奏章中的言辞不够恭顺,请发兵讨伐他们。"

太宗说:"兵器是凶器,不得已才使用它。所以汉光武帝说:'每一次发兵打仗,不觉头发胡须就变白了。'自古以来,凡是穷兵黩武的人,没有不灭亡的。苻坚倚仗自己兵力强大,一心想要吞并晋朝,发兵百万,一次战争就自取灭亡。隋炀帝也一心想要夺取高丽,连年征发劳役,人民十分怨恨,最后死在匹夫的手中。至于像颉利,往年多次来侵犯我国,他的部落都疲于征战,也导致灭亡。我现在看到这些,哪能就调兵打仗呢?何况要翻山越岭,那些地方瘴气弥漫,瘟疫流行,假如我的士兵染上瘟疫,即使消灭了这个蛮国,又有什么好处呢?语言文字之间的不恭,何必在意!"太宗最终没有发兵讨伐林邑国。

贞观五年,康国请归附①。时太宗谓侍臣曰:"前代帝王,大有务广土地,以求身后之虚名,无益于身,其人甚困。假令于身有益,于百姓有损,朕必不为,况求虚名而损百姓乎?康国既来归朝,有急难不得不救;兵行万里,岂得无劳于人?若劳人求名,非朕所欲。所请归附,不须纳也。"

【注释】

①康国:即汉康居国。康居国"去长安万二千里",跟当时的大月氏属于同种,是古代中亚锡尔河中游北部的一游牧政权。在汉朝初年,国势颇盛,拥有现在新疆北境以及苏俄的中亚之地。到了

晋朝之时,他们对于中国仍然表示归顺,曾经遣使入朝。唐代,
为"昭武"诸国之一,被称为康国。

【译文】

贞观五年(631),康国请求归附唐朝。当时太宗对身边的大臣说:
"前朝的帝王有很多致力于扩展疆土,以此来求得死后能有显赫的虚
名,对自身并没有好处,他的百姓也困顿不堪。即使对自己有好处,但
对百姓有损害的事情,我也一定不做,更何况是追求虚名而损害百姓
呢? 康国既然来归顺朝廷,有急难的事我们就不得不救助;但军队远行
万里,怎么可能不劳役百姓呢? 如果劳役百姓来求得虚名,不是我所想
干的事。康国请求归附的事,不必接受了。"

贞观十四年,兵部尚书侯君集伐高昌①。及师次柳谷②,
候骑言"高昌王麹文泰死③,克日将葬④,国人咸集,以二千轻
骑袭之,可尽得也。"副将薛万均、姜行本皆以为然⑤。

君集曰:"天子以高昌骄慢,使吾恭行天诛,乃于墟墓间
以袭其葬⑥,不足称武,此非问罪之师也。"遂按兵以待葬毕,
然后进军,遂平其国。

【注释】

①侯君集(? —643):豳州三水(今陕西旬邑北)人。隋末战乱中,
　跟随秦王李世民东征西战,功勋卓著,在拥立李世民称帝时起了
　重要作用。贞观四年(630),任兵部尚书,检校吏部尚书,参议朝
　政。贞观十二至十四年(638—640),侯君集负责对吐蕃、高昌的
　征伐,取得平定高昌的大捷。但他入高昌时,私取宝物,将士也
　竞相盗窃。还朝后,被人揭发,下狱,虽得免罪,却没有奖赏,他
　心怀不满。十七年(643),有人告发太子承乾策划政变,结果承

乾被废黜,侯君集也被杀。

②次:驻扎。柳谷:西域地名,在西州交河(今新疆吐鲁番东南)。

③候骑:担任侦察巡逻任务的骑兵。高昌王麴文泰:唐朝初年,高昌王麴文泰与西突厥修好,阻断了唐王朝对西域的通道。贞观十三年(639),太宗李世民派侯君集出兵高昌,次年,麴文泰闻唐军将至,忧惧而死,其子麴智盛继位。唐军至,麴智盛投降。高昌灭亡。

④克日:约定或限定日期。

⑤薛万均:唐京兆咸阳(今陕西咸阳东北)人,原籍敦煌(今属甘肃敦煌)。隋末与弟万彻客居幽州(今北京),与罗艺同归唐,封上柱国、永安郡公。在幽州时,助罗艺击败窦建德。后随柴绍平定梁师都。贞观九年(635),随李靖击败吐谷浑,又与侯君集击败高昌。官至左屯卫大将军,封潞国公。后因小事下狱,忧愤而死。姜行本:唐初大将,贞观中为将作大匠。及高昌之役,以行本为行军副总管,率众先出伊州,在距柳谷百余里地依山造攻具,与侯君集进平高昌。

⑥墟墓:坟地。

【译文】

　　贞观十四年(640),兵部尚书侯君集率兵讨伐高昌国,等部队驻扎在柳谷的时候,侦察骑兵报告说:"高昌王麴文泰病死了,已经定下日子下葬,到时候高昌国的人都会聚集在一起,我们出动两千轻装骑兵袭击他们,就可以将他们全部俘虏。"副将薛万均、姜行本都认为可以这样做。

　　侯君集说:"天子因为高昌国王骄狂傲慢,让我奉行天意讨伐他们,如果在墓地里袭击人家的葬礼,就不能称为武功,这不是问罪的军队应该做的。"于是按兵不动等待葬礼完毕,然后才挥师进军,消灭了高昌国。

贞观十六年，太宗谓侍臣曰："北狄代为寇乱^①，今延陀倔强^②，须早为之所^③。朕熟思之，惟有二策：选徒十万，击而虏之，涤除凶丑，百年无患，此一策也。若遂其来请，与之为婚媾^④，朕为苍生父母，苟可利之，岂惜一女！北狄风俗，多由内政^⑤，亦既生子，则我外孙，不侵中国，断可知矣。以此而言，边境足得三十年来无事。举此二策，何者为先？"

司空房玄龄对曰："遭隋室大乱之后，户口太半未复。兵凶战危，圣人所慎，和亲之策，实天下幸甚。"

【注释】

①北狄：古代对北方各少数民族的泛称。

②延陀：我国古代北方民族，由薛、延陀两部合并而成。最初在漠北土拉河流域从事游牧，役属于突厥。

③为之所：意谓对他们进行处置。

④婚媾(gòu)：有婚姻关系的亲戚。

⑤内政：借指妻子。

【译文】

贞观十六年(642)，太宗对身边的大臣说："北方民族世代入侵扰乱，现在延陀部族崛起强盛，应该趁早对他们进行处置。我反复考虑了这个问题，只有两条对策：选派十万精兵，去攻击并俘获他们，扫除凶顽恶人，百年之内不会再有祸患，这是一条计策。如果答应他们的请求，与他们结成姻亲关系，我作为天下苍生的父母，如果对百姓有好处，我怎么会怜惜一个女儿！北方民族的风俗，大多是由妻室主政，一旦生了儿子，就是我的外孙，不会侵扰中原，是绝对可以推知的。从这一点来说，边境上足可以三十年之内不发生战事。提出的这两条计策，哪一条比较好？"

司空房玄龄回答说："自从遭受隋末的大战乱以后，户口大半没有恢复。兵器凶险，战争危殆，是圣人所慎重对待的事，和亲的政策，实在是天下的幸事！"

贞观十七年，太宗谓侍臣曰："盖苏文弑其主而夺其国政①，诚不可忍。今日国家兵力，取之不难，朕未能即动兵众，且令契丹、靺鞨搅扰之②，何如？"

房玄龄对曰："臣观古之列国，无不强陵弱，众暴寡。今陛下抚养苍生，将士勇锐，力有余而不取之，所谓止戈为武者也③。昔汉武帝屡伐匈奴，隋主三征辽左④，人贫国败，实此之由，惟陛下详察。"

太宗曰："善！"

【注释】

①盖苏文：即泉盖苏文，又名渊盖苏文。高丽人。泉盖苏文嗣父职，总高丽国政。因其执政残酷，引致高丽国王高建武和诸大臣的不满，意欲诛之。不果，为其所察。唐贞观十六年（642），泉盖苏文弑高丽国王高建武及诸部大臣凡百余人，立高藏为王。

②契丹：我国古代北方少数民族名，分布在辽河上游一带。唐初附唐。靺鞨（mò hé）：我国古代北方少数民族名，分布在松花江、牡丹江流域及黑龙江下游。

③止戈为武：《左传·宣公十二年》云："非尔所知也。夫文，止戈为武。"楚子认为"武"字从"止"从"戈"，所以意为止战。意谓能平息战乱，停止使用武器，才是真正的武功。

④辽左：辽东的别称。我国古代习惯以东为左。这里指高丽。

【译文】

贞观十七年(643)，太宗对身边的大臣说："盖苏文杀害了他的君主而夺取了高丽国的政权，确实令人不能容忍。现在凭我国的兵力，攻取他并不困难，但我不能立即兴发军队，暂且命令契丹、靺鞨搅扰他们，怎么样？"

房玄龄说："臣听说古代各国，无不以强凌弱，恃众欺寡。现在陛下抚养百姓，将士英勇精锐，兵力有余而不去攻取，这就是古人所说的止戈为武啊！从前汉武帝多次征伐匈奴，隋炀帝三次征讨辽左，百姓贫困、国家破败，实在是由这些战争造成的，请陛下详加考察。"

太宗说："说得好！"

贞观十八年，太宗以高丽莫离支贼杀其主①，残虐其下，议将讨之。

谏议大夫褚遂良进曰："陛下兵机神算，人莫能知。昔隋末乱离，克平寇难，及北狄侵边，西蕃失礼②，陛下欲命将击之，群臣莫不苦谏，唯陛下明略独断，卒并诛夷。今闻陛下将伐高丽，意皆荧惑③。然陛下神武英声，不比周、隋之主，兵若渡辽④，事须克捷⑤，万一不获，无以威示远方，必更发怒，再动兵众，若至于此，安危难测。"

太宗然之。

【注释】

①高丽莫离支贼杀其主：指唐贞观十六年(642)泉盖苏文弑高丽国王高建武一事。

②西蕃：指贞观时西陲地区的吐谷浑、高昌等少数民族。

③荧惑：也作"营惑"，犹迷惑、眩惑。

④辽:指辽河。

⑤克捷:能取得胜利。

【译文】

贞观十八年(644),太宗因为高丽国的莫离支杀害了高丽国的君主,又残虐百姓,与群臣讨论准备讨伐他。

谏议大夫褚遂良进谏说:"陛下用兵神机妙算,常人不能了解。过去在隋朝末年大乱中,陛下扫平群寇,统一了天下,到北方民族侵犯边境,西蕃民族违背礼节时,陛下打算命令将领统兵讨伐他们,大臣们没有不苦苦劝谏的,由于陛下英明果断,终于一举讨平了这些民族。现在听说陛下将要出师讨伐高丽,大臣们的心里都迷惑不解。然而陛下威武英明,周、隋两代的国君无法与您相比。如果大军渡过辽河,一定要大获全胜,万一不能获胜,不能以威势震撼远方,陛下一定会大怒,再次兴师动众。如果到了这种地步,国家安危就难以预测了。"

太宗认为他说得很对。

贞观十九年,太宗将亲征高丽,开府仪同三司尉迟敬德奏言①:"车驾若自往辽左,皇太子又监国定州②,东西二京③,府库所在,虽有镇守,终是空虚。辽东路遥,恐有玄感之变④。且边隅小国,不足亲劳万乘。若克胜,不足为武;傥不胜,翻为所笑。伏请委之良将,自可应时摧灭。"

太宗虽不从其谏,而识者是之。

【注释】

①开府仪同三司:官名。开府,指以本官名义自置官署、自置僚佐的行为或待遇,始于汉朝。但只有三公等位同公的将军可以开府。晋以后,将军开府者甚多,称开府仪同三司。隋唐时为文散

官的最高官阶。尉迟敬德(585—658):名恭,字敬德,朔州鄯阳
(今山西朔州市朔州区)人。李世民心腹大将,封鄂国公,凌烟阁
功臣。隋大业十三年(617)刘武周起兵,收罗尉迟敬德为偏将。
武德三年(620),唐太宗征讨刘武周,刘武周令尉迟敬德与宋金
刚在介休抵御。太宗遣任城王道宗、宇文士前往劝降。尉迟敬
德举城投降。太宗大悦,引为右一府统军。武德九年(626)玄武
门之变助李世民夺取帝位。

②定州:北魏皇始二年(397)置安州,设行台。天兴三年(400),改
安州为定州。在今河北定州。

③东西二京:指东京(洛阳)、西京(长安)。隋唐时期,由于长期的
战乱与自然灾害等原因,关中地区经济衰退,隋唐虽定都长安,
但主要依赖黄河中下游地区及江南的财赋。由于交通限制,粮
食运转耗费巨大,唐前朝中央政府常常搬迁至洛阳,以缓解长安
及其附近地区的粮食压力。隋炀帝兴建"东都"洛阳,与"西都"
长安并成为"二京"。

④玄感之变:玄感,即杨玄感(? —613)。弘农华阴(今陕西华阴
东)人。父杨素,曾协助炀帝夺取皇位与平定汉王谅的叛乱,位
至司徒。玄感以父功为柱国、礼部尚书。大业九年(613)春,隋
炀帝征伐高丽,玄感在黎阳(今河南浚县东北)督粮。这时,隋末
农民起义已经爆发,义军星罗棋布,遍及全国。玄感见有机可
乘,于是滞留漕粮,于六月三日率兵据城,以"为天下解倒悬之
急"为号召起兵,从者如流。炀帝闻讯后仓皇从辽东撤军南下。
玄感屯兵洛阳城下,久战不克,隋援军到来,玄感腹背受敌,被迫
西撤,为追兵所及,大败,奔上洛(今陕西商洛市商州区)。八月
初,死于葭芦戍。

【译文】

贞观十九年(645),太宗将要亲自征伐高丽。开府仪同三司尉迟敬

德上奏说："皇上如果亲自前往辽东,皇太子又在定州监理国政,洛阳、长安两座京城是国库所在的地方,虽有兵力镇守,终归还是空虚。辽东路途遥远,恐怕发生当年隋朝杨玄感作乱之类的事变。而且边疆角落里的小国家,不值得陛下亲自出征。如果能够取胜,不足以称为武功;倘若不能取胜,恐怕反而被他们嘲笑。请把讨伐高丽的事委托给能征善战的将领,自然可以按时消灭。"

太宗虽然没有听从他的劝谏,但是有见识的人都赞同他的意见。

礼部尚书江夏王道宗从太宗征高丽①,诏道宗与李勣为前锋,及济辽水克盖牟城②,逢贼兵大至,军中佥欲深沟保险③,待太宗至,徐进。

道宗议曰:"不可。贼赴急远来,兵实疲顿,恃众轻我,一战可摧。昔耿弇不以贼遗君父④,我既职在前军,当须清道以待舆驾⑤。"

李勣大然其议。乃率骁勇数百骑,直冲贼阵,左右出入,勣因合击,大破之。

太宗至,深加赏劳。道宗在阵损足,帝亲为针灸,赐以御膳。

【注释】

①江夏王道宗:即李道宗,字承范。17岁即经战阵,向李世民献计大破刘武周军,之后在与窦建德、王世充的战争中也屡立奇功。贞观初,任灵州都督,防御突厥,多次击退突厥的进攻,保证了唐朝初年的安全。贞观四年(630),任大同道行军总管,率军从李靖出击东突厥,擒获颉利可汗,改封江夏王,任刑部尚书。贞观九年(635),任西海道行军副总管,从李靖攻吐谷浑。

②济：渡，过河。盖牟城：故址在今辽宁营口盖州境内。

③佥：都，皆。

④耿弇(3—58)：字伯昭，扶风茂陵(今陕西兴平东北)人。东汉中
　　兴名将，"云台二十八将"之一。西汉末，从刘秀起兵，任大将军。
　　刘秀称帝后，任建威大将军，封好畤侯。耿弇生平定四十六郡，
　　屠城三百座，未曾受挫。

⑤舆驾：皇帝乘坐的车驾。亦借指皇帝。

【译文】

　　礼部尚书江夏王李道宗跟随太宗征伐高丽，太宗命令李道宗与李
勣担任前锋。到渡过辽河攻克盖牟城的时候，遇到敌兵大量涌来，唐军
将士都想加深壕沟，固守险要的地方，等待太宗率大军到来，再慢慢
推进。

　　李道宗建议说："不能这样做。敌军远道而来救急，士兵实际上已
经劳累困顿，只是倚仗人多而轻视我军，只要一次战斗就可以摧垮他
们。过去，东汉的耿弇从不把敌人留给君王，我既然担任前锋，就应当
扫清道路来迎接皇上的车驾。"

　　李勣完全同意他的建议。于是李道宗率领几百名骁勇的骑兵，直
冲敌军阵地，横冲直撞，李勣趁势率兵配合夹击，大败敌军。

　　太宗来了之后，对他们大加奖赏犒劳。道宗在战场上伤了脚，太宗
亲自为他针灸，赐给他御膳。

　　太宗《帝范》曰①："夫兵甲者，国家凶器也。土地虽广，
好战则人凋；中国虽安，忘战则人殆。凋非保全之术，殆非
拟寇之方②，不可以全除，不可以常用。故农隙讲武，习威仪
也；三年治兵，辨等列也。是以勾践轼蛙③，卒成霸业；徐偃
弃武④，终以丧邦。何也？越习其威，徐忘其备也。孔子曰：

‘以不教人战，是谓弃之⑤。’故知弧矢之威，以利天下，此用兵之职也。”

【注释】

①《帝范》：书名。系唐太宗自撰的论述人君之道的一部政治文献，他在赐予子女时再三叮嘱，作为遗训："饬躬阐政之道，皆在其中，一旦不讳，更无所言矣。"书成于贞观二十二年(648)。全书十二篇，分上、下两卷。言简意赅，论证有据，凡"帝王之纲，安危兴废，咸在兹焉"。后佚。今本系四库馆臣从《永乐大典》中所辑出，文下有注。此书《四库全书总目》已著录，并有聚珍版传世。

②拟寇：犹御寇。

③勾践轼蛙：据《吴越春秋》记载：越王勾践将伐吴，自谓未能得士之死力。道见青蛙张腹而怒，将有战争之气，勾践扶着车轼向青蛙致敬。其士卒有问于王，曰："君何为敬蛙虫而为之轼？"勾践曰："吾思士卒之怒久矣，而未有称吾意者。今蛙虫无知之物，见敌而有怒气，故为之轼。"于是军士闻之，莫不怀心乐死。

④徐偃弃武：指徐偃王废弃武备。刘向《说苑》曰："王孙厉谓楚文王曰：‘徐偃王好行仁义之道，汉东诸侯，三十二国尽服矣。王若不伐，楚必事徐。’王曰：‘若信有道，不可伐也。’对曰：‘大之伐小，强之伐弱，犹大鱼之吞小鱼也，若虎之食豚也，恶有其不得理？’文王遂兴师伐徐，残之。徐偃王将死，曰：‘吾赖于文德而不明武备，好行仁义之道而不知诈人之心。’"徐偃，相传周穆王时徐国国君。《荀子·非相》杨倞注："徐，国名。僭称王。其状偃仰而不能俯，故谓之偃王。周穆王使楚诛之。"

⑤"以不教"二句：语出《论语·子路》篇。意谓让没有受过训练的人去作战，这等于是抛弃他们。

【译文】

太宗的《帝范》中说："武器铠甲是国家的凶器。土地虽然广阔,要是喜欢发动战争,百姓就会凋疲;国家虽然安宁,要是忘记了战备,百姓就会懈怠。百姓凋疲不是保全国家的方法,百姓懈怠也不是对付敌人的策略,武装既不能完全解除,也不能经常运用。所以农闲时就讲习武艺,是为了熟悉威仪;三年练兵,是为了辨别等级位列。'因此,越王勾践给怒蛙敬礼,是为了激励士气,终于成就了霸主的大业;徐偃王废弃武备,终于丧失了国家。这是为什么呢? 因为越国经常练习其威仪,而徐偃王却忘掉了武备。孔子说:'让没有受过训练的人去作战,这等于是抛弃他们。'所以掌握了弓箭的威力,是用它来安定天下,这就是用兵者的职责。"

贞观二十二年,太宗将重讨高丽。是时,房玄龄寝疾增剧,顾谓诸子曰:"当今天下清谧①,咸得其宜,唯欲东讨高丽,方为国害。吾知而不言,可谓衔恨入地。"遂上表谏曰:

"臣闻兵恶不戢②,武贵止戈。当今圣化所覃③,无远不暨。上古所不臣者,陛下皆能臣之;所不制者,皆能制之。详观古今,为中国患害,无过突厥。遂能坐运神策,不下殿堂,大小可汗,相次束手,分典禁卫,执戟行间。其后延陀鸱张④,寻就夷灭。铁勒慕义⑤,请置州县。沙漠已北,万里无尘。至如高昌叛涣于流沙⑥,吐浑首鼠于积石⑦,偏师薄伐,俱从平荡。高丽历代逋诛⑧,莫能讨击。陛下责其逆乱,杀主虐人,亲总六军,问罪辽、碣⑨。未经旬日,即拔辽东,前后虏获,数十万计,分配诸州,无处不满。雪往代之宿耻⑩,掩崤陵之枯骨⑪,比功校德,万倍前王。此圣主所自知,微臣安敢备说。

【注释】

①清谧(mì)：清静，安宁。

②不戢(jí)：这里指不停止战争。戢，收藏。引申指停止战争。

③罩：延伸。

④鸱(chī)张：像鸱鸟张翼一样。比喻嚣张，凶暴。

⑤铁勒慕义：指贞观二十年(646)，江夏王李道宗击败薛延陀，遣使诏谕铁勒诸部，铁勒诸部自愿归附唐朝事。

⑥叛涣：也作"叛换"，凶暴跋扈。流沙：古代泛指我国西北沙漠地区。

⑦首鼠：踌躇，迟疑不决。积石：山名。在青海东南部，延伸至甘肃南部边境。为昆仑山支脉，黄河绕流东南侧，形势险要。

⑧逋(bū)诛：逃避诛罚。

⑨辽、碣：这里指辽东、渤海地区。碣，指碣石山，在今河北昌黎北。

⑩宿耻：旧耻，积年的耻辱。这里指隋朝曾多次征讨高丽，但都以失败而告终。

⑪掩崤(xiáo)陵之枯骨：意谓掩埋过去战争中阵亡将士的遗骨。据《左传·僖公三十三年》记载：这年的夏天，晋军和姜戎的军队在崤山大败秦军。文公三年，秦军伐晋，晋军不敢出战。秦军于崤山掩埋了阵亡的将士，堆土树标，然后回国。这里指贞观十九年唐太宗在征伐高丽途中，诏令掩埋阵亡的将士并亲自作文祭奠之事。

【译文】

贞观二十二年(648)，太宗将要再次兴兵讨伐高丽。这时房玄龄卧病在床，病情日渐沉重，环顾侍立的几个儿子说："现在天下清静安宁，各方面都得到了相应的安置，只是皇上想再次向东讨伐高丽，正成为国家的大害。我知道其害处而不说出来，可以说是含恨而死。"于是上奏章劝谏说：

"臣听说战争最可怕的在于不能止息,武功最可贵的在于能制止战争。现在皇上的圣明教化延伸的地方,不论多远都已达到。上古不愿臣服的,陛下都能让他们臣服;上古不能控制的,陛下都能控制了他们。仔细考察古今历史,对中原的祸害,没有超过突厥的。而陛下仍能安坐运筹出神妙的计策,没有走出宫殿朝堂,就使突厥大大小小的可汗一个个相继归降,充当了宫禁的侍卫,手执兵器服役在行伍之间。以后延陀部气焰嚣张,不久就被消灭。铁勒诸部仰慕仁义,请求在他们境内设置州县。沙漠以北,方圆万里没有战事。至于像高昌国在沙漠地区专横不法,吐谷浑在积石关踌躇反复,用非主力部队前往讨伐,就全部扫荡平定了。高丽历代逃避征讨,谁也未能攻击讨伐他。陛下谴责他们叛逆作乱,杀害国君,虐待百姓,亲自统领大军,到辽水、碣石山地区问罪。不到十天,就占领了辽东,前后俘虏捕获的人,数以十万计,分配到各州,没有一处不满额的。洗刷了往代旧有的耻辱,掩埋了战争中阵亡将士的遗骨,比较功业,衡量德行,陛下超过前朝帝王万倍。这都是圣明的君主自己知道的事情,小臣怎么能全部陈述。

"且陛下仁风被于率土^①,孝德彰于配天^②。睹夷狄之将亡,则指期数岁;授将帅之节度,则决机万里。屈指而候驿,视景而望书^③,符应若神,算无遗策^④。擢将于行伍之中,取士于凡庸之末。远夷单使,一见不忘;小臣之名,未尝再问。箭穿七札^⑤,弓贯六钧^⑥。加以留情坟典,属意篇什^⑦,笔迈锺、张^⑧,词穷贾、马^⑨。文锋既振则宫徵自谐^⑩,轻翰暂飞则花葩竞发。抚万姓以慈,遇群臣以礼。褒秋毫之善,解吞舟之网^⑪。逆耳之谏必听,肤受之愬斯绝^⑫。好生之德,禁障塞于江湖;恶杀之仁,息鼓刀于屠肆^⑬。凫鹤荷稻粱之惠,犬马蒙帷盖之恩。降尊吮思摩之疮^⑭,登堂临魏徵之枢^⑮。哭战亡之卒则哀动六军⑯，负填道之薪则情感天地⑰。重黔黎之大命⑱，特尽心于庶狱⑲。臣心识昏愦⑳，岂足论圣功之深远，谈天德之高大哉！陛下兼众美而有之，靡不备具。微臣深为陛下惜之重之，爱之宝之。

【注释】

①率土：整个天下，四海之内。犹全国。语出《孟子·万章上》。

②配天：古代帝王祭天时以先祖配祭，称配天。这里指祖先。

③视景而望书：意谓观察日影而期待着捷报的到来。景，日影。

④遗策：失策，失算。

⑤箭穿七札：射箭能够射穿七层铠甲叶片。札，甲的叶片。这里借春秋时楚国养由基"善射，去柳叶者百步而射之，百发百中"，来赞扬太宗的武功。

⑥弓贯六钧：《左传·定公八年》云："士皆坐列，曰：'颜高之弓六钧。'皆取而传观之。"杜预注："颜高，鲁人。三十斤为一钧，六钧百八十斤。古称重，故以为异强。"谓张满弓用力六钧，后因以指强弓。这里借春秋时颜高能拉六钧之弓来赞扬太宗的武功。

⑦篇什：《诗经》的"雅"和"颂"以十篇为一什，所以后人用"篇什"称诗章。

⑧锺、张：指汉魏书法家锺繇、张芝。

⑨贾、马：指西汉文学家贾谊、司马相如。

⑩宫徵(zhǐ)：古代五音中宫音与徵音的并称。泛指声调。

⑪解吞舟之网：意谓放松严峻的刑法。吞舟，指能吞食小船的大鱼。语出《庄子·庚桑楚》："吞舟之鱼，砀而失水，则蚁能苦之。"

⑫肤受之愬：指谗言。肤受，谓浮泛不实的言语。愬，即"诉"的异体字。

⑬鼓刀：谓摆弄刀子发出响声。宰杀牲畜时敲击其刀，使之发声，

故曰鼓刀。

⑭吮思摩之疮：这里指贞观十九年(645)唐太宗在征伐高丽白岩城
　的战役中，右卫大将军李思摩为流矢射中，唐太宗亲自为他的伤
　口吮出毒血。吮，用嘴吸。

⑮临魏徵之枢：这里指贞观十七年(643)魏徵卒，唐太宗亲自到灵
　堂致祭，恸哭失声。

⑯哭战亡之卒：这里指贞观十九年(645)唐太宗在征伐高丽途中，
　诏令掩埋阵亡的将士，并亲自作文祭奠之事。

⑰负填道之薪：这里指贞观十九年(645)唐太宗渡辽河，辽地多沼
　泽地，车马难以通行，便命长孙无忌带领万人割草填道，水深处
　以车为桥。太宗亲自在马鞍上捆系柴草，帮助填道。

⑱黔黎：黔首黎民。指百姓。

⑲庶狱：这里指百姓的刑狱诉讼之事。

⑳昏愦：愚昧，糊涂。

【译文】

“况且陛下仁慈的风范覆盖于四海，孝恭的德行比先祖更为显著。
看到夷狄外族将要灭亡，就能估测出其灭亡的年岁；授予将帅统兵指挥
的权力，能在万里之外决定胜局。屈指计算而等候驿骑到来的时间，观
察日影而期待着捷报的到来，其符合应验就如同神仙一般，谋划也没有
失算的。在士兵中提拔将领，在平凡的人中间选拔官吏。远方的一个
使节，见一面就不会忘记；小臣的名字，从来不用再问第二次。射箭的
功力能够射穿七层铠甲叶，拉弓的功力能够拉满六钧的硬弓。再加上
寄情于三坟、五典，专注于诗文辞章，书法超越锺繇、张芝，辞赋胜过贾
谊、司马相如。文辞的锋芒奋发挥洒，就会像音乐一样能自然和谐；灵
巧的毛笔一旦挥动，墨迹就像鲜花竞相开放。用仁慈安抚百姓，用礼节
对待群臣。表扬细小的好事，放松严峻的刑法。不顺耳的劝谏也一定
要听取，谗言毁谤的一律杜绝。出于爱护生灵的美德，禁止在江湖中设

置鱼网;出于厌恶砍杀的仁慈,停止在肉店中动刀宰杀。苑中的鸭、鹤受到稻粱喂养的恩惠,猎场的犬马受到栖息帐篷的恩典。降低尊贵的身份,为李思摩吮出伤口的毒血,到灵堂看视魏徵的灵柩。为战争中死亡的士卒痛哭,悲恸感动了六军;亲自背负填铺道路的柴草,真情感动了天地。重视平民百姓的生命,对老百姓的官司特别尽心。臣的见识愚昧糊涂,哪里有资格议论皇上圣明功德的深厚宏远,谈论皇上齐天恩德的高大啊!陛下兼有众多的美德,没有哪方面不具备。小臣深切地为陛下珍惜它,重视它,爱护它,宝贵它。

"《周易》曰:'知进而不知退,知存而不知亡,知得而不知丧。'又曰:'知进退存亡而不失其正者,其惟圣人乎①!'由此言之,进有退之义,存有亡之机,得有丧之理,老臣所以为陛下惜之者,盖谓此也。《老子》曰②:'知足不辱,知止不殆。'臣谓陛下威名功德,亦可足矣;拓地开疆,亦可止矣。彼高丽者,边夷贱类,不足待以仁义,不可责以常理。古来以鱼鳖畜之,宜从阔略③。必欲绝其种类,深恐兽穷则搏。且陛下每决死囚,必令三覆五奏,进素食、停音乐者,盖以人命所重,感动圣慈也。况今兵士之徒,无一罪戾,无故驱之于战阵之间,委之于锋刃之下,使肝脑涂地,魂魄无归,令其老父孤儿、寡妻慈母,望輤车而掩泣④,抱枯骨而摧心⑤,足以变动阴阳,感伤和气,实天下之冤痛也!且兵,凶器;战,危事,不得已而用之。向使高丽违失臣节,而陛下诛之可也;侵扰百姓,而陛下灭之可也;久长能为中国患,而陛下除之可也。有一于此,虽日杀万夫,不足为愧。今无此三条,坐烦中国,内为旧主雪怨⑥,外为新罗报仇⑦,岂非所存者小,所损者大?

【注释】

①"知进"几句：语出《周易·文言传》，是解释《乾卦》的句子。

②《老子》：书名。道家的主要经典，相传为春秋末老聃所作。书中以"道"解释宇宙万物的演变，以为"道生一，一生二，二生三，三生万物"，"道"乃"夫莫之命（命令）而常自然"，因而"人法地，地法天，天法道，道法自然"。"道"为客观自然规律，同时又具有"独立而不改，周行而不殆"的永恒意义。书中包括了大量朴素辩证法观点。

③阔略：宽容简略。

④辒（wèi）车：也作"槽车"，运载灵柩的车子。

⑤摧心：极度伤心。

⑥旧主：指高丽王高武，被其部下莫离支盖苏文所杀。

⑦为新罗报仇：这里指贞观十七年，高丽攻新罗，新罗遣使节求援于唐朝。太宗遣使至高丽，警告其勿攻新罗。高丽莫离支不听，太宗遂率兵亲自征伐高丽。

【译文】

"《周易》上说：'知道前进而不知道后退，知道生存而不知道灭亡，知道取得而不知道丧失。'又说：'知道前进、后退、生存、灭亡，而又不迷失正道的人，只有圣人吧！'根据这点来说，前进中包含着后退的涵义，生存中包含着灭亡的契机，取得中包含着丧失的可能。老臣所以替陛下惋惜的原因，也就在于这个。《老子》上说：'知道满足就不会受辱，知道适可而止就不会有危险。'臣下认为陛下的威名功德，可以满足了；开拓版图、扩大疆域，可以停止了。那个高丽国是边远外族低贱的族类，不值得用仁义来对待它，不能用正常的道理来要求它。自古以来就把它当做鱼鳖来蓄养，应该对它施行宽缓简略的政策。如果一定要灭绝他们的种族，我非常担心他们会像野兽被逼得无路可走时那样拼死反抗。况且陛下每次判决死刑囚犯，一定要下命令反复审查多次再上奏，并且吃素食,停止音乐,其原因就是因为人命至重,感动了陛下仁慈的心。何况现在的士卒没有一点罪恶过失,无缘无故地驱赶他们到战阵中,置身在锋利的刀刃之下,使他们肝脑涂地,魂魄不能回归故乡,让他们的老父孤儿、寡妻慈母,凝望着运载灵柩的车子掩面哭泣,怀抱着亲人的枯骨极度伤心,这样足以使阴阳发生异常变动,动摇和损伤天地间和谐的气运,这实在是天下的冤屈和悲痛啊!而且兵器,是凶险之器;战争,是危险的事情,万不得已才使用它们。如果高丽违背了做臣子的礼节,陛下诛灭它是可以的;如果它侵害扰乱百姓,陛下消灭它是可以的;如果它长期地成为中原的祸患,陛下除掉它也是可以的。这三条中只要有一条,即使每天诛杀一万人,也不必感到惭愧。现在高丽不存在这三条原因,平白无故地烦扰中原,对内而言是为高丽过去的国君洗刷怨恨,对外而言是为新罗报仇,这样难道不是得到的太小,而损失的太大吗?

"愿陛下遵皇祖老子止足之诚,以保万代巍巍之名。发霈然之恩①,降宽大之诏,顺阳春以布泽②,许高丽以自新。焚凌波之船③,罢应募之众,自然华夷庆赖,远肃迩安④。臣老病三公,朝夕入地,所恨竟无尘露,微增海岳。谨罄残魂余息⑤,豫代结草之诚⑥。傥蒙录此哀鸣⑦,即臣死骨不朽。"

太宗见表,叹曰:"此人危笃如此⑧,尚能忧我国家。"虽谏不从,终为善策。

【注释】

①霈然:雨盛大的样子。这里比喻恩泽广大。

②阳春:比喻太平盛世。

③凌波之船:渡过海涛的船。指贞观十七年至十九年间(643—

645)，太宗发天下甲士，募十万大军，以战舰五百艘，自莱州泛海趋平壤。

④迩(ěr)：近。

⑤馨：竭尽，用尽。

⑥豫：预先。豫，通"预"。结草之诚：据《左传·宣公十五年》载：春秋时晋国大夫魏武子有宠妾。魏武子生病时，嘱咐儿子魏颗说，将来让她改嫁；及至病危，又说，将来让她给我殉葬。魏武子死了，魏颗说，人到病危，思维就会混乱，我应该听从父亲清醒时的命令，于是让这个妾改嫁了。后来魏颗与敌将杜回交战，看到一老人用结草绊住了杜回，魏颗因此获胜。夜间魏颗梦见老人对他说，我是你让那个改嫁女子的父亲，感谢你的恩德，所以来报答你。后来就把"结草"用作受恩深重，以死相报的典故。

⑦哀鸣：比喻人临终时所说的善言。语出《论语·泰伯》："鸟之将死，其鸣也哀；人之将死，其言也善。"

⑧危笃：谓病势危急。

【译文】

"希望陛下遵守远祖老子'知足'的训诫，用来保全千秋万代崇高的名声。施行盛大的恩惠，颁降宽大的诏令，顺应太平盛世而布施恩泽，允许高丽改过自新。烧掉战船，停止招募士兵，华夷百姓自然都很庆幸，远邦恭顺，国内安宁。我是年老多病位在三公的人，早晚将要去世，所遗憾的是竟没有一点尘埃和露水，来稍微使大海加深、高山增高。我谨慎地竭尽残存的魂魄和剩余的气力，预先表示我结草报恩的一点诚心。如果承蒙陛下采纳臣临终前的这些话，即使臣死了也将是不朽的。"

太宗见到奏章，赞叹地说："这个人病到这种地步，还能忧国忧民。"虽然他的劝谏没有被采纳，但总归是好的献策。

　　贞观二十二年，军旅亟动，宫室互兴，百姓颇有劳弊。充容徐氏上疏谏曰①：

　　"贞观已来，二十有余载，风调雨顺，年登岁稔，人无水旱之弊，国无饥馑之灾。昔汉武帝守文之常主②，犹登刻玉之符③；齐桓小国之庸君，尚涂泥金之事④。望陛下推功损己，让德不居。亿兆倾心，犹阙告成之礼⑤；云、亭伫谒⑥，未展升中之仪⑦。此之功德，足以咀嚼百王⑧，网罗千代者矣。然古人有云'虽休勿休'⑨，良有以也。守初保末，圣哲罕兼。是知业大者易骄，愿陛下难之；善始者难终，愿陛下易之。

【注释】

①充容：唐代嫔妃名。徐氏：即唐太宗妃徐惠，湖州（今浙江湖州）人，徐孝德之女。因为才思不凡，被唐太宗召入宫中，封为才人。贞观末，上书极谏征伐、土木之烦，太宗颇善其言。太宗卒，因悲成疾，24岁就以身殉情。赠贤妃。

②守文：本谓遵循文王法度。后泛指遵循先王法度。

③刻玉之符：即玉牒，古代帝王封禅、郊祀的玉简文书。汉元封元年（前110）四月，汉武帝封泰山，在封下埋玉牒书；礼毕，禅肃然山。

④泥金之事：指举行封禅大典。齐桓公称霸后，会诸侯于葵丘，欲举行封禅大典，为管仲所谏止。泥金，古代帝王封禅用玉牒、玉简，以水银和金屑为封泥。

⑤阙：缺少。告成之礼：古代帝王做完重要工作后举行的宣告完成典礼。《通典·礼十四》云："古者帝王之兴，每易姓而起，以致太平，必封乎泰山，所以告成功也。"

⑥云、亭伫谒：指在泰山下的云云山、亭亭山伫立谒告。云云山、亭

亭山是泰山下的小山,为古代帝王举行封禅大典时的祭奠之处。

⑦升中之仪:古代帝王祭天以告事业成功的仪式。《礼记·礼器》:"因名山升中于天。"正义引《白虎通》云:"增泰山之高以报天,附梁甫之基以报地。"升,上也。中,成也,祭天告以成功也。

⑧咀嚼:评品,褒贬。

⑨休:吉利,高兴。

【译文】

贞观二十二年(648),军队屡次大规模行动,宫室交替兴建,百姓很是辛劳疲困。宫中充容徐氏上奏章规劝说:

"自从贞观以来,二十多年了,风调雨顺,年年五谷丰登,人民没有遭受水旱灾害,国家没有发生饥荒灾难。过去,汉武帝只是一个遵守成法的平常国君,还用刻玉之符举行封禅之礼;齐桓公是位小国的平庸国君,也还用泥金玉牒举行封禅大典。希望陛下推让功劳而自我谦逊,礼让功德而不独占有。虽然亿万民众倾心归服,还是缺少大功告成的礼仪;上古帝王有在云云山、亭亭山伫立调告的先例,而陛下还没有去举行祭天的仪式。这样的功德,完全能够评品百世帝王,超过了千代英主。然而古人有句话说:'即使有吉利之事,也不要高兴。'这确实很有道理。坚守初衷,并保持到最后,即使是圣人先哲也极少能做到。因此可以知道,功业大的人容易骄傲,希望陛下把它当作很难做的事;开头做得很好的人很难坚持到底,希望陛下把它当作很容易做的事。

"妾见顷年以来,力役兼总①,东有辽海之军②,西有昆丘之役③,士马疲于甲胄,舟车倦于转输。且召募投戍,去留怀死生之痛;因风阻浪,往来有漂溺之危。一夫力耕,年无数十之获;一船致损,则倾数百之粮。是犹运有尽之农功,填无穷之巨浪;图未获之他众,丧已成之我军。虽除凶伐暴,有国常规,然黩武穷兵④,先哲所戒。昔秦皇并吞六国,反速危亡之基;晋武奄有三方⑤,翻成覆败之业。岂非矜功恃大,弃德轻邦,图利忘害,肆情纵欲? 遂使悠悠六合⑥,虽广不救其亡;嗷嗷黎庶,因弊以成其祸。是知地广非常安之术,人劳乃易乱之源。愿陛下布泽流仁⑦,减行役之烦⑧,增雨露之惠。

【注释】

①力役兼总:指徭役、兵役同时进行。

②辽海之军:指贞观十八年(644)唐太宗征伐高丽之事。

③昆丘之役:指贞观二十二年(648)唐军西征龟兹之事。昆丘,即指昆仑山。

④黩武穷兵:轻率无度地使用武力。黩武,滥用武力。

⑤晋武奄有三方:指晋武帝代魏自立,并攻占蜀、吴,统一全国。奄,覆盖,包括。

⑥六合:指上、下和东、西、南、北四方,即天地四方。也泛指天下。

⑦流仁:指向人们布施恩泽仁义。

⑧行役:指因军役或劳役而在外奔波跋涉的人。

【译文】

"我私下里看到,近年以来,徭役、兵役同时进行,东边有征辽的军队,西边有讨龟兹的战役。军士马匹都疲于战争,车船厌倦于来回运输。且招募来戍边的士兵,离去的或留下的都怀有生离死别的悲痛;因为风狂浪阻,运输的人员和粮米都有漂走淹死的危险。一个农夫努力耕作,一年也难有几十石的收获;一艘船遭到损坏,就倾覆数百石的粮食。这好像是运送有尽的农产品,去填充无尽的巨浪;贪图还没有获得的外族民众,却丧失了自己已经训练好了的军队。虽然铲除凶恶、讨伐残暴,是国家正常的规矩,然而轻率无度地发动战争,是先哲经常警戒的事情。从前秦始皇吞并了关东六国,反而成为迅速覆亡的基础;晋武帝夺取魏、蜀、吴三国,反而成为导致倾覆的坏事。难道不正是因为自恃功业强盛,抛弃了道德而轻视国家安危,贪图利益而忘了危害,放纵私欲的结果吗? 于是使得久长无穷的天地,虽然广阔也不能挽救他们的灭亡;饥饿哀号中的百姓,由于困苦不堪而造成他们的灾祸。由此可知,地域广阔并不是保持国家长治久安的策略,人民劳苦才是容易发生祸乱的根源。希望陛下向人们布施恩泽仁义,减少徭役、军役跋涉的烦劳,增加像甘露一样的恩惠。

"妾又闻为政之本,贵在无为①。窃见土木之功,不可兼遂。北阙初建,南营翠微②,曾未逾时,玉华创制③。非惟构架之劳④,颇有工力之费。虽复茅茨示约⑤,犹兴木石之疲,假使和雇取人⑥,不无烦扰之弊。是以卑宫菲食⑦,圣王之所安;金屋瑶台,骄主之为丽。故有道之君,以逸逸人;无道之君,以乐乐身。愿陛下使之以时,则力不竭矣;用而息之,则心斯悦矣。

【注释】

①无为:谓顺应自然,不求有所作为。即指无为而治,意为治国主要以道德来感化,而不靠残酷的刑罚来慑服。

②翠微:即指翠微宫,唐离宫名。在终南山上,贞观二十一年(647)建。

③玉华:即指玉华宫,唐离宫名。在陕西宜君县,贞观二十一年(647)建。

④构架:指建造宫殿。

⑤茅茨:以茅草盖屋,谓居住俭朴。

⑥和雇:古代官府出钱雇用人力。

⑦菲食：粗劣的饮食。

【译文】

"妾又听说，治理国家的根本，最可宝贵的就是无为而治。妾私下以为，大兴土木的事情不能同时进行多项。北边的皇宫刚刚修建，南边又在营造翠微宫，还没有超过一年，又开始修建玉华宫。这不仅仅是建造屋宇的辛劳，还造成很多人力物力的浪费。虽然盖了茅草屋来显示俭朴节约，却又大兴土木，使人民疲惫不堪；即使是官府出钱雇用人力，也不可避免会有烦扰百姓的弊端。因此简陋的宫室、简单的饮食，是圣明国君所安心受用的；金玉装饰的殿宇楼台，是骄奢放纵的国君为了奢侈靡丽。所以，有道的国君，用安逸使人民得到休息；昏庸无道的国君，用音乐使自己得到享乐。希望陛下要根据农时合理使用人力，那么人力就不会竭尽了；使用他们而又能让他们得到休息，这样百姓的内心就会高兴。

"夫珍玩技巧，为丧国之斧斤；珠玉锦绣，实迷心之酖毒①。窃见服玩鲜靡②，如变化于自然；职贡奇珍，若神仙之所制；虽驰华于季俗③，实败素于淳风。是知漆器非延叛之方④，桀造之而人叛；玉杯岂招亡之术，纣用之而国亡。方验侈丽之源，不可不遏。夫作法于俭，犹恐其奢；作法于奢，何以制后？伏惟陛下，明照未形，智周无际，穷奥秘于麟阁⑤，尽探赜于儒林⑥。千王理乱之踪，百代安危之迹，兴亡衰乱之数，得失成败之机，固亦包吞心府之中⑦，循环目围之内⑧，乃宸衷久察⑨，无假一二言焉。惟知之非难，行之不易，志骄于业著，体逸于时安。伏愿抑志摧心，慎终成始，削轻过以添重德，择今是以替前非，则鸿名与日月无穷，盛业与乾坤永泰！"

太宗甚善其言,特加优赐甚厚。

【注释】

①酖毒:毒酒。

②鲜靡:鲜艳细腻。

③季俗:指末世颓败的风俗。

④延:引进。这里指招致。

⑤麟阁:即麒麟阁。汉宣帝曾将功臣的像画在麒麟阁内,以表彰其
功绩。

⑥探赜(zé):探究幽深隐秘的事理。赜,幽深莫测。儒林:泛指士
林、读书人的圈子。

⑦心府:心中。

⑧目围:本指眼圈,眼眶。这里指目力所能看到的地方。

⑨宸衷:指帝王的心意。宸,帝王的住处。借指帝王。衷,内心。

【译文】

"那些珍奇的玩物和技艺,是亡国的斧子;珠宝和锦绣,实在是迷乱
心智的毒药。妾看见宫廷服用玩物鲜艳华丽,就像是从自然中变化出
来的一样;进贡来的珍宝奇物,就像是神仙制造出来的一样;虽然可在
颓废的世俗中张扬奢侈华丽,实际上却败坏了淳朴的风尚。由此可知,
漆器并不是招致叛逆的原因,夏桀造了它却引起了诸侯叛离;玉杯也不
是招致灭亡的原因,纣王用了它却导致了国家的灭亡。这才验证了奢
侈靡丽是亡国的根源,不能不加以遏止。以俭朴作为法则,还担心太奢
侈了;做事效法奢侈,又凭什么来约束后人? 希望陛下洞察尚未成形的
事物,智慧遍及无垠大地,在麒麟阁上探寻其成功的秘密,与儒林学士
探究幽深微妙的义理。那么成千君王治理与祸乱的踪迹,百世安定与
危险的迹象,兴亡治乱的命运,得失成败的关键,就能包容在心中,往复
循环在眼前,这是陛下内心长期思考的结果,无须借助妾的一两句话来

说明。但只是了解这些并不困难，而实行起来却不很容易。意志骄纵是由于功业显著，身体逸乐是由于时势安定。希望陛下能抑制内心的欲望，坚持当初的志向，改正轻微的过失来增添高尚的品德，择取今天正确的去代替昨天错误的。那么宏大的名声将与日月一样无穷，盛大的事业就会像天地一样永存！"

太宗很赞赏她的话，特别给予优厚的赏赐。

安边第三十六

【题解】

本篇主要记述了贞观年间君臣有关如何安置边远地区少数民族降众问题的议论。唐初武力强盛,加之太宗政策开明,四方外族乐于归顺大唐。魏徵、褚遂良等大臣主张为降众恢复旧国,选择亲附唐朝的酋长做他们的君主,以羁縻之。温彦博等主张收揽和教化这些降众,使他们成为唐朝的臣民。对他们处置得当,就可以使之成为国家的藩屏,反之后患无穷。让他们内迁还是外徙,设置郡县还是立本族人为王,着意经略远方还是看重内政,贞观君臣们对此争论激烈,其方略也互有得失。

贞观四年,李靖击突厥颉利,败之,其部落多来归降者,诏议安边之策。

中书令温彦博议:“请于河南处之①。准汉建武时置降匈奴于五原塞下②,全其部落,得为捍蔽③,又不离其土俗,因而抚之,一则实空虚之地,二则示无猜之心,是含育之道也。”太宗从之。

秘书监魏徵曰:“匈奴自古至今,未有如斯之破败,此是上天剿绝,宗庙神武。且其世寇中国,万姓冤雠,陛下以其为降，不能诛灭，即宜遣还河北④，居其旧土。匈奴人面兽心，非我族类，强必寇盗，弱则卑伏，不顾恩义，其天性也。秦、汉患之者若是，故时发猛将以击之，收其河南以为郡县。陛下奈何以内地居之，且今降者几至十万，数年之后，滋息过倍，居我肘腋⑤，甫迩王畿，心腹之疾，将为后患，尤不可处以河南也。"

温彦博曰："天子之于万物也，天覆地载，有归我者则必养之。今突厥破除，余落归附，陛下不加怜愍，弃而不纳，非天地之道，阻四夷之意，臣愚甚为不可，宜处之河南。所谓死而生之，亡而存之，怀我厚恩，终无叛逆。"

魏徵曰："晋代有魏时，胡部落分居近郡，江统劝逐出塞外⑥，武帝不用其言，数年之后，遂倾瀍、洛⑦。前代覆车，殷鉴不远。陛下必用彦博言，遣居河南，所谓养兽自遗患也。"

彦博又曰："臣闻圣人之道，无所不通。突厥余魂，以命归我，收居内地，教以礼法，选其酋首，遣居宿卫，畏威怀德，何患之有？且光武居河南单于于内郡，以为汉藩翰⑧，终于一代，不有叛逆。"又曰："隋文帝劳兵马，费仓库，树立可汗，令复其国，后孤恩失信，围炀帝于雁门⑨。今陛下仁厚，从其所欲，河南、河北，任情居住，各有酋长，不相统属，力散势分，安能为害？"

给事中杜楚客进曰⑩："北狄人面兽心，难以德怀，易以威服。今令其部落散处河南，逼近中华，久必为患。至如雁门之役，虽是突厥背恩，自由隋主无道，中国以之丧乱，岂得云兴复亡国以致此祸？夷不乱华，前哲明训，存亡继绝，列圣通规。臣恐事不师古，难以长久。"

太宗嘉其言，方务怀柔^⑪，未之从也，卒用彦博策，自幽州至灵州^⑫，置顺、祐、化、长四州都督府以处之，其人居长安者近且万家。

【注释】

①河南：指北方河套以南地区。

②建武：是东汉光武帝刘秀的年号。这里指建武年间。五原：即指汉五原郡，在今内蒙古自治区五原县。

③捍蔽：犹屏藩。

④河北：指北方河套以北地区。

⑤肘腋：胳膊肘与腋窝。比喻切近之处。

⑥江统（？—310）：字应元（一说元世、德元），西晋陈留圉（今河南杞县南）人。初为县令，后升至太子洗马。元康九年（299）氐帅齐万反晋失败后，他撰《徙戎论》，以并州的匈奴部落为隐患，提出将氐、羌等族迁至塞外的主张，未被晋武帝采用。永嘉之乱，洛阳危急，他在流亡中病死。

⑦瀍（chán）、洛：指瀍河和洛河，均在河南洛阳附近。这里代指东汉都城洛阳。

⑧藩翰：比喻捍卫王室的屏障辅翼。

⑨雁门：指雁门关。在山西代县北部。长城重要关口之一，向为山西南北交通要冲。

⑩杜楚客：杜如晦的弟弟。贞观四年（630）召拜给事中，后拜蒲州刺史，甚有能名。

⑪怀柔：用政治手段笼络其他的民族或国家，使归附自己。

⑫幽州：唐州名。隋唐时北方的军事重镇、交通中心和商业都会。其范围大致包括今河北北部及辽宁一带。灵州：唐州名。辖地

约在今宁夏回族自治区灵武一带。

【译文】

贞观四年(630),李靖攻打突厥颉利可汗,打败了他,有很多突厥部落前来归降,太宗诏令讨论安定边境的政策。

中书令温彦博建议说:"请允许把他们安置在河套以南一带。依照东汉光武帝建武年间的先例,将归降的突厥人安置在五原塞下,保全他们的部落,让他们成为中原坚实的屏障,又不改变他们的习俗,借此安抚他们,一则充实了空虚的边疆,二则表示对他们没有猜疑之心,所以这是一个包含养育的办法。"太宗听从了他的建议。

秘书监魏徵说:"匈奴从古至今,没有遭遇过如此的惨败,这是上天要剿灭他们,也是陛下的祖宗显示了威力。况且他们世代侵犯中原,与无数百姓结下冤仇。陛下因为他们投降,不能诛灭他们,应该立即遣送他们回到河套以北地区,让他们居住在原有的土地上。突厥人人面兽心,和我们不是同族,强大时必定会入侵劫掠,衰弱时就俯首归顺,不会顾及恩德信义,这是他们的天性。秦、汉两代就是这样受到他们的祸害,所以不时派出猛将攻击他们,收取河套以南地区,在那里设置了郡县。陛下拿内地给他们居住,现在投降的突厥人几乎达到十万,数年以后,滋生繁育,人口会成倍增长,他们居住在我们身边,过于靠近都城,是心腹之病,今后必将成为祸患,所以尤其不能把他们安置在河套以南地区。"

温彦博说:"天子对待万物,就像上天覆盖、大地承载一样,归附我们的必然要收养他们。现在突厥被打败,剩下的部落都来归附,陛下不加怜悯,抛弃他们而不予接纳,这不是天覆地载的道理。阻绝了外族的诚意,臣虽然愚昧,也认为万万不可,应该在河套以南一带安置他们。这就是常说的:将要死的让他能生存下来,将要灭亡的让他能存在下去,使他们感激我皇的深厚恩德,永不会叛逆。"

魏徵说:"晋朝取代魏朝的时候,胡人部落分散居住在都城附近的州郡,江统建议把他们驱逐出塞外,晋武帝没有采用他的建议,几年以后,胡人就攻陷了京都洛阳。前朝有翻车的例子,亡国的鉴戒并不太远。陛下如果一定要采用温彦博的建议,遣送他们居住在河套以南地区,这就是所谓的蓄养野兽却给自己留下了后患。”

温彦博又说:“我听说圣人的主张,没有什么地方达不到的。突厥残存的民众,把性命交给了我们,收容他们居住在内地,用礼仪法度教化他们,选拔他们的首领,派他们在宫禁中担任警卫,他们畏惧皇家的威力,感念皇上的恩德,会有什么祸患呢?而且汉光武帝让南单于的部众居住在内地州郡,作为东汉的屏障辅翼,经历了整整一个朝代并没有叛逆。”他又说:“隋文帝兴师动众,浪费府库的财物,为突厥树立可汗,让他们恢复自己的国家,后来突厥不念恩德失守信用,在雁门关围攻隋炀帝。现在陛下仁慈宽厚,顺从他们的意愿,河套南北地区,任他们随意居住,各部落都有首长,相互之间不能统属,势力分散,怎么能成为祸害呢?”

给事中杜楚客启奏说:“突厥人人面兽心,很难用恩德安抚,却容易用威力降服。现在让他们的部落分散安置在河套以南地区,逼近中原地区,时间一长必然成为祸患。至于雁门关那次战役,虽然是突厥背恩弃义,但也是由于隋炀帝暴虐无道,中原因此大乱,哪能说是替突厥复国而招致灾祸的呢?不许异族扰乱中华,这是前朝圣贤明确的训示;恢复已亡的国家,延续被断绝的家族,是前代圣明君王的通行准则。臣担心的是做事不效法古代,很难得以长久。”

太宗很赞赏他的建议,只是当时正致力于怀柔政策,就没有听从他的建议,最终采用了温彦博的办法,从幽州向西直到灵州,设置顺州、祐州、化州、长州四州都督府来安置突厥部落,突厥人居住在长安的将近有一万家。

　　自突厥颉利破后,诸部落首领来降者,皆拜将军中郎将,布列朝廷,五品已上百余人,殆与朝士相半,唯拓拔不至^①，又遣招慰之，使者相望于道。

凉州都督李大亮^②，以为于事无益，徒费中国，上疏曰："臣闻欲绥远者^③，必先安近，中国百姓，天下根本，四夷之人，犹于枝叶，扰其根本以厚枝叶而求久安，未之有也。自古明王，化中国以信，驭夷狄以权。故《春秋》云：'戎狄豺狼，不可厌也；诸夏亲昵，不可弃也。'^④自陛下君临区宇^⑤，深根固本，人逸兵强，九州殷富，四夷自服。今者招致突厥，虽入提封^⑥，臣愚稍觉劳费，未悟其有益也。然河西民庶^⑦，镇御藩夷，州县萧条，户口鲜少，加因隋乱，减耗尤多。突厥未平之前，尚不安业；匈奴微弱以来，始就农亩，若即劳役，恐致妨损。以臣愚惑，请停招慰。且谓之荒服者^⑧，故臣而不纳。是以周室爱民攘狄，竟延七百之龄；秦王轻战事胡，故四十载而绝灭；汉文养兵静守，天下安丰；孝武扬威远略，海内虚耗，虽悔轮台^⑨，追已不及。至于隋室，早得伊吾^⑩，兼统鄯善^⑪，且既得之后，劳费日甚，虚内致外，竟损无益。远寻秦、汉，近观隋室，动静安危，昭然备矣。伊吾虽已臣附，远在藩碛，民非夏人，地多沙卤^⑫。其自竖立称藩附庸者，请羁縻受之^⑬，使居塞外，必畏威怀德，永为藩臣，盖行虚惠而收实福矣。近日突厥倾国入朝，既不能俘之江淮^⑭，以变其俗，乃置于内地，去京不远，虽则宽仁之义，亦非久安之计也。每见一人初降，赐物五匹，袍一领，酋长悉授大官，禄厚位尊，理多糜费。以中国之租赋，供积恶之凶虏，其众益多，非中国之利也。"

太宗不纳。

【注释】

①拓拔：指拓拔赤辞，党项首领。先附吐谷浑，负险自固。贞观四年(630)，东突厥亡，唐检校右武侯大将刘师立遣人为拓拔赤辞陈述利害，赤辞遂率其部落内属。太宗甚嘉之，拜拓拔赤辞为西戎州都督。

②凉州：古地名。在今甘肃武威一带。李大亮(586—644)：唐初将领。陇西狄道(今甘肃临洮)人，后迁徙泾阳(陕西泾阳)。李渊入关后，先后被任命为金州总管府司马、安州刺史、越州都督。唐太宗贞观初年，转迁交州都督，封武阳县男。接着又迁任凉州都督，政绩卓著。贞观八年(634)，为剑南道巡省大使，与李靖远涉青海大败吐谷浑，进爵为公，拜右卫大将军，接着又兼任工部尚书，身兼三职，位处显赫，但始终恭俭自持。卒后谥号"懿"，陪葬昭陵。

③绥(suí)远：安定远方。

④"戎狄"几句：语出《左传·闵公元年》，为管仲告诉齐侯之语。

⑤区宇：这里指天下。

⑥提封：犹版图，疆域。

⑦河西：位于今甘肃西北部，因在黄河以西，所以叫"河西"。地域包括甘肃兰州和"河西四郡"：武威(古称凉州)、张掖(甘州)、酒泉(肃州)和敦煌(瓜州)。

⑧荒服：古"五服"之一。古代王畿之外每五百里为一服，最远的称为"荒服"，离京师二千到二千五百里的边远地方。亦泛指边远地区。

⑨轮台：古地名。在今新疆轮台南。本仑头国(一作轮台国)，汉武帝时为李广利所灭，置使者校尉，屯田于此。唐贞观中置县。治所当在今新疆米泉境内。

⑩伊吾：是隋唐以前哈密的古地名。汉称伊吾卢，隋、唐设伊吾郡，

但都不是指今日伊吾县,而是指以哈密为中心及周围的地区。唐初,置伊州。

⑪鄯善:古西域国名。本名楼兰。故址在今新疆若羌县一带。汉昭帝时改称鄯善。

⑫沙卤:指含沙多和碱性重的土质。

⑬羁縻(jī mí):笼络(藩属等)。

⑭俘:通"浮",飘泊,流浪。这里指遣送。

【译文】

自从突厥颉利可汗被打败后,各部落首领前来归降的,都被授予将军、中郎将之类的官职,分置在朝廷中,五品以上的突厥官员有一百多人,几乎占朝廷官员的一半。只有拓跋赤辞不来归附,太宗又派遣使者去招抚他,前后派遣的招抚使者往来不断。

凉州都督李大亮认为这样对安定边疆没有好处,只是白白浪费朝廷的财物,因此上奏章说:"臣听说要安抚远方,必须首先安定近处。中原的百姓是天下的根本,四夷外族的民众就如同是枝叶,损害根本来使枝叶繁茂,而想求得长治久安,这是从来不曾有过的事情。自古以来,贤明的帝王是用诚信来教化华夏百姓,用威权驾驭外族民众,所以《春秋》中说:'戎狄好比豺狼,不可以满足它的欲望;华夏诸国相互亲近,不能抛下不管。'自从陛下统治天下以来,国家的根本得到巩固,人民安乐,武力强盛,全国殷实富足,外族自然归服。现在招抚突厥,虽然让他们进入版图之内,以臣愚见总觉得有些劳民伤财,没有感觉到这样做的好处。然而河西地区的百姓,一直防御镇守属国,各州县都很萧条,人口稀少,再加上隋末的战乱,消耗尤其巨大。在突厥没有平定之前,一直不能安心从事生产;突厥衰弱之后,才开始从事农业生产。如果立即摊派劳役,恐怕对他们会造成妨碍和伤害。依臣的浅见,请求停止招抚。况且称为蛮荒的外邦,即使称臣降伏也不要接纳。所以周王室爱护百姓,排斥外族,竟延续了七百年的政权;秦始皇轻率发动战争攻击胡人,四十年国家就灭亡了;汉文帝培育军队,安静防守,天下安定富足;汉武帝炫耀武力,经略远方,造成国力空虚,虽然晚年下'轮台诏'后悔连年对外用兵,但追悔已经来不及了。到了隋代,很早就夺取了伊吾,又兼辖鄯善。取得这些地方以后,辛劳耗费一天比一天厉害,消耗国内财物而致力于遥远的边塞,终究只有损害而没有什么好处。远的追溯秦、汉时代,近的观察隋朝,动静安危的情况,都很清楚具体。伊吾虽然已经称臣归附,但远在沙漠之外,百姓也不是华夏族人,土地大多是砂石盐碱地。那些起来自称属国前来归附的人,请皇上实施笼络政策接受他们,让他们定居在塞外,他们必然会畏惧国威而感怀恩德,永远作为属国,这是施行虚的恩惠而收取实在的福祉。近来突厥人口大量流入中原,既不能把他们运送到江、淮地区居住,来改变他们的风俗,就只好安置在内地,距离京城不远的地方,这虽然是宽大仁慈的义举,但也不是长治久安的计策。臣每见到一个人初次来归降时,就赏赐给五匹布帛和一件袍子,酋长们全都授予大官,俸禄优厚,地位尊贵,这必然会造成许多耗费。用中原百姓的租税贡赋供给作恶多端的凶蛮俘虏,他们的人数越来越多,并不是中原的利益啊。"

太宗不采纳他的建议。

十三年,太宗幸九成宫。突厥可汗弟中郎将阿史那结社率阴结所部①,并拥突利子贺罗鹘夜犯御营②。事败,皆捕斩之。太宗自是不直突厥③,悔处其部众于中国,还其旧部于河北,建牙于故定襄城④,立李思摩为乙弥泥孰俟利苾可汗以主之⑤。因谓侍臣曰:"中国百姓,实天下之根本,四夷之人,乃同枝叶,扰其根本以厚枝叶而求久安,未之有也。初不纳魏徵言,遂觉劳费日甚,几失久安之道。"

【注释】

①阿史那结社率：突厥可汗弟弟，贞观四年(630)入朝，任中郎将。
　阴结：暗中勾结。

②御营：帝王亲征或出巡时驻跸的营帐。

③不直：不再信任。

④建牙：古谓出师前树立军旗。引申指武臣出外镇守地方。定襄
　城：在今内蒙古和林格尔。

⑤李思摩(? —649)：即阿史那思摩，唐时突厥贵族。武德时，数奉
　使入朝，受封为和顺郡王。贞观四年(630)，李靖大破突厥于阴
　山，他与颉利同被擒。改封怀化郡王。十三年(639)，立为乙弥
　泥熟俟利苾可汗，赐姓李，命率部居河南地，旋复命徙河北，居故
　定襄城(今内蒙古和林格尔)。不久，以薛延陀侵逼，部落弃之南
　迁，居胜、夏二州间(在今河套内)。他因失众，还长安供宿卫，授
　右武卫将军。从征辽东，中流矢，还卒，陪葬昭陵。

【译文】

　　贞观十三年(639)，太宗驾临九成宫。突利可汗的弟弟中郎将阿史
那结社率暗中勾结自己所属的部下，支持突利可汗的儿子贺罗鹘在夜
里突袭皇帝的御营。他们的阴谋败露后，都被逮捕斩首。太宗从此不
再信任突厥人，后悔把他们的部众安置在内地，于是遣送突厥旧部到黄
河以北的地区，让他们在原来的定襄城建立官署，任命李思摩为乙弥泥
熟俟利苾可汗，主持部落事务。太宗借这件事对身边的大臣说："中原
的百姓确实是天下的根本，外族民众就像枝叶一样，损伤根本来使枝叶
繁茂，而希望长治久安，是从来不曾有过的事情。当初我没有采纳魏徵
的建议，因而感到辛劳耗费日甚一日，几乎失去了长治久安方略。"

　　贞观十四年，侯君集平高昌之后，太宗欲以其地为
州县。

魏徵曰:"陛下初临天下,高昌王先来朝谒,自后数有商胡称其遏绝贡献①,加之不礼大国诏使,遂使王诛载加②。若罪止文泰,斯亦可矣。未若因抚其民而立其子,所谓伐罪吊民,威德被于遐外,为国之善者也。今若利其土壤以为州县,常须千余人镇守,数年一易,每来往交替,死者十有三四,遣办衣资,离别亲戚,十年之后,陇右空虚③,陛下终不得高昌撮谷尺布以助中国。所谓散有用而事无用,臣未见其可。"

太宗不从,竟以其地置西州④,仍以西州为安西都护府⑤,每岁调发千余人,防遏其地⑥。

【注释】

①遏绝:阻止禁绝。

②载加:一再增加。

③陇右:古地区名。古代以西为右,故称陇山以西为陇右。唐太宗贞观元年(627)分全国为十道,以东起陇山,西达沙州的地域始设陇右道。其地域包括今甘肃、新疆大部分地区和青海湖以东地区。

④西州:唐朝在今新疆境内所置三州之一。贞观始置,天宝、至德时改名交河郡。领高昌、柳中、交河、蒲昌、天山五县,治高昌(今新疆吐鲁番东南高昌故城,即哈拉和卓古城)。贞观十四年(640)灭高昌氏王朝,以其地设西昌州(不久改称西州),并设安西都护府于交河(今新疆吐鲁番西)城。

⑤安西都护府:唐朝设于西域的军政机构。640年,唐朝为加强对西域地区的控制,于高昌设立,后移至龟兹(今新疆库车)。管辖天山以南至葱岭以西、阿姆河流域的广大地区,还统辖安西四镇

龟兹、于阗、疏勒、碎叶的重兵。

⑥防遏：防守。

【译文】

贞观十四年（640），侯君集平定了高昌国之后，太宗准备在那个地方设立州县。

魏徵说："陛下刚开始统治天下时，高昌国王麹文泰首先来朝拜谒见，但是从那以后，西域胡商屡次称高昌国王阻止他们来大唐朝贡，再加上高昌王对我国使臣无礼，以致皇上对他们的讨伐一再增加。如果只追究麹文泰一个人的罪过，这也就可以了。不如借此机会安抚那里的百姓并立高昌王的后代为王，这就是讨伐有罪的国君而慰问受难的人民，使国家的威力恩德遍及边远的外邦，这才是治国的良策。现在如果贪图那里的土地而在那里设置州县，就必须常年派一千多人去镇守，几年更换一次。每次来往交换，死亡的就有十分之三、四。还要派人置办衣物钱财，离别亲人，这样的话十年以后陇右地区就会变得空虚，陛下最终得不到高昌国的一撮谷、一尺布来资助中原。这就叫做分散有用的资财去从事无益的事情，我看不出它切实可行的道理。"

太宗没有听从他的意见，竟然还在高昌境内设置了西州，并在西州设置安西都护府，每年调遣一千多人，前往防守这个地方。

黄门侍郎褚遂良亦以为不可，上疏曰："臣闻古者哲后临朝，明王创业，必先华夏而后夷狄，广诸德化，不事遐荒。是以周宣薄伐①，至境而反；始皇远塞②，中国分离。陛下诛灭高昌，威加西域，收其鲸鲵③，以为州县。然则王师初发之岁，河西供役之年，飞刍挽粟④，十室九空，数郡萧然，五年不复。陛下每岁遣千余人而远事屯戍，终年离别，万里思归。去者资装，自须营办，既卖菽粟，倾其机杼⑤。经途死亡，复在方外。兼遣罪人,增其防遏。所遣之内,复有逃亡,官司捕捉,为国生事。高昌涂路,沙碛千里,冬风冰冽,夏风如焚,行人遇之多死。《易》云'安不忘危,理不忘乱。'设令张掖尘飞⑥,酒泉烽举⑦,陛下岂能得高昌一人菽粟而及事乎?终须发陇右诸州,星驰电击。由斯而言,此河西者方于心腹,彼高昌者他人手足,岂得糜费中华,以事无用?陛下平颉利于沙塞,灭吐浑于西海⑧。突厥余落,为立可汗;吐浑遗萌⑨,更树君长。复立高昌,非无前例,此所谓有罪而诛之,既服而存之。宜择高昌可立者,征给首领⑩,遣还本国。负戴洪恩,长为藩翰。中国不扰,既富且宁,传之子孙,以贻永代。"

疏奏,不纳。

【注释】

①周宣薄伐:指周宣王征伐猃狁,追到边境就班师回朝,不穷追。

②始皇远塞:指秦始皇修筑长城,防范匈奴。远塞,在边境设立关防。

③鲸鲵(ní):比喻凶恶的敌人。

④飞刍挽粟:指迅速运送粮草。刍,饲料。挽,拉车或船。

⑤机杼(zhù):织布机和梭子。这里指代布帛。

⑥张掖:郡名。位于今甘肃河西走廊中部,为通往西域的要冲。古为河西四郡(敦煌、酒泉、张掖、武威)之一,历代中原王朝在西北地区的政治、经济、文化和外交活动中心。

⑦酒泉:郡名。位于今甘肃西北部河西走廊西端。西汉设郡,古为河西四郡之一。隋曾置肃州。

⑧西海:郡名。西汉末于今青海湖附近置西海郡。位于今青海省

青海湖一带。

⑨遗萌：犹遗氓。萌，通"氓"，指外来的百姓。

⑩征：征聘。

【译文】

黄门侍郎褚遂良也认为不能这样做，上奏章说："臣听说古代圣哲的国君统治天下，明智的帝王创立制度，必定首先考虑华夏族然后再考虑外族的利益，广施恩德教化，不去征服遥远的荒服之地。因此，周宣王征伐猃狁，追到边境就班师回朝；秦始皇在边境修筑长城，设立关防，结果中原分崩离析。陛下诛灭了高昌国，威力达到西域，制服了凶恶的敌人，在那里设立了州县。然而，朝廷的军队刚出征的那年，也就是河西地区供给赋役的时候。由于大量迅速运送粮草，河西地区十室九空，几个州郡变得萧条荒凉，五年之内也恢复不了。陛下每年派遣一千多人去远方镇守驻防，他们整年离别亲人，在万里之外渴望返回家园。而离开家乡者的路费行装，要自己筹办，已经卖掉了粮食，又卖尽了布帛。还有的人在途中死亡，就更不用说了。加上又要遣送罪犯，去增强那里的驻防力量。遣送的囚犯中又有逃跑的，官府要去追捕捉拿，给国家横生事端。通往高昌国的道路，有千里沙漠戈壁，冬天的风像冰一样寒冷，夏天的风像火一样炙热，行人遇到这种天气又多数死去。《易经》说：'平安时不要忘了危亡，太平时不要忘了祸乱。'假设张掖郡发生了战事，酒泉郡烽烟四起，陛下难道能得到高昌人一点粮米来资助吗？最终还要调发陇右各州的军队，星驰电击般地攻击敌人。由此说来，这河西地方才是自己的心腹，那高昌国只是别人的手足，怎么能浪费中华的财物去做无用的事情？陛下在塞外沙漠平定颉利，在西海灭掉吐谷浑。对突厥的余部，为他们新立可汗；对吐谷浑的遗民，为他们重树首领。再为高昌树立君长，并不是没有先例。这就是有罪就讨伐它，既然降服了就保全它。应该选择高昌国中可以扶植的人，征聘他担任首领，遣送他回到本国。高昌既然承受大恩，就将长久地成为大唐的屏障。中国受不到侵扰,既富裕又安宁,留传给子孙,使后代昌盛。"

奏章呈送上去,太宗没有采纳。

至十六年,西突厥遣兵寇西州。太宗谓侍臣曰:"朕闻西州有警急,虽不足为害,然岂能无忧乎?往者初平高昌,魏徵、褚遂良劝朕立麹文泰子弟,依旧为国,朕竟不用其计,今日方自悔责。昔汉高祖遭平城之围而赏娄敬①,袁绍败于官渡而诛田丰②。朕恒以此二事为诫,宁得忘所言者乎!"

【注释】

①平城之围:汉高祖六年(前201),冒顿单于发兵围攻马邑,韩王信投降,次年又攻晋阳(今山西太原)。汉高祖闻讯,亲率三十万大军迎战,被匈奴围困于平城白登山(今山西大同东南)。后来用陈平计,向单于阏氏行贿,才得脱险。史称"平城之围"。娄敬:汉初齐国卢(今山东长清)人。汉高祖五年(前202)汉王朝完成统一后,打算定都洛阳。时娄敬建议定都长安,得到张良的支持,刘邦最终决定建都长安。为表彰娄敬,赐姓"刘"。西汉初年,匈奴为汉王朝北方的最大边患。汉高祖七年(前200),韩王信勾结匈奴反叛,刘邦率军亲征,娄敬独持异议,认为只有实行"和亲",方是上策。汉高祖七年七月,娄敬向刘邦提出迁徙山东豪强以实关中的建议,刘邦采纳这一建议,并命娄敬负责实施。娄敬所提定都、和亲、迁豪三项计策,对稳定汉初的政治形势起了重要的作用。

②袁绍败于官渡:199年,袁绍率军南下,恃兵多粮足,在官渡(今河南中牟北)与处劣势的曹操相持。次年,曹操利用袁绍轻敌和内部不稳之机,成功地突袭其后方屯粮重地,袁绍军心动摇。曹操

乘机挥军全线出击，大破袁军主力，袁绍大败。袁绍(? —202)，
字本初，汝南汝阳(今河南商水西南)人。初任司隶校尉。后董
卓入京专朝政，他奔冀州(今河北中南部)称冀州牧，号召起兵讨
董卓。后逐渐占有冀、青(今山东东北部)、幽(今河北北部)、并
(今山西)等四州。200年，在官渡被曹操打败，不久病死。田丰：
钜鹿郡(今河北钜鹿一带)人。博览多识，权略多奇。袁绍用田
丰谋略，消灭公孙瓒，平定河北，虎踞四州。建安四年(199)，曹
袁争霸，田丰提出稳打稳扎的持久战略，袁绍执意南征而不纳。
官渡之战，田丰再议据险固守，分兵抄掠的疲敌策略，乃至强谏，
被袁绍以为沮众，械系牢狱。建安五年(200)，袁绍官渡战败，将
其杀害。

【译文】

到了贞观十六年(642)，西突厥派兵侵犯西州。太宗对身边的大臣
说："我听说西州有警急情况，虽然不至于造成大危害，但怎么能不忧虑
呢？从前刚刚平定高昌时，魏徵、褚遂良劝我立麹文泰的子弟做国君，
让高昌依旧成为一个国家，我竟没有采纳他们的计策，到现在才后悔自
责。过去汉高祖不听谋臣娄敬的劝谏，遭受平城之围，而后赏赐娄敬；
袁绍不听谋臣田丰的劝阻，在官渡战败后诛杀了田丰。我常把这两件
事引为鉴诫，难道能够忘记曾经劝谏过我的人吗？"

卷十

行幸第三十七

【题解】

在本篇中,作者分析了隋炀帝喜好巡幸,耗费人力,终致天怒人怨、身死国亡的教训,以此来劝诫唐太宗。古代帝王巡幸天下时,仪仗豪华,全靠所过之处人民供应,百姓往往因此倾家荡产。隋炀帝"不顾百姓,行幸无期",遂致"身戮国灭,为天下笑"。唐太宗深知隋炀帝命丧江都的原因,因此自我警戒,减少巡游举动。太宗认为"虽复帝祚长短,委以玄天;而福善祸淫,亦由人事","广宫室,好行幸,竟有何益"。所以应当"战战栗栗,每事省约,参踪前列,昭训子孙","以副百姓所望"。大臣们也纷纷劝诫太宗节制奢侈行为,避免惊扰百姓。如此君臣一心,与民休息,方可"令百姓安静,不有怨叛"。

贞观初,太宗谓侍臣曰:"隋炀帝广造宫室,以肆行幸,自西京至东都,离宫别馆,相望道次,乃至并州、涿郡①,无不悉然。驰道皆广数百步②,种树以饰其傍。人力不堪,相聚为贼。逮至末年,尺土一人,非复己有。以此观之,广宫室,好行幸,竟有何益? 此皆朕耳所闻,目所见,深以自诫。故不敢轻用人力,惟令百姓安静,不有怨叛而已。"

【注释】

①并州:古州名。其地约当今河北保定和山西太原、大同一带地区。治所在今山西太原。涿郡:隋炀帝大业初罢州置郡,故改幽州为涿郡。唐武德元年(618)复为幽州,辖境相当于今北京市、河北北部、辽宁南部。治所在今河北涿州。

②驰道:古代供君王行驶车马的道路。

【译文】

贞观初年,太宗对身边的大臣说:"隋炀帝大造宫室,供他纵情巡游,从长安到洛阳,离宫别馆,沿路相望。以至并州、涿郡,也没有哪一个地方不是这样的。驰道都宽达数百步,道路两边都种上树来做装饰。百姓的人力、物力不能承受,聚集起来反抗。到了隋朝末年,没有一尺土一个百姓是属于隋炀帝所有了。由此看来,大造宫室,喜爱巡游,到底有什么好处?这都是我亲耳听到、亲眼看到的,我深深地以此为戒。所以不敢轻易动用百姓的劳力,只想让百姓得到安宁,不要发生怨恨、叛乱就差不多了。"

贞观十一年,太宗幸洛阳宫,泛舟于积翠池①,顾谓侍臣曰:"此宫观台沼并炀帝所为,所谓驱役生人,穷此雕丽,复不能守此一都,以万人为虑。好行幸不息,人所不堪。昔诗人云:'何草不黄?何日不行②?''小东大东,杼轴其空③。'正谓此也。遂使天下怨叛,身死国灭,今其宫苑尽为我有。隋氏倾覆者,岂惟其君无道?亦由股肱无良。如宇文述、虞世基、裴蕴之徒④,居高官,食厚禄,受人委任,惟行谄佞,蔽塞聪明,欲令其国无危,不可得也。"

司空长孙无忌奏言:"隋氏之亡,其君则杜塞忠谠之言,臣则苟欲自全。左右有过,初不纠举,寇盗滋蔓,亦不实陈。

据此,即不惟天道,实由君臣不相匡弼。"

太宗曰:"朕与卿等承其余弊,惟须弘道移风,使万代永赖矣。"

【注释】

①积翠池:汉唐宫池名。唐段成式《酉阳杂俎·物异》云:"汉积翠池中珊瑚,高一丈二尺,一本三柯,上有四百六十二条,是南越王赵佗所献,号为烽火树,夜有光影,常似欲燃。"一本作"积草池",《西京杂记》卷一亦作"积草池"。《旧唐书·魏徵传》:"后太宗在洛阳宫,幸积翠池,宴群臣,酒酣各赋一事。"

②"何草"二句:语出《诗经·小雅·何草不黄》。该诗描写行役在外的征夫生活艰险辛劳,表达了对遭受非人待遇的抗议。第一章以草黄起兴喻征夫之劳瘁,一连三句反诘,语意十分怨恨。世上没有不黄不枯的草,也没有不凋不谢的花。人的劳苦奔波却不一样:有人终年劳累奔波,当牛做马,不得歇息;有人锦衣玉食,作威作福,游手好闲。有人衣不遮体,食不果腹;有人却高枕无忧,饱食终日,无所用心。

③"小东"二句:语出《诗经·小雅·大东》。作者可能是一位精通星卜的文人,后来遭受西周王室的强迫劳动和残酷搜刮,实质上已沦为西人的奴隶。他思想感情也随着发生了转变。借着歌唱来揭露、批判统治者的罪恶,提出沉痛的控诉,发泄其怨愤之情。诗中塑造了两个鲜明的形象:一个是残酷、贪婪、骄奢的西人剥削者形象,一个是被榨取、被奴役、被压迫得透不过气来、对西人满怀仇恨的东人形象。全诗通过这两个典型形象的刻画,深刻地反映了君子与小人两个阶级的对立。小东大东,指东方各诸侯小国。杼轴其空,生产废弛,贫无所有。杼轴,亦作"杼柚",是织布机上的两个部件,即用来持纬(横线)的梭子和用来承经(直

线)的笄。这里泛指工商之事。

④裴蕴(? —618):隋朝大臣。河东闻喜(今山西闻喜东北)人。初
仕陈,隋灭陈之战中为内应,仕隋累官太常少卿、民部侍郎。为
核检户口脱漏,他于大业五年(609)奏行"貌阅"法,搜得人口六
十余万。擢御史大夫,参掌机密,迎合隋帝,助纣为虐,杀数万
人,又陷害司隶大夫薛道衡。司马德戡举兵反隋时,被杀。

【译文】

贞观十一年(637),太宗巡游洛阳宫,在积翠池里乘舟游玩,他回头
对身边的大臣说:"这些宫、观、台、沼都是隋炀帝营造的,他役使人民,
用尽财物建造这些雕饰华丽的东西,却又不能驻守这座都城,为百姓着
想。他喜欢不停地出游,人民实在不堪忍受。古代诗人说:'哪有野草
不枯黄,哪有一天不奔忙?''东方各诸侯小国,财产都被搜罗光。'说的
正是这种情况。以致使天下的人们怨愤反叛,最终身死国亡,现在他的
宫室苑囿全部都属于我了。隋朝败亡的原因,难道仅仅是国君无道吗?
同时也有辅佐大臣的不贤良。比如宇文述、虞世基、裴蕴之流,身居高
官,享受厚禄,接受帝王的委任,却只会花言巧语,巴结逢迎,蒙蔽阻塞
帝王的视听,想要他们的国家不危亡,不可能有这样的道理。"

司空长孙无忌上奏说:"隋朝灭亡的原因,对其国君来说,是阻塞了
臣下忠诚正直的言论;对其臣下来说,是只图保全自己。左右侍臣都有
过失,一开始不督察检举,叛乱滋生蔓延后,也不据实报告。根据这一
点来说,那就不只是天意要灭隋,也确实是由于他们君臣之间不能匡正
辅弼的结果。"

太宗说:"我和你们承受隋代留下的弊端,只有弘扬正道,移风易
俗,才能使子孙万世永远有所依赖。"

贞观十三年,太宗谓魏徵等曰:"隋炀帝承文帝余业,海
内殷阜①,若能常据关中,岂有倾败? 遂不顾百姓,行幸无

期②,径往江都③,不纳董纯、崔象等谏诤④,身戮国灭,为天
下笑。虽复帝祚长短,委以玄天;而福善祸淫,亦由人事。
朕每思之,若欲君臣长久,国无危败,君有违失,臣须极言。
朕闻卿等规谏,纵不能当时即从,再三思审,必择善而
用之。"

【注释】

①殷阜:富足。

②行幸:古代专指皇帝出行。

③径往江都:指616年隋炀帝不顾隋朝的安危,再次巡游江都。临
　出发时,小官崔民象上表谏阻,隋炀帝就把崔民象杀了。走到汜
　水(今河南荥阳),小官王爱仁上表劝谏,隋炀帝又杀死王爱仁,
　继续前行。到了梁都(今河南开封),有人拦路上书,说隋炀帝如
　果定要去江都,天下就不再属于他了。隋炀帝又杀死了上书人,
　最后,他执意巡幸到江都。江都,今江苏扬州。

④董纯:隋代成纪(今甘肃秦安北)人,以功进位上开府、拜柱国、爵
　郡公。崔象:即崔民象,隋臣,信奉使。大业十二年(616),隋炀
　帝再次巡游江都,临出发时,崔民象上表谏阻,被隋炀帝杀。

【译文】

　　贞观十三年(639),太宗对魏徵等大臣说:"隋炀帝继承文帝遗留下
的基业,国内富足,如果能够常住在关中,怎么会倾覆败亡呢? 他不顾
惜百姓,出游没有限度,径直前往江都,不接受董纯、崔象等人的直言劝
谏,身死国亡,为天下人所耻笑。虽说帝位传承的长短,全由上天决定,
然而福善祸淫,也是全由人的行为所决定的。我经常思虑这些问题,要
想君臣长久平安,国家不危亡破败,君王有所过失,臣子必须极力进谏。
我听到你们的规劝,即使不能当时就听从,经过再三思量审察,一定会

选择好的建议加以采纳。"

贞观十二年，太宗东巡狩，将入洛，次于显仁宫①，宫苑官司多被责罚。

侍中魏徵进言曰："陛下今幸洛州，为是旧征行处，庶其安定，故欲加恩故老。城郭之民未蒙德惠，官司苑监多及罪辜，或以供奉之物不精，又以不为献食，此则不思止足，志在奢靡。既乖行幸本心，何以副百姓所望？隋主先命在下多作献食，献食不多则有威罚。上之所好，下必有甚，竞为无限，遂至灭亡。此非载籍所闻，陛下目所亲见，为其无道，故天命陛下代之。当战战栗栗，每事省约，参踪前列，昭训子孙，奈何今日欲在人之下？陛下若以为足，今日不啻足矣②。若以为不足，万倍于此，亦不足也。"

太宗大惊曰："非公，朕不闻此言，自今已后，庶几无如此事。"

【注释】

①显仁宫：据《隋书》记载，隋炀帝大业元年命宇文恺与封德彝等搜罗大江以南、五岭以北的奇材、异石，又下令各地贡献草木花果、奇禽异兽来建显仁宫，起三山，造五湖，营建十六院，以供享乐。

②不啻(chì)：无异于，如同。

【译文】

贞观十二年(638)，太宗东巡，即将抵达洛阳，住在显仁宫，负责宫苑事务的各级官吏都受到太宗的责罚。

侍中魏徵进谏说："陛下今日巡幸洛阳，是因为这里是往日曾经征战过的地方,如今这里已经安定,因此想给这里的百姓父老增加恩赐。如今城里的人民还没有承受陛下的恩惠,主管宫苑的各级官员却受到太多责罚,有的是因为供奉的器物不精美,有的是因为没有进献异味珍品。这就是不知道满足,一心追求奢侈华靡生活的表现。这样做既违背了陛下巡幸的本意,又怎能满足百姓们的希望呢?隋炀帝巡游时先命令下属多贡献美食,贡献的美食不多就要受到责罚。在上位的人有什么爱好,下面的人就会更加厉害,相互竞争就会没有限度,这样下去就会导致国家灭亡。这并不是在史籍上可以见到的,而是陛下亲眼所见的事实。正因为隋炀帝无道,所以上天才授命陛下取而代之。陛下应当战战兢兢、小心谨慎,事事俭省节约,参照前朝的事例来教训子孙,怎么今天的想法反而在他人之下?陛下如果感到满足,今天的供应无疑已经足够了。如果陛下感到不满足,即使比今天再好上一万倍,也还是不会满足的。"

太宗听后大吃一惊,说:"如果不是你,我是不会听到这席话的,从今以后,不会再发生这样的事情了。"

畋猎第三十八

【题解】

　　本篇是群臣劝阻唐太宗过度畋猎的诤言与谏疏。群臣认为畋猎不但耗费民财，而且君主与猛兽格斗，践踏危险之地，是危害自身安全、置宗庙社稷于不顾的举动。虞世南认为应当"时息猎车，且韬长戟，不拒刍荛之请，降纳涓浍之流，袒裼徒搏，任之群下，则贻范百王，永光万代"。太宗临驾同州，亲格猛兽，晨出夜还。魏徵认为"猝遇逸材之兽，骇不存之地，虽乌获、逢蒙之伎不得用，而枯木朽株尽为难矣。虽万全而无患，然而本非天子所宜"。山林当中危机四伏，贵为皇帝，不应冒险，应该看重自身的安全。大臣们认为太宗应该"割私情之娱，罢格兽之乐，上为宗庙社稷，下慰群寮兆庶"。唐太宗最终采纳这些谏言，克制了自己对畋猎的嗜好。

　　秘书监虞世南以太宗颇好畋猎，上疏谏曰："臣闻秋狝冬狩[1]，盖惟恒典；射隼从禽[2]，备乎前诰[3]。伏惟陛下因听览之余辰，顺天道以杀伐，将欲摧班碎掌[4]，亲御皮轩[5]，穷猛兽之窟穴，尽逸材之林薮。夷凶翦暴，以卫黎元[6]；收革擢羽，用充军器；举旗效获[7]，式遵前古。然黄屋之尊[8]，金舆之贵⑨，八方之所仰德，万国之所系心，清道而行，犹戒衔橛⑩，斯盖重慎防微，为社稷也。是以马卿直谏于前⑪，张昭变色于后⑫。臣诚细微，敢忘斯义？且天弧星罼⑬，所殪已多⑭，颁禽赐获，皇恩亦溥⑮。伏愿时息猎车，且韬长戟⑯，不拒刍荛之请，降纳涓浍之流，袒裼徒搏⑰，任之群下，则贻范百王⑱，永光万代。”

太宗深嘉其言。

【注释】

①秋狝(xiǎn)冬狩：秋天打猎称“秋狝”，冬天打猎叫“冬狩”。

②隼(sǔn)：一种猛禽。翅膀窄而尖，上嘴呈钩曲状，背青黑色，尾尖白色，腹部黄色。驯熟后，可以帮助打猎。从：追逐。

③诰(gào)：文体的一种，用于告诫或劝勉。

④班：通“斑”，斑纹。这里借指老虎。掌：指熊掌。借指熊。

⑤皮轩：古代用虎皮装饰的狩猎的车子。

⑥黎元：百姓，民众。

⑦效获：打猎的收获。这里指贡献猎获物。

⑧黄屋：古代帝王专用的黄缯车盖。这里借指帝王之车。

⑨金舆：亦作“金辇”，帝王乘坐的车轿。

⑩衔橛(jué)：指马嚼子和车之钩心。《汉书·司马相如传》注张揖曰：“衔，马勒衔也。橛，騑马口长衔也。”师古曰：“橛，谓车之钩心也。衔橛之变，言马衔或断，钩心或出，则致倾败以伤人也。”

⑪马卿：汉司马相如，字长卿，后人遂称之为马卿。蜀郡(今四川成都)人。据《史记》《汉书》记载，汉武帝虽有雄才大略的一面，但沉湎于游猎。司马相如为郎时，曾作为武帝的随从行猎长杨宫，武帝不仅迷恋驰逐野兽的游戏，还喜欢亲自搏击熊和野猪。司

马相如写了一篇谏猎书呈上,由于行文委婉,劝谏与奉承结合得相当得体,武帝看了称"善",并采纳了他的意见。

⑫张昭(156—236):徐州彭城郡(今江苏徐州)人。东汉末年张昭避乱扬州。孙策举事时,张昭出任长史、抚军中郎将。孙策器重张昭,有关文武之事均由张昭办理。孙策死时将孙权托付给张昭,张昭则尽力辅佐孙权,迅速稳定了民心士气。据《三国志·张昭传》记载,孙权每次打猎,常乘马射虎,虎常突前攀持马鞍。张昭变色而前劝曰:"你用什么抵挡它? 为人君者,应该能驾御英雄,驱使群贤,岂能驰逐于原野,骁勇于猛兽? 如一旦有所危险,恐天下耻笑。"

⑬天弧星罼(bì):比喻弓箭罗网四处密布。弧,弓。罼,掩捕鸟兔的长柄小网。

⑭殪(yì):杀死。

⑮溥(pǔ):通"普",普遍。

⑯韬:掩藏。

⑰袒裼(xī)徒搏:脱去衣服,徒手搏斗。袒裼,脱去上衣,裸露肢体。徒搏,空手搏击。

⑱贻范:指留下的典范。

【译文】

秘书监虞世南因为太宗很喜欢打猎,于是上奏章规劝说:"臣听说国君在秋冬两季狩猎,大概是历来的传统;射猎猛禽和追捕野兽,前人已有详备的告诫。恳切希望陛下利用上朝批阅奏章的空余时间,顺应时令进行狩猎,要想猎杀虎豹熊黑,就亲自驾驰狩猎之车,穷追到猛兽的窟穴,搜杀尽山林中最凶猛的野兽。铲除凶恶,消灭残暴,保卫一方百姓;收集兽皮,拔取羽毛,充实军用器械;举起旌旗向宗庙献上猎获物,遵循上古的仪式。但是坐在用黄缯做车盖、金玉装饰的御车中的尊贵天子,全国人民景仰他的德行,他的行动为万国臣民所牵挂,要清理道路才出行,还要仔细检查马嚼子和车之钩心。这样谨小慎微的措施,都是为了宗庙社稷。因此,前有司马相如直言劝阻汉武帝,后有张昭严肃规劝吴主孙权。臣虽然微不足道,但怎么敢忘了这个道理?况且四处密布弓箭罗网,射杀的禽兽已经很多了,给臣下赏赐猎物,陛下的恩惠也很广泛而浩大。希望陛下能适时停止打猎,暂且收起长戟,不拒绝微臣的请求,接纳如涓涓细流般的诚意,把脱衣露体、徒手搏斗的事交给臣子们去做,给后世帝王留下光辉的典范,永远光照万代。”

太宗很赞赏他的建议。

谷那律为谏议大夫①,尝从太宗出猎,在途遇雨,太宗问曰:“油衣若为得不漏②?”

对曰:“能以瓦为之,必不漏矣!”意欲太宗弗数游猎。大被嘉纳,赐帛五十段,加以金带。

【注释】

①谷那律(?—约650):唐魏州昌乐(今河南南乐)人,贞观中迁国子博士,博通群籍,褚遂良称之为“九经库”。孔颖达奉诏撰《尚书正义》,他为参与者之一。仕终谏议大夫兼弘文馆学士。

②油衣:用桐油涂制而成的雨衣。

【译文】

谷那律担任谏议大夫时,曾经跟随太宗外出打猎,在途中遇到下雨,太宗问他说:“雨衣要如何做才能不漏雨?”

他回答说:“能够用瓦来制作,一定不会漏雨!”他的意思是要太宗不要频繁地游猎。大受太宗的嘉奖采纳,赐给他五十段帛,并加赏用黄金做装饰的带子。

　　贞观十一年，太宗谓侍臣曰："朕昨往怀州①，有上封事者云：'何为恒差山东众丁于苑内营造②？即日徭役，似不下隋时。怀、洛以东，残人不堪其命，而田猎犹数，骄逸之主也。今者复来怀州田猎，忠谏不复至洛阳矣。'四时蒐田③，既是帝王常礼；今日怀州，秋毫不干于百姓。凡上书谏正，自有常准，臣贵有词，主贵能改。如斯诋毁，有似咒诅。"

　　侍中魏徵奏称："国家开直言之路，所以上封事者尤多。陛下亲自披阅，或冀臣言可取，所以侥幸之士得肆其丑。臣谏其君，甚须折衷，从容讽谏。汉元帝尝以酎祭宗庙④，出便门，御楼船，御史大夫薛广德当乘舆免冠曰⑤：'宜从桥。陛下不听臣言，臣自刎，以颈血污车轮，陛下不入庙矣。'元帝不悦。光禄卿张猛进曰⑥：'臣闻主圣臣直，乘船危，就桥安。圣主不乘危，广德言可听。'元帝曰：'晓人不当如是耶？'乃从桥。以此而言，张猛可谓直臣谏君也。"

　　太宗大悦。

【注释】

①怀州：唐州名，在今河南沁阳一带。

②山东：这里指华山、太行山以东地区。

③四时蒐（sōu）田：一年四季的狩猎活动。蒐田，春日田猎。

④酎（zhòu）：经过两次以至多次复酿的醇酒。

⑤薛广德：字长卿，沛郡相（今安徽濉溪西北）人。西汉经学家。宣帝时，萧望之荐为博士，参与石渠讲论。迁谏议大夫、御史大夫，敢于直言谏诤。元帝欲御楼船，广德脱帽劝谏，欲以血污车轮，帝乃止。后辞官归里终。

⑥光禄卿：官名，掌宫廷宿卫及侍从，北齐以后掌膳食帐幕，唐以后
　　始专司膳。隋开皇三年(583)废光禄寺入司农，十二年再置，仍
　　设卿、少卿等官，专司皇室膳食，辖太官、肴藏、良酝、掌醢四署。
　　唐沿隋制。高宗一度改光禄寺卿为司宰寺卿，武则天又一度改
　　为司膳寺卿，后均复旧。

【译文】

贞观十一年(637)，太宗对身边的大臣说："我前一阵子到怀州，有人呈奏章说：'为什么总是调派山东民夫在宫苑内进行营造？现在的徭役，似乎并不比隋朝少。怀州、洛州以东，遭到摧残的百姓已经不堪活命，可是打猎之事还是那么频繁，真是骄奢淫逸的国君啊。现在又到怀州打猎，看来忠言直谏不会再跟到洛阳了吧。'一年四季的狩猎活动，本来是帝王的正常礼制。我这次去怀州，丝毫没有侵扰百姓。凡是上书规谏，自有常理规矩，臣子贵在言辞得当，国君贵在闻过则改。如此诋毁谩骂，简直就像在诅咒。"

侍中魏徵上奏说："因为国家开辟了直言进谏之路，因此上密奏的人就特别多。陛下亲自披阅，是希望臣子的言论有可取之处，所以有些怀侥幸心理的人就得以放肆揭短。臣子规谏国君，必须调和字句使之适中，委婉地讽谏。汉元帝曾经准备用醇酒祭祀宗庙，打算从便门而出，乘御船过河前往。御史大夫薛广德挡在御驾之前，摘下官帽规劝说：'应当从桥上过。陛下如果不听为臣的建议，臣就自刎，用臣颈中的血沾染车轮，使陛下不能进入宗庙祭祀。'汉元帝很不高兴。光禄卿张猛上前奏说：'臣听说国君圣明，臣子就敢于直言进谏。乘船的确有危险，从桥上走才会安全。圣明的国君不登高历险，薛广德的话应该听从。'元帝说：'开导他人不正应该像张猛这样吗？'于是就从桥上过去了。由此来看，张猛才可算得上是直言进谏的大臣。"

太宗听了非常高兴。

贞观十四年，太宗幸同州沙苑①，亲格猛兽，复晨出夜还。

特进魏徵奏言："臣闻《书》美文王不敢盘于游田②，《传》述《虞箴》称夷羿以为戒③。昔汉文临峻坂欲驰下④，袁盎揽辔曰⑤：'圣主不乘危，不徼幸。今陛下骋六飞⑥，驰不测之山，如有马惊车败，陛下纵欲自轻，奈高庙何？'孝武好格猛兽，相如进谏：'力称乌获⑦，捷言庆忌⑧，人诚有之，兽亦宜然。猝遇逸材之兽⑨，骇不存之地，虽乌获、逢蒙之伎不得用⑩，而枯木朽株尽为难矣。虽万全而无患，然而本非天子所宜。'孝元帝郊泰畤⑪，因留射猎，薛广德称：'窃见关东困极，百姓罹灾。今日撞亡秦之钟，歌郑、卫之乐，士卒暴露，从官劳倦，欲安宗庙社稷何？凭河暴虎⑫，未之戒也？'臣窃思此数帝，心岂木石，独不好驰骋之乐？而割情屈己，从臣下之言者，志存为国，不为身也。臣伏闻车驾近出，亲格猛兽，晨往夜还，以万乘之尊，暗行荒野，践深林，涉丰草，甚非万全之计。愿陛下割私情之娱，罢格兽之乐，上为宗庙社稷，下慰群寮兆庶⑬。"

太宗曰："昨日之事，偶属尘昏⑭，非故然也，自今深用为诫。"

【注释】

①同州：唐州名。在今陕西大荔。沙苑：地名。在今陕西大荔之南。其地多沙草，宜放牧，唐置牧监于此。

②"臣闻"句：语出《尚书·无逸》。赞美文王不敢沉迷于出游打猎。盘，乐于。游田，出游打猎。

③"《传》"句:语出《左传·襄公四年》。谓将喜好打猎的后羿作为鉴戒。《虞箴》,古代虞人(掌山泽苑囿之官)为戒田猎而作的箴谏之辞。

④峻坂:陡坡。

⑤袁盎:西汉时的大臣,楚国人。汉文帝时因为犯颜直谏,被调任陇西都尉,后至吴国做丞相。

⑥六飞:亦作"六騑",古代皇帝的车驾六马,疾行如飞,故名。

⑦乌获:战国时秦之力士,一说可能为更古之力士。后为力士的泛称。

⑧庆忌:春秋时吴王僚之子。传说他身材高大,敏捷无比,能走追猛兽,手接飞鸟。

⑨逸材:谓兽畜健壮有力。这里表示凶猛。

⑩逢蒙:夏朝时有名的射箭手。

⑪郊:这里指郊祀。古代于郊外祭祀天地,南郊祭天,北郊祭地。泰畤(zhì):古代天子祭天神之处。

⑫凭河暴虎:比喻人有勇而无谋。凭,从水中走过去。暴虎,空手打虎。

⑬寮(liáo):做官的人,官员。

⑭尘昏:尘积昏暗。这里比喻糊涂。

【译文】

贞观十四年(640),太宗驾临同州沙苑,亲自格杀猛兽,经常是清晨出去深夜才回来。

特进魏徵上奏说:"臣听说《尚书》上赞美文王不敢沉迷于出游打猎,《左传》记述《虞箴》里的话说,把喜好打猎的后羿作为鉴戒。过去,汉文帝面临陡坡,想驱车奔驰而下,袁盎拉住缰绳说:'圣明的国君不乘坐危险的车子,不心存侥幸。现在陛下驱六马之车,奔驰在无法预料结果的山上,如果发生马惊车翻的事故,陛下纵然不看重自己的性命,又

怎么对得起祖先啊？'汉武帝喜好格杀猛兽，司马相如劝阻说：'论力气
人们称赞乌获，论敏捷人们称赞庆忌，在人类中确实有这样杰出的人，
野兽中也必然会有这样异常凶猛的野兽。倘若突然遇到凶猛的野兽，
陷入死亡危险的境地，即使有乌获、逢蒙那样的绝技也无法施展，而那
些朽木枯枝也能让人为难。即使万无一失没有祸患，也原本不是天子
所应该做的事。'汉元帝到南郊去祭祀天神，乘便留下来打猎，薛广德上
奏说：'臣见到关东地区极为困苦，那里的百姓正遭受着灾难。而现在
每天撞着亡秦的编钟，唱着郑、卫两国的靡靡之音，士卒暴露在旷野当
中，随从官员劳苦疲倦，想要安定宗庙社稷，为什么不以凭河暴虎的行
为作为鉴戒呢？'臣私下考虑这几位帝王，难道心如木石，唯独不喜欢驰
骋打猎的乐趣吗？而他们能割舍自己的喜好、委屈自己，听从臣子劝
阻，是在于心中存有保全国家的志愿，而不是为了自身。臣听说陛下最
近驾车出巡，亲自与猛兽格斗，晨出夜归。以帝王极尊贵的身份，黑夜
中在荒郊野外奔波，穿行于深密的丛林，跋涉走过茂密的草丛，尤其不
是万全之计。希望陛下割舍个人喜爱的娱乐，停止与猛兽格斗的游乐，
上为宗庙国家着想，下抚百官和百姓。"

　　太宗说："昨天的事属于偶然糊涂，不是历来都是这样。从今以后
我要深深作为警戒。"

　　贞观十四年冬十月，太宗将幸栎阳游畋^①，县丞刘仁轨
以收获未毕^②，非人君顺动之时，诣行所，上表切谏。太宗遂
罢猎，擢拜仁轨新安令^③。

【注释】

①栎阳：古县名。在今陕西临潼北。

②刘仁轨(601—685)：字正则，汴州尉氏(今河南尉氏)人。唐朝大
　臣。贞观十四年(640)，刘仁轨不畏强权，杖毙自恃品秩高豪纵

无礼的陈仓折冲都尉鲁宁,获唐太宗赏识,不久,任新安令,后累
迁给事中。

③新安:古县名。在今河南新安。

【译文】

贞观十四年(640)冬季十月,太宗将要驾临栎阳游猎。县丞刘仁轨
因为收割尚未结束,认为不是国君出游打猎的适当时间,便到太宗的临
时驻地,上表恳切地谏阻。于是太宗取消了打猎活动,并提拔刘仁轨担
任新安县的县令。

灾祥第三十九

【题解】

古人相信天人感应的学说，多"以祥瑞为美事"，认为灾害不断，就表明帝王失德，若不及时改正，难免身死国灭；政治清明，上天就会显示吉兆。本篇记述了唐太宗与侍臣们有关灾害祥瑞的议论。太宗认为只要能使天下太平，家家户户丰衣足食，即使没有什么吉祥的征兆，自己的德行也可以和尧、舜相比。如果百姓衣食不足，外族侵扰中原，即使满街长满了灵芝，凤凰在苑囿中筑巢，又和桀、纣没有什么区别。为人之君，贵在"至公理天下，以得万姓之欢心"，这才是最大的祥瑞。虞世南、魏徵认为"邪恶战胜不了道德，修养道德可以消除灾变"，岑文本认为"君犹舟也，人犹水也。水所以载舟，亦所以覆舟"，只要能"明选举，慎赏罚，进贤才，退不肖。闻过即改，从谏如流"，国家就会昌盛长久。贞观君臣看重的是国家治乱、百姓生计，并不在意灾异祥瑞，这也显示了"贞观之治"重人事、修德政的特点。

贞观六年，太宗谓侍臣曰："朕比见众议以祥瑞为美事，频有表贺庆。如朕本心，但使天下太平，家给人足，虽无祥瑞，亦可比德于尧、舜。若百姓不足，夷狄内侵，纵有芝草遍街衢①，凤凰巢苑囿，亦何异于桀、纣？尝闻石勒时②，有郡吏燃连理木煮白雉肉吃③,岂得称为明主耶? 又隋文帝深爱祥瑞,遣秘书监王劭著衣冠④,在朝堂对考使焚香读《皇隋感瑞经》⑤。旧尝见传说此事,实以为可笑。夫为人君,当须至公理天下,以得万姓之欢心。昔尧、舜在上,百姓敬之如天地,爱之如父母,动作兴事,人皆乐之;发号施令,人皆悦之;此是大祥瑞也。自此后诸州所有祥瑞,并不用申奏。"

【注释】

①芝草:即灵芝。菌属。古以为瑞草。

②石勒(274—333):十六国时后赵的建立者。上党武乡(今山西武乡)人。羯族。年青时被晋官吏掠卖到山东为耕奴,因而聚众起义。后投靠刘渊为大将,重用汉族失意官僚张宾,联合汉族上层,发展成割据势力。319年称赵王,建立政权,史称后赵。329年初灭前赵,取得黄河流域大部分地区,建都襄国(今河北邢台)。后称帝。

③连理木:枝条连生在一起的两棵树。古以此为祥瑞。白雉:白色羽毛的野鸡。古时以此为瑞鸟。

④王劭:字君懋,生卒年不详,太原晋阳(今山西太原)人。隋代历史学家。隋文帝杨坚建立政权后,王劭被授为著作佐郎。隋炀帝继位后,王劭改任秘书监,数年后,卒于官。

⑤《皇隋感瑞经》:也称《皇隋灵感志》,王劭编著。隋文帝任命王劭为著作郎,在任期间王劭前后上表言上受命符瑞甚众。隋文帝喜好机祥(吉凶祸福的预兆),王劭乘势献谀,便"采民间歌谣,引图书谶纬,依约符命,捃摭佛经",撰成《皇隋灵感志》三十卷,美化隋朝的统治。隋文帝读后令宣示天下。

【译文】

贞观六年(632),太宗对身边的大臣说:"我近来听见众人议论,认为祥瑞的出现是喜事，频频有贺表上奏。要是依照我的本意，只要能使天下太平，家家户户丰衣足食，即使没有什么吉祥的征兆，我的德行也可以和尧、舜相比。如果百姓衣食不足，外族侵扰中原，即使满街长满了灵芝，凤凰在苑囿中筑巢，又和桀、纣有什么区别呢？我曾听说后赵石勒时，有个郡的官员烧连理木煮白雉肉吃，难道石勒能称得上是英明的国君吗？还有像隋文帝特别喜爱祥瑞之事，派秘书监王劭穿上礼服，在朝堂上对各州朝集使焚香朗读《皇隋感瑞经》。过去曾听到传说此事，觉得实在可笑。作为国君，应该用至公无私之心来治理天下，以此获得万众的欢心。从前尧、舜在帝位上，百姓像尊敬天地一样尊敬他们，像热爱父母一样热爱他们。他们兴办事情，百姓都乐意参加；他们发号施令，人民都乐于遵行；这才是最大的祥瑞啊！从今以后，各州出现祥瑞之类的事，一律不用申奏。”

贞观八年，陇右山崩，大蛇屡见，山东及江、淮多大水。

太宗以问侍臣，秘书监虞世南对曰：“春秋时，梁山崩①，晋侯召伯宗而问焉②，对曰：‘国主山川，故山崩川竭，君为之不举乐，降服乘缦③，祝币以礼焉④。’梁山，晋所主也。晋侯从之，故得无害。汉文帝元年，齐、楚地二十九山同日崩，水大出，令郡国无来献，施惠于天下，远近欢洽，亦不为灾。后汉灵帝时⑤，青蛇见御座；晋惠帝时，大蛇长三百步⑥，见齐地，经市入朝。按蛇宜在草野，而入市朝，所以为怪耳。今蛇见山泽，盖深山大泽，必有龙蛇，亦不足怪。又山东之雨，虽则其常，然阴潜过久⑦，恐有冤狱，宜断省系囚，庶或当天意。且妖不胜德，修德可以销变。”

太宗以为然，因遣使者赈恤饥馁，申理冤讼，多所原宥⑧。

【注释】

①梁山：山名。指山西的吕梁山。一说指今陕西韩城境内的梁山。

②晋侯：指晋景公。春秋时期诸侯之一。伯宗：春秋时期的晋国大夫。

③降服乘缦：身着素服，乘坐不施文彩的车子。杜预注："降服，素服也。"缦，泛指没有花纹的丝织品。这里指没有花纹的车。

④祝币：祭祀时用作祭品的玉帛。

⑤后汉灵帝：即刘宏(159—189)，东汉章帝的玄孙，继桓帝立。在位时宠信宦官，戮杀忠臣，朝政日益凋败。终于在中平年初(184)引起黄巾起义，使东汉走向衰乱的局面。

⑥步：古代的长度单位，指行走时两脚之间的距离，一步约等于五尺。这里说"大蛇长三百步"系夸大之词。

⑦阴潜：幽深的样子。这里借指阴雨天。

⑧原宥(yòu)：原谅，宽宥。

【译文】

贞观八年(634)，陇右一带山峰崩塌，大蛇多次出现，华山以东及江、淮地区多次发生大水。

太宗为此询问侍臣们的看法，秘书监虞世南回答说："春秋时，梁山崩塌，晋景公召见大夫伯宗询问这件事，伯宗回答说：'国家以山川为主，所以发生山岳崩塌、河水干涸的事情，国君要为此停止举行娱乐活动，身着素服，乘坐不施文彩的车子，陈列祭品，敬献给神灵。'梁山，是晋国主祭的名山。晋景公听从了伯宗的建议，所以晋国没有发生祸害。汉文帝元年，齐、楚一带二十九座山同一天崩塌，洪水涌出，所以文帝命令各郡国不要来贡献物品，对天下百姓布施恩惠，使得远近之人都欢乐融洽，也没有发生灾害。后汉灵帝时，青蛇出现在御座旁；晋惠帝时，三百步长的大蛇出现在齐地，经过集市进入朝堂。照理说蛇应该出现在荒草野丛当中，却进入了集市、朝堂，所以认为是怪异之事。现在蛇出现在高山深泽,本来深山大泽一定会有龙蛇,也不足为怪。又如华山以东地区的雨水虽然是正常的现象,但阴雨天过多,恐怕有冤案发生,应该审查在押的囚犯,或许能够符合天意。况且妖孽不能胜过仁德,只有修养德行才可以消除灾变。"

太宗认为他说得很对,因此派出使者赈济抚恤灾民,审理冤案,赦免了很多人。

贞观八年,有彗星见于南方①,长六丈,经百余日乃灭。

太宗谓侍臣曰:"天见彗星,由朕之不德,政有亏失,是何妖也?"

虞世南对曰:"昔齐景公时彗星见,公问晏子。晏子对曰:'公穿池沼畏不深,起台榭畏不高,行刑罚畏不重,是以天见彗星为公戒耳!'景公惧而修德,后十六日而星没。陛下若德政不修,虽麟凤数见②,终是无益。但使朝无阙政,百姓安乐,虽有灾变,何损于时?愿陛下勿以功高古人而自矜大,勿以太平渐久而自骄逸。若能终始如一,彗见未足为忧。"

太宗曰:"吾之理国,良无景公之过。但朕年十八便为经纶王业③,北剪刘武周,西平薛举,东擒窦建德、王世充,二十四而天下定,二十九而居大位,四夷降伏,海内乂安④。自谓古来英雄拨乱之主无见及者,颇有自矜之意,此吾之过也。上天见变,良为是乎?秦始皇平六国,隋炀帝富有四海,既骄且逸,一朝而败,吾亦何得自骄也?言念于此,不觉惕焉震惧⑤!"

魏徵进曰:"臣闻自古帝王未有无灾变者,但能修德,灾变自销。陛下因有天变,遂能戒惧,反复思量,深自克责,虽有此变,必不为灾也。"

【注释】

①彗星:绕着太阳旋转的一种星体,通常在背着太阳的一面拖着一条扫帚状的长尾巴,体积很大,密度很小,通称扫帚星。古人认为彗星为怪异之星,把彗星贬称为"扫帚星""灾星",往往把人间的战争、饥荒、洪水、瘟疫等灾难和彗星的出现联系在一起。

②麟凤:指麒麟和凤凰。麒麟,古代传说中的一种动物。形状像鹿,头上有角,全身有鳞甲,尾像牛尾。古人以麒麟为仁兽、瑞兽,拿它象征祥瑞。凤凰,古代传说中的百鸟之王,也是古人常用来象征祥瑞的鸟类。

③经纶:本指整理过的蚕丝。比喻规划、管理政治的才能。这里是经营、创建的意思。

④乂(yì)安:太平,安定。

⑤惕焉:担心、害怕的样子。

【译文】

贞观八年(634),有彗星出现在南方,光芒长六丈,经过一百多天才消失。

太宗对身边的大臣说:"天空出现彗星,是因为我没有修好仁德,处理政事有过失,这是什么凶兆呢?"

虞世南回答说:"过去齐景公时也有彗星出现,景公询问晏子。晏子回答说:'您挖掘池沼时惟恐不深,修建台榭时只怕不高,施用刑罚时只嫌不重,所以天空出现彗星,向您提出告诫!'景公内心恐惧,因而修行仁德,十六天后彗星消失了。陛下如果不修行德政,即使是麒麟凤凰屡次出现,终究还是没有益处的。只要朝廷处理政事没有过失,百姓安居乐业,即使出现凶兆怪异现象,对陛下的治理又有什么损害呢?希望

陛下不要因为功业高过古人而骄傲自大，不要因为太平日子渐渐长久
就骄奢淫逸。如果能够始终如一保持谨慎，即使彗星出现，也不必
担忧。"

太宗说："我治理国家，确实没有齐景公那样的过失。但我十八岁
就经营帝王事业，向北灭掉了刘武周，向西平定了薛举，向东擒获了窦
建德、王世充，二十四岁时平定全国，二十九岁时登上帝位，四方的民族
投降归顺，国内平安无事。我自己认为自古以来那些治理乱世的君主
没有能赶得上我的，因而颇有一些骄傲自得的思想，这是我的过错。上
天出现变异，当真是因为这个缘故吗？秦始皇平定六国，隋炀帝拥有天
下的财富，他们既骄奢又淫逸，很快就败亡了，我又有什么值得骄傲的
呢？说到这些，不由得感到非常担心、害怕。"

魏徵进言说："臣听说自古以来的帝王没有一个不遭遇凶兆怪异
的，只要能修行仁德，凶兆怪异自然会消除。陛下因为天空出现变异，
就能够警惕惧怕，反复思量，深切自责，虽然有此凶兆，也一定不会成为
灾祸。"

贞观十一年，大雨，穀水溢①，冲洛城门，入洛阳宫，平地
五尺，毁宫寺十九所，漂七百余家。

太宗谓侍臣曰："朕之不德，皇天降灾，将由视听弗明，
刑罚失度，遂使阴阳舛谬，雨水乖常。矜物罪己，载怀忧
惕②，朕又何情独甘滋味？可令尚食断肉料③，进蔬食。文武
百官各上封事，极言得失。"

中书侍郎岑文本上封事曰："臣闻开拨乱之业，其功既
难；守已成之基，其道不易。故居安思危，所以定其业也；有
始有卒，所以崇其基也。今虽亿兆乂安，方隅宁谧④，既承丧
乱之后，又接凋弊之余，户口减损尚多，田畴垦辟犹少。覆

焘之恩著矣而疮痍未复⑤,德教之风被矣而资产屡空。是以古人譬之种树,年祀绵远,则枝叶扶疏⑥;若种之日浅,根本未固,虽壅之以黑坟⑦,暖之以春日,一人摇之,必致枯槁。今之百姓,颇类于此。常加含养则日就滋息,暂有征役则随日凋耗。凋耗既甚则人不聊生,人不聊生则怨气充塞,怨气充塞则离叛之心生矣。故帝舜曰:'可爱非君,可畏非民⑧。'孔安国曰:'人以君为命,故可爱。君失道,人叛之,故可畏⑨。'仲尼曰:'君犹舟也,人犹水也。水所以载舟,亦所以覆舟⑩。'是以古之哲王虽休勿休,日慎一日者,良为此也。伏惟陛下览古今之事,察安危之机,上以社稷为重,下以亿兆在念。明选举,慎赏罚,进贤才,退不肖。闻过即改,从谏如流。为善在于不疑,出令期于必信。颐神养性,省游畋之娱;去奢从俭,减工役之费。务静方内而不求辟土,载橐弓矢而不忘武备⑪。凡此数者,虽为国之恒道,陛下之所常行。臣之愚昧,惟愿陛下思而不怠,则至道之美,与三、五比隆⑫,亿载之祚,与天地长久。虽使桑穀为妖⑬,龙蛇作孽⑭,雉雊于鼎耳⑮,石言于晋地⑯,犹当转祸为福,变灾为祥,况雨水之患,阴阳恒理,岂可谓天谴而系圣心哉?臣闻古人有言:'农夫劳而君子养焉,愚者言而智者择焉⑰。'辄陈狂瞽⑱,伏待斧钺⑲。"

太宗深纳其言。

【注释】

①穀水:古河名。发源于渑池崤山以东的马头山谷。古时的穀水,自王城西北流经千金碣而东注,绕流故洛阳城四周,入洛水。

②忧惕:忧虑戒惧。

③尚食:官名。掌帝王膳食。

④宁谧(mì):宁静。

⑤覆焘:也作"覆帱",犹覆被。谓施恩、加惠。

⑥扶疏:枝叶茂盛,高低疏密有致。

⑦黑坟:色黑而坟起,谓土地肥沃。这里指肥土。

⑧"可爱"二句:语出《尚书·虞书·大禹谟》。意谓可爱的并不是国君,可怕的并不是人民。

⑨"人以君"几句:是孔安国为《尚书》作的注文。意谓人民把国君当做性命,所以国君可爱。国君一旦丧失道义,人民就会背叛他,所以人民可畏。

⑩"君犹舟"四句:意谓国君就像是船,人民就像是水。水能够承载船,也可以倾覆船。比喻在平时要想到可能发生的困难和危险。语出《后汉书·皇甫规传》注引《孔子家语》。

⑪櫜(gāo):收藏弓矢、盔甲的袋子。这里指把武器收藏起来。

⑫三、五:这里指三皇五帝。

⑬桑穀为妖:据《史记·殷本纪》记载:"商汤的都城亳(今河南商丘,一说在今河南偃师)出现了桑树和穀树合生在朝堂上的怪异现象,一夜之间就长得有一搂粗。太戊帝很害怕,就去向伊陟询问。伊陟对太戊帝说:'我曾经听说,妖异不能战胜有德行的人,会不会是您在施政上有什么失误啊? 希望您进一步修养德行。'太戊帝听从了伊陟的规谏,那怪树就枯死而消失了。"颜师古注说:"穀,即今之楮树也。"楮树又名构树,为桑科落叶乔木,皮可作纸。

⑭龙蛇作孽:在上古,龙本来是代表天帝,但降灾之事逐渐被称为"龙蛇之孽"时,就有了妖龙、孽龙的称呼。

⑮雊雉(gòu)于鼎耳:据《史记·殷本纪》记载,有一次武丁祭祀成

汤,第二天,有一只野鸡飞来登在鼎耳上鸣叫,武丁为此惊惧不安。祖己说:"大王不必担忧,先办好政事。"祖己进一步开导武丁说:"上天监察下民是着眼于他们的道义。上天赐给人的寿运有长有短,并不是上天有意使人的寿运夭折,中途断送性命。有的人不遵循道德,不承认罪恶,等到上天降下命令纠正他的德行时,他才想起来说'怎么办'。唉,大王您继承王位,努力办好民众的事,没有什么不符合天意的,还要继续按常规祭祀,不要根据那些应该抛弃的邪道举行各种礼仪!"武丁听了祖己的劝谏,修行德政,殷朝的国势又兴盛起来。

⑯石言于晋地:据《左传·昭公八年》记载:"八年春,石言于晋魏榆。晋侯问于师旷曰:'石何故言?'对曰:'石不能言,或冯焉。不然,民听滥也。抑臣又闻之,曰:"作事不时,怨讟动于民,则有非言之物而言。"今宫室崇侈,民力凋尽,怨讟并作,莫保其性。石言,不亦宜乎?'于是晋侯方筑虒祁之宫。叔向曰:'子野之言,君子哉!君子之言,信而有征。'"师旷认为,石头本身不会说话,如果听到石头说话,那么有三种可能,一种是有神附于其上;一种是民间流传的谣言;一种是朝廷腐败,民生凋敝,怨声载道。在后一种讲法里,他把一个精怪的传言解释为一种在政治昏乱情况下民怨沸腾的反应或表现,实际上是表达了一种"乱而生怪"的观念。师旷知道晋国政治腐败,百姓怨怒,面对邪恶暴政,人不敢言,托之于石。他利用"作事不时,怨讟动于民,则有非言之物而言"的传言来劝导晋侯施行善政。

⑰"农夫"二句:意谓农夫生产粮食而为君子所食用,愚昧人说的话而为明智人择善而从。养,当作"食",食用。

⑱狂瞽(gǔ):愚妄无知。多用作自谦之辞。

⑲斧钺(yuè):斧和钺,古代兵器,用于斩刑。借指重刑。

【译文】

贞观十一年(637)下大雨,榖水泛滥,冲进洛阳城门,涌入洛阳宫,平地水深五尺,冲毁宫庙佛寺十九处,淹没人家七百余户。

太宗对身边的大臣说:"由于我没有修好德行,所以上天降下灾祸,或是由于我视听不明,刑罚过度,于是使得阴阳错乱,雨水反常。我怜悯百姓,责备自己,心怀忧惧,还有什么心情来享受美味呢?命令尚食官停止供应肉食,只进蔬菜素食。文武百官各上奏章,尽量指出政事的过失。"

中书侍郎岑文本上奏章说:"臣听说开创拨乱反正的事业,成功已经很难;守住已成功的基业更加不容易。所以居安思危,是为了稳固这个事业;做事有始有终,是为了巩固国家的基业。现在虽然百姓安居乐业,边疆平静,但是既承接了丧亡乱离之后,紧接着又是衰败凋弊之时,天下人口减少了很多,开垦的田地尤其少。皇上庇护百姓的恩惠十分显著,但战争的疮痍尚未恢复;仁德教化的风气遍布全国,但国家财政仍然时常匮乏。因此古人用种树来作比喻,说年岁久远的树,其枝叶就会茂盛;如果种下的时间短,树根还没有稳固,即使用肥土去培护它,用春天般的阳光去温暖它,但只要有一个人去摇动它,就一定会导致枯萎。现在的百姓就很类似这种情况。经常给予关心养护,就会一天天繁衍生息;一旦有征调徭役,就会一天天凋弊耗损。凋弊耗损的程度愈深,就会民不聊生;民不聊生,就会心里充满怨恨;心里充满怨恨,就会产生背离叛乱的意图。所以帝舜说:'可爱的并不是国君,可怕的并不是人民。'孔安国说:'人民把国君当做性命,所以国君可爱。国君一旦丧失道义,人民就会背叛他,所以人民可畏。'孔子说:'国君就像是船,人民就像是水。水能够承载船,也可以倾覆船。'因此古人说,圣明的国君虽然有福禄却不敢享受,一天比一天谨慎,确实就是因为这个原因。希望陛下纵览古今的事例,考察安全与危险的关键,对上应该以国家利益为重,对下应该把亿万百姓放在心里。公正明白地选拔人才,慎重地进行奖赏惩罚,要选用贤良的人,斥退奸佞的人。听到自己的过失要立即改正,接受规劝要像流水一样自然。做善事要毫不犹豫,发布命令一定要有诚信。要保养精神性情,减省游猎娱乐的活动;要戒除奢侈,厉行节俭,减省土木建筑的费用。要尽力保持国内安定,不贪求开辟疆土;要把武器收藏起来,但不要忘记军备。大凡这几件事,是治理国家的常法,也是陛下经常所施行的。以臣的愚昧,只希望陛下多加思考而不要懈怠,那么完美的道德就能与三皇五帝比拟,亿万年的国运就会跟天地一样长久。即使出现桑毂成妖,龙蛇作孽,野雉在鼎耳上鸣叫,晋地的石头开口说话,也能转祸为福,变灾为吉祥。况且雨水造成的灾害,是阴阳变化常见的自然现象,怎么能说是上天谴责,而使陛下忧心呢?臣听说古人说过这样的话:'农夫生产粮食而为君子所食用,愚昧人说的话而为明智人择善而从。'臣的陈述愚妄无知,俯伏等待陛下的重罚。"

太宗很赞同他的话,并采纳了他的建议。

慎终第四十

【题解】

"善始慎终"是贞观时期君臣们经常讨论的议题。《慎终》篇所收录的言论,从不同的角度对这一问题进行了反复论述,反映李世民和魏徵等人注意防微杜渐,力求善始慎终的思想与事迹。其中魏徵的"十渐疏"列举了贞观后期唐太宗的十种骄纵倾向,分析透辟,言辞激烈。《慎终》置于全书之末,表达了作者吴兢对当朝及后世帝王的期望。

善始易,善终难。做一件事情,开头做好并不难,难的是坚持不懈,善始善终。治理国家也是一样的,创业难,守业更难。创业初期,往往能励精图治;承平日久,难免骄奢放纵,导致败亡。当权治国的人,应该居安思危,引以为戒。

贞观五年,太宗谓侍臣曰:"自古帝王亦不能常化①,假令内安,必有外扰。当今远夷率服,百谷丰稔,盗贼不作,内外宁静。此非朕一人之力,实由公等共相匡辅。然安不忘危,理不忘乱,虽知今日无事,亦须思其终始。常得如此,始是可贵也。"

魏徵对曰:"自古已来,元首股肱不能备具②,或时君称圣,臣即不贤;或遇贤臣,即无圣主。今陛下圣明,所以致理。向若直有贤臣而君不思化③,亦无所益。天下今虽太平,臣等犹未以为喜,惟愿陛下居安思危,孜孜不怠耳!"

【注释】

①常化:经常教化天下。

②元首:头。这里指君主。

③直有:只有。

【译文】

贞观五年(631),太宗对身边的大臣说:"自古以来帝王也不能经常消除祸患,假使国内安定,外部必定会有侵扰。现在远方外族都已归顺,五谷丰登,没有盗贼出现,国家内外都平安宁静。这样的局面决不是我一个人的力量可以达到的,实在是你们共同辅佐的结果。然而安定时不能忘了危亡,太平时不能忘了战乱,虽知今日无事,也必须考虑让这种状况保持始终。经常能够这样,才是可贵的。"

魏徵回答说:"自古以来,君臣不可能都完美,有时国君圣明,大臣却不贤良;有时大臣贤良,却又没有圣明的国君。现在陛下圣明,因此天下太平。假如只有贤臣,而国君不考虑教化,也不会有什么益处。现在天下虽然太平,但我等臣子还不能以此为喜,只希望陛下能居安思危,孜孜不倦,不要懈怠!"

贞观六年,太宗谓侍臣曰:"自古人君为善者,多不能坚守其事。汉高祖,泗上一亭长耳①,初能拯危诛暴,以成帝业,然更延十数年,纵逸之败,亦不可保。何以知之?孝惠为嫡嗣之重②,温恭仁孝,而高帝惑于爱姬之子,欲行废立③;萧何、韩信,功业既高,萧既妄系④,韩亦滥黜,自余功臣黥布之辈⑤,惧而不安,至于反逆。君臣父子之间悖谬若此,岂非难保之明验也? 朕所以不敢恃天下之安,每思危亡以自戒惧,用保其终。"

【注释】

①泗上:泛指泗水北岸的地域。这里指泗水亭(今江苏沛县东),刘邦曾任泗水亭长。亭长:秦汉时在乡村每十里设一亭,置亭长,掌治安,捕盗贼,理民事。

②孝惠:即汉惠帝刘盈(前213—前188),西汉第二位皇帝(前194—前188年在位),他是汉朝开国皇帝刘邦的嫡长子。

③"而高帝"二句:汉高帝宠幸戚夫人,戚夫人有一子名曰刘如意,刘如意聪明伶俐,英武果敢,作风很像汉高帝,高帝觉得太子刘盈优柔寡断,软弱无能,便想废刘盈。刘盈的母亲吕皇后请大贤商山四皓来替刘盈说话并辅佐,才免了废太子的厄运。

④妄系:无故抓人入罪。

⑤黥布:即英布(?—前195),六安(今安徽六安)人,因犯罪被黥,所以称黥布。初属项羽,为霸王帐下五大将之一,被封为九江王,后叛楚归汉,被封为淮南王。与韩信、彭越并称汉初三大名将。汉王十一年,吕后诛杀淮阴侯韩信,引起了英布的惊慌。同年夏,又杀梁王彭越。英布得知后,大为恐慌,怕祸及自身,于是暗中聚合部队,起兵反叛。后兵败被杀。

【译文】

贞观六年(632),太宗对身边的大臣说:"自古以来做善事的帝王,大多数不能坚持到底。汉高祖原本是泗水亭的一个亭长,最初还能够拯救危亡,翦除暴政,因此成就了帝王大业,然而再让他延长十几年的话,就会放纵逸乐而败亡,也不能保住他创下的帝业。为什么知道这些呢? 汉惠帝刘盈有嫡长子继承人的重要地位,而且为人温和、恭敬、仁爱、孝顺，然而汉高祖却因爱姬的儿子刘如意而犹豫不决，准备废黜皇储而另立太子；萧何、韩信的功业很高，而萧何后来被无端械系下狱，韩信也被滥加贬黜，其余的功臣像黥布等辈，就会惧怕而不能自安，最终叛逆谋反。君臣父子之间悖逆荒谬到这种地步，难道不是难以保住功业的明证吗？所以我不敢倚仗天下安宁，而常常考虑到危险败亡来使自己警戒害怕，以此来保持到最终。"

贞观九年，太宗谓公卿曰："朕端拱无为①，四夷咸服，岂朕一人之所致，实赖诸公之力耳！当思善始令终，永固鸿业，子子孙孙，递相辅翼。使丰功厚利施于来叶②，令数百年后读我国史，鸿勋茂业粲然可观，岂惟称隆周、炎汉及建武、永平故事而已哉③？"

房玄龄因进曰："陛下拨乱之志④，推功群下，致理升平，本关圣德，臣下何力之有？惟愿陛下有始有卒，则天下永赖。"

太宗又曰："朕观古先拨乱之主，皆年逾四十，惟光武年三十三。但朕年十八便举兵，年二十四定天下，年二十九升为天子，此则武胜于古也。少从戎旅，不暇读书，贞观以来，手不释卷，知风化之本，见政理之源。行之数年，天下大理而风移俗变，子孝臣忠，此又文过于古也。昔周、秦已降，戎狄内侵，今戎狄稽颡⑤，皆为臣妾，此又怀远胜古也。此三者，朕何德以堪之？既有此功业，何得不善始慎终耶？"

【注释】

①端拱：谓闲适自得，清静无为。

②来叶：来世，后世。

③隆周：指强盛的周朝。隆，强盛。炎汉：指西汉。汉自称以火德王，故称炎汉。建武：刘秀称帝，国号汉，年号建武，是为东汉。永平：建武中元二年(57)二月汉明帝即位，沿用建武中元年号，次年改元永平。

④㧑挹(huī yì)：亦作"㧑抑"，谦抑，谦让。

⑤稽颡(sǎng)：古代一种跪拜礼，屈膝下拜，以额触地，表示极度的虔诚。

【译文】

贞观九年(635)，太宗对公卿们说："我闲适自得，清静无为的政策，使四方外族全部归服，这哪里是我一个人能办得到的，实在是依靠诸位的大力扶持啊！应当考虑善始善终，永远巩固宏伟的基业，使子子孙孙，一代一代互相辅佐。让丰功伟业、深厚的利益延续到后世，让数百年以后读我朝历史的人们，感到伟大的功勋和繁荣的事业光辉耀眼，岂止是称颂西周、西汉和东汉光武帝、明帝的故事而已？"

房玄龄趁势进奏说："陛下谦逊的心意，把功劳推让给群臣，国家治理的太平，其根本原因在陛下的大德，我们有什么功劳呢？只希望陛下有始有终，那么天下就永远可以得到依靠。"

太宗又说："我观察古代拨乱反正的国君，年龄都超过了四十岁，只有汉光武帝是三十三岁。但是我十八岁就举兵创业，二十四岁时平定天下，二十九岁时升为天子，这是武功胜过了古人。我年轻时从军，没有闲暇时间来读书，贞观以来，手不释卷，明白了教育感化的根本，发现了执政方略的渊源。施行了数年之后，天下大治，风俗习气得到改革，儿子孝顺，臣子忠心，这是文治又胜过了古人。过去周、秦以来各个朝代，外族入侵中原，现在戎狄都虔诚归服，都成为了臣属，这是安抚远邦又胜过了古人。这三方面，我有什么德行可以承受得起？既然有了这样的功业，怎么能不善始善终呢？"

贞观十二年，太宗谓侍臣曰："朕读书见前王善事，皆力行而不倦。其所任用公辈数人，诚以为贤，然致理比于三、五之代，犹为不逮，何也？"

魏徵对曰："今四夷宾服①，天下无事，诚旷古所未有。然自古帝王初即位者，皆欲励精为政，比迹于尧、舜；及其安乐也，则骄奢放逸，莫能终其善。人臣初见任用者，皆欲匡主济时，追踪于稷、契②；及其富贵也，则思苟全官爵，莫能尽其忠节。若使君臣常无懈怠，各保其终，则天下无忧不理，自可超迈前古也。"

太宗曰："诚如卿言。"

【注释】

①宾服：归顺，顺服。

②稷、契：稷和契的并称，唐虞时代的两位贤臣。稷，即后稷，名叫弃，是周代姬氏最初的远祖，帝尧时人。他爱好耕种，能选择肥沃土壤和地势适宜的地方种植五谷，当时人民都效法他。尧帝见他对农事有特殊才干，就任用他为农师，掌管农事，封他于邰地（今陕西武功境），号称为后稷。契，虞舜时，派契、后稷帮助禹治水。十三年后，禹治好了水，同时也封契于商（今陕西商洛市商州区）。虞舜又任命契为司徒，也开始治理商地。

【译文】

贞观十二年（638），太宗对身边的大臣说："我在读书时发现前朝帝王做过的善事，都身体力行而不知厌倦。我任用你们几位，确实认为你们是贤良的大臣，然而治理国家的成绩还是比不上三皇五帝时代，这是什么原因呢？"

魏徵回答说："现在四方异族归顺，天下平安无事，的确是旷古未有过的盛况。然而,自古以来凡是刚即位的帝王,都想振奋精神治理好国家,与尧、舜的功绩相媲美;等到太平安乐时,就骄奢放纵,不能把善政坚持到底。凡是刚刚得到任用的臣子,都想辅佐国君,挽救时局,追赶上稷、契的功绩;等到他们富贵时,就只想苟且保住自己的官职爵位,不能够尽忠竭节了。假使能让君臣经常不懈怠,各自坚持到底,那么天下就不用担心治理不好,自然可以超越前代古人。”

太宗说:“确实像你说的这样。”

贞观十三年,魏徵恐太宗不能克终俭约,近岁颇好奢纵,上疏谏曰:

“臣观自古帝王受图定鼎①,皆欲传之万代,贻厥孙谋。故其垂拱岩廊②,布政天下。其语道也,必先淳朴而抑浮华;其论人也,必贵忠良而鄙邪佞;言制度也,则绝奢靡而崇俭约;谈物产也,则重谷帛而贱珍奇。然受命之初,皆遵之以成治;稍安之后,多反之而败俗。其故何哉?岂不以居万乘之尊,有四海之富,出言而莫己逆,所为而人必从,公道溺于私情,礼节亏于嗜欲故也?语曰:‘非知之难,行之惟难;非行之难,终之斯难。’所言信矣。

【注释】

①受图定鼎:建立王朝。受图,《尚书·仲虺》载,河伯曾以河图授大禹,后因称帝王受命登位为“受图”。定鼎,相传禹铸九鼎,为古代传国之宝,保存在王朝建都的地方。后来称定都或建立王朝为“定鼎”。

②岩廊:亦作“岩郎”,高峻的廊庑。这里借指朝廷。

【译文】

贞观十三年(639),魏徵恐怕太宗不能始终保持俭朴节约,近几年又很喜欢奢侈放纵,于是上奏章规劝说:

"臣观察自古以来的帝王建立王朝,都想把皇位传到万世,为子孙做打算。所以他们垂衣拱手,端坐朝堂,向天下宣布政令。他们谈论治国的方略时,一定是推崇质朴敦厚而抑制虚浮华丽;在议论人物时一定是赞许忠诚贤良而鄙视邪恶奸佞;在讲述政治法度时一定是禁止奢侈浪费,崇尚俭朴节约;在谈论物产时就会说重视谷物布帛,轻视珍宝奇玩。在受命登基之初,都能遵循这些原则达到政治清明;稍微安定之后,大多数人违反了这些原则而败坏了社会风俗。这是什么缘故呢?难道不是因为处在极其尊贵的地位,拥有天下的财富,说出的话没有谁敢违背,所做的事别人都一定会遵从,公道被个人的情感所淹没,礼仪法度被欲望所损害的缘故吗? 古话说:'不是了解它有困难,而是实行它才会困难;不是实行它有困难,而是坚持到底才困难。'所说得很实在啊!

"伏惟陛下,年甫弱冠①,大拯横流②,削平区宇③,肇开帝业。贞观之初,时方克壮,抑损嗜欲,躬行节俭,内外康宁,遂臻至治。论功则汤、武不足方④,语德则尧、舜未为远。臣自擢居左右,十有余年,每侍帷幄,屡奉明旨。常许仁义之道,守之而不失;俭约之志,终始而不渝。一言兴邦,斯之谓也。德音在耳,敢忘之乎? 而顷年已来,稍乖曩志⑤,敦朴之理,渐不克终。谨以所闻,列之如左:

【注释】

①弱冠:古时以男子二十岁为成人,初加冠,因体犹未壮,故称弱冠。

②横流:水往四处乱流。这里指世道混乱。

③区宇:境域,天下。

④方:泛指并列。这里是相提并论的意思。

⑤曩(nǎng)志:过去的志向。曩,以前,过去。

【译文】

"陛下刚到二十,就极力拯救混乱的世道,平定了域中战乱,开创了帝王的基业。贞观初年,正当陛下年轻力壮的时候,就能够抑制嗜好和欲望,亲自实行节俭,内外安乐宁静,于是达到大治的局面。论功业,就是商汤、周武王也不能相提并论;论道德,就是与唐尧、虞舜也相差不远。臣自从被擢任为陛下的左右侍臣来,已有十多年,常常在宫廷中侍从君主,参与谋画,屡次接受英明的旨意。陛下常赞许仁义的治国方法,坚持奉行而不放弃;厉行俭朴节约的志向,始终不渝。一句话可以让国家兴盛起来,说的就是这个道理。陛下的话还在耳边回响,我怎么敢忘记呢? 然而近年以来,陛下逐渐违背了原来的志向,敦厚纯朴的精神也渐渐不能坚持到底了。谨把臣所听说到的,列举在下面:

"陛下贞观之初,无为无欲,清静之化,远被遐荒。考之于今,其风渐坠。听言则远超于上圣,论事则未逾于中主①。何以言之? 汉文、晋武俱非上哲,汉文辞千里之马,晋武焚雉头之裘②。今则求骏马于万里,市珍奇于域外,取怪于道路,见轻于戎狄,此其渐不克终一也。

【注释】

①中主:中等才德的君主。

②"晋武"句:晋武帝时,太医司马程据献上一件"雉头裘"(就是用野鸡头上绒毛做成的裘衣),武帝认为这是奇装异服,也不符合

典礼,于是让人将"雉头之裘"在殿前烧毁。

【译文】

"陛下在贞观初年,恪守无为无欲的治国方略,清明宁静的教化,覆盖到了遥远的荒凉地区。但考察时下,这种风气已经渐渐丧失了。听陛下的言论,已远远超过上古英明的帝王;论陛下的作为,却连中等才德的君主都没能超越。为什么这样说呢? 汉文帝、晋武帝都不是英明圣哲的帝王,但汉文帝曾辞退了别人奉献的千里马,晋武帝曾烧掉了用雉头毛制成的裘衣。现在陛下却派人到万里之外去寻求骏马,到域外购买珍奇宝物,招致道路行人的惊怪,被外族所轻视,这是陛下渐渐不能坚持到底的第一个方面。

"昔子贡问理人于孔子。孔子曰:'懔乎若朽索之驭六马①。'子贡曰:'何其畏哉?'子曰:'不以道遵之,则吾雠也,若何其无畏?'故《书》曰:'民惟邦本,本固邦宁②。'为人上者奈何不敬? 陛下贞观之始,视人如伤,恤其勤劳,爱民犹子。每存简约,无所营为③。顷年已来,意在奢纵,忽忘卑俭,轻用人力,乃云:'百姓无事则骄逸,劳役则易使。'自古以来,未有由百姓逸乐而致倾败者也,何有逆畏其骄逸而故欲劳役者哉?恐非兴邦之至言,岂安人之长算? 此其渐不克终二也。

【注释】

①懔(lǐn):恐惧。这里是小心谨慎的意思。六马:指用六匹马驾的车子。

②"民惟"二句:语出《尚书·五子之歌》。意谓人民是国家的根本,根本牢固,国家才安宁。

③营为:这里指经营大兴土木活动。

【译文】

"从前子贡向孔子请教治理百姓的方法。孔子说：'要像用腐朽的缰绳驾驭六匹马拉着的车那样小心谨慎。'子贡问：'为什么这么担心呢？'孔子说：'不用仁义之道去引导百姓，百姓就会仇恨我，怎么能不担心呢？'所以《尚书》上说：'人民是国家的根本，根本牢固，国家才安宁。'统治百姓的国君怎么能对百姓不敬重呢？贞观初年，陛下对待百姓就像对待自身的伤口一样，怜悯他们的勤恳辛劳，爱护百姓就像爱护自己的子女一样。自己总是保持简朴节约，没有营构什么宫室。近几年来，却着意于奢侈纵欲，忽视了谦虚节俭，轻易地使用劳力，还说：'百姓没有事干就会放纵懒散，经常役使就容易驾驭。'自古以来，没有因为百姓清闲安乐而导致国家倾覆败亡的，哪有反而担心百姓安逸而故意去劳累他们的呢？这恐怕不是振兴国家的正确言论，怎么能作为安抚人民的长远打算呢？这是陛下渐渐不能坚持到底的第二个方面。

"陛下贞观之初，损己以利物，至于今日，纵欲以劳人。卑俭之迹岁改，骄侈之情日异。虽忧人之言不绝于口，而乐身之事实切于心。或时欲有所营，虑人致谏，乃云：'若不为此，不便我身。'人臣之情，何可复争？此直意在杜谏者之口①，岂曰择善而行者乎？此其渐不克终三也。

【注释】

①直：只是。

【译文】

"贞观初年，陛下简省自己的享受而让百姓得到好处，到了现在，却放纵个人的私欲而劳役人民。谦逊俭朴的作风一年年地在改变，骄矜奢侈的性情一天天在发展。虽然关心百姓的话在口中不停地说着，但自身享乐的事在心里是最关切的。有时想营造宫室，担心臣子进谏劝阻，就说：'如果不这样做，对我自身不方便。'碍于君臣的情分，臣子怎么能再谏诤呢？这只是意在封住大臣们的嘴，哪能说是选择好的意见而施行呢？这是陛下渐渐不能坚持到底的第三个方面。

"立身成败，在于所染，兰芷鲍鱼①，与之俱化。慎乎所习，不可不思。陛下贞观之初，砥砺名节②，不私于物，唯善是与③，亲爱君子，疏斥小人。今则不然，轻亵小人④，礼重君子。重君子也，敬而远之；轻小人也，狎而近之。近之则不见其非，远之则莫知其是；莫知其是则不间而自疏，不见其非则有时而自昵⑤。昵近小人，非致理之道；疏远君子，岂兴邦之义？此其渐不克终四也。

【注释】

①兰芷：兰草与白芷，皆香草。这里比喻品质高洁的人。鲍鱼：咸鱼，气味腥臭。这里比喻腐败丑恶的人。亲近兰芷，远离鲍鱼，是儒家教人处世立身的原则。在接触人与事的过程中，要接触像兰芷一样品质高洁的人，要拒绝像鲍鱼一样腐败丑恶的人。

②砥砺（dǐ lì）：磨炼。

③与：交往，友好。

④轻亵（xiè）：轻佻地亲近。

⑤昵：亲近，亲热。

【译文】

"立身的成功与失败，取决于人所接触的环境，接触像兰芷一样品质高洁的人和像鲍鱼一样腐败丑恶的人，时间久了就会受到它们的影响。因此要谨慎地对待所接触的东西，不能不认真思考。陛下在贞观初年时,注意磨炼名誉和节操,对人不偏私,只要是善良的就和他交往,亲近爱护君子,疏远斥退小人。现在就不是那样了,对小人轻佻地亲近,对君子礼节性地尊重。名义是尊重君子,实际上是敬而远之;名义上是轻视小人,实际上是亲近他们。亲近小人就看不见他们的错误,疏远君子就不知道他们的正确;不知道君子的正确,就会不用别人离间也自然疏远他们,看不见小人的错误,就会不时地自觉去亲近他们。亲近小人,决不是治理国家的办法;疏远君子,难道是振兴国家的方略? 这是陛下渐渐不能坚持到底的第四个方面。

"《书》曰:'不作无益害有益,功乃成;不贵异物贱用物,人乃足。犬马非其土性不畜,珍禽奇兽弗育于国①。'陛下贞观之初,动遵尧、舜,捐金抵璧②,反朴还淳。顷年以来,好尚奇异,难得之货,无远不臻;珍玩之作,无时能止。上好奢靡而望下敦朴,未之有也。末作滋兴③,而求丰实,其不可得亦已明矣。此其渐不克终五也。

【注释】

①"不作"几句:语出《尚书·旅獒》。

②捐金抵璧:语本晋葛洪《抱朴子·安贫》:"上智不贵难得之财,故唐虞捐金而抵璧。"谓不重财物。

③末作:古代指工商业。

【译文】

"《尚书》上说:'不要做无益的事来损害有益的事,事业才能成功;不看重奇异的东西,不轻视日常用品,人民才会富足。犬马不是本地生长的就不要畜养,珍禽奇兽不要养育在国中。'陛下在贞观初年,动则效法唐尧、虞舜,不看重财物,返朴归真。近几年来,喜欢崇尚稀奇怪异的东西，难以获得的物品，无论多远也要弄到手；珍奇玩物的制作，没有时间能够停止。国君喜欢奢靡而希望下面的人敦厚俭朴，是没有过的事。大举兴办工商业而指望农民丰足厚实，这很明显是不可能办到的。这是陛下渐渐不能坚持到底的第五个方面。

"贞观之初，求贤如渴，善人所举^①，信而任之，取其所长，恒恐不及。近岁已来，由心好恶，或众善举而用之，或一人毁而弃之；或积年任而用之，或一朝疑而远之。夫行有素履^②，事有成迹。所毁之人，未必可信于所举；积年之行，不应顿失于一朝。君子之怀，蹈仁义而弘大德；小人之性，好谗佞以为身谋。陛下不审察其根源，而轻为之臧否^③，是使守道者日疏，干求者日进^④。所以人思苟免，莫能尽力。此其渐不克终六也。

【注释】

①善人所举：有道德的人所举荐的人才。善人，这里指有道德的人，善良的人。

②素履：平素的言行。

③臧否：褒贬，好坏。

④干求：钻营求取。

【译文】

"贞观初年，陛下求贤若渴，有道德的人所举荐的人才，相信并任用他们，发挥他们的长处，常担心他们赶不上最好的。近年以来，陛下完全是凭借自己心中的喜好和厌恶来用人，有时众人都说好而被举荐的人才能被任用，但只要有一个人诋毁就抛弃他们；有时多年相信并任用的人，一旦有所怀疑就疏远他们。人的品行在平素可以表现出来，做事有成绩可以检验。诋毁人的人,不一定比被举荐的人可信;积累多年的品行,不应该一下子就被否定。君子的胸怀,是为了实行仁义和弘扬道德;小人的本性,喜欢花言巧语攻击别人以谋取自己的利益。陛下不审察他们的来龙去脉,而轻易地加以褒贬,这样就使得奉行道义的人一天天被疏远,钻营求取的人一步步得到进用。因此人人都想苟全免祸,谁也不愿尽心竭力。这是陛下渐渐不能坚持到底的第六个方面。

"陛下初登大位,高居深视,事惟清静,心无嗜欲。内除毕弋之物①,外绝畋猎之源。数载之后,不能固志,虽无十旬之逸②,或过三驱之礼③。遂使盘游之娱见讥于百姓,鹰犬之贡远及于四夷。或时教习之处,道路遥远,侵晨而出④,入夜方还,以驰骋为欢,莫虑不虞之变,事之不测,其可救乎? 此其渐不克终七也。

【注释】

①毕弋:"毕"为捕兽所用之网,"弋"为射鸟所用的系绳之箭。

②十旬之逸:《尚书·五子之歌》云:"太康盘游无度,畋于有洛之表,十旬弗反。"指长时间的游乐。旬,十天。

③三驱之礼:有两种解释:一、"一年驱赶(打猎)三次"。早在《春秋》中即提出了君主田猎的"三田制",以限制天子打猎的时间。孔子认为夏季打猎,有违天时,所以限制一年只能春、秋、冬三季田猎。由此可见,早期的"三驱"确实应指"一年打猎三次",因此《汉书·五行志》中有"故行步有佩玉之度,登车有和鸾之节,田狩有三驱之制"。此谓田猎以三驱以为度。二、"三面包围、驱赶"。《周易·比卦·九五》"王用三驱,失前禽",郑玄云:"失前禽者,谓禽在前来者,不逆而射之,傍去又不射,唯背走者,顺而

射之,不中亦已。是皆所以失之。用兵之法亦如之。降者不杀,奔者不禁,背敌不杀,以仁恩养威之道。"《周易正义》解释说:"凡三驱之礼,禽向己者则舍之,背己者则射之,故失于前禽也。"孔颖达注疏:"诸儒皆以为三面著人驱禽。必知三面者,禽唯有背己、向己、趣己,故左右及于后,皆有驱之。"即打猎时将三面包围,放开一面,进来的野兽,凡是面对自己直冲过来的,一律放走;凡是背朝自己的则可以射杀。这是"三面驱赶"的另一种解释。

④侵晨:天刚有点亮时。

【译文】

"陛下刚登上帝位时,高瞻远瞩,办事只求清静,心中没有嗜好欲望。在内除去毕、弋等狩猎工具,在外禁绝狩猎游玩的根源。几年以后,就不能坚守当初的志向了,虽然没有狩猎十旬不归的事情,但有时也超过了天子一年三次田猎的礼制。于是使游猎的娱乐遭到百姓的讥讽,所进贡的猎鹰猎犬,有的来自四方边远的民族。有时候教习武艺的地方道路遥远,陛下天刚有点亮就出去,深夜才回来,把车马驰骋当做欢乐,不考虑难以预料的变故,如果事有不测,能来得及挽救吗?这是陛下渐渐不能坚持到底的第七个方面。

"孔子曰:'君使臣以礼,臣事君以忠①。'然则君之待臣,义不可薄。陛下初践大位,敬以接下,君恩下流,臣情上达,咸思竭力,心无所隐。顷年已来,多所忽略,或外官充使②,奏事入朝,思睹阙庭,将陈所见,欲言则颜色不接,欲请又恩礼不加。间因所短,诘其细过,虽有聪辩之略,莫能申其忠款③,而望上下同心,君臣交泰④,不亦难乎?此其渐不克终八也。

【注释】

①"君使臣"二句：意谓君主使用臣下应该以礼节相待，臣下事奉君
　主应该用忠心相报。这是孔子对鲁定公说的话，语出《论语·八
　佾》篇。

②外官：地方官。与京官相对。

③款：诚恳亲切。

④交泰：这里指君臣之意互相融洽，上下同心。

【译文】

"孔子说：'君主使用臣下应该以礼节相待，臣下事奉君主应该用
忠心相报。'既然这样，国君对待臣子，礼节上不可轻薄。陛下刚登帝
位时，用恭敬的态度接待臣下，使国君的恩惠向下流布，臣子的想法向
上禀报国君，君臣都想竭心尽力，心中没有什么隐讳保留的。近年以
来，有许多地方被忽略了，有时地方官充任使节，入朝奏事，想拜见陛
下，陈述见解，但想说话时陛下却不能和颜悦色地倾听，想提出请求又
得不到恩准。有时还因臣下有不足之处，就责问他细小的过失，这样
即使臣子有聪敏善辩的才能，也无法表明他的忠诚，而希望上下同心，
君臣融洽，不也是很困难吗？这是陛下渐渐不能坚持到底的第八个
方面。

"傲不可长，欲不可纵，乐不可极，志不可满。四者，前
王所以致福，通贤以为深诫。陛下贞观之初，孜孜不怠，屈
己从人，恒若不足。顷年已来，微有矜放，恃功业之大，意蔑
前王，负圣智之明，心轻当代，此傲之长也。欲有所为，皆取
遂意，纵或抑情从谏，终是不能忘怀，此欲之纵也。志在嬉
游，情无厌倦，虽未全妨政事，不复专心治道，此乐将极也。
率土乂安，四夷款服，仍远劳士马，问罪遐裔①，此志将满也。

亲狎者阿旨而不肯言，疏远者畏威而莫敢谏，积而不已，将亏圣德。此其渐不克终九也。

【注释】

①遐裔：这里指边远地区的少数民族。

【译文】

"骄傲不可滋长，私欲不可放纵，娱乐不可过度，心志不可溢满。这四个方面，前朝帝王用作求得福运的方法，历代贤人用作深切的警戒。陛下在贞观初年，孜孜不倦，委屈自己顺从他人，还常常觉得做得不够。近年以来，稍微有些骄傲放纵，自恃功业盛大，心中轻视前朝帝王，自以为圣哲英明，内心看不起当代人物，这就是骄傲滋长的表现。想要干什么，都随心所欲，即使有时压抑自己的情绪听从臣子的劝谏，却始终耿耿于怀，这就是放纵私欲的表现。志趣在嬉戏游乐上，心里从来没有厌倦，虽然没有完全妨碍处理政事，但却不能专心思考治国，这就是娱乐过度的表现。天下安定，外族归顺，却仍然让士兵远行辛劳，向边远的民族进兵，这就是心志溢满的表现。亲近的人迎合陛下的旨意而不肯直谏，疏远的人畏惧陛下的天威而不敢规劝，这样不断地积累下去，将有损陛下高尚的品德。这是陛下渐渐不能坚持到底的第九个方面。

"昔陶唐、成汤之时，非无灾患，而称其圣德者，以其有始有终，无为无欲，遇灾则极其忧勤，时安则不骄不逸故也。贞观之初，频年霜旱，畿内户口并就关外，携负老幼，来往数年，曾无一户逃亡、一人怨苦。此诚由识陛下矜育之怀①，所以至死无携贰②。顷年已来，疲于徭役，关中之人，劳弊尤甚。杂匠之徒，下日悉留和雇③；正兵之辈，上番多别驱使④；

和市之物不绝于乡间⑤,递送之夫相继于道路。既有所弊,易为惊扰,脱因水旱⑥,谷麦不收,恐百姓之心,不能如前日之宁帖⑦。此其渐不克终十也。

【注释】

①矜(jīn)育:矜怜养育。

②携贰:离心,怀有二心。

③下日:指服役结束之日。

④上番:指调到京城服役。

⑤和市:古代指官府按市价向民间购买实物。至唐宋以后,实际成为强行摊派、掠夺民间财物的一种制度。

⑥脱因:或许因为。

⑦宁帖:也作"宁贴",安宁舒贴。

【译文】

"从前陶唐、成汤的时代,不是没有灾祸,之所以称颂他们圣明贤德,是因为他们做事有始有终,无为而治,没有私欲,遇到灾祸时就特别忧虑、勤于政事,时世安定时,也不骄矜不放纵的缘故。贞观初年,连年霜灾旱灾,京郊的百姓全都流向关外,扶老携幼,往返数年,却没有一户人家逃亡,没有一个人抱怨痛苦。这确实是因为百姓体会到陛下怜悯抚育他们的胸怀,因此至死也不怀二心。近年以来,百姓被徭役弄得疲惫不堪,关中的百姓尤其严重。各种工匠结束服役期限后,又都被迫留下来继续受官府雇用;正在服役的士兵,大多被调到京城去做杂役;不断地在乡间中强行摊派、掠夺民财民物,在道路上押送物资的差役络绎不绝。既已出现了弊端,百姓就容易被惊扰,万一因为水旱灾害,谷物绝收,恐怕百姓的心就不能像过去那样安宁舒贴。这是陛下渐渐不能坚持到底的第十个方面。

　　"臣闻'祸福无门,唯人所召①'。人无衅焉②,妖不妄作。伏惟陛下统天御宇十有三年,道洽寰中③,威加海外,年谷丰稔,礼教聿兴④,比屋喻于可封⑤,菽粟同于水火⑥。暨乎今岁,天灾流行,炎气致旱,乃远被于郡国;凶丑作孽,忽近起于毂下⑦。夫天何言哉? 垂象示诫,斯诚陛下惊惧之辰,忧勤之日也。若见诫而惧,择善而从,同周文之小心,追殷汤之罪己。前王所以致理者,勤而行之;今时所以败德者,思而改之。与物更新,易人视听,则宝祚无疆⑧,普天幸甚,何祸败之有乎? 然则社稷安危,国家理乱,在于一人而已。当今太平之基,既崇极天之峻;九仞之积,犹亏一篑之功⑨。千载休期⑩,时难再得,明主可为而不为,微臣所以郁结而长叹者也。

【注释】

①"祸福"二句:谓祸福没有定数,都是人所自取。

②衅(xìn):缝隙,破绽。引申为争端,事端。

③道洽寰中:道义遍及全国。洽,广泛,普遍。寰中,天下。

④聿(yù):古汉语助词,用在句首或句中。

⑤比屋喻于可封:家家户户都为可以旌表而感到喜悦。比屋,家家户户。喻,通"愉",愉快,高兴。可封,在唐、虞时代,贤人很多,差不多每家都有可受封爵的德行。这里指可以得到旌表(封建统治者用立牌坊或挂匾额等表扬遵守封建礼教的人)。

⑥菽粟同于水火:比喻菽粟就像水火一样遍及且容易取得。

⑦毂下:辇毂之下。旧指京城。

⑧宝祚:国运,帝位。

⑨"九仞"二句:语出《尚书·旅獒》:"为山九仞,功亏一篑。"意谓堆

积九仞高的山,还差一筐土就不能成功。比喻做事情只差最后一点没能完成。亏,欠缺。篑(kuì),盛土的筐子。

⑩休期:美好的时期。

【译文】

"臣听说'福祸的降临没有定数,都是人们自己招来的'。人们没有疏漏事端,怪异之事就不会发生。陛下统治天下已经有十三年了,道义遍及全国,声威远加境外,粮食连年丰收,礼教兴盛,家家户户都为可以旌表而感到喜悦,菽粟就像水火一样到处都有且容易取得。到了今年,天灾流行,炎热的气候引起旱灾,遍及全国各地;凶恶之徒犯上作乱,忽然就发生在离京城这么近的地方。上天会说什么呢? 显现异常天象,这是表示告诫,这实在是陛下应该警惕畏惧之时、忧虑勤奋之日了。如果陛下见到上天垂示的告诫而畏惧,就应该选择好的意见加以采纳,像周文王那样小心谨慎,像商汤那样归罪自己。前朝帝王实现天下太平的措施,应该勤奋地施行;现在败坏道德的行为,应该深切反省,加以改正。与天下万物一起更新,改变人们对事物的印象和看法,那么帝位就可以永久流传,普天下都很幸运,怎么还会发生祸害败亡的事情呢? 国家的安危治乱,就在于国君一个人而已。现在太平的基业已经像天一样高;就像堆积九仞高的山,还差一筐土就能完成了。这是千载难逢的大好时机,时机很难再得,英明的国君可以做到而不努力去做,这就是微臣心怀郁结而长声叹息的原因。

"臣诚愚鄙,不达事机,略举所见十条,辄以上闻圣听。伏愿陛下采臣狂瞽之言①,参以刍荛之议②,冀千虑一得,衮职有补③,则死日生年,甘从斧钺。"

疏奏,太宗谓徵曰:"人臣事主,顺旨甚易,忤情尤难④。公作朕耳目股肱,常论思献纳。朕今闻过能改,庶几克终善事。若违此言,更何颜与公相见?复欲何方以理天下?自得公疏,反复研寻,深觉词强理直,遂列为屏障,朝夕瞻仰。又录付史司⑤,冀千载之下,识君臣之义。"乃赐徵黄金十斤,厩马二匹。

【注释】

①狂瞽(gǔ)之言:不明事理,愚妄的言论。瞽,昏昧,不明事理。

②刍荛(ráo)之议:乡民之言。荛,本意柴草,引申为鄙野,卤莽。

③衮职有补:语出《诗经·大雅·烝民》:"衮职有阙,维仲山甫补之。""补阙"的本义是替皇帝弥补过失。意谓对国君的缺失有所补益。衮职,古代指帝王的职事。亦借指帝王。

④忤(wǔ)情:违逆心意。

⑤史司:史官。

【译文】

"臣实在愚昧浅陋,不通晓事理的关键,大致列举所观察到的十个方面,就奉上让陛下知晓。希望陛下采纳臣下的愚妄言论,参考樵夫俗子的意见,期望愚者千虑之一得,对国君的缺失有所补益,那么臣下虽死犹生,甘心接受刑戮。"

奏章送上去,太宗对魏徵说:"臣下侍奉君主,顺从旨意很容易,违逆国君的旨意很难。你作为我的辅佐大臣,常常论述自己的观点献给我采纳。我现在知道自己有过失时就能改正,也许能做到善始善终。如果我违背了这句话,还有什么脸面和你相见呢?又将用什么方法来治理天下呢?自从看到你的奏章,我反复研究探求,深深感觉到它言辞有力、道理正确,于是就把它贴在屏风上,早晚恭恭敬敬地观看。又抄录下来交给史官,希望千年以后的人们也能够知道君臣之间应遵守的道义。"于是太宗赏赐给魏徵黄金十斤,宫中的马两匹。

　　贞观十四年，太宗谓侍臣曰："平定天下，朕虽有其事，守之失图①，功业亦复难保。秦始皇初亦平六国，据有四海，及末年不能善守，实可为诫。公等宜念公忘私，则荣名高位，可以克终其美。"

　　魏徵对曰："臣闻之，战胜易，守胜难。陛下深思远虑，安不忘危，功业既彰，德教复洽，恒以此为政，宗社无由倾败矣②。"

【注释】

①失图：政策失误。

②宗社：宗庙和社稷的合称，借指国家。

【译文】

　　贞观十四年(640)，太宗对身边的大臣说："平定天下，我虽然做到了，如果守天下时政策失误，功业仍然难以保持。秦始皇当初也曾平定六国，据有四海，到了晚年却不能保住江山，实在值得引以为戒。你们应当想着国家，忘掉私利，那么荣耀的名声和崇高的爵位，就能完美地保持到最后。"

　　魏徵回答说："臣听说，夺取胜利容易，保持胜利困难。陛下深谋远虑，居安思危，功业已很显著，道德教化又和谐融洽，长期这样处理政事，国家就没有理由倾覆败亡了。"

　　贞观十六年，太宗问魏徵曰："观近古帝王，有传位十代者，有一代两代者，亦有身得身失者。朕所以常怀忧惧，或恐抚养生民不得其所①，或恐心生骄逸，喜怒过度。然不自知，卿可为朕言之，当以为楷则。"

　　徵对曰："嗜欲喜怒之情，贤愚皆同。贤者能节之，不使过度；愚者纵之，多至失所。陛下圣德玄远②，居安思危，伏愿陛下常能自制，以保克终之美，则万代永赖。"

【注释】

①生民：人民，百姓。

②玄远：玄妙幽远。这里指深谋远虑。

【译文】

贞观十六年(642)，太宗问魏徵说："我观察自古以来的帝王，有传帝位至十代的，也有传位一代两代的，也有自己取得又自己失去的。我所以经常感到忧惧，有时是担心抚育的人民没有得到应有的安置，有时又惧怕自己产生骄矜放纵的情绪，喜怒过度。然而我不能自己察觉得到，你可以为我指出来，我当做行动的准则。"

魏徵回答说："嗜欲喜怒的情感，贤良的人和愚昧的人都是一样的。贤良的人能够节制情感，不让它超过限度；愚昧的人则是放纵情感，大都到了不可收拾的地步。陛下圣明，深谋远虑，居安思危，希望陛下经常能够自我克制，以保全善始善终的美德，那么千秋万代的基业就有了依靠。"

中华经典名著
全本全注全译丛书
（已出书目）

孙子兵法	政论·昌言
墨子	风俗通义
管子	申鉴·中论
孔子家语	太平经
吴子·司马法	伤寒论
商君书	周易参同契
慎子·太白阴经	人物志
列子	博物志
鬼谷子	抱朴子内篇
庄子	抱朴子外篇
公孙龙子(外三种)	西京杂记
荀子	神仙传
六韬	搜神记
吕氏春秋	拾遗记
韩非子	世说新语
山海经	弘明集
黄帝内经	齐民要术
新书	刘子
淮南子	颜氏家训
新序	中说
说苑	帝范·臣轨·庭训格言
列仙传	坛经
盐铁论	大慈恩寺三藏法师传
法言	茶经·续茶经
方言	玄怪录·续玄怪录
潜夫论	酉阳杂俎